朝 向 公 共 生 活 的 反 思 与 阐 释

政治现象学丛书

张凤阳　王海洲　主编

政治现象学

前景、传统与未来

Hwa Yol Jung　Lester Embree

[美] 郑和烈　[美] 莱斯特·恩布里 编

王海洲　居俊　曹帅 译

Political Phenomenology

江苏人民出版社

图书在版编目（CIP）数据

政治现象学：前景、传统与未来／（美）郑和烈，
（美）莱斯特·恩布里编；王海洲，居俊，曹帅译. —
南京：江苏人民出版社，2025.3
　（政治现象学丛书）
　书名原文：Political Phenomenology
　ISBN 978 - 7 - 214 - 28540 - 9

　Ⅰ．①政… Ⅱ．①郑… ②莱… ③王… ④居… ⑤曹
…Ⅲ．①政治学-现象学-文集 Ⅳ．①D0 - 53

中国国家版本馆 CIP 数据核字（2023）第 205669 号

江苏省版权局著作权合同登记号：图字 10 - 2018 - 345 号

书　　　名　政治现象学：前景、传统与未来
编　　　者　[美] 郑和烈　　[美] 莱斯特·恩布里
译　　　者　王海洲　居　俊　曹　帅
责 任 编 辑　王暮涵　曾　偲
装 帧 设 计　言外工作室·林夏
责 任 监 制　王　娟
出 版 发 行　江苏人民出版社
地　　　址　南京市湖南路 1 号 A 楼，邮编：210009
照　　　排　江苏凤凰制版有限公司
印　　　刷　南京爱德印刷有限公司
开　　　本　890 毫米×1240 毫米　1/32
印　　　张　20.25　插页 5
字　　　数　489 千字
版　　　次　2025 年 3 月第 1 版
印　　　次　2025 年 3 月第 1 次印刷
标 准 书 号　ISBN 978 - 7 - 214 - 28540 - 9
定　　　价　138.00 元（精装）

（江苏人民出版社图书凡印装错误可向承印厂调换）

政治现象学丛书
总　序

　　现象学传统的滥觞可溯至康德和黑格尔两大哲学巨擘，他们的"一般现象学"和"精神现象学"为探寻澄清事物本质之道提供了重要理论资源。但是，现象学成为一场哲学运动，是与胡塞尔的名字联系在一起的。百余年来，现象学的影响力已传至哲学之外，以其特殊的方法论助力诸多学科杜弊清源、开疆拓土，其中人文和社会科学领域内的葳蕤者有"语言现象学""现象学美学""现象学心理学""历史现象学"和"现象学社会学"，等等。与这些学科交叉的硕果相比，"政治现象学"长久以来一直"含苞待放"。胡塞尔在初创时期就敏锐地意识到，建立"一门关于人和人的共同体的理性科学"是现象学的未来任务；德国现象学学会前主席黑尔德（Klaus Held）也强调，设立"一门相应的政治世界及其构造的现象学"乃众望所归。这种来自现象学大师的意见并未有效催生出政治现象学之花，也许有两个主要原因：在主观方面，无论是现象学哲学家还是政治学家，或因忙于各自学科的主流任务而无暇旁顾，或因学科之间差异巨大而临渊兴叹；在客观方面，"政治"无疑是迄今为止人类世界中最难测度的现象类型，对以"澄清"为目标的现象学来说是一个过于复杂的对象。但是，晚近出现的一些新情况，为政治现象学的蓬勃发展提供了有利契机。

近年来，在现象学哲学家集中关注政治生活中的伦理状况同时，政治学家们也致力于广泛而深入地反思政治学科的建设。实际上，亚里士多德早在两千多年前就曾指出："我们如果对任何事物，对政治或其他各问题，追溯其原始而明白其发生的端绪，我们就可获得最明朗的认识。"这不仅是一种具有政治现象学特征的"技术"，更是一种具有政治现象学意味的"思维"。不过，生长了两千多年的政治学之树，在 20 世纪以来迅速分化出了政治科学和政治哲学两大枝干，时至今日俱是枝繁叶茂、遮天蔽日，但也各指青天、罕相闻问。两者在知识体系、理论、方法乃至逻辑上日积月累，各自形成了若干特殊的偏好和设定，以至于有政治学者将其戏称为"政治算术"和"政治几何"。从某种偏好出发意味着未能直面现象之本质，而诸多设定的堆集则可能会造成概念的冗余和重负。以回到生活世界为旨归的现象学或能为开拓政治学研究的新路提供一些启示。由此，政治现象学的基本追求就可简单归结为两点：一是"补缺"，它在一定程度上接受"朝向实事本身"的现象学原则，以尽可能恰切地把握对象的种种属性；二是"减负"，它借用和改造"悬搁""还原"等现象学方法，归置和验证存在于对象内外的种种定见。

政治现象学处理的对象与现象学大相径庭，因此必须对现象学方法论进行一定程度的择取和改造。现象学主要研究人类经验如何在意识中得以呈现，面对的是意识构建的方式和状态；而政治现象学旨在描述、分析和解释人类的政治行为，面对的是丰富、生动的公共生活，要对之进行现象学式的悬搁和还原，难度非常之高。政治现象学方法的构建，除灵活借鉴现象学方法论的精髓和充分尊重政治学研究对象的特性之外，还需考虑到其在政治学领域内的可操作性——对于很多政治学者来说，现象学精深博大、晦涩难懂，似非学科交叉的良伴。但一些现象学家的意见帮助我们打消了这种顾虑，例如索科拉夫斯基（Robert Sokolowski）就认为，在使用现象学术语时不必拘泥于经典现象学家们的思考，也不要将这些术语束缚在僵死的文本中。恩布里（Lester Embree）从另一个角度指出，自称为现象学家的人应该记住"反思性分析"这一方法才是现象学之根，不要被所谓的"文献学"和"辩论癖"这两种"假冒物"所拖累。实际上，胡塞尔和海德格尔等现代现象学奠基者也曾多次强调，现象学在根本上是一门用于澄清和揭示事物之本质的"方法"。有鉴于此，我们认为，在政治现象学方法的构建中，应在三方面深虑远议。一是如何将"悬搁""还原"和"本质直观"等现象学方法运用于政治学研究，以增强对公共生活的描述精度；二是如何将现象学的意向性与政治学的实践感紧密结合，以提升对公共生活的质感体验；三是如何将公共生活中的对象置于"周围世界"进行"情境式"查探，以把握其意义建构的内容和方式。

"政治现象学"（political phenomenology）有两副面孔：一是现象学哲学领域中对于政治生活之伦理和逻辑的思考，2016 年以来西方哲学界在此方面的研究有勃发之势，我们择要编入"政治现象学译丛"中予以介绍。二是政治学领域中借助现象学方法论对政治理论和实践展开的研究，本丛书的作者们便是在此道路上以不同的程度或方式运用现象学的思维、方法或理论等，对公共生活中的各种具象或抽象的对象展开研究。这些研究从某种意义上来说都是"未竟"的成果，指向了更为广阔的空间。这种永在其途的研究态势也合乎现象学方法的根本要求，恰如梅洛-庞蒂所言："现象学的未完成状态和它的步履蹒跚并不是失败的标志，这种情况是不可避免的，因为现象学的任务是揭示世界的秘密和理性的秘密。"的确，政治生活变得越来越复杂，政治学科自身也不断发展壮大，在这种"浮云遮望眼"之下，政治现象学或有可能是一种"明目剂"。当然，我们的探索离不开广大学界同仁和读者诸君的批评和支持——这也是政治现象学发展中不可或缺的要素之一。

张凤阳　王海洲
2022 年秋于南京大学仙林校区圣达楼

目　录

前　言

本文集是为了纪念郑和烈教授的妻子郑佩蒂（Petee Jung）教授。在美国现象学界，我与和烈已经相识相交数十载，当他请我和现象学高等研究中心（Center for Advanced Research in Phenomenology，CARP）组织一场小型研讨会来纪念 2004 年去世的佩蒂时，我立即同意了。在我介绍这本文集之前，应该先谈一下本文集如何与她产生关系。

郑佩蒂的影响

CARP 的主席托马斯·奈农（Thomas Nenon）将会议安排在孟菲斯，照片中的大多数人都出席了会议并作了发言。和烈和我首先想到的是有些会议论文可以修改后在期刊上发表，但在我们操作此事之前，我们的此番努力已经在孟菲斯传开了，其他人纷纷与我们联系要求加入纪念会，于是本卷的内容很快就积攒起来了。

一位学者的配偶能够吸引这样一群术业专攻之人来做贡献，这的确非同寻常。因此需要介绍一下郑佩蒂是谁，当然这必然与其丈夫的事业有一定关联。和烈的下述言论能够回答我的问题。

佩蒂和我在 1956 年相遇于亚特兰大的埃默里大学，并于 1960 年，在我实际上完成了博士学位论文《神、人和政治：雅克·马里坦的政治哲学和神学》之后，在纽约结婚。我的父母允许我娶她时附带的一个重要条件是：

"当你回家（韩国）后，我们会为你找一个漂亮的韩国妻子。"我们一起快乐地打印出 600 页的学位论文。在我们彼此熟悉之后，佩蒂有一天说："你看上去不像是'弗兰克'。"（这个美国名字是印第安纳州瓦伯西学院的外国学生导师给我起的。只是因为"和烈"难以发音，所以他把学院院长的名字安给了我。）于是，我就遵循孔子关于"正名"的解释原则，用回了我原先的韩国名字。

佩蒂和和烈育有两子。"我们为迈克尔和埃里克是种族和民族意义上的混血儿而感到自豪。当他俩还是婴儿时，我们就亲昵地称他们为'小杂狗'。较之从前，我为两个儿子和四个孙辈成为这个多元文化主义的全球化世界中的混血儿而更感自豪。"

在此最相关的是，佩蒂和和烈在他们的职业生涯中共进退，这始于他们在 20 世纪 60 年代与美国现象学界中的一些重要学者的个人交往。例如，"在我们于 1966—1967 年首次访问耶鲁大学时，邀请了约翰·怀尔德和保罗·利科（当时在耶鲁做客座教授）共进晚餐。我记得利科是用筷子的高手，而怀尔德虽然试图用筷子，但很快放弃了，转而使用刀叉。在耶鲁，我从利科那认识到源自海德格尔和伽达默尔的解释学现象学的重要性。"自那时起，郑氏夫妇还与麦克布莱德夫妇（比尔和安吉拉）结下了深厚的友谊。

其他重要的发展还包括：

当我决定从事博士后研究后，我去了芝加哥大学的社会思想委员会，当时佩蒂在西北大学的数学系获得了为期一年的教职。那时我准备认真学习哲学，所以有一天佩蒂为我联系了西北大学的哲学系。有幸的是，时任系主任正是约翰·怀尔德，他之前离开哈佛来到了西北大学。他欢迎我参加他开设的一门关于海德格尔的《存在与时间》的研究生研讨课。上课时，怀尔德建议我研究阿尔弗雷德·舒茨的社会学现象学。此外，他还建议我与莫里斯·纳坦森联系。顺便说一下，纳坦森后来在耶鲁接任了怀尔德的职位。我是在美国政治理论家亨利·卡里尔（Henry Kariel）组织的一场美国政治科学协会的研讨会上结识纳坦森的，当时我出版了一本《存在主义现象学与政治理论读本》（1972），怀尔德非常友好地为该书撰写了序言。佩蒂对现象学的接触，也随着我对之产生兴趣而不断增多。毫不夸张地说，我确信直至她去世，唯有她读过我写下的每一个字。

佩蒂和我喜欢一起旅行，我们参加过世界未来学会联合会、国际哲学与文学协会、国际政治科学协会、世界哲学大会和美国政治科学协会等主办的各类会议。我们很喜欢在国际会议上合作撰写和宣读我们的论文，这使得我们有机会到英国、芬兰、匈牙利、意大利、西班牙、德国、加拿大、中国、日本，特别是韩国等地旅行。我们也一起发表了 9 篇论文，包括《生态主义之路：论发展的边缘》（1999）、《迈向新人文主义："非增长型"社会中的礼仪政治》（1976）、《政治意识形态和文化变迁的解释学：作为马克思主义中国化的毛泽东主义》（1976）以及《革命的辩证法：毛泽东和莫里斯·梅洛－庞蒂》（1977）等。

和烈很自豪地向我介绍过他妻子的职业情况：

佩蒂于 1933 年 3 月 7 日出生于纽约市的布鲁克林，于 2004 年 10 月 21 日在宾夕法尼亚州的伯利恒市去世。此前她在宾州雷丁市的奥尔布赖特学院教数学。她在亨特学院获得数学学士学位。她也对哲学表达出了同样强烈的兴趣，但去埃默里大学攻读的是数学而非哲学硕士学位。在埃默里，她与自芝加哥大学荣休的查尔斯·哈特肖恩（Charles Hartshorne）关系密切。她获得硕士学位之后，相关成果刊载于《符号逻辑杂志》（用的是其娘家名，P. B. Schwartz）（1958）。1979 年，她从宾州伯利恒市的利哈伊大学获得博士学位，论文以拓扑学为选题。后来她任教于安姆斯特的马萨诸塞大学、盖恩斯维尔的佛罗里达大学、利哈伊大学、西北大学和奥尔布莱特学院。

正如前文所示，这对夫妇在学习、教学和发表论文等很多地方都鹣鲽情深。佩蒂聪明伶俐、善于表达，是一位活泼的健谈之人，不仅深谙现象学，而且对环境主义、多元文化主义和很多其他议题也知晓甚多。1998 年，她和和烈一起参加我在佛罗里达大西洋大学举行的关于舒茨的研讨会，在和她打招呼时，我建议她可以在我们这些人开会时出去逛逛。我真是自找无趣啊，因为她立刻坚决要求参加会议，并声称她是一名哲学家。这段交往也让我在此有了额外的个人理由来纪念她！

本文集的开创性和重要性

我在梳理本文集入选者的名字和论文时意识到，我们中有相当一部分资深同仁在背景和观点上是相似的，并且实际上，在我们宽泛的现象学传统中有一个独特的但迄今未被承认的趋势已经蔚然成风。和烈和我立刻认为"政治现象学"不仅合适做本文集之名，而且适合为该趋势命名。附录中按时间顺序排列的书目表明，它长期以来一直处于发展过程中，也包括了本文集一些作者的新近研究。

他们每个人的重要学术地位参见本书最后的作者简介部分。我们也承认，其实还有很多同仁也在研究政治现象学，但参与这本自发的纪念文集的作者已然足够。我们后来很高兴知道，手稿的评阅者们也承认了本文集充分反击了一些认为现象学对政治生活漠不关心的倾向（也有人对现象学美学和现象学伦理学表现出了类似的想法！）。现在，即便是成立一个配有网站、年度会议和多学科分论坛的政治现象学专业协会，我们也不会感到惊讶。

最后，我们当然对佩蒂未能看到如此众多的重要朋友聚集在一起纪念她而感到非常遗憾。她应该会很高兴地看到，合作主编本文集让和烈和我从熟识的学术同仁变成了好朋友。此外，我们也感谢我的研究助理埃利奥特·肖，特别是他在规范参考文献方面做了大量工作。最后，我们以佩蒂的名义感谢所有的作者。

莱斯特·恩布里
于佛罗里达博卡拉顿市
2015 年 5 月

第 1 章　导论

郑和烈（Hwa Yol Jung）

> 本人搭桥，而非建塔。
>
> ——马丁·布伯
>
> 世界展现为一种绝对单一事实的观点是不可想象的。
>
> ——威廉·詹姆斯
>
> 边界并不是事物止步之处，而正如希腊人所认识到的那样，是［新］事物的当下起步之处。这就是为什么对概念作如此定义（horismos），即视域（horizon），或边界。
>
> ——马丁·海德格尔
>
> 如果我们总是一起说同样的语言，那么我们便能再现同样的历史。
>
> ——露丝·伊利格瑞

本文集由 21 篇论文组成，作为首章的导论将强调五个方面的内容。第一，现象学的概述。作为一项哲学运动（movement）[1] 的现象学，于 20 世纪初由埃德蒙德·胡塞尔（Edmund Husserl）在德国发起，迄今已遍及全球。在本书中，"政治现象学"首次被我们当作现象学的一个亚学科来处理。第二，政治现象学有别于政治行为主义和颇具影响力的列

---

1 原文中斜体的、刻意首字母大写的英文，在译文中以加粗表示；斜体的其他语种，则在译文后标出原文；人名在其首次出现时标注全文。——译者注

奥·施特劳斯（Leo Strauss）的"本质主义"政治哲学，它为政治学理论提供了另一种范式。如莱斯特·恩布里（Lester Embree）在本书中所论，阿尔弗雷德·舒茨（Alfred Schutz）在一种社会过程中构建现实，并承继了胡塞尔对"科学主义"的批评和关于生活世界（Lebenswelt）的重大发现。第三，以具身性的社会性（embodied sociality）为出发点。身体不仅是表达的媒介，还是社会世界的根本（root）。第四是横贯性（transversality）的观念，它指的是在全球化的多元主义时代中那些跨文化和跨文科边界的差异的汇聚（confluence）。第五，作为导论，本章简述了其他各章的要旨。

1. 作为哲学运动的现象学

政治现象学的目的是通过现象学方法增进对政治生活或公共事务（*res publica*），以及作为元政治活动的政治研究之成果的理解。现象学是由埃德蒙德·胡塞尔在 20 世纪早期发起的一项哲学**运动**，继而为其遍布全球的追随者所接续、改进和发展。换而言之，现象学已成为全球性的和世界性的现象，超越了在其发源地德国的一地之限。

现象学作为一种动态的哲学运动，并非一成不变，而且它也从不是一套固化的、不知变通的死板教条。现象学真正的生命力存留在其变革自身的能力之中。[1] 此外，观念的历史并不以一种线性的

---

1 值得一提的是，最近几十年来，恩布里在致力于推动现象学全球化和跨学科化方面所倾注的心血无人能及。法国**跨学科**专家、横贯性主义者（transversalist）罗兰·巴特（Roland Barthes）对界定跨学科之义时确有洞见："我们耳熟能详的**跨学科**研究并不是面对那些早已存在的众多学科（其实它们中的任何一个学科都不愿**停止**）。要从事跨学科工作，选择一个'科目'（主题），然后围绕它安排两三门学科是远远不够的。跨学科研究在于创造一个不归属于任何一个学科的新对象。我相信，文本（Text）就是这样一个对象。"*The Rustle of Language*, trans. Richard Howard（New York：Hill and ［转下页］

方式发生简单的变更。与此相反，它常以侧向的或跨文化的方式从当下推移至往昔，往昔的意义也会因当下和未来的建构而得到更新。往昔作为一种意义结构永不会终结。专精于陀思妥耶夫斯基研究的俄罗斯文艺学家、原型现象学家（proto-phenomenologist）米哈伊尔·巴赫金（Mikhail Bakhtin）坚持认为，往昔的意义会为了当下以及未来而被重新寻获或焕发新颜，所以"不可终结"（unfinalizable），这着实是一种激进而深刻的观点。雷蒙·阿隆（Raymond Aron）回应了巴赫金："我们必须赋予往昔和未来［同样的］不确定性。"[1]

现象学家应是一位永远的新手，唯有时刻保持警惕，才不会忽略存在于生活世界化的经验中所有知识和行为的根源和资源。用梅洛-庞蒂的话来说就是，现象学的终点正是其起点的理由。生活世界对于现象学能否克服欧洲的人性和科学危机而言非常重要，在这一发现的揭示与遮掩相并存（dis/cover）的重要时刻，胡塞尔认为哲学家应是"人类的公仆"（*Funktionäre der Menschheit*），并援引了凤凰从灰烬中涅槃重生的隐喻。现象学有上佳的理由被称作一种激进的经验哲学，这不仅意味着要遭遇那些确已规定之物和真正孤立之物，还要在人类理智的公海上施展天马行空的想象力，或是借

［接上页］Wang, 1986), 72. 简而言之，它生产出"互文"（intertexts）。我们还需提及雅克·德里达（Jacques Derrida），他不像巴特那样深谙非西方的思想，即便曾在其作品中涉及汉文文法，还以一些汉字（sinograms）为例。然而，在谈到大学教学时，德里达使用过如下一些说法，如"斜向的或横向的（*diagonal or transversal*）交叉学科研究""哲学比较研究""哲学和民族中心主义"，以及"哲学的跨大陆性"等。参见 *Eyes of the University*：*Right to Philosophy* 2, trans. Jan Plug et al. (Stanford：Stanford University Press, 2004), 241。

1 引自 François Dosse, *Empire of Meaning*：*The Humanization of the Social Sciences*, trans. Hassan Melehy (Minneapolis：University of Minnesota Press, 1998), 308. 该书是众多被莫名忽视的作品之一。

用让-吕克·南希（Jean-Luc Nancy）的话来说，享有身处公海、可以自由探索的好运。此外，我们还需信从梅洛-庞蒂的建议，哲学或观念必须对世俗生活（the mundane）一直保持着一种理想的高度（optimal altitude）。这一点**至关重要**（primary），因为自然景观先于观念化的地理学，否则后者就会随着对前者的具象化或篡改而终结。

2. 政治学理论的式微

在 20 世纪 60 年代早期，政治学理论的"式微"——如果不是死亡的话——受到高度关切。著名的英国思想史学家和自由主义多元论者以赛亚·伯林（Isaiah Berlin）发出政治理论在 1962 年是否还存在之问，表达出一种时代的**情绪**（Stimmung）。[1] 早些时候，另一位正在崛起的政治学理论新星朱迪斯·史克莱（Judith N. Shklar）在不断螺旋式发展的启蒙运动乐观主义的背景中谈到了"政治信仰的式微"。许久之后，尤尔根·哈贝马斯（Jürgen Habermas）言之凿凿地指出，启蒙运动仍是"一个未完成的计划"。话虽如此，史克莱依旧写道："启蒙运动的结束实际上不仅是社会乐观主义和激进主义的式微，也是政治哲学的消亡。"[2] 她在结论中指出，"一种理智的怀疑主义"总"比文化的绝望和宿命论更合理"。[3] 在 1960 年，谢尔顿·沃林（Sheldon S. Wolin）提出了一

1　参见 "Does Political Theory Still Exist?" in *Philosophy*，*Politics and Society*：Second Series，eds. Peter Laslett and W. G. Runciman（Oxford：Basil Blackwell，1962），1 - 33。伯林在总结该文时指出，存在着"一种奇特的悖论"，即当整个人类在历史中首次真正地在现实议题上产生巨大分歧时，政治学理论看起来似乎导致了事态的模糊，而现实议题又恰恰且一直是该学科唯一的存在理由（*raison d'être*）"。

2　参见 *After Utopia*：*The Decline of Political Faith*（Princeton：Princeton University Press，1957），25。

3　Ibid.，272 - 273.

个非常合理的看法，即随着经典的结构性概念"政治人"被"经济人"赶超和替代——这种范式上的政治转型始于约翰·洛克的自由主义，政治哲学的式微确已成为一个实质性的议题。[1]

3. 美国政治学理论中现象学的登场

在 20 世纪 60 年代晚期和 70 年代早期，现象学作为一种新范式开始进入美国政治学理论，并以此促进和帮助其自身的转型和革新。罗伯特·弗罗斯特（Robert Frost）《未选择的路》一诗中有一段非常适合用来描述现象学的这次登场：

> 林中分出了两条路，而我——
> 我选择了人迹稀少的一条，
> 从此改变了一生。

它发生在列奥·施特劳斯的经典政治哲学和政治行为主义的碰撞之中。施特劳斯在逃离纳粹德国之前就已认识胡塞尔和海德格尔。他记得胡塞尔曾说过，现象学**悬搁**（*epoché*）能够教会他如何将上帝放进括号中。然而，他将胡塞尔的（前科学的）生活世界的概念理解为或误解为存在于科学发现之前的原初世界。施特劳斯也曾感谢海德格尔的师恩：与海德格尔相比，所谓的老师马克斯·韦伯不过是位"孩童"，他后来还对韦伯提出的"价值中立论"大加批驳。

由郑和烈编辑、约翰·怀尔德（John Wild）作序的《存在主义现象学和政治理论读本》（1972）选编了一些与政治理论化相关

---

[1] 参见 *Politics and Vision：Continuity and Innovation in Western Political Thought*，expanded ed.（Princeton：Princeton University Press，2004）（original ed. in 1960），chapter 9："Liberalism and the Decline of Political Philosophy，" 257 - 314。亦参见 Richard Sennett，*The Fall of Public Man*（New York：Random House，1988）。

的现象学作品，它首次在英语世界中对政治现象学的形成发挥了一些作用。该书中的作品来自胡塞尔、梅洛-庞蒂、舒茨、利科、萨特、怀尔德、莫里斯·纳坦森（Maurice Natanson）、加布里埃尔·马赛尔（Gabriel Marcel）和威廉·列昂·麦克布莱德（William Leon McBride）等。该书曾在政治学理论的研究生研讨课上被当作阅读材料。1986 年，德国哲学家贝瑞特·沃华夫（Bericht von Ernst Vollrath）在德国的《哲学信息》上写了一篇关于美国政治哲学"复兴"的简单介绍，提到了弗莱德·多尔迈（Fred Dallmayr）和郑和烈是美国政治现象学的代表人物。[1]

作为政治科学（*Wissenschaft*）的一种新范式，现象学和两种理论形成了强烈对比，一方面是超越了传统的"法律-制度"路径的所谓"行为主义革命"，另一方面是执守于柏拉图和亚里士多德的经典"本质主义"传统的施特劳斯哲学。

在施特劳斯的"本质主义"和政治行为主义的两端之间，现象学作为一种新范式，或许可以充当一条**中间道路**（Middle Way）。现象学方法作为对两者的批评，可以说是一石二鸟。在此我们引用梅洛-庞蒂《知觉现象学》中的一段话：

---

[1] 在美国政治现象学的早期发展中，我们应注意到赫伯特·里德（Herbert G. Reid）和厄内斯特·亚纳雷拉（Ernest I. Yanarella）的贡献。我们还不可忽略莫里斯·纳坦森纪念其导师阿尔弗雷德·舒茨的两卷重要的现象学和社会学文选。第一篇文章是紧接在纳坦森的导言之后的梅洛-庞蒂的"现象学和人的科学"（"Phenomenology and the Sciences of Man"）。在第二卷中，有三则关于"现象学和政治科学"的条目，作者依次为郑和烈、卡尔·弗里德里奇（Carl J. Friedrich）和约翰·冈内尔（John G. Gunnell）。参见 *Phenomenology and the Social Sciences*, 2 vols., ed. Maurice Natanson (Evanston, IL：Northwestern University Press, 1973)。它们被放在"西北大学现象学和存在哲学研究丛书"（*Northwestern University Studies in Phenomenology and Existential Philosophy*）中出版，主编和副主编分别是约翰·怀尔德和詹姆斯·艾迪（James M. Edie）。

　　经验主义缺乏的是在对象和由对象引起的行为之间的一切内在关联。理智主义缺乏的是思维过程中的偶然性。在第一种情况中意识过于匮乏，在第二种情况中意识则过于丰沛，以至于任何现象都不能强烈地引起它的注意。经验主义未能认识到我们需要知道我们在追寻什么，否则我们就不会去寻找它们；理智主义则未能认识到我们需要不知道我们在追寻什么，否则同样的，我们也不会寻找它们。[1]

3.1

　　对于施特劳斯来说，政治哲学是哲学的一个分支。哲学是对永恒之真的求索，而政治哲学就是对政治事物中永恒之真的求索。他认为，古典哲学家们并没有对政治的**哲学**和**科学**做出区分，这是一种现代的发明，特别是与逻辑经验主义（logical empiricism）的兴起有关。因此，在施特劳斯看来，政治哲学的敌人就是"实证主义"和"历史主义"。审判两者的最高法庭是古典的政治哲学或科学，其代表人物包括苏格拉底、柏拉图和亚里士多德，结束于马基雅维利，后者被施特劳斯视作现代政治科学的奠基者。

1　参见 *Phenomenology of Perception*, trans. Colin Smith（New York：Humanities Press，1962），28。（中文译文另可参见[法]莫里斯·梅洛-庞蒂《知觉现象学》，姜志辉译，北京：商务印书馆，2001年，第53—54页。本书译文与之有少许出入。——译者注）在《现象中的存在：梅洛-庞蒂的本体论》（*The Being of the Phenomenon：Merleau-Ponty's Ontology*, trans. Ted Toadvine and Leonard Lawlor[Bloomington：Indiana University Press，2004]）一书中，梅洛-庞蒂的本体论的法国阐释者雷纳德·巴巴拉斯（Renaud Barbaras）在讨论其"经验主义"和"本质主义"时使用了术语"二元论"（dualism），这即便不是大错特错，也是有所误导的；此外，他认为梅洛-庞蒂对笛卡尔我思（*cogito*）哲学的批判建基于精神（*res cogitans*）和身体（*res extensa*）之间的二元论之上，同样用错了这个术语。

施特劳斯认为政治哲学在根本上是"非科学的"和"非历史的"——这一判断来自他对古典时代探求**良善知识**（*epistemé*）之传统的阐释。当代思想的真正**危机**便是否认哲学以探索永恒之善的直接后果为宗旨。施特劳斯的危机感令人想起胡塞尔，后者也曾批评"醉心事实的"实证主义（科学主义）杀死了哲学。当然，在胡塞尔那里，政治思想的敌人是实证主义，而在施特劳斯那里则是历史主义。因为对他来说，历史主义成了我们时代的**精神**（*Geist*），当历史主义的理解成为经验的政治科学的必需前提时，实证主义也需转换为历史主义。

对于施特劳斯来说，政治哲学是最卓越的道德科学，因为它追寻的是最完备的善（即政治之善）。他强调，所有政治行为的目标要么是为了持存，要么是为了更变。当着意于持存时，我们希望阻止发生更变以免事态更糟；当想要更变时，我们则是为了求得更好的结果。更好或更坏的观念便意味着对**道德之善**（moral good）的思考。

施特劳斯进一步认为，无论是实证主义还是历史主义都无法回答良善的政治社会的问题：实证主义的"价值中立论"（甚或虚无主义）从一开始就忽视和颠覆了善的问题，历史主义的"价值相对论"同样对此问题无能为力。所以，施特劳斯对政治行为主义的攻击，瞄准的是价值中立的准则，或是政治科学乃一种"价值无涉"的构想——马克斯·韦伯也如此宣称。在《政治学的科学研究文集》（1962）中，施特劳斯的批评目标演变为全力反对政治行为主义的一致努力，他在该文集的后记中写道：

> 只有大傻瓜才会将新的政治科学［即政治行为主义］斥为恶魔学说：它没有堕落天使的任何特性。它甚至算不上是马基雅维利主义者，因为马基雅维利的教导如此优

雅、精妙而有趣。它也不是尼禄主义者。不过，有人可能
会说它（it）在罗马起火时还在胡闹。但它的确有两个理
由免责啊：第一，它根本不知道自己在胡闹；第二，它也
不知道罗马起火了。[1]

可想而知，上述批评激怒了政治行为主义者。

从现象学的角度来看，必须接受挑战的是施特劳斯政治哲学设
想中的本体论决定论（ontological determinism）[2]：它认为，"存
在"（to be）的观念即"总是存在且无处不在"——其准则是一旦
确定为真，便永远为真。[3] 伽达默尔（Hansgeorg Gadamer）认为，
施特劳斯强行构建了古典哲学的一致性，以至于他未能注意到存在
于柏拉图和亚里士多德之间的截然对立（例如前者的理念［*eidos*］
和后者的实践智慧［*phronesis*］）。再者，伽达默尔正确地暗示了
真正的思考必须严肃地考虑其自身的历史意识。不可否认，历史主
义必须被历史地克服。依伽达默尔所言，施特劳斯仅指出了古典哲
学家是作"非历史性地"（unhistorically）思考，换而言之，古代
人与现代人所思有别——但他没有想到今人也有可能作"非历史性
地"思考，因为关于古典哲学的任何反思都必然是一种历史性的思
考。不无可能的是，施特劳斯或许会说他并不是一个阐释者，而只
是一名信使，不像雅克·马里坦（Jacques Maritain）那样，拒绝被

[1] *Essays on the Scientific Study of Politics*, ed. Herbert J. Storing (New York: Holt, Rinehart and Winston, 1962), 305 - 327.
[2] 郑和烈认为这表现在两点：一是认为人类是一个具有且保有永恒结构的整体，二是认为这个整体作为思想的对象，可以为后者所预见或预测。参见 Hwa Yol Jung, "Leo Strauss's Conception of Political Philosophy: A Critique," *The Review of Politics*, Vol. 29, No. 4, 1967, pp. 492 - 517。——译者注
[3] 另参见施特劳斯主义者 Eugene F. Miller, "Positivism, Historicism, and Political Inquiry," *American Political Science Review*, 66 (September, 1972): 796 - 817；尤金·米勒对历史主义或历史相对论（即存在主义现象学）的批评，参见第 812—814 页。

称作"新-托马斯主义者"，更倾向于"老-托马斯主义者"的称谓。时间就其本身而言是不可变更的，何为"超越历史"之物的问题必须在历史概念的内部而非其外部得到解答，或者说，必须在时间的架构中得到解答。

被理解为一项历史规划的人类现实是对人类本质的确定，它一方面反对将成为人（being human）简单地视作天性使然的自然主义解释，另一方面也反对将存在（being）理解为一组亘古不变的特性。人类具有绝对的时限性这一说法，是指我们人类不仅是有限的，而且是偶在的。这种偶然性被施特劳斯的本体论决定论（或"本质主义"）给否定了，他认为人性作为决定客观和普遍的知识的必需基础和前提条件具有永恒性。正是因为成为人是一项有待完成的规划（project）或任务，所以我们人类实际上是在一个未完成的世界中的未完成的存在。最后，对人类有限性和偶然性的确认，并不是否定生活的意义或目标，而是令一种道德准则成为可能。在此道德准则中，人类的罪责不会被文过饰非，其良善也并非全然系于或多或少的人事。道德之所以具有意义，正是因为善恶之间含混不清（ambi-guity，双方-有罪——译者注）。良善非"人性"所天定，而是出自我们之手，它是一种**自身所为**（*factum*）。所谓人之境况多歧途，是说其意义从未被限定，而是由不断的选择来确定。[1]

1　由此，法国存在主义哲学家、女性主义者西蒙·德·波伏娃（Simone de Beauvoir）声称："存在主义的义理[与'本质主义'原则相对]允许道德的阐释，但它于我们而言更重要的是作为一种唯一的哲学，道德在其中方有其存在之地。"参见 *The Ethics of Ambiguity*, trans. Bernard Frechtman（New York：Philosophical Library，1948），34。在波伏娃所有的作品中，她一直坚守其存在主义立场，反对任何本质主义的原则。她认为，个体生活中的善恶问题从不是注定的，而是由我们生活中的所为、所不为和所再作为之结果和过程决定。这也是海德格尔所言的存在的"实然性"（facticity），或扬姆巴蒂斯塔·维柯（Giambattista Vico）所言的"事实"（*factum*）（维柯这一概念强调的是"人造之物"，因此与波伏娃的观点非常切近。——译者注）。

3.2

与施特劳斯的**本体论决定论**不同，政治行为主义的方法论或科学主义因其研究路径受自然科学方法所主导而存在明显的缺陷。可以说，方法论之尾逗弄着本体论之犬。简而言之，行为科学主义也可被称作**方法论决定论**（methodological determinism）。

逻辑经验主义可以说是政治行为主义的教父，前者对后者起着推波助澜的作用。对它们而言，价值陈述不同于事实陈述，它之所以是"无异议的"，是因为它表达的是个体**偏好**（preferences），且因此而无法（在经验意义上）被证实。政治行为主义的泰斗哈罗德·拉斯维尔（Harold D. Lasswell）在《政治学：谁得到什么？何时和如何得到？》（1936）一书中写道："政治学研究是关于权势和当权者的研究。政治科学陈述［实际的］状况；政治哲学解释偏好。"[1] 所谓的既定的"事实神话"过于肤浅和简化，甚至站不住脚。18世纪那不勒斯哲学家扬姆巴蒂斯塔·维科曾提出"*verum ipsum factum*"，即真（truth）不仅是由我们所**造就**（make）之物，还是我们损毁（unmake）和再创（remake）之物。从词源上来说，*factum*[2] 不是简单地指被提供出来（given），而是**被创造**（made）或被阐释出来。正因如此，事实，甚或所谓的"铁一般的事实"，和价值一样，都需要一个理由（justification）。英国政治哲学家迈克尔·奥克肖特（Michael Oakeshott）的下述话语颇具维柯主义和现象学意味：

> 无论事实是什么，它终究是经验；没有思想便没有事

---

1 参见 *Politics：Who Gets What，When，How*（New York：McGraw-Hill，1936），3。
2 该词是 facere 的被动态。——译者注

实。即便是将观念与事物相分离的观点也必须认识到事实就是观念。事实是被制造出来或实现出来的：它是判断的产物。如果在经验中存在着一种不可变更的东西，它也绝不可能由事实所构成。那么，事实不是被给定之物，而是**在经验中被实现**（achieved in experience）之物。事实从来不仅仅是被观察到的、记住的或组合出来的：它一直是被制造出来的。我们不能"取出"事实，因为唯有我们先构建出它，而后才能取出它。直到事实被建构出来（或"被证明出来"［justified］）之前，换而言之，直到它在一个清晰的世界中获得一个位置之前，它不过是一种假设或虚构。[1]

在社会学和现象学的跨学科融合和交叉的视野中致力于研究现实的社会建构的阿尔弗雷德·舒茨应当会赞同梅洛-庞蒂的意见。当他精妙地证明人之存在是共在（coexistence）（加斯东·巴什拉

---

[1] 此段中的斜体乃为强调。参见 *Experience and Its Modes*（Cambridge：Cambridge University Press，1933），42。比较维柯和奥克肖特的现象学当是一项再为有趣不过的研究，因为据我所知，有关维柯、政治现象学和奥克肖特的哲学政治学的议题尚无人涉及。维柯在《我们时代的研究方法》(*On the Study Methods of Our Time*，1709)一书中对当时占主流地位的科学认识论教学法表达出了审慎的不满，注意到一点对我们极有助益。维柯字里行间的不满是非常现代性的，换言之，是针对我们自身的时代的。因此，这种不满与公共行为的道德教育——他直白地将之称为(新)"政治科学"——有关。政治现象学的确是一种政治学的"新科学"(*scienza nuova*［《新科学》］)。维柯指出："我们的教育方法的最大退步是给予了自然科学过高的关注，而对伦理关注不够。我们的主要过错在于漠视了伦理中的很多方面，包括伦理对人的性格、品性和情感的影响，以及伦理对将这些因素适应于公共生活和公共修辞的方式的影响。我们还忽视了很多学科，包括处理美德和恶习的不同特征的学科，处理善与恶的行为模式的学科，处理不同年龄、两性、社会和经济阶层、种族和民族的典型特征的学科，处理生活中合宜行为的艺术——所有艺术中最难的一种——的学科。忽视的后果之一便是一种高贵而重要的研究分支，即政治科学，被极大地抛弃和忽略了。"trans. Elio Gianturco（Indianapolis：Bobbs-Merrill，1965，33)。现在我们可以理解，为何维柯引起了马克思的关注。

［Gaston Bachelard］使用的术语是"coexistentialism"）时，对他而言，横亘于现象学和政治学之间的学科界限是薄弱而模糊的：

> 如果我们将文学和文化当作对我们与他人及世界之间的多重关系进行扬弃的意识，而非逃离凡尘的工具，那么，［我们的］政治任务与任何文化价值或文学任务之间都无龃龉。**所有事实若一展无遗，万事万物则无以遁形。**在人与人的共在之中……道德、教义、思想和风俗、法律、作品和文字等等都相互表达；任何事物之间彼此表意。在这种**超绝的存在辉光**（unique fulguration of existence）之外，别无他物。[1]

反之，梅洛-庞蒂对实证主义的"科学统一"运动的总结性评论也可被视作对舒茨的赞同。据我们所知，这一具有革命性的或范式性的论点尚未引起我们足够的重视。我们在此完整地引述舒茨的一段极为重要但未被考察的长文：

> 在我看来，社会科学家们会认同以下看法：在每种学科具有支配性的逻辑中并不存在社会科学和自然科学之间的根本性区别。但这也并不意味着社会科学为了追求方法上的完美统一，就必须抛弃其用来探索社会现实的特殊手段。那种完美统一只是建基于一个完全未得到保证的假设之上，即唯有自然科学，特别是物理学［即物理主义］所使用的方法是科学的方法。就我所知，"科学统一"运动的支持者们还没有做过任何严肃的尝试，去回答甚或提出这样一个问题：他们所遇到的自然科学方法论之惑是否算

---

1 此段中的斜体乃为强调。引自 *Existential Phenomenology and Political Theory：A Reader*，ed. Hwa Yol Jung (Chicago：Henry Regnery, 1972)，xl - xli。

不上是一个更为普遍的、未经探索的难题中的特例之一，这一难题便是如何才能完全地获得科学知识，以及其逻辑和方法论的假设究竟是什么。我个人确信，正是现象学哲学为此探索奠定了基础。我们或许会从其成果中发现，由社会科学为把握社会现实所发展出的方法论手段比自然科学更加适用于探索那些支配着所有人类知识的基本原则。[1]

托马斯·库恩（Thomas S. Kuhn）在《科学革命的结构》（*The Structure of Scientific Revolution*，1970）一书中为政治体制的社会-科学模式建立了其最具影响力的范式模型，但有些讽刺的是，这与基于自然科学模式，尤其是物理学模式建立知识的统一理论的实证主义愿望相悖，舒茨已在前述观点中提出了一种现象学的反对方案。更为重要的是，库恩后来在其研究中也明确地承认了诠释学或诠释学方法的重要性。在此顺便提及一个值得注意之事，伽达默尔在《真理与方法》（*Truth and Method*，1991）中确证出诠释学本体论超越所有方法论的重要性。该书指出，探究人文科学中的真理之义是哲学诠释学的关键所在，它作为一项主题，即必须对

---

1 舒茨在新学院大学的同事阿伦·古尔维奇（Aron Gurwitsch）也赞成历史-社会文化的生活世界作为现象学理论的基础，其方法论对所有科学来说都具有重要意义，他总结道："包括基于数学的自然科学在内的所有科学，都在文化世界中找到其位置。由此，据胡塞尔所言……文化的或者人的科学自是无所不包，因为它们能将自然科学囊括其中。也就是说，数学化的自然本身就是一种心理成就，或者说是一种文化现象。然而两者的关系反过来就是错谬的。文化科学在自然科学中无处安身，从数学化的自然，或者说从物质世界中出发所得到的是超越文化世界之物，同时……我们是基于各种抽象化、观念化和形式化的方式来离开文化世界，从而抵达物质世界和数学宇宙的。总之，从具体到抽象的转换是可能的，反之则不可行。"参见 *Phenomenology and the Theory of Science*，ed. Lester Embree（Evanston，IL：Northwestern University Press，1974），148–149。舒茨聚焦于作为科学从业人员（*practitioners*）的研究者所在的主体间共同体情境，对知识展开社会批判，认为科学知识是一种社会产物。因此，科学活动作为一种现实世界的社会建构，享有生活世界自身的社会先验性（*a priori*）。另参见本书第 4 章。

真理问题作出解答。这种诠释学方法模式较之自然科学更具人文科学色彩，这一观点的起源可以追溯至那不勒斯哲学家维柯处，他明晰地指出科学是一项作为公共事业的**制度**（在 *institution* 的词源意义上），或是一种有其自身历史的"学会"（academy）。正是在伽达默尔对历史意识或效果（*wirkungsgeschichtliche Bewusstsein*）[1] 的关注中，我们发现了其历史诠释学中的人文科学（特别是历史学）的痕迹。其激进性在于宣称人文科学对哲学本身的自我理解有所助益——对于一名哲学家来说，这是一个非同寻常的论断。于是，一个议题展现为两个互补的圆圈：（1）诠释学与社会文化研究行为的相关性；（2）社会文化研究行为与哲学的自我理解的相关性。在此意义上，强调语言乃是一种制度或共同成就的解释学现象学，预想了哲学和人的科学以及文化科学（包括人文主义）的最终统一。伽达默尔诠释学和库恩科学范式理论的核心都是历史意识的效果。库恩为了回应批评、澄清立场，在 1969 年为其《科学革命的结构》写了一篇后记。他的结束语意味深远，再次强调了其观点："科学知识与语言类似，在本质上是一个群体的共有财产，除此之外别无他是。我们唯有把握创造和使用它的群体之特征才能理解它。"[2] 视科学或语言为一种制度的观点具有双重重要性。首先，科学知识是社会—政治—文化过程的产物，或者库恩所言的公共活动。其次，就像语言是人类交流的工具一样，科学知识并非"价值无涉"，也无法避免规范性判断——实证主义科学哲学家基于一种非历史的"解释逻辑"把握此概念。与之相反，库恩坚持认为科学的理论化

1　即"效果历史意识"，指的是"历史永远在其中起作用的意识"或者"历史地运作着的意识"。——译者注

2　Thomas S. Kuhn，*The Structure of Scientific Revolutions*，2nd ed.，enl.（Chicago：University of Chicago Press，1970），210.

工作总是兼含描述性/解释性判断和规范性判断的"不可分离的混合物"。无论是"价值"还是"逻辑"皆非至高无上者。

如果将数学构造和科学构造视作人类精神和社会-文化现象的一种产品及规划，现象学的功能便是澄清如下情境：在其中，科学主义实际上依赖于将生活世界当作一切意义的概念基石——或可言之，现象学的功能在于展现出科学主义何以真正地充作"观念的外衣"（*Ideenkleit*）。对于伽利略而言，自然是以数学的语言或文字书写的。要理解这一点，我们必须将自然还原为多种数学和几何形式（如三角形、正方形和圆形等等）。但是在胡塞尔看来，科学主义是虚假的，因为它首先是一件作为**方法**的概念外衣，那些在自然的数学形式中曾是（或被当作）真理之物已经渐渐被采用于或误用于探寻实在本身："作为方法和方法之结果的事实最终被当作实在。"胡塞尔继续解释道：

> 作为观念外衣或符号数学理论之符号外衣，数学和数学科学包括万象。对于科学家和受教育的普罗大众而言，此外衣**代表着**生活世界，将之装扮成"具有客观性的真实且正确的"自然。我们通过此观念外衣将事实上只是方法之物当作了**真正的存在**。这种方法的设计目的是，借助科学的预测以无限提升那些粗陋的预测，后者在生活世界的真正被经验到的和可被经验到的领域中，是原初意义上的唯一可能之物。[1]

在今天的社会科学中，科学主义将此套方法盲目地转用于现实

---

[1] *The Crisis of European Sciences and Transcendental Phenomenology：An Introduction to Phenomenological Philosophy*，trans. David Carr（Evanston，IL：Northwestern University Press，1970），51–52.（此段与中文版译文有部分出入，后者参见［德］埃德蒙德·胡塞尔《欧洲科学危机和超验现象学》，张庆熊译，上海：上海译文出版社，1988年，第62页。——译者注）

的社会建构，而不是社会现实的建构：社会现实由此变成了一套科学方法的俘虏，而非科学方法论的本体论基础。本体论必须超越方法论。对于人类行为而言，作为自然科学或物理科学之标志的预测就是一种冒险活动和模糊猜测，因为人类就是有意识的、自觉的生物，能够对抗或者排斥预测。在自然事物的**运动**和人类**行动**或**活动**之间，存在着根本性的差异。所谓的"预测"常常事与愿违，后者是种"马后炮"。结果使其不是一种预-测，而是一种后-测。即便如此，对于在其中方法论不知不觉地取代了或优先于本体论或现实的社会建构的科学主义来说，现象学是具有揭开或去除其罩衣的能力的。舒茨简练地指出了科学主义之错的原因：

> 如胡塞尔所示，自然科学所处理的自然之概念是对生活世界的观念化抽象。这种抽象在原则上并以理所当然的合法性忽略了人们具有源于其实践活动的个人生活和所有文化事物。然而，这个生活世界中必须由自然科学对其进行抽象的层面，正是社会科学必须去探索的社会现实。[1]

由此，不同于作为一种科学主义形式的政治行为主义，政治现象学旨在基于一种本体论洞见探寻研究政治事务或政治生活的方法论。在此本体论洞见中，政治世界与实物世界不同，它被构建为一种意义的世界，其主体或创造者（包括作为感觉主体的身体）是社会场景中有意识的人类行动者。

---

1 *Collected Papers I*：*The Problem of Social Reality*，ed. Maurice Natanson（The Hague：Martinus Nijhoff，1962），58.

3.3

我们作为身体和肉体而存在，并首先作为身体间性（intercorporeal）的主体而共在。因此，具身化的社会性首当其冲。施特劳斯的古典哲学完全忽视或拒斥了具身性与普遍的社会性及特殊的政治行为之间的关联。对于施特劳斯来说，具身性被当作一个被遗忘的或被抛弃的哲学孤儿，可能是因为在他看来哲学只是精神的功能。在另一方面，行为主义者对身体和人类行为的理解是从观察者角度所进行的客体化活动。因此，在行为主义的"有一个身体"（having a body）（作为客体）和现象学的"是一个身体"（being a body）（作为主体）之间存在根本性区别。

政治行为主义和心理学行为主义（如斯金纳的心理学）都未将身体当作一种主体：对它们而言，人的身体在他人之中只是客体，而意识就像是存在于机器中的鬼魂。我们往往理所当然地认为身体是我们在这个世界中的立足点。它作为空间中的一个位置，如果我们缺了它既无法想象空间，也无法对空间进行概念化；离开身体和空间，也就没有社会性。换而言之，身体是我们在世（being-in-the-world）的初始模式，它既是社会的（世界，*Mitwelt*），也是自然的（环境，*Umwelt*）。加布里埃尔·马塞尔（Gabriel Marcel）认为，身体（作为主体）是人之存在的核心问题，其他一切都有赖于此问题的解决。因此，身体与我们所为所思的一切相关：肉身之景观乃所有概念之地理的前提基础。用梅洛-庞蒂的现象学语言来说，知觉先于概念：被感知的世界是所有行为以及知识的必然前提基础，因为身体是知觉的鲜活场所。知觉和世界（我们感知）是由相同的材料所制。

总而言之，身体在西方现代哲学话语中是一个孤儿，哲学就像是或者能够是一个"无身之脑"——此语出自第一位著文批评斯金纳行为主义的哲学家布兰德·布兰夏尔德（Brand Blanshard）。精神（思维实体，*res cogitans*）和身体（广延实体，*res extensa*）之间的分歧既是笛卡尔的"认识论统治"（epistemocracy）或其"我思"哲学的认识论政权的标志，又对其构成了阻滞。无身体的精神作为"思维实体"，正是因其行为使得"我思"天然地以自我为中心——这一"不可见之人"的化身，独立于他者的精神和身体之外。作为一种思维实体，精神并不依靠身体：它自在而在。文学诠释学杰罗德·布伦斯（Gerold L. Bruns）以文雅的批判之语称之为"笛卡尔的主体戒备"，即"主体封闭自我，或保持思维纯净，或免于他者视界污染的欲望"。[1] 笛卡尔本人承认任何形式的求知之旅（更不必说是自助游），无论是真实的还是想象的，都为哲思所厌恶。对他而言，哲学的基础性知识只能存在于无身体独处的哲思自我之中。自我和他者一旦被视作无身体实体，也是两种自足的实体，自我中心主义——甚或其极端形式唯我论——便是必然结果了。简而言之，笛卡尔的哲思自我反对作为社会过程的现实或现实的社会建构。笛卡尔的同胞、20 世纪的雕塑家罗丹（Auguste Rodin）的两座雕塑杰作《思想者》（*The Thinker*）和《大教堂》[2]（*The Cathedral*）便是以另一种方式刻画出了兼具具身性思考和社会性的仪式。著名的德国诗人里尔克（Rainer Maria Rilke）有段时间曾做过罗丹的助手，他用睿智的语言描述了《思想者》："他凝神静坐，陷入冥思：竭尽全力，以作此思；全身成首，血则为脑。"[3] 至于《大教堂》，它雕刻的是共存的圣礼：两只右手

---

1 "What Is Tradition?" *New Literary History*，22（1991）：1-21 at 11. 关于具身性之于社会性或现实的社会建构的必要性的研究，参见 Hwa Yol Jung, "In the Beginning was Embodied Sociality," in *Interaction and Everyday Life: Phenomenological and Ethnomethodological Essays in Honor of George Psathas*, eds. Hisashi Nasu and Frances Chaput Waksler (Lanham: Lexington Books, 2012), 41-71。

2 原件现藏于法国罗丹博物馆。——编者注

3 Rainer Maria Rilke, *Rodin*, trans. Jessie Lemont and Hans Trausil (London: Grey Wall Press, 1946), 33.

拢在一起构成一个大教堂的塔型结构。总之，现象学家欧文·斯特劳斯（Erwin W. Straus）为身体之于社会性的重要性和必要性作了一个无出其右的论断："有机的身体与他者的身体相关；它是物质世界的一部分。然而精神仅与个体的身体相关；它与世界、他者的身体和精神俱无直接关联。"[1] 身体是联结社会世界的脐带。要成为社会人，首先也是首要的是成为具有身体间性的人。此外，无论凶吉，身

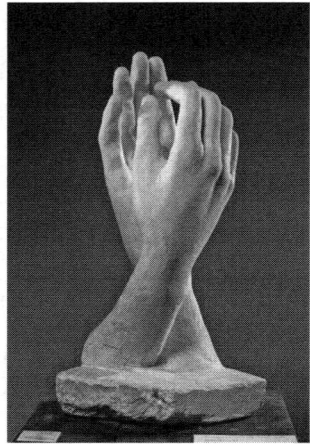

体是唯一一扇打开的、让我们得以窥探我们的精神或灵魂之内在状况的窗户。正如维特根斯坦（Ludwig Wittgenstein）所言，面孔是身体的"灵魂"（seele）。正因为身体是和其他身体共存于世界之中，精神才变成一个"关系者"（relatum）。为了存在于社会、继而存在于伦理之中，我们必然作为身体或肉体而存在。当代杰出的社会和政治哲学巨擘哈贝马斯通过切断或扯掉我们与社会政治世界——好过他喜用的"交往实践世界"——之间的脐带，对作为肉体的身体或主观者，或说得更好听一点，现象学身体置若罔闻。[2]

---

[1] *Phenomenological Psychology*（New York：Basic Books，1966），211.

[2] 哈贝马斯在《现代性的哲学话语：十二讲》中对现象学极尽苛评。参见 *The Philosophical Discourse of Modernity：Twelve Lectures*，trans. Fredrick Lawrence（Cambridge：MIT Press，1987），特别是在其第十一讲"走出主体哲学的另一条路径：交往理性和以主体为中心的理性"（"An Alternative Way out of the Philosophy of the Subject：Communicative versus Subject-Centered Reason," 294 - 326）中，对现象学大加批驳。哈贝马斯在其中认为梅洛-庞蒂将肉体当作主体。此外，哈贝马斯在对麦克卢汉的传播理论的考虑中认为感觉有其自身的**理性**，对此表示怀疑。哈贝马斯是一个"无身体的大脑"吗？

3.4

上文曾提到过的拉斯维尔将政治理论划分为两块，一块是作为主观"偏好"信念的政治**哲学**，另一块是陈述或描绘"条件"的政治**科学**。政治哲学属于价值领域，其真理不可确证；反之，政治科学则落于可验证的事实领域。我们曾暗示过，价值与事实的分离过于肤浅、简单化，甚至是靠不住的。甚至一个轻率的空想就能处理或解决价值和事实的难题。

本节将讨论伦理学和政治学之间的一种紧密而必然的关联，即作为伦理学的政治学。价值是日常存在中的一种必需的和构成性的要素。约翰·怀尔德强调道："在生活世界中，价值并非添附之物。它是事物的构成部分之一……人类文化不是一种将赞同与反对加之于其上的中立结构。它**就是**赞同与反对。"[1] 英国伦理现象学家西蒙·克里奇利（Simon Critchley）在伊曼纽尔·列维纳斯（Emmanuel Levinas）的经典传统中将政治学解构为伦理学。我们相信，列维纳斯基于其伦理学是"第一哲学"（*prima philosophia* 或 *philosophie première*）的构想，在 20 世纪成功地实现了现象学中范式性的伦理学转向，指出道德是人类之共在的原动力。列维纳斯作为第一哲学的伦理学"有别于"海德格尔的存在或本体论。简而言之，正如克里奇利之妙论：政治学无伦理学则"盲"，而伦理

---

[1] *Existence and the World of Freedom* (Englewood Cliffs: Prentice-Hall, 1963), 54. 怀尔德提出了生活世界中存在着四种不同的现象学内容："人之本身, 自然领域, 他人和人类文化领域, 以及超验之物 (the transcendence)。"参见 "Interrogation of John Wild," conducted by Henry B. Veatch in *Philosophical Interrogations*, eds. Sydney and Beatrice Rome (New York: Holt, Rinehart and Winston, 1964), 177。

学无政治学则"空"。[1] 因此，伦理学和政治学不可分离地连接或缠绕在一起。对于列维纳斯来说，伦理学作为第一哲学或一种对话哲学（philosophy of dialogue）意味着两者密切关联或密不可分，因为对话哲学必然是一种伦理学，或如列维纳斯所言，"不可能不是一种伦理学"。此外，我们也可效仿列维纳斯伦理学是第一哲学的说法，提出"责任是第一伦理学"，它扎根于他者或他异性（alterity）的首要性之上。马克·泰勒（Mark C. Taylor）所创之新词"他异性"意即将他者置于高于自我（自感，ipseity）的圣坛（altar）或高位之上。所以，利他主义（Altrusim）就其名称之故就可被视作责任的代名词。因为"你们"和"我们"并非"我"（I）的复数，所以自感无法独立宣告责任是第一伦理学。实际上，自感独自损伤或抹消了伦理生活。正是他者存在的首要性令责任作为第一伦理学（如果不是伦理生活本身的话）成为可能。于是，列维纳斯认为人之复数形式并不是指数量意义上的众多，而是另有基础，即他者本质上的他异性，更确切地说，即他律性（heteronomy）。

1　在此需提及克里奇利的两部重要著作：*Ethics-Politics-Subjectivity：Essays on Derrida，Levinas and Contemporary French Thought*（London：Verso, 1999）和 *The Ethics of Deconstruction：Derrida and Levinas*（Oxford：Blackwell, 1992）。我们希望指出伦理学作为第一哲学是一种后-本体论。值得强调的是，对于海德格尔而言，"现象学方法的三个基本要素——还原、构建和摧毁（destruction）——在内容上有共通之处，必须接受以其共同的相关性为基础。在哲学上，建构必然也是解构（deconstruction），也就是说，传统概念的解构是在一种历史递归中作用于传统。这不是对传统的否定，也并非指责其一无所用。正相反：它其实指出了传统的积极适用性，因为摧毁从属于建构，哲学认知就本质而言同时也是某种意义上的历史认知。哲学史正如其所称，属于作为科学（Wissenschaft）的哲学概念，或是属于现象学探索的概念。哲学史不是教育产业任意的附属物，如若不然，那就只是提供一种机会为了通过考试随便找些容易的题目，甚或仅为了随意了解一下往日是一个怎样的世界。"参见 *The Basic Problems of Phenomenology*, trans. Albert Hofstadter（Bloomington：Indiana University Press, 1982），23。此段话清楚地为伽达默尔诠释学和德里达解构主义中"历史意识"的重要性作了附加说明，它不是赞同一种摧毁大赛或者仅是为了摧毁而摧毁。

"崇高"（altarity）[1] 的观念提升了他者的世界，将之转化为一个更高层次的伦理文本。

在"崇高"的更高层次的伦理文本中，责任是第一伦理学。列维纳斯的他律性伦理学确认了良知从不是为其自身，而是为了"他人"（*pour l'autre*）：正是我对他者的责任让我（me）成为一个独立的"我"（I），或者说，主体性的这种特殊模式与**作为第一伦理学的责任**紧密联结在一起。即便缺乏自由的责任名不符实，自由或自治也只是附属之物，而非简单地与责任相对立，这是因为我们能够自由行事而不负责任，但不能在失去自由时承担责任。列维纳斯宣称："存在并非受困于自由，而是被判定和赋权为一种自由。自由无法不着丝缕地展现其自身。对自由的授权构成了道德生活本身，而这完完全全地就是一种他律性。"[2] 从列维纳斯的他律性存在主义立场来看，"存在"（existence）这一观念在很大程度上为其支持者及反对者所深深误解：正如其词源学所示，其真正的核心是其本身面对他者的世界（"共同世界"，*Mitwelt*）和其他非人存在以及事物的世界（"周围世界"，*Umwelt*）的离心性（ex-centricity），而非向心性。人作为离心者（eccentric）是这样一种存在：他早已也总是暴露在列维纳斯自身所言的"外在性"的外部世界中，并一直关注此外部世界。由此，存在的座右铭必须是：迈向外在，勿进内在。存在是一种共在：孤独即自毁。先成为一个负责的行动者，而非认识论意义上的主体。只有他律性或离心的行动者之间的对话才能确证个体的存在，自我中心主义对此无能为力。总而言之，作

1　这一由"altar"与"ity"构成的词汇是马克·泰勒的一部著作（*Altarity*［Chicago and London：University of Chicago Press，1987］）的名称。——译者注

2　*Collected Philosophical Papers*，trans. Alphonso Lingis（Dordrecht：Martinus Nijhoff，1987），58.

为共在的存在观促使责任成为第一伦理学，它兼而拒斥自我中心主义和人类中心主义（或人类优越论）。

捷克斯洛伐克前总统瓦茨拉夫·哈维尔（Václav Havel）的知识主要来源于雅恩·帕托什卡（Jan Patočka），后者曾担任胡塞尔的助手，并师从海德格尔，后来死于一次警察审讯中。哈维尔所提出的"生活在真实之中"，及其所领导的"七七宪章"团体的政治观念，都为一系列现象的道德效力提供了彻底的辩护，包括"弄臣"（the "jesterly"）与"教士"（the "priestly"）即极权主义的对抗[1]、"无权者的权力"（哈维尔献给帕托什卡的文章名）、良知的存在主义政治，以及为建立一种"后极权主义"政治秩序而采用的非暴力抵抗的成就等。在狱中岁月研读了列维纳斯之后，哈维尔认识到责任作为道德人性最深的隐秘，应能够包容非人性的自然界。[2]哈维尔完全拒斥马基雅维利的现实政治（Realpolitik）或所谓的作为"可能的艺术"的权力政治。他在理论和实践两方面都展示出责任政治作为他所言的"不可能的艺术"的伦理。对于哈维尔来说，真正的对话政治厌弃暴力或屠杀：弄臣式的持异见者不是一位"辩论者"，而是真正意义上的加缪（Albert Camus）的"反抗者"或巴赫金的"对话者"，他意识到对人类团结的忠诚并培养这种忠诚，

---

[1] 郑和烈在正文中用括号加注，称引号中的两词是"借自被驱逐的波兰马克思主义者莱斯泽克·柯拉科夫斯基(Leszek Kolakowski)的对话语言"。在柯氏看来，"教士"指的是欧洲中心的普遍性，"弄臣"指的是横贯性。参见 Hwa Yol Jung, "Transversality and the Philosophical Politics of Multiculturalism in the Age of Globalization, *Research in Phenomenology*," Vol. 39, No. 3 (2009), pp. 416-437。——译者注

[2] 关于哈维尔责任政治的详细论述，参见 Hwa Yol Jung, "Václav Havel's New Statecraft of Responsible Politics," in *Phenomenology 2010*, vol. 5: *Selected Essays from North America*. Part 2: *Phenomenology Beyond Philosophy*, eds. Lester Embree, Michael Barber, and Thomas J. Nenon (Bucharest: Zeta Books/Paris: Arghos-Diffusion, 2010), 177-195.

而无意于毁灭他人。他能够说出"**我**反抗，所以**我们**存在"。哈维尔也提到过知识分子的角色定位，应是一位永远"刺激"的反抗者（或牛虻），他能够自觉地使其自身与任何既存的秩序保持距离，并对站在"胜者"的一方一直保持警惕和怀疑。

沉默和谋杀是我们拒绝接受现状的两种极端方式，矗立在两者之间的中间道路则是起义或非暴力颠覆。在苛刻的**伦理**法则和易错的**认识论**法则之间，反抗者或持异见者乐于接受一种对话式的互动，而革命者无论其理由多么崇高，他都受无责和无错的独白式绝对性所滋养。在列维纳斯基于他律性的责任伦理和哈维尔的责任政治治国论中，认识论教条主义和道德绝对主义无安身之处，哈维尔一直认为，在令行动无法实施的彻底的怀疑论和将痛苦、恐惧以及死亡强加于普通人身上的绝对的确定性之间，存在着一种常见的、漏洞百出的**模糊**（ambiguity）时刻和地带。总而言之，对于哈维尔来说，道德是一切政治的基本结构。由此，政治在严格意义上从不是一个下流词汇，因为它深深地植根于普遍人性的道德构造之上，并与之难舍难分。在哈维尔看来，无伦理的政治"自受其暴政"。他也提及政治是一种"实践中的道德"、"实践道德"和"反政治的政治"。在他看来，政治和伦理一样是一种"不可能的艺术"——这一说法值得再次强调，而马基雅维利式的权力政治剔除了伦理，只能纵容"生活在非真实之中"，这实际上意味着生活在操控和假模假样的骗局之中，最重要的结果是，暴力成为"可能的艺术"。

在地理哲学（geophilosophy）充当**终极哲学**（*ultima philosophia*）以及文化多元主义遍及全球的时代，我们甚至会毫不犹豫地认为，"认真承担责任"远比"认真对待权利"（权利理论家罗纳德·德沃金［Ronald Dworkin］之语）更为重要。在洛克的社会契约理论中，政府的单一功能就是保护和保全由生命、自由和财物（estate）所构成的个人财产。托马斯·杰斐逊在《独立宣言》中则将"财物"置换为"追求幸福"（the pursuit of happiness）。财物仅是劳动产品，在洛克的财产结构中处于中心位置。洛克意图建成一个由获取性个体（acquisitive individuals）构成的社会，这也被加拿大政治理论家麦克弗森（C. B. Macpherson）称作"占有性个人主义"（possessive individualism）。[1]

在洛克关于价值的劳动理论中，最具破坏性或有害性的是其认为未开发的土地就是一块荒地，这可谓是他的"荒野注意力缺乏障碍症"（Wilderness Attention Deficit Disorder，WADD）。对他来说，荒野无论如何都没有价值。即便如此，我们也理应注意到，洛克"占有性个人主义"的发生背景是漫长的西方政治思想发展史中的范式转换或［由地中海］向欧陆的转移：政治范畴的优势为经济范畴所取代，这也是前现代和包括马克思在内的现代之间的显著差异所在。谢尔顿·沃林将之视作**政治**哲学的衰微。如果说洛克的自由主义可以被称作"占有性个人主义"，那么马克思的社会主义便是"占有性集体主义"。有鉴于此，汉娜·阿伦特（Hannah Arendt）的《人的境况》（1958）格外重要。她努力寻回政治生活（城邦的公共事务）的前现代的（即亚里士多德的）遗产之于以劳

1　C. B. Macpherson，*The Political Theory of Possessive Individualism*（Oxford：Clarendon Press）. 安东尼·唐斯（Anthony Downs）的《民主的经济理论》（*An Economic Theory of Democracy*，New York：Harper and Row，1957）一直在政治科学专业的本科生中流传甚广。其"实证政治科学"的构想承自米尔顿·弗里德曼（Milton Friedman）的"实证经济学"模式。依唐斯之见，为了实现"实证"（positive），其构想的目的在于提供精确的预测，而非精确的描述政治现实，或者在观察中理解政治现象的意义。他忽略了那些可能对现实政治世界产生重要影响或与之有重要关联的变量，而是精选出一些相关的关键变量。因为人们的预测的重要性要胜于他们假设的现实性，所以，他们如何在**真实的**政治世界中进行**真实的**行动的前概念现实对其概念框架来说并不重要。此外，人类行为者的理性是由自私的动机和利益所定义。利他的行为者会是非理性的吗？

动为中心的经济生活（家庭的私人事务或家务［*oikos*］）的优势，也就是说，最终恢复**政治**哲学作为一种政治**行动**的哲学与劳动（劳动人［*homo laborans*］）和工作（技艺人［*homo faber*］）之间的区别。的确，洛克式的"经济人"（*homo oeconomicus*）明白无误地是一种反"生态的人"（*homo ecologicus*）。阿伦特的这部伟大作品（*oeuvre*）中潜藏着一个意义深远但未被发掘的卓见，它对包括人类和非人类在内的所有"地球生物"来说极为重要——因此它也是一种地理哲学。阿伦特如此写道：

> 地球正是人类境况之精髓，众所周知，地球上的自然环境在宇宙中为人类提供了一个独一无二的居所，使其能够不依凭人造物而自如地行动和呼吸。虽然世上的人造物将人之存在与一切动物环境区隔开来，但生命本身外在于这个人造世界，人们通过生命保持着与其他鲜活的生命体之间的关联。如今，大量的科学努力旨在让生命也成为"人工的"，并切断了人类作为一种自然之子与其母体间的最后纽带。[1]

阿伦特对当今世界加速的"人造物"的强调，是其导师海德格尔的"集置"（*Gestell*，enframing）[2]——与"泰然任之"（*Gelassenheit*，serenity or quietude）相对——的弦外之音或回声，这种包括由地球技术实现的行星控制在内的人造物，正令人类走在

1　*The Human Condition*（Chicago：University of Chicago Press，1958），2.
2　此处采用孙周兴的译法，并录其解释如下："'集置'（Ge-stell）是后期海德格尔思想的一个基本词语，在日常德语中有 Gestell（框架）一词。海德格尔把技术的本质思为'集置'，意指技术通过各种'摆置'（stelen）活动，如表象（vorstellen）、置造（herstellen）、订置（bestellen）、伪置（verstellen）等，对人类产生着一种不无神秘的控制和支配力量。"（海德格尔：《林中路》，孙周兴译，北京：商务印书馆，2015 年，第 56 页，注释①。）——译者注

一条使自身成为濒危物种的道路上。我们人类在这颗"绿色"的地球上独自承担着拯救所有生物的责任。如今很多海德格尔主义者声称我们在恢复我们的敬人情结（homopiety，我们对人类的尊敬）之前，必须**首先**恢复我们失去的敬地情结（geopiety，我们对非人生物及事物的尊敬）。[1]

美国是一片"权利话语"（rights talk）之地，它也是美国例外论的一种标志。研究美国自由主义的著名美国政治思想史家路易斯·哈茨（Louis Hartz）发现，无人能及洛克在美国政治思想中的主导地位。即便弗朗西斯·福山（Francis Fukuyama）后来否认，但其备受争议的"历史终结论"却着实是洛克之神秘预言的实现，即认为美国便是世界的未来。艾米·古特曼（Amy Gutman）也发现了美国最主要的政治哲学家都是权利理论家。美国"权利话语"最严肃的批评者玛丽·安·葛兰顿（Mary Ann Glendon）在评述中指出，它既有别于美国人言说了什么以及如何言说，也有别于他们未曾说出之语，这实际上暗示着洛克的"占有性个人主义"深埋在美国精神之中。[2]

与大陆哲学家列维纳斯并无不同，约翰·怀尔德作为"权利话语"之地的公民也是一个例外。他不仅提及我们"对他者的忽视"，

---

1 参见 Hans Jonas, *The Imperative of Responsibility：In Search of an Ethics for the Technological Age* (Chicago：University of Chicago Press，1984) and Erazim Kohák, *The Embers and the Stars：A Philosophical Inquiry into the Moral Sense of Nature* (Chicago：University of Chicago Press，1984)。埃拉兹姆·克哈克清晰地指出："我们要寻回人性的道德感，应首先寻回自然的道德感。"(*The Embers and the Stars*，13. 为了强调加上斜体)。

2 *Rights Talk* (New York：Free Press，1995).这是迄今为止关于该主题最严厉的批判之作。

而且指出最有价值的权利应是"他者作为他者的权利"[1]，而非占有性的自我扩张的权利，后者在理论上排斥了一切利他主义的可能。如今的"权利话语"甚至带着保护和保存美国荒野和动植物的善意，已经侵袭和殖民了自然世界。很多人，如果不是所有人的话，说起"自然权利"和"动物权利"，就像是说起"公民和政治权利"和普遍的"人权"。"权利话语"的反对者们号召对责任进行"开拓"，这在某种意义上也是走错了方向，因为在西方现代性中，从未假定责任与权利具有平等的概念突显度或重要性。齐格蒙特·鲍曼（Zygmunt Bauman）是列维纳斯的敏锐读者，当他坚持认为"道德责任是最为个体性的、不可剥夺的人类财产，也是最为珍贵的人权"时，或许也无意地陷入了令人困惑的隐喻之中，一方面是在权利和责任之间，另一方面是在"拥有"和"存在"之间。实际上，对作为"权利话语"之解构式批判的责任进行澄清和矫正，是一项至关重要且迫在眉睫的需求。

3.5 多元文化的全球化世界中的横贯性

多元文化的全球化世界是一个无处不在的生活事实。加拿大传播理论家马歇尔·麦克卢汉（Marshall McLuhan）将此收缩的世界描绘为"地球村"，这唤起了荷马口述文化中一种亲密无间的交往实践的形象，它存在于西方历史和文明的发展中。由此，他曾设想用中文或汉字写作其杰作《谷登堡星汉璀璨》 （*The Gutenberg*

---

1 参见 *The Promise of Phenomenology：Posthumous Papers of John Wild*，159 - 168。Wild wrote "Introduction" to the English translation of Levinas' *magnum opus Totality and Infinity：An Essay on Exteriority*，trans. Alphonso Lingis （Pittsburgh：Duquesne University Press，1969），11 - 20. 也可参见 Seyla Benhabib，*The Rights of Others：Aliens，Residents and Citizens* （New York：Cambridge University Press，2004），书中的口号是"众人皆有罪"（No human is illegal）。

Galaxy，1962）[1]，确是理由充足。他开启了一个通往跨文化理解的"无门关"（gateless gateway）[2]，用更具政治意味的词来说，即世界变成了一个国际大都市（cosmopolis）。[3]

横贯性是现象学作为一种哲学运动在当前阶段的特征，我们用之说明多元文化的全球化世界。包括现象学在内的所有新哲学为了应对一直也早已在变化中的世界，都从发明新概念和新主题开始。在当今瞬息万变的现实（real）的全球化和多元文化世界中，我们迫切需要新的概念和议题去探索和反映这些变化中的现实。我们是"多"而非"一"。据迈克尔·哈特（Michael Hardt）和安东尼奥·奈格里（Antonio Negri）所言，"我们"既非"人民"（people）亦非"大众"（masses），而是"诸众"（multitude）。"人民"的理念将"多"简化为单一的整体，而"大众"则趋于一致性。"人民"和"大众"都

1　马歇尔·麦克卢汉：《谷登堡星汉璀璨：印刷文明的诞生》，杨晨光译，北京：北京理工大学出版社，2014 年。——译者注

2　宋代慧开（1183—1260，俗姓梁，字无门，世称无门慧开）撰有《无门关》一卷。本文作者郑和烈熟悉佛教文化，此语当是借道此书名。——译者注

3　人类学家迈克尔-劳尔夫·特鲁伊洛特（Michel-Rolph Trouillot）在 1991 年评论道，应该用横贯性和全球化来描述世界的国际大都市外观。他在文章中向我们展示出了一些有趣的案例，说明世界变得越来越混杂并由此而呈现出全球性："在此，'我们'就是西方，就像迈克尔·杰克逊和莱昂内尔·里奇的轰动全球的歌曲所唱，'天下一家'（We Are the World）。这不是一种家系或领土意义上的'西方'。后现代世界并未为家系留下多少空间，领土的概念也正在我们眼前被重新界定……在这个世界中，美国黑人迈克尔·杰克逊从日本开始其环球巡演，而古巴马埃斯特腊山脉下的海地农民们听着其磁带手舞足蹈；弗罗里达人（再度）说着西班牙语；社会主义国家的总理途经新英格兰出现在希腊，极度虔诚的伊朗伊玛目则借道巴黎。在这个世界中，雷鬼音乐盛行的牙买加的政治领导人寻根觅祖至阿拉伯，美国的信用卡在巴巴多斯加工，而意大利设计的鞋子由香港制造。在这个世界中，教皇是波兰人（铁幕的东侧——译者注），最正统的马克思主义者却生活在铁幕的西侧。在这个世界中，最有见识者只是一些无主业的（part-time）想象的共同体中的业余（part-time）公民。"参见"Anthropology and the Savage Slot: The Poetics and Politics of Otherness," in *Recapturing Anthropology*, ed. Richard G. Fox (Santa Fe: School of American Research Press, 1991), 22.

未虑及差异或多样化的理念。"诸众"在"我们"的理念中保存了多样化，适用于描述具有一张多重关系之网和多重经验现实的社会世界。"诸众"这一说法很好地回应了多元文化现象和全球化的来临。

在数百年来的西方现代知识史中，不乏见识卓绝之士怀有种族中心主义以及多数和少数的观念。所谓的欧洲中心主义的心态视其自身为整个地球的文化、科技、政治、经济甚至道德等诸种资本（capital）的天选卫士。借用知识史学家约翰·霍布森（John M. Hobson）之言，通过在东西方之间建构一道天堑，欧洲中心主义刻意地建立了"一种知识性的区隔制度，在其中，优等的西方被隔离于次等的东方之外"。社会哲学家齐格蒙特·鲍曼认为，欧洲已经用曾经殖民其周边世界的方式，竭尽全力地对未来展开殖民。实际上，这种殖民未来的欧洲中心观在对全球这个时空交汇点进行侵占的过程中，赋予了现代性概念以新的意义，即一项未竟的计划或历史的终结。

横贯性之要旨在于，多样性的文化、物种、学科和感知的杂交。作为一种凌驾于现状之上并进而要求超越的祛魅，此处的横贯性是解构（deconstruction）一词奇特的合成式表达，即先解开某物，继而试图超越其所呈现。横贯性不寻求垂直地（vertically）向下挖掘一个暗无天日的深洞，而是水平地（laterally）挖掘一个新洞。由此，横贯性也可拼作 trans (uni) versality：用胡塞尔的解构之隐喻来说，如同凤凰自普遍性的灰烬中重生。

显而易见的是，黑格尔视真理为普遍性的观念有其西方根基，出自"西方式的自恋""种族中心主义的无知"，以及最为重要的哲学避责。黑格尔关于普遍性的浅见犹如亚洲谚语中的青蛙，坐在一口深井中望向天空，欣喜若狂地喊道："这就是天！"当然，总有例外之人，例如自视为多元主义者的约翰·戈特弗里德·赫尔德（Johann Gottfried Herder）。他声称西方的殖民主义是"一个恶魔，因为它削减或威胁削减……世上诸文化的数量，而多元性关切着世界〔乃至宇宙〕的持存之道"。[1] 赫尔德继而借用启蒙时代极为适恰和有趣的身体隐喻，挑战了普遍理性的西方主流观念："在若干尝试之后，我发现自己仍然无法理解理性是如何能够如此普遍地被视作所有人类文化、福祉和良善的唯一顶点和目标的。**难道整个身体就是一只大眼睛吗？**如果每一个部位如手和脚，不得不充当眼睛和大脑的话，整个身体不会受损吗？过于草率和无用地扩散理性，将会极大地削弱欲望、天性和生命活动——实际上此害已久矣。"[2]

美国实用主义哲学家威廉·詹姆斯（William James）是赫尔德多元主义的可敬继承者，激化了对黑格尔主义的批判。他在英格兰做了希伯特讲座（Hibbert Lectures），后来以《多元的宇宙》（*A Pluralistic Universe*）为名在 1909 年出版[3]，其中也包含了对黑格尔的普世主义一元论的多元主义批评。该书与其以往的早期作品相比，有两点给我们留下了更为深刻的印象。首先，现实是且能够被经验到的事物。这与拉尔夫·爱默生（Ralph Waldo Emerson）的"生命经验是我的哲学辞典"大意相同。其次，在其多元主义构想中，他既满怀期许又发人深省，批评黑格尔主义追寻"那个真理、一、不可分割、永恒、客观和必然"。这种绝对而武断的观点隐藏

---

1 Anthony Pagden，"The Effacement of Difference：Colonialism and the Origins of Nationalism in Diderot and Herder," in *After Colonialism*，ed. Gyan Prakash（Princeton：Princeton University Press，1995），414.

2 *J. G. Herder on Social and Political Culture*，trans. and ed. F. M. Barnard（Cambridge：Cambridge University Press，1969），199.

3 New York：Longmans，Green.

在一种**"应是"**（must be）之中，而不是来自一种猜度的和委婉的**"许是"**（may be）。黑格尔的"理性主义"和詹姆斯的"激进实用主义"确实完全对立，前者用"整体"的方式来解释"部分"，而后者用"部分"的方式来解释"整体"。

在辩驳黑格尔的欧洲中心主义方面，梅洛-庞蒂的横贯性思考最具力度：所有哲学或非哲学的思想与日常生活的、历史的以及社会-文化的现实一样，都是生活世界的组成部分。任何哲学都是某种人类学的类型，谁也不拥有对真理的特权或垄断。欧洲的思想和中国或印度的思想在"民族哲学的"（ethnophilosophical）含量上并无多寡之分。黑格尔肤浅且傲慢的设想和欧洲中心论的避责观是毫无道理的，因为他将西方的民族哲学内容当作普世化的或能够普世化的，而中国或印度的民族哲学内容只是一种民族哲学（即算不上是哲学）。梅洛-庞蒂正确地挑战了黑格尔的欧洲中心主义，正如其所指出的，自诩拥有普遍性的欧洲哲学必须证明它已经理解了**所有的生活世界**，而这简直是一项无比艰巨的或根本不可能完成的任务。对于梅洛-庞蒂来说，真理这一观念乃是西方发明出来的，而一种包含所有哲学的哲学是不存在的。相反，哲学的中心无处不在，其边缘则杳然无极。由此，真理是同心/多中心的，即横贯的。

就其采用了协商的或折/中（com/promised）的中间态度或中间道路而言，横贯性触及了大乘佛教和禅宗的真谛。现藏于日本京都国立博物馆，著名的西往寺宝志禅师满是蛀孔的木雕像便是一个横贯性的象征物。[1] 它表现出了对横贯性的称颂。宝志的脸作为其

---

[1] 书中关于僧和寺的命名为"Zen Priest Hoshi（Baoxi）at Saio Temple"，或有谬误，其中 Baoxi 应为 Baozhi，Saio Temple 应为 Saiō-ji Temple。宝志（418—514）为南朝高僧，今南京市栖霞区人。据南朝梁人释慧皎《高僧传·卷十·神异下·梁京师释宝志》所记，宝志有分身、多面之法力。文中宝志禅师立像为译者采自京都国立博物馆官网（https：//www.kyohaku.go.jp/eng/theme/floor1_2/past/post_3.html）。——译者注

身体之"魂"，以变化的方式表达了这个世界，标志着一次悟道（satori）的新开端，或象征着一个包含本体论、文化、伦理和政治的新体制的开启。在雕像原先的（old）**脸正中间的**（middle）缝隙中，显现出了一张具有填隙性和阈限性的脸[1]，意味着现存世界的一种变容和重估。中间的脸庞标志着弥勒佛（"未来佛"）或菩萨（*Bodhisattva*）的降临，他是一种具有"圆满智慧"（菩提或般若）的"中道"（middle way）之存在（萨埵，*sattva*），

首次帮助他人获得了解脱与和合。这副自**中间**浮现出的新容的天命就是在跨文化、跨特性、跨学科和跨感觉的边关之间艰难跋涉。有人警告不要将之当作两端之间的中间点。其实，它是为了**消除**所有的两极对立（自然和人文，身体和心灵，女性气质和男性气质，以及东方和西方）。此处最重要的事实在于，横贯性是一种克服出现在西方现代性中的两极性本身的范式化演绎。正如曾有过的那样，固化的两极融化在无所不在的横贯性空气之中。

最后，横贯性的建构可以被称作一种"全球想象"（global imaginary），这是模仿加拿大政治阐释学家和多元文化主义者查尔斯·泰勒（Charles Taylor）所得，他承继了伽达默尔合理的怀疑论，认为阐释学的要旨在于他人（非欧洲人或非西方人）也可能正确。作为对泰勒"社会想象"概念的接纳和修改，[2] 全球想象远不

1　原文为"an interstitial, liminal face"，根据图像来看，作者应该是说，中间的那张脸既填补了裂缝，又具有一种过渡性的变化，因此取文中译法。——译者注

2　*Modern Social Imaginaries*（Durham：Duke University Press，2004），23.

止是一种智识方案。它毋宁说是生活世界的，也就是说，它是普通人考量和想象其社会存在时的一种迷人而又正常的方式，他们怀着一种全球连接性思维，将其自身与其他人尤其是"外国人"联系在一起。由此来看，横贯性有一种全球的或现世的观念。作为一种全球想象，横贯性的重要性在于它将关于未来的推断性预测当作历史，这是一种历史的杂交或克里奥尔化（creolization[1]），毋庸置疑这作为一种想象变化中的实践，是一条永无止境之道。借用一则禅宗公案（koan）的悖论警语：继续前行，直达山顶！

必须警惕的是，横贯性作为一种全球想象的目的并不是建立由"一个政府"统治的"一个统一世界"。急切而热忱地寻求克服欧洲中心主义普遍性的横贯性主义者是可悲的。事实上，种族中心主义，无论是欧洲中心主义、中国中心主义、印度中心主义、非洲中心主义，还是拉美洲中心主义，在横贯性中都没有任何位置。横贯性的思想实验需要甘冒风险，勿要享受哲学上的自我满足和自我指涉所带来的安全感和舒适感。这是一场探索之旅，其目标是新现实的未知之地和哲学思考的新路径。在一个全球化的世界中，意义、观念和价值确实是四散不定——从西到东，从北到南，并且最重要的是它们一直在进行对话——如果不摧毁种族中心主义的无知，那么这一现象就会缩减。卡尔文·施拉格（Calvin O. Schrag）睿智地总结道："横贯性之道取代了普遍性之道，成为新千年哲学的林奇销（lynch-pin）[2]"，目前时机已到。[3] 对他

---

1 多指不同语言的相互混杂而形成新特征的过程。——译者注
2 林奇销是一种阻止运动中的轮子或者其他物件从轴上脱落的固定件，在此可以将之理解为进行哲学思考的非常重要的、具有保护性的思维方式。——译者注
3 *Convergence amidst Difference：Philosophical Conversations across National Boundaries*（Albany：State University of New York Press，2004），76. 此书篇幅虽短（仅 109 页——译者注），实属佳作，尤其展现出他在跨文化和跨学科视野下，关于横贯理性（transversal rationality）的思想精髓。

来说，横贯性标识作为一种动态的观念，"为发明、调解、越界、再现等带来了希望"[1]。换而言之，这的确是一个结构性的**中断**（中/断，inter/ruption）。

在此值得提及的是，泰勒作为伽达默尔阐释学最具洞察力的读者和解读者之一，尖锐地指出了伽达默尔阐释学与比较文化和哲学的极为重要的相关性，他写道：

> 伽达默尔所谈及的他者和视域融合 [*Horizontverschmelzung*] 的挑战，在我们尝试面对相当不同的社会和时代时也很适用。在此，这一要求不是来自在我们的认同深处有他们的位置，严格说来，而是来自他对这一要求的挑战。他们向我们展现出人之为人的不同的也常具威胁性的方式。挑战就在于，我们在以自己的方式生存的同时，还能够承认他者的人文之道。要做到这一点并不容易，因为它势必要求改变我们的自我理解，因而也就是改变在上述讨论中提出的我们的生存方式……在我们相互交往越发密切的世界中，应对这一挑战也变得越来越急迫。[2]

泰勒盛赞伽达默尔"极大地"帮助我们"清晰和真实地构想了这种挑战"。在文化多元主义的全球化世界中，横贯性的目标也是坚持在理论和实践生活中，自觉或习以为常地克服短视而固执的种族中心主义。在 18 世纪发明"世界文学"（*Weltliteratur*）一词的歌德（Johann Woflgang von Goethe）清楚地指出，如果将东方

---

1 *Experiences between Philosophy and Communication*：*Engaging the Philosophical Contributions of Calvin O. Schrag*，eds. Ramsey Eric Ramsey and David James Miller (Albany：State University of New York Press，2003)，26.

2 *Dilemmas and Connections*：*Selected Essays* (Cambridge：Harvard University Press，2011)，38.

（或非西方）仅仅当作西方的负面镜像，那么，作为自我的西方和被视作（异邦）他者的东方之间融合就会相当困难，甚至毫无可能。应该按照中国的阴阳逻辑，作为异邦他者的东方（阴）与西方（阳）互补。毋庸多言，他者的阐释学是一项充满困难和风险的工作，因为他者，尤其是"异邦的"他者会"迷失在翻译之中"。在所有人类交往中，对他者的理解总是一种"黑洞"。让-保罗·萨特（Jean-Paul Sartre）的名言非常睿智且毫不夸张："他人即地狱。"

差异哲学之于后现代横贯性，就相当于认同哲学之于西方现代性。用意大利后现代阐释学家基阿尼·瓦蒂莫（Gianni Vattimo）的话来说，横贯的相关性也是一场"差异的冒险"（adventure of difference）。在海德格尔的文字游戏"作为区分的差异"（*Differenz as Unterschied*）中，既重复了"差异"，又带有"之间"（*unter*）之意，这就同时联结、保持和提升了差异和相关的共存。在其广为阅读和对美国女性主义的发展深有影响的名著《不同的声音》（*In a Different Voice*）中，卡罗尔·吉利根（Carol Gilligan）承认或认可"差异的尊严"是将我们和他人联系在一起的键盘：我们"在面对差异时"产生"关系"。对于美国政治哲学家迈克尔·沃尔泽（Michael Walzer）来说，差异和宽容总是携手共进自有其充足理由：差异令宽容确有所需，宽容令差异成为可能。

我们还需对古代中国的阴阳逻辑如何在"作为区别的差异"的要求下运作做些额外说明。在其中，既未被具化又未被消除的差异（阴阳之间）能够在将我们自身和一切他者关联起来时，保存着互补的原则，而不是施加分离的诅咒。吉尔·德勒兹（Gilles Deleuze）关于差异的"重复"逻辑是"非辩证的"，而梅洛-庞蒂使用了一个更具可行性的术语"超辩证的"（hyper-dialectic），这超越了黑格尔和马克思关于辩证法的逻辑，即辩证不存在最终的综合。对于梅洛-庞蒂来说，"超辩证的"是"不可终结的"——此语乃巴赫金所言，这就用"对话"取代了辩证法，从而提出了他关于话语"对话论"的"不可终结"之路。最后，差异这一概念固化和提升了一种相关性（relational）自我或自我早已彻底地是相关性的构想。另外一个同样有意义的案例是，全球化应该被拼作"glocalization"——借用《纽约时报》编辑托马斯·弗里德曼（Thomas I. Friedman）作品《雷克萨斯和橄榄树：理解全球化》中的新造词，因为全球植根于本土。前者缺乏后者会空洞，而后者缺乏前者则是忽视了今天是一个多元文化和全球化并流的**真实**世界。非裔美籍哲学家科内尔·韦斯特（Cornel West）优雅而隽永的语句令人开卷有益，应当予以关注：

> 差异的新文化政治具有一些区别性特征，它们以多元性、多样性和异质性之名，废弃整全性和匀质性；依凭实在性、具体性和特殊性，拒斥抽象性、一般性和普遍性；并通过强调灵活性、暂时性、多变性、试验性、移变性和交换性，进行历史化、情景化和复数化。[1]

韦斯特总是考虑"到彼处去"，到真实的、永远相互关联的世界中去，他用反复斟酌的慧言慧语避开了"匿名普世主义"和"种族沙文主义"的双重陷阱，在两个极端之间走上了一条中间道路。相对于普世论者简单的一元论，横贯论者的多元论更为复杂，因执守多样性法则而追求多重意义。由此类推，非西方人将首次在世界

---

[1] "The New Cultural Politics of Difference," in *Out There*, eds. Russell Ferguson, Martha Gever, Trin H. T. Minh-ha, and Cornel West（New York：The New Museum of Contemporary Art，1990），19. 对于种族差异和文化差异的汇集来说，除了读读中国幸运饼干，无论可能出于何种动机或基于何种环境而移民的原因是最为重要的。例如遍及全球的德国人、意大利人、海外华人和印度人，以及散居的犹太人等。参见 Thomas Sowell, *Migrations and Cultures：A World View*（New York：BasicBooks，1996）。即便是手语，也是四处迁移。

文明史中，通过补西方人之所缺，成为与其具有不同视差者，而非消极的他者。非西方哲学正是测度西方哲学之最终**界限**的试验场。

我们可以问，跨越、融合和横贯两种或更多种文化、人种/种族以及语言可能会产生何种结果？简单来说，结果就是杂交，进而是杂交物更多的杂化（hybridization），直至**无穷**（ad infinitum）。在全球化加速的多元文化世界中，杂化的观念站在种族主义/种族中心主义、物种歧视论、单一学科论和单一感知论等"纯化"惯习的对立面上。

在此，我欣然想起曾论及"词源汉学"（etymosinology）的美国哲学家厄内斯特·费诺罗萨（Ernest Fenollosa），他在 1898 年发表了一篇具有先锋性的文章，名为《东西方即将来临的融合》，在其中谈到了"文明再一统（re-union）的时代"[1]。他确是一位先锋思想家，预想到了一种"思想的相关模式"——这个观点极具中国特色，并准备去日本的大都市和每一个乡镇考察，这些地方的状况在今天看来就是全球本土化的世界主义（glocalized cosmopolitanism）。不可忽视的是，他曾在 1878 年日本正轰轰烈烈地推进西方化/现代化之时跨越太平洋，当时日本的口号是"东方道德，西方技艺"。现在，融合已经无处不在了：融合烹饪、融合音乐、融合文学、融合绘画、融合政治，如此等等。

我们不拟赘言，转而重点关注加勒比海地区的——更准确来说

1　参见 Ernest Fenollosa and Ezra Pound, *The Chinese Written Character as a Medium for Poetry*, eds. Haun Saussy, Jonathan Stalling, and Lucas Klein（New York：Fordham University Press，2008），153 - 165。多年之后（1946 年——译者注），出现了另一部美国哲学家的作品：诺思罗普（F. S. C. Northrop）的《东西方的相遇：世界理解之研究》（*The Meeting of East and West：An Inquiry Concerning World Understanding*）。虽然有过于简化之嫌，但诺思罗普不无趣味地归纳出东方文化是"美学的"，而西方文化是"科学的"。或可说，他所言的"世界理解"就是东西方之间的不同文化在全球化道路上的汇聚，它将走向杂化或融合。

是马提尼克岛（Martiniquan）的法语思想家爱德尔德·格里桑特（Edouard Glissant）[1]，因为他的思想反映了加勒比海群岛或群岛荟萃之地（跨）文化、（跨）种族和（跨）语言的拼图，戴高乐在怒对加勒比海的原住岛民时曾政治不正确地将这些岛屿称作"一粒微尘"。加勒比海群岛似乎是文化、种族和语言杂化或混合的最佳温床。事实上，格里桑特本人就是一位杰出的、自学成才的横贯主义者。毋庸说，我们包括杂交或杂化的"全球想象"本身就是一种"不洁的想象"（Impure Imagination）[2]，因为它是各种人种/种族、文化和语言之间的不纯正或不神圣的混种。即便如此，格里桑特横贯性哲学中的开裂性（dehiscence）毫无疑问会有助于文化观念和价值的异花授粉（cross-pollination）。

　　对于格里桑特来说，横贯性是其作为跨文化相遇的相关性诗学（poetics of relation）的核心，并指向了一种新的本体论、伦理和即将到来的全球相关性政治。格里桑特毫无含糊地指出横贯性关系意味着取代"普遍性的陈旧观念"，这种横贯性思维与梅洛-庞蒂对欧洲中心主义普世论者和绝对理性主义者黑格尔的批评如出一辙。格里桑特优雅而明确地宣称，"思一（One）非思全（All）"（*La pensée de l'Un ne soit pas la pensée du Tout*）。在论及黑格尔的世界历史观时，格里桑特反驳道：

　　　　历史成为一个高度功能化的西方幻觉，就源于它独自

1　关于格里桑特的横贯性世界更为详细的论述，参见 Hwa Yol Jung, "Edouard Glissant's Aesthetics of Relation as Diversality and Creolization," in *Postcolonialism and Political Theory*, ed. Nalini Persram（Lanham：Lexington Books，2007），193 - 225，本文自其中多有所引。

2　在关于拉美国家杂交化的作品中，约书亚·隆德（Joshua Lund）编辑的文集令我们关注到吸人眼球的短语"不洁的想象"。参见 *The Impure Imagination toward a Critical Hybridity*（Minneapolis：University of Minnesota Press，2006）。

"制造"出世界历史的那刻。如果黑格尔为了保证欧洲人拥有一种排他性的**历史**（History），而分别将非洲人和印第安人降格为非历史的和前历史的，这显示出的并非我们在今天可以断定这些非洲人和美洲人"已进入历史"，而是"历史进步"的等级化观念已经无足轻重。[1]

格里桑特立足于多元文化的后殖民世界，认为黑格尔的历史观不合时宜的或业已过时，这种解构拒斥了"单一**历史**的线性观和等级观"，强调后殖民世界既不纯粹是欧洲的，也不纯粹是非欧洲的，而是欧洲和非欧洲的文化、种族和语言的混合体。

横贯性是一条**跨越**或**超越**（如克里奥尔化）种族、语言和文化边界的道路。对于格里桑特而言，漂泊（*errance*）一词指的是"家中虽存有多种语言和文化，但并未切断与其母国之间的脐带"。因此，横贯性、杂交和克里奥尔性（creoleness）在用法上是可以互换的。加勒比海群岛是互联和互赖的至高象征。更为重要的是，混合是一种了解加勒比人的"隐秘汇聚"或以内在（*from within*）的横贯性关系而汇聚的方式。这是加勒比群岛的本土现象，即西方和非西方的种族、语言和文化的混种（*métissage*，格里桑特将之译为"杂交繁殖"）。混种是"众多汇聚之路的交点"，由此，加勒比民众的汇聚史将他们从单一历史完全封闭的观念中解放出来（关于前述语词和段落更为详细的参考文献和解释，可参见第 10 章）。加勒比性（Caribbeanness）是一种跨文化关系的根基所在，它在种族、文化和语言上都发生了突变。它将加勒比人从一种匀质性中解放和拯救出来，并促进了多样性。同样重要的事实是，多样性作为被接

1　*Caribbean Discourses*：*Selected Essays*，trans. J. Michael Dash （Charlottesville：University of Virginia Press，1989），64.

受的差异性通贯于所有的社群和民族之中，而同一性（认同）作为一种升华了的差异性则仅见于"个体存在的孤独"之中。

对差异性的所谓承认或认可，并非只有一种，而是有很多种，它们也不是终点，而只是实施杂交的首步。发表于 1989 年的《克里奥尔性之赞》（*In Praise of Creoleness / Éloge de la Créolité*）是一份刻意用双语写就的加勒比宣言，在其中，作为普遍性和匀质性之对立面的"多样性"，被定义为"受保护的多样化的自觉调和"（harmonization）。"调和"在音乐意义上指的是"和声"，它能够丰富音调，并且当两种或更多声调组合在一起（如编制管弦乐曲）时，令它们更为平衡。在和声（或者交响/乐，sym/phony）中，每个单独的声调都未丢失，依然得以保留；而两种色彩混合在一起时，就没有什么调和可言了，因为它们变成了另一种色彩。因"复调和声"之名，多样性否定了"咄咄逼人的普世性思维"。前面提到的加勒比或克里奥尔化宣言的开篇首句为："我们不是欧洲人、不是非洲人，也不是亚洲人，我们声明自己是克里奥尔人（Creoles）。"克里奥尔人（作为混种）既非一元论者，也非分离主义者，他像一只自行从"种族中心主义之茧"中破壁而出的混种"蝴蝶"（两者皆是格里桑特的用语）。格里桑特给出了作为"多样性"之终结的克里奥尔性的原则，这很难转述：

> 多样性既不混乱亦不贫乏，也没有普世论者的超然性，而是人类对跨文化关系孜孜不倦的追求。多样性需要人民［诸众］的出场，他们不再是作为被吞噬的对象，而是怀有创造一种新关系的意向。同一性需要的是固化之存在（Being），多样性则鼓励生成（Becoming）之创设。同一性始于西方扩张主义者的劫掠，多样性则显现于人民［诸众］的政治和武装抵抗。同一性自对个体的迷恋**之中**（within）

升腾而出，多样性则借（through）群体发展之力传遍四方。

总之，在多元文化主义全球化的世界中，无论种族中心主义采用何种形式，既不能获得尊重，也不具持存之力。如果不能充满希望地削弱，甚而最终消除种族中心主义的无知和偏见，就会对阻碍到通过融合、杂化或克里奥尔化实现横贯世界。在被拼写为 *glocalization* 的全球化中，存在着全球（作为异邦的外在性）和本土（作为原生的内在性）之间均衡的融合。在不同/异质的观念和价值的交/换（即汇聚）之中，的确存在着一种以阴阳的象征性逻辑行事的活动。在其中，一者所不足、缺失或不完善之处，由他者来补充甚至完善。迄今为止我们仍未显著促进的传统上所谓的"比较哲学"将是一场徒劳无功的哲学实践，除非或者直到我们通过横贯于不同的哲学系统中转换我们的哲思之道（*dao*）。最后，我们应该协力共进，模仿才华横溢的歌德所言的"世界文化"（*Weltliteratur*），创造出一种"世界哲学"（*Weltphilosophie*）。

4. 本文集的缘起和概况

本节的主要任务是基于一种历史视域，介绍本文集中的政治现象学论文。我们先给读者诸君一些购书提醒：我们或过于自负，认为无须在所有论文中都全面周到地总结由现象学的智慧和洞见所带来的教益。因此，从每篇论文的丰富内容中收获多少，自是诸君的责任。

在恩布里耗费心血，细致编辑的政治现象学研究书目年表中，第一篇论文（1913 年）的作者是阿道夫·莱纳赫（Adolf Reinach），反映出了美国特别是德国的前行为主义政治科学的传统，从法理学角度聚焦于国家（Staat）的概念。这也是汉斯·凯尔森（Hans Kelsen）的《法律和国家的一般理论》能够作为 20 世纪法哲学系列（1945 年）的第一卷，曾在美国高年级本科生和研究生的法理学或法哲学课程中声名远播的原因。所谓的"行为主义革命"作为政治学研究中一种独特的美国现象，后来取代了欧陆法理学路径。即便在美国的法理学路径中，也不像欧洲传统那样强调法律受国家所统摄，正因如此，美国法学家罗斯科·庞德（Roscoe Pound）创设了"社会学法理学"。如今，我们更多地称美国最高法院是一个政治机构，而不是法律机构。"司法行为"被当作"立法行为""投票行为"等活动来研究。

早期的一些文献出自西班牙现象学家何塞·奥尔特加·伊·加塞特（José Ortega y Gasset）和捷克现象学家、政治活动家雅恩·帕托什卡。这两位哲学家没有遵循主流的欧洲法理学路径，而是关切人性、历史和世界观等议题。值得一提的是，加塞特的《大众的反叛》（*The Revolt of the Masses / La Rebelión de las Massas*，1930）作为一部克尔凯郭尔的存在主义传统的著作，在政治科学专业本科生中颇为流行。由于他使用了"超民主"（hyper-democracy）一词，常被误解为是一个精英主义者，对大众民主进行了反民主的批评。在 20 世纪 20 年代中期，艾迪斯·斯坦恩（Edith Stein）处理了一些与社会科学（*Geisteswissenschaften*）相关的个人和社群的问题。接下来应提及伊曼纽尔·列维纳斯在 1934 年对希特勒主义的评论。随后便是梅洛-庞蒂的《知觉现象学》前言[1]，我们认为这是介绍存在主义现象学——克尔凯郭尔的存在主义哲学和胡塞尔的现象学的糅合——的最佳短文。梅洛-庞蒂在这篇前言中将前概念性的生活世界（*Lebenswelt*）当作概念地理学的自然景观。他反对阿瑟·库斯勒（Arthur Koestler）的小说《中午的黑暗》（*Darkness at Noon*）的政治辩词，这与其置"纯粹"于"实用"之上的现象学哲学不无

1　French original，1945；English translation，1962.

关联。接下来的重要作品是政治现象学中最为重要的经典之作之一，汉娜·阿伦特的《人的条件》（1958），以及恩佐·帕齐（Enzo Paci）的《科学的功能和人的意义》（*The Function of the Science and the Meaning of Man*，1972）。在书目年表中，紧随其后的是郑和烈、弗莱德·多尔迈、威廉·麦克布莱德、赫伯特·里德（Herbert Reid）、索尼娅·克鲁克斯（Sonia Kruks）、罗伯特·贝纳斯科尼（Robert Bernasconi），以及刘易斯·戈登（Lewis Gordon）。

本文集中的政治现象学论文内容丰富、具有原创性，视野开阔，论证有力、令人信服。每篇论文以其自身的方式，在西方哲学史和政治思想史中促进了政治现象学这门政治学中的新科学（*Wissenschaft*）的发展，它具有后古典、后马基雅维利主义和后行为主义的特征。此外，本文集还为未来的研究设置了议程。

威廉·麦克布莱德（第 2 章）在 1966 年就认识了佩蒂，直到 2004 年佩蒂去世，他和卡尔文·施拉格（第 3 章）一直以来都毫无保留地对郑佩蒂和郑和烈的作品保持高度的关注。他们认为，"横贯性理性"是一种兼具跨文化、跨学科和种间性的理性。对他们而言，"绿色理性"是一种终极的理性，正如地理哲学是一种终极哲学（*ultima philosophia*）一样。终极的绿色理性决定着地球这个整体的命运，即地球上所有大大小小的栖居者的命运。人类只是其中的一小部分，与所有其他生命一样，仅是过客而已。地理哲学的绿色理性尊崇"地球第一"，反对"可持续发展"这一流行口号，后者往往口惠而实不至，在很多情况下只是披着支持发展的罩衣。"绿色理性"的真正口号应该是"可持续地球"。据此，施拉格在其文章标题中对三个词进行了依次排序："地理哲学""生活世界"和"政治"。现象学的理性不仅是欧洲启蒙思想中的精神理性，也是一种身体理性，即具身的（embodied）理性。

托马斯·奈农（Thomas Nenon）关于西方现代性的精妙之作（第 4 章）一气呵成，短小精悍而意味深远。他指出，康德关于启蒙是"从强加于自身的不成熟中解放出来"的观点只为欧洲人所有，因为他在美学意义上论及"优美与崇高"时指出，欧洲人活在一群"丑陋的"种族的阴影之下。从黑格尔的"伦理"（Sittlichkeit）到海德格尔对技术理性的批判，后者的确超越了现代性，配得上"后现代"思想之名。

约翰·伯克（John Burke）的论文（第 17 章）颇具新意，尝试基于拉美国家，尤其是美国西南部的美国-墨西哥人的情形，在横贯性和混种（mestizaje）之间搭建一座桥。作为跨文化和世界政治题域中最为多产的当代政治现象学家之一，弗莱德·多尔迈在其论文（第 14 章）中为对话的本质充当了调解员。伽达默尔的阐释学对话理论是全球对话的根基所在，他认为对话的灵魂就是他者能够从对其可能正确的怀疑中获益。多尔迈抵制了塞缪尔·亨廷顿的"文明的冲突"这一时髦口号，他将胡塞尔心目中理想的现象学家化身为全人类的"公仆"。

莱斯特·恩布里的论文（第 5 章）的贡献在于，把阿尔弗雷德·舒茨伟大的现象学思想理解为现实的社会建构，而不仅仅是社会现实的建构。恩布里从舒茨的现象学洞见中发展出了一种现象学的政治理论。郑和烈的论文（第 6 章）尝试清晰地呈现出身体作为主体的重要性。身体是我们在这个世界上的泊地，因此具身化或具身的社交关涉到我们所有的行与思。郑的论文努力将其发现与身体政治的现象学思考结合在一起，同时也是为露丝·伊利格瑞（Luce Irigary）的观点提供某种例证，后者强调触碰的感觉（或触觉的社会性）是所有感觉中最基础的感觉，而不是其中的"贱民"

(pariah)。金周汉（Joohan Kim）的精彩论文（第 15 章）基于对笛卡尔身心二元论的拒斥，将海德格尔和梅洛-庞蒂为主的现象学洞见与神经科学的新发现融合在一起。简言之，他在一般的交往理论中构建了一种新的神经科学现象学。拉尔夫·赫梅尔（Ralph P. Hummel）在其论文（第 7 章）中富有创造性地开启了通往美学政治理论之门，或可给出更高的评价，是在哲学家们大谈"生存美学"甚至"权力美学"的时代，凝合了康德和阿伦特的洞见，迈向了一种美学现象学。我们可以将之探索延伸到具身化的现象学观念上去，在其中，美学是一种身体话语，它（用希腊语表达为 *aisthesis*）是美学对抗"理论暴政"（*theoria*）而发动的反叛。这是一篇对政治现象学来说意味深长的文章。

在政治作为伦理这一问题上，理查德·舒格曼的论文（第 9 章）对列维纳斯和约翰·怀尔德进行了细致的分析。怀尔德曾经为利维纳斯的巨著《总体与无限：论外在性》（1969）英译本写过前言，这就将两位身处大洋两岸的杰出现象学家联系在一起：对于列维纳斯来说，伦理是"第一哲学"，而对于受胡塞尔现象学影响的怀尔德来说，道德本就是生活世界的自有之物。著名的列维纳斯哲学专家理查德·科恩（第 12 章）比较了列维纳斯和卢卡奇（Lukács）。卢卡奇为欧洲的马克思主义运动注入了唯意志论，也就是说，把"阶级**意识**"（class-*consciousness*）的观点当作马克思主义的一种现象学格言。卢卡奇还写过一篇论"劳动本体论"的精彩文章。科恩的贡献在于，批评了卢卡奇把总体概念当作了一种**理论**（*theoria*）概念，列维纳斯与之相反，将无限视为伦理的先天之物。李东洙（Dongsoo Lee）在第 10 章中富有建设性地对存在于海德格尔的基本本体论和列维纳斯作为"第一哲学"的伦理学之间所谓的裂谷提供了一种具有可能性的调和。

权纪鹏（Gi Bung Kwon）（第 11 章）从黑格尔关于主体的同意或准许的"伦理"观念中，为我们引出了其承认问题。有趣的是，很多不熟悉胡塞尔现象学的政治科学领域的学者，很喜欢用黑格尔的精神"现象学"来讨论这个议题。尽管黑格尔是个欧洲中心主义者，但并不意味着其承认（作为政治概念）理论应该被无视。黑格尔在承认辩证法中提到的"主人"和"奴隶"间的殊死之争诱发和激励马克思形成了资产阶级和无产阶级之间你生我死的斗争观念。当然，权的兴趣在于揭示从黑格尔的承认概念出发，可以导向一种"全球对话"。

迈克尔·巴伯（Michael Barber）在第 8 章中对恩里克·杜塞尔（Enrigue Dussel）的马克思主义解放伦理进行了批判，意图将胡塞尔的超越现象学放在一个有利的位置上。杜塞尔是当代拉美最负盛名的哲学家，对德国和法国的欧洲哲学以及现象学都非常熟悉。他是欧洲中心主义公开的批评者，在世界各地大谈"全球对话"。其近作《解放的伦理》（*Ethics of Liberation*）的副标题就是"全球化和排外主义的时代"。巴伯对杜塞尔关于胡塞尔超越现象学不合时宜的观念持不同意见，他不仅勇于为胡塞尔辩护，而且还提出超越现象学仍是一切伦理观念的必要基础。

黛布拉·伯格高芬（Debra Bergoffen）在第 21 章中显示出了她极具天分的女性主义思考，她关切的是不久前发生的令人难忘的一场政治事件，即塞尔维亚士兵实施的"种族灭绝性的强奸"（用她的话来说）。这一政治事件是"丑恶的"或不道德的，这与赫梅尔基于康德和阿伦特的研究所探讨的政治之"美"形成了反差。这真是一个我们在历史中希望忘记或者不想记起的"丑陋的"政治事件。帕特里夏·亨廷顿（Patricia Huntington）的论文（第 20 章）对塞拉·本哈比（Seyla Benhabib）和茱莉娅·克里斯蒂娃（Julia

Kristeva）提出了批评，我们在"他者作为他者的权利"中曾提到过前者的研究，后者执教于欧美两地，是当代最有名的女性主义者之一。亨廷顿把巴赫金的对话主义解释为"互文"或"互文性"（intertextuality），而艾丽斯·马里恩·杨（Iris Marion Young）把"不对称的互惠"理解为一切关系的基础。亨廷顿对上述三位女性主义者的批评实乃基于（*within*）女性主义的女性主义批评。索尼娅·克鲁克斯的论文（第 16 章）比较了阿伦特和法国存在主义现象学家让-保罗·萨特的作品，后者曾提出了一个激进的口号："我们被处以自由之罪。"马丁·贝克·马图斯提克（Martin Beck Matuštík）在第 18 章讨论了对一些重大历史政治事件进行纪念和纪念化（memorialization）的现象学，如为纳粹德国在种族主义意识形态下实施的犹太人大屠杀受害者建设纪念馆，以及中国建立纪念馆以永远铭记在第二次世界大战中日本对南京市民实施的大屠杀中的遇难同胞，对于这场被中国人称作"被遗忘的大屠杀"，日本政府一直没有给出官方道歉。简·安娜·戈登（Jane Anna Gordon）和刘易斯·里卡多·戈登（Lewis Ricardo Gordon）在第 19 章对悲剧性政治事件所引发的痛苦进行了现象学分析，他们生动地记录了历史上种族灭绝和殖民主义的戕害对被奴役的人民造成的痛苦。

最后，曾研究过列维纳斯的伦理学和诸如种族主义等我们这个时代的伦理学的罗伯特·贝纳斯科尼在第 13 章中尝试构建一种人权的全球现象学，但这与简·安娜·戈登所强烈批判的盎格鲁-美利坚世界中的"权利话语"不是同一类型。一言以蔽之，本文集中关于政治生活的伦理现象学研究都具有高度的原创性和价值，对它们我们表示欢迎。

第一部分 | **前景**

设置政治现象学的议程

第 2 章 理性政治是一种现实的可能性吗？

威廉·麦克布莱德（William McBride）

  质疑政治理论著作中实际普遍的假设——政治理论和政治都是理性的——是很重要的。在各种文章中，郑和烈和郑佩蒂都坚持一种同时受中西方传统（西方传统尤以现象学为主）影响的政治理性概念。在郑和烈编写的一部文集中，我在其中一篇论自愿联合的论文里攻击了各种过度简化的理性观，特别是把理性等同于具有足够知识的自愿主体在理想情况下将会一致同意的事物。显而易见的是，"理性"的含义在个体之间差异很大，但很难逃避这样一个结论：在几乎任何一种理性标准下，在相对短暂的历史中，人类作为一个集体都会反复地做出大规模的反理性行动。比如，南斯拉夫的内战和北约干预，以及美国长期以来"相互确保毁灭"的核政策。但是，从长远来看，也许人类一切反理性造成的最大威胁是对我们生态系统的破坏，这与郑和烈和郑佩蒂提出的"敬生态"（ecopiety）态度相反。虽然对人类未来的悲观态度似乎得到了强有力的证明，但政治中反理性的普遍性恰恰表明**任何事情**都是可能的，甚至敬生态的最终胜利也是可能的。

在我所知的古今东西的政治著作中，几乎无人质疑这个假设或者将它放进括号：政治以及任何**关于**政治的理论必须是理性的。只有某些属于法西斯主义范围的论文是反例，例如卡尔·施米特

（Carl Schmitt）决断论的某些方面，帕南奇奥（Panunzio）的某些论文，或墨索里尼的演讲。从这个角度说，甚至可以尝试看看当代人或近代人（如伯克或德·迈斯特［De Maistre］）对启蒙理性主义的批评。然而，即使这些公认的反例也基本上是由这样的假设所支撑的：此前被视为主流或传统的理性的**批判者**才是合理的和理性的，而其对手所谓的理性实际是反理性或疯狂。这就是例如《我的奋斗》（*Mein Kampf*）的主要论调。毕竟，如果一个人承担起为某一立场争辩这件麻烦事，那么这个行为本身不正预设了这个立场是可以予以理性辩护的吗？

因此，正如阿拉斯代尔·麦金太尔著作的部分标题那样，关于理性的大多数或全部争论打开了这个问题："何种理性?"在这方面，郑和烈以及与他合写过几篇文章的郑佩蒂的贡献是特别有价值的。多年来，郑和烈一以贯之地论证了被称为行为主义或技术理性的某些狭隘思考方式的明显不足。他总是以清澈平静的散文风格来进行论证，带来他对儒家、道家和现象学传统（当然还有许多其他视角）的广泛研究和洞察，并且早在约翰·罗尔斯认为"理性"和"合理性"应该有所区别之前，郑和烈就坚称在政治理论中凭借一种广义的理性概念对政治理性进行广义的理解是可能的，在罗尔斯去世后多年他仍一直坚持这一观点。在论文《存在主义现象学的政治相关性》（即他所编的《存在主义现象学与政治理论读本》导论）的结论部分，郑和烈写道：

> 总之，必须强调政治与哲学是相互交织的。政治哲学的根本基础是这样的观念：哲学不能将政治排除出人类理性的正当领域并因此使政治免受其质询……虽然政治存在绝不是人类的全部现实，但放弃政治的哲学毫无疑问是不够合理和完整的，因为政治理性是哲学理性的一部分。因

此，像所有伟大的哲学那样，存在主义现象学努力去理解政治理性，以便理解自身的完整理性。[1]

同样在这本书中，郑和烈善意地收录了我的一篇题为《自愿联合：理想模型的基础和"民主"失败》的论文作为终章。这篇文章最初发表于 1969 年，而且在很大程度上受到以下两件事的激发：（1）美国政治和法律哲学学会成员将其一个年会和会上形成的论文集的话题定为"自愿联合"；（2）我自己感到，虽然自愿结社的理想或原则从根本上说是积极的、有价值的，而且与民主的重要方面有着根本的联系，然而美国对越南的灾难性战争证明民主在实践中已经失败。我不想总结我在这篇较长的文章中提出的所有观点，我只想引用其中一小节的几句话——我认为在充当能够为政治中自愿结社原则做出最清晰辩护的根本价值上，"理性"（连同"一致同意""共识"以及"心满意足"）是一个看似可信却不够资格的候选人：

> 大大小小的国家和私人联合，难道不是经常表现出明显的、尽管暂时的一致，并否决了所有理性的行动方案——而后世编年史家认为这些方案是他们当时可以采取的最理性选择，以便从事自己版本的雅典人叙拉古远征？柏拉图看得很清楚，"欲望"和"理性"不一定注视着同一个目标。
>
> 此外，要确定什么构成"理性"理想，其困难是众所周知……对理想的"理性"社会有千差万别的解释。例

---

1 Hwa Yol Jung, "The Political Relevance of Existential Phenomenology," in Jung, ed., *Existential Phenomenology and Political Theory* (Chicago: Regnery, 1972), xlix.

如，一个熟悉的问题是，更为理性的社会究竟是一个高度制度化的社会，其成员一丝不苟地遵循着一套非常详细和连贯的规则，还是一个其成员不断质疑所有规则的社会？理性的标准是组织的严格性，还是容许各种可能性的范围？思想史充满了这样的例子，人们不禁默许把理性的事物等同于具有足够知识的自愿主体在理想情况下将一致同意的东西，但现在我们肯定应该认识到，这样一个等式，至少在行动（而非"纯理论"）领域，是成功无望的过度简化。[1]

在重读刚才引用的最后一句话时，我不禁想到后来流行的哈贝马斯哲学，当时它正声名鹊起。如果我的描述是正确的，那么从该哲学的核心处就能发现"成功无望的过度简化"。无论如何，这篇文章表明，我对理性特别是社会政治理性的关注是由来已久的，正如郑教授一样。虽然现在我仍然支持并相信从现象学角度来把握和理解所有政治行动背后之意图的可能性，但我比以往更怀疑在现实世界中"社会政治理性"这种说法是否仅仅是一种幻想。

我提及自己的这个文本以及收录它的郑和烈教授的文集，也表明了他和我联合起来——形成一个"自愿联合"的时间段，这还指引我举出围绕 1971 年这本文集的其他一些事实，我希望最终表明这些事实之间比最初看起来的要更加相互关联。当我感谢郑和烈教授把我的论文收录在他的文集中时，非常有必要提到他选择的其他作者，他们的名字和我的名字都出现在封面上：纳坦森、施瑞德（Schrader）、马塞尔、胡塞尔、萨特、利科、梅洛-庞蒂、舒茨、维

---

1 William McBride, "Voluntary Association: The Basis of an Ideal Model, and the 'Democratic' Failure," in Jung, ed., *Existential Phenomenology and Political Theory* (Chicago: Regnery, 1972), xlix, 398 – 399.

尔德、杜夫海纳——多么杰出的同伴！也有必要留意，郑教授在他的序言中提到，1970—1971 学年他休学术假离开自己的大学，虽然更早在现象学和存在主义哲学学会（Society for Phenomenology and Existential Philosophy，SPEP）的会议上他和我已经相遇，但那一年他、我、佩蒂以及我的妻子变得更加熟悉彼此。1971 年春，我有机会在美国讲授哲学和法律的研究生合授课程，我讲的是"自然法"专题。这是我唯一一次讲授关于这个专题的完整课程，而且我决定把该课程当成那一学期的工作重心。这在很大程度上是受这件事推动：郑教授表示有兴趣旁听，因此我想可以借助他之前是列奥·施特劳斯的学生这一背景，我也确实如愿以偿。在注册我的课程的学生中，有些是在社会政治哲学领域已经出名的哲学系学生，还有一些是后来声名远播耶鲁校园之外的法学系学生，最有名的是来自阿肯色州的克林顿。多年以后，他还提到我的姓名和该课程，尽管他把课程名称错记为"国家法和哲学"，[1] 这是他在自传中对自己的活动进行高度综合描述的部分。因此，像几乎所有其他人一样，我与安迪·沃霍尔（Andy Warhol）有一些共同之处。

所有这些与理性政治的可能性或不可能性有什么关系？我们将会看到，或者至少我希望我们将会看到。我提及比尔·克林顿可能提供了一些线索。就政治这个词的确切含义达成完全一致是不可能的，重要的是（正如郑和烈教授的著作始终强调的）——对这个词的**任何**含义努力进行一种理性的把握或理解，至少这一观点已经得到确立，或者更准确地说，得到重新确立。（顺便一提，我把这一点也看作一部重要但还不够出名的著作的最重要目标，我对这部著

---

1 Bill Clinton，*My Life*（New York：Knopf，2004），180.

作给予了充分关注,即萨特的《辩证理性批判》。在这部著作中,尽管萨特比郑和烈教授略显踌躇,但他同样质疑了黑格尔式的历史向某个不可避免的目标始终进步的观念。)本着这种对可理解性的信奉,例如,我们可以再现个人和集体成功、半成功、失败的一系列计划:导致雅典人在叙拉古惨败的计划,导致拿破仑在滑铁卢惨败的计划,或导致林登·约翰逊在越南惨败的计划,正如最早做这种再现工作的修昔底德那样。

但是(这里我结束了本质上是绪论的部分并给出我的主要观点),"理性"一词总是带着光环来到我们面前,即使当它被不屑地运用于例如"纯技术理性"这样的表述中时也是如此。也就是说,理性总被认为是以某种方式实现了我们作为人类的潜力的东西,**即使**当人们谈起大规模的暴行时也是这样认为的,例如萨特对以攻占巴士底狱为中心的诸多事件所做的描述,马基雅维利关于新领袖为什么需要进行以儆效尤的杀戮的解释,或是在荷马以后的西方乃至更早的东方关于战争中光荣战胜邪恶敌人的成百上千的记载。这些是每个人所受教育和个人经验中的老生常谈:一方面,理性是指人的潜能的实现,不仅是某个个人的潜能,而且是全体人类的潜能;另一方面,理性观念也时常包括以杀死或致残的方式切除其他人的未来潜能,更多时候还包括一旦他们越过"我们"(无论那种情况下的"我们"是谁)划好的界限就要切除其未来潜能这种暗示的**威胁**。(可以把美国政府允许在自己认为适当的任何时候针对任何国家采取的先发制人政策当成这种模式。)但是,同时谈论这两方面显然就形成了一种明显的矛盾——终极的语言上的反理性。尽可能坦率地说,甚至比我所选择的标题更坦率地说,尽管几个世纪以来哲学家提出各种自命不凡的观点,也做了最大努力,但在大的历史范围中,人类作为集体仍然被谴责反理性地行动。虽然并没有支持这一主张的决定性证据，但我认为它基本成立，我将在本章剩下部分予以论证，并从郑教授本人的著作中寻找一些支持。

首先，让我谈谈我关于这个问题的表述的含糊之处和限制条件。当然，当我谈到"反理性地行动"时，关于"理性"和"反理性"**含义**的所有问题都重新出现了。诚然，如果你规定语言可以意味着你所选择的任何意思，就像布什政府在提到"酷刑"、"敌方战斗人员"、"反恐战争"的"战区"（实质上是地球任何地方）等经常会做的那样，那么我的论证是无法进行的。因为，如此一来，可以想象到的最疯狂的政治行动都可以被**命令**重新定义为"理性的"。但是，当我主张在大的历史范围中人类（至少有可能）被谴责反理性地行动，我的意思是人类被谴责反复不断地做出违背自己潜能的行为——公然违背理性观念通常假定的正效价（positive valence）的行为，这些行为会无限期地持续下去，直至人类自我毁灭。另一个含糊之处与我所谓的"大的历史范围"的表述有关，过去我以为这意味着很大范围，但是现在我充分理解了，从更广阔的视野来看，这个范围没有那么大。正如我们所知，人类种族的延续时间与地球存在的时间相比不过蜉蝣一瞬，而地球本身又是宇宙中的新成员。至于说与我们所谓"文明"接近的东西在地球各处"兴盛"的时间（请务必给名词"文明"和动词"兴盛"加上引号），这个相当不成功的实验实际上只持续了很短时间。例如，如果我们任意地把它设定为至今五千年，我和郑教授相识和交往的时间就构成了这个跨度的近百分之一，在一个倾向于以百万、十亿和兆为单位进行思考的社会中，百分之一是相当可观的数量。因此，所谓"大的历史范围"说到底也不是那么大。

这个历史的跨度虽短，但这是怎样的一段旅程啊！蒙古人征服的时代，蛮族人侵略的时代，十字军东征（其引发的屠杀触目惊心,据说牺牲者的血淹过了耶路撒冷胜利的十字军的脚踝)的时代,发现整个新世界(在那里进行种族灭绝而不受惩罚)的时代……不一而足。一些美丽、宏伟或壮美的东西被建造起来后,却常常变成被毁灭的对象:亚里士多德昔日的学生亚历山大,将波斯波利斯烧成废墟,而他在埃及建立的城市图书馆最终遭遇了同样的命运;在同一个国家,法老为寄托其来生灵魂所建造的金字塔被有组织地洗劫一空,只剩下建筑本身以及几具木乃伊。从早期快进到晚近,我们应该注意到,从 18、19 世纪到 20 世纪,战争和种族灭绝造成平民暴力性死亡率大幅上升——大屠杀只是一个特别可怕的部分,但远不是全体的大部分。擅长含蓄叙述的大师亚里士多德说得好:"人类不是宇宙中最好的东西"。

在一般性地回顾众所周知的事情,并从终极的人类反理性角度来探讨其意义时,我想特别提一个案例,就是南斯拉夫的战争和屠杀,这里涉及郑教授和我的一个故知。在郑教授的《政治理解力的危机》(*The Crisis of Political Understanding*)一书的开头部分,他顺便引用了塞尔维亚哲学家米哈伊洛·马尔科维奇(Mihailo Marković)关于马克思主义思想中理论与实践统一的概念,以及哲学家按照他或她自己的哲学**生活**的重要性。[1] 马尔科维奇教授曾经言之凿凿地论述这些问题,在很多方面他令**我**心悦诚服,然而随着内战迫近,他成了一个越来越坚定的塞尔维亚至上鼓吹者,他后来对那场战争带来的死亡和动乱所抱的态度,只能称之为满不在乎。我目睹了这一惊人转变,其他许多认识他的人也都视之为转变,但在马尔科维奇看来,这是思想回应不断变化的历史环境时有原则的

---

[1] Hwa Yol Jung, *The Crisis of Political Understanding: A Phenomenological Perspective in the Conduct of Political Inquiry* (Pittsburgh: Duquesne University Press, 1979), 12.

连续性。如果我们作为一个种族从长远来看应该被谴责为反理性的这一点是真实的，那么他对自己的看法也许更真实。

提到南斯拉夫，让我想起更近的一系列事件，其中之一是我以前的学生克林顿作为核心涉身其中的北约轰炸行动。对于这件事的影响，我已经写了一些看法，这些看法本身部分基于（可以肯定地说）已经被世界上大多数人遗忘的详情：轰炸贝尔格莱德的中国大使馆，轰炸电视台（因其人员被指控进行广播宣传），破坏诺维萨德大桥并因此使多瑙河沿岸的重货运输终止多年，反复轰炸尼什附近开往希腊的客运火车，等等。我这里不加任何额外解释，只想简单地说，我认为克林顿政府采取的这些军事行动本身就是我呼吁关注的无处不在的反理性网络的又一实例。哈贝马斯当时曾为轰炸辩护，但之后他值得称赞地对此表示质疑；杰出的政治哲学家弗吉尼亚·赫尔德（Virginia Held）是布什政府 2003 年袭击伊拉克事件的激烈批评者，但她出于一些理由一直为克林顿派早先的行动辩护（至少在我与她最近一次见面的时候，大概是事件之后一年）。

但是让我们离开南斯拉夫，并转向更近的时期：灌木丛时代[1]。现在美国大多数人都认为他对伊拉克的袭击是一个错误（尽管大多数人可能还不至于把它称为"反理性的"），但这只能带来些许宽慰。下述事实充满多重讽刺：这次疯狂袭击的一些最强烈的支持者，从保罗·沃尔福威茨（Paul Wolfowitz）开始算，本身就是列奥·施特劳斯以前的学生。施特劳斯的继承人艾伦·布鲁姆，在索尔·贝娄（Saul Bellow）关于其最后时日的影射小说《拉维尔斯坦》（*Ravelstein*）中被说成在白宫高层有朋友。从施特劳斯根植于古典哲学的僵化的客观主义（或者像郑和烈那样称之为"本体论决

---

1 shrub(灌木丛)与 bush(布什)同义。——译者注

定论"),到 2003 年入侵伊拉克,这条进路并不容易理解,但我们也许能从这里发现最初的线索:早在施特劳斯最著名的论文集之一《什么是政治哲学》中,他就骄傲地坚持这一格言的深刻真理:"众所周知","战争的目的是胜利"。[1] 这些讽刺是有趣的,但不能给人安慰。因为伊拉克只不过是全球冰山的一角,而这座冰山早在两代布什王朝之前就已经形成,并正在向全世界扩散。这里仅用至少过去半个世纪中最明显的一个语言例证来证明我的终极反理性命题:现在通常认为已经被放弃的美国官方政策,即通过核武器**相互确保毁灭**(Mutual Assured Destruction),其首字母缩写正是**疯狂**(**MAD**)。但是,MAD 的逻辑/无逻辑实际上并没有终结,例如,在朝鲜的政策规划中它仍然在起作用,在以色列的规划中也同样明显(尽管罩着一层厚厚的隐秘面纱)。我曾数次在出版物中警告说,美国、俄罗斯,也许还有中国和(或)其他拥有核武器的国家进行最终扩散的核交易的可能性仍然摆在我们面前,不应被忽视——尽管我应该补充一句,如果我的尝试性预言一语成谶的话,那么我肯定没资格得意洋洋地说:"我早告诉过你。"

另一方面,虽然在这些问题上我不是专家,但我**有理由**确信,预想中的全球核交易不会消灭所有人的生命,更不用说消灭地球上的所有生命:至少我期待在南半球的某些地区仍然存留一些人类藏身之处。不,迫在眉睫要灭绝一切生命的这份"殊荣"应归于另一种强大的反理性,即郑和烈与郑佩蒂在许多文章中关注的生态系统退化。(当我说伊拉克的灾难只是全球反理性冰山之一角的时候,我想到的是冰山本身在未来消失,以致隐喻本身最终失去意义的可

1 Leo Strauss, "*What Is Political Philosophy?" and Other Studies* (New York: Free Press, 1959), 14.

能性。）在一篇 30 多年前发表在《环境伦理学》上题为《俄耳甫斯之声与生态学》的论文中，郑和烈已经用海德格尔式的语言警告：我们的时代毫无思想。[1] 但是，我发现他关于这个问题最冷峻的阐述是在 1989 年发表于《哲学与技术研究》的论文《人文科学中技术理性的谱系》开篇。文中他这样谈及我们的社会，"我们快要实现一部印度教经典中古老的警世预言：**我是我的死亡**"。[2]

所谓的布什总统在其第一任期（我使用限定词"所谓"来影射他凭不正当程序成为首位指定当选总统的人，可惜我没有理由用这个限定词谈论他的第二个任期）的政治立场不正适合贴上彻底反理性的标签吗？当时他宣布自己不会支持那些公认无力的《京都议定书》，因为他认为它们会损害美国经济。当然，许多权威专家和政治科学家旋即表示这对他而言是一项理性的政治举措，将使他受其选民欢迎。日渐增多的信号显示，因为拒绝遵守"敬生态"（ecopiety，郑和烈和郑佩蒂用的一个美妙的词）[3]，整个世界正在迅速地坠入一场没有退路的灾难中，而目前列国中带头下坠的无疑是美国。美国政府坚定鼓吹被郑教授定义为个人主义和物种歧视的反价值（anti-values），这实际上把我们这个物种带到了死亡边缘，成为物种歧视的受害者。

当然，"敬生态"这个表达让人想到另一个现实维度，即宗教。据我所知郑和烈还没有试图系统地探索极恶尚不为人知的深度，极

1 Hwa Yol Jung, "The Orphic Voice and Ecology," *Environmental Ethics* 3, winter 1981: 329-340.

2 Hwa Yol Jung, "The Genealogy of Technological Rationality in the Human Sciences," *Research in Philosophy and Technology* 9 (1989): 59.

3 Hwa Yol Jung and Petee Jung, "The Way of Ecopiety: A Philosophical Minuet for Ecological Ethics," in David W. Black, ed., *Commonplaces* (London: University Press of America, 1989), 81-99.

恶是这样一种恶:如果它存在的话,它将处于一个与平庸的、日常的恶行截然不同的现实层面上,它是不道德行为。在我看来,可以从这个角度来看待当代政治的显著特征。正如我们所知,事实上沿着这些路径已经出现了各种论点:一些警告"大撒旦",另一些警告"邪恶轴心"。当我们从哲学上追问和调查这些指控的有效性时,才有可能确定遍布整个历史但在我们时代尤甚的极恶的出现,与我所指出的反理性的最终胜利之间的联系。但是,这会超出本文范围。与此同时,我仍然对《朝向新人文主义:"非增长"社会的公民政治》(这是郑和烈和郑佩蒂合作的最好论文之一)[1] 的胜利抱有一线希望。毕竟,如果反理性像我认为的那样无处不在,如果在我们当今的政治生活中 p 与非 p 共存的例子数不胜数,那么按照形式逻辑学家不合逻辑的逻辑,可以说一切皆有可能。

1　Hwa Yol Jung and Petee Jung, "Toward the New Humanism: The Politics of Civility in a 'No-Growth' Society," *Man and World* 9 (August 1976): 283 – 306.

第3章 地理哲学、生活世界和政治

卡尔文·施拉格（Calvin O. Schrag）

> 笔者在文中讨论了郑和烈的地理哲学事业的核心议题，地理哲学源自他所谓的"生态互在之巨链"。笔者总结了郑和烈的事业的两种影响：一是呼吁讨论地理哲学自我认同的原则标志，二是迈向世界主义世界民主的后民族国家政治。

这次"政治现象学"研讨会的与会者被邀请前来纪念郑佩蒂，同时也庆贺她的终身伴侣郑和烈在政治现象学领域所取得的成就。摆在我们面前的要求是反思政治现象学的过去和未来，梳理现象学和政治哲学的交叉议题。实现这一要求并非易事，需要创造性的哲学想象力，以及经过严格训练的社会政治分析。

当我进入对眼前这些问题的讨论时，我提出了一个可以归入"地理哲学、生活世界和政治"这个题目的议题结构。这些议题显然与和烈的卓越贡献相互交错。地理哲学进路处在和烈的思考中心，这在他关于地理哲学的论文中已经说得很清楚了，在那篇文章中他明确表达自己对哲学未来的看法："我希望基于生态互在之巨链（the Great Chain of Ecological Interbeing）的横贯性和地理哲学将支配哲学的未来"。[1] 地理哲学与横贯性结盟，为和烈所谓的

---

[1] Hwa Yol Jung, "Transversality and Geophilosophy in the Age of Globalization" in *Calvin O. Schrag and the Task of Philosophy After Postmodernity*, eds. Martin Beck Matuštík and William L. McBride (Evanston: Northwestern University Press, 2002), 85.

"互在拓扑学"腾出空间，它提供了一个生态空间，在那里"一切事物都与其他一切事物相联系，也就是说，没有任何事物是孤立于宇宙中其他事物而存在的"。[1]

此刻需要强调的是，将要到来的哲学未来，也就是和烈所说的"生态互在之巨链"，总是具体化或肉身化的，互在拓扑学同时也是身体间的。身体和世界纠缠交错，身体成为世界中互在的真正物质前提。恰恰是这一点使"世界"具有成为"生活世界"的地位和品质。这就是世界被充实的方式。在这个节点，和烈对胡塞尔著名的现象学"回到生活世界"的再造，连同梅洛-庞蒂对具身化嵌入和生活世界经验的发展就格外受人瞩目。从和烈职业生涯的一开始，他就是一位见多识广、想象力丰富的现象学思想家。[2]

随着生活世界的发现，一些很直接和重要的寓意一并浮出。和烈强调生活世界的互在是从下至上对话式的。身体间性和基于对话的主体间性携手同游；记住这一点，一个人才能够克服笛卡尔主义的独隐自我——自我失去活生生的身体并与社会隔绝。一个人也变得能够以此种方式理解"政治"的相关性。生活世界具有一个政治维度。生活世界同其具身化的、参与对话的言说和行动主体一起宣布：所有政治都是身体政治，而这具有一个令人震惊的意涵，即重估女性地位，使她们从对"白人神话"史的男性隐喻的屈从中解放出来。作为身体政治的政治为女性政治提供了空间，为反对**阳菲勒斯**中心主义和父权制陷阱备好了困难时的依靠。

从地理哲学对互在拓扑学的呼唤，到作为身体间性和相互对话

1　Jung，" Transversality and Geophilosophy in the Age of Globalization，" 79.
2　这种联系尤见郑和烈的著作 *The Crisis of Political Understanding：A Phenomenological Perspective in the Conduct of Political Inquiry*（Pittsburgh：Duquesne University Press，1979）。

性的生活世界的结构和动力，再到一种体现女性声音的作为身体政治的政治，在和烈构想的这个发展过程中还有另一个时刻，它涉及生态要求。互在是生态性的，它恳请我们回应先于人类存在的地球，并由此使我们了解到，早在地球属于我们之前我们就属于它。"与人类中心论相反，地理哲学倾向生态中心进路，在这里，地球成为第一和首要的，而人类是看管人/赠与者，是有责任照顾整个地球幸福的代理人。"[1] 当和烈写下这句话时，生态要求显然居于前列。由此，我们跟着和烈的地理哲学的分析进程转了一圈，从互在到生活世界，到具身化，到对话，到政治，最终到达生态中心责任的伦理这个终点。

今天当我们与和烈一同走向未来的地理哲学时，我们想继续与他对话，我们想集中关注他关于"生态互在之巨链"的思考所打开的两条特殊的探索道路：一条道路涉及拆解相互交织的地理哲学和生态学，因为它要求对自我认同的标记进行重新定义；另一条涉及世界主义世界民主政治方面的相关意涵。

我们首先在构成我们生活世界互在的地理哲学视野中寻找自我认同。地理哲学的自我认同是什么样的？正如每个学生所知道的，自我认同问题可以一直往回延伸到苏格拉底的格言"认识你自己"。自我认识和自我建构的途径是什么？在蜿蜒曲折的西方哲学史中已经就这个问题提出了各种答案。这些答案大体上贯穿着鲜明的形而上学原则。和烈的地理哲学规划在性质上更多是历史主义的而非形而上学的，它为自我或个人身份的尺度提供了新视角。

很明显，在地理哲学的自我认同中，具身化具有关键地位。地

---

[1] Jung, "Transversality and Geophilosophy in the Age of Globalization," 81.

理哲学事业从生活世界出发，又忠于职守地回到生活世界。生活世界是一个身体间的生活世界，在这里，生理、性别和种族都在自我理解和自我构建方面发挥着作用；它也是一个人际关系世界或社会世界，以各种方式致力于不同种族渊源和不同语言背景下的社会融合和公民团结。从身体间性和社会融合渴望的混合物中显现出来的自我，是一种包括家庭关系、共同规范、情境性的民俗以及普遍承认的价值在内的生物属性和社会属性的构造。由于这一切，我们每个人的自我认同形塑为**集体**认同，凝结成身体的、社会的和价值的决定因素的构造。

考虑到一个在多维生活世界中寻求理解自身的自我，其集体认同的构成性因素具有这般多样性，那么将其中某个构成性因素当成个人认同的根本或基础就是一种过度简化。地理哲学的自我是一种多重存在。它有许多部分，没有一个可以被简单地还原为另一个。地理哲学的自我也是一个创制中的自我，一个过程中的自我，当它从一套社会关系中转进另一套社会关系中时，它重新界定着自己。因此，形而上学所谈论的一个恒久不变的基质、一个经得起时间的敌意的**同一**认同变得可疑。所以，存在的可能是一个更具文化条件性和历史情境性的自我概念。然而，人们需要避免滑向一种文化历史主义，它会使自我认同的过程陷入统一的文化标志中，例如"民族性"或"独立国家地位"——更具体地说是这两者凝聚成的一个"民族国家"符号，而这个符号就变成了一个人的集体认同的历史主义基础或实质。具体的生活世界及其体验生活的自我，处在体验生活的当下，它们始终重访过去，并向未来开放，它们否定了对基底（*hypokeimenon*）的主张——无论是一种形而上学的基底，还是一种历史主义的基底。

因此，地理哲学为自我认同打开了新的视角。它寻求自我认识和自我建构的集体特征，但它并非像中世纪人那样从特指质料[1]的个体化所提供的稳定支撑中去寻找，并非像现代人那样从孤立的本质中去寻找，也并非像某些后现代的社会建构论者那样从民族国家公民的护照中去寻找。由于地理哲学为个人认同提供了一个新视角，所以它也为政治提供了新的视角，它预示了后民族国家的世界主义民主方向。这两种视角是密切相关的——当代**既**需要一种后民族国家的自我认同，又需要一种后民族国家的政治单位构造。

自从历史性的《威斯特伐利亚和约》将世界社会界定成一群独立的民族国家以后，在界定我们是谁时，在界定为划清国际政治形势而存在的领土规则时，我们已经习惯于从民族缔造之特性的背景去看待我们的个人认同和我们的政治生活。基于民族国家的自我认同和基于民族国家的国际政治视角，其标准根植于一种无法容纳差异的他性本体论，而差异是自我建构和社会建构过程的积极特征。民族国家的意识形态依靠对其领土内合法公民与其他民族国家公民的划分。这些"其他公民"是由异于我们民族国家特征的领土空间、政体形式、种族起源、语言所界定的。他们不具有我们国家的成员所具有的证件，是"外来人""外国人"或者说"陌生人"。他们的自我认同并不是我们的自我认同，而且正如在国际政治困局中经常发生的那样，将其他民族国家的信仰和习俗掺入我们自己的生活世界，会对我们集体的民族缔造之特性构成威胁。如果这种威胁加剧，就会使民族国家意识形态立即与倾向于摧毁外来他者的战争机器结合。最坏的情况发生在民族国家意识形态成为种族灭绝实行基础的时

---

[1] 在阿奎那那里，特指质料（signate matter）与泛指质料相对，如果说"人"的定义中包含骨肉，这里所说的"骨肉"就是泛指质料；而这个人的这块骨肉则是特指质料，无法包含在"人"的定义中。参见阿奎那《论存在者与本质》，段德智译，《世界哲学》2007 年第 1 期。——译者注

候，此时民族国家意识形态将他者定义为完全的恶、邪恶帝国，或者定义为需要被消灭的"邪恶轴心"，仅仅因为他是"他"。

和烈基于生态互在之巨链的地理哲学进路，如何帮助我们应对根植于民族国家、无法容纳他性差异的认同的陷阱呢？我们已经看到，民族国家意识形态总是准备动用侵略性的战争机器资源解决国际舞台上的紧张态势，这些侵略性措施提倡某国进行预警性先发打击和单方面行动。与民族国家意识形态相比，地理哲学理解政治的进路仍然在两个方向发挥着作用。它寻找这样一种自我认同：它并不在基于民族性和国家公民身份标准的集体认同中找寻自身标志，而是在作为共同地球之公民的彼此承认中找寻自身标志。自我作为与其他自我共同照看地球的合作者得到自我实现，由此成就自我认同。特殊民族国家的公民变成世界公民，在这个身份中，自我与他者在一个世界主义的生活世界空间中合二为一。

从这一切中，人们能够隐约觉察到朝向后民族国家而非民族国家的自我和政治组织的运动。追寻这个运动需要两种资源：哲学想象力和关于政治基础构造的知识。我们有幸得到哈贝马斯最近的卓越著作《后民族格局》[1] 的帮助，在这部著作中他寻求一种与超越民族国家的民主进程相匹配的形式。弗雷德·道米尔最近的两部作品《文明间的对话》[2] 和《和谈——谁来听?》[3] 也对我们有所帮助，作者在这两本著作中鼓励为跨文化理解而努力，他还为实施全球政治体中的和平倡议发掘可用资源。这样就会扑灭为政治征服和全面

1 Jürgen Habermas, *The Postnational Constellation*, translated and edited by Max Pensky(Cambridge, MA：The MIT Press，2001).

2 Fred Dallmayr, *Dialogue Among Civilizations*（New York：Palgrave Macmillan, 2002).

3 Fred Dallmayr, *Peace Talks—Who Will Listen*（University of Notre Dame Press, 2004).

军事征服开路的民族国家不断蔓延的帝国主义大火，并预示世界主义公民的外交方向。现在很清楚，实现这样一种文明间的对话，遏制国家授权的战争机器的轰鸣，将会导致国际政治的真正范式转变——"国际"政治将被"后民族"政治所取代。

有人会说，这一切是遥不可及的任务。显然需要改变目前联合国组织的基础构造和上层构造。联合国继续与民族国家意识形态联盟，给予每个成员国一种准主权性的发言权。国家主权充其量是受到了限制，但没有被克服。联合国基本上是各个民族国家的松散组合，每个民族国家都声称自己在政治、经济和文化上拥有平等的发展权利。这里缺少一种后民族的世界公民共同体——包含横向人权、共享价值和一致同意的正义原则在内的世界主义团结。

要实现这样一种世界主义团结，需要设置什么样的政治架构？这是未来任何地理哲学中的政治学的艰巨任务，这要求扩大生活世界的视野，以便能够采取跨行政、立法和司法运作的谈判政策和程序，而不致退回到国际功能一体化或诉诸一种超国家的世界政府。从国际政治到后民族政治的转变需要某种方案，它居于主权国家联盟与一个超国家这两种选择之间，同时又超越了它们。诚然，现有的联合国的政策和程序大多可以保留，这将主要包括 1948 年《世界人权宣言》，世界银行和国际货币基金组织，以及《不扩散核武器条约》和国际刑事法院。但是，这些专门机构每一个都需要修改，以防止代表地区的单边措施。此外，需要实验替代性的后民族谈判程序，它们应该超越制度上基于协议的谈判程序。这将赋予世界主义生活世界中基层运作的非政府组织以重要地位。

在和烈为"全球化时代的横贯性和地理哲学"所做的倡议中，我们发现了对国际政治到后民族政治这种范式转变的呼吁。在这里，生活世界的视域得到拓展，包括跨文化交往、保护地球的生态举措，以及指导我们共同生活的和平倡议。我们希望，当我们努力成为地球公民时，有助于实现和烈之构想的资源能够被整合起来。

第4章 对峙现代性

托马斯·奈农（Thomas Nenon）

本文比较了德国哲学中四位重要人物如何以重要方式回应现代性现象及其摆出的一些问题。康德的启蒙规划总体上对现代性持积极评价，与此同时，他也在努力应对一种物理主义因果模型对传统道德义务观念提出的挑战。黑格尔代表了19世纪对自利个体模型的片面取向的更多保留态度，在《法哲学原理》中他提出了一种替代性主张，即承认现代的主体性要求，同时强调这些个体的社会和历史根源，并由此突出语境的重要性以及国家管控现代市场经济的必要性，进而平衡现代的主体性要求。他的观点也与胡塞尔对一切还原主义理论的抵制相一致，这些还原主义理论过于片面地依赖现代自然科学模型。本文最后展示了海德格尔的技术批判是如何有力地扩展了这个普遍规划。本文结尾提到，20世纪后半叶现代欧洲各国提出对市场的适当管控有助于其更好地服务于普遍利益，这种趋势符合以上思想家的洞见。全球化的出现，往往会逐步破坏单个国家对这些强大市场力量的调节和控制能力，这给全球社会提出了一个新的艰巨任务，即找出积极驾驭现代技术和市场力量的类似方法。

虽然全球化和现代性不是同一个现象，但是两者之间有很大重叠，因此，反思欧洲社会如何接受现代性，也可以帮助我们更好地思考全球化对传统社会结构带来的一些挑战以及应对策略，帮助我们思考过去两个世纪欧洲在应对现代性时曾经提出的战略的有效性和有限性。在这篇文章中，我将概述 19、20 世纪三位重要德国哲学家对现代（*die Neuzeit*）挑战的看法，他们提出的补救办法，以及这些战略在欧洲语境下具有或可能具有的有效性——这便于我们更广泛地讨论这些思想在何种程度上仍能被视为我们思考以下问题的光明坦途：其他社会如何更好地面对这些挑战；全球化带来的特定挑战如何给所有国家带来新的问题，包括西欧国家——它们已经对现代性所带来的至少某些问题形成了有一定效果的解决方案。因此，本文是一种知识史和社会史演练，而非狭义上的哲学论证；并且严格地说它肯定不算现象学。然而，我确实希望，它能有助于我们将近来某些重要的哲学立场，包括胡塞尔和海德格尔现象学取向的思考放在一个更广泛的知识和社会框架中，这个框架可以帮助我们讨论本次会议中所提出的一些议题。

与其他一些欧洲国家（如法国和英国）相比，德国的现代性来临较晚。直到 18 世纪，德国在很大程度上仍是一个分裂的，由一群小王国、公国、诸侯国组成的封建社会，仅有少数几个贸易中心。到 18 世纪中叶，除少数例外，新兴中产阶级大多零星分布于德国各地，主要通过一种新兴的文学和文化交流，他们发现自己处于地位较低却要与世袭贵族激烈竞争的立场上。他们的主要代表并非来自大银行家族或大商人家族，而是由小商人、教士、行政人员和大学教授组成。18 世纪下半叶还出现了一种新的最初较小但联系紧密的作家和艺术家群体，他们能够作为独立从业者从事艺术类工作，特别是音乐和文学工作。对这一群体来说，现代性主要意味着摆脱对教会和世袭贵族的依赖，后两者正是独立思考、创造力以及个人政治和宗教自由的阻碍。

康德将启蒙运动描述为"从自我施加的不成熟状态中解放出

来"，这是对现代性是自由这一承诺的有力描述。他认为现代自然科学是人类最伟大的成就之一，他只担心自然因果关系与人类自由之间的错误二分会破坏道德。所以康德将自己的批判哲学视为解决人类历史进步所面对的一个主要危险的恰当方法。他相信这种进步在之前的时代已经开始，而且在后来的政治学论文中他明确表明，就日渐启蒙的人类所可能实现的事情而言，这种进步仅仅是一个开端。

那些直至 18 世纪后半叶和 19 世纪初才被人们认为具有重要地位的哲学家和作家，对现代性规划的严肃保留态度已经变得司空见惯，那时人们出现了这样的担忧：社会不仅解体成自治的个体，而且解体成原子性的、孤立的和自利的个体。与通称"浪漫主义"的思潮相联系的是对以下问题的担忧：共同体消失，传统流逝，自然之内的与超自然的超越性退去，人被化约为理智，而理智又被化约为正确计算自己个人利益的能力。有一些名字与此相关，例如哈曼、施莱尔马赫、谢林等，但是今天我想先谈谈黑格尔，不仅因为他在当时最著名，也因为他在努力调和他与同时代许多人认为是现代性积极方面的东西与浪漫主义者认为是处于迷失危险的东西，这种努力具有重要意义。

在他最早的论文之一《费希特与谢林哲学体系的差别》中，他断言二分（*Entzweiung*）导致了对哲学的需要，并指出"精神和自然、灵魂和身体、信仰和理智、自由和必然"的对立，以及"理性和感性、理智和自然……绝对主观性和绝对客观性"的对立已经成为时代特征。[1] 对他来说，克服这些二分的过程就是理性在历史中

1　G. W. F. Hegel, *The Difference Between Fichte's and Schelling's System of Philosophy*, translated by H. S. Harris and Walter Cerf (Albany: State University of New York Press, 1977), 90.

显现的过程，而且正如在《法哲学原理》，特别是在该书题为"伦理"（*Sittlichkeit*）或"伦理生活"的第三部分所阐明的，理性在社会政治领域中采取了其客观形式。在这里黑格尔赞许地指出，现代世界的主要观点是精神，不仅涉及"实体"，而且涉及"主体"，也就是说，个人据以确定其行为的道德内容必须是他们可以同意的某种东西，必须是他们认为合理的某种东西，而且在其中他们每个人都能发现自己。

在"抽象权利"领域中，黑格尔顺应现代欧洲哲学，特别是洛克哲学的基本趋势，洛克哲学从财产角度看待个人互动。每个个体作为人具有财产权，最重要的是作为最基本财产形式的他们自己的身体；限制这种财产的唯一合理理由是其他主体对自己财产和共同财产（比如每个人都能使用的空气和其他自然资源）的使用自由。黑格尔也看到了一个以市场为基础的社会中的现代经济制度，他称之为"需要的体系"（*System der Bedürfnisse*），他认为这是一种最佳途径，允许每个人追求自己所认为的个人利益，同时强迫他们以一种有助于全社会整体福利的方式发挥个人的利益、才能和努力。也就是说，黑格尔认同亚当·斯密在这方面的观点。

现代欧洲社会理论家把人格完全建立在财产权上，黑格尔针对他们的普遍观点提出两点重要警告。第一点，由于权利的目的是保障自由（自由是全体之善）而非物质财富最大化，又由于市场行为者在保障普遍之善上没有任何固有利益，所以需要外部监管者，即国家，国家不仅保障财产权和社会契约（正如洛克所要求的），而且确保存在调节市场的规定，例如环境法和安全生产管控，由此使个人不能以普遍之善为代价而不正当得利。即便如此，仍存在一种创造赤贫的无产阶级的内在倾向，针对这个问题黑格尔没有提出其他好的解决办法，只是指出将殖民作为控制这个过剩人口的安全阀的可能。第二点，更重要的告诫是，即使在个人层面，追求善也不仅仅是追求财富最大化。作为自由的理性行动者，人类仅仅通过获取和享用其财产以追求个人私利是不充分的，恰恰因为他们是理性的，他们也会作为道德行动者追求善。这就是黑格尔对康德的批判发挥作用的地方。何为善，何为正确，这与特定的角色和特定的历史语境有关，每个行动者是在这些角色和历史语境中发现他或她自己。人不仅仅是个体，而且是家庭、行业和政治共同体（在更高阶段则是"国家"）中的一员。所以，个人不仅作为财产所有者，而且作为伦理生活的必要组成部分的贡献者找到了一种身份认同。此外，这些组成部分的组织形式在不同的社会和不同的历史阶段是不同的。黑格尔对康德伦理学的部分批评就是，它只承认那些真正普遍和形式的义务。从绝对命令中无法推导出某一特定义务的内容。对黑格尔而言，绝对命令确实表达了人之为人的一个重要方面，即一个人实现自我的奋斗，必须包含对其他人的承认，承认他们是具有尊严和价值的人和理性行动者；但在黑格尔看来，一个人的道德义务不是从绝对命令本身中推导出的，而是在一个特定的社会和历史语境中，根据一个人的家庭、职业、社会义务而得到规定的。

人们对黑格尔的概念有很多批评，但在我看来这更多与他的历史哲学有关，而非与他的更狭义的法哲学有关。他的线性历史观肯定不是我们学习的对象，这种历史观把他的时代——西欧（和北欧）的君主立宪制当成顶点，而把世界其他地方流放到过去。当然在这个设定中，我们可以把它当成现代性作为一个欧洲规划出错的预兆。尽管如此，黑格尔与现代性的对峙仍有两个积极的方面。一个重要洞见是，他承认国家在调控市场和裁决个人间争端方面具有正当地位。现代观点认为社会只不过是个体的聚合，不需要为个体追求私利设置边界的制度，对这种观点的批判仍然是有理的。如果

2008 年的经济崩溃教会了我们某些东西，那么这应该是教训之一。

黑格尔的另一个重要洞见是，即使某些普遍原则在许多社会甚至所有社会中都是有效的，例如个人的尊严，尊重他人权利和需求的道德义务，但这并不意味着这些义务的特定表述方式在每个社会都会是或应该是相同的。所有这些制度最终的正当性依据都在于为那些属于它们的人的生活利益服务，这是基本原则；不过这个基本原则也并不意味着每一种制度都必须或应该以同样的方式去服务，毋宁说，对它们恰当服务的能力而言，具体的历史和文化背景是相关和必要的。语境并不是无关的，实际上它对于一个人的社会和伦理义务而言是构成性的。

人们可以借助胡塞尔得出同样的普遍论点。对黑格尔和 20 世纪开始著述的海德格尔而言，现代性的危机和局限不仅是迫近的前景，而且是他们目睹的重大事件。胡塞尔对第一次世界大战意义的评价和他同时代的许多学者是一致的。科学、技术、管理上的成就使得动员数百万人进入中央管理的军队成为可能，而对他们造成的巨大伤亡在很大程度是新技术（自然科学使之成为可能），即坦克、机枪和化学武器的影响，只有在这种视野下才能理解一战的规模和破坏性。现代技术确实超乎任何人想象地增强了人的力量。然而，更多培养人们的道德能力和政治决策水平，最终仍被证明是一个空洞的承诺。

胡塞尔在最后的重要出版物《欧洲科学危机和超验现象学》中，断言古典的科学事业是"普遍主义"，它是为信念和规范寻找普遍有效基础的事业，始于古希腊，并在现代早期重新启程。他承认自然科学和数学在过去几个世纪里取得的巨大进步，但同时他也注意到，现代自然科学的成功，让很多人认为"真实的"即"客观真实的"，自然科学方法的语言也为客观性提供了标准。根据这种假设，一切都是处于时间和空间中、由因果关系决定的客体的联系，客体的属性正是由自然科学来测量的属性。因此，任何事物都是可测量的，任何不可测量的事物都不存在。相应地，所有真正的真理都可以被还原为用数学语言表达的自然科学真理。这种推向极端的特定形式的自然主义，被胡塞尔称为"客观主义"。[1]

胡塞尔的毕生事业是为被他视为还原论的错误趋势提供替代选择。还原论或披着"心理学主义"的外衣，试图将所有关于逻辑原则的陈述还原为关于人类思想的陈述；或披着"自然主义"的外衣，试图将关于精神状态的真理还原为关于身心有机体的真理；或披着"历史主义"的外衣，试图将哲学真理还原为关于历史事实的陈述。与为此提供替代选择的毕生事业相一致，胡塞尔对"客观主义"的回应是返回哲学作为"一种理念，一种无限任务的理念"[2]的最初事业。在胡塞尔所称的苏格拉底/柏拉图开端中，设想的哲学任务就是尝试系统地反思和确定人类认识和行动的终极规范。[3]在他看来，现代科学的危机不是理性本身的危机，而是对于何者能够被视为证据或所形成的过于狭隘的理性定义所导致的危机，这种定义导致只有自然科学模式中狭义上的可观察和可测量的事物才被视为真正的科学和真正的理性探究可以接近的事物。

这种现代发展是对理性探究的内在可能性的拒绝。如果一个人以恰当的方式回到哲学的最初事业，则最广义上的科学探究是可以

1　In the "Vienna Lecture，" entitled "The Crisis of European Humanity and Philosophy" in *Husserliana* VI，314 - 348，esp. 339 and 347.

2　*Hua* VI 338.

3　关于这个问题参见 *Ausfsätze* II，79ff，更清楚的论述参见 "Die Idee einer philosophischen Kultur"（*Hua* VII，8 ff）。

恢复的。[1] 因此，一种基于对认知、评价和意欲本身固有的先天规范进行系统反思的哲学，一种将所有这些活动都视为自由和负责任的主体的个人行动的哲学，符合胡塞尔对哲学的总体观点，即哲学是一种理性的自我实现形式，不仅对从事哲学的个人如此，对任何致力于人类自我实现这一内在价值的社会也如此。

从胡塞尔的视野来看，他对重新献身古典哲学事业的反复、动情的呼唤，不仅是他自觉皈依的一种悠久传统的一部分，这些呼唤还与他对人类及人类精神生活许多细致入微的分析相一致，并且是从这些分析中产生的，他已经把这些分析发展成那个整体事业的一部分。因为作为"理性行动者"的人不仅是拥有信念、欲望、价值观等精神状态的独立实体，而且是这样的独立实体：他能够意识到这些精神状态，并通过反思检验那些声称是真、善或有价值的东西是否确实如此。对胡塞尔来说，"理性"（*Vernunft*）是具有持续性的任何类型的认知活动（即根据正当理由的要求进行理论、价值或实践上的站位）的正式通称。因此，理性不是从外部强加给人的外在规范，而是他们凭借作为主体、作为人的能力可以从中受益的要求，他们凭借这种能力意识到自己终其一生的站位（position-takings），反思它们和它们的正当性，并在适当的时候调整它们。

因此，胡塞尔对现代性的驳斥，并没有背离科学或启蒙运动的理想，相反，这是对一种不合理的、狭隘的物观念的反转，后者把为物提供的理由当作物。理性不是铁板一块的，它也不只是智力上的能力。用胡塞尔的术语来说："自然"作为现代自然科学的关联物，只是众多可能存在和实际存在的区域中的一个"区域"。例如，

---

1 对这种危机的精彩解释，以及胡塞尔提供现象学以回应危机的尝试，参见 R. Philip Buckley, *Husserl, Heidegger and the Crisis of Philosophical Responsibility* (Dordrecht: Kluwer, 1992)。

另有一个数字区域，还有我们在日常生活中承认和使用的"文化"区域或"用物"区域；存在"人"的领域和"艺术品"的领域。每一个区域都以特定的姿态呈现在我们眼前，每一个都有"我们"和"做"不能适用的基本谓语类型，每一个都有其专有的证据类型，这个证据被当成对独立实体所欲站位（*Sätze*，*Stellungnahme*n）的辩护或驳斥。胡塞尔在后期著作中对回到"生活世界"的著名呼吁正是如此，他呼吁我们认识到这些呈现在我们面前的事物的丰富性，呼吁我们系统反思自然科学、逻辑学、数学等专业领域，这些专业领域为了特定目的通过历史过程而产生于日常生活世界，但它们不能取代生活世界，或者说，它们不能使生活世界中呈现给我们的意义丰富的独立实体，例如人、文物、价值具有的真实性减少，或使得对它们的讨论变得缺少理性，尽管这样的讨论并不符合那些特定领域所专门持有的"客观性"标准。

在我转向海德格尔之前，还有一点值得我们注意：胡塞尔通过分析对日常物的知觉得出一个重要洞见，即在一种重要意义上，它们于认识主体是必要且正好相对的。一个人对自己位置的意识是认识我们周围世界在发生之事的一个必要因素。我对自己缓慢转头的动觉意识，使我把视觉领域的变化归因于自己身体角度的变化，而不是归因于在我周围转动的房子。这也适用于其他的"主观"变化，比如摄入酒精或其他物质会导致知觉领域的变化，而我知道这些变化不是因为我周围物体的变化而产生的。知觉过程本身也涉及对其他语境性视界的意识。当我们转向用物时，不同的文化传统会根据不同的文化实践而大相径庭地建构它们。我们每个人都必然来自一个由我们自己的文化背景所塑造的"家世界"，但我们每个人也都有能力去理解其他的"异世界"——而且认识到自己的"家世界"的局限是这个过程的重要组成部分。因此，胡塞尔的"普遍主义"并不一定意味着文化差异的消失，或只有一种文化（如欧洲文化）是所有其他文化都应该采用的模式。它只是一般性地号召运用一种能力——所有文化中的人都共有的能力，也就是认识到文化预设等事实在人的信念、行动和价值观中所起的作用，并批判性地反思它们，认识到它们的正当性和局限性，这种一般性号召构成伦理更新和自我责任号召的一部分。

尽管海德格尔早期著作使用的语言非常不同，但这些著作与胡塞尔对现代性危险的诊断和恰当回应仍有异曲同工之处。在《存在与时间》第一部分中，海德格尔对日常周围世界（*Umwelt*）的分析，与胡塞尔在《观念Ⅱ》（*Ideas Ⅱ*）中关于自然主义态度和人格主义态度之间关系的分析多有共通之处，如海德格尔提出的"周围世界"这个概念就是胡塞尔"生活世界"概念的前身。但是简要地说，这两者存在两点重要区别。一是，海德格尔的最终关注在于这个事实：日常世界中意义的终极来源是每个人对"*Worumwillen*"（字面意义即"为何之故"）的看法，是生活的终极目的或者说头等要务，这个终极目的把所有其他次级目的都规定为手段，而我们周围的一切物最终都按照其相关性或不相关性为实现这些目的而服务。海德格尔有意识地将这一术语发展成对希腊语"*hou heneka*"——或者如柏拉图那样简单称之为"*t'agathon*"（善）——的德语翻译。

海德格尔认为，每个人都对何为终极善有自己的看法，无论他知道它与否。在决定何者对一个人重要，一个人会做什么或不会做什么，必须做什么或必须不做什么上，没有什么比这点——他们如何思考善——更重要了。然而，在日常生活中，大多数人甚至没有意识到引导他们的实际是何种善的愿景，他们当然也不会有意识地选择它。海德格尔呼唤人们变得坚定，成为对自己"负责"、对自己关于终极目的（它引导着其他一切行动、价值观和信念）的选择

"负责"的人，这种呼唤让人想起胡塞尔对伦理性的自我责任的呼唤。当然，胡塞尔使用的词是"人"，而海德格尔用来指人类存在的词是 *Dasein*。

然而，与胡塞尔（他相信所有站位，无论认识上的还是伦理上的站位，都可以而且应该植根于原则上任何理性行动者都能够一致同意的实践经验）相反，海德格尔非常清楚，"没有人或事物"可以为我们提供这样的根基，他相信存在某些关乎"是"的事实，它们无关伦理责任，而且即使讲道理的人最初也常常对什么是善或什么不是善众说纷纭。这正是此在是"无之无根基的根基"（groundless ground of a nothing）这类诱惑性表述所欲描述的事情。胡塞尔相信根基是这样一种东西——我们寻找，便寻见；而海德格尔相信根基是这样一种东西——我们确实且必须对它负有责任，这是因为，除一个人对何者构成那个终极目的的领悟（筹划〔*Entwerfen*〕）之外，不存在根基，不存在这样的外在根基为我们采纳这种而反对另一种善观念提供理由。在海德格尔看来，存在之遗忘（在忘记什么使我们成为人，忘记我们必须对什么承担责任的意义上）的最高形式，就是相信存在某种客观标准，相信现代自然科学或社会理论可以提供某种东西来告诉我们应该如何生活。

随着海德格尔思想的发展，当他反思任何人或任何群体在超越自己时代上的能力局限时，他认为与现代性主导偏见进行对峙的前景更加不容乐观。在对他所谓"技术的本质显现（*Wesen*）"的思考中，以及在他的《世界图景的时代》论文中，[1] 他描述了一个世界，在这里，剩下的一切都越来越变成可测量的，在这个世界里，

1　Martin Heidegger，"The Age of the World Picture," in *The Question Concerning Technology and Other Essays*, trans. William Lovitt（New York：Harper Torchbooks，1977），115 – 154.

使可测量之物最大化似乎成了唯一的措施。技术不是我们所使用的工具或手段，而是世界作为整体呈现给我们的一种方式，它赋予我们无法控制的力量工具——例如历史进程、市场等。在这个世界中，其他世界都显得过时或无关紧要。很快所剩的就只是技术的力量，它让我们别无选择，只能遵循最大化可测量之物的指令。

哲学唯一能做的事就是唤醒事情并非向来如此的意识，唤醒栖居于一个以不同方式呈现的世界之真实可能性的意识，从而在一定程度上减少阻碍其他一切可能性的技术力量。我们不能让世界换一种方式呈现自己，我们也无法控制随之将发生的事情。相信我们可以控制，这会是另一种形式的技术操纵的故技重演。在某种程度上，这可以看作海德格尔对自己在 20 世纪 30 年代初的愚蠢行径的否定，那时海德格尔相信自己可以利用国家社会主义革命来创造一个世界，这个世界将不同于那对孪生危险——他至死都称这对危险为"布尔什维克主义（即国家控制的社会工程）"和"美国主义（即一种认为个人可以首先在物质成功方面谋划其人生成功的生活观）"——所创造的世界。

从 21 世纪初的视角，我们可以回顾一下事情发展的结果，并冒险作少许评论。尽管全球市场的力量越来越大，在工业化的欧洲人们的生活也越来越趋于一致，但是，民族国家至少能够对现代市场资本主义的泛滥无度进行一定控制，并利用第二次世界大战以后出现的繁荣，使其绝大多数公民生活富裕，不仅是物质意义上的富裕，而且是他们能够获得教育、艺术和其他非物质产品的机会的精神意义上的富裕。此外，正如海德格尔预见的那样，在欧洲那些有悠久地方传统的地区，现代技术和消费文化并没有遮蔽曾为人们生活提供意义的共同体和历史的所有残迹。这在欧洲可能比在美国更明显，但我认为，美国很多地区的个人或群体似乎依然在遵循一种可以不严谨地称之为"胡塞尔式"的策略，他们还在寻找意义和共同体的来源，而不仅仅是消费和物质福利。因此，即使是现代工业化社会，也为小型的、有历史根基的共同体留有空间，甚至需要它们，它们不必也不应该在全球范围内变得一致。如果这一点是真实的话，那么，海德格尔担心要降临于技术时代之外的其他东西，也保留了自己的一席之地。然而，重要的是，我们还应认识到减轻现代性负面影响的主要手段之一是民族国家和（或）区域政治实体，它们在 20 世纪下半叶帮助调节市场，并维护了历史习俗和共同体。全球化的新挑战在于，现代技术和资本的能力超过了哪怕最大、最有力的民族国家调节和抵制其最具侵略性的趋势的能力，这种趋势就是一致化，以及把一切降格为纯粹为剥削和利润最大化而存在的资源。我不敢肯定我所讨论的这三位思想家能为我们如何最佳地应对这一特定挑战提供答案，但我希望他们所提出的某些议题，他们就可能和必要的回应方式所提出的建议，至少可以为我们提供一个起点，让我们讨论如何才能最好地应对现代性高等形式即全球化的挑战，在 21 世纪，全球化不仅出现在欧洲和美国，而且出现在当今世界几乎所有社会。

第5章　建构一种舒茨式的政治科学论

莱斯特·恩布里（Lester Embree）

　　通过回顾舒茨的著作，以及他对政治事务的经历和解读，本文试图将散见于其全部作品中的观点放在"学科定义""基本概念"和"独特方法"这几个标题下进行诠释，以期说明政治科学如何发展成为舒茨哲学的文化学理论的一部分。附录部分回顾了舒茨对政治科学的一些影响。

　　我出生于其中的世界中有……各种性质极不相同的政治组织……我和他者都是这些组织中的一员，我们在其中具有特殊的角色、地位和功能。[1]

1. 导言

　　《社会世界的意义构成》（*Der sinnhafte Aufbau der sozialen Welt*，1932）一书已经清楚地显示出，阿尔弗雷德·舒茨（1899—1959）不仅有兴趣理解经济和社会问题，而且有兴趣理解政治问题。但不论是在这本书中，还是在其他作品里，舒茨都没有提出一

1　Alfred Schutz，*Collected Papers*，vol. Ⅰ，*The Problem of Social Reality*，ed. Maurice Natanson（The Hague：Martinus Nijhoff，1962），313. 之后再引用此卷时缩写为Ⅰ。

种可以构成其科学论的一部分的、成型的政治科学论[1]。然而，在最后一部主要作品《象征、现实与社会》[2]（"Symbol，Reality，and Society"，1955）中，舒茨罗列了很多政治学参考文献，由此我们可以推测，他仍是倾向于发展这一理论的。在 1956 年 10 月致友人埃里克·沃格林（Eric Voegelin）的信中，可以发现舒茨的这种倾向的最后表现，他在评论后者的《秩序与历史》（*Order and History*）时说：

> 我不仅对分析中东的政治思想有兴趣，而且对把主要论证编织在一起的"四重对位"[3] 感兴趣。我对以下问题做了非常精确的注释：（1）在这里发挥作用的符号，（2）在多处发现并得到系统性发展的符号解释的一般理论，（3）在这里得到进一步发展的《新政治科学》中的一般理论，以及（4）关于社会科学一般理论和方法论的许多重要论述。[4]

基于这些分散的论述，以及舒茨对其他文化学尤其是经济学的思考，本文对舒茨式政治科学论的建构或许有望成功。这样的努力对推进现象学的文化学理论发展不无裨益。

引人注目的是，比起对其他学科的关注，舒茨所参考的政治科

---

1 作者在这里使用的是"Theory of Political Science"，其含义可以类比文中的科学论（*Wissenschaftslehre*／Theory of Science），可以理解为以政治科学本身为对象的研究。——译者注

2 Alfred Schutz, *Collected Papers*, vol. I, *The Problem of Social Reality*, 287–356.

3 四重对位为音乐中的专用术语，音乐的各声部可以高低易位者，统称为复对位。四重对位有 24 种转化形式，程式复杂。——译者注

4 Alfred Schutz and Eric Voegelin, *A Friendship that Lasted a Lifetime*, ed. Gerhard Wagner and Gilbert Weiss, trans. William Petropulos（Columbia and London：University of Missouri Press, 2011），189.

学相关文献更广更深，还评论过他一生中经历的重大政治事件。下文首先依时序大致回顾舒茨所评论过的政治事件，以及他对政治问题的明确表述；其次，我们试图搭建一个大纲来概述他在政治科学论中的位置。[1] 附录部分记载了舒茨对后来的政治思想的影响。

2. 阅读、写作和政治事件

阿尔弗雷德·舒茨于 1899 年在维也纳出生。据舒茨本人回忆，哈布斯堡王朝时期，当他还是个文科中学的学生时，他因讨论政治事务险些被开除。第一次世界大战中他是一名奥地利士兵，但他似乎并没有就这场战争直接发表任何评论。然而，《返乡者》（"The Homecomer"，1944）中确实包含关于二战返乡老兵的政策建议，毫无疑问，该建议部分源于舒茨自己的亲身经历。[2] 那场战争之后，舒茨很快在维也纳大学获得了法哲学博士学位，他的法学理论教授汉斯·凯尔森，曾为新建立的奥地利共和国起草过宪法。

第二次世界大战前，舒茨曾在维也纳担任银行管理人员，他对当时在德国兴起并传播的国家社会主义一定有不少想法。之后或者更晚，他认识到，"那些相信自己是好德国人并彻底脱离犹太教的人们，发现自己被希特勒的纽伦堡法案宣布为犹太人，理由是其祖父母的出身，而这此前都是完全不相干的事实。"[3]

20 世纪 20 年代，舒茨结识尾高朝雄（Tomoo Otaka）——二

1　舒茨对政治的论述，大部分可以参见 Lester Embree, ed., *The Schutzian Theory of the Cultural Sciences* (Dordrecht：Springer，2015)，33 – 40。但是这里缺乏对他的政治科学论由何组成的充分阐述。

2　重刊于 Alfred Schutz, *Collected Papers*，vol. II, *Studies in Social Theory*, ed. Arvid Broedersen (The Hague：Martinus Nijhoff，1964)，106。之后再引用此卷时缩写为 II。

3　II，257；cf. II，276.

战后他曾起草新的日本宪法；1937 年舒茨评论了这位友人的书。[1]
同年他还到访美国，并写家书谈及他遇到的反犹主义及其他事。[2]
在纳粹德国吞并奥地利后，舒茨举家移民到纽约，在那里了却余生。《陌生人》（"The Stranger"，1944）一文中便有一个人进入一个新的政治体系的暗示。

成为美国公民后，舒茨自豪地为罗斯福政府撰写了中欧银行体系的报告。他对广岛和之后所谓冷战的发展也有一些看法。他曾同情地写道："在我们这个时代，我们发现某些著名的科学家对于曾经合作发展核武器深深地自责……"[3] 之后，他还对洲际弹道导弹的发展作了回应：

> 感知到的和可感知的物体的世界，其中心领域我可以称之为"我实际可及的世界"，它包括我的视听范围内的物体。在我的可及世界里，有一个我可以操纵的事物的区域。（……通过使用远程火箭，可操纵领域可以得到扩展并超出我的可及世界，此时涉及的问题尤其复杂。可操纵领域的扩展也许是西方文明实际状况中的一个突出特点。）[4]

舒茨对联合国的发展也很感兴趣，尤其是联合国在歧视、少数

---

1 Alfred Schutz, "The Foundations of the Theory of Social Organization"（1937），trans. Fred Kersten, in Alfred Schutz, *Collected Papers*, vol. Ⅳ, eds. Helmut Wagner, George Psathas, and Fred Kersten（Dordrecht：Kluwer Academic Publishers, 1997）. 之后再引用此卷时缩写为Ⅳ。

2 Alfred Schutz, "Journal," trans. Evelyn S. Lang, *Schutzian Research*, vol. Ⅰ（2009）.

3 Ⅱ, 275.

4 Ⅰ, 307.

权利和政治平等方面的立场。[1] 在进入新政治体系后不久，他发表了《充分知情的公民》（"The Well-Informed Citizen"，1946），这最接近一篇政治科学论文。其中的一些思想在《关于社会和民事审判权发展中的机会平等障碍问题的讨论报告》（"Report on the Discussions of Barriers to Equality of Opportunity for the Development of Powers of Social and Civil Judgment"，1956）中得到进一步发展，该文是他与耶鲁大学政治科学家、时任政治学协会主席的哈罗德·拉斯维尔合写的。[2] 舒茨对政治的兴趣还表现在《桑塔亚那论社会与政府》（"Santayana on Society and Government"，1952）一文中。此外，得益于他与埃里克·沃格林的终身友谊，他们讨论胡塞尔哲学尤其还有讨论沃格林《新政治科学》的引人入胜的书信得以问世。[3]

舒茨在美国时遇到的主要政治事件是 1953 年最高法院下令取消种族隔离。与此相关，他加入了一个以瑟古德·马歇尔（马歇尔在开庭前参与了这个案件的辩论，之后成了这个案件的法官）等人为主的协会，并写下《平等与社会世界的意义结构》（"Equality

1　Ibid.，262ff.

2　Lester Embree，ed.，*The Schutzian Theory of the Cultural Sciences*（New York：Springer，2015），297 - 311. 拉斯维尔是 *Politics：Who Gets What，When，How*（1936）的作者，该书重刊于 *The Political Writings of Harold D. Lasswell*（Glencoe，IL：The Free Press，1951）。

3　Eric Voegelin，*The New Science of Politics*，Chicago：University of Chicago Press，1952. Cf. Gilbert S. Weiss，"Alfred Schutz and Eric Voegelin," in Hisashi Nasu et al.，eds.，*Alfred Schutz and his Intellectual Partners*（Konstanz：UKV Verlagsgesellschaft，2009）。该文补充了对这种关系的精彩分析，并且认为，尽管舒茨关注社会科学的基础，沃格林关注政治理论，但两者并没有结合成一种政治科学论。

and the Meaning Structure of the Social World", 1955) 一文。[1] 舒茨在这篇论文中的参考来源包括亚里士多德、科瑞恩·布林顿（Craine Brinton）、门罗·伯杰（Monroe Berger）、米基弗（R. M. MacIver）、亨利·萨姆纳·梅因爵士、纲纳·缪达尔（Gunnar Myrdal）、塔尔科特·帕森斯、格奥尔格·齐美尔、T. V. 史密斯、艾伯特·所罗门、列奥·施特劳斯、R. H. 托尼、大卫·汤姆森、马克斯·韦伯，当然还有埃里克·沃格林。这是舒茨引用最充分的文章，并且大多数是关于政治主题的引用。因此可以揣测，如果舒茨能活得更久些，他或许会就这类话题进行更多写作。

3. 舒茨式政治科学论纲要

如前所述，舒茨并没有发展出一种明确的政治科学论，但是那些年他零散表达的评论和暗示可以与他的方法论相联系。由于"方法论"这个说法如今已过多地意味着统计技术训练，我们可以换个说法，即他经常提及的 *Wissenschaftslehrec*（科学论）[2]，它可以翻译成"theory of science"，或最好翻译成"science theory"（这种表达最容易看出修饰语）。

舒茨的科学论可以说有两种形式。狭义上而言，这是像马克斯·韦伯这样的科学家为之做出贡献的特定学科的理论，它可以被

1　Ⅱ, 226 - 273. Cf. "In Search of the Middle Ground," reprinted in Alfred Schutz, *Collected Papers*, vol. Ⅳ, ed. Helmut Wagner and George Psathas in collaboration with Fred Kersten (Dordrecht: Kluwer Academic Publishers, 1996), 147 - 151, and "Understanding, Self-reflection, and Equality: Alfred Schutz's Participation in the 1955 Conference on Science, Philosophy, and Religion," ed. with introduction, Michael Barber, in *Schutzian Research*, vol. Ⅰ (2009), 245 - 271.

2　Talcott Parsons and Alfred Schutz, *The Theory of Social Action: The Correspondence of Alfred Schutz and Talcott Parsons*, ed. Richard Grathoff (Bloomington and London: Indiana University Press, 1978), 101. 之后本章引用此书时缩写为 TSA。

称为"**科学的**科学论"。广义上而言，它是从外部立场对整个科学门类进行的反思，可以称之为"**哲学的**科学论"。舒茨当时是一位哲学家，因为他对文化学的种类进行了反思，强调了包括经济学和社会心理学在内的特定社会科学，同时他也反思了历史学，并隐含地反思了心理学。[1]

研究舒茨对其他学科的反思，可以确定他的科学论包括三个组成部分——"学科定义""基本概念"和"独特方法"，接下来本文将按照这个顺序进行阐述。这些部分之间自然会有一些重叠。

3.1 学科定义

对"政治哲学"和"政治科学"的区分。舒茨同时使用这两种表达，但他似乎没有对这两者进行区分。他将亚里士多德的 *epistēmē politikē* 一词翻译为"政治科学"。[2] 这个表达意味着什么？

政治科学家可以借鉴一种深厚的智识传统，例如像舒茨这样援引亚里士多德。在文化学家中，只有历史学家才能深入地参阅希罗多德和修昔底德。在致沃格林的信中和其他地方，舒茨显示出他不仅熟知亚里士多德的观点，而且深谙柏拉图、奥古斯丁、阿奎那、马基雅维利、霍布斯、斯宾诺莎、康德、黑格尔、马克思和尼采的观点。舒茨还在上述信件中列出了与他同时代的许多写过政治学著作的社会科学家。虽然这种借助数千年文献的做法是政治科学特有

---

1 Lester Embree，"A Problem in Schutz's Theory of the Historical Sciences with an Illustration from the Women's Liberation Movement," *Human Studies*，27（2004）：281 - 306；"The Nature and Role of Phenomenological Psychology in Alfred Schutz," *Journal of Phenomenological Psychology*，39（2008）：141 - 150；"Economics in the Context of Alfred Schutz's Theory of Science," *Schutzian Research*，vol. Ⅰ（2009）：163 - 173；and "Founding Some Practical Disciplines in Schutzian Social Psychology," *Bulletin d'analyse phénoménologique*，vol. 6（2010），numero 1.

2 Ⅱ，203.

的，但这不是政治科学的定义。我们要再一次问，对阿尔弗雷德·舒茨来说，政治科学是什么？我们可以先从什么不是政治科学开始探究。

虽然舒茨并没有讨论以下所有方面，但是对他来说，首先，政治科学显然不是像逻辑学和数学那样的形式科学。当然政治科学也不是自然科学：

> 正如胡塞尔所表明的那样，自然科学必须处理的自然概念……是一种来自生活世界的理想化抽象，这种抽象在原则上（当然也是正当地）排除了所有活生生的人及其个人生活，也因此排除了源于实践性人类活动的文化客体。然而，生活世界的这一层（自然科学必须使之抽象化），才是社会科学必须去研究的社会真实。[1]

这里的"社会科学"可以说具有广泛含义，包括特定的历史学所思考的先前事物，将之表述为"文化学"或许更为恰当。此外，即使宽泛地考虑到例如沃格林所致力的政治观念史，政治科学仍不是一种历史学。鉴于其对团体或集体的兴趣，政治科学显然也不是一种心理学，尽管在运用方法论个人主义来研究基础时它可能会与社会心理学有所关联。通过以上排除过程可以看出，政治科学是一种狭义的社会科学，因为它研究的是"同时代人"——那些与某个自我共享时间但并不一定共享空间的人类。但是我们仍不清楚，在这种狭义定义中，究竟是什么明确地将政治科学与其他社会科学区分开。

舒茨曾提到，对塔尔科特·帕森斯来说有五个分析性的学科，"每个都把行动体系（action scheme）的一个特殊分支当成一个参

1　Ⅰ，58.

照系：……（在其中）**政治科学**的参照系是以权力关系和团体体系这种特殊形式体现的社会关系体系"。[1] 如果能确定舒茨不仅在叙述帕森斯的观点，而且还支持这一观点的话，我们就能明白他眼中政治科学与其他社会科学之间的差别。

在谈到马克斯·韦伯关于国家（国家当然是政治科学的中心主题）的论述时，舒茨间接表现出了对帕森斯观点的支持："国家可以被解释为那些以政治秩序为导向的人即公民的行动整体"。[2] 对于舒茨和韦伯来说，都存在"社会集体"，这个大类包括"像'国家'这样的理想类型"，"'国家'这个术语只是一个简称，它是指相互依存的诸理想类型组成的一个高度复杂的网络"，而且"国家的每一个'行动'都可以还原为其官员的行为"。[3]

如果这就印证了舒茨赞同帕森斯关于团体体系的观点，那么关于权力的观点呢？在这一方面，舒茨明确地接受了马克斯·舍勒的观点：对于社会世界的意义结构来说，存在包括"政治权力关系"在内的实在因素（*Realfaktoren*）。[4] 此外，我出生的世界已经包含了政治组织，[5] 这些政治组织中有"统治者和下属、主与臣的等级"，[6] 这些也都是权力关系。

在《符号、现实与社会》中，舒茨断言："存在超越日常生活有限意义领域的经验，因此它们指向其他意义领域……其他子世界

---

1 TSA, 21.

2 Alfred Schutz, *The Phenomenology of the Social World*, trans. George Walsh and Frederick Lehnert (Evanston, IL: Northwestern University Press, 1967), 136; cf. I, 354, quoting Weber. 此后本章引用此书时缩写为 PSW。

3 PSW, 199.

4 Ⅱ, 249.

5 Ⅰ, 313.

6 Ibid., 335.

（subuniverses），例如政治世界……"[1] 这是一个有限的意义领域，存在着超越性。下面是一个日常现实（指称从日常现实中来）中的例子，其中明显包含权力关系：

> 如果我和一位朋友处于一种面对面关系中，我在讨论一篇有关总统与国会对中国加入联合国的态度的杂志文章，那么，我不仅与同时代这位也许是匿名的作者处于一种关系中，还与被指称为"总统""国会""中国""联合国"的社会场域中同时代的个体或集体行动者处于一种关系中；而且，当我和朋友作为1954年的美国公民来讨论这个话题时，我们是在历史情境（该历史情境至少是由前人的演出共同决定的）下进行讨论的。而且我们也考虑到即将采取的决定可能会对我们的后人、未来几代产生影响。[2]

在关注超越日常生活的超越性指称的地方，西方文化（但在这一点上舒茨也谈到了中国文化）具有符号，包括"庞大的……政治符号体系"。[3] 因此，据说"现代政治科学家"认为，人类参与了宇宙秩序并被它所决定。例如，社会组织及其统治者与下属等级同天体等级相互关联。[4] 舒茨为社会集体（国家是其中之一）举了一个"粗糙的象征主义"的例子，他说："严格来说，我们都处在阿纳托尔·法郎士的故事《克兰比尔》（*Crainquebille*）的情境中，对法郎士来说，政府只不过是柜台后面的一个乖戾老头儿"。[5]

1　Ⅰ，329；cf. 353.
2　Ibid.，352，cf. 34.
3　Ibid.，337.
4　Ibid.，335.
5　Ibid.，353.

在更复杂的层面上，舒茨以赞成的态度这样总结沃格林：

> 为了便于阐释，你引用了弗洛拉的约阿希姆对三位一体符号的非常有趣的运用，他把这个符号运用于历史进程。他的理论出现了四个典型的符号：（1）第三王国，（2）领袖，（3）先知或先行者，以及（4）自主的个人之间的兄弟关系。随后，这四种符号被放进其历史演进中加以研究，你尤其强调了国家社会主义和俄罗斯政治哲学。[1]

在最后一点上，对沃格林和（或）舒茨而言，辩证唯物主义似乎"趋向"成为"社会之自我理解的符号"。[2] 对美国而言，民主本来应该具有这种符号作用，但这一点没有被提到，更没有被讨论，尽管山姆大叔被说成是美国的另一种"粗糙的象征主义"。[3]

此外，舒茨还以赞成的态度引述了沃格林的如下观点，即一个政治社会为何是一个从内部得到阐明的"小宇宙（cosmion）"，他还借鉴了米基弗的观点，后者论述了这种阐明如何通过一种"支配着一个实际团体的观念的核心神话"产生：

> 这个核心神话……也就是自我解释体系，本身属于小团体视为理所当然的、自然的世界概念。例如，平等观念可能对照着宙斯所规定的价值秩序，或者源自灵魂结构的价值秩序；它可以被认为是反映了宇宙秩序或理性所揭示的自然权利；它可以被认为是神圣的，并与各种禁忌相关联。[4]

1　Ⅳ，228.
2　Ibid.，225.
3　Ⅰ，353.
4　Ⅱ，245.

此外，一个小宇宙中有"代表"，或许是大众选举出的，"其成员——统治者、主权者、政府、君主……可以得到（臣民）对命令行为的习惯性服从"。舒茨以赞成的态度引用沃格林来区分

> 社会的代表与一种次级关系，在后者中，**社会本身变成了其他事物、某种超越性现实的代表**……所有早期的帝国都把自己理解为宇宙秩序的代表。[1]

（所有人被造得平等，并被其创造者赋予某些不可剥夺的权利，这种说法可能符合以上观点。）

总而言之，我们有理由说，对阿尔弗雷德·舒茨而言，政治科学是一种严格意义上的社会科学，它主要关注由官员及其权力关系的理想类型组成的集体，这些集体通过日常生活中的符号与神话形成了一个超越有限的意义领域，它们（至少有时）被认为代表着宇宙秩序。

3.2　基本概念

在舒茨的作品中，与政治科学紧密相关的概念频繁出现。也许因为大多数概念是自明的，我们没有发现他把某些概念明确视为"基本概念"，但这并不妨碍我们进行基本澄清，这正是他在为尾高朝雄所写的书评开篇所号召的。[2] 有一些事物有待澄清。例如，人们被告知：一个人出生在一个国家团体中，但他可以改变自己的国籍，就像舒茨本人那样。又如，有趣的是，他赞同桑塔亚那将家庭视作一个"政治单位"的观点。[3] 此外，还有"政治体""公民"

1　Ⅰ，335，quoting Voegelin's *The New Science of Politics*，粗体为舒茨所加。
2　Ⅳ，203.
3　Ⅱ，214.

"政府""政治信念""政治生活""政党""政治权利""政治家"概念，以及上文提到的"政治组织"，尤其是"国家"，所有这些都是舒茨留待他人进一步澄清的。

更一般地说，《社会世界的意义构成》序言的第一段有如下列举：

> 这些（基本）概念，包括对自己与他人的经验、意义建构与意义解释、符号与征兆、动机与计划、意义适当性与因果适当性的解释，最重要的是理想类型的概念形成（ideal typical concept formation）的本质，社会科学对其主题的看法正基于此。[1]

这些"人文学科基本概念"（*geisteswissenschaftlicher Grundbegriffe*）适用于政治科学，因为政治科学既是一种社会科学（往具体说），也是一种人文学或文化学。这些概念中的大多数都是方法论性质的，所以我们接下来讨论方法。

3.3 独特方法

舒茨可能会倡导的政治科学方法，在多数方面与其他严格意义上的社会科学一样。与意识形态思维相反，它要遵循逻辑性、清晰性和价值中立的理论态度，并最终在关乎主观意义的事物上寻求客观意义，也可称之为可证实的科学对基于生活常识的内部解释进行的外部解释，它还依靠适当的假设来确保与（研究者的）信息提供者所遇到的相关现实建立起联系。

毫无疑问，像其他社会科学家一样，政治科学家可以通过访谈、参与式观察和问卷调查来收集经验数据。此外，正如上文所讨论的，他们也可以受益于政治观念史，这需要借助学问。然而，当

---

1 PSW，XXXI．

不是必须要借助后一种方法时，就无法将政治科学方法同其他学科的方法区分开来。尽管我们在舒茨的作品中没有发现这样的迹象，但也可以通过（特别是）历史研究对政治科学中的各种思想流派加以认识，包括实证的行为主义和古典政治哲学，与这两者相比，舒茨式的政治科学将是解释性的。（顺便说一句，舒茨对历史的运用并不完全是欧洲中心的，因为他谈论了中国文化，这在20世纪50年代的西方或许并不常见。）

政治科学与其他文化学一样，会运用理想类型的概念形成。正如前文所引述的那样，"社会科学对其主题的看法正基于"理想类型的概念形成。但是在这方面，政治科学还有一些额外的规范。

> 在这里，我们应该补充一点，并不是所有社会科学都以此为目标：通过人的理想类型来解释产品的主观意义。有些社会科学关心我们所谓的行动过程类型，例如法律史、艺术史和政治科学。这组学科只是把低阶段的意义建构视为理所当然，并不关注它们。它们的科学目标不是研究意义建构的过程，而是研究意义建构的结果，即文化产品。这些产品被认为是自身就有意义的，并被按照行动过程类型加以分类。[1]

对这段话稍作解释可能会有所帮助。首先，严格意义上的社会科学现在似乎至少有两个亚种，这个问题也可以放进之前关于学科定义的章节中。其次，政府只是一个乖戾老头儿的讽刺漫画确实涉及一种人的理想类型，但是这种集体的人格化是一种拟人论，类似于美国是"山姆大叔"，[2] 而且至少对行动过程类型的强调取代了这

1　PSW，242.

2　I，353.

种理想类型。如果把已提到的历史学排除在外，那么政治科学就是迄今为止所提到的那种严格的社会科学（但他暗示语言学的严格性低）。

再次，用那种理想类型[1]来把握的"文化产品"或"文化客体"是政治性的：

> 让我们考虑下所谓的"文化客体"，换句话说就是"国家""艺术""语言"等理念性客体（ideal objectivities）。根据我们的理论，这些都是产品，因为它们留下了人类生产它们的印记，而且它们是创造它们的人类心中所思所想的证据。在这里，高度复杂的文化客体可供我们进行最详尽的调查。国家可以被解释为那些以政治秩序为导向的人即公民的行动整体……[2]

最后，虽然舒茨常常考虑行动过程类型，但他考虑的并不是它本身，而是把它当成人的类型形成的基础，这可能是因为他对社会心理学的兴趣更甚于艺术史、法律史、语言学或政治科学，正如我们刚看到的那样，这些学科专注于行动过程类型。如果说语言学也是一种专注于行动过程类型的严格社会科学，那么政治科学的独特区别就在于权力。

何为行动过程类型？

"人类行为的理想类型"这个概念可以从两方面来理解。首先，它可能意味着某人正在或已经以某种方式表达自己的理想类型。其次，它可能意味着表达过程本身的理想类型，甚至是外在结果（我

1　即行动过程类型。——译者注
2　**PSW**，136.

们把它解释为表达过程的记号）的理想类型。我们把第一个称为"人的理想类型"，第二个称为"实在"或"行动过程"类型。当然，这两者之间存在内在联系。例如，如果不首先考虑一个邮政职员的工作的定义，我就无法定义一个邮政职员的理想类型。前者就是一种行动过程类型……一旦我对行动过程类型有了清楚的认识，我就可以建构人的理想类型，即"执行这项工作的人"[1]。

从直接或间接的观察中得出的固定外部行为模式或行动序列的概念形式，可以推导出一个实在的行动过程类型的目录……但这些行动过程类型的普遍性程度可能会有所不同：它们或多或少是"标准化"的，也就是说，可以从具有或高或低统计频率的行为中得出这些行动过程类型。[2]

尽管舒茨的《对人类行动的常识解释与科学解释》（"Common-Sense and Scientific Interpretation of Human Action"，1953）更关注人的理想类型（在这篇文章中也将其称为"木偶"），但是他就上述行动过程类型的解释补充说，一个人从"观察到的事件"开始建构这样的类型，[3] 并意识到这种类型是在常识思维和文化学中建构的。[4] 同时还补充说：

> 在建构有别于联合的同时代人的行动过程类型时，我们会将一系列所谓的不变的、支配其行动的动机归于在一定程度上匿名的行动者。[5]

至于那些看起来只是联合的事物，舒茨举了观察一个群体打扑

1　PSW，187.

2　Ibid.，197.

3　Ⅰ，40，cf. 63.

4　Ibid.，34.

5　Ibid.，25；cf. PSW，186.

克牌的有趣例子。人们可以把每个玩家的游戏过程分开看作"你"，但是也可以把整个群体看作"他们"。

> 然后，我可以做一个陈述，比如"他们正在玩扑克游戏"。这个陈述只有在下述意义上才适用于每个个体玩家："扑克游戏"的行动过程类型与每个个体玩家头脑中一系列意识到的经验相符，与他在自身的主观意义语境中的立场相符。通过这种方式，每个玩家的行动都将以扑克的规则为"导向"。[1]

从这个例子中，人们可以据此类推法律在政治组织中的作用。如上所述，舒茨承认公民是以国家的政治秩序为导向的，但是他似乎并没有考虑到法律在这个关系中的作用[2]。然而，在舒茨翻译的《建构》（*Aufbau*）一书的第四部分，托马斯·卢克曼（Thomas Luckmann）却考虑到了这一点：

> 如果我做或不做某些确定的行为，以避免某些佩徽章、穿制服的人的干涉（引韦伯的另一个例子），也就是说，如果我使我的行为以法律和执法机构为导向，我就与化身为理想类型的同时代人处在一种社会关系中，即"他们"关系。在这些例子中，我带着这样的预期行动：某些确定的行为在他们……即警察看来是可以允许的。我对他们有某种看法：当我计划自己的行动时，我会考虑到他们，简而言之，我与他们处在一种社会关系中。但是，我在这些关系中的伙伴并不表现为具体且特定的个人。他们

1　PSW，186；舒茨注释说："即使出老千的人也是以规则为导向的，否则他无法真正作弊"。
2　But cf. PSW，200 and Ⅱ，121.

以"警察"这一类别的实例出现。我把特定的行为模式、特定的功能执行归于他们。只有当他们是这些功能的典型执行者，也就是作为理想类型时，他们才作为同时代人与我发生关联。[1]

因此，尽管舒茨受过法学训练，也做过法律实践，但法律在他的政治科学中似乎并未占据重要地位（虽然没有被排除在外）。另外，总体而言，政治科学与其他文化学不同，它不依靠人的理想类型，而是依靠行动过程类型来把握"官员"或包括公民在内的角色扮演者，以及他们在政治集体内部的权力运作。

* * *

最后，我们可能需要批判性地说，对舒茨而言，政治科学必须找到一个应用之地，也就是工作世界中以科学为基础的政治行动。换句话说，规范政治学如何能有科学基础还需要进一步探索。毕竟，他对民主的偏好是明确的。他提到政治家、政治决策和政治行动，但没有谈这些如何能具有一种理论基础。然而，当现代世界中越来越多地做出政治决策时，它们就越来越具有这样的理论基础。

附录：舒茨对政治科学的一些影响

据不完全搜索，在这些人的著作中可以发现舒茨对政治科学研究的影响痕迹：埃里克·沃格林、理查德·斯奈德（Richard G. Snyder）、阿诺德·布莱希特（Arnold Brecht）、郑和烈、约翰·冈内尔（John G. Gunnell）、乔纳森·因泊尔（Jonathan

---

1　Ⅱ，45.

B. Imber)、史蒂芬·施耐克（Stephen Frederick Schneck）、弗雷德·克斯滕（Fred Kersten）、金航宇（Hangwoo Kim）和迈克尔·巴伯（Michael Barber）。舒茨对同事列奥·施特劳斯的影响可能是有趣的，但似乎没有证据。汉娜·阿伦特同样如此，舒茨也与之相识。

（1）哈勒穆·瓦格纳（Halemut Wagner）在传记中专辟一章讲述了舒茨与政治观念史学家埃里克·沃格林的长久关系，他没有提到舒茨对沃格林政治科学观点的影响，但是，或许能得到更多原始材料的迈克尔·巴伯记载说：

> 舒茨称赞沃格林（《新政治科学》）发展了一种关于那些历史中活跃的社会如何自我建构的现象学；舒茨考察了不同群体——理论家和依靠常识的行动者如何以不同的方式解释这个过程；舒茨质疑沃格林对任何历史"理念"的拒斥，质疑他所说的诺斯替教"重新圣化了"社会，而非再现了希腊多神教。沃格林将舒茨的大部分建议当作友善的诤言予以接受……[1]

（2）另一种早期影响也是从私人交往中产生的。理查德·斯奈德 1946 年到 1955 年在普林斯顿大学教授政治科学，因此他有可能遇到 1952 年在那里演讲的舒茨。1954 年 6 月 30 日，斯奈德给舒茨寄去了一部题为《作为国际政治研究方法的决策》的文稿。理查德·斯奈德、布鲁克和波顿·萨潘撰写的《外交决策》[2] 就是由这部文稿形成的。这部文稿可能更多受到舒茨的影响（下文页码与

---

1 Michael Barber, *The Participating Citizen: A Biography of Alfred Schutz* (Albany, NY: State University of New York Press, 2004), 167.

2 Richard C. Snyder, H. W. Bruck, and Burton Sapin, *Foreign Policy Decision-Making* (Glencoe, IL: The Free Press, 1962).

1962 年的出版图书并不一致，而且舒茨在下文所反对的观点已经被修改了，不过我没有对前后文本进行比较）。

1954 年 9 月 6 日，舒茨写道：[1]

> 我看到了你的专著和信。你和你的合作者布鲁克先生以及波顿·萨潘先生认为我的观念有益于你们的杰出著作，这令我倍感荣幸。你的发现证实了我提出的某些理论观点，这对我而言意义重大。
>
> 你让我做评论。由于我不是政治学研究的行家里手，所以我的评论仅限于在研究你的专著时所想到的几个方法论问题。
>
> 你说的很对，在国际政治领域需要更有效和更清晰的概念化。我也同意任何解释体系都必须通过你在第 5 页所描述的那些检验。
>
> 你提到内格尔（Nagel）和亨佩尔（Hempel）在 1952 年美国哲学学会（APA）关于社会科学中概念和理论形成研讨会上提交的论文。我很遗憾，我不能赞同这些著名学者的发现。我随信附上自己批评他们的立场的重印本。[2]
>
> 我不确定你对一般理论和参照系的区分是否完全成立。我恰恰认为任何"参照系"都是以一般理论为前提

---

1 Alfred Schutz Papers，Beinecke Library，Yale University，Box 30，Folder 761，"Princeton University." 我非常感谢迈克尔·巴伯教授帮助辨识这封信，也感谢伊芙琳·舒茨·朗(Evelyn Schutz Lang)慨允发表其父的书信。

2 Alfred Schutz, "Concept and Theory Formation in the Social Sciences," *Journal of Philosophy*，Vol. LI（1954）. Cf. Alfred Schutz，ed. Lester Embree，"Positivistic Philosophy and the Actual Approach of Interpretive Social Science：An Ineditum from Spring 1953，" *Husserl Studies*，Vol. 14（1998）：123 – 149，reprinted in Dermot Moran and Lester Embree，eds.，*Phenomenology：Critical Concepts in Philosophy*，5 vols.，Ⅲ（London：Routledge，2004），119 – 145.（L.E.）

的，它也只有作为一般理论的一部分才有效。

你谈到多重现实，但是在第 10 页你说，"假设多重现实，就是假设不存在一个对所有参与者来说在所有方面都是共同的客观情境"。

在这个表述中，事情并不完全正确。

确实，诸多个体参与者对自身情境的看法之间一定有重叠，但即使没有多重现实，这种现象也可以通过参与者对情境的主观解释（或定义）来解释。日常生活的最高现实（交往唯有在其中才成为可能）对我们所有人而言都是共同的，尽管我们每个人对它都有个体（主观的）**看法和描摹**。

这足以解释为什么国务院和国防部对相同的情境有不同的定义和解释。

如果一位有名气的旁观者不带自己的希望和恐惧来处理议题，而是采取一种公正的理论态度，那么他对情境的解释会与当局者有所不同，这种公正的理论态度本身属于日常生活的最高现实之外的另一个现实领域。

我强烈感到，我的评论只涉及你所选择的表述，而非我完全同意的基本原则。

关于第 36—37 页：我想我理解并接受你的命题，即国家行动是那些以国家名义采取行动的人们的行动，但下一句话"因此，国家就是其决策的制定者"，似乎值得怀疑……

"国家"也是公民接受决策者所做决定的可能性，或者，如果你愿意这样说的话，它是被称为"国家"的政治组织，它决定谁有权做出决定。

第 37 页，你把"知觉"称为倾向的三个特征之一，但是它的严格意义应该是"感官知觉"，或者，就你的意图而言，你所指的或许是"定义情境"。

第 57 页：在决策的定义中，"由社会定义"这个词的意思对我来说不是很清楚。

可选择的方案（也就是如何处理 EDC［可能指欧洲防务共同体］）是否真正由社会定义（即由决策者所代表的社会群体所定义）？

但是，如果它们是由决策者自己（这些人"即"国家）来界定的，那么"由社会定义"这个词就可能是多余的。

第 63 页：我想我可以理解这样的方法论假设：**除非私人公民暂时拥有一个（联邦?）公职，否则他无法成为分析单位的一部分**。但是，私人公民可能也确实经常提出决策者看不到的替代方案，这些替代方案可能会也可能不会被他们所接受；例如比尔兹利·拉姆尔的"领薪即付所得税"方案……

1954 年 9 月 16 日，斯奈德答复说："你提出的具体问题已经得到了妥善处理，我们很高兴能够纠正这些问题。我们希望和你进一步交流。"1954 年 11 月 23 日，他给舒茨发送了几个问题，最后，他和他的同事似乎在 11 月 27 日访问了舒茨，但是他们学到了什么现在似乎无法考察。郑和烈教授研究了斯奈德等人在 1962 年出版的书（《外交决策》）中对舒茨的引用，他报告说："更重要的是舒茨对这本书的影响。我们甚至可以说，这真是一本舒茨式的书，运用了多重现实、行动计划、动机等理念"。[1]

---

1 Pers. com. , 11 March 2010.

（3）阿诺德·布莱希特和舒茨是社会研究新学院研究生院的同事，他们多有交谈。瓦格纳记载说，舒茨尤其影响了布莱希特《政治理论：20 世纪政治思想的基础》（*Political Theory：The Foundations of Twentieth Century Political Thought* [1]）中关于科学方法论的章节。瓦格纳参考了对布莱希特的采访，并报告说："舒茨对布莱希特的方法论章节的修改提出了许多建议，全部被作者所接受。因此，他增加了论动机和自由意志一节，这对于一本讨论政治行动的书来说是非常合适的"。[2]

布莱希特还在他的著作中写道，舒茨"值得称赞，因为他恰当地让我们注意到以下相互关系"：

> 然而，不仅学者，普通人也为了解周围的世界、追求自己的利益和目的，持续地参与了类型化过程。因此，社会科学家所建构的类型化，可以说是在第二层次产生的，高于普通人形成的类型化。它们更精致，在科学上更精确；但是，为了反映现实，必须考虑普通人建构的类型。[3]

这段话后面是对舒茨《社会科学中概念和理论的形成》一文的长篇引用。布莱希特还写道："科学可以……做心理学和现象学研究，研究例如在圈内个体和圈外个体之间的关系中，人们以何种方式意识到真实的或想象中的平等和不平等"，他还以舒茨的《社会世界的平等与意义结构》为例。

（4）20 世纪 60 年代，现象学在美国广泛传播，当然，《舒茨选集》前三卷以及《社会世界的意义构成》英语译本也在那个年代问

1　Princeton，NJ：Princeton University Press，1959.

2　Helmut Wagner，*Alfred Schutz：An Intellectual Biography*（Chicago：Chicago University Press，1983），149.

3　*Political Theory*，109.

世。那时吉布森・温特（Gibson Winter）的《社会伦理的要素：科学视角看社会过程》（*Elements for a Social Ethic：Scientific Perspectives on Social Process* [1]）一书也面世了。尽管这本书非常智慧地运用了舒茨的思想，并将正义规范应用于社会世界，但它并没有为任何一种政治科学论做出贡献。

（5）郑和烈编写过《存在主义现象学与政治理论》（*Existential Phenomenology and Political Theory* [2]）。在这个选集中，15篇有实质内容的作品中有两篇来自舒茨。编者的导言包括"政治科学的现象学和哲学"一节，我第一次预感到，我在这里已经发现了本研究主干所试图建构的那种科学论，这篇导言延续了前述舒茨的影响：

> 政治人的普通语言先于政治科学的客观化语言，后者必须与前者一致。政治科学的语言可以精炼、改进和补充政治人的普通话语，但不能忽视它。[3]

它接着引用了舒茨论自然科学和文化学的主题[4]如何不同的关键段落，[5]并很好地解释了由联合、同时代人以及前代和后代组成的社会世界的结构。其结尾论述了理想类型，以及何以

> 国家的每一个"行动"都可以还原为其官员的行为，"国家"这个术语只是一个简称，它是指诸多相互依存的人的理想类型组成的一个高度复杂的网络。[6]

（6）郑和烈的《对政治中行为劝导的批判》一文被收入《现象

1　New York：The Macmillan Company，1966.

2　Chicago：Regnery，1972.

3　Ibid.，xxx.

4　Ⅰ，59.

5　Ibid.，xxxiii.

6　Ibid.，xlvi.

学和社会科学》一书，[1] 在论述舒茨的"富有挑战性的观念"时，郑和烈引用了《舒茨选集》第一卷（第66页）的内容：

> 社会科学为掌握社会现实而发展出的特殊方法论工具，比自然科学的方法论工具更适合于发现支配所有人类知识的一般原则。[2]

（7）同在纳坦森选编的第一卷中，约翰·冈内尔实际上结合了郑和烈和布莱希特的观点：

> 在自然科学中，事实和观测数据不仅是依赖于理论的，而且在很大程度上是理论（它们为自然界赋予结构和意义）的功能，"社会科学家面前的事实、事件和数据"，正如舒茨所主张的那样，"处于一个完全不同的结构中"。"他的观察场域，也就是社会世界，并非本质上无结构的。它对于其中的人类的生存、思考和行动而言具有特殊的意义和相关性结构"。[3]

（8）史蒂芬·施耐克（Stephen Frederick Schneck）的《阿尔弗雷德·舒茨与政治研究》（"Alfred Schutz and the Study of Politics"[4]）包含一位政治科学家令人印象深刻的调查，它考察了上述专家以及其他同行的教科书和著作，并发现舒茨在他们中间引起的广泛反响，虽然其中一些没有提到舒茨的名字。"与舒茨著作

1　Ⅱ.

2　Ibid.，138，cf. 155.

3　Ibid.，231，quoting Ⅰ，5.

4　In Lester Embree，ed.，*Worldly Phenomenology：The Continuing Influence of Alfred Schutz on North American Human Science*（Washington，D. C.：The Center for Advanced Research in Phenomenology and University Press of America，1988）.

显而易见的影响相比，这种微不足道的承认充满讽刺意味"。[1]

（9）下一部引起我注意的相关作品是乔纳森·因泊尔（Jonathon B. Imber）的《充分知情的公民：阿尔弗雷德·舒茨与应用理论》（"The Well-Informed Citizen：Alfred Schutz and Applied Theory"[2]）。因泊尔是一位社会学家，但他认为

> 舒茨转向知识社会学考察的努力，在观念一词的最广泛含义上，应该被称为有公民精神的社会学作品。反思公民对政体的责任是西方思想悠久传统的一部分。[3]

（10）弗雷德·克斯滕（Fred Kersten）的《阿尔弗雷德·舒茨的纯粹可能的政治哲学》（"The Purely Possible Political Philosophy of Alfred Schutz"）（载于莱斯特·恩布里主编的《舒茨式社会科学》［Schutzian Social Science[4]］）超出了舒茨的实际内容和形式，在此意义上，如果不考虑政治哲学与政治科学的区别，无疑可以认为该文受到了舒茨的影响。

（11）政治科学家金航宇（Hangwoo Kim）的《寻找阿尔弗雷德·舒茨的政治领域》（"In Search of the Political Sphere in Alfred Schutz"）（载于《探索生活世界：与阿尔弗雷德·舒茨持续对话》［Explorations of the Life-World：Continuing Dialogues with Alfred Schutz[5]］），其最有趣之处是对比了强调制作（poesis）的舒茨与强调实践（praxis）的汉娜·阿伦特。

1　In Lester Embree，ed.，*Worldly Phenomenology：The Continuing Influence of Alfred Schutz on North American Human Science*，171.

2　*Human Studies*，vol. 7 June 1995.

3　Ibid.，11.

4　Dordrecht：Kluwer Academic Publishers，1999.

5　Martin Endress，George Psathas，and Hisashi Nasu（Dordrecht：Springer，2005）.

（12）最后，迈克尔·巴伯的《参与的公民：阿尔弗雷德·舒茨传》（*The Participating Citizen：A Biography of Alfred Schutz* [1]）一书说明了舒茨立场的伦理背景，同时，在对《斯坦福哲学百科全书》[2] 的最新修订中，尤为清楚地展示了巴伯所赞同的一种政治观，这可能受到舒茨的影响：

> 舒茨通常是价值中立的社会现实描述者……但他赞同一种规范性的民主概念，在这种民主概念中，充分知情的公民有责任和特权去表达和捍卫那些往往与不知情的一般公众相反的意见，而非民主社会中通常没有这种责任和特权。[3]

毫无疑问，还有其他与政治有关的著作受到舒茨的影响，但以上对其中一些著作的回顾足以表明，即使在致斯奈德的信中他否认了自己的能力，但他依然有着持续的影响力。

---

1 Albany，NY：State University of New York Press，2004.

2 March 16，2010，http://plato. stanford. edu/entries/schutz/.

3 Ibid. ，para. 28.

第6章 身体解释学与政治理论

郑和烈 (Hwa Yol Jung)

> 身体就是完全的我，没有别的东西；灵魂不过是一个词，指与身体有关的某物而已。
>
> ——弗里德里希·尼采

> 身体的现实问题被证明是中心问题，其他一切事情都有赖于它的解决。
>
> ——加布里埃尔·马塞尔

> 词语是从身体和身体的属性中延伸出来的，用来表示思想和精神的体系。
>
> ——维柯

> 出生，交配和死亡。
>
> 仅此而已，仅此而已，仅此而已，仅此而已。
>
> 出生，交配和死亡。
>
> ……
>
> 一次就够。
>
> ——托马斯·艾略特

本文试图表明，作为主体的身体，是我们在世界（既包括社会世界［Mitwelt］，也包括自然世界［Umwelt］）中存在的终极根源。因此，本文试图展示对我们在世界中**所做**和**所思**的一切而言身体具有最根本的重要性。这是对笛卡儿式身（广延实体）心（思维实体）二元论的批判，在过去的五个世纪中，他的知识统治主宰了现代西方哲学。哲学家或思想家不是也不可能是"脱离身体的大脑"。笛卡尔式"我思"是无身体的，因此是独白性的。这种想法站不住脚。在我思中，不可能存在社会建构的现实。处于开端的不是语言，而是以身体为体现的社会性。法国女性主义者露丝·伊利格瑞不仅反对笛卡尔知识统治中的去身体和独白主义，并且以革命性的方式例证了，作为最基本感觉的触觉是其他感觉的基础并为它们提供支持。这与支配了西方哲学主流（"男流"）——从柏拉图的"理念"到笛卡尔寻找"清晰而明确的观念"的知识统治努力——的视觉中心主义针锋相对。伊利格瑞将触觉从西方哲学史上的弃儿提升到了其应有位置。

1. 前言

身体解释学[1]已经成熟了。通过将身体创造和培育成社会政治的交往（或对话），身体解释学的到来标志着我们思想上的一个鲜明转折点。由于身体是我们熟悉且原始的居于并在世界上人和非人

---

1 我使用"身体解释学"这个术语最初是作为笛卡尔知识统治和启蒙思想的"反向路径"，参见以下著作："Vico and the Critical Genealogy of the Body Politic," *Rivista di Studi Italiani*, 9 (June, 1993): 39–66; "Writing the Body as Social Discourse: Prolegomena to Carnal Hermeneutics," in *Signs of Change*, ed. Stephen Barker (Albany: State University of New York Press, 1996), 261–279 and 394–416. 更多讨论参见 *Prolegomena to a Carnal Hermeneutics* (Lanham: Lexington Books, 2014). "反向路径(Counterpath)"是戴维·威尔斯对凯瑟琳·马勒布和雅克·德里达法语著作中 *La Contre-allée* 一词的翻译。它试图传达两重含义：(1)成为大道旁的小路，(2)成为事件主流的"逆流"。参见 Catherine Malabou and Jacques Derrida, *Counterpath*, trans. David Wills (Stanford: Stanford University Press, 2004).

的"物的议会（parliament of things）"之中发挥中介作用的方式，因此身体解释学赞扬皮埃尔·布迪厄所谓的"社会的表演魔法"。[1]然而讽刺的是，正由于身体是令人熟悉的和原始的，所以它在哲学中一直是一个"不可触碰的"和卑下的话题。善于观察的路德维希·维特根斯坦告诉我们，事物最重要的方面之所以被隐藏，仅仅因为它对我们而言是熟悉的，也就是说，我们没有注意到它们是因为它们就在我们眼前。[2]

启蒙运动是西方主流现代性的灵魂，其遗产一直延续到今天。有人说现代性是一项未完成的规划，他们讨论第二种现代性，甚至现代性的现代化，或启蒙运动本身的第二次来临。他们坚信现代性是历史的绝对目的。启蒙运动无节制的乐观主义承诺：将基于纯粹理性和应用理性的普遍培育，促成大无畏的人道进步，并使之达到顶峰。康德用最简明的方式阐明了启蒙运动的文明化使命：将人类从自我施加的不成熟状态的黑暗洞穴中拯救和解放出来，并在此过程中将自主的理性赠礼神圣化。[3] 通过这般阐述，康德将欧洲现代性的主要议程进行了制度化。不幸的是，欧洲现代性在为所谓的人类进步和解放，将理性的独裁特权化、稳固化的同时，在启蒙运动至上理性的祭坛上，忽视了、边缘化了（理性的）他者并剥夺了其权力，无论这个他者是东方（或所谓非西方）、身体、女性还是自然。东方、身体、女性和自然并不是偶然孤立的议题，而是四个紧密联系的议题。约翰·戈特弗里德·赫尔德通过身体的比喻，以一

1　Pierre Bourdieu, *The Logic of Practice* [*Le Sens Pratique*], trans. Richard Nice (Stanford: Stanford University Press, 1990), 57.

2　Ludwig Wittgenstein, *Philosophical Investigations*, trans. G. E. M. Anscombe (Oxford: Blackwell, 1953), 50f.

3　参见"Enlightenment and the Question of the Other: A Postmodern Audition", *Human Studies*, 25 (2002): 297 – 306.

种有趣的方式对启蒙运动的规划表达了全面反对:"经过很多尝试,我发现自己仍无法理解,理性如何能够展现得如此普遍,成为所有人类文化、所有幸福和所有善的唯一顶点和目标。难道整个身体只是一只大眼睛吗?"[1]

启蒙运动的遗产深深根植于笛卡尔的"我思"或知识统治(epistemocracy)的规划中,后者已经成为西方现代哲学中的金科玉律。笛卡尔式"我思"的理论至上吸引并迷住了西方现代性。通过把我的生存/存在或互在/共存等同于我对它的思考,"我思"使兼具去身体化、独白、视觉中心/全景敞视特征的心灵稳固化。[2]"我思"是作为"思维实体"(*res cogitans*)的心灵的活动,它天生是独白性的,因为它总是也必然是我对我的思(*ego cogito*)——这是身体与心灵都与其他人隔离的"隐形人"的典型。[3] 这实际上是"我思故我不在"(*cogito ergo non-sum*)。我们在他人的陪伴下生活:"独处,"茨维坦·托多罗夫简练地说:"就不再存在"。[4] 一旦自我和他者被视为脱离身体的实体(*res*),就不可避免地会出现

---

1 *J. G. Herder on Social and Political Culture*,trans. and ed. F. M. Barnard (Cambridge:Cambridge University Press,1969),199.

2 作为大脑活动产生纯粹思想的"我思",可以对照奥古斯特·罗丹的雕刻杰作"思想者",里尔克这样描述该作品:"他(思想者)全神贯注地静坐,被图像和思想沉沉压住,他的全部力量(即行动者的力量)都投入了这种思考。他的整个身体变成了头颅,而静脉中的所有血液都变成了大脑"(Rainer Maria Rilke,*Auguste Rodin*,trans. Daniel Slager,New York:Archipelago Books,2004,50)。把理性的或头脑的事物等同于真实,存在一种真正的危险。让-弗朗索瓦·利奥塔指出,黑格尔的宏大叙事把理性之物等同于真实,这一点已经被奥斯威辛或大屠杀现象彻底驳倒,这种现象是真实的但不是理性的。参见 *The Postmodern Explained*,trans. Don Barry et al.(Minneapolis:University of Minnesota Press,1993),29。

3 笔者从苏格兰哲学家约翰·麦克默里的"我做"角度对"我思"的批评,参见"John Macmurray and the Postmodern Condition:From Egocentricism to Heterocentricism,"*Idealistic Studies*,31(2001):105–123。

4 Tzvetan Todorov,*Genres in Discourse*,trans. Catherine Porter(New York:Cambridge University Press,1990),89.

两个自足的实体，不可避免地会出现独白主义，甚至是极端情形中的唯我论。此外，对于笛卡尔来说，作为"我思"的心灵会建立一个私有的、隔绝的和无回声的房间并把它树为纪念碑，不允许**任何他人**居住，这就是"清晰而明确的观念"（三个视觉词[1]）的房间。心灵把自己囚禁在知识统治的全景敞视监狱中。事实上，笛卡尔式全景敞视形而上学与"我思"的独白主义相互凝视，因为视觉不仅是孤立的和有距离的，而且具有麻醉作用，否定了感觉的社会性：笛卡尔式全景敞视主义实际上有一种自恋和对社会的遗忘。[2] 简单来讲，"我"和"眼睛"是同一的。由此"我思"实际上是"我看故我在"（*video ergo sum*），或者说，心中的"我"就是心中的"眼睛"。这是一种视觉统治，它破坏并丑化社会性——一方面是感觉的社会性，另一方面是其他人类和其他生物及非生物的社会性。海德格尔认为，"我思"中的"我"（或"眼睛"）成为思考的中心，由此诞生了"我-观"和现代思想的主观主义："主体的主观性是由'我思'的'我性'（*Ichheit*）决定的"。对他来说，笛卡尔式"我思"中的"我-观"凸显出现代是"世界图像的时代"（*Weltbild*），在其中，泰然任之（*Gelassenheit*）的宁静已经被计

---

1 指清晰、明确和观念(ideas)中的"观"。——译者注
2 德鲁·莱德写道："挑战笛卡尔主义的有力理由之一，与其深远的社会影响有关。这种等级制的二元论被用来支持针对妇女、动物、自然和其他'他者'（如非西方的他者）的压迫计划"（Drew Leder, *The Absent Body*［Chicago：University of Chicago Press，1990］，4）。借用日本作家谷崎润一郎极其另类的说法，"我思"对社会"过于明亮的坏处"一无所知，参见 Jun'ichiro Tanizaki, *Praise of Shadows*，trans. Thomas J. Harper and Edward G. Seidensticker (Stony Creek：Leete's Island Books，1977)，36。

算的集置（*Gestell*）所取代。[1]

现象学家莫里斯·梅洛-庞蒂认为，感知先于概念。因为身体是活生生的感知领域，所以身体和世界是分不开的。感知是"萌芽期的逻各斯"，就此而言不可能有"脱离身体的理性"。只有从身体（作为感知参与场所）角度，我们才能理解梅洛-庞蒂的这种简单而深刻的观念，即世界是由与身体相同的东西构成的。也就是说，在认识论（*connaissance*）之前，身体及其感官就已经与世界有直接的融洽关系了。[2] 在每个感知行为中，身体都参与到世界中。这是感官统一的一个实例或时刻，它被包含在身体的协同工作或感官的相互作用中。身体是肉体领域，在该领域中，当看、听、闻、摸和尝这种或那种特定事物时，知觉变得集中于此。活着的身体或肉体能够在"回应"世界之前先"创作"世界。

1　Martin Heidegger，*The Question Concerning Technology and Other Essays*，trans. William Lovitt（New York：Harper and Row，1977），"The Age of the World Picture，" 115 - 154. 有趣的是，新实用主义者理查德·罗蒂的《哲学与自然之镜》（Richard Rorty，*Philosophy and the Mirror of Nature*，Princeton：Princeton University Press，1979）尖锐和持续地批判了视觉中心的现代认识论。他拥护解释学以克服视觉影射，并防止"启发性"的对话退化为知识统治下的观点交换。对他来说，解释学在认识论结束时开始。全景敞视的圆形监狱是杰里米·边沁为一个理想的监狱系统设计的精湛的建筑蓝图。米歇尔·福柯评论说："圆形监狱绝对不能被理解为梦想中的建筑：它是一种简化成理想形式的权力机制的图解……实际上，它是**政治技术的画像**……它有多方面的应用：它可以改造囚犯，还可以治疗病人，督导学童，监禁精神病人，监督工人，让乞丐和流浪汉工作。它是**身体在空间中的一种位置类型**……定义了权力干预的手段和方式，可以在医院、车间、学校和监狱中使用"（*Discipline and Punish* trans. Alan Sheridan［New York：Pantheon Books，1977］，205）。

2　让·海普波利特（Jean Hyppolite）1963 年在牛津大学的扎哈罗夫讲座（Zaharoff Lecture)中，对梅洛-庞蒂的哲学作了简明扼要的描述："梅洛-庞蒂的哲学是对存在与意义之间这种紧密联系的沉思。我们的存在植根于世界和历史中，只是因为它在此发现或创造了意义。这种意义并非写在事物的本性或永恒的精神中，而是由不稳定且常常受到威胁的，我们之为我们的存在所书写的"（*Sens et Existence dans la Philosophie de Maurice Merleau-Ponty*［Oxford：Clarendon Press，1963］，3）。

2. 作为后现代议程的身体解释学

重复一遍，身体与我们所做和所思的一切有关。它是我们在世界中存在的、互在的连锁"媒介"。尽管事实上身体一直以来并将永远是我们日常生活的物质（前提）条件，但笛卡尔还是追随基督教禁欲主义之风，对其进行谴责。[1] 从现象学的观点来看，思想并不是"超验化"于（作为肉身的）身体之外，而是"内在化"于身体之中并在身体之中显形。我们之所以被称为是社会性的，只因为我们是显形为身体的或具有肉身的存在。心灵被认为是以（与其他身体相联系的）身体为媒介与世界形成联系。心灵自身并不与其他身体或世界存在直接联系。它之所以变成一个被关联者（*relatum*），只是因为身体和其他身体共同存在于在这个世界上。为了成为社会性的存在并因此成为道德的存在，我们必须作为身体、作为肉身存在。[2]

现在，笛卡尔式身心二元论已经受到后现代后裔的严肃质疑和驳斥，例如那不勒斯哲学家维柯、尼采、海德格尔、巴赫金、梅洛-庞蒂、巴塔耶、利奥塔、福柯、德勒兹、列维纳斯、露丝·伊利格瑞和德里达。许多跨越性别界线和学科界限的哲学家都愿意谈

1　彼得·布朗雄辩地描述了奥利金（Origen）乌托邦式的基督教禁欲主义："人类生命，活在具有性特征的身体中,但这只是长夜的最后一个黑暗时刻,终会随着黎明到来而消失。身体处于巨大转变的边缘,这转变大到足以使所有与性别差异相联系的现有身份观念,使所有基于婚姻、生育和分娩的社会角色都像阳光下飞舞的尘埃一样脆弱"（Peter Brown, *The Body and Society*, New York：Columbia University Press，1988，168）。在《肉身以色列》（Daniel Boyarin, *Carnal Israel*［Berkeley：University of California Press, 1993]）中,丹尼尔·博亚林对基督徒圣奥古斯丁归于犹太人的"肉身中的以色列"或"永恒的肉欲"进行了独具慧眼的讨论。

2　参见 Erwin W. Straus, "The Upright Posture," in *Essays in Phenomenology*, ed. Maurice Natanson（The Hague：Martinus Nijhoff，1966），164–192。

论"肉身的哲学"或"哲学中的肉身",以及具身性的或具有肉身的认识、智力和常识。他们试图开垦身体这片在哲学思考中被荒废和遗忘的土地,这片土地的外居地主就是无身体的心灵。就此而言,身体解释学创造了哲学中的一次大陆板块移动。就它是对现代(无身体的)"心灵哲学"的根本颠覆和违背而言,它标志着后现代以及后笛卡尔时代的来临。

哲学有必要创造新词,我使用"身体解释学"(carnal hermeneutics)这个新词,意指解释学或解释理论的一种"应用",以及用它来对身体做出"解读"的程序——它把身体解读为**在**世界**中**并且**属于**世界的社会铭文。[1] 它是概念范畴的一种整合,这些概念范畴涉及身体的各种交往(无论是语言交往还是非语言交往)表演的所有方面、维度、层次,涉及其所有中枢、构造和表现。身体解释学中的"身体问题"贯穿于范围广泛且相互联系的现象中,例如沉默、手势(gesteme)、拳击、文身、裸体、服装/时尚(vesteme)、饮食/节食(gusteme)、戏剧/音乐表演、宗教仪式、酷刑、医学/保健、革命、刑场/大屠杀、诊所、监禁、奴隶制、种族主义,以及死亡和其对立面(永生)。

恰当地说,解释学与书面文本的解释(*Auslegung*)有关,传统上这些文本主要属于神学和法学。现象学家保罗·利科持有这样的观念:人文社会科学中对人类行动的解释是属于解释学的,因为

1　在《社会如何记忆》(Paul Connerton, *How Societies Remember* [New York: Cambridge University Press, 1989])中,保罗·康纳顿认为,社会记忆主要通过两种方式维持社会的延续性:(1)铭刻和(2)结合。他关注作为社交实践(例如微笑、握手和纪念仪式)的结合(身体实践)。

它表现出文本属性或特征。[1] 让我用两个具有文本属性的具身化行为来举例说明：（1）手语和（2）拳击。

首先，聋人的手语行为始终是也必然是具身化的，它也完全是文本性的。在《看见声音》（一项对手语身体政治的有趣研究）中，奥利弗·萨克斯（Oliver Sacks）明确写道，身体是手语的灵魂伴侣：

> 只需要观察两个人使用手语，我们就能看出手语具有一种嬉戏性质，具有完全不同于言说的风格。手语使用者往往会即兴发挥，用手势打趣，将所有幽默、想象力和个性融入其手语中，因此手语不单纯是根据语法规则对符号的操纵，而是如此紧密地通过身体表达出来。一个人可以拥有或想象出脱离身体的言说，但是一个人不能具有脱离身体的手势。手语者的身体和灵魂，以及他独特的人类身份，都在手语行为中不断得到展现。[2]

剧作家塞缪尔·贝克特简单但深刻地暗示说，在作为手势的语言（手的修辞）中，说和写是同一的。[3] 手势是表演的文本形式。

其次，我们可以引用乔伊斯·卡罗尔·欧茨关于拳击的引人入

1　See Paul Ricoeur, *From Text to Action*：*Essays in Hermeneutics*，Ⅱ，trans. Kathleen Blamey and John B. Thompson（Evanston：Northwestern University Press，1991），Ch. 7："The Model of the Text：Meaningful Action Considered as a Text," 144 – 167. 帕特里克·希兰认为感知是"一种解释学行为"，参见 Patrick A. Heelan, "Perception as a Hermeneutical Act," *The Review of Metaphysics*，37（1983）：61 – 75。

2　Oliver Sacks, *Seeing Voices*（Berkeley：University of California Press，1989），119.

3　Samuel Beckett, "Dante … Bruno. Vico … Joyce", in *Our Exagmination Round His Factification for Incamination of Work in Progress*（Paris：Shakespeare，1929），11. 有关手势和铭刻性表演的有趣且广泛的讨论，参见 Carrie Noland, *Agency and Embodiment*：*Performing Gestures/Producing Culture*（Cambridge：Harvard University Press，2009）。

胜的讨论，并把它当成身体解释学的一次明确操练。对她来说，
"生活是拳击的隐喻"，或者说，拳击是生活本身演练和演出的场
景。但是，从另一意义上讲，拳击与任何事物都不像。拳击确实是
一种"图像学"文本。"生活在许多令人不安的方面很像拳击，但
是拳击就只像拳击。"她写道：

> 拳击比赛是一个没有文字的故事，但这并不意味着它
> 没有文本或语言，不意味着它是"野蛮"、"原始"、"不善
> 表达"的，这仅仅意味着，文本在行动中被即兴创作出
> 来；最精熟的拳击手之间的对话（可以说既是神经上又是
> 心理上的：一种瞬间反射性的对话），其语言是对观众神
> 秘意愿的共同反应，观众总是期待战斗变得如此精彩，以
> 至于响铃、灯、围绳、沾满污渍的台面帆布和凝视着的旁
> 观者自身，这些背景中的粗糙设备都通过先验的行动被消
> 除掉。解说员给无言的景观赋予了一种叙事的统一，但作
> 为表演的拳击明显更像舞蹈或音乐，而非叙事。[1]

尼采是卓越的后现代主义密宗信徒，他在《查拉图斯特拉如是
说》中宣称："身体就是完全的我，没有别的东西；灵魂不过是一
个词，指与身体有关的某物而已。"[2] 步维柯之后尘，他最初把身体
的"教化"（*Bildung*）——而非"自然化"——当作一个哲学问
题，并使之正当化。对他来说，身体不仅仅是一种生理现象。只有
把它当作一个文化事件，我们才能理解伊拉斯谟将服装塑造为第二

1　Joyce Carol Oates, *On Boxing* (Garden City: Doubleday, 1987), 11.
2　*The Portable Nietzsche*, ed. and trans. Walter Kaufman (New York: Penguin Books, 1959), 146.

身体或"身体的身体"的说法，[1] 才能理解布迪厄所谓的"眼睛"是"教育塑造的历史的产物"这一概念。[2] 著名的日本密宗佛教徒道元坚持认为，只有通过教化或训练（例如打坐冥想），我们才能掌握身体之于心灵的优先性。

对尼采来说，身体可以被比作**艺术品**。因此这是一个解释学话题。特里·伊格尔顿充实了两个尼采式解释学原则，并把它们视为一个美学计划：（1）美学（*aisthesis*）是或最初是身体的话语；（2）身体反抗理论（*theoria*）的暴政，就其希腊起源而言，理论是一个与观看有关的观念。[3] "审美"显然是身体之事，它无疑是动觉的。正是尼采全新地将身体解释为一种美学现象。通过身体，他颠覆并克服了理论的思辨谜题，并试图用美学代替它。由此，他颠倒了柏拉图主义，柏拉图主义力图寻求从"心灵的眼睛"中显现出的永恒理念（*eidos*）。

尼采的美学政治，令人震撼地颠覆了自柏拉图时代以来西方哲学（包括笛卡尔的知识统治）中确立已久的理论思辨传统。在《悲剧的诞生》中，作为古典学者的年轻尼采赞美音乐，他跋涉于古希腊作为"表演艺术"的音乐（*mousike*）传统中，其中包括口述诗歌、戏剧、舞蹈，尤其是音乐。他将音乐视为最完美的美学："只有作为一种**美学现象**，存在和世界方能被永远地**合理化**"，并且"只有世界旁边的音乐才能给我们一种观念，使我们理解将世界合

---

1 参见 Norbert Elias, *The Civilizing Process*, *vol.* 1: *The History of Manners*, trans. Edmund Jephcott (New York: Urizen Books, 1978), 78。

2 *Distinction*, trans. Richard Nice (Cambridge: Harvard University Press, 1984), 3.

3 Terry Eagleton, *The Ideology of the Aesthetic* (Oxford: Blackwell, 1990), 13.

理化为一种审美现象的含义"。[1] 对尼采而言，音乐本质上是所有其他艺术的典范，而且，作为表演艺术，音乐使美学臻于完美，因为它是卓越的身体表演。也就是说，音乐体现了身体对心灵的理论至上的深刻反抗。在主要功能是传递文化信息的（荷马）口述诗歌中，创作**曾是**表演。当心理治疗被认为是"谈话治疗"时，它不仅参与了一种解释学实践，而且其话语也是表演性的，而非纯粹说明性的。[2]

在尼采之前，当歌德在《浮士德》中宣称"太初有为！"（*Im Anfang war die Tat*！）时，他是在沿袭希伯来传统的"达布哈"（*dabhar*），即作为行为或表演行为的言说、言语，而不是希腊的在理性中完成自身的"逻各斯"。他是思想家，但他谴责那些具有大量思想但只有少量和未完成行为（不用行为去实现即不真诚）的人。他不欣赏理论的"我思"，认为它是"灰色"的，他还决意不压低表演性的"我做"的主调。歌德大胆地挑战历时已久的德尔菲神谕/苏格拉底智慧——"认识你自己"，认为它是"祭司们秘密联盟搞出的诡计，目的是用不可能的要求使人困惑，并让人停止在自身周围世界中的行动，转向一种虚假的反省"。对他来说，"只有当

---

1 *The Birth of Tragedy*，trans. Walter Kaufman（New York：Random House，1967），52 and 141. 雅克·阿塔利拒绝对音乐进行**理论化**，而是**通过**音乐进行思考，他由此呼应了尼采。他在《声音：音乐的政治经济学》第一段写道："25 个世纪以来，西方知识一直试图看世界。它没有明白世界不是靠看的，而是靠听。它不清晰，但可听见"（Jacques Attali，*Noise：The Political Economy of Music*，trans. Brian Massumi［Minneapolis：University of Minnesota Press，1985］，3）。

2 关于将演讲作为表演性而非说明性的活动，更广泛的讨论参见 Shoshana Felman，*The Scandal of the Speaking Body*，trans. Catherine Porter（Stanford：Stanford University Press，2003）。表演是用身体做某事，因此表演也涉及演剧、表演艺术（戏剧、音乐和舞蹈）和性行为。由于独处既不是存在，也不是迷失，因此我们倾向于说所有交往行为都属于表演体裁或"社会的表演魔术"，这对人类共存而言是不可或缺的，因此对"共存主义"而言也是不可或缺的。

人认识世界时才在认识自己，人只有在自己中才意识到世界，也只有在世界中才意识到自己。"他进一步主张："别人比我自己更了解我。只有通过我与周围世界的关系，我才能学会正确地认识和评价"。[1]

3. 身体解释学的模范：露丝·伊利格瑞与触觉

当今女性主义对于身体解释学的意义不能被低估或夸大，其意义存在于这个事实中：女性主义、身体女性主义都是与身体政治（复数形式）有关的。"阴源"（*gynesis*）这个新词（爱丽丝·贾丁的发明）[2] 代表着女性之物（例如爱/智慧）的发端，它代表着一种提价措施，即把女性差异当作本体论上的明确范畴。在很大程度上，女性主义——尤其是严肃关注身体的身体女性主义——作为编织并制作了身体政治迷宫的阿里阿德涅之线向我们传达信息。阴源被古斯塔夫·库尔贝（Gustave Courbet）以图画形式（充满爱欲地）描绘为"世界的起源"。无妨，库尔贝确实画了"洞穴"或石窟——这是他最喜欢的主题之一——它与柏拉图的洞穴寓言没什么不同，需要被阳光或心灵洞察到的理念所照亮。确实，在西方以逻各斯为中心的思想中，阴源一直被粗暴对待，在笛卡尔式"我思"中永恒构想出的西方现代性主流（或者说"男流"更确切）更是如此。阴源与笛卡尔式"我思"是完全相反的。我认为在两性的激烈

1　参见 Johann Wolfgang von Goethe，*Wisdom and Experience*，trans. and ed. Hermann J. Weigand（New York：Pantheon Books，1949），206 - 207。

2　参见 Alice A. Jardine，*Gynesis*（Ithaca：Cornell University Press，1985）。弗朗索瓦丝·科林基于女性差异反对"身份的阳具崇拜谬误（phallacy of identity）"，她的论点简短但犀利，参见 Françoise Collin，"Philosophical Differences，" *A History of Women in the West*，trans. Arthur Gold hammer，vol. 5：*Toward a Cultural Identity in the Twentieth Century*，ed. Françoise Thébaud（Cambridge：Harvard University Press，1994），261 - 296。

较量中，没有人比伊利格瑞做得更好。

伊利格瑞是法国最重要、最有影响力的密宗女性主义哲学家之一，她是开拓者，坚定地走在环球旅行家的路上。她旨在改变我们的思维方式和世界，因为如她所说，"如果我们仍旧一起讲相同的语言，我们将再造相同的历史"。[1] 她认为"性差异"是我们这个时代的问题，解决方案是我们的哲学"救赎"。因此，"性差异"标志着她的哲学特质。实际上，她雄心勃勃地将它呈现为一个集"新本体论、新伦理学和新政治学为一体的范式性和纲领性的基础学科奠基"。伊利格瑞的性差异哲学是对她称为一元论"阳逻各斯中心主义（phallogocentrism）"（男性自我中心）的反抗和颠覆，在阳逻各斯中心主义中，**男人**实际上是万物的尺度，而女人并不作为本体论上的明确范畴而存在。[2] 阳逻各斯中心主义让这一观念具有可信性：**男人**或**女人**不是天生的而是被造的。伊利格瑞的性差异哲学提供了一种替代性的（对话的）"双模式"（即男性和女性）——它与偏爱**男人**却牺牲女人的"单性模式"相反。伊利格瑞触及了启蒙运动的被遗弃者问题。换句话说，她的身体女性主义能够恢复身体、自然和非西方的尊严，所有这些都被启蒙理性所遮蔽。女性被遗弃在它们当中，而它们的对立面，即心灵、男人、文化和西方是男性范畴或"男流"范畴，这绝非偶然。伊利格瑞的身体女性主义意味着四重解放：从启蒙思想的锁链中，同时解放身体、女性、自然和

---

1 Luce Irigaray, *This Sex Which Is Not One*, trans. Catherine Porter with Carolyn Burke（Ithaca：Cornell University Press，1985），205.

2 参见 Thomas Laqueur, *Making Sex*（Cambridge：Harvard University Press，1990），62。让我完整地引用拉奎尔的话："在一个男性主宰的公共世界中，单性模式更普遍地显示了文化中已经明显存在的一切：**男人**是万物的尺度，而女人并不作为本体论上的明确范畴而存在。并非所有男性都是有男子气、强力、尊荣或掌权的，而且某些女性在这些范畴上超过了某些男性。但是人体及其象征的标准是男性身体。"

非西方。它逐条批驳笛卡尔式"我思"，包括（1）脱离身体的；
（2）独白的/反社会的；（3）视觉中心的/全景敞视的。

伊利格瑞毫无顾虑地把性差异和女性身体性的语言当作哲学修
辞学和语法学的核心加以使用，以便推进其证成议程。但是，她并
没有通过将性差异具体化来寻求性差异，这会使人类分为两个对立
且毫不妥协的性别阵营，并使两性之间无法进行真诚的对话。为方
便理解，她的性差异仍可用海德格尔的文字游戏来解释，即"作为
差异的差异"（*Differenz* as *Unterschied*），它使"差异"变成两个，
又用"之间"连起它们，由此同时连接、保留和促进了差异和联
系。正如卡罗尔·吉利根简化说明的那样，它是"面对差异建立联
系的方式"。[1] 但是，无论对性差异还是其他差异来说，都不存在真
正的主体间性或关系。伊利格瑞也坚持这一点。对她而言，社会的
或性别的交往（对话）首先是共情性的"我们身体的联系"，即身
体间的关系。当差异（dif/ference）未被具体化或消除时，它能够
保留人际关系中的互补性原则。正如南希·乔多罗解释的那样，
"差异化不是……分离，而是与他人联系的一种特殊方式"。[2] 从这
个意义上说，差异巩固并促进了一种关系性自我概念，或者说自我
是关系性的这种概念。最重要的是，"单性模式"，或无性差异的双
模式（即身份的身体政治），在历史上一直是男性的和等级制
的——男上女下，即传教士体位。

伊利格瑞的对话性"双模式"类似于中国古代的阴（女性）阳
（男性）逻辑，在此，一方补充了另一方缺乏的东西。并且，由于

---

1 参见 Carol Gilligan, *In a Different Voice* (Cambridge：Harvard University Press，
1982)。这是美国女性主义文学作品中最好读的书。

2 Nancy Julia Chodorow, "Gender, Relation, and Difference in Psychoanalytic
Perspective," in *The Future of Difference*, ed. Hester Eisenstein and Alice Jardine
(Boston：G. K. Hall，1980)，137. 粗体为原文所加。——译者注

其"无极性"（unfinalizability），它不应被误解为或被等同为黑格尔式和马克思式辩证法，毋宁说它与米哈伊尔·巴赫金的对话主义具有家族相似性。巴赫金的对话主义具有无限的开放性，过去正如未来一样是未决的，也就是说，这是一个开放的笔记本，在上面要重写的内容与未来将要写的一样多。实际上，伊利格瑞的对话性双模式正如海登·怀特的新词"辩证排列"一样，都修正性地强调了触觉，在这个新词中，**差异**概念和触觉交织在一起。[1] 它把我们日常表达的模式刻画为"一方面……另一方面"，目的是通过差异或对比将我们的观念联系起来。总之，伊利格瑞基于性差异的双模式旨在促进亲密对话，正如她简洁地写道："我们必须转向双模式，这里的双不是两个同样的事物，也不是一大一小，而是由两个真正不同的部分组成。双的范式存在于性差异中"。[2] 她本身并不反对本体论，大概因为性差异的争论就是一个本体论问题。没有本体论，伦理学和政治学将是盲目的；没有伦理学和政治学，本体论也将是空洞的。

触觉通常是由手引发的。手是主要但并非唯一的触摸器官，它通过覆盖并保护我们整个身体的皮肤来触摸。触觉学贯穿于包括思维本身（海德格尔的作为"手艺"的思）的方方面面，音乐演奏

1　在《话语的转义》中，海登·怀特创造了"辩证排列"（*diatactics*）一词，一方面是为了避免黑格尔的"概念上过度决定的"（即"超句法的"）辩证法，另一方面是为了避免马克思的"概念上未决的"（即"次句法的"）辩证法。但是，他没意识到"辩证排列"一词中的"触觉"含义。海登·怀特认为话语有三个层面：（1）对研究领域中原始资料的描述或模拟；（2）围绕描述性材料展开论证或叙事；（3）对前两个层面的综合，即辩证排列，参见 Hayden White, *Tropics of Discourse*, Johns Hopkins University Press, 1986, 4；海登·怀特：《话语的转义》，董立河译，大象出版社、北京出版社，2011 年，第 5—6 页。──译者注

2　Luce Irigaray, "The Question of the Other," *Another Look*, *Another Woman*, ed. Lynne Huffer, trans. Noah Guynn, Yale French Studies, no. 87（1995）：11 - 12.

（大卫·苏德诺［David Sudnow］对用钢琴即兴演奏爵士乐的思考），交流（奥利弗·萨克斯对聋人手语的研究），心理治疗中的创伤愈合（一种治疗自闭症和性侮辱创伤的方法）。手召唤社会接触。人体雕刻大师罗丹创作了触觉学杰作《大教堂》（*La Cathédrale*），其中两只右手的抚摸（过去一直是社会性的"仪式"[1]）包含"虔诚"是（希腊-罗马宗教意义上）"绝对的互惠"之意。它体现并赞美了"共存的圣礼"或社会的神圣性。确实，它洋溢着欢愉（*jouissance*，身体女性主义的涅槃原则）或肉体享乐，具有诱人的社会性。在这里，人们可能会问一个有趣的问题，涉及挠痒痒所具有的逗乐或"令人愉快"的诱惑：为什么我们挠自己就不痒呢？答案很简单：因为它是一项接触运动。挠痒痒是一种接触（con/tact，共同/接触）的游戏。亚当·菲利普斯认为，"在没有他者的情况下"，我们无法享受挠痒痒的乐趣，它需要"他者表演出来的承认"，或者说它是随这种承认而来的。[2] 另外值得注意的是，皮肤角化症（cutaneous alagia，皮肤没有疼痛感觉的状态）会降低人同他人、他物组成的外部世界的接触感。身体女性主义的涅槃原则被标签化为欢愉，与具身化的社会性同步：性不过是变为身体接触（共同/接触）的社会关系。

追随伊利格瑞的脚步，辛西娅·威利特讨论了"触觉社会性"。[3] 威利特宣称："处于开端处的不是文字；而是触摸"。[4] 触觉社会性是我们的原始接触，例如母亲和婴儿之间的接触。对伊利格

---

1 right(右)与 rite(仪式)同音。——译者注

2 Adam Phillips, *On Kissing*, *Tickling*, *and Being Bored* (Cambridge：Harvard University Press，1993)，9.

3 Cynthia Willett, *Maternal Ethics and Other Slave Moralities* (New York：Routledge，1995)，31－47.

4 Ibid.，47.

瑞而言，触摸可以丰富并培养身体之间的亲近接触。它始于母亲与可以抚摸但不能说话（in-fant）的婴儿之间的温柔爱抚。毫无疑问，这是两个有感觉的生命之间的"天生纽带"（梅洛-庞蒂的表述）。这是一种皮肤与皮肤或表皮的接触，但它绝不是"肤浅的"。哺乳是母亲的特权仪式，是"嘴部皮肤"和"乳房皮肤"之间的接触，这比我们能想象的任何其他接触都深刻。养育婴儿的哺乳，是纯粹和无条件的关怀和爱的行为典范，而这种关怀和爱是（与自治相对的）他治的例证。

特别是在哲学中，视力/视觉长期以来被视为"理性的"和男性的感觉（例如在作为启蒙理性典范的康德那里），而触觉则被贬低为"非理性的"和女性的感觉。[1] 作为"爱-智慧"的雌核生殖哲学，在实践中是由视觉术语规定的，相反，如果有男性气质的哲学学科被触觉或非视觉术语所统治，就会被称为"有女子气"。有趣的是，一个白人被称为"眼人"，而非白人是被用非视觉术语来描述的（例如，一个亚洲人被称为"耳人"，一个非洲人被称为"肤人"）。[2] 尽管如此，伊利格瑞提出的作为欢乐的阴源，不仅冒犯并破坏主流/男流的西方哲学传统和语言，而且她的触觉社会性反抗并剖析了将去身体化、独白主义和视觉中心主义/全景敞视都打包进一个体系的笛卡尔式"我思"。作为女性特质的欢愉（*jouissance*），包含"享乐"（包括性极乐）和"听觉"（与视觉相

1　参见 Sander L. Gilman, *Inscribing the Other* (Lincoln：University of Nebraska Press，1991)，29 - 49。

2　Lorenz Oken, *Elements of Physiophilosophy*, trans. Alfred Tulk (London：Ray Society，1847)，651.

对）的相互作用，因为它的发音是 *j'ouïs sens*（我-听-感）。[1] 它听诊强调女性特质的声音。欢愉引发了伊利格瑞对笛卡尔式全景敞视形而上学的批判性审视，同时将后者"逻各斯中心主义"的"阳具统治"或"阳具崇拜"推下宝座。她写道：

> 对外貌的投资在女人那里不如在男人那里具有特殊地位。比起其他感官，眼睛更倾向于对象化和支配。它设定一定距离并保持距离。在我们的文化中，视觉压倒了嗅觉、味觉、触觉和听觉，导致身体关系的贫乏。一旦视觉占主导地位，身体就会失去其物质性。[2]

可以肯定的是，这个世界不是一个"全景图"，也不仅仅是我们从宇宙论（*kosmotheoros*）上加以注视的东西，它同时是我们可以触摸、品尝、闻到和听到的东西。作为原始感觉的触觉是通感的。它的通感孕育并散播感觉的社会性，表演着社会的魔法。在存在主义现象学传统中，奥尔特加·加塞特是第一位抗议和反对视觉的至上性和霸权的人。他指出，以为视觉是最重要的感觉是"严重的错误"。对他而言，"触觉是原始感觉，其他感觉是由此逐渐分化出来的"，"我们与事物打交道的决定性形式实际上是触摸"。[3] 因

1　米歇尔·塞雷斯写道："视觉是地方性的，听觉是全球性的。平面图对主体或客体而言是几何的，但听觉远不止于此，它以无处不在为特征，具有几乎神性的捕获普遍性的能力。光学是单；声学是全。过去无处不在的赫尔墨斯把自己变成了音乐家，因为声音没有障碍：动词占据完全优势的开始"（Michel Serres, "Panoptic Theory," in *The Limits of Theory*, ed. Thomas M. Kavanagh［Stanford: Stanford University Press, 1989］, 40）。

2　Quoted in Craig Owens, "The Discourse of Others: Feminists and Postmodernism," in *Beyond Recognition*, eds. Scott Bryson et al. (Berkeley: University of California Press, 1992), 179.

3　José Ortega y Gasset, *Man and People*, trans. Willard R. Trask (New York: W. W. Norton, 1957), 72.

此，奥尔特加声称"触摸和接触必定是决定我们世界结构的最关键因素"。[1] 伊利格瑞也认为，视觉削弱了触觉，笛卡尔式"阳逻各斯中心主义"植根于"视淫癖主义"或对景象的爱。[2] 她认为，视觉暴政是一种极其阳具中心的、父权制的、恐女症的体系，进行对象化的"视淫癖"尤其支持一种男性逻辑。归根结底，女性在"参与性的"和切近的触觉中被限定了价值，而男性在"观看性的"和有距离的视觉中得到了荣耀。

伊利格瑞的"女性写作"包含一个雄心勃勃的反现代主义规划，它试图在全球化时代构建起一种新的本体论、新的伦理学和新的政治学，如果这个规划不包括（地理哲学的）自然的本性问题，以及在非西方世界如何做哲学的问题，那么它将是不完整的。最近，她冒险尝试将其基于性差异的哲学"双模式"扩展到"东西方之间的"对话。她发现自己的身体女性主义与东方之间存在一种板块联系，并且她被吸引着与东方、与印度可触摸的思想和实践结成横向联盟。印度是印度教的故乡，在印度教中，身体不仅是物质现实，而且被提升到灵性地位，也就是说，身体和灵魂形成了相互依存的统一体。在印度，在东方，身体被赋灵或被启灵，与灵魂化为肉身是相差无几的。心灵对应男性主义的西方，身体对应女性主义的东方。

伊利格瑞的横贯性或文化越界，创造了一种促成思想受孕的比较性和并行的方法，它就差异进行协商并促进差异的交汇，由此产生杂合性。欧洲中心的普遍性之于非西方，正如阳逻各斯中心的一

1　José Ortega y Gasset，*Man and People*，trans. Willard R. Trask（New York：W. W. Norton，1957），72.

2　伊利格瑞基于"视淫癖主义（scoptophilism）"对"阳逻各斯中心主义"提出批评，对这一批评的精彩解释参见 Martin Jay，*Downcast Eyes：The Denigration of Vision in Twentieth-Century French Thought*（Berkeley：University of California Press，1993），493–542。

元论之于伊利格瑞的性差异哲学。在两种情况下，哲学上的身份政治都让位于哲学上的差异（*Unterschied*）政治。在欧洲中心主义和阳逻各斯中心主义中，特殊事物，也就是欧洲中心的或男流的事物被普遍化，而非西方的或女性的事物仍然是特殊。简言之，欧洲中心主义和阳逻各斯中心主义，违反了伊利格瑞的差异性双逻辑。

沿着伊利格瑞的"女性写作"之路，我们有必要倾听一份重要而有趣的关于尼泊尔和中国西藏地区密宗（金刚乘）佛教中女性的研究，即米兰达·萧在《富有激情的启蒙》[1] 中对密宗瑜伽修行女的研究，该研究试图在"菩萨"（bodysattva，正确拼写是 *bodhisattva*，或曰英雄式觉悟）与富有激情和爱欲的欢愉之间寻求中间道路。通过提倡令禁欲主义和独身主义无立足之地的性"宝"或性结合，密宗佛教将身体或肉身歌颂为"极乐之所"。与伊利格瑞的"女性写作"相似，萧的作品表现出一种密宗的妇科学观点，在密宗里，瑜伽修行女或密宗女信徒，从事极乐亲密关系的教学和实践，以此作为启蒙/觉悟的途径。然而萧认为，由于西方评论家和学者的"男性中心偏见"，瑜伽修行女的教学和实践在西方长期被忽视。

瑜伽修行女彻底改变了佛教，正如伊利格瑞的女性主义哲学在理解或把握三"S"——感性、性和灵性（sensuality，sexuality，and spirituality）本质的过程中，推翻了自柏拉图以来西方哲学中"男流"的、阳逻各斯中心的遗产。毫不奇怪，伊利格瑞将其哲学信念转向东方，她将"双的逻辑"或"居间性"（betweenness）的

---

[1] Miranda Shaw，*Passionate Enlightenment*（Princeton：Princeton University Press，1994）．

视域扩展到东西方的联系。在《东西方之间》[1] 中，伊利格瑞提出，印度教的"身体地理学"始于作为出生或生命最初迹象的身体呼吸现象。在印度教中，"生命呼吸"变成了"性灵呼吸"。值得注意的是，梵文中"呼吸"一词拼写为 *asmi*，它以变位拼写的方式表示"是"或"存在"，就是说，它由 am 和 is 组成。无论她的批评者对这项工作有何评论，这都是一场值得进行的智识之旅，我感觉它还远远没有结束。当她将自己的女性主义视域从身体的"奇异性"扩展到身体间的"共同体"（道场）时，她可能会从萧要说的话中受益。根据密宗女信徒的说法，如果没有男性伴侣的话，要实现灵性觉悟，成为"菩萨"，是极其困难的。她们在与男性的亲密关系（包括爱液混合）中，寻求灵性觉悟。在与男性的关系中，抚摸、按摩女性的脚，"吃"女性的身体是被允许的：男人应要求吸吮女性阴部的爱液和经血，并舔舐她身体的任何部位。瑜伽修行女的"菩萨"与伊利格瑞下述文字体现的精神相差不远：

> 爱抚成为一种共同成长并走向人的成熟的方式，不应把人的成熟同智力、财产（包括爱人和孩子的身体）占有以及对世界（起源于家庭小世界）的统治相混淆。爱，包括肉体的爱，通过共同体的基本单位——男人和女人之间的关系，建构了一种新的人类身份。[2]

4. 结语

身体解释学或身体政治解释学（复数形式）预示着一种新范式

1 Luce Irigaray, *Between East and West: From Singularity to Community*, trans. Stephen Pluháček (New York: Columbia University Press, 2002).
2 Ibid., 117.

的诞生。它颠覆和超越了西方现代性的理性（笛卡尔的知识统治和启蒙思想推动并刺激了其表达），就此而言它是一种后现代范式。身体解释学实际上是对笛卡尔式身（广延实体）心（思维实体）二元论以及启蒙理性主义展开的"肉搏"。身体解释学有三个原则。第一，它建议我们带着身体思考，通过身体思考，并思考身体，它认为身体是我们在世界中存在的物质条件，是表演的无边广场。表演是"身体学习"，所以这是身体解释学的关键词。"身体之事"的表演性是语言层面的、精神分析/性层面的、戏剧层面的，无疑也是道德层面的。在身体解释学中，没有身心二元论：用罗伊·波特的撩人说法，身体是心灵"密不可分的舞伴"。[1]

第二，身体是社会的原型。这是我们与世界相连的脐带，也是我们在世界上的立足点。它与世界的"诞生"同步：我们的身体与世界同时诞生。如果离开身体，社会纽带将是不可加以想象和思索的，因为身体是社会原始的和优先的根源。事实上，社会性首先是身体间的：它从身体接触开始。换句话说，身体是万能钥匙，可以解开谜团并发现首要关系的秘密、互在的秘密。

第三，身体是一种活性剂。它不是服从心灵命令的步兵，它激活感知和感觉，同样激活智力，因此它是我们有意识生活的基础和动力来源，它首先通过"创作"世界来"回应"世界。作为感知的活动场所，身体开启了世界，正如梅洛-庞蒂所说："感知到的世界始终是所有理性、所有价值和所有存在的预先基础。这个命题并没

---

1 在谈及劳伦斯·斯特恩（Laurence Sterne）对"化身之谜"的异常敏感性时，波特写道："自我及其表达存在于血肉中。凭借其复杂的肢体语言和感觉，身体成为心灵或灵魂密不可分的舞伴——有时步调一致，有时心猿意马、情绪混杂、四肢失调。如果要理解人之谜，就必须将器官和意识、身体和灵魂、心脏和头脑、外部和内部合为一体，并且都予以细致入微的观察"（Roy Porter, *Flesh in the Age of Reason*［New York：W. W. Norton，2003］，294）。

有破坏理性或绝对，而只是试图让它们扎根"。[1]

　　伊利格瑞从阴源（欢愉）角度进行的"女性写作"，以及其触摸"形态学"是最具雄心、最有前景的努力，它试图创生一种新的本体论、一种新的伦理学以及一种新的政治学。这意味着将心灵具身化，将身体心灵化：简而言之，身体是心灵的灵魂伴侣。通过这样做，它颠覆了笛卡尔式身心二元论，这具有重大的伦理和社会政治后果。此外，作为伊利格瑞身体女性主义的指印，触觉在抛弃笛卡尔式视觉中心主义的同时，将自我从独白主义的监狱中解放出来。在伊利格瑞的"触觉"中，接近意味着一种亲密对话。她的"女性写作"能够产生身体社会性的伦理学，这种伦理学理解（共同/理解）世界的方式超越了"理性演算"。归根结底，身体解释学为一种未来的哲学提供了担保，该哲学不是黄昏时才起飞的密涅瓦猫头鹰，它将在黎明时明智地被置于缪斯手中。在把政治理论和哲学带进新的千禧年的过程中，是时候停止观看，而去倾听身体解释学的缪斯的话了。

1　*The Primacy of Perception*，ed. James M. Edie（Evanston：Northwestern University Press，1964）.

第7章　阿伦特、康德与政治之美：来自现象学的审视

拉尔夫·P. 赫梅尔 (Ralph P. Hummel)

输入词条"美的政治"可以检索到 140 万余项搜索结果，而有关"政治之美"的检索结果仅有 130 余项。

———谷歌搜索，2006 年 11 月 21 日

（截至 2006 年 12 月 5 日，"审美政治"有 84700 余项检索结果，"阿伦特、审美政治"有 7750 余项检索结果，"阿伦特、康德、审美政治"有 5690 余项，"阿伦特、康德、海德格尔、审美政治"有 3160 余项，而"审美政治、阿伦特、康德、海德格尔、思想日记"仅有 9 项。）

这篇文章可以算作界定阿伦特审美政治抑或审美的政治理论的一番尝试。它基于康德作为"优美与崇高"之哲学学科的美学与海德格尔令人着迷的作为在世界中现身（*Befindlichkeit*）的时间性概念。阿伦特的审美政治理论存在于迄今为止通常未经审视的《思想日记》（*Denktagebuch*）里，而这本日记将康德的"审美判断"视为焕然一新并富有创造力的东西并从中汲取灵感：它用审美政治的"和平"代替了权力政治的"战争"。审美政治作为"一种新的政治原则"也揭示了美国政治的困境。

是否有某个灵魂干瘪的人活着却从来没有对自己说过：万物都有它的美，甚至政治也一样？

情况显然如此。这样的人就算没有数十亿的话，可能也有数百万。

然而，撇开所有对这个观念的抵制，我们时代的一位伟大的政治理论家曾提出了这样一个等式：政治＝美。借鉴康德的《判断力批判》，汉娜·阿伦特在她不久前刚被公之于众的《思想日记》（目前仅有德文版本，即她的母语版本）中最直接、最强烈地表达了上述思想。在 1950 年至 1975 年的这一系列记录中，阿伦特并未流露出对公开演说的反感。她发现了政治中的美。她发现政治判断和审美判断非常相似。同样，阿伦特还认为政治和决断论是不同的，政治是开放的，不消除人的可能性，是在过程中进行调整而非受目的的决定，并且它建基在——正如阿伦特在20 世纪 50 年代就曾公开说过的那样——维护全人类尊严的"一项新的政治原则"之上。

《思想日记》让我们有机会检视阿伦特最私密的想法。在她去世之时依旧在写作的书卷（现在被广为哀悼的《判断》[Judging]）中，存在着一些线索和暗示让我们去期待一个对政治的总论断，但现在这本日记对该论断的描述要比她计划写作的、已经以《思维》（Thinking）与《意志》（Willing）开篇的《精神生活》（The Life of the Mind）三部曲中的第三部分还要多。在她的打字机中被发现的只有已经题为《判断》的书名页。但现在，我们已有了她的日记，我们有强有力的理由去推断《判断》本将成为如同可以从每一个伟大的政治哲学家那里都可以期待的东西：某种类似亚里士多德的《政治学》抑或柏拉图的《政制》（Politeia）（经常被误译为《理想国》）那样的作品。罗纳德·贝纳（Ronald Beiner）通过整理《康德政治哲学讲稿》研讨班笔记已经可以预料的事情，现在被阿伦特自己的、私密的与非正式的言语证实。《思想日记》表明了一部遗失了的远超《判断》的主要著作的可能性，并澄清了原本必将成为阿伦特政治哲学核心的东西——政治自身的本性。

阿伦特在日记中将她称为康德事实上的政治哲学的东西追溯到了他对美的关注，并且通过公开猜测他将第三批判写成了隐秘的**政治学**而暗示自己也使用了相同策略。在一系列明确的文本片段之中，我们如何对待政治（阿伦特在 1950 年已经提及的那种政治），表现为以如何对待美为基础。正如上面的搜索所显示的，那种政治仅仅跟她的名字、康德或者她的老师马丁·海德格尔联系在一起时才会被人们谈及。但阿伦特展示出，它比今天占统治地位的权力政治的刀剑更为有力。[1] 并且她将康德关于启蒙的著名格言"为你自己思考"修改为"去判断以便获得他人的赞同"。理性仅仅被要求遵循不与自身相矛盾的绝对命令。现在康德由于完善了"不要忽略他人"的判断功能的绝对命令而被称颂。现在阿伦特将她归功于康德的这一步骤刻画为自苏格拉底之后政治哲学史上最伟大的步骤。[2]

然而，事实是：阿伦特自己完成了这一步。紧随康德的《判断力批判》，阿伦特总结说思考还不足以说明判断的功能。她将判断的基点从理性手中抽离出来并将判断托付到想象力的怀抱之中。关键是，现在她自己已经表明，在审美中所需的判断与在政治中所需的判断是一模一样的。汉娜·阿伦特在对审美政治的构想中完成了最后一步。

什么是审美政治？它何以区别于权力政治？通过留心潜藏于美

1　来源：1950 Preface to Arendt，1951/1979，ix。阿伦特将政治等同于审美的观念可以在如下意义上被说成是现象学式的，亦即她展示了两种精神进程，其中的每一种都没有通过预先构想的范畴，而是用它自己的术语来处理现实的。

2　Hannah Arendt，*Denktagebuch*．Vols．I and II，eds．Ursula Ludz and Ingeborg Nordmann（Munich：Piper，2002），570，Heft［copybook］XXII，paragraph 19，August 1957．

学与政治两者之下的美，而非聚焦于意志的表面斗争，我们将获得什么样的益处？

1. 权力与美

如果对今天的公民们而言，依旧存在着某种方式去想象一种无权力的政治，那么这种方式可能是一种审美政治。

权力政治基于一种强力逻辑。无论是否是民主政体，这一逻辑始终在逼迫。已确立的服务于需要与欲求的诸种价值被交易——总是会对某人不利。总是存在着有权者与无权者、赢家与输家。对利益的谨慎计算和对道德原则的主张在社会和平的名义下将这一逻辑合法化。这样的政治排除了诸种可能性：每个人都希望获得相较于任何其他人的相对优势，却成了其中更糟糕的那个人。如果存在一种没有赢家与输家的政治将会怎么样呢？这是每个人在其中都有一个未来的政治吗？

审美政治以感性[1]为基础。美学在知觉通过规则或概念得到理解之前，就建基于作为愉悦或不愉悦的直接知觉经验之上，因此它承认在概念之前存在着生命。我们通过对新事物的美（或缺少美）的一种感觉来判断它。不过，在判断之后，我们倾向于求得那种由其他自由男女所表达的适合人类的自由感觉。

审美判断可能会给我们一种拥有充满希望的理解世界的方式的感觉，并且在这种意义上可能成为认知性理解的先驱。但它自身并不能决定现实。与以已知之物为手段去达到一个目标的决策相比，它重新开放了人类存在以便重新发现未知之物。它将人类的可能性划分为发现属于人之所是（being human）的东西的诸路径，以便

1　感性源于指涉五种感觉的希腊语 *aesthesis*。

区分于不属于人之所是的东西。因此，它也识别出了对消逝生命的理解（包括科学令人信服的对生命的回溯），以便区分于根据未来潜能依旧被视为活跃的生命。（因此，它也判断出那些在权力政治中被交易的根深蒂固的价值，以便区分于尚在形成过程中的新兴价值，这些价值源于在过去与未来之间统治着的此间［in-between］。）它揭示了世界的诸种可能性——我们无须再被自己的目的所羁绊，这些目的使得我们将自己视为目标实现的手段。审美政治比权力政治更基本，因为它衡量出了什么是值得政治化的。

如果存在着一种通向政治的美学，那么它肯定很好地隐藏在表面之下。审美判断潜藏着，却不是对有利于人类之物的规定。从一开始，这些判断就展示出对何谓美与何谓丑的思索。这样的区分标示出我们能够了解并且我们似乎对之拥有有限却先天的知识的所有事物。我们通过直觉、暗示与纯粹的猜测理解这些判断，这些感觉能够让我们预知可行的方法，而非最终的目的，以便明确真与假（科学知识）。甚至可以说，学习如何在看到美的时候发现美可能是（在伦理学中）学会在善与恶之间进行抉择的绝佳训练。

当我们面对某种新事物，没有任何普遍的范畴告诉我们它对我们而言意味着什么（！），或者它将把我们带向何方，又或者我们可以对它做些什么，这时人类的心灵就会采纳审美判断。我们的审美判断无法决定我们在终局时会面对什么，它只是提供一个初步的意见：这个感觉不错，那个感觉不行，这个或许适合人们，而那个不适合。阿伦特指出，审美判断作为我们心灵的一种机能，预设了他人的社会性在场。它是我们在认识未知之物前处理该物的主观但却共通的方式。它唤起了第六感，一种协调所有其他感觉的均衡感。它正是我们的一种机能，启动起来如同好品味那样的东西！它的预见性似乎表现为一种偶然性，但它并不要求成为一种科学判断，因此它不要求对事件或事物具有决定性。它仅仅调节我们对生命的立场，但如果失去了它，生命的连续性将不再可能。它的对立面从坏品味扩展至无思想性与拒绝判断。正如康德暗示的那样，它之所以愈加地和特别地在科学中默默无闻的一个原因是，我们太习惯于它了，以至于我们适应了它并且不再注意它的标记。

不同于有其规则与法则的科学判断，也不同于有其原则的道德判断，这种判断在缺少一种总规则的情况下告诉我们有关特定事物的信息。它的标志性格言是，当我们看到一个美的事物时发出的惊叹："这难道不美吗?!"这既是一个断言又是一种询问，它要求公众的同意。它的存在表明这样一种二元性是可能的：一种关于现实的断言虽然起初是我的，但为了在围绕在我周围的他人眼中拥有效力，必须寻求他们的赞同。

在这种判断中，我们使得新事物与已知事物得以调和。由于每天都有大量"新闻"，所以没有一种审美判断可以宣称未来的永恒性；昨日的"新鲜"只是昨日的新闻。正如丽莎·简·迪斯（Lisa Jane Disch）所说，甚至在汉娜·阿伦特的《思想日记》出版之前，将对于某一事件的私人判断展露在给公众的对立判断之下，其目的并非为了将所有这些判断都"调和成对于原则的总说明，而是为了达成对这一事件意义的公共阐释"。当理性与逻辑在远离我们的地方发挥作用，我们发现特定事物的美触手可及却稍纵即逝。它就在我们面前：这个事件、这种样式、那匹马、那幅画——一个永无止境的现在的系列。它的断言的叙事是暂时的；迪斯称它们为"临时的"。[1]直到第三位哲学家加入康德与阿伦特之中，我们才明白"临

---

1 Lisa Jane Disch, *Hannah Arendt and the Limits of Philosophy* (Ithaca: Cornell UP, 1996), 208.

时的"与"暂时的"意味着什么。显然，如果我们将前一个词放到英语中来看，它的词源是"预-见"（fore-seeing），而后一个词的词源则更直接地是**时间**，没有人比马丁·海德格尔更关心时间。

2. 权力、美与时间

一种临时的判断——不同于真实/虚假的判断与合乎伦理/不合伦理的判断——不寻求永恒的法则、规则或公式。它是暂时的解决方案。在这三种判断中，唯有一种不涉及范畴或概念。只有审美判断不决定客体与行动，却反映了作为判断来源的我的主观存在状态以及我与我请求其同意的共同体之间的联系。尽管美学中的判断在科学与伦理上有其限制性，但它由于提供了一种代表真实的预知与一种正确的教育而受到称颂。在此意义上，它不单单是暂时的，而且是预-见性的（pro-visional）。当科学为各个时代劳作，权力政治追求永恒之时，审美判断中的感性则与试验性的、还未充分确定的、短暂的、新兴的东西相适应。当我们面对那些尚未并且也不能被轻易地明确界定的东西时，我们只能将判断作为选择奠基的可靠来源。

可以这样说，如果没有审美判断，我们就无法将现在与未来或过去联系起来。审美对这种时间观是更为敏感的，这种时间观强调未来之于现在的优先性，也强调过去在阐释未来事物方面的阐释性效力。例如，当科学的理论判断可以指出所谓苏维埃社会主义共和国联盟伟大的永久性，描述、衡量与分析这个巨兽（Behemoth）的精心构造的各个部分，审美判断则对那些未说出的与不可说的东西更加敏感，也对人们的口误与劳动改造营（Gulags）更加敏感，还对这庞然大物之中不可避免的自由间隙更加敏感。

所以后来成为纽约大学雷蒙德教授（Prof. Raymond）的那位

年轻的大使馆职员看到德国人在莫斯科火车站大批撤离时，能够预料到 1939 年在莫斯科和柏林之间的战争。刚睡醒的美国大使说道："他们每年夏天都这么做。"这个职员问道："和他们的狗一起吗?""这个画面有什么问题?"的疑问使这个职员发现了一个不处于总体规则之下的特殊事件，并通过创造/虚构这条规则而理解了该事件。这是想象与知性之间缺乏和谐的一个例子。

如果认识是我们面对世界采取的立场，那么权力的认识方式则是抓住时机，试图通过保护权力现在的环境以维续权力所造就的地图的有效性。权力代表着当下，捕捉并试图护卫在概念中已经存在并且即将存在的东西。然而，时间在现在存在着（来自未来），也很快逝去（过去），总是还没有完全到来就已经到了一个不再存在的拐点上。时间没有清晰的边界。对世界的陈旧理解总处于消逝的过程中，因为新的给定之物敲开了想象力的大门。

无论它是留存着抑或只是一瞬——我们称之为当下的时间经验提供了一个足够持久的平台让对象来监督和反对我们并显示其在场（Gegenwart）。[1]但不可避免的是，当下的平台正在萎缩，这暗示了即将到来的事物。在我们的生活中，笃信当下之优越地位的现代主义信徒要求新来者出示其名片。未来被要求成为显示其自身为某物的那个某物。显示出自身的东西被要求走出阴影并在一个稳固的背景下被很好地描述出来。它将是某种清晰的事物，而在康德看到展露于一切科学之上的那道光的照耀下，它与其他事物的关系也是透明而清楚的。

诱惑是执着于已知的东西，这意味着延长我们持存的诸手段与

---

1 然而，正如托马斯·霍布斯关于雷雨与战争所说的那样，当一场雷雨或战争逐渐消逝之时，总是有另一场接踵而至。

我们对当下的重视。这种认识论上的保守主义仓促建立起一些隔离墙与藩篱来反对那些仅仅被感知到的并且尚未通过范畴整理的现象，将它们称为非科学的，要求那些不能被测量的东西可被测量，并削弱那些不可言说之物得以在语言中被表达的条件。然而，知识中的问题不是有关已知之物的，而是有关我们对未知之物的傲慢。已知与确定之物阻止了未知与被错误定义之物的出现。（例子：在"挑战者号"与"哥伦比亚号"航天飞机的空难中，就算缺乏概念清晰性或背景的工程判断的管理方法不是被视为偏颇的，也会被视为前-客观的。）

　　然而，生活不是永恒的。我们对生活的旧"看法"很快会受到新事物的挑战，需要新的概念去取代那些不再适用的旧有概念。有一种哲学观念论证认为，我自身中的一部分总是超越于我自身。正是这一运动开启了我们未来的潜能。我们超越并不再是我们现在所是之物，处于潜能中时我们才是我们自己本身。潜在性要高于现实性。[1]

3. 先 行

　　我们不活在过去，也不停滞在不变的当下。活着意味着向前进取，接纳新来的东西，并通过我们已经知道的东西来理解它。我们将自己抛入——或者更确切地说，我们被抛入——一个未知的未来之中。我们可以看到——与那些认为我们具有不变的本性或本质的人相反——我们自身总是处于对如下一种存在者来说最典型的运动之中，这种存在者不能在规定自身时仅仅从一个核心的本质出发来

---

[1] Martin Heidegger，*Being and Time*，trans. John Macquarrie and Edward Robinson（New York：Harper & Row，1962）.

测量偏差。这样一种运动可以被称为从我们所在的地方出发，直至我们可能去往的地方，然后再回到我们曾去过的地方来解释我们在做什么，并给予我们一个新的立场。这是一场从现在进入未来并回到过去的可供参考的运动。人类的特性正在于变动与发展。我们总是远离**静态**。当我们穿行于时间中时，我们总是**变动**（*ek-static*）的。可以这么认为，时间最重要的方面不是现在，而是未来。

我们对自身的超越总是一种先-行。我们是我们自身的先-行者。在德语中"暂时的"一词是 vorlaeufig。字面意义上讲，"先行的判断"是在当下做出的一种暂时判断，它迅速消逝在过去，并映射了一个尚未被把握的未来。

审美感正是处理在时间中存在这一问题。在现代科学的理论思考中，我们关注的是什么东西在当下呈现并逗留于过去。在美学中，我们首先注意到朝我们而来的事物，当它们给予我们即将到来之物（*Zu-kunft*）（德里达：将来之事［*l'avenir*］）[1] 的暗示。从结构上讲，我们的想象力试图向我们预告什么东西是可能到来的，或者至少给予我们一种预感，即我们是否处于遭遇它的途中。与此同时，对于事物如何安排，我们的知性迄今为止试图维持一种秩序感。因此对美学而言新与旧事物的和谐共处才是关键，在已确立的知识总是持续地受到新知识的挑战的科学中也是如此。[2] 而在政治中情况同样如此。

4. 康德、阿伦特、海德格尔与判断力

康德对判断功能的贡献提醒我们注意美学中心灵结构之间的关

1　将来(*Zukunft*)，在德语中源自"朝向我们而来的东西"(*das was auf uns zukommt*)与"很快的"(*kuenftig*)。

2　参见库恩(Kuhn)的著作。

系，它可以用来支持判断即作决定的观念（根据赫伯特·西蒙［Herbert Simon］）。事实上，决定理论如今的问题之一正由最受欢迎的决策工具展示出来。计算机只有决定而无判断功能。（参看维特根斯坦对计算机无法思考的论证——并非由于它们没有大脑，而是由于它们没有站立的腿。）

阿伦特的贡献在于开始将康德对审美判断的理解运用到政治当中。

他们都在处理界定人在世界中的位置这个问题。

现在轮到我们公开肯定阿伦特并听从康德早年的暗示——相同的心理过程在他的哲学中可以通过心灵的不同功能变得主动，例如在科学和美学之中。

海德格尔对现在、过去与未来之间关系变化的辩护则使这一点得以可能。因为"临时解决方案"中的"临时性"本质上就是"时间性"。简言之，对于康德而言类似于心灵诸机能之间交互作用的事物，对于海德格尔而言实乃存在与时间维度中的不同时刻。这解决了先行于我自身的经验，这种经验也是一种共通的能力，使我们得以确认共同的人性本质，以及集体性的历史先行存在。

所有这一切在实践中如何运作呢？

5. 厘清问题

首先让我清理下由"审美政治"这一术语可能引起的障碍与杂乱。上述三个问题都引出了这样一个问题：审美政治存在吗？如果存在，我们可以定义它。这样我们可以轻易地过渡到对第二个问题的探讨，这个问题对于那些远离政治的人是个福音，并且它的简短答案是这样的：权力政治支配人，而审美政治则请求人。但有待克服的暴行是托付给这第三个问题的：自古典时期以来，也许是自伯利克利（Pericles）以来，可能没有人坚持去发现与赞颂政治之美。也许只有阿伦特是例外。

我们的关注点或许是美，但最终是为了探询美在我们的生存之网中扮演何种角色。

6. 黑暗时代的一盏明灯？

作为 20 世纪黑暗且残暴的时代的受害者，阿伦特身为一个逃离那场迫在眉睫的大屠杀的难民，理应被这巨大的政治失败所击垮。即使公民之间的空间消失了，并将他们融合成一群无意识的大众，个别的政治家仍然为了一点点权力坚持进行徒劳且微弱的斗争，直到他们中有人以势不可当的存在占据了所有政治空间。在数百万人惨遭屠戮后，这位更喜欢被称为政治理论家的政治哲学家，原本不仅可能选择放弃对德国的频繁访问，而且也可能对德国人本身、她最亲密的朋友与导师以及一般意义上的政治不再抱有希望。但她没有这样做。而且特别的是：她治愈了那已然失败的东西。

她选择了政治。

而且她选择了审美政治。

那么问题再次出现了：存在审美政治这样的东西吗？

阿伦特要求我们仔细考虑，对此给予肯定的回答。可能并不存在任何民族、文化、领土可以让我们指着说，这里有审美政治。所以审美政治是无处寻踪的。但同样真实的是：我们一旦觉察到这种政治的本质，我们便发现它无处不在。并且，如同阿伦特所做的那样，我们能够指明这一政治本质在康德那里的起源。

正是康德认识到人类的一种完全建基于判断（诸如对美的判断）的努力。这很明显是审美的范围。但唯独阿伦特发现，政治判断的过程与审美判断的过程是一模一样的。在这两个领域中，我们都无需码尺或扶手做出判断[1]，而且判断的过程在这两个领域中都永无止境。

那么，我们在哪里发现审美政治呢？

6.1 审美政治

在我们经常缺乏失败的标准或靠不住的指导的情况下却被要求作出判断的地方，审美判断就在那里给予我们工具与依靠。审美判断不规定任何事情；它对一切可能性开放。这种判断不是被置于我们的控制之下，或者迫使我们同意不可改变的逻辑，而是通过一种微妙的感觉宣告自身。有时，我们当中一些比较敏感的人试图用言语去描述它。一位福特公司的轮胎装配工曾说："你必须有很好的感觉去知道……"，这意味着你得知道允许轮圈滑入轮胎的动态平衡点。一位获诺贝尔奖的物理学家用自己的经验或偶遇"美与崇高"来回答"真理在向我们蹒跚而来"的问题。[2]

然而，你可能会表示异议，说这些都不是政治问题。坦白说，"美的政治"这一组合的用法被掩盖在权力政治之下，而且特别稀少：在 2006 年 11 月 22 日使用搜索引擎搜索该术语只有 202 个相关项，它们中没有一个提及了上述那种美的经验。但康德和阿伦特愉快地无视了这种搜索结果，他们坚信美与政治、审美与政治组合起来的存在与意义。[3]

当然，对世上所发生之事的深刻洞见往往不会浮于表面。那

1　阿伦特的表述。

2　Studs Terkel，*Working*（New York：Avon Books，1975）；Feynman in James Gleick，1980.

3　审美与政治的组合更好一些，可以搜索到 1420 条相关项，大多涉及文化研究。

么，我们将于何时何地发现审美政治呢？

6.1.1 新与旧

当某种新的事物偶然出现，却无法顺利地与已确定的范畴或行动实践相适应时，美学就会涉足其中。

为了处理无法被纳入理性的现有范畴、法则或经验的规则之中的突然出现的事件，我们需要回溯到那种使其他判断得以可能的判断。但它就是审美判断。

审美判断由知性和想象力在面对新事物时共同协作而形成：后者将新的材料捆绑到新概念中，而前者则在可能的地方将新概念整合进已确立的秩序——或者将那个秩序运用到新的事件上。

由于生活总是开放式的，而我们又缺乏可以指引我们走向未来的任何标准或知识，那么我们不仅在重大的危急时刻做出审美判断，而且在我们每天面对的小的危急时刻都会做出这一判断：如何一步步地前进，如何顺利地与其他人相处，如何构思一种好的生活，如何遵守法律，等等。

6.1.2 与政治的联系

关于康德的就是这些。阿伦特将康德与政治相关联。她支持这一关联的隐含论证是：认为某物为美的过程与表达对一项政策的支持情感是同一的。人们期待美学与政治两者**在缺乏既定范畴和概念的情况下**还能理解新事物。所有这三种人——汽车公司的工人、科学家与政治家都被期许去理解新事物——并非任意的，而是带有某些保证的，即一种有待验证的（！）特殊的操作途径能够被先验地认知为一种基于某种预知的可靠途径。

那种预知通过我们所拥有的一种感觉被表达出来，亦即因使已经存在的东西与即将存在的东西和谐相处，因此这种途径是美的。

我们表达美的能力是我们在世界中所处位置的一个基本标志。正如康德所言，美的事物是我们在世界中占有一席之地的标志。我们能如此表达自身，取决于对我们如何安排事物与我们自己之间关系的先天的行动性理解。为这一切奠基的是这样一种感觉，即我们以一种在行动中认知的方式认识到我们在周遭世界中的道路。易言之，人在处理某事**之前**就有了对自己的处理能力的感觉。[1]

以下是阿伦特和康德关于海德格尔的设想的一些交集。我们需要去寻求一种对个体来说是独有的，却可以与他人分享的经验，以便形成同时是我的和他人的判断的典型特征，且无须去侵犯任意一方。康德让我们寻求鉴赏的经验，这一经验被阿伦特视为感觉中最为特殊的东西。早期对康德而言是"鉴赏"的心理进程后来转变成了"审美"的心理进程，在阿伦特那里则成了"政治"的心理进程，而在海德格尔那里则成为让自己处于诸情境中的存在与身体这两者的"现身情态"或情调。

权力政治在哪里留下了微小的间隙，哪里就诞生了一种不包含强制的威力。这一权威或许能将原本破碎了的现实的碎片黏合起来。在托马斯·霍布斯对利维坦中自由的观察的基础上引申：当有序世界中的法律、政策与规则有隙可乘时——那些没有权力却能主导的事物即成为统治力量。（今天，我们可能会同意：在法律不起作用的地方，我们就可以从一种试图统治世界的权力政治中解放出来，但我们从来没有脱离使得我们是我们自身的那种东西。）

然而，与霍布斯相反，我们认为将权力政治作为任何宪法或政治协议的唯一基础才是难以想象的。权力的使用需要有对政治规则的了解，但即使这些规则已经为我们所知，也并不存在告诉我们在

1　德雷福斯（Dreyfus）。

何时与何处去应用这些规则的规则。总之，任何种类的政治都需要判断力。但我们要依从什么样的标准去作出判断呢？

只要我们依从那些熟悉的准则前进，那么我们终将到达同一个地方：霍布斯所说的一种永恒且不停歇的对一次又一次权力的渴望，这种渴望只会终结于死亡。如果没有一种判断帮助我们认知并应对新事物，即使是权力政治也会导向一种无限的同一性：尼采的永恒轮回。

如果没有人类审美判断的能力所提供的基础，那么美与崇高都将不复存在。科学判断忽略了主体权衡他（她）是否准备好实施科学发现的需要，而道德判断不是在约束我们，而是让我们自由。康德曾经表示，除了自然规律和人类自由之外，还需要一些先天的来源引导我们。他几乎是在明面上传达出这样一种经由审美的路径："美是人类融入世界的一个标志"。[1] 正如谎言表明真相的被剥离，那么强权则意味着社会联结能力的衰落。这种联结不仅可以在我们对美的共享经验中被发现，而且如康德所言首先可以在我们的鉴赏经验之中被发现，后一种经验也确保了我们即使在一个陌生的世界中也拥有发现如我们这样的人类的能力。社会性诞生于我们的审美能力。

在对美的认知中，美学使我们无需借助概念或范畴就能区分美与丑。在科学方面，它帮助我们先于任何试验，将可行的探究过程和死胡同区分开来，实际上，这可能是认知真假的前提条件。在伦理学中，它也许是更好的道德判断的训练基础。所以据阿伦特所

1　Cited in Arendt, *Denktagebuch*, 680, Heft XXV, April 1968, entry 50. Arendt gives her source as Kant, *Reflexionen zur Urteilskraft*, 1820. The complete citation given by the editors of the *Denktagebuch* is: Immanuel Kant, *Handschriftlicher Nachlass* Ⅲ: *Logik*, No. 1820a in: Kant, *Gesammelte Schriften*（*Akademie*）, Bd. 16, 127.

言，康德是所谓"反思性审美判断"的"发现者"。

对于美学，有人可能会谈及苏联的一位智者曾经说过的有关天主教会首脑的问题：教皇有多少个营的军队？对于教皇来说，这个问题已被东欧反叛者中的天主教民间组织合宜地解答了。对于美学来说，有人可能会说在这个政治回应中也有美的存在。

如果所有的社会行动——包括政治——都依赖于人类在相互认识的能力中发现美这一预设，那么政治上的联结不过是先前社会联结的一种结果。现代社会科学家们可能很难理解这一点，即人们在从事经济尤其是私人活动之前，需要以建立公共空间的形式来达成某种政治上的一致。

这里还有不止一个麻烦。美学涉及感觉（源自指涉五种感觉的希腊语 aesthesis）。审美判断同样建基于感觉之上。当我们被世界中的一个事物、一种行为与一个人所影响时拥有的感觉，我们称之为美。然而在如政治这般严肃的事务中，我们可以依靠一种**感觉**吗？

6.1.3 审美政治：是否基于感觉？

审美政治作为一个概念回答了这样一个问题：在得知设计结果**之前**，我凭借何种保证能够与他人在设计一种共同生活的方式上达成一致？

逻辑并不提供先验的保证。美学则指涉一种感觉。感觉能为行动提供指导吗？我们可以放弃理性的规则、理性论辩的规则与合理妥协的规则吗？审美政治的研究则转换了这个问题并发问：如果没有一种对于什么是合适或恰当的感受——一种对美的感受或一种对丑的厌恶之感或那种在自然中存在着一种无目的的目的性的预设（正如康德所断言的那样），这些都还可能吗？

科学由概念和方法所指引，这些概念与方法决定真与假。道德由符合情况的原则与绝对命令所指引，这些原则决定对与错。但科学与道德两者都没有用来应用规则的规则。我们如何预知在实践中何时适用哪些规则以及这些规则又适用于何物呢？霍布斯已经说过的关于自由的话——法律无力之处，公民才拥有自由——也适用于此。我们可以说：法无禁止即自由。宪法、法规、主权、公共行政无法预测到人类的每一次紧急事件并对此进行援助。

留下的这一缝隙必须通过直接观察事物来弥合，而无须概念或原则的中介。这种观察方式——或者更精确地说，感觉——被称为判断。一种特殊种类的判断是必需的。康德称之为"反思性的审美判断"。这类判断是感觉到而非看到的，但是我们必须能够征得他人的同意以便去证实它们。如果它们对做出判断的这个人与判断所涉及的内容说出了同样的东西，那么它们是反思性的。做出这种判断的过程虽然只是源自美学中的感觉，却是在艺术和政治两者上指导我们的核心。

6.1.4　阿伦特那里的来源：隐藏的批判？

早在 1957 年 8 月，汉娜·阿伦特就在《思想日记》里写下了自己的一些直白看法：康德在判断美与崇高之时如此建构了他的论述，以至于它可以被解读为一种"政治"。她对这个问题的若干评论的最终结论是，唤起美的过程也是唤起政治的过程。

通过直接援引自康德的《判断力批判》，阿伦特写下了关于康德在品味现象中对社会性的第一次奠基的笔记。在惯用俗语中没有争辩空间的地方——品位无可争论——康德发现这样的空间无非是使共享经验得以可能的基础。早年，在《人类学》[1] 中，康德举了这样一个例子，即主人为客人张罗了许多不同的菜肴，希望他们两

1　第 67 段。

人可以同时享受这些菜肴中某一道的美味。从品尝到品味（*Schmecken to Geschmack*），康德已经明确表达了社会性的可能性。

阿伦特现在写道："不仅仅在品味这个词中，一个人可以在康德作品的任何地方都添加判断的能力。"紧接着上面这句话，阿伦特就宣布了这一推进的结果："那么很明显，《判断力批判》是对政治理性的隐微批判。"[1]

由于阿伦特的这一评论，阿伦特自己和康德都将面临更大的问题。阿伦特将发现审美判断与政治的联系这一功劳归于康德。然而，康德并没有做这种事。虽然他分析了什么东西造就了某种形式的判断机制——尤其是反思性的审美判断——但他没有把这个过程与政治联系起来。

正是阿伦特建立起了这一联系，亦即美学与政治两者包含了无须"标准"或"依靠"进行判断的同一过程。她在日记中这样写道：

> 康德实际的政治哲学来源于他对美的现象的思考，这一事实显示出他对世界的体验在多大程度上盖过了他对生活的经验。[2]他热爱世界远胜于生活本身，他最终厌倦了生

---

[1] *Denktagebuch*，577 August 1957；entry 31，my translation；see also 601‑606，Heft XXIII，August，1958，entry 6.

[2] 我们在此可以回忆起阿伦特对生活与世界的区分。我们根据自然法则生活，我们从自由出发创造一个世界。例如，请参看 Arendt, *Denktagebuch*，Heft XIV，March 1953，326‑327，她写道，所有的利益理论都犯了一个错误，亦即它们总是鉴于一种强制作用而轻视欲望，但事实上我们只有当强制（比如为了活下去而吃东西）已被满足时才能谈欲求。与这些将利益思考为欲求客体的理论相反，"与此相对，作为利‑益（inter‑est）的东西＝对我们来说共有的东西＝政治事务的空间。"她也因此认为政治是基于某种控制之上的；从历史上来看，或是奴役他人，或是控制自然。我们将参与政治定义为发起的行动，我们可以看到，从事政治"并不必然"要求"一种对政治空间的控制"。

活。这正是他很少被理解的原因。[1]

在这样的背景之下，阿伦特就将生活视为自然与必然性的现象，却将我们的"世界"视为我们在自由之中并通过自由建立起来的。例如，"我们说我们想要生活在一个这样或那样的世界。"[2]

我们是否可以推断，阿伦特通过对康德判断思想的修订而试图转移人们对于她自身意图的注意力，她将专著命名为"**判断**"实际上是为了成为一种秘密-**政治**呢？她自己的导师，马丁·海德格尔，并没有写出一般可被视为"政治"的著作，尽管有人认为他的《巴门尼德》可以被解读成政治性的著作。[3]

6.1.5　从美到政治

关于审美判断可以从审美世界引入到通常由权力统治着的政治世界的这一发现，有谁说了些什么？谁的说法又值得信任呢？

有一件事是可以确定的：阿伦特在拒绝哲学的荣耀地位方面过于谦虚了。

正是康德首先将品味的感受与对美的一般感受提升为一种审美判断理论。但正是阿伦特首先将这种不借助概念或标准的本质上是体验生活与艺术之美的讨论引入政治之中。另外一本日记模棱两可地显示，她同时意识到了康德的贡献与局限：

> 康德使用品味来举例说明判断力所面对的可怕的庞然大物（ungeheure），这永远是值得思考的……

1　*Denktagebuch*，575；August 1957，entry 25.

2　Heft XXV，April 1968，679.

3　Ralph Hummel，"A Once and Future Politics：Heidegger's Recovery of the Political in *Parmenides*." *Administrative Theory & Praxis*. Vol. 26，No. 3（September）2004：279–303.

然而，她在下面添加了更具批判性的评注：

> 不管这多么有利于他对世界的感受（世界意义），这都是政治幼稚（一无所知）的特征。[1]

无论在政治上幼稚与否，康德都让阿伦特踏上了寻找一种新版本政治的道路，这种政治特别适合于一个失去标准的世界。在接纳了康德的这一发现后，阿伦特回答了一个长期困扰人们的、在 20世纪后半叶的今日世界丧失了价值与规则的确定性之时已变得十分尖锐的问题：

我们怎么能在没有规则的情况下进行判断？

阿伦特发现，康德回避思考自己的回答的政治意涵。康德"一开始苦恼于"审美判断的意涵。

首先存在着处理新事物时的"任意性"（*Willkuer*），以及通过感受正确与合适的东西而发挥效用的审美判断。想象是任意的，且不受原则或标准的指导，就收集起判断的新经验，这一判断决定了这些经验在哪里整合或修整一个既有的秩序。但为什么收集这一方面的经验而非**那**一方面的，为什么是**这种**组合而非**另一种**？难道可以允许想象的功能在不参考**某个**概念或标准的情况下就简单判断整个经验的各个部分是否适合吗？

她发现，让康德同样苦恼的是不能借助于任何概念的判断的明显的"主体性"。最后，阿伦特补充道：她所说的康德曾经"发现"[2] 的工具"毁于他自己之手"[3]。

---

1 *Denktagebuch*，August 1957，entry 27，576，此段由我所译。

2 Ibid.，571.

3 Ibid.，579.

但事实上，当阿伦特将没有任何证据的动机归于康德之时，他就被迫承担了他从没做过的任务。最后，正是阿伦特自己指出了康德缺失了某种勇气。海德格尔曾批评康德在第一批判的第二版中对想象力的弱化。在那里，知性被赋予了想象的功能来收集新的所予并构建新的样式；想象力的全部功能"被缩减为对知性能力的精通"[1]。海德格尔说，当康德考虑到想象力的力量不受约束，他就在看到"深渊"时"退缩了"。[2] 这一措辞在阿伦特那里有了回应，她补充道，正是康德的缺失让他没能把审美判断明确地关联到政治上。不过，她认为康德在《判断力批判》中揭露了他真正的政治哲学，即对政治理性的隐性批评。在我们引出结论的过程中，我们还需进一步清理那些定义中的障碍。

6.1.6 康德的美学

现在的情况是，伊曼努尔·康德认为，对美的认知涉及人类能够进行的最深刻且最困难的判断。他称之为反思性的审美判断。它既说明了做判断的我们自己，也说明了被判断的事物。此处不仅是区分美与丑（阿伦特后期会称为"令人厌恶的东西"）的判断的开端，而且康德指出，如果没有审美判断，那么区分正确与谬误的认知判断将不再可能，而区分对与错的道德判断也将被损害或不成熟。

对康德来说，美的体验是我们在俗世生活中能接触到有目的的自然的少数时刻之一。否则，科学中进取的旅居者与伦理学中的探索者得到的将只不过是对大地的零星认识、纯然疑问与模糊影像，它们可以将我们与自然重新联结起来，科学从自然中获得了抽象，

---

1 Martin Heidegger, *Kant and the Problem of Metaphysics*, fifth ed., trans. Rochard Taft (Bloomington: Indiana UP, 1929/1991), 114.
2 Ibid., 112, 119.

而且正如康德所说，在自然的星空下，我们体会到心中道德律的自由。

6.1.7 在康德那里的来源：审美判断

在承认不同类型的判断的同时，康德在第**一批判**中似乎只强调了一种判断，即将特殊性归入普遍性之下。但在包括海德格尔在内的一些人的解释中，康德早在《纯粹理性批判》中就认识到一种判断是不足以将知性与生活联系起来的。（基于此，阿伦特后来说，你需要一种对生活的感受［*Lebensgefuehl*］。海德格尔自己会在**现身情态**这个术语中谈到将认识与存在联合起来的我们对在此［being here］的感受。）在第**一批判**中，康德在总体上没有准备谈论感觉（feeling）；在这一批判中，他最关注的是作为直观与概念化原材料的感知（sensation）。然而，即使在这里他依然关注的是，在第一批判的背景下似乎表现为一种科学的反常现象：有些人无法做出弥合概念和行动、所知与所行之间差距的判断。他用一个恰当的例子指出，一些专业人士无法将他们的所知应用于特定的案例。

康德举了律师、医生和政治家的例子。即使是那些有相当多专业学问的人，也有可能无法将其学问应用于手头的实际案例。这不是一个知识问题；这是一种对什么是合适与正确的感觉——一种天生才智——的缺乏问题。这种缺乏——康德在注脚里将之称为"愚蠢"和"痴呆"——无法由逻辑规则弥补。每次判断的机会都面对着一个新事件，我们在其中寻找着规则。但正如康德所说，没有应用规则的规则。即使在科学领域，想要知道如何将自己的知识应用于生活中的实践场合，也需要判断力。即使在道德判断中，我们也必须判断情况的性质与道德立场的原则该如何适用。即使在某个地方，一个人能够从他人的经验中借用规则，但"正确运用规则的能力必须属于那个学习者自己"[1]。这一论断早在他后来对美的判断的处理之前就已经存在了，在从属于判断人自己的意义上而言，它也是主观的。

在普遍之物既已给定的状况下，决定个别之物是否受普遍规则制约的那种判断，规定了一个概念并称之为规定性的。但当我们只有个别案例，而且不知道制约该案例的普遍规则是什么时，判断只能思考想象为直观提供的一系列前－客观的表象，并选择最易理解的表象，即成为反思性的判断。而问题是这一判断在康德的心智图像中是如何可能的。阿伦特评论说，康德明显地把这种判断称为"反思性的"，因为这一判断涉及"一种对判断人生活感受的逆向－指涉"[2]。

在作出认知判断的过程中，康德已经发现想象与知性之间的和谐起着核心作用。为了使某物能够被认识，我们要么把它放在一个概念里，要么我们为它创造一个概念。我们通过应用一条规则或发现一条规则开始认识。

但如果知性是在理性范畴与逻辑规则之下，用可理解的方式整理世界的话，那么想象首先必须发挥作用，将知觉转化为可理解的材料以便知性整理。康德写道，想象将整个系列结构中的感觉结合起来，使其对于知性的概念化来说是可理解的和可行的。即使在这里，如果仍然缺乏一个规则，想象必须被要求来构成前－客体，以

---

1 Immanuel Kant, *Critik der reinen Vernunft*, [1781 = A; 1787 = B]. (Wiesbaden: Insel-Verlag, 1957), A133/B172.

2 Arendt, *Denktagebuch*, 573, August 1957, entry 23. 但在一种更多地为了强调三个批判统一性的阐释中，隆格内斯论证说，反思参考了前－客体导向逻辑（Beatrice Longuenesse, *Kant and the Capacity to Judge: Sensitivity and Discursivity in the Transcendental Analytic of the Critique of Pure Reason*, trans. Charles T. Wolfe [Princeton: Princeton UP, 1998], 24 and 127ff）。

便这些前-客体的形成至少促进知性新的概念化过程。只有这样捕获质料，才能不牺牲掉知性通过理性范畴去整理的能力。如果想象力将我们所感知到的东西聚合成经验，那么这必须通过这样一种方式才能办到，即知性给这种聚合以概念的统一性。[1]

当我们为自己制造所感知之物的概念时，这两种力量是相辅相成的。它们"互相促进"[2]。它们增强了彼此行动的活力。这种和谐通过一种愉悦感显示出来。然而，在认知上，这种愉悦的感觉显得如此普通，以至于我们习以为常而察觉不到它的存在。我们"已经逐渐地将它与纯粹的认知相混合，并且不再特别注意它"[3]。

在所谓的反思性审美判断中，同样的和谐在一种**明确的**（explicit）愉悦感中得到了共鸣。当我们惊呼："那不是很美吗？"

现在，当康德说认知中的愉悦存在却无法被感觉到（"因为如果没有它，即使是最普通的经验也将不再可能"），他仍然将这种愉悦的来源归于他在审美判断中援引的知性与想象的同一起源。[4]在他后期对我们在审美判断中获取的愉悦的讨论中，他重复了同样的观点——想象和理解的和谐是愉悦感的源泉。他又说道："……通过想象，亦即我们的直观能力，联系到知性，亦即我们的概念能力，这一愉悦伴随着我们对客体的日常理解……这是判断必须采纳的一种程序，以便生成即使是最日常的经验。"[5]

可以推论的是，一种感觉，即愉悦感，起源于想象与知性的和

1　Immanuel Kant，*Critique of Judgment*，trans. Werner S. Pluhar（Indianapolis：Hackett Publishing Company，1987［1790］），paragraph 35，p. 151. 在本篇中之后再引用此书时缩写为 CJ。

2　*Loc . cit .*

3　CJ，Introduction，paragraph VI，27.

4　*Loc . cit .*

5　CJ，paragraph 39，159.

谐，对康德来说其被包含于认知与审美判断**两者**之中——只不过在第一种判断中它是潜藏的，而在第二种判断中它显现出来以便被感知和表达。

通过断言愉悦存在于——不管是不是在字面意义上——认知和反思的审美判断中，康德认定感觉在上述两者之中都占有一席之地。他尚未回答的问题仍然存在：感觉怎样——以何种方式，在何时——被包含于认知与审美判断两者之中？感觉有什么功能？

康德对想象力与知性能力之间交互关系的描述仅仅提供了一个答案。

任何一种对想象的诸聚合的比较都是可尝试的，以便知性能够运用它的概念化能力（这一能力最终导源于纯粹理性的逻辑范畴）之前，这两种能力都能够被允许开始"自由发挥作用"[1]。在自由发挥作用时，这两种能力的任一都自由地施展自己的功能，并加强另一种能力的功能：一种能力使得一系列可理解的前-概念成为可用的，另一种能力给出概念化可以为一个客体提供的最具逻辑性的结构。

康德的一些暗示似乎证实了这一解释。我们可以从《判断力批判》的第一导言中援引一个例证：

> 因此我们可以在总体上将一般的审美判断定义为其谓词永远不能是认知（即客体的概念）的判断（虽然它**可能包含着认知本身的主观性条件**）。[2]

并且，如果出现以下情况，则判断是审美的：

> 判断力，没有为被给予的直观准备概念，［为了比较］

---

1 CJ, paragraph 35，151.

2 "First Introduction" to CJ, Pluhar，412；我的强调；保留了原文中的括号。

将想象力［自身］（它只领会到对象）与知性［自身］（概念得到了展示）联系在一起并感知到两种认知能力之间的一种［确定］关系，一种构成了我们只能感受的条件的关系，［只有］在这一条件下我们才能客观地使用判断力（即想象与理解的交互和谐）。[1]

康德继续说道，这种判断的"基础"是一种感知，它和"愉悦与不愉悦的感觉直接相关"[2]。他说，之所以如此，是因为愉悦伴随着所有目标的实现。它在这里伴随着这样的目的，亦即使知性的作用依据它全部的合法性（发现规则的能力）获得最优化，并使想象的作用在其完全的自由中获得最优化（使得感知变得可理解的能力，这提升了判断在一个连贯的框架内产生最合乎逻辑的客观概念的能力）。因此上述两者都被和谐安排以生产概念。

6.1.8 阿伦特与康德

康德在晚年发表了一份奇特的声明："美的事物表明人在世界上有一席之地。"[3] 阿伦特将这一声明附在对康德在品味上对美学进行奠基的评论之后，她写道："品味是我们融入世界的能力，我们在它之中选择属于我们的东西［与］不属于我们的东西——事物、人类、行动。康德是正确的，判断力和品味是一回事。"[4]

阿伦特不仅因康德对判断在认知与发现美的过程中的作用方式的探索而感谢他，她还明确指出，她受惠于康德放弃在抽象意义上谈论人而代之以在复数意义上谈论人类这一点。[5]

---

1 CJ，"First Introduction，" VIII；Pluhar，412；Pluhar's additions in brackets.
2 Ibid.，413.
3 Cited by Arendt，2000，Heft XXV，entry 50，April 1968，681.
4 *Loc. cit.*
5 *Denktagebuch*，138，September 1951，entry 17.

通过用人类、各自的人性替代**人**，康德在此暗示了一个与给定世界相对的另一世界的可能性。[1]

其结果是，她不仅将政治定义为由人类的差异所构成，而且将其定义为最初赋予我们每个人明确身份的活动。阿伦特的导师——马丁·海德格尔已经明言人类话语的范畴起源于人们在市场（市政广场）上的互相照面（遭遇）。通过借鉴康德的审美判断，阿伦特现在指出：政治给予了我们在聚会场所一种脱离社会性层面的身份，她认为这种社会性层面仅仅与生活必需品相关。[2]

阿伦特写道，康德的真正伟大之处，"就在于他把道德问题从个人的良知问题中解脱出来，并将它安置于复数意义上的人类之中"。我们可以在康德的道德判断的处理中[3]认识到，他在弥合个人与他人所在社会之间的间距与维护个人与社会两方面，具有相同的广阔的能力范围。一个孤独的人总是处在其他人的陪伴下，不管他们是否以身体性的方式在场。

但最重要的是，阿伦特在她的日记中透露了她受惠于康德的地方——康德使她在面对她的问题时从一个原本无法解脱的处境中解脱出来——在政治遭遇最严重失败的时期如何支持政治。事实证明，这是一个更大的哲学问题——如何在没有规则的情况下进行评判。在美学中和在政治中的情况和答案都是一样的。正是因为这一点，她才能够开始写她那本关于判断的书，这种判断原本也会是一**种政治**。这种政治看上去是什么样的？早在 1951 年 9 月，她的日记已经用这个诱人的注解让我们得知了一些东西：

---

1 *Denktagebuch*，138.
2 阿伦特在此同意海德格尔，后者在一种由匿名的"他们"或**常人**所生发的"并非我们的"意义上，将我们对我们所出生于的那种社会秩序的接纳视为"非本真的"。
3 *Critique of Practical Reason*.

同样，政治中判断与行动之间的关系和［康德美学］品味与天才［之间］的关系［是］完全一样的。[1]

当然，鉴于对自由民主制的忠诚，阿伦特不会同意将政治建立在政治天才中的一位精英的判断之上。

6.1.9 例证

1933 年 2 月 1 日《纽约时报》头版的两个标题可以提供在判断的缺乏或不缺乏与"天才"之间这般联系的例证。其中的主标题是：

中间派要求希特勒明确他的内阁政策

接着的是新闻从业人员通常所说的"解读内容"，在这里，解读内容向读者证实，希特勒的晋升条件是"遵守民主规则以获得在国会中的必要支持"。

随后进一步的解读内容向读者证实：

帕彭（Papen）看上去已经掌权。

进一步的解读内容或"层面"告诉读者：弗朗茨·冯·帕彭（Franz von Papen）这个权力的中介人，"被认为有能力否决任何由纳粹总理可能作出的激进举动"。这个故事本身看到了纳粹对权力政治的接管，并解释了这个权力中介人为了阻止阿道夫·希特勒的领导计划，"巧妙地平衡了内阁的力量"。这种对事实与分析两者的权力路径的解释甚至忽视了即将发生的大灾难的一丁点迹象。

基于审美判断的分析能够做得更好吗？当然，记者或编辑在追求客观的新闻报道时，会觉得有必要对那些已经发展到"事实"水

1　Arendt，*Denktagebuch*，582. August 1957，entry 34，Heft XXII.

平的信息提供更多的信任，而选择抛弃那些谣言、闲话、不可靠的消息来源、带有个人目的的消息来源、随口说出的未经证实的话语等。故事主体中的一个声明显示，组建一个"让国家社会主义者处于少数"的内阁的困难被认为是更真实的，因为少数是可以被计算的（事实），与这种困难相比，国家社会主义者与一个弱小的农民党之间仅仅可能的交易是不够真实的，因其只是处于筹划中，因此并不"成为事实"。

已确立制度崩盘的时间可能无法预测。在这个意义上，对新制度进行的重新设计也无法体现在未来的行动中。政变与革命需要一种对人类诸种可能性的感受、这些可能性与人类生存（亦即一种我们在其中依旧将彼此视为人类的生存）的一种符合、一种预判哪些可能的路径可被权衡为（而非被计算为）通向（或不通向）所追求的目标。换句话说，混乱时期需要一种对政治的感觉。自从政治被政治科学重新定义为一种旨在获取支持（竞选操控、投票）与价值分配的管理游戏，这种感觉已经很少出现了：一系列决定谁在何时并以何种方式得到何种好处的轮盘赌（roulettes）。

政治的审美理论将在另外一些场合得到应用的扩展。在这里，我们只探究审美政治的观点如何以一种创造性的方式在如下事例中运作：对不投票行为的研究。

6.2 附记：投票——政治美学的运用

在投票行为中，尽管我们倾向于认为自己的选择是理性的，但感觉是本质性的。我们可以去投票，也可以选择远离投票。为什么潜在的选民会远离投票选举呢？有一些传统的解释，而汉娜·阿伦特的政治理论提出了一个奇怪的解释。然而，某些事情用新奇的眼光来看待似乎会显得奇怪，但并不必然就是错的。阿伦特自己建议用一种崭新的眼光去处理和审视那些熟悉的事物。

说句奇怪的话：如果我们认真对待语言会怎样呢？对不投票行为的研究语言建基于对各种类型的感觉的讨论。我们可以以评论员所说的"……选民们因为厌恶而远离投票选举"作为开场白。在今天的政治语境中，"厌恶"意味着什么？它唤起了怎样的情感？

6.2.1 感觉的范围

传统理论认为不投票是由冷漠所致，因此，可以援引《檀香山星报》在选举之后的社论中的话："夏威夷的首席选举官德怀恩·吉塞纳（Dwayne Yoshina）称，选民的冷漠是投票率低的原因。"[1]冷漠通常被定义为缺乏兴趣，低兴趣的指标是低投票率。这个"解释"为我们提供了一个同义反复的绝佳案例。

冷漠，源于希腊语中的 a-pathos，意指无感觉。厌恶是一种感觉，尽管是一种不好的感觉。这两者作为从对政治没什么感觉到有厌恶感的一种感觉范围的两端，似乎涵盖了最极端的状况。冷漠和厌恶甚至暗示了一个看似并非不能解决的难题。这个难题是，两个相互之间如此不同的感觉如何能够作为拒绝投票行为的原因或迹象。实际上，这两者看起来是如此不同，以致它们要么是绝对的变量，要么是连续的变量。在第一种情况下，一旦你离开了"无感觉"，你就进入了"某种感觉"的领域。第二种情况下，这两个变量作为一个从"0"延伸到某个数字的刻度范围的对立两端出现。

问题是，词源学提醒我们"冷漠"和"厌恶"不是在同一种语言游戏中的语汇。它们中一个来自激情理论（来源于希腊语 *pathos*），而另一个则属于美学理论（核心语词"厌恶"［disgust］来源于拉丁语 *gustus*，品味）。那么，品味可能是无品味的对立面，

1　2002 年 2 月 28 日。

但厌恶不是冷漠的对立面；厌恶在总体上属于一种不同的语言游戏：考虑到美源自"品味"，厌恶就是美的对立面。

简言之，词源学在此表明"没有感觉……感觉（尽管很糟糕）"的范围构成不投票行为动机的一个维度，而第二个维度则由"感觉糟糕……感觉到美"的范围构成。

实际上，这后一种立场得到了康德发展的美学理论的支持，并被阿伦特引入并重塑到政治理论之中。[1]

康德与阿伦特理论的早期来源——在美学抑或政治中，对美的判断包含相同的只是显然没有根据的心理过程——是康德的《判断力批判》。阿伦特将这部书视为"一部潜藏的**政治学**"。在那个**批判**中，康德试图证明：除了理性和知性（心智）的心灵能力之外，人类也同样具有判断的能力。康德认为，在理性和知性不直接为我们工作与生活提供帮助的地方，这种判断能力就是我们的向导。这种判断力不通过范畴和概念而仅通过如下感觉来指导我们，亦即当我们在科学及其应用中做出了适当的推进或者找到了行动在道德上合适的方向时产生的美的感觉。但康德应用审美判断理论的地方几乎与政治毫无关系，阿伦特却在康德那里找到了政治。在美学与政治两者中，通过一种朝向认知或行动的正确方向的感觉就有了相同的指导。

康德与阿伦特的理论暗示了比被现今主流的权力政治理论所允许的大得多的政治领域。如果我们将目前为止所讨论到的术语排成一条指示着唯一范围（如上所述，这可能是一个错误）的横列，我

1　Immanuel Kant, *Anthropologie in pragmatischer Hinsicht*（Koenigsberg: Friedrich Nicolovius, A 1798, B 1800）BA 188 and 189. See mainly his *Critique of Judgment*, cited below. For Arendt, see her *Denktagebuch* or "thinking diary"（2002）cited below.

们将能获得一幅更全面的政治图景。图 7.1 阐述了政治世界如何随着"美"这个术语的引入得到扩展，而且改变了该世界的基本性质。权力政治不仅远不及审美政治，这不仅是因为它欠缺自主性与它自身在人类本性所预设的基础。

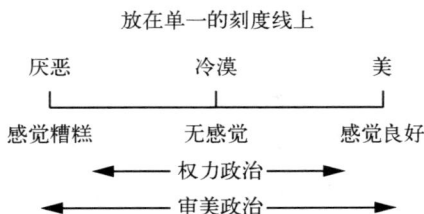

放在单一的刻度线上

厌恶	冷漠	美
感觉糟糕	无感觉	感觉良好

←——— 权力政治 ———→
←——— 审美政治 ———→

图 7.1　放在单一刻度线上的不同政治术语

事实上，权力政治之所以成为可能，只是因为人们先前已经向社会性迈出了一步。但社会性转而通过像对美的感觉这样的审美经验成为可能，这种美的感觉由个人表达出来并经他或她所属的共同体加以确证。

只有当人们已经将彼此视为互相不同但在一定程度上也相同的人类时，权力政治才能被施行。正是这种不同之处调动了对政治的需求，也正是这种对相同之处的认识使人们能够认识到共享的价值，而这种价值观能够在牺牲其中一名参与者的情况下被交换。在这个意义上，权力政治只是审美政治的衍生物，而审美政治拥有能够集中处理问题的有希望的内容——尽管这样的权力政治现在已经缺失了对任何政治机体如何构成的关注，以及怎样的权力游戏会对这种构造起作用。

伊曼纽尔·康德和汉娜·阿伦特都提醒我们注意一个奇怪的事实：如果我们对投票没有感觉或对投票感到不满，那么逻辑决定了第三种可能性——这一刻度线的诸如此类的远端可以用一个非常确定的与共同的感觉来标记。在冷漠和厌恶之间的范围可以延伸到对美的感觉。[1]

而且，为什么不呢？我们已经认可，不参与投票政治可能与对其没有感觉有关。出于不太明显的理由，我们认为，如果有一种感觉，那可能是厌恶。为什么不考虑一下，在延伸的刻度线的远端，可能会有一种与厌恶相反的感觉呢？英语阻止我们将"厌恶"（disgust）的反义词简单说成"滋味"（gust），尽管"趣味"（gusto）仍然是一种近乎古老的用法。相反，我们会转向拉丁语和那种熟悉的说法——"品味无可争论"（*De gustibus non est disputandum*）。从这个不存在争论的品味的论断，我们可以看到阿伦特如何将"令人厌恶的"提升为"美的"的对立面，同时谨记上述格言中提及的 *gustus* 的意思是"品味"。[2]阿伦特接受了康德的观点，即美与社会和谐的联结本身可以通过好客的例子被图示化。[3]

阿伦特指出，好客的例子——给客人提供各种食物——开启了发现一种共同品味时主人与客人的关系——不仅揭示出品味作为社会性的基础。她同时指出了如康德所见的一般的美的体验。与上述调查所反映的民意相反，她总结道："就像善是私人领域的衡量标准一样，美是公共领域的衡量标准。"[4]

人们被美的事物所吸引。我们说，和美进行接触的人会有很好

---

1 请注意，在图表 7.1 中，两种不同的变量系统被展示在同一个层面或维度上的概观之中。当然，这种做法的意图只是展示每一种系统在政治视野下的效果，而为了所有其他意图而采纳该做法都是一个错误。

2 她自己在这里援引了康德所摘引的三个老生常谈：各有各的品味、品味无争辩与（然而！）第三个——人们可以就品味进行辩论，因为在此她摘引了康德的话——达致"相互之间同意"的"希望"是存在的。（Arendt, *Denktagebuch*, Heft XXII, number 36, 1958, 182 - 183）.

3 参见 Kant, *Anthropologie*, BA 188 - 190。

4 *Loc. cit.*

的品味。因此，在政治中寻找美，我们可能会发现有着良好品味的政治家和公民。事实上，以康德为基础，这正是阿伦特的建议。她清楚地看到了政治和美学之间的相似之处。在这两个领域，我们必须面对新事物，并将其整合进旧事物，我们必须在没有概念或标准的指导下——用阿伦特的话说，在没有"扶手"的情况下——进行这项工作。简言之，我们能够假设：为了吸引人们，而非拒绝他们或让他们无动于衷，政治或政策必须被认定为这样一种我们可以为之惊呼的对象，"这不是美吗?!"

从统计数据来看，正如在上述讽刺性的搜索词条中所展示的那样，相比于与"美的政治"相关的词条数量，与"政治之美"这一词组相关的著述数量之低讲述了一个悲伤的故事。"毫无机会"（254 项搜索结果）要多于用电脑搜索"美的政治"的词条（130 项搜索结果）。

用美的社会性意涵揭示什么样的隐秘之美可能存在于政治的概念中，意味着拓宽我们对政治的理解。这种理解必须超越政治今日在权力政治的片面形式中运行所依据的消极条件。不同于基于权力的决定，审美的政治判断不能支配我们：它必须"争取"我们的同意，正如康德关于审美判断所说的那样。这种审美没有支配权。它并不统治，而是盛行。它永远不可能符合现代政治中任何基于权力的定义：例如，像马克斯·韦伯所言，将国家视为在一个给定的领土之内合法地被给予暴力垄断权的机构。（事实上，除非为了形成一个富有启发性的联结，美、厌恶与冷漠不能放在同一个维度上。）

现代政治科学自身可能想提出这样的问题：为什么说政治的主题是美的正好是任何人不得不说的事情。

一方面，审美政治要求有勇气说出自己的想法；另一方面，它还要求我们在听取他人意见时保持内心的开放。这两方面在权力政治中都是不可能的。权力斗争的每一次开启都增强了敌对，而理性与谨慎也未必是同一件事。想象力也不能自由地发挥作用，它的行动会受到思想警察的批判，这些警察捍卫着知性中的先前模式。

6.3　分析

上述方法说明了美学方法是如何拓宽一个政治概念的。

从方法论上讲，我们通过检视词语为人所使用时的隐含意义来进行研究。与此相反，行为性的方法将强加适合于方法而非场景的一些操作定义。第一种方法基于一种探索曾经鲜活如今依旧鲜活的经验内部的理论，第二种方法则展示在对一个僵化现实的武断定义中，这个现实至多只能依据研究者的意志生产一种静态生活。这就是为什么第一种方法——处理诸如冷漠或厌恶这样的关键词——是现象学方法的原因：也就是说，应对它们能在自身的术语中显示其自身（*phainesthai*）的事物。而第二种方法则从外部强加其方法，将主观的意义置换为客观的严格性，通过对思想施加暴力的行为而实现其原则。最终，随着数学中而非哲学中自明的原初定义，思想被简化为纯粹的逻辑运算。

实质上，如果将政治与美联系在一起的理论有任何意义，那么运用这种政治的美学理论的结果应该是双重的。首先，考虑到手头上的这个案例，我们理应得到的不仅仅是在不投票行为中起作用的别种解释，而应获得一个更广大的政治理论的特征。这让我们超越了传统的投票冷漠理论所假定的变量。我们可以深入投票所附带现象的表面之下。我们希望能够发现一般政治的底层理论的蛛丝马迹。起初，这可能是一种没有明确陈述的理论，其明确的表述已经被向着科学的冒进所掩盖。现在的新理论包括投票、不投票、冷漠、厌恶与其他对一般政治的积极情感（包括一种预示感，当我们发现一种施行政治的方法，而这种政治可能对他人来说是美的时，这种感觉就会发出信号）。此外，手头的案例应该用作一个新的、更大的理论的说明性例证，不仅仅为正在运作的政治的理论做例证，而且为一种将政治追溯至其美学基础并在人类存在论的语境中对其进行处理的理论做例证。

政治在某种意义上是美的这一观念几乎从未出现在现代实践中。然而，这不能让成为我们不假思索地拒绝这种可能性的理由。事实上，今天这种可能性的缺失或许只是反映了过去一般被称为政治的一个不断式微的维度。例如，我们不会在我们的实践中赞同那些希腊观念，亦即政治是通往伦理的途径（亚里士多德），或者政治是一个共同体发现自身真理的手段（巴门尼德）。[1]正由于这两种定义都涉及适宜的问题，它们也能让我们向美的经验开放——在方法上和在政策上。

6.3.1 阿伦特与康德：审美政治

阿伦特将康德在美学上的洞见与政治联系起来。然而她并不是第一个将两者联结起来的人。德谟克利特谈到了想得好、说得好与做得好（实践）的技艺[2]，虽然他没有使用"美"的希腊语，但他使用了表示"适宜"的词语，"实践＝采取适宜行动"的等式同样可以用来关联这个等式——"适宜的＝美的"。

总之，阿伦特在美学和政治两个领域中发现了同样的心理过程。在这两个领域中，我们的判断常常是关于如下一些特殊事物：**这个**事物或美或丑，**这项**政策适用于未来，**这个**领导人适合这一届任期而**那个**不适合……我们会对美、品味及崇高（例如，这座山峰

---

1 Hummel，"A Once and Future Politics."

2 Arendt，*Denktagebuch*，584，Heft XXII，beginning of 1958，paragraph 38.

超出了任何巍峨的概念）作出判断。所有这些都从一个特定的事件或事物开始，并从这个特定的事件或事物发展到发现或创建一个它所属的一般范畴，而且该范畴可以被整合进现有的概念语言中，以便与知性保持一致。简言之，在美学与政治中，我们需要在没有标准或帮扶的情况下（而且在没有艺术收藏家或专家帮助的情况下）作出美（或不美）的判断。美的判断在两者中是一致的：不为范畴或概念所规定，但需要关注它们。

让某物成为艺术的，既非以前的标准，也非别人是否被吸引（更不用说对作品有着既定的兴趣），而是开放的新视野、看待事物的新方式和不断前进的生活。让某物成为伟大或宏伟的，并不取决于它超出了多少概念，而在于它超出了我们的概念化能力。也正因此，在政治上，我们也不能简单地遵循既定的规则和可靠的解决方案，而必须把我们的选票投给一个不可知的未来。尼采业已谈到了"伟大的政治"——用英语可以表述为"伟大的设计"——在政治家的政治之中。在美国，在个人被认为是伟大的地方，评估美或崇高的能力也会移交到个人层面，而在手头的案例中，这个层面就是指他或她的选票。其他文化可能有他们的"伟人"，但在美国这种至高荣耀归属于普通人。

如何对这一投票选择的未来道路持乐观态度？我们如何评估从现在进入未来的过程中必须形成的模式？什么构成了政治在无法预知这些结果的情况下总是一再面对的新问题？要等到一个有希望的候选人当选之后或者直到一项政策被实施之后，才可能对我们行动的感觉进行实证检验。

康德——理性思想的伟大阐释者，现在说出了令他自己震惊的话：他说我们可以随着感觉走。

感觉完全是内在的。当我说我感觉某种断言是正确的、某种行为的施行是善的或者某物是美的时候，将我导向相关判断的那种感觉只能是个人性的。感觉通常都是私人的感觉。而在对美的判断（或者阿伦特后来所说的对政治的判断）中，那种感觉必须通过它给予我们的愉悦感在某种意义上宣布**先天的**有效性。最后，一旦我们宣告这种感觉——就像在说："这不是很美吗?!"，我的私人论断必须征得他人的公开同意。正如在美学领域中，当我独自一人在荒岛上，并仅仅为自己做判断之时，我就没有对美做出判断，在政治中，我必须像康德谈及美学时所说的那样，"寻求"他人的同意。[1]在我们知道某事在总体计划中的位置之前，我和其他人在必须对该事——一个谋划过程，一项奉行政策——做出判断时同样是有缺陷的。**先验的**综合判断，亦即在与世界进行经验接触之前就把它整合起来的判断，是我们能做的最好的判断。

康德最终会说，正是审美判断的可能性显示了人在世界中占有一席之地："美的事物表明，人在世界中占有一席之地"，而阿伦特会说，这样一种判断反映了对生命的感觉（*Lebensgefuehl*）——没有这种感觉，我们都会被冻结在时间中。

* * *

我们现在可以简要回到我们的投票案例：政治判断的反思性审美理论告诉我们，在缺失了美来吸引我们参与政治的地方，政治的意义就变得如此空洞，以致它的出现就是一场闹剧。

公民们并不完全依靠理性选择理论家所提倡的利己主义逻辑看透政治；他们已经失去了对这样建构和选择路径的任何感觉，但这也意味着他们失去了对最基本的人类能力的感觉：不仅将我们每一

---

[1] CJ.

个人视为不同的，而且视为在一些基本方面是一样的。审美存在论是社会性与政治的基础。

6.3.2 美学与自然秩序

在某个时候，伊曼努尔·康德在完成了他展示科学基础的伟大批判与关于道德语用学原理的第二批判之后，就开始思索这两个批判的存在论。

科学必须设定一个自然的世界秩序，但还不能证明它。这一证明变得愈加急迫，他已经说明我们不可能认识事物自身，也因此无法谈论事物自身内部的关系，但我们仍然必须在科学中前进，好似我们在**现象**中发现的关系也有一个在**本体**中的真正基础。这不可避免地导致了人类主体在世界上地位的丧失：关于这些主体，我们所能说的就是我们关于判断的客体所能说的东西。他们或者我们，可能在时间和空间中有一个处所，但是科学中的主体和客体没有一个在事物秩序中的自然位置：他们（我们）是时间和空间网格上的标记。[1]

第二批判，亦即《实践理性批判》，提出了新的问题。它表明人可以自由地在道德世界里设计自己的位置，但没有给出如何使我们的行为与那个位置相适合的直接原则。

第三批判现在提出了这样一个问题，即我们如何说明在一个新的关注点谱系中诸判断的区别，这些关注点由于缺失了一种将特定事件融合进去的总体范畴被标示出来。在《判断力批判》中，康德回答说，想象力致力于从提供的最新材料中发展出新的样式，但这样做是为了知性的过程：

> ……在必须满足的条件下，为了让知性在总体上从直

---

1 Martin Heidegger, *What Is a Thing？*, trans. W. B. Barton Jr. and Vera Deutch (South Bend: Regnery/Gateway Inc., 1967).

观进展到概念。[1]

在提出"判断力的主观原则"的阶段，康德仍在谈论一种对美的完全体验的先导，即品味。对此，他认为，对品味的判断不是为了用来知道什么或成为明智的人，而是像在品尝食物或感到有味道时那样去品尝，"必须仅仅依靠感觉"[2]。当想象的过程将被给予的东西整合成新的样式，而知性的过程创造并保持了知性的样式，这两种过程相互"促进"之时，正是我们所体验到的感觉。只有这样，我们才能感觉到这两种相互支持的过程的和谐。只有这样，这种和谐才能在这样一种感觉中被感受到，该感觉指示着在整体自然秩序中为某个特定之物寻找图式的问题即将得到解决。

康德最终说道，对品味的判断

　　…必须依赖于一种允许我们通过合目的性去判断客体的感觉，就（一个客体据此被给予的）呈现在诸认知能力的自由作用方面促进了这些能力来看，该呈现就拥有了这一合目的性。[3]

当从品味的分析转向对美的更全面的解释时，康德最终能够在他的如下评判中找到希望："美的事物表明人在这个世界上占有一席之地……"[4]

1　CJ，paragraph 35，Pluhar translation 151.

2　参照 Ralph Hummel，"'We Don't Need No Stinking Badges,'—Modernists vs. Postmodernists—Kant，Foucault，Weber，Loewith，Arendt." *Administrative Theory & Praxis*. Vol. 28，No. 3（March）2006，316。

3　CJ，Paragraph 35；Pluhar，151.

4　Kant fragment cited by Hannah Arendt，*Responsibility and Judgment*，ed. Jerome Kohn（New York：Schocken Books，2003）.

6.3.3 审美政治理论

审美政治显示了美国政治的困境。权力并不美，而美国政治是一种权力政治。很难想象，一种心智能力可以帮助产生美感，却从事着对有助于美感产生的能力（即想象力和知性）有害的心智活动。权力政治没有实质性的美；它可能是优雅的，但这至多是一种技术意义上的美。政治中的技术人员先前是政治家，现在是竞选经理人，他可能会在"当一个美妙的计划实现时，我喜欢它"这种评论中发现美，但他所发现的只是技术上的优雅。反过来说，这无非是在反思一种技术相对于另一种技术所具有的比较优势与对效果的忽略。[1] 占统治地位的对政治的行为性解释在根本上拥有这样一个预设，即政治是一场权力的竞争；这种解释错失了这样一种可能性，即政治可能是在人类存在论基础上表达人类社会性的一种方式。选择将政治构想为一场经过缓和的所有人对所有人的战争忽视了这样一个事实，即如果我们不首先在权力的祭坛上牺牲社会性，就不可能做出政治科学所必需的判断。正是这种在美国反映出美的政治，隐隐约约地回应着另一种虽然好似神话的希望。[2]

审美政治理论表明，在美国的政治体制中，欺骗不仅发生在投票过程的最后，即选票可能算数或不算数的地方。潜在的美国选民从一开始就被骗了。通过将不投票行为缩减至落入对投票没有感觉的潜在投票人（冷漠）和对投票感觉糟糕的其他人之间（厌恶）的范围，美国的投票理论将范围的可能扩展和以美为基础的新维度的发现排除在外。什么是投票的积极吸引力？我们可能会问这个问题。

1 Husserl, 1937/1970; Ralph Hummel, "The Triumph of Numbers: Knowledges and the Mismeasure of Management." *Administration & Society*. Vol. 38, No. 1 (March 2005): 58-78.

2 *Cf*. Roelofs, 1975.

为什么我们不能通过培养求得公共同意的个人品味来构建一种联合所有人的判断政治呢？

康德自己说过，一种对美的判断"带有一种愉悦感"，这种愉悦感建基于"人对社交性的自然倾向"[1]。有人认为，美国人没有社会的概念。[2]一种审美政治的失落起源与潜力以及对这种政治的理论解释可能就在此处。

正如阿伦特所言，当我们在与任何他人一起判断时必须记住，参与到我们之中的不是理性，而是形成人类之间纽带的想象力。这是一个单一性的定理：我为自己判断，但我思想和存在的合唱与他人是异口同声的。他人在连接到我们每个人之中单一性时的和谐，把我们提升到荣耀的世界。可以肯定，这是重要的。阿伦特在她私密的《思想日记》里，并不回避把康德将我的判断和我与之共享一个世界的同胞公民们的判断统一起来的贡献称作"政治哲学自苏格拉底以来最伟大的步骤"[3]。

1 CJ, Pluhar edition，62；original 218.

2 H. Mark Roelofs, *Ideology and Myth in American Politics*：*Portrait of a Political Mind*（Boston：Little，Brown，1967），and Roelofs, *The Poverty of American Politics*（Philadelphia：Temple University Press，1980）.

3 *Denktagebuch*，570，Heft XXII，paragraph 19，August 1957.

第二部分 | **政治与伦理之间的现象学**

第 8 章　解放（自由）伦理学与先验现象学

迈克尔·巴伯（Michael Barber）

　　　　恩里克·杜塞尔的《全球化与放逐时代的解放伦理
学》试图修正欧洲中心论对哲学史（尤其是对现代性）的
理解，并尝试构建一种有助于改变当前压迫大多数人的经
济与政治结构的伦理学。在这本书中，杜塞尔赞同海德格
尔具体的在世之在，将胡塞尔的先验现象学摒弃为理解主
体的不当进路。尽管杜塞尔与先验现象学之间似乎没有什
么关联，但我会用胡塞尔先验现象学的一些方面去批判杜
塞尔的现代性理论、他对形式伦理的异议以及他研究经济
的路径。我会表明杜塞尔的工作能够从明确地依靠先验现
象学的基础上获得增益，而且如果没有先验现象学的基
础，他自己的研究也会困难重重。

　　恩里克·杜塞尔的《全球化与放逐时代的解放伦理学》代表了
这样一种伦理学，它试图去修正欧洲中心论对哲学史（尤其是对现
代性）的理解，并试图构建一种伦理学，这种伦理学有助于改变当
前压迫着人口占多数的边缘国家的经济与政治结构。就像亚里士多
德一样，杜塞尔的哲学伦理学与政治学和政治哲学密切相关，正因
如此，人们会认为它与看起来在一个抽象得多的层面上发挥作用的
胡塞尔先验现象学毫无关联。的确，在这本书中，杜塞尔赞同海德
格尔具体的在世之在，将胡塞尔的先验现象学摒弃为理解主体的不

当进路，因为胡塞尔只给我们提供了一个"纯粹的先验主体性"[1]。尽管在杜塞尔与先验现象学之间似乎没有什么关联，但我会用胡塞尔先验现象学的一些方面去批判杜塞尔的现代性理论、他对形式伦理的异议以及他研究经济的路径。我的主要目的是为了表明，杜塞尔的工作能够从明确地依靠先验现象学的基础上获得增益，而且如果没有先验现象学的基础，他自己的研究也会困难重重。

1. 杜塞尔的现代性理论

杜塞尔将两种关于现代性的看法进行了比较。第一种标准的欧洲中心论范式将现代性视为欧洲内部现象，它起源于意大利的文艺复兴，经过德国的新教改革和启蒙运动之后，在法国大革命时期到达了高潮。第二种范式将欧洲文化视为一个体系的中心，在这个体系中，欧洲文化不再是一个孤立的或独立的部分，因为只有通过发现、征服、殖民和整合对印第安美洲（Amerindia）实现的合并，欧洲才取得了一个相对于伊斯兰、中国和印度世界的比较优势，现代性才能完全开花结果。[2]

相对于第一种范式，杜塞尔更偏爱第二种范式。对于这种世界范围内的现代性观念，杜塞尔区分出了两个阶段。第一个阶段在之前从未被认作现代性的起源，它属于西班牙所主宰的那个年代，西班牙自 1492 年起开始对印第安美洲进行政治、语言和宗教的控制。与这些在全球范围内引发巨大震动的经济和政治事件相关，一种具有重要影响力的复杂的哲学文化形成了，虽然它一度在哲学史上被忽视，因为哲学史只认为第二阶段的现代性哲学是意义重大的。在

---

1 Enrique Dussel, *Ética de la Liberación en la Edad de la Globalización y de la Exclusión* (Mexico: Editorial Trotta, S.A., 1998), 516.

2 Ibid., 50 – 51.

现代性的起始阶段的文化中，巴托洛梅·德·拉斯·卡萨斯（Bartolomé de las Casas）等思想家提出了一些哲学问题，这些问题与欧洲占领、统治和管理其发现、征服和殖民的文化的权利相关。杜塞尔认为现代性的第二阶段始于17世纪，而且他并不将这一阶段视为一种新的现代理论范式的**起源**，而将其视为该范式的**形成**。这一阶段见证了文化活动向欧洲中心的地理性迁移，尤其是向庞大的世界经济体系的金融中心——阿姆斯特丹的迁移。现代性的第二阶段涉及科学革命与资本主义的成长，这是从西班牙征服拉丁美洲开始的历经一个世纪的酝酿而成的现代性果实。杜塞尔也认为，现代性的第二阶段缺少令拉斯·卡萨斯和其他一些西班牙思想家痛苦不已的良心上的顾虑，而这确保了现代性不具有直至20世纪末才有的批判性。[1]

根据杜塞尔的看法，当新的科学的现代范式形成之时，一种"形式化"出现了，以致有效性的价值被突显出来，思想家们也致力于一种"简化的理性化"活动，而这一活动是管理欧洲所控制的新的世界经济体系所需要的。然而，这一被维尔纳·桑巴特（Werner Sombart）、恩斯特·特洛尔奇（Ernst Troeltsch）以及马克斯·韦伯所描述的理性化活动是发展了一个世纪之久的政治经济体系的结果，而非其原因（*efecto y no causa*）。[2]

对于什么构成了此种社会学知识论证，杜塞尔给出了简化理性化活动的实例，这一实例与欧洲对其金融帝国的管理相关，并且存

---

1 Dussel，*Ética de la Liberación en la Edad de la Globalización y de la Exclusión*，52，53，58 - 59，60. 在他的《解放政治：一种批判的全球史》（Mexico：Editorial Trotta，S. A.，2007），亦即一本为讨论即将到来的政治哲学设置历史阶段的著作中，杜塞尔考虑到了其他质疑征服正当性的西班牙思想家，比如费利佩·瓜曼·波马·德·阿亚拉（Felipe Guamán Poma de Ayala）和弗朗西斯科·苏亚雷斯（Francisco Suárez），参见第210—227页。

2 Ibid.，60.

在于在传统上被视为现代性最耀眼的智慧之光的哲学家那里。例如，相较于笃信主体性是自然界中的有形存在的中世纪和穆斯林前辈，笛卡尔通过将主体性缩减为一种自我、灵魂将其简化，而那种自我和灵魂完全区别于肉体，该肉体已经被缩减为一种仅仅可操纵的机器，亦即一种广延之物（*res extensa*）。与之类似，伊曼努尔·康德设想灵魂归属于两个世界，而且一种相似的二元化倾向出现于他的伦理学中，他的伦理学坚称准则不该以难以控制的、经验的、"病理学的"动机为依据。正如我们所看到的，杜塞尔在这个形式的程序性的简化中，看到了对人类生存物质层面的否定，这种否定成为其《全球化与放逐时代的解放伦理学》一书中的中心议题之一，同时他描述了现代性如何在几个世纪后必须被克服：

> 克服现代性将意味着对**所有**在起源处产生的简化性还原——而不仅仅是像哈贝马斯所想象的只对很少的一些内容——进行批判性思考。除了造就无须共同体的唯我论主体性，这些简化更重要的方面是对这一主体性的肉身性的否定，是对作为终极实体的人类生命本身的否定——对现代性的批判从马克思、尼采、弗洛伊德、福柯、列维纳斯这些哲学家过渡到了解放伦理学，如同我们可以从整部作品中看到的那样。[1]

在从先验现象学的观点出发对这种现代性观点的批判中，最让人震惊的是杜塞尔对笛卡尔的处理。在胡塞尔看来，尤其是在他的《笛卡尔式的沉思》中，笛卡尔是最富洞察力的现代性创立者之一。

---

[1] Dussel, *Ética de la Liberación en la Edad de la Globalización y de la Exclusión*, 62, 也可参见第60—61页。所有出自杜塞尔《全球化与放逐时代的解放伦理学》中的段落都由我本人翻译。

事实上，对于胡塞尔而言，重要的是自己所效仿的笛卡尔事业的彻底性，亦即去争取免于成见的可构想的终极自由，而且除非一个人根据自身产生的终极明见性自主地与完善地为诸判断奠基，否则他绝不会将它们视为"科学的"。当然，这一绝对的自我责任展现了归属于先验主体性的意识领域及其意向进程，而出现的或者已知的任何东西都必须被给予这种先验主体性。可是，即便仿效了笛卡尔的彻底性，胡塞尔承认他仍然未能免于未经检验的学术成见，因为他试图寻找一个绝对的第一真理作为出发点来推论出世界的其他部分。此外，他在贯彻他的哲学方法，亦即带有意向进程的我思之域后，并没有将自己局限于现象学呈现的东西上，恰恰相反，他超出了明见性并且可能再次因为他无法避开的学术成见，进一步将自我等同于一个实体性的我思，即一个独立的思想或灵魂。[1]

不同于胡塞尔，当杜塞尔批判笛卡尔的发现（例如，他对于肉体与精神的二元区分以及他将肉体还原为机器）之时，他对自我批判的彻底性和摆脱成见的自由的要求只字未提，正是这一要求形塑了笛卡尔的宏伟事业，不过，笛卡尔自己也没有达到这一要求。因此，相较于杜塞尔，胡塞尔关于笛卡尔的讨论展示出了更大的阐释同情心，因为他的批判更多是一种内部批判，批判笛卡尔不足是因为这些不足揭示了笛卡尔为何无法以合适的方式达到他自己表述的极具原创性和洞见的哲学理念。有些矛盾的是，在他的书的导论中，杜塞尔区分了文化内容的神秘主义表达（例如关于不朽灵魂或自然永恒的观点）与在**哲学**活动中最具典型性的哲学形式方法之间的差别，尽管他承认文化的内容可以用哲学的方式来探讨。由于没

---

1 Edmund Husserl, *Cartesian Meditations*: *An Introduction to Phenomenology*, trans. Dorion Cairns (The Hague: Martinus Nijhoff Publishers, 1960), 1 - 3, 6, 10 - 11, 13, 23 - 25.

有看到笛卡尔方法论成就的形式水平，而是将重点放在他在身心问题上的二元论进路——在这个问题上，笛卡尔没有符合他自己的形式性理念——杜塞尔似乎恰恰忽视了他自己认为对于哲学活动来说最具典型性的形式方法论，以及在胡塞尔眼中笛卡尔借此超越其他大多数哲学家的那一方面。[1]

　　这一形式哲学方法论与具体内容相关的问题（例如灵魂与肉体关系的问题）的处理被进一步混淆了，鉴于杜塞尔认为现代性第一阶段的哲学活动（例如拉斯·卡萨斯对于西班牙征服和对待美洲原住民的道德正当性质询）与现代性第二阶段的哲学活动（由笛卡尔代表）是等同的。尽管人们不应该轻视拉斯·卡萨斯对不公正现象的批判的**伦理**意义，因为虽然这些不公正现象被他那个时代的很多人不加批判地接受甚至捍卫，也从未被笛卡尔本人提及，但拉斯·卡萨斯的关注点仍旧是具体而实际的。因此，拉斯·卡萨斯没有提出以下三类反思性问题：关于他自己使用的实践理性及其与理论理性的关联和差异的反思性问题（就像康德所做的那样）；关于一般理性的特质、理性的彻底性以及理性拒绝将预设视作理所当然的反思性问题（就像笛卡尔和胡塞尔所做的那样）；关于终极主体性的反思性问题，这一主体性的不同态度构成了不同类型的理性基础。换句话说，拉斯·卡萨斯将自己理论背后更深的预设视为理所当然的。在对不公正保持道德敏感性并能够提出理由去反对不公正（在这一方面很多非哲学家要比哲学家做得更好）与有能力去检视一个人最终的哲学预设（包括理性自身的本质）之间是有差别的。考虑到拉斯·卡萨斯在前一方面的杰出贡献，人们可以说，拉斯·卡萨

---

1 Dussel，*Ética de la Liberación en la Edad de la Globalización y de la Exclusión*，19 - 20.

斯示范了在实践伦理学中理性对理所当然的预设进行批判的能力，而没有在形式层面上处理并明确解释他预设与示范的那个理性。

对于杜塞尔自己的工作也可以提出一个类似的批评，因为当他质疑对于现代性的传统理解或者试图揭示其他哲学家认为理所当然的问题，例如人类生活的物质维度，他自己在具体的层面上将理性的特征案例化了，而这些特征是他没有明确承认的，胡塞尔用下面的方式加以刻画：

> 对于哲学人的理论态度而言，最重要的就是他批判立场中独特的普遍性，他绝不会接受一个未经质疑的给定的观点或传统，因此他能够在一切都在传统上被给定的宇宙中，探寻理念这个本身为真的所在。[1]

事实上，当杜塞尔讨论马克思、弗洛伊德、尼采等思想家将对现代性的克服视为对人类共同体与肉身性经验的复原时，我们似乎可以感受到，这些思想家们通过坚称不再无视或忽视现代性的传统自身没有检验的东西，达到了笛卡尔和胡塞尔所表达的自我批判的理性的形式的与现代的标准。这些思想家与其说是在克服现代性，不如说是为现代性的完善带来了它自身的原初动力。[2]

但是杜塞尔的现代性分析的问题不仅在于他对笛卡尔的不公正评价，也不仅在于他缺少对于自己终极哲学预设的反思。除此之外，这一反思的缺乏影响到了他将知识社会学的科学视角整合进其哲学研究的方式。与此相反，胡塞尔非常认真地对待他自己的终极哲学视角与自然科学和社会科学的关系，尤其是与这两种科学因果

1　Edmund Husserl, "The Vienna Lecture," in *The Crisis of European Sciences and Transcendental Phenomenology*, trans. David Carr (Evanston, Ill.: Northwestern University Press, 1970), 286.

2　Dussel, *Ética de la Liberación en la Edad de la Globalización y de la Exclusión*, 62.

性进路的关系。在消极意义上，胡塞尔试图通过现象学还原的哲学方法使自己摆脱偏见，以便去思考事物如何表现自身；在积极意义上，这一方法使他能够发现先验经验的领域，这一经验存在于在日常经验中与相关客体联系着的主体意向行为中。在这种情景下，科学找到了自身的位置，因为科学家对日常经验采取了一种独特的反思立场或态度，因而科学通过阐述一种更高层次上的意向相关项（在科学上已知的客体）来解释日常经验，并且也通过将比如物理学通常作出的判断（例如温度、电阻）指派给日常呈现的事物来解释日常经验。可是，这样的科学解释并不能真正解释清楚日常经验，而是从另一种不同的态度出发来阐释它，例如，生理学家可能会像研究物理性事物那样去研究经验主体，仿佛这个主体绝不是一个有意识的主体而只是一个纯粹物理性的事物，从而将这个主体在日常生活的经验搁置并加以抽象化。胡塞尔进一步反对了这样的观念，即有一些未知的物理实在世界藏于日常经验世界中我们拥有的客体经验背后，而这些物理实在世界能够以因果性和还原性的方式解释那些经验，就好像意识经验只不过是物理过程的结果罢了。[1]

知识社会学的因果性路径的确不同于自然科学的因果性，但又与之并行不悖。正是以这种知识社会学的因果性为基础，杜塞尔认为，现代性的哲学活动，亦即它对日常生活世界的理性化（笛卡尔将灵魂从肉体中分离出来就是一个例证）是对那时正在形成的新的

Husserl, Cartesian Meditations，30 – 37；参见 Edmund Husserl, *Ideas Pertaining to a Pure Phenomenology and to a Phenomenological Philosophy*，Book 1：*General Introduction to a Pure Phenomenology*，trans. F. Kersten（The Hague：Martinus Nijhoff，1980），117 – 124；Edmund Husserl, *Ideas Pertaining to a Pure Phenomenology and to a Phenomenological Philosophy*，Book 2：*Studies in the Phenomenology of Constitution*，trans. Richard Rojcewicz and Andre Schuwer（Dordrecht：Kluwer Academic Publishers，1989），140，222，244 – 247。

社会-经济体系管理需要的回应。可以肯定的是，杜塞尔在他知识社会学路径中，有时会用一种在社会经济条件和思想过程之间的"相关"语言，例如说新的科学范式如何才能"符合"管理这个体系的要求，或者新的范式如何才是简化的必要过程的一种"表达"，又或者埃尔南·科尔特斯（Hernán Cortés）的"我征服"（yo conquisto）如何"先于"从其中产生的笛卡尔式我思。可是，他对因果表述的明确使用，例如他声称现代性的"理性化"是新形成帝国的必然的"一个结果而非原因"[1]，我们不清楚是否应该将表达或出现的隐喻视为一种因果关系。[2]

尽管探寻社会经济体系与它的思想过程之间的相关性是明显可行的，但胡塞尔认为，意识过程发生于一个人们无法谈论自然因果关系的领域内，如果有人非要如此，那只能是因为这个人已经不再以对日常意向过程的现象学反思展现的态度为中介看待人了。事实上，这个人已经采用了一种自然主义的态度来看待这样的意向过程了。胡塞尔先验现象学的一个核心洞见在于，他拒绝从自然因果秩序着手来整合衍生性的意识，相反，他将意识经验视为基础，还将其视为因果性和以因果性为基础的科学尝试得以从中出现的场域。因此，即使我们对基本知觉经验——例如一个红色的球——的意向过程不能仅仅被视作由被感知客体激发的纯然物理因果过程的产物，一个人还是会认为，涉及检视明见性与形成科学判断的那些高阶意识意向活动（比如笛卡尔的身心关系理论）理解为以因果性的方式产生。更不用说，情况似乎是，一个人能够宣称笛卡尔（或者胡塞尔）对理性本身的高阶论述，亦即理性对明见性的自主思考和

---

1 Dussel, *Ética de la Liberación en la Edad de la Globalización y de la Exclusión*, 60.

2 Ibid., 60, 68.

它排斥常识性偏见的努力，就是社会经济环境的因果性产物。而论证这种对理性的高阶论述是社会经济因素的因果性产物似乎是违背直觉的，因为具有批判性的理性能够被用来对那些社会经济条件本身施加影响，亦即对这些条件进行质疑并挑战它们的预设（就像马克思的思想和杜塞尔的解放哲学所做的那样）。那么，将这种采取与这些社会经济条件相对的独立立场并质疑这些条件的反思，阐释为无非是这些条件本身的因果性产物，似乎是有些奇怪的。除此之外，如果某人将在哲学理论中进行的意向活动（即对明见性的评价和对命题的认可）呈现为不过是周围社会经济条件作用的结果，那么杜塞尔自己的观点本身也会被破坏，因为人们可以说，他的这些观点以及任何人给予这些观点的赞同只不过是由其背后的社会经济条件决定的因果性反应罢了，并非对明见性进行自由的、负责的与自主的检视的结果。

最后，上述这些并不意味着杜塞尔不能坚持他的社会-历史理论——政治与经济条件的积累也许给予了欧洲竞争性优势，并提供了或许是现代性第二阶段**可能性条件**的财富。就像亚里士多德认识到的，哲学活动的前提是闲暇，而这样的闲暇有赖于拥有足够的经济收入，也有赖于一个人不能常常作为偏见、暴力和贫困的受害者而被排除在教育的门径之外。在这个意义上，现代性所带来的财富使高水平智力活动的完成得以可能，并让欧洲占得先机。但是，拥有从事哲学和科学工作的资源与可能性条件，与声称欧洲在 16 世纪所积累的经济财富造成了 17 世纪的理论视野的观点相去甚远。[1]

---

1 Husserl, *Ideas Pertaining to a Pure Phenomenology and to a Phenomenological Philosophy*, Book 1, 117 - 124; Husserl, *Ideas Pertaining to a Pure Phenomenology and to a Phenomenological Philosophy*, Book 2, 140, 222, 244 - 247; Husserl, *The Crisis of European Sciences and Transcendental Phenomenology*, 215 - 219.

最后，杜塞尔批评了刻画了现代视野的"脱离共同体的唯我论主体性"。然而，在笛卡尔本人与胡塞尔对笛卡尔的解释中，存在着某种程度的唯我论，它构成了先验主体的哲学责任，一个人自身必须根据他自己的洞见为其论断负责，而不能依赖于传统教导他的或他人告诉他何者为真的东西。然而，这并不是说，哲学不能够包含对话者彼此间的批判，就像胡塞尔所指出的，这些对话者归属于先验的交互主体性。但必须承认，当杜塞尔自己拒绝接受他认为不合适的对现代性的常规解释，又当我们作为读者认真思考他和胡塞尔提出的每一个论断，并拥有一种由我们自己做决定（如果这些论断是真实的，就表示同意；如果它们不是真实的，就不同意）的观点之时，我们实际上在进行一种方法论而不是存在论的自我负责的哲学训练，这种哲学训练不可避免带有一定程度的唯我论特征。[1]

2. 形式主义的反驳

着眼于人类这个种族中的大多数人遭受的饥饿和营养不良，杜塞尔在其伦理学著作的第一章审视了，我们由于生理需要与文化要求在保存我们生命上对自己负责的方式——这是所有文化都认可的伦理律令，而非如马克斯·韦伯认为的从未被客观证明的纯粹主观的目的和偏好。杜塞尔发展出一种伦理学的普遍的质料原则，并达到了这样的效果——每个"合乎伦理行动的人都应该从文化的、历史的'良善生活'之角度，在生活的共同体中自我负责地生产、复制和发展每个人的具体生活"[2]。在其伦理学著作的第二章，他阐述

---

1 Husserl, *Cartesian Meditations*, 2–3, 5–6; Edmund Husserl, *Erste Philosophie* (1913/24), Part Two: *Theorie der phänomenologischen Reduktion*, ed. Rudolf Boehm, Husserliana, vol. 8, part 2 (Haag: Martinus Nijhoff, 1959), 166.
2 Dussel, *Ética de la Liberación en la Edad de la Globalización y de la Exclusión*, 140.

了自康德、阿佩尔和哈贝马斯以来的关于合法性的普遍道德原则传统，而这种原则规定无论谁进行争辩都应该确保参与者在论辩中的对等性，而在论辩中对受提出的准则影响的所有人的关切都必须被考虑，并且除了更佳论证的力量之外，任何力量都不会被使用。杜塞尔认为，这两条原则应该在彼此的关系中被思考，而且这两条原则与事实性原则或者谨慎适用原则相结合，就使得人们能够确定什么样的行为或者政治经济结构有伦理上的强制性。[1]

尽管杜塞尔对"形式主义者"持批判态度，包括将康德、哈贝马斯、阿佩尔和罗尔斯归为此类。在他看来，这些人都倾向于否定、越过或者搁置涵盖了具体人类需要的物质领域，而这些需要是包含在他的伦理质料原则中的。他们将这一领域思考为一个特殊的或者说"病理学的"视域，他们可以抛弃这一视域，以便他们能够将自己提升到先验原则的一种先天视域中。康德否定了与道德无关的肉体，并提出感觉是纯粹以自我为中心的、非理性的、反复无常的观点后，形成了形式主义观点，因此不能被整合到完善生活的理性视域之中。阿佩尔和康德进而被称为在先验的层面上"寻求庇护"（refugiarse）[2]，而杜塞尔也谴责哈贝马斯与物质层面失去了联系。杜塞尔甚至引用了哈贝马斯的文章《商谈伦理学：一项哲学论证计划的笔记》（*Discourse Ethics ：Notes on a Program of Philosophical Justification*）来说明：后者的伦理学是形式性的，因为"它没有提供

1　Dussel，*Ética de la Liberación en la Edad de la Globalización y de la Exclusión*，93 - 106，129 - 140，141，142 - 143，187，214.

2　Ibid.，182.

任何实质性的指导方针，而只提供一种程序——实践话语"[1]。然而有趣的是，杜塞尔没有提及这句引文所在段落的剩余部分，在这剩余的部分中，哈贝马斯坚持认为，实践话语取决于提供讨论主题的特定社会团体的生活世界所带给它的内容。哈贝马斯总结说："因此这一程序对内容进行抽象，在这个意义上它并不是形式性的。恰恰相反，在它的开放性中，实践话语依赖于外部世界向其输入的偶然内容。"[2]

在将现象学引入这一讨论的过程中，首先很重要的是，不能够将胡塞尔与康德（或者与那些延续康德传统的人，比如阿佩尔或者哈贝马斯）等同起来，胡塞尔是将自己与康德区别开的。因为康德认为，在阐明第一原则的时候，评价和意愿所涉之事以及评价和意愿对象的特定内容可以不被考虑在内。相比之下，胡塞尔的形式价值论和形式实践法则（**形式实践论**）通常至少包括一种（普遍化的）对具体环境的指涉。例如，他的价值论法则认为在任何一个时间点上，人们都应该依据主体对可实现可能性的具有洞察力的思考，实现这些可能性中最好的那种可能性。然而，胡塞尔和康德之间的相同点，例如他们对形式法和理性本性重要性的强调，使得我们可以通过胡塞尔，再加上代表着康德框架的重构论证来批判杜塞尔对形式主义的批判。[3]

---

1 Ibid., 196；参见 Jürgen Habermas，"Discourse Ethics：Notes on a Program of Philosophical Justification," in *Moral Consciousness and Communicative Action*, trans. Christian Lenhardt and Shierry Weber Nicholsen（Cambridge，Massachusetts，1990），103。

2 Habermas，"Discourse Ethics," 103. 也可参见 Dussel，*Ética de la Liberación en la Edad de la Globalización y de la Exclusión*，140，170 – 171，197 – 201。

3 Edmund Husserl，*Vorlesungen über Ethik und Wertlehre 1908 – 1914*，ed. Ullrich Melle，Husserlian，Band XXVIII（Dordrecht：Kluwer Academic Publishers，1988），139，241.

　　例如，杜塞尔将康德的形式主义阐释为对感觉和偏好的物质维度的否定，但这样的阐释必须要说明：为什么康德会声称确保自己的幸福并大致满足其他物质需要是一种义务，因为康德曾断言，一个有很多需要未被满足的人会更容易被诱使违背道德义务。此外，尽管康德有时对情感、倾向和利益的要求似乎过于苛刻，但事实上他也可以被解读为给这些因素留有了空间，因为就像哈贝马斯所提到的，这些因素支撑起了作为人的慎思内容的那种行动准则的形成。的确，康德自己的例子阐明了包含质料维度的方式，正如在这个案例当中，他设想了这样一个资金如此匮乏的人，以致她不得不借钱并给出一条她借了钱就允诺还钱的准则，尽管她知道自己并没有能力还钱。这个例子表明康德并非认为欲望或利益是无关紧要的，或是无须思虑的，但他的问题在于，这些欲望和利益所导向的准则是否可以普遍化。然而，在进行考虑的瞬间，当一个人考虑其利益导向的准则是否具有普适性时，他必须**在这个瞬间**撇开这种利益，采取一种不偏不倚的立场，审视自己的准则是否具有普遍性，并问询例如在前面那个案例中，一个想要借钱却没有打算还钱的人的准则，对于此人打算从其手中借走钱的人来说是不是可以接受呢？作为对比，设想一个人在进行道德思考的时候，并不关心公平与公正，也毫不考虑他人的感受，而仅仅关心满足她的需要。当然，如果我们用后一种对自己的关心而非前一种对公平、公正与他人的关心来指导自己的道德思考，没有人会认为这样一个思考过程是理性的，除非在一种工具理性的意义上。因此，康德并没有将个人的、利己主义的利益和让这些利益成为道德思考之主题的准则排除在外；他只是坚持认为，关于这些准则的普遍性的**审议**不能够由那些利益来引导，因为这些审议应该是以客观和公正的利益为导向的，即对所有将受到自己提出的格言影响的人保持客观和公正。[1]

我相信，在这个议题上胡塞尔会支持康德的看法，因为他自己也意识到：不论是在道德考量还是在哲学思想中的反思，都要求人们采纳一种不同的立场，这种立场由某种关切和动机所支配，这种关切和动机又不同于自然浸淫于世界中并对之拥有实践兴趣的人的关切与动机。对胡塞尔而言，这个问题从根本上来说涉及先验主体可能采取的不同态度，这些态度也包括在最终的层面上对先验主体本身的反思，对于先验主体来说这些不同态度代表了先验主体本身可能意识到的可能性。对于胡塞尔而言，一个从事哲学思考的人应该被"充分地看到和描述他所看到的，纯粹如所见"[2] 的兴趣引导，然后被寻求一种理论上的、描述性的客观性兴趣所引导，这种客观性与康德呼吁的实践客观性相对应。当现象学家阿尔弗雷德·舒茨将一般意义上的理论化活动描述为采用一种不同的关联系统，其目标不在于掌控世界，而是观察和理解世界时，他是在认同胡塞尔对哲学思考中发生之事的描述。[3]

确实，如同哈贝马斯在他的《商谈伦理学》中，也如同康德至少在其《道德形而上学的奠基》中一样，胡塞尔并不排斥构成了意志本真生命的日常行为、评价和道德信念（关于具体的道德问题，例如"我应该做什么？"），而是将它们作为出发点。但就像胡塞尔所指出的那样，人们接着开始探求自身信念的合理性，深入思考这些信念，并为它们证成，从而将自身的信念转化为在理性基础上的探寻。康德与哈贝马斯从具体经验出发继续思考，试图对某种行动

---

1 Immanuel Kant，*Grounding for the Metaphysics of Morals*，trans. James W. Ellington (Indianapolis：Hacket Publishing Company，1981)，12，31.

2 Husserl，*Cartesian Meditations*，35.

3 Alfred Schutz，*The Problem of Social Reality*，Vol. I of *Collected Papers*，ed. Maurice Natanson（The Hague：Martinus Nijhoff，1962），245；see also 246–247.

路线进行确证（或者认为它是无法确证的）。通过这一思考，他们开始详述他们所致力的理性的类型，亦即那种实践理性。实践理性确证了它通过诉诸原则而非经验证据来思考的行动。进而，在他们看来，一个人最终必须达致某些自身必须被确证的普遍原则。同样地，胡塞尔很清楚：实践理性和价值理性都是规范性的，区别于自然科学的依赖事实的理性，并且这种规范性的理性依赖于先天的规范性法则，而这些法则能够以不同于自然科学的典型方式的另一种方式被确立。胡塞尔进一步确信，循序渐进的询问会导致某种最终的、正当的、指导性的原则，就像康德的绝对命令一样。依循这一轨迹，康德得出了他的绝对命令，哈贝马斯得出了他"普遍化的对话原则"，胡塞尔也发展出了**他**能够涵盖一个人生活整体的绝对命令："从现在开始丝毫不要动摇地做到最好，而且永远做到最好；用规范导向的知识去把握它，并在具有规范意识的意欲中去渴求它。"[1]显而易见的是，人们不应该回避对具体的、质料性的关注，而是应该从这些关注和由于这些关注而被倡议的行动出发，而后转向更抽象的层次，讨论理性的抽象类型和诸种第一原则，从而以合乎理性的方式去确证（或者否证）这些被倡议的行动。[2]

　　然而，不管康德、哈贝马斯和胡塞尔怎样忽视了生活的生产、再生产和发展作为重要而核心的讨论议题在所有文化中具有普遍的规范强制性，但正如杜塞尔所强调的那样，没有任何理由能够说

1　Edmund Husserl，*Einleitung in die Ethik*：*Vorlesungen Sommersemester 1920 und 1924*，ed. Henning Peucker（Dordrecht：Kluwer Academic Publishers，2004），253. 胡塞尔所有尚无英文翻译的德文文本都由我所译；已有现存英译本的，则都采用英译本的翻译。

2　Kant，*Grounding for the Metaphysics of Morals*，15 - 17；Habermas，"Discourse Ethics，" 45 - 50；Edmund Husserl，*Einleitung in die Ethik*，246 - 248，252 - 253；Husserl，*Vorlesungen über Ethik und Wertlehre*，56 - 57，65，137，139 - 140，145，179.

明，他们的各种哲学观点为何由于内在于其中的动因而不得不忽视这一议题。因此，他们对这一需求的重要性缺乏认识，与其说是由于他们分析的形式层面，不如说是由于他们受限于他们自己的社会环境中随手可得的具体问题。或者，他们对于这一基本物质需求的忽视，只是由于他们对遥远的他人可能遭受的痛苦缺乏敏感。此外，这些"形式主义者"中的每一个人都可以论证说，忽视生活的这些基本需求是不正当的（例如，我们从康德的框架中可以看到，忽视那些缺乏足够生存资源的人，也就意味着没有把他们视作他们所是的目的自身）。

此外，杜塞尔似乎混淆了伦理、价值论和逻辑法则的规范特质与经验、自然科学法则的事实特质。例如，他指责商谈伦理学忽视了那种使得它本身的实现变为不可能的不对等性，他这样评论道：

> 我们认为在这里我们避免了商谈伦理学不可避免地陷入的困境：商谈伦理学的论证在参与者之间预设了一种在经验上不可能的对等性。解放伦理学通过如下发现克服了这一困境，即它发现以不对等的方式被排斥在霸权的交流共同体之外的受害者，将自己构成为批评性的对等的共同体。这里所讨论的似乎只是商谈伦理学的一个发展或推论，但事实并非如此……在纯然非-批判的形式层面上，人们寻求交互主体之间有效性的共识，程序道德无法打破**独特的**交流共同体（无论是理想的还是经验的）的"圈子"，这一圈子妨碍了该道德以经验性的方式通过论证实现一种不存在的对等性。[1]

---

1 Dussel，*Ética de la Liberación en la Edad de la Globalización y de la Exclusión*，460 - 461.

通过说明商谈伦理学预设了一种不可能的对等性，杜塞尔似乎认为商谈伦理学提供了一种论证情况的经验性描述，并且对于它的是其所是来说本质性的诸经验性要素之一（例如对等性）是缺失的（而且也是无法获得的），这如同一个房子预设了一个屋顶，没有屋顶，房子就不成为房子；或者像一个立方体预设了有六个面，没有六个面也就不是一个立方体一样。此外，霸权性的交流共同体似乎无法**在事实上**超脱自身，并将它已经驱逐出去的受害者包含其中，所以杜塞尔的伦理学通过发现霸权共同体的受害者在他们自己中间构造一个交流共同体的过程，提供了超越霸权共同体的一种方式。然而，杜塞尔将哈贝马斯与阿佩尔对商谈伦理学的论述处理为像他们在陈述事实一样，而杜塞尔则相反地表明，事情不是这样的。实际上，从商谈伦理学的角度来看，人们可以通过说明伦理学在规范上"需要"对等性这一点，来更好地表述伦理学"预设"对等性这一主张。因此，商谈伦理学要求，只有那些获得**所有**因其能够成为实践话语的参与者的认可的规范才是有效的，也就是说，没有任何人能够将其规范以不对等的方式强加给他人。商谈伦理学并不描述一个交流共同体**是**什么，而是规定它**应当**做些什么，而且一旦一个商谈共同体排斥了受害者，那么商谈伦理学的原则将会表明，这样一个共同体犯了错，不应该这样做，即便这个共同体从未努力去改正它本来不该做的事情。尽管霸权的圈子不能突破它自己的圈子，但是，它应该这么做。因此，杜塞尔的建议是霸权的受害者在他们之间形成一个具有对等性的共同体，这一建议作为突破霸权共同体的不对等性的第一步，是一个旨在实现商谈伦理学的规范**业已**要求之物的策略，因此，尽管杜塞尔否认这一点，但它仍旧是对商谈伦理学的一种发展。

当然，胡塞尔认识到规范科学（例如逻辑学）指出了什么才是有效的、什么与有效性相违背，而不管个人在具体的文化背景中可能思考什么。早在他的《逻辑研究》中，他就清楚地认识到，逻辑作为预设了他之后所讲的区域存在论（尽管在这一情况中区域存在论具有"形式"上的特征）的一种研究领域，相关于澄清与建构其本质特征的先验主体，并不呈现人们（实际上）应该如何去思考的（事实）规律，正如心理主义对这种思考规律的设想那样。事实上，人们常常以有悖于逻辑要求的方式进行思考，例如人们同时持有相互对立的信条。然而，逻辑所展现是人们**应当**以之为依据去思考的法则，即便他们从来都没有依据那些法则去思考。"有人说，心理学处理的是如其所是的思考，而逻辑学处理的是如其所应是的思考。"[1]确实，认识到伦理法则和原则的规范性而非经验性的描述特征对于杜塞尔自己的《全球化与放逐时代的解放伦理学》一书来说是本质性的，该书提出了道德要求的六个基本原则，不管这些原则是否在经验上得到了证实，就杜塞尔自己的目的来说，它们不能够仅仅由于未经经验的检验就被证明为是虚假的。[2]

此外，人们在胡塞尔的范式中根本找不到杜塞尔倾向于强调的在物质与形式之间的对立。例如，胡塞尔对**理念**（*eidos*）的解读遭遇到的常见误解，可能会认为他的这一解读否定了包含具体细节的这个世界并上升到一种超凡的柏拉图式的领域。但是莫里斯·纳坦森———一位胡塞尔著作的敏锐的阐释者———清楚地表明：现象学并不涉及这种对世界的抛弃，恰恰相反，它是一种对世界的更敏锐的

---

1 Edmund Husserl, *Logical Investigations*, trans. J. N. Findlay, ed. Dermott Moran, "Prolegomena to Pure Logic," Volume 1：41.

2 Husserl，*Logical Investigations*，23，33，42 - 43，51，64，67，102，106. 诸学科的规范性特征并不排除它们可能依赖于非规范性的真理，比如认识到成为一个士兵意味着什么，揭示了为何一个士兵应该是勇敢的(Husserl, *Logical Investigations* 1：35，39)。关于预设了研究领域并归属于先验自我的区域存在论，参见 Husserl, *Cartesian Meditations*，62 - 64，136 - 139，152 - 157.

洞见，通过这种洞见，人们可以看到世界在它的给定性中反复地"在其最轻微、最短暂的方面显示着普遍的东西"[1]，并可能在每一个事实中认识到纯粹可能性的纯然例证。[2]

胡塞尔避免理性通过对具体物质世界的独立而分离出来的可能性的另一种方式，与他的生活世界观念有关，而这一观念与杜塞尔对阿佩尔和哈贝马斯的形式主义的某一种批判有着直接联系。在那种批判中，杜塞尔认为阿佩尔太过于形式主义，因为他抛弃了一切缺失这样一种有效性的真理观念，这种有效性只有当对话者都达成共识时才产生对于真理的形式性保证。相反，杜塞尔同意阿尔布莱希特·维尔默（Albrecht Wellmer）的观点，后者认为一个人在进入商谈**之前**必须确信自己所认为的就是真实的，这种确信促使他进入商谈之中。而这种观点与将真理思考为一种商谈的共识性**结果**是相反的。杜塞尔得出结论说，**真理**是在一个交互主体的背景中以单一的方式指涉世界之过程的结果，而**有效性**则试图让个人单独认其为真的东西获得交互主体间的共识。尽管这一方案看起来是令人困惑的，因为这里的真理和有效性之间的区别似乎取决于一个人是以单一的方式，还是以主体间的方式进行活动，然而一个人在真理中对世界的单一性指涉似乎发生在一个主体间的背景中，就像在有效性的情况中发生的那样。的确，很难想象一个人对真理的确信能够

1　Maurice Natanson，"Introduction，" *Essays in Phenomenology*，ed. Maurice Natanson（The Hague：Martinus Nijhoff，1966），21；Maurice Natanson，*The Journeying Self*：*A Study in Philosophy and Social Role*（Reading，Massachusetts：Addison-Wesley Publishing Company，1970），117.

2　Maurice Natanson，*The Erotic Bird*：*Phenomenology in Literature*（Princeton：Princeton University Press），130；Husserl，*Cartesian Meditations*，71.的确，柏拉图是爱欲之鸟，因为他对本质的赞同是通过具体的、世俗的爱欲而被现实化的，这一爱欲不应在一个人处于失去了可说的任何东西的痛苦之中时以禁欲主义的方式被鄙视，参见Natanson，*The Erotic Bird*，126。

脱离一种主体间的背景，因为在这一背景中，一个人自己认其为真的东西也会被其他人确信为真。[1]

在这里真正重要的东西——杜塞尔并不赞成的一种可能性——似乎是这样一种差别，亦即一个人日常生活的实践信念框架中确信某物为真与一个人采纳用来为真理提供哲学论证的哲学态度之间的差别。事实上，哈贝马斯自己的思想恰恰沿着这一方向向前发展了，在发表于杜塞尔的《全球化与放逐时代的解放伦理学》之后的论文《理查德·罗蒂的实用主义转向》中，他放弃了关于真理的共识性理论，转向了另一种模型，在这种模式中，一个人从他认为理所当然的以行动为导向的实用主义的信念开始，直到他认为这些信念出了问题时才采取一种反思态度。一旦有人采取这种反思态度，就有可能证实他的信念（或者得出结论说，他的信念是无法得到证成的），然后回到那些以更本真的方式来对待世界的人的日常态度上。在探索诸种态度的基本差异时，哈贝马斯似乎又回到了胡塞尔早就认识到的先验主体的诸种可能态度之间的区别上。这一区别关乎实践态度和理论态度，而后者至少在其哲学的和终极现象学的版本中都被刻画为一种决断，这一决断**在消极的意义上**毫不迟疑地拒绝接受预先给定的观点或传统，而**在积极意义上**为一个人的信念提供理由，甚至是终极的理由。[2]

---

1 Dussel，*Ética de la Liberación en la Edad de la Globalización y de la Exclusión*，202‒205.

2 Jürgen Habermas，"Richard Rorty's Pragmatic Turn," in *Rorty and His Critics*，ed. Robert Brandom（Malden, Massachusetts：Blackwell Publishers Ltd.，2000），47‒49；Edmund Husserl，"The Vienna Lecture," in Edmund Husserl，*The Crisis of European Sciences and Transcendental Phenomenology*，trans. David Carr（Evanston：Northwestern University Press，1970），285‒286；Edmund Husserl，*Einleitung in die Philosophie：Vorlesungen 1922/23*，ed. Berndt Goosens，vol. 35 Husserliana（Dordrecht：Kluwer Academic Publishers，2002），参见第292—296页中胡塞尔在现象学与所有其他科学的关系问题上为现象学进行的终极确证。

胡塞尔进一步认识到，从现象学的理论态度中，我们可以追问（*Rückfragen*）理论化的源头，其中包括"我自己"和"我在总体上的具体的生活"，而没有这两者，现象学的反思是不可能的。有人可能会问，为什么胡塞尔没有认识到，每一个现象化的（和理论化的）主体性所预设的基本条件不仅在本性上是认识性的，而且还包括基本的需求，例如确保人的生命不受饥饿和死亡威胁的需求？当胡塞尔意识到先验主体的活动范围从日常生活中的生存延伸到了最高层次的理论化之时，对他来说，承认更高层次的活动依赖于理论化活动所依存的身体机能才是非常合适的。这样的承认与杜塞尔对必须满足的人类基本需要的普遍重要性的强调不谋而合，杜塞尔以一种惊人的方式阐明了这一点，他指出，即使那些在证券交易所疯狂忙碌的人，每天也需要花几个小时在吃饭和睡觉上，并以此作为他们进行日常活动的可能性条件。总之，胡塞尔对自然态度与现象学态度的区分更好地解释了真理性与有效性之间的差别，同时也为现象化和理论化能够不仅建立在知识论的前提之上，而且也植根于在杜塞尔的方法中极为重要的生活条件中提供了可能。[1]

在这一节中，我论证了杜塞尔对他主要的康德主义反对者的形式主义批判是失败的，因为他误解了理性，并将他们对理性的运用描绘为"形式主义"。如果他充分考虑到先验现象学甚至他的康德主义反对者自身在某种程度上所澄清的理性特征，他是可以避免犯这样的错误的。这些特征包括：（1）对商谈和反思的正确理解，这并不涉及对杜塞尔所强调的物质条件的否定，而涉及对一种反思性态度的采纳，这一态度在公正性与指导意义上不同于人们在追求那

---

1 Husserl，*The Crisis of European Sciences and Transcendental Phenomenology*，97 - 98，130，142.

些物质需要时所采取的态度；（2）对实践理性的一种评定，这种评定始于而非拒绝具体的物质状况（例如杜塞尔所认定的具有紧迫性的状况），并认识到这种理性独特的态度性立场及其建立在原则而非经验证据中的需要，进而推动终极确证原则的实现；（3）对伦理法则的规范性特质的认可，这种特质与经验法则的事实特质和一种能够把握不同学科之间相互关系的**知识学**；（4）对生活世界诸条件的理解，从这些条件出发，现象学态度呈现为它自身可能性的条件，而那种现象学态度也能够自我觉察到生活世界的这些条件。此外，可以认为，杜塞尔在《全球化与放逐时代的解放伦理学》一书中对其六条伦理原则的阐述，隐性地依赖于这些现象学基础，而对这些基础的明确认知只能强化杜塞尔自己的观点。

最后，如果胡塞尔、康德或者哈贝马斯都因为人类中的很大一部分承受着物质维度未得到满足的痛苦，而忽略了杜塞尔认为占据优先性的物质维度的重要性，那么问题就不在于他们所采取的理性主义方法，而这一方法被杜塞尔误解为一种形式主义。相反，他们对物质维度的忽略，更多地与他们允许自己的关切被限制在当地的（西方的、富裕的）环境中有关，并且没有对遥远的他人的痛苦保持足够的敏感度，也没有对那种不满足于传统的东西和在传统上被认为重要的问题的自我批判的理性保持足够的敏感度。就像之前关于现代性的那一节所指出的那样，缺陷并不在于理性本身，而在于在多大程度上、多么有批判性地、多么广泛地运用它，也在于这些论理过程对他人的痛苦有多么敏感。将批判集中于理性本身，就是错置了自己的批判，并恰恰忽略了那些需要被纠正的地方。

3. 杜塞尔伦理学中的马克思主义经济学

将不同的区域存在论和科学置于先验主体的参照下，使得对不

同态度的区分（例如，将日常生活态度与现象学态度区别开来）和
一种知识学的进展成为可能，其中，涉及不同态度的诸种科学（例
如，描述性的科学和规范性的科学）的独特性和不可还原性将得以
保留。但正如我希望在这里展示的，这样一种与先验主体相关的知
识学，也可以用来理清杜塞尔在其伦理学中所捍卫的马克思主义经
济学的认识论地位。在其比较功能性范式与批判性范式的伦理学著
作的第 5.3 节中，在将社会科学与其他学科进行区别之前（因为社
会科学除了包含因果性解释，还包括一个主体间的理解
[Verstehen] 维度），杜塞尔首先将科学从非科学的商谈中区分出
来。他将这种区分建立在伊姆雷·拉卡托斯（Imre Lakatos）的科
学标准之上，相比于卡尔·波普尔（Karl Popper）认为诸种科学范
式的独特性在于它们可以被证伪的观念，他更青睐拉卡托斯的科学
标准。根据杜塞尔的说法，拉卡托斯拒绝证伪的标准，是因为他认
为没有任何科学理论是被一场实验就能证伪的（就像波普尔所提示
的那样），这是由于每一个理论家都可以对反常现象提供专门的解
释。相反，拉卡托斯认为科学规划是"通过发现新的事实，并且是
'进步性的'[1] ——只要它们包含了在先前的范式能够证实的内容之
外超出的或**更多的**被证实的内容"。应该补充的一点是，杜塞尔、
波普尔和拉卡托斯似乎正在努力对什么是一种**经验**科学（它或者可
以是自然科学，或者可以是社会科学）做出更具限制性的观念规
定，这与德语词汇 Wissenschaft（科学）所包含的更为笼统的概念
相对立。

　　虽然这种对科学本质的讨论为杜塞尔提供了基础，以便他将其

1　Dussel，*Ética de la Liberación en la Edad de la Globalización y de la Exclusión*，443；也
　可参见第 439—445 页。

采用劳动价值论的马克思主义经济学观点定性为"经验-科学"，但他将经济学从根本上视为一门伦理学科的观点使得这种定性变得更加困难。例如，杜塞尔坚信他的政治经济学批判就像马克思的一样，是"道德批判理性在相关的物质和认识论层面的运用"[1]；他坚信就像马克思所认为的，经济学是一门"道德的科学，是所有科学中最道德的"[2]；他也坚信经济体系中受害者群体的利益是经济理论对象及其不同事实的一个构成性契机。当然，杜塞尔对经济科学的伦理本质的信念建立在他对马克思的三卷本研究著作之上，他在书中根据列维纳斯强调的对于和为了他人的伦理责任来解读马克思。根据这一解读，马克思的实际关注点并非资本主义制度，而资本主义的发展将不可避免地导向它的继任者——社会主义，据说苏联的马克思主义者就是这么认为的。相反，马克思的理论旨趣在于活劳动，即那种与所有劳动手段相分离的劳动，是经济体系中（列维纳斯式的）他者，一旦被纳入经济体系之中，就会创造他或她没有被公正地给予报酬的价值，正如劳动价值论所主张的那样。[3]

尽管杜塞尔赞同经济学的本质是伦理学的看法，但他也认为这种经济学仍然可以是"经验-科学"的，只要它能够满足拉卡托斯的科学标准。为了证明它的确满足这一标准，杜塞尔展示了马克思如何驳斥将资本主义经济流通维度中的利润（收取的价格超出成

1　Dussel，*Ética de la Liberación en la Edad de la Globalización y de la Exclusión*，320.

2　Ibid.，324；引文出自 Karl Marx，*The Manuscripts of 1944*，I，EB，549。

3　Dussel，*Ética de la Liberación en la Edad de la Globalización y de la Exclusión*，315，439–444，445，446–451；Enrique Dussel，*La Producción Teórica de Marx：Un Comentario a los Grundrisse*（Iztapalapa，México：Siglo Veintiuno Editores，1985），6，138–139，336–343；Enrique Dussel，*El Último Marx*（*1863–1882*）*y la Liberación Latinoamericana：Un Comentario a la Tercera y a la Cuarta Redacción de "El Capital"*（Iztapalapa，México：Siglo Veintiuno Editores，1990），138，143，333，344，351，366，373，381.

本）视作"剩余价值"的古典观点。与此相反，马克思将剩余价值置于生产-维度的领域中，在这一维度中，工人从事几个小时的工作以赚取他日常生活的成本，然后再从事额外的没有获得报酬的几个小时的工作以生产剩余价值，从这些剩余价值中，公司的所有者获取利润并支付了购买新原料和机器的折旧费用等。同样的，马克思的劳动价值论可以用以解释"剥削率"（rate of exploitation），即工人如何被支付更少的工资并被驱使着更努力地工作以增加剩余价值的总量，而与剩余价值的总量相比，机器和原材料的资本支出却在成比例地下降。在这些例子中，马克思的研究在本质上是进步的，因为这一研究揭示了在原有的范式中没有被观察到的事实（例如剩余价值），而且它实际上发展出一种包含"多余"或者"超出"的内容的新范式，这一范式解释了原有范式所不能解释的东西（例如剥削率）。在这一层面上，马克思的经济学是满足拉卡托斯所提出的经验科学的标准的。[1]

然而，从这种角度来看待经验科学似乎存在一些问题。如果科学仅仅被刻画为对新事实的发现或一种进步性的解释（在这种解释中，一种新范式能够比原先的范式提供一种更好的解释），那么又有什么理由不将基督教神学置于科学的位置之上呢？毕竟，人们可以说，它发现了（至少相对于它自己的范式，而不是犹太教或伊斯兰教的范式）新的事实，例如三位一体的存在，而三位一体也反过来比以前的（非三位一体式的）范式提供了对基督教圣经语录（例如，"我与父原为一"）的更佳解释。当然，只有当一个人的科学概念免除了对要求修正其主张的经验事实的解释义务之时，他才会

1　Dussel，*Ética de la Liberación en la Edad de la Globalización y de la Exclusión*，448 - 449；参见 Michael Barber，*Ethical Hermeneutics：Rationality in Enrique Dussel's Philosophy of Liberation*（New York：Fordham University Press，1998），103 - 104。

认为神学是一门经验科学。

然而，如果寻求将一个人的科学主张置于经验检验之下，人们会立即面临拉卡托斯的诘难，即任何一个单一的实验都不能证伪一个理论观点，而且，当一个理论似乎要被证伪的时候，为该理论辩护的科学家总能拼凑出一些特殊解释来避免被证伪。但这样的特殊解释本身并非不可置疑的。假定科学并非与经验事实进行一次性的接触，而是一个持续的过程，那么由特殊解释所支撑起的理论将不得不在与竞争性理论的比较中持续证明它们具有更强的经验解释能力，而这是不太可能的。此外，各种特殊解释的拼凑容易产生理论上的不一致。简言之，科学家提出特殊解释以避免其理论被证伪的可能性，既不意味着科学家不必确保他们的理论需要对经验事实负有解释义务，也不意味着任何一个特殊解释都能不被质疑地被直接接受。

因此，只要杜塞尔提出的关于什么是科学的标准并不具有足够的限制性，因为这一标准似乎要让科学理论免除对经验事实的解释义务，那么他的经济学也不能仅仅通过满足这一标准就证明其作为经验科学的可信性。因此，要想成为科学的理论，它就必须进一步表明它对经验事实负有解释义务，也就是说，它在经验上是可以被验证的。但是，很难想象经验事实如何能够推翻劳动价值论，尤其是当剩余价值的来源被呈现在生产领域中时。这些剩余价值随后由经验上可测量的供求机制和在资本主义的流通-贸易的范围内发挥作用的其他要素进行分配。当然，劳动价值论能够"解释"低工资和对工人的过分要求的现象。然而，这样一种解释并非像预测经济活动者在垄断或独占的条件下如何经验性地行动那样是经验性的，因为这样的预测显然更可能遭遇经验上的失败。实际上，这种通过剥削率的概念来解释低工资和对工人的过分要求，类似于不提供任

何对经验事实的预测的形而上学的解释，它从经验现象（比如经验
世界的存在）出发寻找终极原因，这些原因对经验现象之所以是其
所是给出了一个概念性的解释。[1]

　　如果我们拒绝将杜塞尔的马克思主义经济学视为"经验科学式
的"，那么依据杜塞尔的观点，我们也不必将其马克思主义经济学
等同于批评者所说的贬义的"形而上学"。相反，假设我们从列维
纳斯的观点出发，对于他人的责任在建构我们作为人的主体性方面
起着先验的作用，而人的主体性无法免除由他人召唤而起的责任，
而且，即便这一主体将经济理论家的态度采纳为其特定可能性之
一，它依旧在一定程度上是由这一伦理维度构建的一个主体。那
么，我们可以把杜塞尔的经济理论（包括劳动价值论）解释为对一
个先天理论框架的充实，而具有伦理关怀的经济学家可以用这个理
论框架探究经济现实。这样一个理论框架将会采纳那些被经济学家
所研究的经济过程排斥或剥削的人的视角，即经济的他者的视角。
劳动价值论的这一理论框架，当然与经济科学中活的主体相关，也
涉及一些细节（例如剩余价值和活劳动），这些细节在对负有伦理
责任的主体（例如在列维纳斯的著作中）的抽象描绘中是找不到
的，但这是因为这一理论框架隶属于抽象主体的一个具体实例，即
经济科学中活的主体。因此，这一理论框架是在列维纳斯的分析中
发现的抽象伦理性观念与经济学家所研究的经济领域的具体经验事
实的交叉作用下发展起来的。

　　尽管这一理论框架本身不是经验性的经济事实，而是**先验的**，

---

[1]　参看阿尔弗雷德·舒茨的如下讨论：理念类型如何能够提供关于经验现象的经济学解
　　释，这些类型必须与对经济行为的常识性理解相匹配，in "Common-Sense and Scientific
　　Interpretation of Human Action ," *The Problem of Social Reality*，Vol. I of Collected
　　Papers，ed. Maurice Natanson（The Hague：Martinus Nijhoff，1962），44－47.

属于主体的一个面向，而主体使得这一理论框架对具体的经验性的经济事实施加了影响。在我所提出的解释中，不是将这一马克思主义的框架纳入经验性的经济科学中去，而是让这一框架阐明具体的经验性的经济研究可以在其中进行的一个背景。这一框架能够提供非预测性的解释（就像剥削率的问题那样），产生研究方案或者可验证的经验性假说，并指导经济学家们对论题（例如，产生剥削或排斥的过程）或者考察对象进行选择，正如杜塞尔宣称对于受害者的关注在建构经济理论的目标方面发挥了影响之时所暗示的那样。[1]

对于杜塞尔经济学的这种解释与马克斯·韦伯的想法相一致，韦伯允许这种关联（例如伦理性的关注）决定一个人的研究目标，尽管他无疑会把这种关联更多地理解为偏好的问题，而不是列维纳斯意义上的义务问题。然而，对于他人的责任可能决定了一个人的理论兴趣和论题选择，或产生研究方案和可检验的假说，一旦一个人采取了特定的理论态度，或者就像阿尔弗雷德·舒茨所说的"落入了"特定的理论态度之中，他必定会如韦伯和舒茨所说的那样，接受一套特定的关联和动机的机制，而这些看法和动机则属于科学理论化领域自身。也就是说，作为一个"公正的观察者"，一个人必须通过保证其主张对于经验事实负有解释义务而力图去观察和理解经济过程，获得经济知识。[2]

与这种韦伯式的对社会学家的不同关联的讨论形成对照的是，杜塞尔有时似乎混淆了促使人们进入经济学理论领域的动机与人们在这一领域内应该遵循的动机。例如，他在讨论罗莎·卢森堡时这样评论道：

1　Dussel，*Ética de la Liberación en la Edad de la Globalización y de la Exclusión*，449.

2　Alfred Schutz，"On Multiple Realities," *The Problem of Social Reality*，245 – 250.

在我们论证的末尾，最重要的是表明罗莎·卢森堡发现自己有义务花费许多她原本理应使用的时间，目的不是为了通过具体的策略性实践去讨论理论问题，即不是为了对真理（本身）的抽象理论式的热爱，而是为了证实摧毁那种为否定受害者生命、将工人排除于形式的资本主义之外提供证明的论证有其实践必要性。[1]

如果杜塞尔的意思是，卢森堡**进入**经济理论的领域和选择她的研究主题是出于对受害者和被排斥的工人生活的关心，那就不存在问题了，因为这种关联对于塑造社会科学家的主题选择和研究项目的指导是完全合适的。然而，在理论领域**之内**，如果没有对于真理本身的热爱，也就是说，如果在经验事实甚至在一个人最为珍视的信念方面提出了相反的观点之时却不愿去修正自己的主张，同时如果在经济领域内一个人的关切被还原为摧毁那种证实了其结果令人在道德上感到不适的经济过程的论证（尽管这与证据所导向的结论是相反的），那么这就会有问题了。尽管一个人或许会因为经济过程可能会导致在伦理上具有冒犯性的结果，采取伦理上的、而非经济上的论证来反对这些过程，但是他应该把解释自己在经济学中选择主题的动机与引导这种科学的实施的动机区别开来。为了避免伦理与经验性经济科学之间界限的模糊，也避免非科学与科学之间界限的模糊，研究者应该确保自己的科学不受意识形态的束缚。

总之，我提议将列维纳斯意义上对他者的伦理责任设想为类似于胡塞尔先验主体的一种先验构成特征，这种主体的一个例证就是从事经济科学的主体。因此，杜塞尔的马克思主义经济学代表着一

---

1 Dussel, *Ética de la Liberación en la Edad de la Globalización y de la Exclusión*，531 - 532.

种尝试，亦即尝试阐明这样一种有着伦理构成特征的主体在经济学研究中如何能够代表着他所研究的经济过程中受害者的利益去思考，从而实践他的伦理责任。从伦理义务的身份出发，先验主体性会被赋予他或她所研究的经济关系中对于他人的责任，而这种责任会在一个人选择主题、提供非预见性的解释以及产生可检验的假说方面得到体现。从经验科学家的身份出发，主体必须公正地遵循经验证据所最终导向的结果。在这种构想事物的方式中，杜塞尔的马克思主义经济学将不是一种经验科学，而是作为一个具有伦理构成特征的先验主体向经验的经济事实领域的延伸，它将塑造经验的经济科学理应追求的关切和方向，同时自身却不会受到经验的否证。与此同时，经济学作为一门经验科学的自主性和完整性在其自身证明标准的指导下将会得到维护。

4. 结论

在他的《全球化与放逐时代的解放伦理学》一书中，杜塞尔提出了一种现代性的理论，这一理论对现代性背后的经济和政治条件提供了有趣而合理的解释，并试图为现代性暴力一面的受害者辩护。可是，在他对于现代性的哲学批判中，他忽视了理性的元层次结构，即拒绝接受任何未经批判的先前传统。理性的这一结构刻画了现代性本身，尤其是笛卡尔的思想；这一结构也为胡塞尔的先验现象学所恢复；而且这一结构作为终极的却未被承认的前提，构成了杜塞尔和其他人提出的现代性批判的基础。此外，杜塞尔通过强调一种对现代哲学的经济和政治条件进行知识社会学的论证，却没有充分理解胡塞尔所意识到的意识的自主性和始创性特征，这使得他的批判面临着社会学的相对主义化风险。

他将康德、阿佩尔和哈贝马斯这样的思想家的理性观念批判为一种形式主义，这未能理解实践理性观念，这一实践理性并没有否定情感和偏好的物质维度，而是对它们采取了独特的反思态度，这一态度具有规范性特征并依赖于正当性原则。胡塞尔的**科学原理**阐明了规范性科学与描述性科学之间的关系，他的生活世界理论避免了理性和它的物质条件之间的对立，却以一种能够支持杜塞尔强调物质生活条件的方式显现了两者之间的相互关联，这一物质条件对于那些被主流的经济和政治体系边缘化的人来说是尤其重要的。胡塞尔所提出的对于实践理性的一种适当理解、实践理性与其他科学的关系、实践理性与理性的物质条件的（非对抗性的）关系，为杜塞尔的伦理学提供了关键性支持，而杜塞尔的伦理学本身就是一部关于实践理性的作品。

最后，杜塞尔试图通过依据伊姆雷·拉卡托斯关于什么构成了经验科学的标准，试图将经验科学的荣誉称号加诸马克思主义经济理论（尤其是劳动价值论），但这一标准最终却使科学脱离了其对经验事实的解释义务。鉴于杜塞尔基于对经济体系中他人（亦即那些被这些体系排斥或剥削的人）的伦理关注，将列维纳斯的术语用作一种思考经济的范式去解读这种马克思主义的理论，我建议他不要把这种理论构想为经验科学的一个范例，而是构想为一种先天的框架，在这一框架内，从事经济科学的主体可以进入经济现实的经验领域，并可以相应地选择研究主题和形成可验证的假说等等。就像在列维纳斯看来道德责任对先验主体是基本的一样，因而让从事经济科学研究的主体在作为先验主体之例证时配备以马克思主义经济学的先天框架，也是让先验主体的伦理建构延伸至经济领域的一种方式。通过将道德敏感性置于主体处理经济事实的框架体系之中，而非将该框架本身等同于经验的经济科学，这一解决办法使得我们有可能区分清楚进入理论活动的动机（选择调查主题）与理应用来指导经验科学研究的动机之间的差别、道德与经验科学之间的差别、非科学与科学之间的差别。

　　显而易见的是，杜塞尔对于产生了受害者和用理论将物质性消解掉的现代性的批判、他对于否定了人类生存的物质维度的形式主义的攻讦、他将"经验科学"的荣誉称号授予马克思主义理论的努力——所有这些都体现了他对被社会经济体系边缘化的人们的值得称赞的关注。然而，由于他对这些被边缘化的他人的伦理热情，他最终削弱了他所利用的理性的清晰性，也不假思索地将理性与他的伦理学所依据的理性前提攻讦为形式主义的，并且借伦理信念之名践踏了经验科学的自主性。以伦理的名义压制理性，最终毁坏了他对处于边缘地位的人们的理性辩护。胡塞尔的先验现象学能够确保这样的自我毁坏不会发生，因而保卫处于边缘地位的人们的努力能够实现其意图。

第9章 政治现象学: 约翰·怀尔德和伊曼纽尔·列维纳斯的政治观

理查德·舒格曼 (Richard Sugarman)

这篇论文主要想通过对比约翰·怀尔德和伊曼纽尔·列维纳斯的思想来从现象学的角度更新政治学的研究。这篇文章强调了两位思想家的共同点与不同点。它以现象学在政治上的实际应用的案例结尾。文章考察了促成参议员伯纳德·桑德斯（佛蒙特州）成功当选的生活世界的某些政治对话，将其追溯到他之前担任佛蒙特州伯灵顿市市长的那段时间。在 1981 年的选举中，桑德斯任命舒格曼为"现实事务专员"。作者希望指出这是一个没有报酬的职位。

虽然约翰·怀尔德和伊曼纽尔·列维纳斯通常都不被认为是政治哲学家，但他们每个人都对我们从现象学的角度思考政治问题做出了贡献。在此，我们通过强调他们对政治现象学的补充性探索的方式，对怀尔德和列维纳斯用来阐明道德和政治结合的方式进行了初步的反思。

在海德格尔于 1933 年发表对希特勒和纳粹表示支持的臭名昭著的校长就职演说之前，约翰·怀尔德（1902—1972）和伊曼纽尔·列维纳斯（1906—1995）都参加了海德格尔在德国弗莱堡的课程。列维纳斯与海德格尔以及海德格尔的老师埃德蒙德·胡塞尔的关系是众所周知的。1929 年，年轻的列维纳斯参加了海德格尔在弗莱堡的第一次哲学课程以及胡塞尔在弗莱堡的最后一次讨论课。这一年，列维纳斯受海德格尔的邀请参加了海德格尔和恩斯特·卡西尔（Ernst Cassirer）在达沃斯的大辩论。列维纳斯经常说，这是海德格尔的伟大作品——《存在与时间》（1927）问世后不久的事，当时"1933 年发生的事仍然是无法想象的"。[1] 列维纳斯必定会后悔自己对卡西尔——在达沃斯会议上欧洲最后一位伟大的康德主义的人文学者——太过成功的模仿。[2] 1930 年列维纳斯出版了《胡塞尔的直观理论》，并将胡塞尔的《笛卡尔式的沉思》从德语翻译成法语，还准备写一本关于海德格尔的书。但这一著书计划突然被海德格尔支持纳粹的转向所终止。

除了一些戏剧性的例外状况，列维纳斯终其一生在对海德格尔的私人抨击方面表现出极大的克制。想想列维纳斯的著名评论："一个人可以原谅很多德国人，但总有一些德国人很难被原谅，海德格尔就很难被原谅。"[3] 然而，列维纳斯对政治的看法中最重要的方面并非他对海德格尔的个人感觉，而是他终生试图"将他自己从这种哲学氛围中解放出来"。在 1940—1945 年间，列维纳斯作为法国犹太人战俘被关押在德国汉诺威附近时写下了这些评论，也是在这里，他开始撰写《从存在到存在者》[4]。列维纳斯从这样一个前提——伦理学是"第一哲学"，而存在论不是——开始，提供了第

1 Emmanuel Levinas，*Ethics and Infinity：Conversations with Phillip Nemo*，trans. R. Cohn (Pittsburgh：Duquesne，1985)，38.

2 Emmanuel Levinas，*The Humanism of the Other*，trans. Nidra Poller (Chicago：University of Illinois Press，2005)；前言第 xv 页讨论了列维纳斯在 1973 年秋天与理查德·萨卡曼谈论的对这个问题的看法。

3 Emmanuel Levinas，*Nine Talmudic Readings*，trans. Annette Aronwicz (Bloomington：Indiana University Press，1990)，25.

4 Emmanuel Levinas，*Existence and Existents*，trans. Alphonso Lingis (The Hague：Martinus Nijhoff，1978). 在 1947 年，列维纳斯在他从德国战俘营释放的两年后就很快接连出版了《从存在到存在者》(*De l'existence a l'existant*)和《时间与他者》(*Le Temps et l'autre*)。

一个综合的替代海德格尔基础存在论的哲学方案。

约翰·怀尔德在 1931 年获得了享有盛名的古根海姆（Guggenheim）研究基金资助赴德国研究现象学，当时他还担任哈佛大学的哲学助理教授一职。像列维纳斯一样，怀尔德通常避免对海德格尔进行人身攻击，直到他的职业生涯后期才试图将海德格尔的哲学与其政治活动分离开来。

怀尔德最初也是对海德格尔讲授亚里士多德《形而上学》的课程印象深刻。这门课程探讨《形而上学》开篇页的哲学含义。[1] 然而，怀尔德自己对海德格尔盛大的排场感到无所适从。一个学生将这位伟人的公文包带到课堂，另一个学生将他的论文带到课堂，而海德格尔在课堂上以令人印象深刻的、专横傲慢的方式滔滔不绝地授课。列维纳斯还记得，一个人要想参加海德格尔的课程，必须提前 5 小时在一个巨大的讲堂里找到一个座位，他会听到"世界上最伟大的哲学家"的课的期待感油然而生。

约翰·怀尔德认真地听从了海德格尔的建议：任何人想要了解当代欧陆哲学，必须首先花费 10 年或 15 年学习亚里士多德。实际上，怀尔德掌握了希腊语，成为研究柏拉图和亚里士多德的国际知名权威，最终在第二次世界大战之后建立了美国现实主义协会。这个协会致力于恢复和系统化古典智慧，并促进民主多元主义，这种多元主义提供了对纳粹主义和马克思主义的斯大林式变体的替代方案。

海德格尔的另一位学生是列奥·施特劳斯，他将成为美国新保守主义运动之父。赫伯特·马尔库塞在出现于美国 20 世纪 60 年代的新左派运动中占据了同样的地位。马尔库塞在纳粹当政期间试图

---

1 参见怀尔德在 1966 年春天在耶鲁大学与理查德·萨卡曼的对话。

让海德格尔放弃他的立场之后，郑重地、正式地与海德格尔决裂了。怀尔德的政治立场当然与马尔库塞相近，但他被古希腊哲学家的智慧所启发。怀尔德最著名的作品之一是一本论争之作，它的写作是为了回应卡尔·波普尔将柏拉图指认为极权主义者的蔑视性解读。怀尔德的这本书——《柏拉图的现代敌人》，在美国的哲学课程中起到了"恢复"柏拉图声誉的作用。

查尔斯·马利克（Charles Malik）是怀尔德之前的学生和在新美国现实主义协会的合作者之一，他是起草联合国人权宪章的重要人物之一，之后成为联合国大会的主席。带着对联合国人权宪章固有的限制性条款的特别期望，怀尔德撰写了一则批评，他在其中认为联合国宪章虽然有利于保障医疗保健、教育和各种最基本的人权，但它没有足够地关注那些在既定的政治秩序之外的人。在 2007 年 11 月，有文件显示，查尔斯·马利克已经注意到在阿拉伯国家居住的约 85 万犹太人被驱逐，但他选择在以色列建国之前不去散布这一信息。[1]这难道不能让我们了解到，怀尔德在捍卫权利和使多数人对少数群体负有义务方面是多么具有先见之明吗？[2]

1967 年春季学期，在黎巴嫩贝鲁特美国大学成立 100 周年之际，怀尔德的老学生兼老同事查尔斯·马利克邀请他去担任特聘哲学教授。怀尔德带着他对现象学一直以来的热忱接受了这个邀请。然而，在那一年的五月，怀尔德和他的妻子凯瑟琳（Catherine）以及其他几个美国人不得不从贝鲁特乘直升机撤离。一些学生对怀尔德讲授萨特感到生气。萨特在中东政治上的立场涵盖了对以色列作

1　*New York Times*，November 2007.

2　参见他去世后出版的文章《作为他者的他者的权利》（"The Rights of the Other as Other"），in *The Promise of Phenomenology*：*Posthumous Papers of John Wild*，eds. Sugarman and Duncan。

为一个国家存在的权利的肯定。怀尔德明确地告诉我,他记得学生在他登机的时候朝他吐唾沫;他用一贯的滑稽幽默对我说:"我猜他们不喜欢萨特出现在贝鲁特。"

怀尔德认为,在没有商定的政治正义概念的情况下,对责任及其模式和意义的更明确的审查是必要的。他在他的作品《存在和自由的世界》中开始了这一研究。在政治上,怀尔德在 1948 年曾参与了前副总统亨利·华莱士(Henry Wallace)竞选美国总统的工作。真正吸引怀尔德的是华莱士的经济进步主义以及它在理解政治正义的社会维度方面的核心观点。大约两年后,联邦调查局探员潜入了在马萨诸塞州剑桥市怀尔德的家中举办的一场进步主义的社交圈子聚会。麦卡锡时代已然来临。怀尔德的圈子当时几乎没有被激进分子占领,但确实包括一个叫蒂莫西·利里(Timothy Leary)的研究生和制片人兼导演多尔·沙里(Dore Schary)。他的妻子凯瑟琳和他的女儿辛西娅(Cynthia)与玛丽(Mary),深受这一事件的震动,并且非常担心怀尔德可能会失去他作为哈佛大学哲学教授的终身教职。但约翰·怀尔德又在哈佛任教了 10 年。

正是在这段时间里,怀尔德从被他选择称作的"直接现实主义"转到了存在主义的现象学。与此同时,怀尔德逐渐放弃了对于语言分析的狭隘关注,而语言分析才开始主宰哈佛哲学系。早在 1936 年,约翰·怀尔德在哈佛大学就讲授了一门关于胡塞尔和海德格尔二人的现象学课程。在 20 世纪 40 年代早期,怀尔德已经发表了一些文章,称赞克尔凯郭尔是一位杰出的"心理学家"。

直到 20 世纪 50 年代中期,约翰·怀尔德才开始认识到我们今天所称的存在主义现象学的独特之处。怀尔德的理解是,如果他要公正对待他对人类自由和个人本身在人类生活世界中的地位的日益增长的关注,那么打破亚里士多德的形而上学体系就是不可避免的。怀尔德正确地观察到，对亚里士多德来说不存在个人本身的知识。这就使得这样一个转向成为必要，亦即当人类主体的生活在**生活世界**中展开之时，我们必须转向一种对人类主体诸样式的系统性研究。

1961 年，约翰·怀尔德成为第一个自愿离开了哈佛的全职教授。他去了西北大学，在那里他担任了哲学系主任一职。仅仅 3 年时间，他改变了美国哲学的面貌。他在哲学领域创立了一套名为"现象学与存在主义哲学研究"的新丛书，他担任了这套丛书的总主编。当人们站在存在主义-现象学立场去找寻用英语出版的书籍时，西北系列丛书被广泛地认知为必查书目。在同一段时间里，约翰·怀尔德和他的学生卡尔文·施拉格以及其他人一起建立了现象学和存在主义哲学协会（SPEP）。该协会现在是美国的第二大哲学团体。就在美国开辟欧陆哲学的世界而言，这是一个激动人心的时刻。

1963 年，怀尔德来到耶鲁大学，在那里给本科生和研究生讲授各种各样的有关存在主义思想家和现象学论题的课程。他认为莫里斯·梅洛-庞蒂的《知觉现象学》是对《存在与时间》的重要调整和推进。在 1967 年的秋天，他站在存在主义的立场上讲授了一门政治哲学的课程，他强调了萨特最后一部伟大作品《辩证理性批判》的第一部分。这是这部作品的前言——"寻找方法"。

作为怀尔德这门课程的助教，我清楚地认识到，怀尔德充分意识到了在海德格尔的思想中一个完善的"共在"概念的巨大缺失。然而，怀尔德意识到萨特甚至是梅洛-庞蒂都没有对"他人现象学"进行适当的论述。同时，他认为美国的哲学家们理应从一种现象学的角度来研究政治，而这种现象学的方式能够经受得住反对现象学的批评。这些批评的范围从道德相对主义的指控延伸至人类中心主义的指控，再到最严重的，甚至是虚无主义的指控。正是在这段时间里，怀尔德遇到了伊曼纽尔·列维纳斯，并开始阅读他的权威著作——《总体与无限》。[1]

对毁灭性的极权主义的经验是伊曼纽尔·列维纳斯曾直接遭遇的。他对纳粹主义的评论得追溯到 1934 年。列维纳斯发表了一篇文章，把希特勒主义与一种特别邪恶和危险的摩尼教主义相比较。列维纳斯经历了作为战俘的岁月，并敏锐地意识到什么是被像狗一样对待。"种族主义不是生物学上的概念；反犹主义是所有拘禁的原型。社会侵害本身，仅仅是模仿这种模式。"[2] 据列维纳斯所说，并不是有旁观者"剥夺了我们为人的资格"，而是在集中营中有一只狗每天急切地等着战俘从奴隶劳动中归来。列维纳斯看待这只狗的方式能使他将德国哲学与其可怕的意识形态扭曲和应用保持距离。他说："这只狗是纳粹德国最后的康德主义者，它不需要将准则和动机普遍化的脑袋。"（这是对康德主义者的一种赞美吗?）

当我们谈到列维纳斯的政治观时，我们必须明白这是发生在 20 世纪的背景下，而所有的灾难和杀戮导致了保罗·蒂利希所说的"西方文化根基的动摇"。对于列维纳斯来说，历史正如通常被理解和教授的那样属于"总体"的领域。因此，他只有通过间接的方式才会在历史的关联中评论政治与伦理的关系。然而，他最犀利的自传式论述中的一句话给予了我们发现他的关注点的线索。他在谈到他自己的情绪和思想时说："它受到纳粹恐怖主义的预感和记忆的支配。"[3]列维纳斯在大量的集中于大屠杀主题的文章中对这段时间

---

1 Emmanuel Levinas, *Totality and Infinity*, trans. Alphonso Lingis（Pittsburgh：Duquesne，1969）.

2 Emmanuel Levinas, *Difficult Freedom：Essays of Judaism*, trans. Sean Hand（Baltimore：Johns Hopkins，1990），153.

3 Levinas, *Difficult Freedom：Essays of Judaism*，291.

畅所欲言，这往往构成了他表达基本论点的背景。

正是以海德格尔为出发点，列维纳斯采纳了一种与之彻底告别的观点。在一份精彩的对《存在与时间》的概括中，列维纳斯首先发问："正如海德格尔对存在的占有那样，存在之存在在并不转而变成一种磷光之在（being-phosphorescence）时会存在吗？"[1] 列维纳斯随后将存在和存在者相对比。他通过存在者层次上的具体主体的显现颠覆了海德格尔对存在论意义上的**此在**的提升。列维纳斯在寻找出离并超脱那种使正义臣服于权力的思维方式的方法。正如他所说的那样，"……这条道路从存在导向存在者，从存在者导向他者，这是一条描绘时间自身的道路。"[2]

从实际的角度来看，约翰·怀尔德和伊曼纽尔·列维纳斯似乎没有什么特别不同的政治观点，但列维纳斯在写作时有一种谨慎的态度。他不确定，在人类精神如此频繁且糟糕地跌入深渊之后，语言本身是否仍然保留着它理所应当的权威性。在他的书《专有名称》的前言中，列维纳斯谈到了"在语句的同时性中时间不再表达其意义"[3]。换句话说，就像他说的，表述不再成功地把东西聚合起来。他随后给出了令人信服的理由去描写带有专有名称的人物，他写道："也许那些其**言说**（saying）表达了一张脸的人物的——在所有这些普通名称与普通地点中间的专有名称——能够抵御意义的消解，并帮助我们说话。"[4]正是话语的这一失败，才重新开启了对列维纳斯指称为**言说**或者语言自身内容的真实性的理解与对语言的各种知识领域的理解，也即所说（the said）。

1　Levinas, *Difficult Freedom：Essays of Judaism*, 292.

2　Ibid.

3　Emmanuel Levinas, *Proper Names*, trans. Michael B. Smith（Stanford：Stanford University Press, 1996），4.

4　Ibid.

　　在对语言的这种重塑中，列维纳斯和怀尔德一样，都首要针对**某人**发声，并完全拒绝德国观念论的可怕暗示。在这里，我们指的是所有的黑格尔主义及其分支。为什么？因为这样的观念论使存在者附属于存在者的**观念**，从而使他人在面对知识的权力之时赤身裸体、毫无防备、陷于无助，却极度地对自己感到自信和满足。

　　怀尔德像列维纳斯一样，并没有将生活世界划分为总体的领域与无限的领域。此外，与列维纳斯相反，他论证了体系的无可逃避与有待确定的开放体系。怀尔德观察到："我自己和事物都必须被否定，并转向一种最终的超越性。从下往上看，只有通过这种方式，一种真正的综合才能达成。列维纳斯没有看到这一点。他拒绝所有的综合和体系。世界需要通过一种开放的辩证运动从一个垂直的朝向超越的方向自上而下地被重新思考和重新塑造。"[1] 从《谈论哲学》的注释中推论出的东西里可以很明显地看出，怀尔德正准备写他自己的最后一本书，他应用了列维纳斯的一些见解，但依照他自己的独特方向进行论述。[2]

　　依循同样的理路，怀尔德设想一种鲜活的历史，在其中未来始终是开放的，并与现在不同。和列维纳斯一样，他也不接受黑格尔的下述观点，即历史在事件的意义和重要性方面给出了真假的判别。他非常公开地主张民主多元主义。他将他的政治哲学建基于世界的各种版本与世界自身的区分之上。就世界而言，他清晰地意指着胡塞尔所说的**生活世界**。与列维纳斯相比，怀尔德更直接地论证了，马克思对人类异化的描述——尤其是在 1844 年手稿中出现的

---

1 John Wild, *The Promise of Phenomenology*：*Posthumous Papers of John Wild*, trans. Richard I. Sugarman and Roger Duncan（Lanham：Lexington Books，2006），189a.

2 Ibid.，183ff.

描述——让我们洞见到如何避免有意义的工作退化为纯粹的劳作。我们对人性的理解使得我们与劳动的关系免受当今劳动世界新兴企业模式的伤害，在这个世界中，工人自身已变为一种商品。怀尔德和列维纳斯都认为，工人的主体性不能彻底地从他身上被剥夺走。

怀尔德发现列维纳斯的下述观点是吸引人的，亦即工人在家里保卫他的内在性，这使他自己不仅拥有内在性，并且保留了他的内在性。这意味着什么呢？试着去想想海龟，因为它住在自己的移动小家里，所以从来不会无家可归。然而，列维纳斯指的是两个层面的家。在第一个层面，家是那个源初之地，在那里人生活着，并远离市场而安居，因而得以从政治历史的折磨中恢复过来。一个人正是从家里出发去工作，不管距离远近，到了晚上他就回家了。然而，正是这个家使我们有可能欢迎他人，并以这种方式让他在一段时间里免受历史的坚硬逻辑之变迁的伤害，这种变迁在事后总被理解为是不可避免的。

我们必须强调，无论是怀尔德还是列维纳斯都不具有反历史或非历史的哲学立场。两位思想家都反对黑格尔的体系。我们在此指的是黑格尔的下述观念，即历史表达了在自身和自我知识中展开的精神（*Geist*）。相反，两位思想家都以最严肃的态度来对待人类经验和时间。怀尔德在两种体系之间做了很重要的区分，一种是封闭的，另一种是开放的。怀尔德赞同列维纳斯在《总体与无限》的开篇所表达的观点，而《总体与无限》则将"总体"和"无限"的领域并列起来。对列维纳斯来说，无限不能被总体化，就像伦理不能被还原为政治。

列维纳斯所要拒绝的正是历史的启示维度。"我们不是在时间尽头，而是在它每一个瞬间中的法官。"此外，也不是历史在作判决。历史之物的破裂处允许他人与我和平相处，或与我处于战争状态。政治，"是预见战争并想方设法赢得战争的艺术，此后政治便被规定为理性的操练。"[1] 列维纳斯和怀尔德都坚定地反对黑格尔的辩证历史体系。像在他之前的克尔凯郭尔一样，怀尔德反对黑格尔没有为个人，亦即为被归入观念之下的主体留下任何空间。列维纳斯认为黑格尔主义导致了对他人的排斥。他就此问题争论道："虽然我自己不是外在于历史的，但我确实在他人中——不是通过与他人合并，而是通过与他人交谈——发现了关于历史的一个绝对观点。历史是由历史的断裂所产生的，判断也在历史的断裂中被施加到历史之上。"[2] 这让列维纳斯得出了他的结论——正是他人超出了历史的总体性："当一个人真正接近他人的时候，他就会被从历史中连根拔起。"[3]

列维纳斯提到的这些"断裂"是时间的一种维度吗？列维纳斯把这种时间称为"异时性"（diachrony）——这种时间源自他人的出现，并经由我对他的回应来衡量。怀尔德认为，一种"真正的哲学史"既不能忽视对被探究主体的历史性，也不能忽视在历史学家的时间中具体立场的历史性。[4]

然而，怀尔德和列维纳斯在历史的观点上存在着差异。怀尔德反对列维纳斯的观点，即历史实际上仅仅属于列维纳斯所说的"总体"的领域。列维纳斯在《总体与无限》中给出的论证，从在现象学上自明的东西转移到了伦理-形而上学的东西之上。在根本上，列维纳斯对作为总体的历史的论证是这样的：正如所有的历史学家所承认的，历史或者是由幸存者所撰写的，或者是依据那些在战

---

1 Levinas, *Totality and Infinity*, 21.

2 Ibid., 52.

3 Ibid., 52.

4 Emmanuel Levinas, *Philosophical Interrogations*, eds. Sydney and Beatrice Rohm (New York：Holt Reinhardt Winston：1964)，122.

争、审判、试验中死亡的人所塑造的文件而撰写的。

另一方面，怀尔德认为我们不需要完全摒弃黑格尔。他所反对的是黑格尔这一观点："结局必须在开端处呈现，因此只存在一个渐进的、持续的发展。"[1] 怀尔德暗示的东西是他终其一生都没有参透的思想：在与黑格尔的对比中，他论述道："在我的观念（我的辩证法）之中，存在着朝向绝不现存的东西的创造性飞跃，除非这一东西作为不在的超越的东西而现存。列维纳斯只是部分地看到了这一点。"他接着询问："列维纳斯是否像我一样认为，尽管距离仍然是无限的，真正的上升和下降依旧是可以实现的？我们可以看到一个方向吗？无限观念能够被阐明并被赋予内容吗?"[2] 怀尔德的这一思想作为正在发展的政治的现象学的一部分，仍然有待探索。

列维纳斯将政治事物视为伦理生活不可避免的延伸。[3] 因此，它在基本的正义范畴下运作，"哪里我可以成为诸他者的一个他者，哪里对我来说就可以是正义之处。"在伦理事物的领域，我有一种对所有他人的责任感，不管他们是在场或不在场的，远的或近的，这种责任不能被简单地废除，因为我不能满足我所有的责任。正如列维纳斯引用陀思妥耶夫斯基的话，"每个人都对每个人负有责任，而我比其他所有人都要负责。"他人与第三方的关系对列维纳斯来说是一种同时性的关系，在这种关系中我们走到一起，一起说理，并创造一个和平和稳定的社会："这样的同时性是必需的，以便给公正的机构提供连续性、稳定性和一致性。"[4] 基于这一理由，我们

---

1 Wild，*Promise of Phenomenology*，189a.

2 Ibid.，189a.

3 Comments on Democracy：Is it Righteous to Be?

4 Richard Sugarman，"Emmanuel Levinas：The Ethics of 'Face to Face'/The Religious Turn，" in Anna-Teresa Tymieniecka（ed.），*Phenomenology World-Wide：A Guide for Research and Study*，（Dordrecht：Kluwer Academic Publishers，2002），420.

可以说，对列维纳斯来说政治事物属于"所说"的领域，而伦理事物的领域属于"言说"的先前领域。伦理学是我们在其中发现对正义和推理的最初构想的地方，列维纳斯正在这个意义上认为伦理学是"第一哲学"。它被列维纳斯称为"异时性"的一种时间感所支配。异时性的时间产生自他者而非自我，并总是为一种紧迫感所支配。正如列维纳斯很乐意承认的那样，他留下的开放性问题是，谁第二个出现或者第三个出现，并无穷无尽地出现呢？"他人和第三方是我的邻人，也是相互之间的同辈人，在我和另一方之间制造了距离。在某种程度上，我履行了对第三方的责任，我也就对我的邻人不公正了。"[1] 我们不能不使用衡量、比较和作出判断的能力，而正是那些判断将使我们回到政治事物的领域。

请容许我讨论一下列维纳斯没有探索的那种时间感，当它作为异时性属于多元的他人，我们可以有意义地选择将它称为"多重时间"（Polychrony）。当被问及他的职业生涯的末尾所从事的工作之时，列维纳斯一直坚持说，他致力于进一步探索"时间的变形"（deformalization of time）[2]，"他研究的基本主题是时间观念的变形。"[3] 从某种意义上说，列维纳斯确实对怀尔德提出的关于历史的开放感和创造性进步的问题做出了部分回应，即使它仅仅是一种非常有限的回应。列维纳斯谈到了时间允诺的消失。

列维纳斯将这一讨论置于苏联解体的背景下。列维纳斯并没有哀叹这个政权的衰落，"由于斯大林主义、官僚政治的恐怖……没

---

1 Emmanuel Levinas, *Otherwise than Being* or *Beyond Essence*, trans. Alphonso Lingis (The Hague: Martinus Nijhoff, 1981), 157.

2 Emmanuel Levinas, *Entre-Nous*, trans. Michael B. Smith and Barbara Harshav (New York: Columbia University Press, 1998), 237.

3 *Is It Righteous to Be? Interviews with Emmanuel Levinas*, Jill Robbins (ed.) (Stanford: Stanford University Press, 2001), 209.

有人对共产主义势力的倒台感到遗憾。去哀悼斯大林是不可能的，因为他以即将到来的正义的名义犯下了不正义的罪行。"[1] 我们需要记住的是，即使是有一定的距离，但列维纳斯也经历过沙皇被推翻、1917 年 10 月的政府崩溃和十月革命以及俄罗斯内战的开始。他评论说，在这段时间里有一种会有"更好的时代"到来的感觉。[2] 他继续评论道："欧洲将它对时间和历史的愿景建立在这一信念和期望上：时代允诺了一些东西……我们与时间的关系处于一场危机中。似乎不可缺少的是，我们西方人从承载了一种允诺的时间中定位我们自己。我不知道在没有这种时间的情况下我们能做到什么程度。在我看来，这是我们当前处境中最令人不安的方面。"[3]

对于建立一个体面的、适宜居住的社会的基本职责，列维纳斯和怀尔德的观点基本上是一致的。这些因素包括但不限于政治社会必须确保的卫生保健、工人权利、普遍教育、经济和社会保障以及基本的人权自由等职责。然而，他们两人都不认为这些就足够了。对列维纳斯来说，我们对他人的原初责任要求这一责任总是要去做完美正义的工作，这一正义是一种无法保持静态的东西，也许更重要的是，它是体制在压力和危机的时代无法借此来保护其人民的东西。另一方面，怀尔德则认为，我们不断地受制于他所谓的"稳定化压力"。这种稳定化的压力来自政治或历史的流变。他说道："……一切都是由技术体系的压力和该体系根深蒂固的价值观所支配，它正走向进一步的浪费和暴力。"这一流变可以被理解为，可能被误解为**客观精神**的黑格尔式观念的延伸。怀尔德和列维纳斯一样，完全拒绝了这一观点："只有成功的和获得实现的才是在理性

1　*Is It Righteous to Be*，184－185．

2　Ibid．

3　Ibid．

上得到确证的。世界历史就是世界法庭。"对怀尔德来说，这导致了一种社会和政治的自我中心主义，在其中个人变得越来越边缘化。

怀尔德精准地观察到在两种不可接受的政治选择（混乱和暴政）之间的持续摇摆。他开始了一种对比奉献与狂热之模式的现象学探究，如此迫切地去处理和理解当前的历史时刻。狂热属于一种封闭的宗教或政治体系，并以理论的独断论为基础。另一方面，奉献当与一种特殊的世界版本相关之时，它不坚持否定或消灭世界的其他版本。这样一来，它就脱离了怀尔德所谓的"巨大的自我中心主义"，并致力于"从独立个人的对话中找出自由的生存性判断"[1]。

我们接下来该如何界定现象学在开启政治研究方向的作用呢？首先，当我们面对未来和彼此时，我们必须重新获得一种具体的生活经验的感觉。这不仅仅是前理论的；正如列维纳斯所指出的那样，它从一种"非意向性的意识"开始。这意味着：我必须预见当我尝试着把其他人变为我的主题、并将他（她）放进我个人的历史中去时，我永远是有缺陷的。这是否意味着会有一个无穷多的个人史，或者根本就没有什么个人史？政治生活世界的模式并没有从生活世界本身中脱离。然而，先于我们对**生活世界**的嵌入的是，在两种体验世界的方式上的争论。第一种是斯宾诺莎所称的"存在的努力"，即在存在中坚持的努力，甚至不惜以他人为代价，第二种是在列维纳斯所阐述的伦理生活观念中倡导的每个人都为每个人的模式。

为了回应约翰·怀尔德的问题——是否可能存在着朝向一个不在的且无限的未来的创造性进步，也许把时间的允诺和我所说的

---

1 Wild, *Promise of Phenomenology*, 181.

"允诺的时间"区分开来是有帮助的。在血腥的 20 世纪的所有大灾难（以大屠杀为范式）的余波中，无论是怀尔德还是列维纳斯都对历史的目的或意图不甚乐观，而这一历史超越了它所包含的个人。尽管如此，一些方向比其他的方向更有希望，正是在这里，亦即在伦理生活和政治生活的接合点上，我们可以看到政治并不仅仅是一个被叠加到道德之上的任意领域。在最大可能的程度上，政治事物必须被当作是伦理事物的延伸，在这种延伸的领域中存在着一方面的责任与另一方面的正义之间的摇摆。这样的历史在我们面前仍是敞开的，即使我们脚下的深渊也敞开着。在这个意义上，现象学的作用是，无须在政治或宗教虚无主义面前选择放弃或屈服就可以回归到日常生活的表达和变迁中。即使当那些正义的机制难以被发现，我们不顾风险放弃与找回它们并进行提升的希望时，也是如此。

在回答一个问题时，列维纳斯承认他不"受历史哲学的诱惑"[1]，这就是为什么他不能接受各种将意义限制在存在之上的系统的原因。对于历史和试图用一种哲学来巩固历史的意图，他补充说，"我对历史的确定性感到不确定"，他解释道："我并不是说一切都是最好的，而且进步的观念在我看来并不可靠。"以这种方式，列维纳斯并没有否认：随着第三方的出现，政治变得不可避免。列维纳斯这样说道，"第三方在言说中引入了一个矛盾，而这种言说在他人面前的含义直到那时才趋于一致。"[2] 列维纳斯所说的趋于一致的意思是，在第三方出现之前，我会"把一切都归功于他人"，

1 Emmanuel Levinas，*Alterity and Transcendence*（originally published Montpellier：Fata Morgana，1995），trans. Michael B. Smith（New York：Columbia UP，1999），170.

2 Levinas，*Otherwise than Being*，157.

尽管正义或责任的稳定化是生活世界不可避免的一部分。这涉及我与正义的关系，正如他所说的，这也是"一个意识问题"。[1] 列维纳斯在这一问题上的想法初看起来是神秘的——意识是如何"在第三方的出现中诞生的"这一点并不是显而易见的。[2] 让我们试着澄清这一点。正如应该存在的那样，政治生活的核心是正义的现象。列维纳斯继续解释道，"意识的基础是正义"。[3] 就我所知，这是一个需要被解释的全新的、原创的观点。列维纳斯的立场提倡了正义与知识的亲近性，这一立场在柏拉图、康德和马克思那里已经有了先导观念。然而，所有这些都是以一种更加模棱两可的方式加以说明的。

最主要的是，列维纳斯反对将正义视为一个人对他人的责任的限制。他陈述道："正义绝不是一种强迫的减缓，一种对他人责任的减轻，对一种无穷责任的缩减与限制，一种对无限的荣光的中和，一种出于经验的理由在让最初的二人组变成三人组的考量中产生的退化。"正是在这种背景下，列维纳斯意识到了他所遭遇的批评，迫切要求那种无须削减独特性来理解平等的能力。事实上，怀尔德公开地质疑列维纳斯给予他人在其与自我的关系中所处的不对称的位置。在他给《总体与无限》英译本写的导言中，怀尔德提请读者们注意到："他可以怀疑这个奇怪的不对等性和他给予他人在与自我的关系中的完全至高无上的地位。"[4] 在某种程度上，列维纳斯的后续著作《除了存在或超越本质》可以被解读为对怀尔德的关心和质疑的回应。列维纳斯强调："所有的平等诞生于我的不平等

1　Levinas, *Otherwise than Being*, 157.

2　Ibid., 160.

3　Ibid.

4　Levinas, *Totality and Infinity*, 19.

之中，亦即我的责任超越我的权利之处。"[1] 只有在通过正义建立的社会秩序中，我才能成为对于他人并为了他人的另一个人，因此，我没有必要为自己放弃正义。

在这里，我将插入对列维纳斯的论述似乎依循的方向的评论。它关注的是正义的秩序和秩序的正义之间的区别。秩序的正义是一个人在官僚主义的无脸性（facelessness）中所遇到的阻力。例如，在大学里教授课程的上课房间和地点必定是通过默认而非无声的管理设计来分配，登记员的工作就是规定和确证这些课程秩序，然而，这本身并不是一种目的，同样存在着一种正义的秩序，它属于无限的领域，而不是总体的领域。为什么在这样的一个时间里，在这样的一个房间里，用如此的一种方式来教授这样的一堂哲学课是很重要的呢？我们已经变得如此熟识这种秩序，以至于我们不能再解释理查德·A. 科亨（Richard A. Cohen）以列维纳斯的名义称为"具备重要性的重要性"的东西。

在过去的40年里，哲学在理解和引导政治方面的作用如果不是急剧地被削弱了，也是相当明显地被削弱了。过去常常被称为"政治学理论"的东西，以及在美国大多数大学校园中建构持续的激进主义运动的堡垒同样印证了这一点，这一堡垒是被柏拉图宽泛地称作"诗人"的人在英语系中创立的。为什么会出现这种情况，它有什么后果，并且如何补救它呢？

我认为，分析哲学在英语世界的巨大影响极大地削弱了哲学探究的范围和领域。的确，正如"日常语言哲学家"的门徒所坚持的那样，我们必须敏锐地觉察到语言在预先决定我们对世界的理解中所起的强大作用。结合某种实用主义，分析哲学或以言说的方式，

---

1 Levinas，*Otherwise than Being*，159.

或以假设的方式，已经改进了处理医学伦理学和法律诸问题的话语，也让哲学不去作过于笼统和任意的论断。然而，我们为之付出了太大的代价。古典形而上学现在是不可知的，至少在其前康德的形式中是如此。因此，在曾被理解为政治哲学的东西中情况是如此，而在宗教哲学中也是如此。我们已经选中了哲学家贝克莱所说的"微小问题"。

然而，"语言的界限是现实的界限"这一点还不完全清楚。与此同时，根据柏拉图笔下的苏格拉底的说法，那些无法解释自己诗歌灵感来源的诗人，就像在没有舵手或锚的情况下航行在政治的大海之上。我们很清楚地记得埃兹拉·庞德（Ezra Pound）的过分行为和 T. S. 艾略特（T. S. Eliot）在更微妙层面上的反犹主义。

一种用现象学处理政治的方法有以下优点：第一，它的激进经验主义开始于这样一个世界，这个世界在还原至自然态度之前就可以被我们发现；第二，它也因此马上涉及意义的问题；第三，当主要问题出现在政治中时，它不会让这些问题只是被管理者、政客或空想家决定；第四，它可以通过如下方式处理紧急的经济和社会事务，亦即那些近似于无限多的轮廓的方式，永远描绘着一幅有待填充的图画。

如果约翰·怀尔德是正确的，我们可以在开放和封闭的系统之间做出一个清晰而重要的区分，哲学有可能再次影响历史学家的工作。列维纳斯的说法无疑是正确的，即大多数历史都是由幸存者、胜利者和我们可以加上的被高薪聘用的历史学家来书写的。尽管如此，怀尔德所强调的历史领域是向创造性的辩证法开放的，在这种辩证法中，未来有可能比现在和过去变得更好。然而，只有当我们重新评估"思想史"———一种处理观念史的历史的学科———的地位时，这一点才是真实的。这意味着历史学家必须能够再次仔细地阅读和研究哲学家的著作，即便他们是在一种社会和政治的环境中研究哲学家。目前最大的危险是那种将思想史替换为文化史的危险，在此所有的观念都将被还原为它们在其中被创造出来的环境。

这使对历史性时间的本质和时间自身进行新的、持续的探究成为必需。在这里，列维纳斯给我们留下了许多新的重要的方式，让我们重新探索时间、伦理、政治和历史的主题。他认为，有一种时间是从他人而不是从自我开始的。这种时间不是简单地被数字或意义掌控，而是被紧迫性掌控。他将这样的时间指称为异时性。这样的时间甚至先于生存性的或存在论的时间。我们非常熟悉胡塞尔的贡献，他使我们能够理解时间是由三个阶段组成的。他将过去的持续与他称之为滞留的东西相关联，将现在与原印象相关联，而将将来与"前摄"相关联。海德格尔更进一步，展现了他称为"绽出的时间性"的东西，正如自我不是静止的，它超拔于自身之外，即出离-本质（*ex-stare*）。因此，自我发现被亲近的现在和遥远的过去预示的临近的将来与遥远的将来的结合点。然而，他人的时间却被海德格尔随意地掩盖了，并被理解为从我自己"向死而在"的决断中衍生出来的一种非本真的异数。他人的死亡是偶然的，因此并不重要。正如在海德格尔的哲学著作和他的个人政治生活中所展示的那样，只有从这样的观点中才会产生一种权力意志的政治，除非我们像列维纳斯所说的那样，从"主体之外"开始，否则我们永远无法摆脱这种唯我论。

当然，马基雅维利已经描述了总体性政治——一种以非常准确的方式来获取权力并维护权力的艺术，这标志着政治理论的诞生。如果继续沿着马基雅维利的道路走下去，我们将会遇到霍布斯的思想，在其中政治就在于建立一个政府，它避免其臣民在每个人反对每个人、一切人反对一切人的战争中将人置于死地。

怀尔德和列维纳斯的共识是一种基于责任的政治。这种责任是伦理生活的起源。正义的秩序有待完善。约翰·怀尔德在 20 世纪50 年代与新亚里士多德主义决裂的主要原因之一是柏拉图和亚里士多德给予人类自由的有限价值。怀尔德向存在主义的转变，凸显了自由在人类经验中的中心地位。从历史上来看，这一点对他来说尤其重要，因为在纳粹主义的恐怖的余波中，斯大林极权主义又兴起了。怀尔德的责任观遮蔽了一直伴随其责任观的自由哲学。在《存在与自由的世界》一书中，怀尔德认为，自由不单单是一项个人事务，不是我所做出的独立选择，也不是我在每一次选择时所承担的责任；相反，我在人类困境所有的复杂性中对于该困境的应对方式使自由变得有意义。在这个意义上，怀尔德拒绝了自由仅仅是**免除**约束的自由这一观点，相反，自由是**追寻**意义的自由，这一意义通过我在面对我身处的情境时承担的责任来获得，也通过我对困扰着我的挑战的持续回应来获得。这是一种责任，是一种**回-答**（re-spondere），一种回应我已做的、正在做的或者即将做的事情的方式。正是基于这个理由，怀尔德不同意海德格尔将"决断"的观念作为人类意志的唯一基础。同样地，他不能完全地将萨特在《存在与虚无》一书中对人类自由的激进观点视为对一种更合适的责任观的探求。他被萨特随后的著作《辩证理性批判》中的论述所打动，它论述了"对物质限制和人类自由之渴望的预示"的需要。

怀尔德发现，梅洛-庞蒂《知觉现象学》中的"论他人和人的世界"比海德格尔或萨特的论述更令人满意，因为它强调了人类社会性的实际模型。不像海德格尔，它开始填补"**共在（*Mitsein*）的巨大空隙**"。尽管怀尔德仍然赞叹萨特特殊的、具体的现象学描述，但他不同意他所理解的萨特的二元存在论。

事实上，怀尔德把列维纳斯的工作看作是现象学在梅洛-庞蒂之后第一重要的原创性推进。他十分认真地对待列维纳斯对海德格尔的基础存在论进行的彻底批判。根据列维纳斯的看法，位居基础存在论核心的是自发性，亦即自由意志的本源。[1] 简单地说，如果我们在自由的中心发现了自发性，那么自发性在伦理事物与政治事物的领域中就可以被理解为一种与他人有关的自我确定。当自发性可能是创造性的、富有想象力的、迷人的时，它也完全集中在自我之内，因此汇聚为列维纳斯称之为"同一者的优先性"的东西。[2] 这就是列维纳斯为什么会说，"我们在他人伦理学的呈现中才提出对于我的自发性的质疑。"[3] 重要的是要记住，列维纳斯在自由与自由意志之间做出了一个在很大程度上被忽视的区分，其中自由是他所珍视的东西，而自由意志"则是一种哲学构想，它密切相关于变化无常的自发性和历史上在决定论和自由意志之间展开的辩论，这一辩论从现象学的视角来看是纯然的抽象构造"。

怀尔德和列维纳斯都完全否定了海德格尔的权力存在论。在其中，他们都看到了与专制国家有关的政治暴力的可能性。他们都认为海德格尔的错误在于，对自我与他人的关系只有不充分的和歪曲的概念。在列维纳斯的《总体与无限》中，怀尔德发现了一种和他自己的自由观非常相近的自由观。怀尔德主张，对人类自由的描述从超脱中开始，并指向筹划的观念。据怀尔德所说，海德格尔缺少的东西是，一个合适的对他人甚至是对一个人自己的行为的责任概念。因此怀尔德相信，他能够用威廉·詹姆斯（William James）的话——"接管我自己"去解释责任所涉及的方式。怀尔德在他的晚年如此频繁地引用的这个短语，包含了一种认识，即我不仅仅为我

---

1 Levinas, *Totality and Infinity*, 45.

2 Ibid., 41.

3 Ibid., 43.

做的和抑制不做的事情负责，还为我已经成为的和继续所是的那个人负责。尽管怀尔德和列维纳斯二人很欣赏马克思对资本主义——尤其是对其毁灭人性的方面——的批判，但他们都没有选择马克思主义的道路。对列维纳斯来说，这一选择并不困难。他看到了人类未来的巨大希望被斯大林主义的破坏所消灭。马克思主义必然会导致极权主义吗？列维纳斯并没有对这个问题给出明确的回应，但同时，列维纳斯在东德哲学家恩斯特·布洛赫（Ernst Bloch）的思想中发现了对马克思思想中最佳部分的保留。不同于马克思，在布洛赫那里有一种超越感，也有一种希望的基础与一种他性伦理学的可能性。

正是马克思早期作品[1]中的人道主义吸引了列维纳斯和怀尔德。然而，这并不是对于他人的人道主义，它太容易被淹没在一种激进的历史主义中，这种历史主义使得我们有必要去其他地方寻找一个对于历史的总体化观念的合适替代物。尽管怀尔德和列维纳斯都是政治极权主义的激烈反对者，但每一人都以自己的方式从现象学的视角出发提出让人类生活变得更可忍受、更有意义和和平的方式。怀尔德对存在主义哲学中的一些进步感到欣慰，因为这种哲学更关注社会和人与人之间的世界，而非孤独个体的世界了。他将萨特对辩证理性的批判特别地指认为一种对融合群体（Groupe en Fusion）进行现象学描述的尝试，这种群体强调必须伴随任何一种涉及人类团结的运动的意识。事实上，怀尔德是第一批讲授《寻找方法》的美国哲学家之一。萨特的计划吸收了马克思对于晚期资本主义的批判和对于将人类和他们的劳动转化为纯粹商品而引发的实际和潜在的损害的批判。当然，怀尔德坚称，任何一种适用于人类自由的政

1　1844.

治运动，必须充分强调民主和他人的权利。

　　同样地，怀尔德也深受莫里斯·梅洛-庞蒂的哲学的影响。他强烈地感受到，梅洛-庞蒂的《知觉现象学》在方法论上超越了萨特和海德格尔。对怀尔德来说，这并不是说梅洛-庞蒂提出了一个特殊的政治规划，而是他对人类文化和他人广泛而深刻的理解，在重新发现一种先于政治机构和其表现形式的原初政治方面是一种进步。怀尔德与梅洛-庞蒂的观点一致，认为我们与其他人是生活在梅洛-庞蒂所说的交互世界（intermonde）的领域内，在这里文化政治和道德之间没有明确的划分。

　　换句话说，就像我们出生在一个有着不可避免的社会维度的生活世界里那样，我们从一开始就住在一个城邦（polis）里。这就是为什么苏格拉底经常在柏拉图的《对话录》中询问他的对话者来自哪里。反过来说，这也就意味着从外面来看我们会发现自己栖身于一种政治性的**生活世界**中。怀尔德和列维纳斯都强调，政治领域是伦理生活的延伸。并且，他们两者都同意某种超越的可能性，在其中共同的人类同意并不是道德的最后仲裁者。在怀尔德给英文版的《知觉现象学》所作的个人注释中，他评论道："我想，他对自由和责任的解释力很弱"并且需要有"接管（我自己）"的观念。[1] 这是对我将成为什么样的人和我正在做的事情承担责任。正是出于这个理由，尽管怀尔德仍然赞同梅洛-庞蒂对资本主义批评的经济意涵，但他仍然希望保留一种具体的民主多元的社会观。他不像梅洛-庞蒂那样确信，历史本身就是由朝向一个目的的辩证的次要情节所构成。相反，怀尔德更多地强调他称为"漂移"的概念。

1　*Phenomenology of Perception*，personal English copy of John Wild. 这个注释出自怀尔德在第 365 页底端独特的铅笔手写字迹。该书复印本为理查德·萨卡曼所有。

······这种社会的自我中心主义的漂移的新形式在美国和法国革命时期得到高度的强调，这两场革命都由人类权利的现代观念所驱动。正如我们可能预料的那样，个人权利的自我中心主义解释产生出社会中心论的民族权利概念，而民族主义的漂移还没有消退。[1]

这反过来导致的是，人类的主体已经受惠于一种沉默的和潜在的"功利主义伦理，这种伦理将特权赋予已经存在的自我和对制度的忠诚，不管这种情况有多么不合时宜"[2]。

1. 政治现象学: 对当下的启示

考虑到当下这个历史时刻的危机，现象学在解释政治事物的领域扮演着重要的角色。要知道，怀尔德和列维纳斯都不能预料到已经有可能将我们直接带入中世纪黑暗的新兴的宗教信仰的激情。或许这种说法有点夸张了。怀尔德和列维纳斯都经历了被视为可能是所有人类历史上最血腥时代的 20 世纪。因此，他们感兴趣的都是伴随着宗教世界观的超越的不安性，即便在存在-神学的观念打破了教义神学的传统观点。

在《上帝之死与人类之生》中，怀尔德表达了他的观点：在神学中绝对主义消亡的生存性涵义在人类经验中留下了一片空虚；他接着说道，这种空虚可能催生出一种新的宗教与政治交融的狂热。在他看来，狂热关涉一种世界观的绝对化，它拒绝别的观点，认为自己是真理的唯一占有者；与狂热相反，怀尔德认同虔诚这种现象。虔诚关涉对一种世界观的忠诚，这种世界观至少在交流领域对

---

1 Wild, *The Promise of Phenomenology*, 164.

2 Ibid.

其他世界观保持开放，也不是非得坚持唯一一条"真理之路"。当虔诚向狂热让步，而宗教施行一种将其他政治、道德、宗教观点归摄其下的帝国主义时，我们将意识到我们受到的伤害。

同样地，列维纳斯也经历了在纳粹政权治下政治狂热的极端危险。事实上，他甚至将一种兼容超越观念的世俗主义归在犹太教名下。他说："世俗机构之所以可能，只是因为人与人之间和平的固有价值。社会被证实为世俗主义的朋友，它作为一种积极而原本的价值，要好于可能变得积极的其他价值的形式的或消极的条件。"[1]列维纳斯反对的是狂热的起源——教条主义。他这样说道："对和平的寻求可能与从教条中分离出来的宗教信仰相悖，因为教条是被启示的，因而未被证实的，它带来的是不和与分裂，与团结人类的思想或行为模式相矛盾。"[2]然而，和怀尔德一样，列维纳斯并没有将宗教信仰自身视为这种不和的起因或者和平的敌人。毋宁说，他设想的是一种超越的人道主义，它提供了介于神学绝对主义和分裂的怀疑论之间的第三条道路。这在先天上意味着，一个宗教的特殊主义必须"为和平服务，以至于信徒们会将和平的缺席认定为他们神的缺席……"[3]他接着说道："一个先于所有启示的道德人性是被启示预设的。"[4]

留给现象学来做的是，要对生活世界里的政治模式不断进行探索。对人类传统权利的侵害之一，就是将生存的社会经济维度完全从属于对文化政治的形式主义不加批判的接受，却没有关注日常生活的任何内容。那些否认政治"正确"的话语与坚持保留它们的藻

---

1 Emmanuel Levinas, *Unforeseen History*, trans. Nidra Poller（Chicago：University of Illinois Press，2004），116.

2 Ibid.

3 Ibid.

4 Ibid.，124.

饰同样荒唐。几乎不存在任何对于我们所谓"经济正确"的东西的讨论。这种东西是指，用来构造对所有人来说都是得体而宜居的社会的最基本要素的那些条件。如果没有首先具体地理解一个人对于他人的人类责任与义务，而只在抽象的层面上谈论人类权利，这是不够的。在怀尔德逝世后出版的文章《他人作为他人的权利》中，他明确地指出了这个问题。[1] 马丁·路德·金也清楚地表明了这个观点，他说道："是的，我们一起已经干成了许多事，现在我们可以不论肤色一起坐在午餐台边上。但如果一个人连午餐都买不起，这对他没有什么意义。"对集会权利来说道理也一样。目标无疑是好的，但它预设了人们能够以具体的方式聚集在一起的能力。这一点已经被认识到并被编写进法律里面，以便残疾人士在去集会的路上不遇到不必要的障碍。[2] 这密切相关于人们能使用某种公共交通工具的能力，以便集会本身得以可能。

在更深的层面上，我们必须意识到我们这个时代已经使得信息的传播加速化和全球化。因此，信息对理解的替换已经造就了人类的一种抽象的、空洞的、数字化版本。然而，将理解还原为信息仍然是一个需要获得进一步的现象学研究的主题。有意义的工作的观念与充分就业的观念仍是难以捉摸的。同样，不仅是财富越来越地被不公平地分配了，未来也在多数人和少数人之间被不平等地分配了。而我们无法意识到这个现象重要性的原因，部分地在于我们拒绝对胡塞尔称作"自然态度"的东西进行批判性重估。在下文的后记里，我会试图通过阐释怀尔德称作"世界事实"的东西与科学事实的东西的不同来使这一点更清晰。

---

1 参见 Wild，*Promise of Phenomenology*。
2 参见 Americans With Disabilities Act，sec. 504b。

2. 后记：重新开始

我已经研究政治三十余载。我功少过多，也常为逝去的时光追悔。但是，作为一名研究政治的现象学家，我斗胆在文末提出一些自己的观察结果。作为约翰·怀尔德的学生，我学习到，最好的哲学几乎总是与最具体的反思和参与相关。在我看来，所谓"20世纪60年代"的遗产在美国还未被完全揭示出来。当时美国有两场动乱与剧变。其中一场涉及关于压迫、自由和重建的社会文化模式，所有各式各样的人权运动都可以被纳入其中。它们的导火索是要求在内战结束的100年后解放所有美国黑人的民权运动。妇女运动、核冻结运动、环保运动、性解放运动——所有这些运动都有一种文化维度。

大概在同一时期，出现了对于不被少数富人支配的更公正经济的要求。二战后的阶段见证了生活水平普遍提高的巨大成功，尤其是从50年代的这十年一直延续到60年代。在大多数工业城市和国家，由于民主和受强大的工联主义影响的资本主义的融合，一个巨大而稳定的、大多有着体面的高薪工作的中产阶层已经形成。美国去工业化的运动尚未开始，有些东西依然是缺失的。

转述马丁·路德·金在20世纪60年代中期说过的话：虽然让人在同一张午餐台前吃饭是民权运动的一项成就，但如果有人无钱支付餐费，那么这项权利依旧是抽象的。在前往孟菲斯协助环卫工人罢工遭到暗杀之前，他预想了美国的第一次公共罢工。这将会引起对全美工厂工人工作环境、利益和收入的困境的关注。值得注意的是，虽然当时只有少数的黑人工厂工人，但是马丁·路德·金预见的是一场主要是经济性质的运动。可惜这场罢工从未发生。

文化运动被象征主义深深影响着：口号开始取代实质性的改

变。为了得到更易获得的文化自由，经济现实的影响减弱了。在越南战争时代后期，戴着安全帽的建筑业和工厂工人和骚乱的大学生之间的裂痕开始变得越来越明显。就在距今不到 40 年前，人们打开报纸就可以看到上面的"商业和劳工"板块。而现在我们只有商业板块，它没有更实事求是地道出它实际上所是的东西——"金钱"。到了 20 世纪 80 年代，60 年代异化的反主流文化在经济保守主义的驱动下产生了偏好文化自由主义的政治。

我能给出的最好例子是加拿大在魁北克和中央政府之间的分裂。加拿大自由党总理皮埃尔·特鲁多（Pierre Trudeau）和魁北克党的领袖瑞内·勒维斯克（Renee Levesque）这两个传奇人物主导了这场斗争与辩论。最后，勒维斯克更多地作为社会主义者，而非民族主义者，被迫勉强接受这场仓促收场的交易（我肯定他是这样认为的）。是的，魁北克的官方语言将是法语，但是魁北克仍旧作为一个省留在加拿大之内，而加拿大的经济中心从蒙特利尔迅速转移到多伦多，并一直向西辐射。

在我过去四十年生活、教书的佛蒙特州的伯灵顿市，20 世纪 70 年代的大部分时间都展现出为了某方面非常显眼的自由、文化的进步而让经济处于从属地位的模式。这意味着什么？大量散漫的主观思想在校园里释放并传播开来。对一个有意义的未来的追寻是从 20 世纪 40 年代末到 50 年代的时代特征，让位于即时氛围下的欲求。而对于工业和制造业的管理者来说，让人们活在当下是容易的。

要想找一个租的地方、住的房子或者有体面薪水的工作变得困难得多。左派开始转向摩尼教的观点。每个人都在反对着一些事情。当权派已经四分五裂，但是成长起来的经济精英们却仍完好无损。1978 年，我已经是一位在佛蒙特大学获得终身教职的教师了，然而我仍无力负担在我工作的城市的生活。被这一事实困扰着的我突然意识到，这一切并不是上帝或自然所为。为什么我不能负担得起在我工作的地方的生活呢？我一个在佛蒙特州州内参与各种竞选公事却喜忧参半——如果不是一事无成的话——的朋友也得出相同的结论。他的名字是伯纳德（伯尼）·桑德斯（Bernard［Bernie］Sanders），他以自由联合党候选人的身份参与了州长和美国国会议员的竞选。自由联合党实质上是一个反对越南战争的政党。在 1976年，我第一次遇见我已经为之投过票的伯纳德·桑德斯时，自由联合党正因越战结束失去了它原本的目标。在 1978 年，桑德斯发表了自己成为无党派人士和民主社会主义者的声明，但并没有被外界重视。在所有工业化的民主国家中，只有在美国，这种情况才会被认为是"奇怪的"。

我们谈论日常生活及其当务之急和紧急情况，而桑德斯更愿意将那些当务之急和紧急情况称为正在进行中的谈话的"现实"。有时我们也讨论政治，主要是些国内和国际事务。但我们经常得到相同的结论——经济的驱动力在各个维度主导着社会和政治生活。另外，桑德斯对人类生存的不合理方面有着独到见解，对不论是官僚制还是政治思想的体系都持不信任的态度。让我举一个例子。他问我美国"实际上"最贫穷的两个州是哪两个——缅因州和佛蒙特州是最穷的，而不是密西西比州和阿肯色州。他是通过对比各州人们的工薪与生活成本得出这个结论的。这有点像气象学中"风寒"系数的经济学变体。20 世纪 70 年代末的情况确实如此。超过 25% 的伯灵顿人生活在联邦划定的贫困线左右甚至以下。这些大部分被联邦划定为"低收入"的人群居住在一个叫作"老北端"的城市边缘地区。从之前的选举中分析出投票模式后，我告诉桑德斯，他在1976 年竞选州长时仅仅获得全州范围内 6% 的支持率的同时，在老北端的城区获得了超过 16% 的支持率。[1]

伯灵顿因为尚普兰湖发展迅速。20 世纪 70 年代，由于有公园和开放空间，湖滨地带成了许多伯灵顿人的"后院"。它从以毗邻大量零售店的城市监狱为特色的"伯灵顿市中心"一直延伸到山脚下。整个 20 世纪 70 年代，伯灵顿都在经历极为痛苦的从市中心区域开始的老旧住宅高档化改造。为了给这个寒冷的北方小城的市区商业增加吸引力，大量的地下商场工程都在进行着。在完成这个"重建"城市的过程中有两步特别必要。第一步是建一条直接连接高速公路的宽阔大道，这条路会为旅客频繁使用，也可以被越来越多的从较快发展的郊区到市区上下班的人频繁使用。这条"宽阔大道"是由联邦政府资助援建的。一个可预期的却未被充分认识的问题是，这条公路会将城市南端工薪阶层和中产阶层的居住区一分为二。这一点对"湖边"社区来说尤其恼火，这个社区的居民包含了母语仍是法语的老人。这条被称为"南方连通器"的公路是一场低调而持续的抗议的主题，抗议者并非那些激进分子（他们并没有关注到这个项目），而是附近的居民，他们担心他们的居住区将承受"进步"的代价，就像纽约那些被罗伯特·摩西（Robert Moses）的宏大设计"忽视"的地区一样。

最后也是最大的困扰在于，这些滨湖地区旧房将被完全改造提升为价格高昂的住宅和只有最富有的人才负担得起的公寓。城里最大最有实力的开发商可能大赚一笔，而城里的普通百姓眼睁睁地失去了他们的"后院"。

所有这些变化就是 1981 年 3 月伯纳德·桑德斯在竞选市长一

1　参见 Bernard Sanders with Huck Gutman, *Outsider in the House* (New York：Verso, 1997)，28。

职时的背景。桑德斯在共和党的大力支持下出人意料地在四轮竞选中击败了向来保守的民主党的现任市长，受到了经济机构的欢迎，这一切宛如托洛茨基接管了这座城市。在我看来，现象学的方法在这场竞选中发挥了重要作用，这次竞选成为后来被《杜恩斯比利》（Doonesbury）的漫画家加里·特鲁多（Gary Trudeau）称赞为"伯灵顿人民共和国"的东西。

伯尼·桑德斯是个出色的演讲家，喜欢参与竞选，而且其务实的倾向使他与普通工薪阶层关系不错。首先，我们的方案是找出大部分伯灵顿人住在哪。从他们的生活经验来看，他们大部分人认为自己住在"社区"里。社区实质上就是他们进行日常社交的地方。这也在很大程度上决定了他们的孩子上哪种小学和中学。然而，现在这些社区都受到了像罗伯特·摩西制定的那样的高速公路计划和替代计划的威胁。我们反对这种造成社区解体的分离计划，在这些社区中，人们可能忽略了伯灵顿市发展高速公路的意图是让他们快速到达市区的商业中心。我们还发现在这个未开发的州里，四分之一的城市居民生活在贫困线以下，而且公共服务的使用和分配是不平等的。

伯灵顿是一个非常冷的地方。如果你不开车上路或者在人行道上走路，那么你很难在冬天走得很远。这就意味着你去杂货店、去工作、去学校在很大程度上取决于城市对清除社区积雪的重视。伯灵顿人口统计数据显示，除雪是从富人社区和街道开始的，然后沿着他们的道路才到山脚下的贫民区。位于山顶的佛蒙特大学不仅有物资，也享受了优先待遇。而在老北端工作的人却住在老旧而不牢固的房子里，过着贫穷的生活，屋外是大堆的积雪。可以理解的是，相比于其他社区，他们中愿意去投票的人数比例很小。毕竟，当他们感到自身被忽视和边缘化时，他们并没有太多理由去投票。

政治的意识形态对于大多数伯灵顿贫民区的居民来说并不是一个重要的优先事项。然而，如果对他们孩子的福利、他们的住所、他们的街道和人行道予以更多关注的话，这一切都会开始改变。

在选举日那天，老北端竟有远超以往历次选举人数的大量的选民去投票，而以"独立联盟"——我们也知道这个称呼本身是矛盾的——自称的我们是投票的首要受益人。在对"南方连通高速公路"最忧虑的伯灵顿市南端，尽管这里的社区有长期的保守主义传统，桑德斯也使得现任市长在那里的得票率下降了。

我们特别关注的不仅是社区，还有城市工人，尤其是警察部门的工人。在反文化运动盛行之后的几年里，人们对语言的使用仍旧是粗俗的，并有点虚无主义的倾向。警察们常被冠以"猪"的绰号。所以我们选择将他们视为工人并指称为工人，事实上，他们确实也是。在选举日之前的周末，巡警协会作为代表警察的工会，前来支持独立候选人桑德斯。当地报纸《伯灵顿自由报》在当时属于全国最保守的报纸之一（事实上他们是那么保守，以至于他们是美国最后一家仍然支持已遭弹劾的尼克松总统的报纸），斥责警察工会支持政治候选人鲁莽行为。其实，对城市和警察部门之间更互相尊重的关系的承诺意味着，警察与这个大部分由大学人口构成的城市的学生之间的工作关系会更好。

经由越战在极大程度上转变为政治保守立场的学生在其大三、大四期间多住在学校公寓里，那里住宿条件不好且租金高涨。我们认为租赁环境可以、也应该被整治。虽然选举过后房价没有下跌，但是这些公寓都进行了安全检查并被要求设有消防通道。虽然由于在里根当政期间政府在公共住房上的开支削减，为工人建造的房子数量少之又少，但房租开始稳定了。有一项小规模的项目经由这些年发展了起来，并被认为是其他城市可以效仿的模范。"伯灵顿土地信托"——就像它的名称一样——让人们只需要拿收入的很小一部分来付房费，只要他们还住在这里。当房子被卖掉时，人们被授权拥有一小份利益，毕竟建房所用的土地的所有权是城市保有的。这一点对遏制房地产投机者有着适度但重要的作用。不过，住在伯灵顿市的租房人仍旧面临着艰难的局面。

竞选方案中最受欢迎的部分或许是回应了城市湖滨地带的问题，这一湖滨地带在竞选前受到了规模巨大的旧房高档化改造的威胁。总的来说，我们坚持城里的人们保有去湖滨地带观赏美景并在重要且免费的地方进行娱乐的权利。与之相应，我们提出了"伯灵顿不是用来卖的"口号，这些口号被张贴得遍布全市。这引起了绝大多数居民和新登记选民的共鸣。

在1981年3月3日的城市会议日上，桑德斯被选为伯灵顿市的市长。关于滨湖地区的方案被再次构思，被政府部门再度着重审议，也面向新组建的"社区集会"进行咨询。最终，一条环绕城市四周的自行车道建成了。公园得以最大程度地被保留和改善了，伯灵顿也在成为一个更宜居的城市。

这并不是说伯灵顿市不存在矛盾和冲突了——从最开始就必须对缺席选票重新进行计票。考虑到是在将近12000人次投票里靠22张选票分出最后的两个候选人，这已是上一届市长选举时参投人数的两倍，而投票率本身就已经是某种胜利了。从选举日当天晚上起，重新计票就是一件公开且令人高度紧张的事件。选举日后的第二天清晨，所有纸质选票（包括缺席选票和机器计票总数）都将被带离市政厅并送交法院审定，每一位竞选市长者都可以派一名代表去监督重新计票的过程。我是市长候选人桑德斯的代表。

在我看来，重新计票也受到了我对生活世界的理解的影响。现任市长戈登·帕奎特（Gordon Paquette）是一个保守的民主党人，在当地共和党掌权派的支持下已经在任多年。他的一个表弟与他一起竞选市长，名叫乔·麦格拉思（Joe McGrath），获得了 123 票。一开始，个人决定纸质选票的意图和真实性由地方议员负责。麦格拉思先生特意在我身后坐了下来，他小声提醒我每个计票员都有偏好，一会儿过后，他又告诉我应该在投票结果被翻转前主动干预这件事。没有人提及麦格拉思先生在这场重新计票过程中发挥的重要作用。而我听取了他的建议并确保每一张选票都是从不同于现任市长代理人的观点来审计的。

换句话说，是活生生的具象化的人而不是毫无偏见的机器人在对选票进行计数。我也有既定的偏好，这看来当然是公平的。重新计票很平静地进行，同时现任市长的支持者有针对性地拿着选票并大声宣示一张有争议的投票在何时计入他们的名下。这给参与这场重新计票的相对持中立态度的职员增加了额外的压力。另外，多亏麦格拉思先生，我们也发现了现任市长的代理人正忙于向市议会负责监督整个过程的那位女议员提供"建议"的指导。

这次选举的一个重要现象是：不少不打算投票给桑德斯同时也反对那些他们无法支持的政策的人给一个非常受欢迎的意大利餐厅的老板投了票。合情合理地讲，这家叫作波夫氏（Bove's）的餐厅是当时市里最受欢迎、最为人频繁光顾的餐厅。它是一个家族企业而且价格公道。第三位候选人理查德·波夫（Richard Bove）的父母和兄长菲奥雷·波夫（Fiore "Babe" Bove）定下了餐馆价格不能涨到佛蒙特州普通工人支付得起的价格之上的规矩。我谨记麦格拉思先生的话，意识到了重新计票偏离了轨道。政治计票是一个具体的过程。我立即交代我们的代理人与他交涉，要求现任市长的代理人停止行动。与此同时，我的一个为"我们这边"工作的大学同事被要求对照市里的投票名单逐一核查缺席投票人的名字。只要看一眼主列表就能发现它早就过期了。当缺席投票有用时，我就大声说出这一点。最后，在大约两个半小时后，对方让步了。我们在市长选举中以多出十票获胜。对于我们来说，也对于"每张票都算数"的宣言来说都有了新的意义。不过，仍旧存在上诉的可能性。因此，我决定与市助理书记员待在一起，他将选票装进灰色的大邮袋里，直到那些邮袋被贴上了封印。这又花了两个小时。这真是漫长的一天。

一个事后的想法是：无论什么时候人们去投票，在投票点总有拿着标语的支持者站在距离投票点的规定范围以外。出于某些我无法理解的原因，这就让市中心剩下的大多数选民被候选人或那里的代表严重忽视了，而在市中心，普通的伯灵顿选民在市会议日很容易见到。在选举日，我妻子和我花了 5 个小时在杂货店和百货公司或相似地方的门口询问人们是否有投票。我知道这会十分扰人。我记得，我曾五次向同一位女士询问是否投票。她说："这是第五次也是最后一次了，我不住在这个城市，也不在此投票。"这是选举日竞选活动的麻烦之一。最糟糕的是听到有人说："抱歉，我忘了去登记投票了。"我们决定不告诉人们应该投谁，只是告诉他们应该去投票，我们深知完备的政党机制会接触到每一个他们认为会为其投票的选民。我们动员了至少 50 名选民。我们猜测，我们应该能得到他们中间 80% 的票。当然，这反映了对空间的现象学探究：那些离投票地点最近的人，未必就离那些仍然可以争取到的选民最近。

3. 对未来的启示

桑德斯又三次被选为市长，每次任期两年。在这期间，他组建了一个成为佛蒙特州骄傲的政府。在最开始，他受到了类似本能反应的蓄意阻挠，甚至都不被允许雇佣自己的秘书。然而，小地方的政治要比一个大国的政治可见得多。就像哈里·杜鲁门（Harry Truman）在 1948 年总统竞选中谈论他的对手时说的一样，这一点并不完全地不同于与无所作为的共和党议会打交道的现任奥巴马政府的命运。在第一次连任选举中，地方报纸的广告狂热地渲染，商业会如何永远消失，而伯灵顿会变成一座废墟之城。幸运的是，选举日当天，《华尔街日报》在头版刊登了一篇文章——"社会主义倾向的市长有利于商业"。桑德斯市长成功的原因之一在于，他铭记经济议题有以积极的方式将人们团结在一起的能力。他并没有把这个城市变成偏左派的，而是像他自己说的，他是作为一个通过民主选举的社会主义者，也是作为一个无党派人士来工作的。在他的治下，艺术蓬勃发展，教育也受到促进，新的环境友好型商业获得了启动基金。另外一件让人们欣慰的事是，早些年遭受荷兰榆树病侵袭的伯灵顿通过一个极其成功的植树计划变化良多。在 20 世纪 80 年代末，伯灵顿一再被选为美国最宜居的城市之一。

伯尼·桑德斯接下来当了八年的美国众议院议员，而且现在是美国首位持社会主义立场的参议员。尽管如此，现在仍存在着时刻准备与意识形态作斗争的某种警惕思想，这种意识形态有时与他们的支持者针锋相对。我在这仅举一个例子。在市长第四个任期的最后几个月里，市政府里在进行一场规划会议。议题关乎位于老北端的伯灵顿最大的教堂的尖顶的置换。出于环境和历史原因，规划委员会坚称，教区居民建议使用一种与原材料几乎相同的匹配材料，而原先的尖顶是在 100 多年前制造的。这个方案被证实为是无比昂贵的。大部分的与会者都不是支持桑德斯市长的人。桑德斯对我说："我知道我不该牵涉其中，但他无法相信规划委员会在向民众要求些什么。这简直荒谬！不是我们每个人都负担得起成为一个完美的历史保护主义者的代价。"于是，他下楼到大会议厅里要求发言。他讲道："我委任了你们中的大部分人。我理解你们，你们的动机是为了环境好，但是有些其他的因素有时得考虑到。让这些人拥有尖顶，也让他们用某种与原本尖顶类似的合成物造出尖顶，要让他们负担得起。"我们在会议的全体审议开始之前就离开了，我不记得后来的结果是怎样的。但是，我记得那是我在市里的"官职"结束的时刻，也是桑德斯卸任市长的时刻。因为我是个哲学家，他任命我为"现实事务专员"。我问他这份职位是否有薪水。他说："当然没有，这就是现实。"

3.1 2016年美国总统政治后记

2015年4月30日，伯纳德·桑德斯宣布自己将从民主党初选开始竞选美国总统。在我写此文的时候，他正是党内提名竞争中希拉里·克林顿（Hillary Clinton）最强劲的对手。桑德斯坚持使用让他在担任市长、众议员和如今的参议员时都大有收获的现象学方法，并做出了如下一些值得注意的贡献。他最早注意到美国民主受到的威胁，这一威胁通过以牺牲多数人利益为代价而将财富高度集中于少数人之手而出现。这是自1928年以来未曾见过的不协调现象。他支持具体性的社会民主。这是在20世纪美国政治中一个相对新奇的事物。虽然这一点被广泛地描绘为左翼民粹主义，但一些基本的特点使得桑德斯的社会主义版本与众不同。这包括但不限于尊重少数人的要求、权利和义务，无论这些是否属于公共意志的一部分。他是近些年来第一位向国会迫切要求并提交最低生活工资立法议案的总统候选人。他提出的标准是最低15美元1小时。在比对其他多数民主工业化国家的情况之后，他还提出了一种医疗保健模式。这一点如同高等教育和社会保障政策一样再次受到批评，却是建立一个体面的宜居社会的义务。政治社会对桑德斯来说不仅仅是一个描述性范畴，还是一个规范性的范畴。

不同于在西方自由民主制中常见的将道德和经济分开的做法，桑德斯坚称两者必须放在一起考虑。事实上，我们可以将他的观点称为某种道德社会主义。如同在列维纳斯的思想里那样，它始于他者而非自我。桑德斯强烈反对日趋增强的撤销几年前允诺给工人养老金的趋向。保守派声称我们无法负担这些养老金。这种诉求据说代表的是我们子孙的利益。桑德斯认为，虽然当时一些养老金的设立可能不明智，但如果我们想要建设一个认真担负起代际责任的社会而不是让老一辈和年轻一辈不和的话，那我们必须履行我们的承诺和义务。不然，我们是谁? 相比于周围的环境问题危机，代际危机显得不那么明显。在所有对环境保护主义的探究中，必须承认这里存在一个提前预设的道德主张。这个主张取决于人类时间的一种现象学观点。也就是说，我们这一代人有责任为那些后来人留下一个体面的宜居社会。反过来说，这意味着我们也要对在我们之前的上一代留下的意想不到的结果负责任。这对于大多数现象学家是理所当然的; 过去依附于现在，至少是以一种痕迹的方式; 而对未来的承诺为我们的有限生命提供了愿景、意义和延续性。

我们必须从末世论的边缘退回来。用列维纳斯的话说就是，我们必须意识到人类关系的两极: 一种是每个人对每个人、所有人对所有人的战争; 一种是每个人为了每个人、所有人为了所有人的和平时间。我们必须将朝向第一种关系的强大趋势扭转为面向第二种关系。不然，就没有未来可言。我们目前在美国、欧洲甚至世界多数地方看到的正在抬头的寡头政治，因自身的内在矛盾而崩溃。如列维纳斯指出的，哲学依赖于社会和其政府的和谐关系，这种关系使得一个正派的、公正的和宜居的社会不仅是可取的，而且是必需的。反驳说这是乌托邦，无非是对人类生活自身的斥责。当然，国内政治和国际政治都需要足够灵活的处理，以便适应那种使联合的人类行动得以实现的实用主义。否则，我们就无法有意义地谈论能够将理想变为现实的实践。

说明了上面这些，我当然愿意高兴地承认我是伯纳德·桑德斯竞选总统团队中的一名顾问。我还没有决定我是否会出任在做"现实事务专员"时就被允诺好的新内阁职位。无论如何，我都需要我那些现象学伙伴们的帮助。

我想感谢莱斯特·恩布里教授和郑和烈教授让我及时在文末补上这篇后记。

第10章 海德格尔的哲学在伦理学上毫无意义吗?

李东洙 (Dongsoo Lee)

　　海德格尔哲学的政治意涵通常被他的批评者们误解成是危险的。特别是,他们声称海德格尔对于伦理学是无知的,他的无-本原的(an-archic)实践的观念对公共生活是有害的或者说是无意义的。但在我看来,这样的批评都是不恰当的。对于海德格尔来说,此在(Dasein)与自私没有任何关系,却是一个基于源始伦理学的存在者。不同于形而上学伦理学,源始伦理学认为法律和伦理指令是根据存在(Being)的分配或发送来规定的,而存在是伦理学的前提,也规定了伦理学,并使伦理学成为可能。此外,无-本原的不同于虚无主义的、无政府主义的以及反道德的。与之相对,无-本原在海德格尔那里意味着开放,即诸种可能性以内在的和不确定的方式存在于本体论层面上。在我看来,海德格尔政治哲学的缺陷不在于它是有害的、无意义的或者在伦理学上是自我中心主义的,而在于他从来不肯屈就自己对这个或那个政治纲领的决定性主张作出一种辩证的评估。

1. 此在和它的伦理意涵

　　海德格尔哲学的政治意涵通常被他的批评者们误解成是危险的。而他支持纳粹政权的事实似乎证实了这样的批评。特别是,他们声称，海德格尔的无-本原的实践的观念对公共生活是有害的或者是无意义的，因为它剥夺了政治行动的基础。维尔纳·马克思（Werner Marx）就警告过海德格尔哲学的危害性，着重指出了"海德格尔作为去蔽（*aletheia*）的真理概念极其危险的特质"[1]。绝大多数想要把海德格尔在纳粹时期担任校长一职与他的哲学[2]相联系的人会完全认同这一警告。斯蒂芬·K. 怀特（Stephen K. White）是另一个指出无-本原的实践的观念的无意义性的学者。他写道："问题在于，海德格尔的行动思想根本无法使集体行动的维

1　Werner Marx, *Heidegger and the Tradition*, translated by Theodore Kisiel and Murray Greene（Evanston：Northwestern University Press, 1971）, 251. 马克思的警告也存在着问题，因为他将这一危险"局部化"了，而这就远没有证明，海德格尔的真理概念为极权主义打开了方便之门。对于马克思这一警告的问题，参见 Reiner Schürmann, "Political Thinking in Heidegger," *Social Research* 45/1（Spring 1978）。

2　在第二次世界大战后，对于海德格尔在担任校长一职期间加入纳粹党的问题已有大量的讨论。关于他加入纳粹党的问题的观点可以划分为四类：第一，一些批评家认为，海德格尔参加纳粹党是其形而上的、极权主义哲学的逻辑后果。这类观点可见于 Victor Farias, *Heidegger and Nazism*（Philadelphia：Temple University Press, 1992）和 Hugo Ott, *Martin Heidegger：A Political Life*（New York：Basic Books, 1993）。第二，一些人仅仅部分认同海德格尔加入纳粹党与其哲学之间存在关联。他们认为，海德格尔的"早期哲学"与他加入纳粹党密切相关，但海德格尔在"转向"后放弃了他的形而上学，并开启了他的"后期"哲学，这一哲学提供了后形而上学的假想，而与其纳粹活动毫无关联。这类观点可见于 Philippe Lacoue-Labarthe, *Heidegger, Art and Politics*（Cambridge：Blackwell, 1990）和 Jacque Derrida, *Of Spirit：Heidegger and Question*（Chicago：The University of Chicago Press, 1989）。第三，某些人争辩说，海德格尔加入纳粹党不仅仅是其著作的后果，而且是其"世界观"的后果。例如，哈贝马斯认为，海德格尔从一开始就切断了从历史性通往真实历史的道路，并因此错失了社会化的维度。这类观点可见于 Jürgen Habermas, "Work and Weltanschauung," *Critical Inquiry* 15（1989）：431 - 445. 第四，有一种观点认为，海德格尔加入纳粹党与其早期或后期思想都毫无关联。他加入纳粹党只是一个根本不反映其哲学的政治失误。海德格尔自己做了这样的论证，而他的辩护词也赞同这一点。关于马丁·海德格尔自己的辩护词，参见 "Only a God Can Save US"：The Spiegel Interview（1966）。

度出现在视野中。"[1]

结果,他的批评者们对海德格尔有关伦理学的观点的批判最为猛烈。根据批评者们的说法,海德格尔的基础存在论应当暗示一种伦理理论,因为它的主题是人。让·波弗勒(Jean Beaufret)首先提出一个问题,"本体论和一个可能的伦理学之间到底存在着怎样的关系?"[2]更具体地说,勒妮·韦伯(Renée Weber)指出,伦理学在传统上规定了不仅仅对自己来说,而且也对他人来说的"善",而海德格尔隐晦的道德理论可能被指控为犯有两个伦理上的错误:"伦理的利己主义"和"伦理的纵容"。[3] 根据韦伯的观点,在《存在与时间》里对此在的表述完全是个人主义的,以致排除了"关心(关怀)"的可能性。而且海德格尔似乎声称,任何事都是被允许的。而这样的"纵容"也使得海德格尔自己的思想被极权主义所利用,其中最具毁灭性的可能就是让纳粹在 1933 年夺取了政权。

然而,在我看来,这些是对海德格尔政治哲学的误解。这篇文章的目标就在于针对这些误解做一个辩护。首先,让我来考察一下对海德格尔的伦理利己主义的第一种批判。一种对于伦理利己主义的主要批判来自伊曼纽尔·列维纳斯。根据列维纳斯的说法,西方哲学在总体上是一种本体论,是对现实的一种把握,这种把握同时

---

1 Stephen K. White, "Heidegger and the Difficulties of a Postmodern Ethics and Politics," *Political Theory* 18/1 (February 1990): 88. 在我看来,行动的"集体性"观念仍然预设了一种在行动中的统一性,并因此停留在形而上学思想的领域之内。

2 在《存在与时间》发表不久后,这个问题就被提出了。在他的《关于人道主义的书信》中,海德格尔回想起,他曾在很长一段时间里试图去精确地规定存在论与一种可能的伦理学之间的关系,而那篇文章是他为了回应让·波弗勒所提出的问题而写作的书信的修订版本。

3 Renée Weber, "A Critique of Heidegger's Concept of Solicitude," *The News Scholasticism* 42 (1968): 537-561.

也是"将他者还原到自我的过程"[1]。思维主体在统一和差异的维度上集合了所有的现象。它将存在者的多样性还原到一个承载着一切的共同基础。由于这样一种总体性以思维主体为核心，因此列维纳斯把它叫作自我，并且称西方哲学既是一种总体性的哲学，也是一种自我的哲学。

在列维纳斯看来，海德格尔也不例外，尽管他的关注点是对西方形而上学的克服，但海德格尔在克服西方存在论方面并没有成功，而是以一种新的方式实现了它。西方存在论强调自律优先于他律，真理优先于正义，总体性优先于存在者。这样的优先性在海德格尔的思想中亦能够找到，他赋予自由、真理和总体性的优先地性也意味着一种向心运动，在这一运动中，他者被还原为自我，而存在论有着最终的决定权："自我相对于他者的至高无上的地位，在海德格尔的哲学中得到了完整的保留。"[2]

尤其是，海德格尔的自由概念突出表达了自我从他者中的一种退出。而让是其所是（the letting-be what is）与存在自身，就是海德格尔自由概念的核心，是依据作为一种运动的把握模式被构想出来的，经由这种运动，我们从他者中退出，以便在自我的空间内去接受和安置他者。因此，"海德格尔的自由是顺从的，但这种顺从使得自由在不质疑它自己和不暴露它的不公正的情况下产生"[3]。只要顺从和自由的辩证法在作为去蔽的真理观念中发现它们的起源以及它们的综合，我们就没有谈论一种对自我的真正超出，也即一种

---

1 Emmanuel Levinas, *Totalité et Infini*: *Essai sur L'Exteriorité* (The Hague: Martinus Nijhoff, 1961), 13.

2 Emmanuel Levinas, *En Découvrant L'existence avec Husserl et Heidegger* (Paris: Librairie Philosophique J. Vrin, 1967), 169.

3 Ibid., 170.

对内在性和总体性的真正超越。

对列维纳斯而言，伦理危机意味着揭示作为对正义的绝对需求的他者之脸，并且只有这一伦理危机才能带来对自由和思考的真切质疑。海德格尔没有逃脱这种危险，因为他所说的顺从被引至对一种匿名的降临到我们身上的存在之命运（Seinsgechick）的服从。[1]将存在的中性维度置于存在者之上是对唯物主义的信奉。海德格尔哲学是一种模糊的唯物主义。

以海德格尔的观点看，这种"伦理自我中心主义"的批判基于对此在的误解与对此在和人（man）关系的误解之上。在这个意义上，勒妮·韦伯和列维纳斯都把此在和人混淆在一起。对于海德格尔来说，此在不是仅仅与人等同的概念；后者是一个存在者，而前者是一种澄明的过程，通过这种过程存在者得以出现。如果此在是指一个存在者，那么有人可能就会对这样一个使它得以产生的澄明过程提出疑问，而如果这个过程反过来是一个存在者，那么有人可能会追问该过程得以产生的过程，以致无穷。因此，此在不是一个存在者，而是在称被为人的存在者身上实现的一个过程。[2]

海德格尔的确谈到了"自我"。然而，他所说的"自我"并不

1　卢卡·波克特(Luk Bouckaert)对海德格尔和列维纳斯做了一个有趣的对比。在他看来，两位哲学家都表达了某种人之中的被动性，它超出了意志并作为这一意志的基础。在海德格尔那里，**泰然任之**（Gelassenheit）是对真理的隐藏本质的顺服，而在列维纳斯那里，替代是某人的被动性，他(她)被他者指控并同时被赋予对于所有物与所有人的责任，由此产生了不安和从我通向他者的运动。因此，列维纳斯更具伦理性地强调责任的归属。然而，在我看来，这样一种对责任的解释是片面的。对于海德格尔来说，责任意味着去回应(to respond)，而去回应并不暗示着服从，而暗示着质疑。我会在这篇论文的后半部分具体讨论海德格尔的责任含义。也可参见 Luk Bouckaert，" Ontology and Ethics：Reflection on Levinas' Critique of Heidegger，"*International Philosophical Quarterly* 10（1970）：413 - 414。

2　John Caputo，"Heidegger's Original Ethics ，" *The New Scholasticism* 45（1971）：130.

意指着一个以自我为中心的人，而意指着不能被"我"或"汝"所定义的此在。与变成一个存在者的物不同，此在必须接管并"成为"他的存在。此在的"自我"在于它规划存在自身的能力。因此，自我的整个结构是中性的，此在就是一个中性的词，既非阳性也非阴性，既不是"我"也不是"汝"。这不是因为此在是一个非人格化的过程——它实际上正是成为一个自我（being-a-self）的本质——而是因为它在如下意义上是先于人格的，亦即它是使得个体自我得以可能的先天之物。海德格尔写道：

> 只是因为此在由自我所定义，我-自身才能将"它自身"与汝自身相关联。自我是成为一个"我"的可能性的前提，而"我"自身只有在"汝"中才能显露出来。自我从不与一个"汝"相关；它对"成为一个我"和"成为一个汝"而言是中性的，甚至对"性别"而言也是如此，因为它是首先使它们成为可能的东西。所有对人的此在的存在论分析的基本命题都以中立性的方式处理此在。[1]

因此，此在与"自私"没有任何关系。成为自我并不是变成利他主义者的对立面，而是成为物的反面。利他主义和利己主义都是在存在者层次上研究"自我"的方式。此在不是一个自私自利的实体，而是"人能够以利己主义或是利他主义的方式行动的可能性条件"[2]。列维纳斯对海德格尔将他人还原到自我的批判对于海德格尔的存在概念来说是不恰当的。此在是一种前人格性（prepersonality），在其中自我和他者不能在一种存在者的层次上来

1 Martin Heidegger，*The Essence of Reasons*，translated by Terrence Malick（Evanston：Northwestern University Press，1969），87.
2 Ibid.

划分。

批评者们寻找的是一套管理人与人之间的关系的存在者层次上的指令,而海德格尔的关注点在于此在与存在之间的联系。因为海德格尔探究了先于伦理之物和非伦理之物而存在的领域,批评者们就认为海德格尔蔑视确定的道德指令。但海德格尔在任何意义上都不曾涉足存在者层次上的伦理命令的争论,也不曾涉足这些命令是否可以被确定地规定的争论。处在人类应该如何相互交往的问题之外的,正是人类共同体和人类世界的显现。根据海德格尔的说法,这个世界之所以显现,是由于它是存在的历史运动。探讨存在、人类世界的起源与人类居住在这个世界的方式(ethos)的起源,就是海德格尔所称的"源始伦理学"。[1]

2. 源始伦理学及其非形而上学的意义

现在让我详细阐述一下海德格尔"源始伦理学"的含义。早期的海德格尔并没有明确地提到伦理学。正是在一篇通常被认作海德格尔后期思想开端的文章《关于人道主义的书信》中,海德格尔才

---

[1] 海德格尔式"源始伦理学"的含义十分不同于伦理学的形而上学含义。根据弗莱德·多尔迈的说法,当代伦理学的共同之处在于,都从传统的形而上学的发展中汲取养分。例如,"自由主义"的伦理学在基本上与普遍规则的形成相一致,这种普遍规则或建基在理性本质上,或源于出自一种普遍话语的论证。在以某种方式受惠于康德思想之时,这种观点清晰地重提了理性主义伦理所特有的问题:抽象地(或者本体性地)设想的规则如何在根本上相关于具体的人类实践呢? 这些规则如何在不引发一种规则的无限倒退的情况下被转换到具体事例之上呢(为了规则的应用)? 为了应对这些困境,另一种方法——有时被称为"美德伦理学"——强调了在具体历史背景或传统之中品质的形成,正是这些品质使得道德行为引人注目。这是一种实质的(非程序性的)伦理学。然而,根据弗雷德·达尔麦亚的说法,被这两种当代伦理学忽视的关键方面是自由的维度——从存在论上讲,是存在与非存在的相互关联。通过将他的论证奠基在这种相互关联中,海德格尔经由引入"源始伦理学"暗示了一种避开形式-实体、规范-经验二分法的后形而上学。Fred Dallmayr, "Heidegger on Ethics and Justice," in *The Other Heidegger* (Ithaca: Cornell University Press, 1993), 106 - 107, 126.

展示了他"源始伦理学"的观念。在那篇文章中，海德格尔正好在《存在与时间》出版之后对让·波弗勒向他提出的问题做出了明确的回答。海德格尔的答案很简单，即真正根基性的思同时就是源始伦理学。从根本上说，只要源始伦理学属于根基性的思，那么海德格尔在早期就思考过源始伦理学了。

为了阐明源始伦理学的意义，海德格尔首先从词源上分析了"ethos"一词。在希腊语中，ethos意指住所、栖息之地。这个词被用来命名人所居住的开阔地区。而人所居住的开阔地区既让属于人的本质的东西显现出来，也因此让与人比邻而居的东西显现出来。人的这一住所包含并保留了在本质上属于人的东西的出现。源始伦理学作为一种根本的**住所**，是对居住本质的沉思，而这种居住是存在的议题。因此，源始伦理学是一种**存在之思**的样式。如果我们在ethos的源始含义上将其理解为"人与存在的共居之所"，那么根基性的思或者思考存在之真理的思，作为人类生存的源始住所事实上就是源始伦理学。[1]海德格尔宣称：

> 如果"伦理"这个称谓与ethos这个词的基本含义保持一致，那就应该说"伦理"是人的住所，那么当一个人以绽出的生存方式存在时，思考着存在之真理（作为人的源始要素）的思，本身就是源始伦理学。[2]

从源始伦理学的观点来看，以形而上学的方式来解释的伦理学

---

1 在此意义上，正如约翰·卡普托（John Caputo）指出的，《存在与时间》中的（源始）伦理学并不出现在对良知、罪责等的讨论中，而出现在对"世界"与此在"居住"（栖居）在世界中的方式的讨论中。John Caputo，"Heidegger's Original Ethics，" *The News Scholasticism* 45（1971）：133，n. 8.

2 Martin Heidegger，"Letter on Humanism," in *Basic Writings*，ed. David Farrell Krell（New York：Harper & Row，1977），235.

如果不能完全废除，也应该加以限制，正如形而上学哲学应该以同样的方式被克服。就像传统哲学未能解决存在自身的问题一样，它们也没能思考到人的基础伦理学；它们没有将存在思考为人类生存最本质的"居住之地"。就其本身而言，它们是存在者层次上的，而不是存在论的；它们是表象的，而不是基础的；它们所研究的是存在者，而不是存在，因此传统的伦理是习俗（mores）的逻辑，而非伦理的逻辑。[1]

海德格尔尤其批判了存在与应当之间的传统二分法。在《形而上学导论》一书中，海德格尔解释了**观念**如何成为最本真的东西，并在本质上显现出来，变成了一种可以被看见或者拥有可见性的东西，从而变成一种存在者。被解释为**观念**的存在被认为是一种存在者。而最高的**观念**（亦即关于善的**观念**）超越了存在，且成为一个原型，亦即模型中的模型。海德格尔写道：

> 存在，在被解释成**观念**之时，也带来了其与原型之物、典范之物与应然之物的联系。一旦存在自身被确定为**观念**，它便使得善成为存在随后发生的退化。但现在只有当某物被设定于存在**之上**，且永远不会存在却一直**应当**存在之时，这才是可能的。[2]

这就是存在与应然二分法的起源。"存在"和"应然"之间的二分源自将存在自身定义为**观念**的做法，即"只要存在将自身定义

1　Bernard J. Boelen, "The Question of Ethics in the Thought of Martin Heidegger," in *Heidegger and the Quest for Truth*, ed. Manfred S. Frings (Chicago: Quadrangle, 1968), 78.

2　Martin Heidegger, *An Introduction to Metaphysics*, tr. Ralph Manheim (New Haven: Yale University Press, 1959), 197.

为**观念**，应然与存在就是相互对立的"[1]。

根据海德格尔的观点，应然居于存在的本质中，因此不能命令人以特定的方式对自己或对其他的人采取行动。制定规则和指令是完全合法但又完全不同的任务。它是一种存在者层次上的或者形而上学的伦理学的工作。它不是指存在与此在之间的关系，而是指人与人之间的关系，因此这些规则和指令是通过存在者层次上的或者形而上学的伦理学来表述的。如果一项职责在相关于存在和此在之间关系的情况下被思考，它的意义就是不同的。海德格尔式的职责意味着此在对存在的照看。因为此在"属于"（*gehört*）存在，所以必须"倾听"（*hört*）它。存在向此在发出了呼唤，亦即一种此在必须作出回应的呼唤，这是义务的存在论意义。

海德格尔认为，传统伦理学"是在康德那里完成的"[2]。对于康德来说，纯粹理性的理论运用给我们呈现了什么是存在，而其实践运用呈现了什么是应该的。康德认为本质就是自然，亦即可以并且已经被数学－物理思维规定的东西。与自然相对的是绝对命令，它也被理性所规定，并被规定为理性。为了将它关联于作为本能性自然的单纯本质，康德明确地称它为应然（Sollen）。根据康德的观点，如果伦理是普遍的和绝对的，那么它对于所有偶然的和相对的经验来说就是先天的。它必须是一种形式的主观原则，康德称之为"绝对命令"，它阐明了道德律令具有普遍的约束力。然而，由于绝对命令被理性规定为理性，实践理性就成了它自己的立法者，而且是自律的和自由的。出于对这一展现为义务的律令的尊重，道德主体服从于这种自我强加的律令。因此，康德的伦理学通过道德律的

---

1 Heidegger，*An Introduction to Metaphysics*，197.

2 Ibid.

观念得以呈现，良知被展示为"正义的法庭"，这一法庭在伦理学中扮演着基本的指导观念的作用。

然而，海德格尔认为，"（在康德那里）本质的主导地位让应然作为标准和判准的地位受到了威胁"[1]。应然被迫通过在自身中寻找自己的立足点来支持自己的主张。道德主张必须提出自己的正当理由。应然只能从在自身中提出道德论断的某物中产生，而这样的道德主张也有着一种内在的价值。价值本身现在成了道德（应然）的基础。但因为这些价值在事实的意义上是与本质的存在相反的，因此它们本身并不能存在。因此，它们被认为是有效的。这些价值变成了所有本质——也即已经存在之物——的领域的关键标准。结果，作为道德律令的绝对命令仅仅是一种具有内在有效性的价值。这一律令依旧存在于存在者的形而上学的领域中，而在这一领域中，存在及其**规则**和**伦理**都未被考虑。这就是为什么海德格尔会说："即使是价值论，不论它被认为是形式的（参照康德），还是物质上的（参照舍勒），都有一种'道德的形而上学'作为其未表达的存在论预设。"[2]

与形而上学的伦理不同，源始伦理学认为律令和伦理指令是根据存在的分配或发送而指派的，而这一存在是伦理学的前提，也规定了伦理学，并使伦理学成为可能。存在着一种律令的源始意义，正如存在着伦理与存在论的源始意义。对于海德格尔来说，规则（nomos）包含了律令的源始意义。

> 规则不仅是律令，而且更源始的是包含在存在的分配之中的一种指派。只有这样的指派能够将人发送到存在之

---

1 Martin Heidegger，*An Introduction to Metaphysics*，198.

2 Martin Heidegger，*Being and Time*，trans. John Macquarrie and Edward Robinson (New York：Harper & Row，1975)，339.

中。只有这样的发送才能支撑一项职责。否则所有的律令
只是由人类的理性构造出来的东西。[1]

因此，海德格尔将诸伦理规则回溯到规定着它们的存在之命运
（*Geschick*）中；与遵守这些规则或是投身于有关伦理和存在论的
问题相比，更本质的是归属于那种命运。

一种旨在提供规则和指令的伦理学是人的生活所必需的。这要
求为实践行为规定积极的规则和法律，或描述习俗、风俗或习惯。
但这样的需求是以如下方式产生的，亦即它产生于这样一种必然
性，亦即在存在之命运中的必然性。它应该意识到这种基本的立
场，在这种立场中，此在的生存将自身保持为在世之在（Being-in-
the-world）。

只有当人类以绽出的方式进入存在的真理中生存并属
于存在之时，那些对人来说必须成为法律和规则的指令的
分配才会从存在自身中出现。[2]

这表明创制了伦理学的人栖居在存在的命运中并以他自己的方
式回应这一命运。海德格尔将对伦理学的需求追溯至存在的真理，
而这一真理决定了或分配了伦理学。这意味着：对伦理学的需求本
身源自源始的伦理学。去遵守规则就是把自己从居所中连根拔起。
去提供伦理指令就是迫使接纳了这些指令的人每天都处于一种伦理
境地中。

因此，它们都不是源始伦理学：一种变得本真的实用指南；道
德上的应当；作为人类主体成长条件的规则或价值的设定；一套指
导我们道德行为的静态的抽象规则；一门实践科学；一门产生自世

1　Heidegger，"Letter on Humanism，" 238 – 239.
2　Ibid.，238.

界观（*Weltanschauung*）或人的理论的用来指导生活的"风俗"、习俗、传统或实践指南的科学。[1] 更确切地说，源始伦理学是对适合于一个人的地方和居所的寻找——为了他本真的**"伦理"**。

这隐含了一个默认的假设，即人居于存在中的住所只是一个思想的居所，而且人类的基本行为的所有可能性都在根基性的思中被详尽地论述了。在源始伦理学中，思想与行动是没有分别的。对于海德格尔来说，"理论之物"与"实践之物"的二分法是一种形而上学的二分法，根源于**本质**（*essentia*）与**实存**（*existentia*）之间的经典二分法。而根基性的思既不是理论的，也不是实践的。海德格尔阐述道：

> ……这样的思（根基性的思）既不是理论的，也不是实际的。它产生在这样的区别之前。这样的思想，正如它所是的那样，除了是对存在的回忆外什么也不是。它属于存在，正因为它被存在抛入对存在之真理的保存之中，且为了这样一种保存而被宣告着，所以它思考着存在。这样的思没有结果，也没有影响。它在它所是的东西中满足了它的本质。[2]

在根基性的思中，理论和实践是存在在人身上的自身呈现的二重性，而不是二元论。存在的自身呈现的源初二重性表现为重点的一种循环转移，亦即自身呈现模式的循环转移。因此，基础存在论和终极伦理学之间的关系既不是形而上学存在论与道德形而上学的关系，也不是理论与实践的二分法。根基性的思自身就是源始伦理学，而源始伦理学是根基性的思的组成部分。只要根基性的思是存

1　Boelen，"The Question of Ethics in the Thought of Martin Heidegger，"80.

2　Heidegger，"Letter on Humanism，"236.

在于人身上的自身呈现的基本活动，亦即作为存在之真理的自身表现，根基性的思自身就是一种伦理性的模式。

3. 无-本原的实践及其政治意涵

在本文的开头部分，两个对海德格尔伦理学的批评——"伦理的利己主义"和"伦理的纵容"——已经得到了阐述。"源始伦理学"的含义也许可以成功地对第一个批评提供回应，但对于第二个批评仍不能提供足够的回应。源始伦理学似乎通过指涉存在的"让存在"（letting-be）促进了"伦理的纵容"。此外，海德格尔"无-本原的"实践似乎导致我们走向了允许一切存在的无政府主义。

然而，对于海德格尔来说，无-本原的不同于虚无主义的、无政府主义的与反道德的。后者只关注存在者层次上的混乱而不承认存在与存在者的区别，前者则从根本上指向存在自身。无-本原在海德格尔那里不是在蒲鲁东、巴枯宁和他们的门徒的意义上加以使用的。他们所追求的是取代本原，将"理性的"力量和原则替代为权威与元首的力量——这是一种前所未有的形而上的运作方式。他们试图用一个重点取代另一个重点。[1]与之相对，海德格尔的无-本原是指那种开放性，亦即在存在论层面上内在地且不确定地存在着的诸种可能性。开放性表明"可能性高于现实性"[2]。无-本原作为一种开放的可能性意味着人类作为此在根据其自身存在本真地生活的潜能。因此，无-本原的实践是"以一种不同的方式重新做过去已经做过的事情"[3]。

---

1 Reiner Schürmann, *Heidegger on Being and Acting：From Principles to Anarchy*（Bloomington：Indiana University Press，1987），6.

2 Heidegger, *Being and Time*，63.

3 Bernard Dauenhauer，"Renovating the Problem of Politics，" *Review of Metaphysics* 29（1975）：639.

当事物根据存在来判断时，它们不是为标准或原则所支配，而是为它们自己的标准或原则所支配，这些标准或原则从根本上扎根于诸种可能性之中。实践不是由原则所支配，而是以"无-本原的原则"[1] 为指导。因此实践的举措既不是一种本体优先的东西，也不是经验事实的简单压力。提供这种举措的东西是那种不断变化的样式，根据这一样式，事物在当下展露、出现并显示自身。海德格尔将这种举措归纳为**依循自然**（*kata physin*）：

> 人的生产信奉由它自己产生且表达了人的东西。他的**劳动**（*poiein*）将**自然**（*physis*）作为其衡量标准。这就是**依循自然**……只有当一个人的"生产"与从自身中出现的东西相一致，亦即与揭示自身的东西相一致之时，他才是一个知识渊博的人。[2]

因此，这样解释的实践就不能被还原为对人的某个目的的表象，而这种目的赞同他行为中的道德性。这种实践抛弃了完全以目的的表象为指导的"第一哲学"。它违背了一种纯粹"依据无-本原的呈现"（即依循自然）的行为模式。

无-本原的实践有时被批评为是不负责任的。然而，正如约翰·卡普托所言，海德格尔已经用一种可能被称为"负责任的无政

1　"无-本原的原则"的术语借用自海纳·舒尔曼（Reiner Schürmann）。他使用这一术语，是为了展示海德格尔的意向不仅仅是为了摧毁形而上学，更是为了带来一种划时代的转折。也可参见 Reiner Schürmann, "What Must I Do at the End of Metaphysics," in *Phenomenology in a Pluralistic Context*, eds. William McBride and Calvin O. Schrag (Albany: SUNY Press, 1983), 58–59。

2　Martin Heidegger, *Gesamtausgabe*, Vol. 55 (Frankfurt: Vittorio Klostermann, 1979), 367.

府状态"[1] 的意义，为形而上学总是在每个等级系统的顶端设定的**本原**（*archē*）划定了界限。对于海德格尔来说，责任意味着"去回应"。对理性原则的回应有两种方式。第一种是服从它，对它作出回应，去接受**本原**，这也是形而上学一直由责任所指的含义。这种责任是基于"同一性"的观念。但海德格尔阐述了另一种回应与责任，即通过对原则或本原提出疑问，希望对嵌入所有思想中的理性负责。有可能的是，对充分理由律负责、质疑它的声望并思考它有没有过度使用。要做到这一点，不是通过服从要求来回应要求，而是通过质疑要求来回应要求。此外，去接受它仅仅只是**回应它**，而去质疑它则是**对它负责**。从这个角度来看，海德格尔的哲学比形而上学更负责任。

海德格尔的回应并没有试图去除各种法则、原则或目的。它需要**本原**和非本原这两者，需要法则和越界这两者，需要有目的又要提防目的。在存在者的层面上，**本原**、法则和目的无疑是必要的，但海德格尔想表明的是，存在自身超出了存在者的**本原**。海德格尔通过无-本原的责任所表达的东西是对一种被每个**本原**都排除在外的东西的责任。

海德格尔的无-本原的实践的含义似乎是美学式的，因为它欣赏的是实践的美而不是实践的**目的**。这是对的，但这种审美化不仅是艺术性的，更是政治性的。无-本原的实践通过自觉的审美行为，对行动的柏拉图式的工具化以及对现象世界的降级做出回应。对海德格尔来说，实践是**卓越的**表现。这意味着：分析行动的诸多标准类别（如动机、目标、后果）以及这些类别预设的施行者的概念都

1　John Caputo，"Beyond Aestheticism：Derrida's Responsible Anarchy，"*Research in Phenomenology* 18（1988）：60－62，65.

被搁置一旁：行动可被看作表现。审美化的行动重新获得了它的意义，还原了它的纯真，将它置于"善和恶的彼岸"。这种审美化本身是政治性的，因为它试图克服实践的形而上学意义。简而言之，审美化是在无须将实践特征还原至劳动性的（poietic）情况下试图阐述实践的独特意义。

作为一种表现的实践也在当代的一些政治哲学家那里得到了体现。例如，迈克尔·奥克肖特批评了政治行动的"经验主义"和"理性主义"的概念，认为政治行动既不是出于一时的欲望，也不是出于普遍的原则，而是源于行为自身的现有传统。政治行动所采取的那种形式—因为它不能采取其他形式——是通过探索和追求与既有安排最密切联系的东西来进行的对既有安排的修正。"在政治中，每一项事业都是一项连续性的事业，它不是对梦想的追求，也不是对普遍原则的追求，而是一种对亲密性的追求。"[1] 因此，政治活动在本质上是表现性的。政治活动首先出现，政治的意识形态则紧随其后。

政治行动的表现性在阿伦特那里也十分突出。[2] 阿伦特坚持认为，亚里士多德没有对行动的独特的自足性进行充分的概念化处理。最终，亚里士多德对实践的定义是工具主义的，因为行动的意义和一种目的论的实现过程是不可分割的：行动的生命是人独有的，因为只有它能够达到善。她在实践的分析上强调了表现。她的

---

1 Michael Oakeshott, "Political Education," in *Rationalism in Politics and Other Essays* (Indianapolis：Liberty Press，1991)，57.

2 戴娜·维拉(Dana Villa)争论道,阿伦特的行动观念在如下意义上是审美式的,亦即它赞赏伟大的行动,因为它拥有一种照亮世界的美。这种审美化是政治性的,它区别于尼采式的审美主义,亦即那种艺术家的审美主义。Dana R. Villa，"Beyond Good and Evil：Arendt，Nietzsche，and the Aestheticization of Political Action ，"*Political Theory* 20/2（May 1992）；299.

观点是，"伟大"仅适用于政治表现本身。根据动机或成就来评判行动会不可避免地降低了它的自主性，破坏了每一个行为的具体含义。因此，不像人的行为，"行动只能以'伟大'的标准来评判，因为它的本质就是要去打破"[1]。

阿伦特想要保留行动的自主性，使其不受思想的工具模式的侵犯，而这一要求引导她去援引有关表演艺术的类比，这样的类比——强调艺术的精湛和伟大——产生了一种作为竞争（agon）的政治行动概念。

实践的表现性最终导致了存在者的让-存在或宽容。虽然让-存在不指向伦理上的纵容，而指向实践的表现性，但它似乎导致了一种"保守"或"反动"的政治。例如托马斯·希恩（Thomas Sheehan）就批评海德格尔加入纳粹党的行为是保守的，因为"尽管他从未接受纳粹党的全部意识形态，但他的确将纳粹主义视为一种运动，这种运动可以阻止马克思主义的传播且可以实现他最为喜欢的一个政治理论家弗里德里希·瑙曼（Friedrich Naumann）（1860—1919）的极端保守的愿景：强烈的民族主义和好战的反共产主义的社会主义在一个具有超凡魅力的领导人的领导下结合起来的愿景"[2]。迈克尔·齐默尔曼（Michael Zimmerman）指出海德格尔"憎恨唯物主义、科学还原论、社区的衰落，城市生活的罪恶、精神的腐坏，原子式的个人主义以及对先验主义的疏远"，而且海德格尔"拒绝启蒙运动的经济和政治价值，并呼吁一个新的社会秩序，这种社会秩序只有通过回归德意志的原初根源才能产生"[3]。一

---

1 Hannah Arendt, *The Human Condition*（Chicago：The University of Chicago Press，1958），205.

2 Thomas Sheehan, *New York Review of Books*，June 16，1988，44.

3 Michael E. Zimmerman, *Heidegger's Confrontation with Modernity ：Technology ，Politics ，Art*（Bloomington：Indiana University Press，1990），4.

些评论家甚至试图将他的政治哲学归因于德意志民族主义的传统，即寻求恢复德意志国家。

然而，从无-本原的实践的优势来看，海德格尔的政治哲学既不保守也不反动，相反却是激进的和革命性的。它在如下意义上是"革命性"的，亦即它试图以一种解-构的方式来克服既定的思维方式，并且它在如下意义上是"激进的"，亦即它使我们回归到我们思想的根本起源，而这样的起源在政治哲学的历史上从未被人思考过。海德格尔向往的不是一个在存在者层次上的哲学的、政治的或社会的变化，而是一个通过参与进存在的发生（*Ereignis*）而理解存在的自身运动的根本变化。他的所有论点——拒绝任何根本的或奠基性的原则，拒绝任何根植于第一哲学的政治或伦理教导、主体、现代性、启蒙运动和西方的终结、多元和差异的不可还原性——都与形而上学的既定观点背道而驰。

因此，海德格尔明确地批评了任何形而上的和以自我为中心的民族主义。他写道：

> 从形而上学上来说，每一种民族主义都是一种人类主义，并因此是一种主观主义。民族主义不是仅仅通过国际主义来克服的；毋宁说，它由此扩展和提升为了一个系统。正如个人主义几乎不会经由非历史的集体主义提升到人道主义，民族主义也几乎不会经由国际主义提升到人道主义。[1]

海德格尔想强调的不是以自我为中心的民族主义，而是存在本身的自身运动。由于人不是存在者的主人，此在就进入泰然任之（*Gelassenheit*）之中，也即进入一个超越人类意志力或存在之发生

---

[1] Heidegger, "Letter on Humanism," 221.

的领域中。对泰然任之的进入发生在主动性与被动性的区别之外，而且不会与一种薄弱的允许事物放任自流的纵容相一致。在这种泰然任之中，正如任何人不能被视为主体，任何国家也不能被视为主体。

在我看来，海德格尔政治哲学的缺陷并不在于下述事实，亦即它是"有害的"，"没有意义的"，"在伦理上自我中心主义的"，"在伦理上纵容的"，"保守的"，"反动的"，而在于他从来没有屈尊自己对这个或那个政治纲领的决定性主张进行辩证的评估。当他的哲学依据存在而处理存在者之时，他的政治哲学却根据在存在论上进行定义的实践对任何一种存在者层次上的政治的表述保持沉默。他的重点仅仅放在了存在论的阐释之上。他可能害怕将用那样的表述使得政治问题"局部化"，或者认为思考政治需要一种新的思考方式，一种"非同寻常"的思考方式。然而，不论是在哪种情况下，存在论化（ontologization）和它在存在者层次上的表述之间的联系是缺失的。

于我而言，这样一种寻找上述联系的努力在阿伦特——一位海德格尔的优秀学生——身上找到了。在《人的境况》一书中，她将人的活动分为三种，然后将海德格尔实践的存在论融入了行动概念中。阿伦特认为，行动是由各种各样行为和演说组成的，它带来了人类境况的多元性。此外，行动是人类在公共领域开始做的事情，也是人类用来参与他们共同世界的东西。在公共领域中表露一个人的德性（aretē）、塑造公民之间的沟通能力和反抗暴力都包含在了行动的范畴里。不像劳动与工作，行动在本质上是公共的和政治性的。如果我们能够借助阿伦特的表述来解读海德格尔的哲学，那么海德格尔思想中的政治和伦理维度则会变得更加清晰。

第11章　承认现象学：黑格尔在全球社会中对承认政治的源初贡献

权纪鹏（Gibung Kwon）

　　鉴于跨国实体和次国家实体在全球社会中显著性的日益增加，对于我们来说合法且迫切的是去询问，对于权利或个人成就的传统承认是否应以加深或扩大既定类别的方式，或者以创造或发现一种承认个人和群体的全新方式来加以重塑。承认模式在全球化时代会如何转换呢？全球社会中新兴的行为者，无论他们是否愿意，都会涉入一种对其身份构成与生存诉求进行承认的政治。改变了的身份政治的后果改变了我们彼此认识的方式，也因此改变了我们在全球范围内生活于其中的社会的性质。正如郑和烈教授曾提及的那样，只有在凤凰浴火重生[1]之时，人们才可能认识到当代全球社会中被充分实现的承认类型。然而，黑格尔的承认现象学使我们能够推测出一些更可能实现的可能性。至少，它警告我们，不要将任何一种在现在可能占主导地位的承认类型作为今后承认自己和他人的唯一类型。

1　"凤凰浴火重生"（the Phoenix rises from the ashes）是英语中的一句谚语，比喻不屈不挠的奋斗精神与坚强意志。在此，作者用来喻指人们认识全球社会中的承认类型的艰辛过程。——译者注

1. 再论承认理论

在长时间的无人问津之后，承认概念最近在当代政治学与哲学中凸显出来，这主要是由于新黑格尔理论家——如查尔斯·泰勒和阿克塞尔·霍耐特（Axel Honneth）——所作的努力。[1] 根据泰勒的说法，承认理论在两个层面上被我们熟知："首先，在理解身份和自我的形成的私人领域……然后在公共领域，一种平等承认的政治已经发挥越来越大的作用。"[2] 因此，承认政治在当代政治学中意味着两种不同的东西。一方面，它通过强调所有公民的平等的尊严，要求权利和资格的均等。平等尊严的政治是基于如下观念之上，亦即"所有人都同等地值得尊重"[3]。另一方面，泰勒认为："身份的现代观念已经引发了差异政治。"[4]它要求每个人都由于他或她的独特身份而被承认。从差异政治出发，他补充说："我们被要求承认的是这个人或这个群体的独特身份，即他们不同于其他人的地方。"[5]

无论从身份的差异还是从资格的普遍性来理解，承认的概念都与当代的身份政治特别相关。正如南希·弗雷泽（Nancy Fraser）所说，出现这一情况的原因在于如下事实，即跨文化的互动和沟通

---

1 对于将承认视为一种道德范畴的当代讨论，参见 Amy Gutmann, ed., *Multiculturalism：Examining the Politics of Recognition*（Princeton，NJ：Princeton University Press，1994），Nancy Fraser and Axel Honneth，*Redistribution or Recognition？：A Political Philosophical Exchange*（London：Verso，2003），Axel Honneth，*The Struggle for Recognition：The Moral Grammar of Social Conflicts*，trans. Joel Anderson（Cambridge，MA：The MIT Press，1995）。

2 Charles Taylor，"The Politics of Recognition ，" in Amy Gutmann, ed. (1994)，37.

3 Ibid.，41.

4 Ibid.，38.

5 Ibid.

越来越多地"打破和混合所有的文化形式"，因此体制需要适应这种复杂性增加的态势。此外，她还表示："当将威斯特伐利亚式国家（Westphalian state）作为社会正义唯一的容纳地、活动场所和监管者这一点越来越难以置信的时候，身份地位的冲突便获得了典范性的地位。"[1]

因此，认同观念的复兴，正是基于这种对多样性和差异性保持宽容的新兴伦理所要求的敏感性。正如查尔斯·泰勒强调的那样，我们不应该过于傲慢，以致预先忽视了这样的可能性，即"长期以来为大量人类，也为大量的不同性格和气质提供意义范围的文化……差不多都有一些值得我们敬佩和尊重的东西，即便它们也伴随着我们不得不憎恶和拒绝的东西"[2]。

如果在一个人或一群人周围的人或社群向这个人或这群人反馈一种对于他们自身的偏狭的或贬低人格的或蔑视的印象，那么他们可能会受到真正的损害，因此我们可以说，多元文化主义时代的正义需要一个在平等个体之间相互认同的政体，这种政体涉及对所有公民的承认，即他们既是普遍意义上的人类，也是特定社会身份的承担者。然而，我们也知道，这些要求不是通过绝对的方式和跨-历史的方式而产生的。正如霍耐特所承认的那样，"人类对于交互主体间的承认的特殊信赖总是通过那种特殊方式来塑造的，在那种方式中，对于承认的相互同意在社会中被制度化"[3]。例如，资产阶级-资本主义社会产生自以荣誉为基础或以地产为基础的前现代社会秩序的崩溃。三种承认模式（爱、权利和个人成就）的分离及其相应的在私人和公共领域之间的分歧使得承认的现代形式与承认的

1　Fraser and Honneth，*Redistribution or Recognition？*，91–92.
2　Taylor，"The Politics of Recognition，"72–73.
3　Fraser and Honneth，*Redistribution or Recognition？*，138.

前现代社会形式截然不同。

鉴于跨国实体和次国家实体在全球社会中日益增加的显著性，我们可以预期，在权利或个人成就方面的传统承认观念，将或以加深或扩大既定类别的方式，或以创造或发现一种承认个人和群体的全新方式被重新构建。那么，在全球化时代，承认模式将会如何转变呢？如果一种（或诸种）特定的承认类型成为主要的类型的话，那么这种（或这些）承认类型为何被制度化且超过其他可能性呢？这对当代政治有什么影响？根据当代话语，当国际社会不再仅仅由国家行为主体组成时，上述问题就成了需要认真审视的合法问题。全球社会中新兴的行为主体，无论是否愿意，都会涉入一种对其身份构成与生存诉求进行承认的政治。最终，改变的身份政治的后果改变了我们彼此认识的方式，也因此改变了我们在全球范围内生活于其中的社会的性质。因此，近年来在哲学和其他学科方面有点姗姗来迟的学术辩论，应当得到其职业是理解和解释社会现象的所有人的细致注意。

然而，当承认被认为是现代社会中个人身份的构成性原则（即欲望、权利或社会成就）之时，当代的讨论并没有说明它如何激发个人或团体实施带有社会性后果的行为，这些行为的集合导致了大规模的社会或政治运动。例如，当一个人想以某种方式得到认同时，对另一些人或社群的错误承认或不充分的承认可能会对那个想得到认同的人造成伤害。正如泰勒所说，它可能阻止他/她发挥自己的全部潜力，或者阻止他/她完全地拥有一种能力，以至于他/她无法成为平等的有能力的行为主体。

同意这种为承认提供的道德或存在论论证是可以接受的这一点，并不等于充分解释了道德伤害的原因和条件。此外，除非受伤害的人可能感到愤怒并开始一种"斗争"，以便恢复其生存或尊严，否则的话，从受伤害一方出发确定必要的正确行动就毫无意义。也就是说，对受伤害一方的实际补救行动取决于受伤害者在其中发现自己的背景。即使人们认可错误的承认从道德的理由上看是使一个人遭受不公正待遇的原因，但这很难证明，她/他变成的那个人或那种人就得完全归咎于承认的缺乏。对目前她/他所是的那个人来说，这最多只能是一个促成因素，没有触及个人发展的许多方面，因为个人的道德成长涉及从继承的个人特征到社会经济状况再到合法权益的一系列因素。除非另有其他一个（或其他一些）社会理论来补充解释个人承认动机与社会制度——这一制度调适了承认的同意过程——之间的关系，否则对于承认的道德论证只不过是对一种伦理或话语原则的证实，因此不是一种行动理论。

当当代对承认的概念化处理被要求完成解释社会上重要的行为或现象的任务时，上述不确定性的理论难题便无法避免了。无论是被理解为涉及交互主体的相关性还是孤独的欲望，它都不能解释在存在-起源的过程中假定的错误承认为什么以及如何转化为具体的心理特征和（或）具体的个性，这种特性和（或）个性导致了一种在社会上受伤害的人所采纳的可辨识的行为模式。当承认被认为是一种欲望时，我们必须承认如下事实，承认只是一个人所拥有的众多愿望之一。当承认被概念化为在某一特定社会中的角色或职位方面的社会成就时，它同样不能完全解释社会上那些重要的行为。它可能会激励个人追求确定的生活目标，以满足他们对社会尊敬或尊重的渴望。然而，正如在典型的传统的荣誉等级社会中发生的那样，承认可以被制度化为一个在其中个体性被消弭的阶级社会。除非承认通过获得个人身份的其他手段（例如现代的自由或平等观念）被解放出来，否则个人追求成就的欲望不可能与要求平等的承认的社会运动相结合。[1]

因此，我们所需要的不仅是当代话语所探究的承认范畴，而且也是一种适用于社会现象的实际解释的承认的操作性概念：也就是说，找到一种方式，以便将道德或心理学范畴转换为一种在客观上对于体制或物质实例进行辨识的社会范畴。这应该在没有陷入困境的情况下实现，这一困境或使得承认概念等同于社会角色或功能，或使得承认概念仅仅被还原为单纯的主观感受，目前可用的承认概念正是被理解为这种主观感受。在这方面，我们首先要做的是，去看看承认的概念是否取决于社会行为的现象学要求：例如内在之物的外在化与外在之物的内在化，或主观之物的客观化与客观之物的主观化。

鉴于社会行为的本质，社会理论的主要问题最终归结为两个：其一，如何将个体与他们的动机之间的结构性关系概念化；其二，如何将他们通过互动形成的特定关系概念化。因此，如果我们想要建构一种真正的自发性的政治理论，就需要假设一个调节性范畴。承认能够调节和构成个人和社会。正如当代的争论所表明的那样，承认——就定义来看——不仅是存在性范畴，通过这一范畴，确定的行为主体首先被建构起来，而且承认也充当了相互影响的合作伙伴之间相互作用的中介，因为它已经将承认的调节或中介概念预设为独立的范畴。那是因为：只有在自我的身体和/或在社会中有某种确定性的中介，对于我和他人的承认——特别是在它成为超出知觉或意识层面的相互承认之后——才是可能的，通过这一中介，一个人能够将他人承认为情人、朋友、同志、平等的公民、商业伙伴或总统。

1　参见 Taylor，"The Politics of Recognition"。

正如霍耐特所说，在现代社会中，作为中介的（或在这方面普遍适用的）是交互主体间的感觉（即爱和仇恨、友谊和敌意）、社会制度（即权利、权力和金钱）或包括国家的社会经济和政治共同体。正如郑和烈所声称的那样，当承认涉及主体的感觉之时，对于自我和他人的认知其实就是身体的诠释学或者身体互动认知的对话过程的成就，而不仅仅是一种唯我论式的或者独白式的认知问题。[1]

一旦我们认可承认的概念既可以用来确定个人身份，也可以用作不同行动者之间相互作用的方式和手段，那么很明显的是，它已经涉及社会的社会性结构或者启动和约束社会互动的背景。被承认的行动者和对承认进行社会性建构的制度只是个人相互作用的结果。一旦对行动者规定了确定的形式，行动者反过来又作用于社会结构，并受到它的影响。[2]因此，承认的概念必定与社会结构有关。也就是说，个人如何通过现有的承认中介得到承认这一点，取决于社会上可获得的资源和社会上以正式或非正式的方式得到认可的（或制度化的）规则和规范。只有当这样的角色或职能（即工人、医师、政治家或公民）在社会上得到制度的支持和保证，他/她才

1　对于郑和烈讨论存在之间关系的跨越式的和对话式的现象学，参见 Hwa Yol Jung, "Transversality and Geophilosophy in the Age of Globalization," in Martin Beck Matuštík and William L. McBride, eds., *Calvin O. Schrag and the Task of Philosophy After Postmodernity* (Evanston, IL: Northwestern University Press, 2002), 74 – 90, "Edouard Glissant's Aesthetics of Relation as Diversity and Creolization," in Nalini Therese Persram, ed., *Postcolonialism and Political Theory* (Lanham, MD: Lexington Books, 2007), 193 – 225, and "Bakhtin's Dialogical Body Politics," in Michael Mayerfeld and Michael Gardiner, ed., *Bakhtin and the Human Sciences* (London: Sage Publication, 1998), 95 – 111。

2　参见 Anthony Giddens, *Central Problems in Social Theory: Action, Structures and Contradiction in Social Analysis* (Berkeley, CA: University of California Press, 1979)。

能成为一个确定的行动主体。只有当他/她在制度上得到支持的情况下，他/她才能通过被承认的相互作用的中介以一种受社会规定的方式继续采取行动和作出反应。

即使当承认涉及个人之间的关系和像爱和仇恨这样的主体间的情感之时，情况就是如此。否则，情感关系就没有制度上的保障，而正是这一制度保障才能使它发展被社会承认的关系。例如，爱情关系在社会上被制度化为婚姻关系。朋友之间的亲密关系在社会上被承认为友谊，并且与陌生人之间的关系鲜明地区分开来。即使是后一种关系也通过制度被整合进诸如买卖双方、生产者和消费者，或对任何人构成或不构成威胁的敌人和陌生人这样的范畴。因此，社会对他们的权利和资源的分配不同。

从黑格尔在《精神现象学》或《法哲学》[1] 中发展起来的承认概念中，我们已经可以看出承认的这些从现象学中得出的先天预设和含义。在黑格尔这里，我们不仅发现承认的概念首次以现象学的方式加以构建，而且它也适用于个人道德发展和社会转型的实际解释。[2]通过体系式地剖析黑格尔文本中承认概念的不同表述，我们可以在跨境的联合和网络时代为承认的内在潜力的系统性研究奠定基础。

1　G. W. F. Hegel，*Phenomenology of Spirit*，trans. A. V. Miller（Oxford：Oxford University Press，1977），*Philosophy of Right*，trans. T. M. Knox（London：Oxford University Press，1967）。

2　对于黑格尔承认观念更细致的阐述，参见 Robert R. Williams，*Recognition：Fichte and Hegel on the Other*（Albany，NY：State University of New York Press，1992）；Paul Redding，*Hegel's Hermeneutics*（Ithaca，NY：Cornell University Press，1996），Fraser and Honneth，*Redistribution or Recognition？*。

2. 黑格尔的承认现象学

被他人承认和承认他人是塑造一个人在其整个人生中成为他所成为的那种人的主要方式。没人比黑格尔在《精神现象学》中更深刻地捕捉到人类的生存性特征。[1]在黑格尔看来，对于承认的需要是拥有自我意识的存在者所特有的一种需要。[2]正由于承认的必要性，主体性的存在者能够突破它的唯我论的自我，进而形成一个以交互主体性为中介的社会。这种黑格尔式的承认观念是对一种讨论自负之恶的陈腐话语的批判，而这种自负之恶是他从卢梭那接受下来的，并通过他的主奴关系辩证法广为人知。[3]在黑格尔的承认观念中值得注意的事实是：承认的结构采纳了各种各样的制度形式，而在这些形式中，承认在道德和社会发展的每个阶段都被具体化了。[4]

1　Brian Fay, *Contemporary Philosophy of Social Sciences: A Multicultural Approach* (Cambridge: Blackwell, 1996), 42.

2　亚里士多德在《诗学》的第十一章中将承认（anagnôrisis）的概念定义如下："正如承认这个词所暗示的那样，在以好运或歹运为标志的人身上，承认是一种从无知（agnoias）到有知（gnôsin），或者再到爱，或者再到恨的变化。"（Aristotle, *Poetics*, 1452a 29‑32.）转引自 Markell（2003），84。黑格尔追随亚里士多德，也在《精神现象学》中讨论了首先作为认识或意识问题的承认观念。依据霍尔盖特（Holgate）的说法，对于黑格尔来说，现象学意味着"一种对意识在逻辑上必须产生的经验的检视，倘若意识的客体拥有对于意识的这种或那种形式。"它揭示了"那种方式，在其中，客体在那样的经验中必然为了意识改变它的逻辑形式，并为了意识不再是意识自身起初让它成为的东西。"因此，它意味着辩证法本身。Stephen Houlgate, *An Introduction to Hegel: Freedom, Truth and History*（Malden, MA: Blackwell Publishing, 2005）,55.

3　Taylor（1994），50.

4　这里对承认所作的在普遍结构与具体实例之间的区分受惠于罗伯特·R. 威廉姆斯（Robert R. Williams）。对于威廉姆斯在这方面的贡献，参见 Patchen Markell, *Bound by Recognition*（Princeton, NJ: Princeton University Press, 2003）, 118‑119.

2.1 承认的一般结构：为承认而斗争

在《精神现象学》中，黑格尔以一种典范的方式将承认设定为一种生死斗争，亦即为了承认的斗争。由此，黑格尔从哲学上探讨了生成自我意识的条件。黑格尔的现象学阐释开始于让一个主体置身于自然状态中。在原始阶段，这个主体只是迷恋着自己欲求的客体；它永远无法意识到它的自我。这个主体就像只向外观看、却看不到它们自己的眼睛，除非它们在镜子里被反射出来。由于这个主体还没有遭到他人的严重挑战，它就不会演变成自我意识，亦即将自己意识为一个独立存在者的主体。

然而，当两个欲求着的存在者在争夺一个所欲求的对象的斗争中相遇时，一个存在者的自我封闭的世界被另一个存在者所粉碎。每个人都被迫意识到它不是世界的中心（即黑格尔术语中的普遍性），而只是一个面对着他人的有局限的存在者。[1] 每个人都认识到，每个人对他者来说所意味的（毁灭），同时也是它的意味本身。现在，每个人都有机会把握他们在其中既是主体又是客体的这一过程的"双重含义"。[2] 然而，由对抗引发的暂时的启蒙时刻对斗争双方没有持久的影响。由于在斗争中发现了他人的抵抗，一个人就必须面对自己的界限：也就是说，有一种力量（就像他本身，却出现在他之外），这种力量摆脱了他的暴力，并且对他的整个存在构成

---

1 参见 Hegel, *Phenomenology of Spirit*，§ § 178，179，111。

2 雷丁（Redding）相当简洁地阐释了在发现双重含义的过程中所涉及的机制。参见 Paul Redding, *Hegel's Hermeneutics*（Ithaca, NY：Cornell University Press, 1996），111 - 112。

威胁。[1] 因此，与他人的对抗被直接地经验为一种突然的自我否定，
一种自我的丧失。

因此，斗争并没有导致对于自我之承认的预期目标。那是因
为，消灭他人的企图本质上是与承认的欲望相矛盾的。自我可以通
过否定他人来满足暂时性地恢复自己的需要。然而，正如黑格尔明
确指出的那样，对自我的承认要求一个能够以同样的方式与自我进
行互动的他人的存在。他人必须具有与独立的自由意志相同的本
性。[2] 因此，众所周知的主奴关系就是从为了承认的斗争中出现的。
对主奴两者来说，对自我的承认或者是虚幻的，或者是被完全否
定的。

从这个过程中，我们可以看出关于承认的另一个重要的现象学
原理。也就是说，承认要求主体被包含在一个具体的可识别的实体
中，并能被他人这般地加以承认。否则，它不能再次确定自己。它
不能把自己看成是某个人，也不能把自己表现为某个人。对于黑格
尔来说，承认就是在他人那里认识自己或者找到自己的一切活动。
对于自我的承认而言，承认的欲望通过自我是不充分的。他人的单

---

1 对于斗争双方为了承认将暴力作为中介的必要性，黑格尔写道："对于自我的呈现⋯⋯
作为自我意识的纯粹抽象存在于将自我展示为对其客体模式的纯粹否定⋯⋯因此，两
个自我意识的个体之关系是这样的，亦即他们通过一场生死斗争来证实他们自己和对
方。他们必须进行这场斗争，因为他们必须在对方那里和自己这里把各自的自为存在
的确定性提升到真理⋯⋯"Hegel, *Phenomenology of Spirit*, § 187, 113‑114. 对于这
一点的阐释，参见 Paul Redding, *Hegel's Hermeneutics* (Ithaca, NY: Cornell
University Press, 1996), 110. 对于在对抗阶段的暴力的逻辑必然性的讨论，参见 Piotr
Hoffman, *Violence in Modern Philosophy* (Chicago, IL: The University of Chicago
Press, 1989), 10‑26, 73‑149。
2 斗争不单单相关于对他人的消灭；它也与承认和关系有关。在斗争中战斗的爆发仅仅
是因为，冲突的本意是用作一种与他人"进行沟通的中介"，亦即一种让自我（和对手）出
现在自由且独立的自我意识的位置上的方式。参见 Hoffman (1989), *Violence in
Modern Philosophy*, 143‑149。

纯存在也无助于认识一个人的自我。它需要一个具体的东西，以便将欲望转化为一个可承认的客体。在他人那里认识一个人的自我，要求这个人是一个可识别的客体，而这个客体或者可以被他人看到，或者是可以被主体呈现给他人的。同样值得注意的是，在黑格尔《精神现象学》中承认的第一次出现被经验为身份的丧失或认同的缺乏。这就是为什么黑格尔把承认概念化为涉及生死斗争的原因。从斗争中，我们可以辨识出承认的第一种制度化形式及其固有的局限性。

随着主体之间关系的结构性变化，一种自我意识的转变出现了。[1] 自我现在被包含在主人和奴隶的概念关系之中。在争取承认的斗争中，每一个人都把自己看作欲求着的意识的主体和客体。然而，在奴隶制度中，每个人在主人和奴隶的概念组合中都有一个单一的角色：主人占据着欲求主体的角色，奴隶占据着欲求客体的角色，亦即那个必须放弃自己欲求主体性的人。[2]

在这种主人与奴隶的关系中，一种主体之间的命运逆转出现了。黑格尔解释说，在非自愿劳动的条件下，奴隶不仅仅学会了抑制自己的欲望和推迟满足，而且学会了完全否定自己。这对奴隶的影响与为了承认的最初斗争对战斗双方的影响是相同的。由于奴隶无法直接享用劳动产品，他自己所生产的，为之赋予形态和样式的产品却获得了在他之外永久持存的地位。正如黑格尔所说的那样，他在塑造客体时意识到："自为存在属于他自己，他自己在本质上和在现实上独立存在着"，因为他给予客体的形式不是"通过在他

---

1 虽然在战斗的过程中存在着承认的可能性，也即理解"双重含义"的机会，但这种可能性永远不会实现。客体化的他人"被观念化了"，亦即意向中它的存在本性被自我（亦为了自我）所承认。然而，这一观念化是暂时的，并且在没有确定存在的情况下，它依旧维持在流变的意识的层面上。参见 Redding, *Hegel's Hermeneutics*, 111。

2 Hegel, *Phenomenology of Spirit*, § 190, 115 – 116.

之外被制作的过程不同于他自己的东西"。[1] 同时，主人仍然受限于一个他通常所是的存在者，因为他没有感到将自身客体化的欲求，或者没有感到否定他自己肉身欲望的欲求。

在主人的奴役下，奴隶，而不是主人，有可能在否定自己的身体欲望的同时，通过将其自我意识客体化为劳动产品达到"自为与自在"的双重意识。然而，在这个阶段对自我的承认只涉及自我在劳动中的外化。由于被强迫的劳动，奴隶可以在潜能或观念中让自己获得自由。这就是说，事实上，他仍然是一个奴隶。它自为存在的潜能与受奴役的现实之间的鸿沟导致了对于自我认识的部分和不完全的实现。[2] 当自我仅仅经由外在的客体化的性质被承认之时，它必然会自我异化，并终结于黑格尔称之为"苦恼意识"[3] 的东西或那种并未将其自我认识现实化的自我之中。

苦恼意识的下一个阶段在历史上与中世纪的基督教相对应，主人与奴隶之间的未被实现的承认被转化为宗教性的了。从苦恼意识中，我们再次发现了黑格尔对承认现象学的贡献：这就是承认的中介性质，但是以一种不同的形式出现的。信徒在认可上帝的时候，也接受了由神父所诠释和传播的普遍适用的社会法则。通过这种对社会法则的接受，苦恼意识触发了这种观念，亦即上帝的力量实际

1　Hegel, *Phenomenology of Spirit*, §196, 118.

2　在黑格尔称之为斯多亚主义的东西中，自我意识作为一个思维着的存在者就如同在为承认而展开的斗争之前的那个欲求主体，是一个自为且自在的单纯统一体。在怀疑论中，自为存在的不确定的自由才被现实化，并超出了非本质的、偶然的存在而与它自身相同一。参见 Hyppolite, *Genesis and Structure of Hegel's Phenomenology of Spirit*, trans. James H. Nichols, Jr. (Ithaca, NY: Cornell University Press, 1980), 184 - 189。斯多亚主义对应于在主奴关系中出现的自我意识，而怀疑论对应于自我意识通过奴隶的"劳动"得到的现实化。参见 Hegel, *Phenomenology of Spirit*, §201, 123。

3　对于黑格尔来说，自我意识在原则上都是苦恼意识，除非它达到绝对精神。它还没有达到自为与自在（或者确定性与自由）的具体统一。参见 Hyppolite (1979), 190 - 191, 201。

上居于自我之中，而不是在一些超验的世界里。当苦恼意识变成
"理性"时，这种逆转就完成了。当它能够与普遍法则相等同之时，
主体的异化就最终被克服了。

从苦恼意识的辩证运动中，我们可以看到，这个主体不再体现
在物质客体中，而是被承认为普遍法则的化身。它作为普遍存在者
的身份开始被这个主体所感知。伴随着不幸意识，对自我的承认已
经成为与适用于所有人的普遍原则相一致的问题。这构成了承认的
第二个社会或道德维度。

同样重要的是要注意，普遍原则是由以上帝的名义言说的神父
为中介传达的。换言之，一个人的身份已经被包含在作为自由意志
的自我的抽象概念之中。这一身份并不是在你身上实现的，而是由
神父解释给你的，没有神父的话，你的真实身份是无法揭示的。由
于你无法从自己的来源发现自己，最终你被异化了，并依赖上帝的
代言人。因此，在这个阶段的承认是一个中介过程，在这个过程
中，你的普遍性体现在一个具体的人身上，他就像你自己一样对你
说话。

在理性的下一个阶段，自我重新获得作为"自为与自在"的自
我意识或者在统一体中的独立性。至少在知识层面的意识中，承认
变成了一种在他人中发现自我的真正的主体间性的承认。它实现这
一点是通过重复以前的自我意识模式所经历的完全相同的承认过程
（即以他人为中介的自我他人化）。[1]

在先前的阶段，自我被承认只是因为它反映了自我，并在其他
自我中重新发现了自我。同样，如果要在他人身上重新发现自我，
个体性的世界也应该经历同样的将自我他人化的过程。如果这样做

---

[1] 参见 Hegel，*Phenomenology of Spirit*，§ 360，217。

了，作为个体性的主体就变成了"作为我们的我与作为我的我们"。当个体性的工作成为所有人和每个人的工作时，这一点就实现了。他人的存在导致了对个体确定性的否定和普遍性的实现。黑格尔在这方面的辩证法揭示了承认在一般意义上的另一个本质维度：在一个特定社会中，个体特征只能在与所有其他人相关联之时才能获得。对个体性的承认不仅仅涉及一个人如何通过具体的客体得到体现，也不仅仅涉及这个人拥有什么或生产什么。它要求每个主体相互地将他人承认为这些产品的"制造者"，而且每个人在他人身上发现作为理性之存在的同等普遍性，因此每个人应得到平等对待。这项工作就是黑格尔称为"精神"的东西，亦即伦理实体和自我意识的同一。在这个阶段，对自我的认识已经成为一个有关共同体或社会的问题，这意味着主体只有在与社会的普遍性完全统一之中才能发现自己的真实自我。

随着理性转化为精神，我们发现，在每种社会类型（即伦理生活）中，承认都分别由爱、法律或财富来实现。它们共同构成了社会中对自我（或个人身份）承认的原始模式。但是，如上所述，目前的承认话语只集中在制度化的中介上，没有将这些中介全部纳入其中。通过仔细的阅读可以发现，黑格尔《精神现象学》中的精神不能简单地被还原为通过这些中介中的任何一个形成的对自我的认识。这些中介全都构成了主体发展过程中的一个重要阶段，在这个过程中，主体会成为或大或小的共同体中的一个普遍存在者。如果对全球公民身份的承认要在全球化时代实现，那么我们就需要像黑格尔那样对承认进行综合性的概念化理解。这是因为全球公民社会拥有在民族国家领土实体内外的各种组织。它们统一的本性包括爱、价值、权利、规范和制度等等，正如各种各样的全球性非政府组织和政治体制所证明的那样。

2.2 以爱、法律、国家、财富和道德为中介的承认

根据黑格尔的《精神现象学》，精神从一开始就是一个在由诸个体构成的共同体中的历史性规定，而这些个体是意识到自己生活中一个具体的整体之中的。精神的第一个具体形式将自己表现为城邦-国家或所有人的自我。这正是希腊城邦-国家的时期，黑格尔将之称为一种"美好的伦理生活"。由于它是一个伦理共同体，个体的行动就将精神划分和分割为伦理实体和伦理意识。这一划分之所以是必要的，是由于如下事实，亦即伦理实体要求行动的人类主体在世界中实现自己。[1] 尽管这两个领域在希腊伦理生活的整体中确实是一个东西，它们还是建构了相对独立的和分离的精神模式，两者都遵循它自己的法则。[2]

作为伦理生活的一种源初的和本质的形式，家庭是一种自然的共同体。它关系到作为家庭成员的个体。它存在于如下三种关系之中：丈夫与妻子、父母与孩子以及兄弟与姐妹。在这三种关系之中，丈夫与妻子的关系是这样的，"在这种关系中，一个意识立马在他人身上认出了自己，进而一种相互承认的知识出现了"[3]。正如儿女是爱情的结晶，第二种关系是第一种关系的衍生物。在黑格尔看来，这两种关系都不是纯粹的精神性关系。它们在事实上被一种情绪的要素（爱情、感情）所渗透。[4]

在黑格尔看来，兄弟与姐妹之间的第三种关系更近似于在个体之间的纯粹关系，因为它已经从情绪与激情之中解放出来，而情绪

1　参见 Hegel，*Phenomenology of Spirit*，§ 455，272，273。

2　Ibid.，§ 460，276.

3　Ibid.，§ 456，273.

4　参见 Hyppolite，*Genesis and Structure of Hegel's Phenomenology of Spirit*，345。

与激情这两者是弥漫在婚姻伴侣之间的关系和子女对父母的关系中的。[1] 这第三种关系并没有像其他关系一样，以迷失在他人之中的方式宣告终结。因此，对于黑格尔来说，它展现了在主体之间作为典范的主体间性的承认。然而，这并不可能在希腊的伦理生活中实现。

根据黑格尔的看法，当精神直接实存于希腊的伦理世界之中时，这种直接的实存是不适合精神的。因此，个体的衰落随之而来。精神的实体消解为"人格"的世界，而抽象的"我"不再涉及确定的内容，却变成了普遍的主体。也即是说，伦理的个体性被法律性的人格所取代。换言之，这是对被赋予了法律意义上的平等的主体进行法律性的承认。作为法律性人格基础的承认过程与先前的承认过程是相同的。

正如在伦理世界发生的情况那样，在辩证过程（文化）的第二个阶段中，实体被划分成共同体（所有人的意志）和家庭（个体化）。然而，伦理世界的共同体直接地是所有人的意志，而自我没有与这个意志相分离，现在却呈现为一种在异化的精神世界里外在于特殊意识的现实性。并且，实体的这些阶段为自我意识采取了客观的形式。它们出现在真实的形式中：第一个阶段作为国家权力，第二个阶段作为财富。[2] 国家权力和财富两者都是这个世界的客观本质，而自我意识就站立在这两者面前。在第一种本质中，诸个体发现了他们的普遍基础；在第二种本质中，他们发现了向他们自身无

1　黑格尔说道："他们具有同样的血缘，而血缘……在他们那里已经达到了静止和平衡。因此,他们对于彼此没有欲望,既没有给予对方独立的自为存在,也没有从对方那里获得独立的自为存在;相反,他们相对于彼此来说都是自由的个体。" Hegel, *Phenomenology of Spirit*，§ 457，274.
2　国家权力和财富对应于黑格尔在《法哲学原理》称之为"国家"和"市民社会"的东西。

止境的回归（成为自为存在）。

在这一发展过程中，国家权力起初只是在思想中的普遍之物（自在的东西），后来变成了在实存中的普遍之物，亦即现实的权力。它之所以是一种现实的权力，是因为自我意识将国家权力判定为本质。因此，自我意识自愿臣服在国家权力之下。然而，国家不是任何的个别意志（或者一个拥有自己意向的行动主体）。国家权力缺乏一个单一的意志。[1]如果国家权力是作为一个自我存在的，那么在高贵的意识方面就必然存在着更深层次的异化。这一发展的动机是"语言"的逻辑。[2]

在语言中，特殊的我会变得外在于它自己，并上升为普遍性；相反地，普遍之物也会变成我。易言之，当我说"我"之时，我就已经通过说着同样的"我"的他人的在场变得客体化和普遍化了。如果许多个"我"被包含在体现着所有的"我"的一个单一实体中，并且"我"是通过普遍性的存在者被说出的，那么这就意味着：它所说出的东西正是许多个我联合说出的东西，因此是"我"与"我"之间的承认。经由语言的中介，主体通过说出对于国家而言的自在的普遍之物，将自己的那个"我"异化了，同时也通过说出对于它自己而言的自在的普遍之物保存了那个"我"。因此，对于黑格尔来说，国家权力是被建构为绝对君主制中的人格性自我的。只有国王才拥有一个人所皆知的专有名称。通过言说，国王将

---

1 Hegel，*Phenomenology of Spirit*，§ 505，307.

2 当活生生的自我意识想要向彼此证明他们作为纯粹的自为存在的真理之时，他们就必须在战斗——为了承认的斗争——中冒丢失生命的危险。同样，自我的这种完全的异化必然出现在这个发展阶段上，在其中，自我正如在死亡中一样完全交出了自己，同时也正是在这种异化中保存了自己。否定必须是一种精神性的否定，它在否定的同时也在保存。现在超出肯定与否定的自然选择的唯一方式就是找到一种"我"的外在性，一种依旧保留着我的外在性。语言恰好就是那种外在性。参见 Hyppolite（1979），401-402。

自己认定为一种普遍性的权力。

对于黑格尔来说，这就意味着，作为人格的主体怎样在"文化"的阶段上在国家之内被国家所承认。从这一讨论出发，我们发现，当承认预设了自我在物质客体或抽象的法律或共同体（亦即国家）的外在化时，承认在其本质上就是一种以语言为中介的过程。如果承认关涉到另一种或许拥有同一种本性的存在者（亦即主体或人格），那么它将是更有意义的和更有直接的相关性的。正如在随后将变得更明显的是，黑格尔在承认过程中所要求的东西是，对于主体的承认在市民社会和国家之内越来越多地被整合进形式化的建构过程。黑格尔相信，只有到那时，在主体不会在普遍国家之内被异化的情况下，承认才有可能被现实化。

当社会变得更加商业化，并且市场开始遍布的时候，新兴的资产阶级风气开始腐蚀国家了。随着高尚意识，也就是共同体优先于他们的私人利益的思想的消失，财富就此变成了自我意识的唯一客体。就财富自身的目的而言，对于财富的欲求是被认可的。财富构成了主体自我承认的前提。然而，这种外在化的自私不可能畅通无阻，因为它到最后不得不看到，它自己依赖于一个外在的意志，也即市场的盲目力量。这是一种普遍性，但它不同于国家权力的那种普遍性，因为自我不再能够在市场这样的东西中发现自身，即便市场的确是它自己工作的成就。因此，以财富为中介的承认或者在主体和财富之间建立起来的关系开启了一个全新的发展阶段。这构成了黑格尔对于现代商业化的和货币化的社会关系的批判。

在黑格尔讨论"道德"或道德世界观的章节中，我们发现了更多的以语言或道德原则为中介的具体例证。依据黑格尔的阐述，一方面，道德的自我意识在那种康德式的绝对命令的道德义务中承认了自己；另一方面，它也与作为自由对立面的自然或自然力有关。

因此，存在着两种在道德意识之内共存的独立要素：自由（主体在其中将自己等同于道德生活）与自然（主体在其中无法发现自己，却将它认定为自己的他者）。然而，自然与道德的鲜明的相互独立，却是与自我意识在这个阶段上声称要达到的自然在道德之下的归摄相矛盾的。这一矛盾促使道德世界观经由实践理性造就的三大公设体系来解决它自己的矛盾。[1] 从这一辩证过程中，我们看到，当承认以抽象的道德原则为中介之时，它就变得空洞并始终维持这种状态，除非道德通过主体的身份现实化一种具体的可辨认的客体。

根据黑格尔的《精神现象学》，道德意识的自我经由语言的中介开始认识到，它自己的行动是与道德律相符合的。普遍意识或被称为"共同感知"[2] 的"良心"的东西就得到实现了。对于良心能够作用于道德责任的确信与良心在语言中的显示（或现实化）是一致的。[3] 换言之，由于语言所要求的内在普遍性，当我们说出一种我们所相信的确定的道德原则，我们就会受制于它并变成它的具体表达。因此，我们不再能够将我们的行动与道德原则区分开来；我们变成了道德原则自身，亦即自在且自为的道德原则。我们能够说的是，我们被道德律所承认。

在此值得注意的是如下事实，亦即在黑格尔的《精神现象学》中，通过语言达到的个体性与普遍性的同一仅仅是一种"原则上的"对于道德世界观的解决方案。良心的自我依旧被"我＝我"的抽象性所困扰。除非这一自我的信念在此世实现出来，否则该自我

1　参见 Hyppolite（1979），472 - 482。

2　Williams，*Recognition*，207.

3　黑格尔将语言定义如下："语言是为了他者而持存的自我意识，亦即直接在场的自我意识本身，而当这样的自我意识是普遍的之时……它就是将其自身与自身分开的自我本身，它作为纯粹的'我＝我'对于其自身来说变成客观的了，并在这种客观性中同样地将其自身保存为这种自我……"Hegel，*Phenomenology of Spirit*，§ 652，395.

无法将自身现实化。在此，一个确定的调停者（法官）是有必要的，他可以对相互冲突的解释进行裁决。当诸普遍法则被负责支持和言说它们的另一个人所证实之时，道德法官通过诱导拥有良心的每个人承认自己信念的不纯粹性，开启了另一种在这些人之间相互承认的可能性。[1]

在黑格尔的承认现象学中，个体性主体的实践形成过程是从主体自身对工具的经验开始的，这一经验是内在于劳动、工具和产品的内部关联之中的。但是，自我对于工具的初次经验尚不足以形成我们在现代性中所是的成熟的现代主体。这个主体只有在劳动的过程中作为一个主动的"物"才能了解它自己。为了克服这种限制，这个主体必须学会将它自身把握为一种交互主体间的存在者，这种存在者是与有着相互矛盾的要求的他者一起共存的。因此，实践的形成过程要求依据一种与世界的实践关系的更深的维度进行拓展。

黑格尔用爱情的概念捕捉到的正是作为与他者共存的存在者的这一方面。男女之间的爱情作为相互承认的第一种具体的实现形式，为主体提供了一个交互主体的环节，在这个环节中，主体克服了其在自身世界中的封闭，并开始意识到他者。[2] 然而，仅仅通过爱的关系，主体还不能发展成一种在市民社会中的法律人格。因为它被狭隘地限定在家庭关系之中，所以它还没有达到法律人格所要

1　黑格尔将绝对精神等同于和解的世界："和解的世界是客观实存的精神，这一精神在它的对立面中，亦即在自身作为绝对自足和独有的个体性的纯粹知识中，观察到其自身作为普遍本质的纯粹知识——一种作为绝对精神的相互承认。"Hegel, *Phenomenology of Spirit*, § 670, 408.

2　从自我意识的唯我论的状态向意志的一种新的主体间性维度的过渡是通过"狡计"的范畴得以可能的，而黑格尔将这一范畴视为一种女性特征。参见 Axel Honneth, *The Struggle for Recognition*, 36。

求的那种普遍性。因此，它必须从家庭关系中破茧而出，在一个更广阔的社会中与他人相接触。在市民社会和国家中，我们看到了承认在现实中的其他例证。

3. 在市民社会和国家中的承认

在《法哲学原理》中，市民社会显现为一种对于（非反思的和直接的）伦理生活的提升。即便从历史上来讲，市民社会的形成要晚于国家，但它在家庭和国家之间却起着调停的作用。因为它在自身就包含着这两个环节。[1] 从个人主观的视角来看，市民社会是个人利益和需求的领域，亦即特殊性的领域。

在需求的体系中，人们是通过价值的普遍性联合在一起的。这是因为，一个人的需求不仅与他的其他需求相类似，而且也与他人的需求相似。[2] 承认的本质变成了在家庭中出现的那种承认的反面。在市民社会核心的交换关系中，他人不是我的欲求对象。我所欲求的东西是他人所拥有的东西或这种东西的价值。因此，在以价值为中介的关系中，不可能存在任何可以感知到的与那些他人的统一性。所以，在市民社会中的主体表现为一种分离的"我"的纯粹多数。如果个人作为财产的拥有者进化为道德的主体或市民，这一独特性的极端表达必须被摒弃。在黑格尔的框架中，像等级和警察这样的市民社会机构被建构出来正是为了这一目的。它们作为主体承认的中介而发挥作用。他在市民社会的每个环节中对于承认的描述是对于承认话语的另一贡献。

在市民社会中第一个确立的中介机构是各种阶级（等级），而

1　Hegel, *Philosophy of Right*, §182 (additions), 266.

2　参见 ibid., §192, 127。

产品和交换将个人划分为不同的等级，并且这些个人也将在等级内获得他们的公共身份。黑格尔将等级视为工作、劳动的交换与划分，尤其是内在于等级之中的普遍性这三者的混合加工的结果。[1]等级是具有重要意义的，因为如果家庭是国家的第一个先决条件，那么等级就是第二个。[2] 人们只有通过等级才能同时取得物质必需品和获得对于自我的承认。否则，他们就只是私人性的个体，并且，在市民社会中潜在的普遍性是没有实现的。他们的实存也没有获得伦理的客观性。另言之，将诸个体整合进等级，他们除了作为权利个体的个人身份之外，开始具有了公共和普遍的身份。由于家庭的第一个伦理环节仍然是通过等级保留的，因此抽象权利的个体能够顺利地进入国家的伦理领域，在国家那里，"自为"再次与"自在"相联合，而它们的一个都没有被另一个所吸纳。否则，抽象权利的个体就会迷失在特殊利益与普遍本质（价值）两者不可挽回的分裂之中。多亏了等级身份的经验，市民社会中的主体能够从直接的情感和对上帝的自然信仰中破茧而出。他们能够发展出理论的和实践的推理，亦即黑格尔称之为"知性"的东西。[3]由于后天习得的"知性"能力，在市民社会中也出现了普遍的阶级（亦即城市公务员的阶级），这一阶级负责共同体普遍利益的照管。

尽管内在于知性的习得能力之中的秩序性是潜在的，但市民社会究其本质而言是需求的体系。因此，它有着工业活动的无限延展的趋势，如果不加以约束的话，这一工业活动的结果就是劳动的分工、财富积聚在少数人手中、大多数人口的贫困、增加产量和未满

1　Hegel，*Philosophy of Right*，§ 201，130.

2　Ibid.，§ 201（addition），270.

3　在《法哲学原理》中，黑格尔详细地阐述了合理性的形式，而个人在商业和工业等级中被教给了这一形式（亦即"知性"）。参见 Redding，*Hegel's Hermeneutics*，199‑203。

足的需求，以及最终导向殖民主义。为了应对市民社会的这些自我
毁灭的趋势，黑格尔指出了两个消减这一趋势的机构，亦即"在一
个个体和普遍可能性之间的中项，它由社会所提供，并实现了个体
的目的"[1]。一个机构是警察（或公共当局），它的正当性在于维护
普遍的（也即公共的）利益。[2]另一个中介性的机构不仅减少了特殊
利益的风险，而且作为国家降临的前兆而发挥作用，它就是公司。[3]
通过将公司称为"其成员的第二个家庭"[4]，黑格尔强调了它作为国
家的伦理根基的重要性。概言之，我们可以说，在市民社会中的承
认是凭借并通过中介性的结构来实现的，这些机构将潜在的普遍性
体现在行动的具体主体之中。

　　在不贬损个体性成就（个体自由）的情况下，国家无非是市民
社会潜藏的普遍环节的一种现实化，在《精神现象学》的"道德"
部分中情况就是如此。在黑格尔的体系中，国家可以划分为三
个分支：a. 立法机构；b. 执法机构；c. 王权。[5] 这三方的区
分对应于在政治性的自我立法的意志之内单一之物、特殊之物
与普遍之物之间的三段论关系。[6] 形成普遍适用的法律的立法机
能占据了普遍之物的位置，而在特殊性的领域中有着施行法律
之功能的执法机构则掌管着特殊之物的位置。君主则占据着单
一性的职位。

1　Hegel，*Philosophy of Right*，§ 236（addition），276.

2　Ibid.，§ 236，147.

3　Ibid.，§ 252，152－153.

4　Ibid.

5　Ibid，§ 273，176.

6　在黑格尔的体系中，王权在自身中包含了组成整体的三个环节："（α）宪法与法律的
　　普遍性；（β）将特殊之物联系到普遍之物的议会；（γ）最终裁定的环节，它作为自我
　　决定是其他一切东西必须返归的东西，也是其他一切东西必须从其中导出其现实性
　　开端的东西。Ibid.，§ 275，179.

国王的人格居于黑格尔国家图式的中心，国王在政治领域中占据的位置类似于在市民社会中的法官所占据的位置。在法官称呼和承认他自己的行为中，罪犯认识到他的行动和权利。同样地，市民在君主的行为中认识到他自己，并将君主的行动等同于他自己的行动。在实践的意义上，市民通过在他人（君主）之中承认自己的方式将自己提升到绝对**精神**之中。依据黑格尔的体系，市民不再需要以特殊性的身份通过另一个存在者的中介来接受在自身之中的普遍之物，亦即成为自为且自在的存在者。

在《精神现象学》中，黑格尔并未涉及在市民与国王之间的最终承认，而正是这一承认终结了承认的辩证法。如上所述，例如在《精神现象学》中的承认始于主体 A 与 B 的一场遭遇。它先是发展为在 A 和普遍价值之间的遭遇，随后发展为在 A 和法律之间的遭遇。然后，黑格尔进入绝对精神的辩证法，不再发展他主体间承认的源初框架。

然而，在《法哲学原理》中，我们发现市民社会的伦理领域或国家再次以主体间的承认为支撑，由此实现了完整的逻辑闭环。从一般结构上看，在 A 与国王之间的承认等同于在 A 与 B 之间的承认，因为国王是一个单一的个体。同时，它也是在 A 与 A 之间的承认，因为国王是另一个 A，亦即它的自在存在（本质）。因此，经由对自我的承认和对自我与总体统一的承认，我们可以说，黑格尔的辩证体系在自我与国家总体的统一中得以完成。主体在此后不再需要承认。主体已经在国家中实现并与之等同。这是黑格尔如何将在现代社会中的承认和个体身份概念化的方式。然而，正如当代关于承认政治的学术争论所证实的那样，在现代国家中黑格尔的承认概念是否已经被这般"现实化"，这依旧是一个理论的和实践的争议话题。

4. 结论：在全球化时代的承认

就争取对其存在的承认或要求平等承认的个体的多样性而言，黑格尔的承认现象学对于全球化时代的当代身份政治有着怎样的重要性呢？不同于当代那些完全摒弃个体权利和平等的承认话语，黑格尔的承认框架不仅指出了以承认名义提出的要求的多样性，而且还指出了在现实世界中实现每一种承认所应具备的独特背景和结构性先决条件（表 11.1）。

表 11.1　承认的类型

承认的类型	承认的主要中介
家庭	爱、孝道、占有
传统社会	需要、工作、暴力、命令
道德社会	道德、抽象法、牧师
现代市民社会	财产权利、财富、法官、公司
国家	政治制度、公民资格、个体性

如上所述，承认发生在六个不同类型的社会中。每个社会都需要一个特定的媒介，使主体将内在的东西外在化，并将内在的东西外在化，同时使主体承认他者并被他者承认。上表总结了我们可以在黑格尔的承认现象学中辨认出的承认的类型。由于独特的结构性条件，每一种承认模式都有其自身的局限性和可能性。如果要在全球社会中实现的话，每一种模式都预示着承认政治的特殊方案。

然而，目前除了承认的所有主张者似乎都在讲不同的语言这一事实之外，很难分辨出对个人和实体单位的承认在全球社会中会如何实现。重要的原因在于如下事实，由国家和非国家行为者组成的全球社会无法被清晰地指定来构成某一特定类型的社会。正如南希·弗雷泽所指出的，威斯特伐利亚国家体系现在正处于式微的状态中；它即将被改造成其他的东西。此外，来自商业公司、区域性的和功能性的协会与民间组织的所有不同类型的人类集体和协会，通过在领土边界以外建立全球网络，构建了它们自己的活动领域。由于传统的将公共区域和私人区域分开的概念线变得模糊不清，在它们之间再也找不到一种秩序。它们的影响是交错的，而且常常是冲突的；世界似乎是混乱的。因此，以国家为基础的权利和正义概念（或对承认的要求）要么不再成立，要么至少在适用于非公民和非国家行为者时面临着某种限制。

在这种不确定的情况下，拟订一种理想的承认类型并将所有其他的承认纳入其下是毫无意义的（抑或相当危险的）。正如查尔斯·泰勒在多元文化主义的时代所建议的那样，也许更可取的是，等待并看看所有不同的承认要求如何在身份认同的全球政治中呈现。至少，观察的态度不会有把某种特定的身份观念强加于他人的危险，从而垄断了关于承认的话语。

然而，由于如下事实——全球范围的行为者应被表现为可客观识别的具备物质和观念性质的实体，并且这种表现需要一个确定的中介，我们可以在目前的身份与承认政治中采取更加积极的立场。我们有一个分类体系，以帮助我们系统地了解不断激增的身份要求这一全球现象，我们可以对个人或社会实体的承认要求作出判断：也就是说，这些要求根据结构性条件是不是合理的，以及它们是否有可能在现实世界中得到落实。通过仔细审查相应领域中承认的结构性特征，我们可以客观地判断有效要求或实现这些要求的条件，包括那些理应采取的具体措施，如果它们对于要求者来说是一个现实的话。

正如郑和烈教授曾经说过的，只有在凤凰浴火重生之时，我们才能知道什么类型的承认在当今全球社会中会完全实现。然而，认知的分类框架使我们能够推测出一些比其他可能性更有可能实现的可能性。至少，它警告不要将也许在当下占主导地位的任何一种承认类型作为在将来唯一一种承认自我和他人的类型。无论如何，在最广阔的意义上，全球社会是人类最具潜力的领域。人类应当依照他们真正想要成为的那样（亦即一种彻底的完整的身体性的与社会性的存在者）被承认。

第 12 章　列维纳斯和卢卡奇：总体与无限

理查德·A. 科恩（Richard A. Cohen）

　　为反对古典理性的"形式主义"（以康德的伦理学为代表），列维纳斯和卢卡奇两位思想家都在现象学中获得其哲学基础：卢卡奇从黑格尔出发，经由马克思得到这一基础，而列维纳斯从胡塞尔那里得到这一基础。通过批判康德伦理学的抽象性、自我分裂、无效性与对资产阶级地位进行的意识形态的"永恒化"，卢卡奇捍卫了另一种作为辩证——历史的阶级斗争的总体性哲学。通过将卢卡奇的方案拒斥为"总体主义的"，列维纳斯捍卫了一种后康德主义的伦理方案：一种非对称的与非历史的主体间的道德责任的优先性与建基于其上的公平政治——社会民主。列维纳斯从对具体的和易受伤害的主体性建构进行详尽的现象学研究开始，之后受超越出胡塞尔现象学认识论边界的"事实本身"所驱动，他详细阐述了在"无限"、"言说"、"接近"或超越中的意义的来源，而正是"无限"、"言说"、"接近"或超越这些东西产生了对他人的责任。

　　考虑人的饥饿是政治的首要功能。[1]

　　20 世纪的哲学家中，没有人比格奥尔格·卢卡奇（1885—

1　Emmanuel Levinas，"Model of the West," in Emmanuel Levinas, *Beyond the Verse*, trans. Gary D. Mole（Bloomington：Indiana University Press，1994），18.

1971）更重视"总体"概念。这是他的马克思主义世界观的关键，他正是出于这一理由才捍卫马克思主义的"正统性"：由阶级斗争所驱动的具体的历史现实是一种辩证的总体。20 世纪的哲学家中，没有人比伊曼纽尔·列维纳斯（1906—1995）更反对总体，就像他主要哲学著作《总体与无限》的标题所暗示的那样，也如同他在其所有著述中所争辩的那样。列维纳斯在《总体与无限》一书序言的第一页写道，"在战争中展现自身的存在之面貌，被设定在主导着西方哲学的总体概念中。个体被还原为暴力的承受者，这一暴力让承受者们对他们自身处于无知状态。"[1] 卢卡奇将对总体的辩护与对伦理的批判相联系，而列维纳斯将对伦理的辩护与对总体的批判相联系，如果考虑到这一点，人们尚未批判性地对比这两位当代欧洲的流亡知识分子——同样睿智、同样博学、同样高产、又同样是政治哲学家的两人[2]——是令人惊讶的。

虽然列维纳斯从不提及卢卡奇的名字，但考虑到：1. 卢卡奇仅仅是他的上一代人，即列维纳斯的老师那一代人，而他们俩的寿命有 65 年的重叠期；2. 卢卡奇的书，尤其是他于 1923 年出版的代表作《历史与阶级意识》[3] 理应被列维纳斯所熟知；3. 列维纳斯自己出版于 1961 年的杰作《总体与无限》，在标题中醒目地标注了

---

1 Emmanuel Levinas, *Totality and Infinity*, trans. Alphonso Lingis (Pittsburgh: Duquesne University Press, 1969), 21.

2 我没有提及如下事实——两人都生自犹太人的父母并成长于犹太人的家庭，因为据我所知，卢卡奇从来没有用这样的术语规定甚或思考他自己。

3 Georg Lukács, *History and Class Consciousness: Studies in Marxist Dialectics*, trans. Rodney Livingstone (Cambridge, MA: The MIT Press, 1983). 许多评论家观察到了在卢卡奇长期的学术生涯中不断变动的立场，而弗雷德里克·詹姆逊（Frederic Jameson）通过与他们争辩，作出了一个令人信服的论断——卢卡奇自己代表作有着总体的延续性与持久的价值。Frederic Jameson, "The Case for Georg Lukács," published in 1970, and found in Frederic Jameson, *Marxism and Form* (Princeton: Princeton University Press, 1971), 160 - 205.

"总体"一词[1]，它以对总体的批判为路径，展开了一场广阔的以伦理、战争与和平问题为中心的政治哲学讨论，因此极有可能的是，列维纳斯在脑海中将卢卡奇视为他的主要对话者。然而，无论是否如此，两位思想家之间的争论是实质性的、广泛的、重要的，同时由于列维纳斯对马克思主义的灵感与抱负[2]的公开认可和深切同情使得这一争论变得更加尖锐。这是本文的主题。然而，由于他们的争论是多层次且复杂的，本文仅以一种显而易见的简略的与不完整的形式聚焦于他们争论的一个非常重要的方面，即他们与伦理的关系。并且即使在这方面，本文也更侧重于他们对康德伦理学的共同反对与他们克服其缺陷的策略。

但是这种侧重并不狭隘，因为康德伦理学在很多方面都是他们整个辩论的"中间环节"。卢卡奇和列维纳斯两人都是明确且激进的康德批评者，但他们有不同的理由与解决方案来应对康德，正是

1　考虑到海德格尔作为一个哲学家的重要性与他对列维纳斯的主要影响，因此如果列维纳斯将他的代表作称为《存在与无限》就不足为奇。考虑到让-保罗·萨特的重要性和列维纳斯对其存在主义的异议，那么如果这本书命名为《有限与无限》也不会让人感到惊奇。然而，该书实际的标题是"总体与无限"，并且该书四部分中的第一部分完全致力于政治哲学与正义问题，这很难让人不想起卢卡奇和除卢卡奇之外的马克思和黑格尔。对于列维纳斯标题的重要意义的进一步反思，请参见拙著的第 6 章"对于列维纳斯《总体与无限》标题及其首句话的评注（*Levinasian Meditations：Ethics，Philosophy，and Religion*［Pittsburgh：Duquesne University Press，2010］，107 - 127）"。

2　在 1986 年与弗朗索瓦·普瓦里耶（Francois Poirie）的访谈中，列维纳斯这样说道："社会主义在斯大林主义恐怖中的终结，是当代欧洲最大的精神危机。不管一个人怎么理解作为马克思主义基础的唯物论学说，马克思主义都展现出一种慷慨大度。在马克思主义中存在着对于他人的承认；也存在着这样的观念，他人自己必须为了这一承认而斗争，而他人必须成为自我中心主义者。但高尚的希望在于对一切的疗救，在于在个人慈善的机会之外建立一个没有恶的政体。"（"Interview with Francois Poirie," trans. Jill Robbins and Marcus Coelen, in *Is it Righteous to Be？：Interviews with Emmanuel Levinas*, ed. Jill Robbins（Stanford：Stanford University Press, 2001），81.）无疑，列维纳斯谴责"斯大林主义的恐怖"和所有极权主义的恐怖。无疑，在此意义上，卢卡奇在莫斯科生活之时是妥协的。

所有这些不同将他们区别开来。鉴于批判哲学的伟大哲学成就，丝毫不令人惊讶的是：尽管在非常不同的意义上，康德的伦理学与他们双方非常接近又非常遥远。所以，经由马克思，卢卡奇对总体的辩护是直接承继自黑格尔对康德表象思维的"辩证式"克服。因此，卢卡奇对康德的拒斥是总体性的，他带着与康德不同的目的转向一种不同的思想。列维纳斯同样拒绝康德思想的样式，但他是从胡塞尔现象学的视角出发，而不是从黑格尔—马克思主义辩证法的视角出发。此外，列维纳斯并不满足于现象学的科学，而是在此基础上，发现自己有义务超越它并进入作为"第一哲学"的伦理学，因此以这种双管齐下的方式，将康德的第一和第二批判作为对照，保留了康德"纯粹实践理性优先性"的精神，同时将这一优先性从虚弱无力的理性主义的"纯粹性"中解救出来，正是这一"纯粹性"让黑格尔、马克思和卢卡奇都拒绝了这一优先性。因此在这两种情况下，对列维纳斯和卢卡奇两人来说，与康德的分歧都是决定性的。

虽然列维纳斯和卢卡奇反对康德的思想，但依然赞同康德的批判哲学代表了古典西方思想的顶峰和典型。或者更具体地说，对两个思想家来说，康德是试图理性地统一心灵与物体、精神与物质、自由与必然的现代顶峰与典型，而心灵与物体、精神与物质、自由与必然这些东西在作为西方思想开端的古希腊时期就被形而上学地分离开来而相互对立，并成为巴门尼德"思维与存在同一"的断言中最深刻的关切问题。它们一旦分离开来，除了通过修辞性的乞题（question begging）或还原就无法再统一起来。康德通过将自己的解决方案命名为"先验观念论"，展示出这个问题的必然性和无法逾越的**不可解决性**（insolvability），巧妙地"解决了"该问题。他通过阻止哲学用任何证明（亦即空洞的或独断的形而上学思辨）来怂恿自己说出它无法说出的东西来保护它，以此将它限定为它能认识的东西（亦即现代科学），也限定为它无法认识但必须预设的东西（亦即伦理），也限定为它无法反驳但渴望着的东西（亦即宗教）。康德的理论大厦依据理性自身来限制知识，造就了一个永远改变了西方哲学思想版图的理智杰作。[1]

尽管康德哲学成就了伟业，但恰恰是被他称赞和辩护为人类知性界限的内在分裂被卢卡奇斥为"非理性的"。可以肯定的是，他的批评延续了黑格尔针对康德的论战。更重要的是，从积极的一面看，它采用了黑格尔的"解决方案"，即**辩证**思维的统一机制。辩证思维不是在那种意义上的总体性思维，亦即思维者在思维中表象着总体，在一种限制中看到总体，就像康德主义者所认为的那样。但辩证思维是在这种意义上的总体性思维，亦即思维自身就是总体的思想，总体的思维，因此在没有"他者"或"外物"存在于其外的意义上是不受限制的。我们可以注意到，海德格尔也在让自己远离康德的尝试中走了这一步：从康德关于存在者的思考转向了对存在的思考。两位思想家——卢卡奇与海德格尔也将这种新的思维方式视为历史性的，亦即在历史中展开的思想或历史性的思想，尽管海德格尔在某种程度上与黑格尔和卢卡奇不同，他并不认为在历史中有固定的和可知的逻辑。[2]

即便如此，在通过接纳辩证总体的方式反对康德的同时，卢卡

---

[1] 只有苏格拉底的成就才能媲美康德成就的伟大，因为苏格拉底通过将哲学从自然科学转向伦理与政治问题，似乎使得所有先前的哲学家都成为"前苏格拉底的"；同样，哲学自康德开始就要么是"前康德的"，要么是"后康德的"。

[2] 黑格尔将历史视为真理自我揭示的劳作或"现象学"，从偏颇性或片面性发展至普遍性，而卢卡奇追随马克思，将历史视为阶级斗争从偏颇性到普遍性并终结于共产主义的普遍人性之中的发展过程，而海德格尔虽然拒绝黑格尔、马克思与卢卡奇的逻辑，但也依次按照存在、上帝与人性的优先性将西方思想划分为古代时期、中世纪时期与现代时期，并将所有这些思想视为存在之问（Seinsfrage）的播散。

奇也接纳了马克思对黑格尔的批判。所以，辩证法在黑格尔那里终结在概念中，即在思考自己的概念中，而辩证法在卢卡奇这里转而终结在现实的与历史的东西中，亦即在一种由阶级斗争驱动的动力机制中。这一阶级斗争是辩证的"否定之否定"的具体的历史—经济手段，而"否定之否定"则是历史运动的内在逻辑。因此对卢卡奇来说，当康德哲学将自己限制在表象性思维之上时，它在本质上无非是保守的资产阶级利益的代表（虽然它自己不了解这一点），是对现实之物的偏颇的、歪曲的僵化，相较之下，卢卡奇捍卫的是对于历史辩证总体的更先进的意识，这一总体只有通过无阶级的"无产阶级"的自我意识才是可设想的。

列维纳斯也拒绝康德哲学的心物二元论，但他的拒绝方案是相当不同的。这是因为：列维纳斯同意那个更广泛意义上的关于"实践理性优先性"[1] 的康德论题，这种优先性的道德紧迫性的运作方式不同于自然科学的真理命令，也不同于卢卡奇的马克思主义辩证法的历史必然性。列维纳斯并没有转向黑格尔现象学的辩证法与逻辑学，而是转向胡塞尔现象学，借由它严格的方法论"还原"追求"事实本身"，摆脱了其固有的二元论预设，正是这一预设让康德哲学变得软弱无力。

但是，正如卢卡奇所理解的黑格尔是被马克思重塑过的黑格尔，列维纳斯也从胡塞尔的科学转向迫使他承认伦理优先性的"证据"，这种伦理是一个人对另一个人的具体的独特的道德责任的优先性，也是对所有人的正义的呼求的紧迫性，而这种正义是在政治

---

1 参见 Emmanuel Levinas，"The Primacy of Pure Practical Reason"（1971），trans. Blake Billings，in *Man and World*，Vol. 27（1994）：445 – 453。

层面上所需求的，并受到上述道德责任的监管。[1] 列维纳斯不是通过辩证法，而是通过在严格的现象学研究（例如在《总体与无限》的第二部分）中得到的具体的、完整的、有效的发现，才使其思想开辟出一条从康德哲学二元论遗产的困境中摆脱出来的新伦理路径。

在对两位思想家进行更深入的分析之前，我想强调"总体"概念在卢卡奇那里的中心地位与重要性，而需要特别强调的是，他将总体理解为由阶级矛盾决定的具体的历史辩证法。正如我所指出的，这是他对康德的批判和他马克思主义思想的核心。以下前三处卢卡奇的引文摘自一篇名为《什么是正统马克思主义》的文章，第四处引文摘自于《历史和阶级意识》，它们都出版于 1923 年。"辩证法要求整体的具体统一，而这个整体反对所有这些孤立的事实和偏颇的体系，而辩证法由此揭破了这种由资本主义必然产生出来的表面的幻象。"[2]

或者，卢卡奇更简单与直接地写道，"具体的总体是现实的基本范畴"[3]，他在其中还附加了一个讨论了黑格尔《逻辑学》的脚注。他还写道："客体的可解性是根据客体在整体中的功能而发展的，只有总体的概念才能够让我们将这一**现实**理解为一种**社会进程**。"[4]他最后写道："分裂的诸种不同形式是通往一个再造之人的道路上的许多的必要阶段，但当它们进入一种被把握的总体的真正关系之中时，即当它们变得辩证时，它们就烟消云散了。"[5] 尽管我可

1　无疑，卢卡奇的驳斥将会是把列维纳斯的伦理学仅仅描绘为资产阶级的。这个论证并不会很容易达成目标，如果它能够甚或应该达成目标的话。

2　MHL, 27.

3　Ibid., 32.

4　Ibid., 36.

5　Lukács, *History and Class Consciousness*, 141.

以选择其他引文，但我还是选择了这些特别的引文，是因为它们一方面很好地展示出卢卡奇的总体观念在他思想中的中心地位，另一方面也很好地展示出——这对我们的目标来说非常重要——卢卡奇的总体观念与列维纳斯的总体观念完全相符，正如我们将看到的那样。可以肯定的是，卢卡奇接纳了总体，而列维纳斯拒绝了它，但他们至少在它的特质上是达成一致的。

我将用列维纳斯的话来结束这一系列冗长的引文，列维纳斯的话摘引自他 1954 年发表的一篇题为《自我与总体》的文章。这是一段意蕴丰富且复杂的引文，它放在本章的结论比放在现在这个位置更有意义，也需要在对列维纳斯整篇文章的阅读后才好理解，但我选择把它放在这里，是因为它——通过呼求伦理的"外在性"——用另一种途径挑战了卢卡奇对总体的盲目崇拜，该途径像卢卡奇一样要求一种真正的经济正义，但在同时拒斥了康德：

> 服务于总体就是为正义而斗争，总体是由暴力和腐败建构的……正义所指的对象只能是经济平等。正义不是从非正义的游戏中诞生的，它来自外部。但假设它起源于经济关系之外，并可以在纯粹敬重的王国中维持其外在性，这就是一种幻象或虚伪。[1]

1. 卢卡奇反对康德

卢卡奇反对康德伦理学，是由于"实践理性"——正如它的名字所指示的那样——在行动层面上运作。这是将理论与实践整合起

---

[1] Emmanuel Levinas, "The Ego and the Totality ," in Emmanuel Levinas, *Collected Philosophical Papers*, trans. Alphonso Lingis (Dordrecht: Martinus Nijhoff, 1987), 44.

来的辩证思维最接近的领域。因此，卢卡奇对康德所有哲学的指责——二元论的"不合理性"，在这里得到淋漓尽致的表达。事实上，因为行动对卢卡奇的思想来说如此重要，所以他才会说：当"这种意识的构造"指示着让康德思想走向分裂的结构之时，它"只有在伦理行为中，或在伦理上行动着（个人）主体的自身关系中，才能真实而具体地被发现"[1]。康德伦理学的根本问题，正如他所有思想的根本问题一样，是它的"形式主义"。为了准确理解卢卡奇通过这一指责所表达的意思，我们将转向在《历史和阶级意识》中两个对康德的详细讨论。两者都能在本书的核心章节"物化和无产阶级意识"中找到：第一个讨论出现在该章的第二节"资产阶级思想的二律背反"中，第二个出现在该章的第三节"无产阶级的立场"中。正如这些节标题明确指示的和卢卡奇的论证逻辑所要求的那样，第一个讨论主要是对康德的一种内部的或内在的批判，亦即对康德作为资产阶级代表的"批判"，而在前一个批判的基础上，第二个讨论是马克思主义的批判，站在无产阶级的立场上，在具体的历史辩证法中为康德伦理学定位。单从具体的历史辩证法的立场出发，康德伦理学仅仅被视为从本身可以被视为一种片面的"资产阶级"哲学，它与总体或辩证的"无产阶级"立场正相反对。

卢卡奇在谈及康德的伦理学之时，描绘了它由于康德哲学整体存在着无法解决的分裂而走向崩溃的四种方式。对前文关于总体的引文的回顾将指示出卢卡奇的批判与评论得以成立的基础。首先，康德以"伦理事实"为起点，而这些伦理事实除了它们非法的且只是表面的隔绝（隔绝总是非法的且只是表面的）之外，还在此受到批判的原因是，它们只被视为简单地被给予的东西——事实在这里

---

[1] Lukács, *History and Class Consciousness*, 124.

就是这样——因此不能"被真正设想为'被创造的'"[1]。当然，不管别人怎么理解卢卡奇的这一批评，他在此都有充分的理由提出该批评。康德的读者只能认识到——正如康德明确指出的那样——他的伦理学不是结构性的或建构性的，而是先验的。道德是给定的，这不是讨论的焦点。一个人不应该说谎，不应该偷盗，不应该谋杀等等。说谎，谋杀，偷盗都是恶的。对于康德来说讨论的焦点是，道德判断是如何可能的，亦即它在严格的因果必然性面前是如何可能的，而该必然性依照科学知识彻底地规定了自然。如果一切都是必然的，那么一个人如何能够判断善与恶呢？这样，康德的伦理学无非是**一种解释**（事实上，它是一种**先验**的解释）。它解释了道德作为给定的东西是如何可能的。然而，由于卢卡奇的思想建基于一个历史的辩证——总体的运动机制或进程之中，因此他不相信任何东西是被简单给定的。一切都是历史生成的产物，这正是康德的"事实"和道德的"给定性"所掩盖的东西（让我们顺便注意一下，这一反驳与胡塞尔自己对朴素实在论——亦即"自然态度"——的批判有共同之处，也与他对思想实证性的批判和向着作为所有意义源泉的"意识"与"意向性"的转变有共同之处）。

卢卡奇对康德的第二个批评是：由于康德从不消解或统一充满必然性的自然世界（亦即科学发现的"真实"世界）与自由的超感性的道德领域（依据康德，自由是道德的可能性的条件），因此他对道德的论述终结在"将道德仅仅还原为判断内部事件的**一种观点**"[2]。换句话说，一切东西、所有的外在之物、自然仍然被严格规定，不受道德判断的丝毫影响。因此，伦理，抑或所谓的道德行动

1　Lukács，*History and Class Consciousness*，124.

2　Ibid.，124.

与道德判断（伦理学是对道德行动与道德判断的解释），必须是完全内在的。确实，伦理是如此地内在，以至于它在任何情况下都没有任何外在的表现。因此，道德是无用的。卢卡奇的反驳是强大而有说服力的：道德如何才能是**有效的**？它**如何才能超出一套诸判断**的唯名论设置或具有一种固定形式的诸命题？而对这些命题的阐明正是受自然法则的严格规制，而不是受真正带来不同影响的某物的严格规制，倘若现实世界、自然——即使康德称之为"现象的"——只根据由科学发现的一种严格的和不可逾越的因果必然性的规律来运作的话。伦理——若是完全无效的——将会连一种附带现象都不如；就像斯宾诺莎已经宣告的那样，它将毫无真实性可言，是纯粹的无知与障眼法。

卢卡奇对康德的第三个批评是：卢卡奇抱怨康德不满足于将世界一分为二，也必须就此将人类主体一分为二。他写道："甚至主体也被分裂为现象和本体，而那在自由与必然性之间的未解决的、也不可解决的永恒冲突现在渗透进了主体最内在的结构中。"[1] 不论人们是否用"道德良心"的标签来美化这一主体，对卢卡奇来说，以这样一种未解决的内在分裂为结局，就等于用疾病来定义人类，并规定他们去忍受不可避免的折磨和痛苦的生命，然而这一疾病事实上是可以治愈的。由于卢卡奇的思想建基于总体（亦即将自身历史性地消解在阶级斗争的目的中的总体），因此卢卡奇认为，存在着一种可以消除个人的自我分裂的痛苦的解决方案，也存在着一种存在的非异化的方式，而这种方式一旦确立起来，就将让人类一劳永逸地摆脱其所有的自我撕裂。所以，自我异化并不是对人类的定义，而是一种暂时性的历史建构。

---

1 Lukács, *History and Class Consciousness*, 124.

卢卡奇对康德的第四个也是最后一个批评是：卢卡奇对康德伦理学"变成纯粹形式性的并缺乏内容"[1] 这一事实感到惋惜。因此，他指出了康德伦理学的几个问题：因为道德的内容是被简单地给定的，所以康德的伦理学，也即他的哲学解释，原则上可以适用于其他给定的或发明的道德。因此，如果偷窃或说谎被某一特定的现存或虚构的文化认定为有道德价值，那么道德行为者依旧可以自由地选择这些行为，只要这些行为是被选择的，而非必然的。也就是说，康德先验解释的整体设置可以被相当任意地应用在任何道德命令的设定中。因此卢卡奇认为，这种自由的分离与这种非固定领域化的（de-territorialized）理智主义结构是空洞的或缺乏内容的，属于无内容的形式，无法在康德思想的范围内得到修复。而且，更糟糕的是，康德伦理学掩盖了它自身的空洞性。对于这个特殊的问题与它进行自我欺骗的特殊方式，卢卡奇评论道："当这种伦理学试图使自己变得具体（亦即在具体问题上检测其效力）之时，它就被迫从现象世界中借取那些特殊行为内容的要素……"[2] 康德伦理学的读者将会在卢卡奇的第四个反驳中看到**利益**或**偏好**的问题，而矛盾的是，这一兴趣或偏好驱动了"纯粹实践理性"。利益如何能够激发一个据说是因为**无关利益**或**纯粹**才被赞为道德的道德行为者呢？虽然康德承认人类不是天使，也不是纯粹的理性行为者，而拥有与偏好相反的道德是人类的义务，但这种承认尽管是与生俱来的，却在某种意义上必须被否定或克服，植根于这样一种结构之中的矛盾正是让卢卡奇感到困扰的东西。或者，可以用更温和的措辞来复述卢卡奇的反对：在康德的伦理学中，作为血肉之躯的人类即

1　Lukács, *History and Class Consciousness*，124.

2　Ibid.，124 - 125.

使**在其最佳状态中**都是失败的。

联结起卢卡奇的四个批评的主线是，它们都源于康德哲学与历史总体的形式主义分离："形式与内容的关系是事实之物的不可还原性问题与物质的不可理解性问题。"[1] 卢卡奇在提及康德的"形而上学解决方案"[2] ——这是他将在第二个讨论中描述并批评的——时，用如下的纲领性话语结束了对康德的第一个讨论："当问题可以表述得更具体地之时，这就表明：实践的本质在于消除我们在物自体问题中发现的**形式对于内容的漠不关心**。"内容和形式的分离破坏了整个康德哲学，使其伦理学变得形式化、抽象、脱离现实和无效，更不用说还带来了无法减轻的痛苦。

在《历史和阶级意识》对康德的第二个讨论中，卢卡奇从在第一次讨论中停下的地方继续开始讨论：康德的形式主义不仅使伦理学变得无效，使其变成了纯然的判断、空洞的话语与声音，而且通过这样一种做法，让现实如其所是地一成不变，而康德肯定性地将它接纳为给定的。因此康德认可并支持现状，而这一现状通过他杰出的概念表达"在哲学上获得了不朽地位"。所以卢卡奇才说，不要被伦理命令（亦即"应该"）表面上的行动号召所欺骗，事实上，世界上什么都没有被改变或者能够被改变。卢卡奇从康德那里得出了这一结论："无论何时，当主体拒绝接受它的经验性生存，却仅仅采纳了一种'应该'的形式，那么这意味着：直接的被给定的经验现实在哲学的掌管下得到了确证和祝圣（consecration）：它在哲学上获得了不朽地位。"[3]

"应该"远不是它声称自己将会成为的带来真正改变的发动机，

1　Lukács，*History and Class Consciousness*，125.

2　Ibid.，125.

3　Ibid.，160.

它实际上是向现实之物投降的意识形态标记，是吸纳与认同现状的一个标志，也确实是证实现状的一个标志。"因为正好是在康德哲学里现状所采纳的纯粹的、古典的表达中，'应该'预设了'应该'范畴在原则上仍然无法应用于其上的一种存在的现实这一点依旧是正确的。"[1]因此，康德是现实世界的一个辩护者。

卢卡奇反对人文科学中的"给定性"或"直接性"观念，并且特别强烈地反对康德给予这一观念的绝对化形式。因为历史是一个总体，是一种从自身产生出自身的辩证法，没有可能的剩余物（这些剩余物在任何情况下都只是一种空洞的神学悬设）。历史能够解决所有问题，因为所有问题归根结底总是它自己制造的。卢卡奇通过拒绝每一种"应该"的理论，**他所拒绝的伦理学是**将伦理学视为解决人类社会问题的一种真实方案。他认为，伦理学面临着一个"两难困境"：（1）要么它在接纳自己的无效性之时，允许并证实了真实的相对之物的对于一切所谓的改良和进步运动而言明显具有的给定性或"无意义性"，也即是说，伦理学被视为一种意识形态外壳，这种外壳掩盖了那种在本质上是顺从的命定论的东西，或者（2）它拒绝并超越"是"（be）什么与"应该是"（ought to be）什么的概念，以便能够解释"应该"对于"是"的真正影响[2]，也即，它从意识形态转向革命，从伦理学转向自我意识的辩证法。这后一种方案当然是卢卡奇跟随马克思所采取和倡导的路线。这一方案不是列维纳斯所采纳的路径，但他在拒绝该方案的同时，也同样走出了卢卡奇所指出的两难境地。

在对列维纳斯保持期待的同时，让我们注意到，卢卡奇在这一

---

1 Lukács，*History and Class Consciousness*，160.

2 Ibid.，161.

节点上将注意力引向了看上去既非伦理上的顺从、也非历史革命的第三条路线的建议，亦即"对于一种无限进程的流行性解决方案"[1]。但对于卢卡奇来说，这个"康德自己已经提出的"方案，并不是一个真正的解决方案，甚至不是一个真正的第三种选择。事实上，它是伦理之物的第一个困境所产生的意识形态操纵的一个变体，"只是掩盖了这个问题是无法解决的事实"[2]。这是因为，向着一个理想（亦即永久和平或世界政府）的"无限进步"的诱人承诺，只不过是**去推迟**、而不是去拯救康德伦理学源初的与根本的失败。换句话说，把"应该"转换成一种"范导性理念"，把未来作为尚未实现的"目的王国"置于眼前，掩盖了今日之艰辛的真正原因，而这种艰辛在原则上借由对明天的一种空洞的但确实不可能的梦想是无法克服的。从这个观点来看，康德在将这个被推迟的未来命名为"目的王国"之时清晰地暗示了基督教的"上帝王国"就绝非偶然。对于卢卡奇来说，康德的王国和基督教王国同样是虚幻的，同样是意识形态的伪装。卢卡奇写道："它们的任务是为了发现那些原则，通过那些原则，用一种'应该'去调整实存首先成为可能。"[3]

卢卡奇替换了康德无用的形式主义，也克服了主体与客体之间不可弥合的分裂，并摒弃了不可改变的冷漠的给定性观念，从而坚持了**中介**的辩证原则。卢卡奇通过历史中介、辩证法、总体这些观念（它们都是同一个解决方案的同义表达），**转向了主体与客体的统一**，而这种统一是作为现实之物本身的**"本真客观结构"**[4] 的。

1　Lukács, *History and Class Consciousness*, 161.

2　Ibid., 161.

3　Ibid., 161.

4　Ibid., 162.

黑格尔从**概念上**理解的东西，正是马克思**具体实现**的东西：**历史的-辩证的**总体。后者是卢卡奇反对康德的论辩的基础。马克思主义是那种思想-与-行为（thinking-and-acting），是具体历史的**实践**，是在生产-被生产（producing-produced）的真正和现实的辩证法中同时进行的历史思维和历史行为。当马克思主义在无产阶级中并通过无产阶级才被意识到之时，它就是一种真实的具体的总体。只有这样一种方法才可以并确实把人从康德的在给定性的虚幻之床上那清晰但却形式化的睡梦中唤醒，从"物化"、"自我异化"与对现状的"盲目崇拜"中解放出来。

这些在主体与客体之间、自由与必然之间、人性与自然之间、生产与被生产之间、"应该"与"是"之间的分裂以及它们所辩护的现状，**对无产阶级来说**并非绝对的"不朽的"给定之物。卢卡奇写道：

> 因为对于无产阶级来说，社会现实并不存在于这种双重形式中……在日常生活的各个方面，个体的劳动者都把自己想象成自己生活的主体，由此他发现这种双重形式是一种被他实存的直接性所摧毁的幻觉。[1]

也就是说，无产阶级作为劳动着和生产着的人，亲眼看到了世界是被生产出来的，是被制造出来的，是劳动的产物，因此，现实在工人面前并不保持为一种不可改变的形而上的给定之物。至于这一辩证的整体与解放的自我意识是关于劳苦大众的（如通过罗莎·卢森堡）抑或关于知识分子先锋的（如通过列宁），我们在此不做裁决。显而易见的是，对于卢卡奇来说，康德远非真正的远见者，实际上是资产阶级最后的也是最伟大的古典思想家，也是资产阶级

---

[1] Lukács，*History and Class Consciousness*，165.

在维护分裂的资本主义总体的现状时其既得利益的哲学代言人，不管真正的阶级斗争在其哲学纯化的、衍生的语言中得到的表达可能是多么抽象或"形式化"。

2. 列维纳斯反对康德和卢卡奇

我们毫不怀疑，列维纳斯已经认识到卢卡奇批评的主线，这种批评基于对形式主义的指责，不是为卢卡奇所独有。列维纳斯与所有不是顽固的康德主义者的学者一样，赞同这一批评的主线。康德的批判哲学尽管在其内在逻辑、机智性和自我限制的训练方面表现出色，但无疑最终陷于人们可以在所有古典哲学那里都能发现的同一种失败——一种无法解决的心物二元论[1]，无论这些古典哲学有着这样或那样的哲学的理性化形式。然而，同意卢卡奇的批评，并不意味着同意卢卡奇辩证—历史的"解决方案"。列维纳斯认同自然科学开放的与自我修正的精神，因此也认同对胡塞尔现象学开辟的科学精神的合理拓展，但不认同某一派或另一派的辩证法路线，他完全不相信一个人在黑格尔、马克思或卢卡奇那里就规避掉了古典思想的畸形教条。真正的纠正性方案不在辩证法中，在外部观察者（这种观察者地位的可能性被同一种辩证法所否定）看来，辩证法所谓的优越性往往显得比真实的情况更一厢情愿与更任意妄为一些，或者说更有修辞性与政治性一些。所以列维纳斯争辩说，真正的纠正性方案在胡塞尔现象学的严格科学中。因此列维纳斯写道：

> 康德哲学自身，已向理性借取了后者的形式和形象，

---

[1] 这种抽象的二元论的形而上学也许起源于印度，并传播到希腊，后来通过波斯进入西方传统。这些起源是模糊不清的。当尼采将基督教称为"大众的柏拉图主义"之时，他指的是这种诺斯替式的二元论，但这种二元论是在大众之中的，而这些大众通过激情、情绪、感觉（信仰）得到规定，而非通过推理、心灵与观念（"真理"）得到规定。

仍然被一种被认为是固定的传统逻辑所误导而需要一种现象学，这种现象学或是黑格尔式的（通过理性在运动中的形式克服了逻辑知性的分离），或是更谦逊也更彻底的胡塞尔式的（在一种活的当下、原印象及其综合与"消极的含义"中在逻辑的这一面来寻求完全的清晰性）。在胡塞尔看来，完全的清晰性已经被首次建构的客体性的诸结构所削弱，正是这些结构遮蔽了批判性审视的视野。[1]

在第一句话中，列维纳斯同意对康德的所有批评：他的思想被其形式主义所歪曲。在第二句话中，对于选择黑格尔现象学还是胡塞尔现象学来克服这种形式主义的问题，列维纳斯认为胡塞尔的更科学。而且在最后一句话中，列维纳斯在没有选择辩证法的情况下同意辩证论者的观点，亦即康德的"客观性"观念不是被给定的，而是"建构性的"，进而他再次同意辩证论者，在与实证主义者相对立的情况下觉察到了进一步的困难，亦即客观性也掩盖了能够揭示其建构性特征的真正视域。

在拒斥和反对辩证法的过程中，列维纳斯没有去捍卫朴素的现实主义、"自然态度"与实证主义的自我欺骗，并没有退回到对古典思想的"不朽的"再现。列维纳斯也在《总体与无限》中宣布：事实上，即使在宗教方面，亦即在人们预料到会最大程度地（如果不是完全地）抵制建构性分析的那个意义的领域中，"凡是不能复原成人际关系的东西并不表现着高级的形式，而是表现着宗教永久

---

[1] Emmanuel Levinas, "Martin Buber, Gabriel Marcel and Philosophy," in Emmanuel Levinas, *Outside the Subject*, trans. Michael B. Smith (Stanford: Stanford University Press, 1994), 31. 列维纳斯经常联系着马丁·布伯(Martin Buber)来讨论马克思主义思想，而布伯当然是一个积极的社会主义者。

的原始形式。"[1] 换句话说，反对常识的天真、实证主义的实在论或哲学家的"科学主义"，并不是辩证论者的专利。的确，这正是胡塞尔现象学的第一个方法论要求，亦即他称之为"悬搁"或"还原"的技术，而该技术恰恰是一种对于"自然态度"实在论预设的规则化的自我意识超越。所以对于现象学家来说，意义的世界不是被给定的，而是被建构的，这一点与辩证论者不同。因此，无论是辩证论者还是现象学家，都不需要为现实之物做辩护。所以在本质上，把卢卡奇和列维纳斯区分开来的不是建构问题，而是辩证法或现象学中的哪一个更接近于把握意义之物的真正结构的本质。

当然，现象学有不同的解释方式，有些人青睐于它的观念论倾向，有些人则青睐于它的存在主义倾向，尤其是考虑到胡塞尔著作的深度、范围和几个新的"开端"。在胡塞尔的一些出版作品中，特别是在《纯粹现象学通论》（1913）中，胡塞尔似乎偏向于观念论的阅读。列维纳斯从他的立场出发总是强调现象学对"事物自身""具体之物"与"生存"（这一方面也激发了让-保罗·萨特）的探究，亦即列维纳斯作为评论家在《胡塞尔现象学中的直观理论》（1930）中以及随后在《与胡塞尔与海德格尔一起发现生存》[2]中（正如该书标题所突出的那样）所阐释的一种解读方式。因此，正如我们在前面的引文中所看到的那样，列维纳斯认为，由于胡塞尔现象学方法的"严格科学"更谦逊（亦即更加注意"事物自身"），也更彻底（亦即卸下了所继承下来的知识分子的思想包袱），因此它要比基于黑格尔主义的辩证分析受欢迎得多，也优越得多，而基于黑格尔主义的辩证分析打着科学的旗号，但实际上又

1　Levinas，*Collected Philosophical Papers*，79（引文由我自己译出）。

2　1949；2nd rev. ed.，1967。

一次输入和强加了预设的理论建构。

在黑格尔与马克思那里，这种结构的基本要素当然就是辩证法本身，也即它经由著名的（或者说臭名昭著的）"否定之否定"的所谓"运动"。实际上，否定是命题逻辑的一种运作，也是一种思想关系。如黑格尔与马克思所做的那样，把否定运用到现实之物上，并不是在与这些现实之物打交道，而是再次认可巴门尼德对逻各斯与存在的同一。对于不信奉辩证法的人来说，双重否定（亦即"否定之否定"）并不产生真正的运动，更不用说对于不信奉马克思主义辩证法的人来说，它也并不展示历史变化的基本结构。逻辑和历史在不同的层面上运作。理解历史必须要对其进行诠释性的处理，而不是对其强加逻辑。在康德二元论走入死胡同之后，是柏格森（而不是黑格尔、马克思或尼采）第一个通过他的"绵延"观念将真正的运动引入思想之中，而后胡塞尔提供了对该运动严格而特殊的阐述方法。柏格森超越了所有其他思想家，成为"现代"或后康德时代的后二元论思想之父。[1] 胡塞尔现象学除了其他成就之外还采纳了柏格森的突破性见解，特别是他的直观和绵延观念，并且更严格地发展了它们。因此毫不奇怪的是，列维纳斯拒绝将辩证法作为强迫就范的工具，因为辩证法不适合于把握历史的具体变迁，或者说就此而言，辩证法仅仅适合于把握建构的现实过程的很少一部分。与卢卡奇对康德形式主义的指责相同，列维纳斯在这里指出了辩证论者的逻辑主义错误，而形式主义与逻辑主义两者作为仅仅人造的并因而任意的强加于现实之物上的建构都是无法接受的，即便——在事实上尤其是因为——辩证论者占据着流传下来的命题逻

---

1 参见"Bergson and the Emergence of an Ecological Age," 载于拙著 *Ethics*，*Exegesis and Philosophy：Interpretation After Levinas*（Cambridge：Cambridge University Press，2001），27 - 52。

辑的威望，而这种命题逻辑长久以来控制着古典哲学。

在转向胡塞尔现象学而非黑格尔现象学之时，列维纳斯成了一个更好的科学家，他相信胡塞尔现象更合适一些，它对"事物自身"与"具体之物"更尊重一些，却无须受制于一种让内容获得形式化与逻辑化"不朽地位"的寂静主义。[1] 不应忘记的是，胡塞尔在科学上与卢卡奇一样是客观主义的批判者。他并非完整出版的最后一部书《欧洲科学危机和超验现象学》（1936）的整体论证，是在意大利和西班牙法西斯的阴影与纳粹德国的军事压迫之下写就的，也正是对当时占据统治地位的客观主义的科学解释的彻底批判。对于胡塞尔来说，在看似矛盾的情况下，客观主义不够真实，不够科学。[2] 实证主义建基于一种将科学视作"客观性"的错误与狭隘观念，也即是说，什么是真实的、什么是可被客观认识的，也就等于什么是可被量化的。然而，通过错误地限制科学，所有因此被省略和断然排斥的东西并未消失。在"被压抑之物的复原"中，

1　马丁·布伯对黑格尔（与马克思）做出了类似的批评，谴责他们缺乏具体性，并对"现实之人"做了理智主义的抽象。也即是说，他指责黑格尔（与马克思）"彻底远离了人类学的设定"："他们为了维护普遍理性及其辩证过程与客观结构，抛弃了人类的具体人格与具体共同体"（Martin Buber，"What is Man?"[1938]，in Martin Buber，*Between Man and Man*，trans. Ronald G. Smith［Great Britain：Collins，1963］，170）。"思想证实了它［亦即宇宙的黑格尔之屋］，而世界让它变得荣耀；但现实之人并未踏入它之中。"（ibid.，173）.在此似乎出现了一场对于谁能更具体一些的争斗。可以肯定的是，马克思试图比黑格尔更具体一些，因为他认为黑格尔的哲学概念"实现"在具体历史（尤其是经济史）之中，并通过这一历史得到"实现"。与之相对，布伯与列维纳斯认为：从具体之物的观点来看，正是对具体之物的疏忽与理性化的过度将黑格尔与马克思的整体辩证法削减为强加于现实之物上的抽象而任意的构造，尽管——事实上正是因为——他们一直在谈论"辩证法"。不幸的是，对于布伯来说，他的合理批评完全建立在他阐述"相遇"的对话哲学的不幸过于模糊的基础之上，而不像在列维纳斯那里一样，建立在由现象学方法引导的严格而科学的研究之上。

2　参见第 12 章，"Absolute Positivity and Ultrapositivity：Beyond Husserl，"载于拙著 *Elevations：The Height of the Good in Rosenzweig and Levinas*（Chicago：University of Chicago Press，1994），274 - 286。

被排斥之物在"非理性之物"的过分宽泛的范畴下会显得更糟糕、更扭曲与更受误解。胡塞尔所认识到的是，对于作为科学本质的**确证真理的寻求**并不仅仅将科学知识限定**客体**之上，而是将科学知识限定在有**明见性**（evidence）的东西之上。明见性是科学的真正基础，而客观性不是。因此所有的存在领域、所有的意义领域（例如想象、情感、意志、艺术、时间性、历史等等）中的每一个自身都有合适的明见性，都可以也应该被科学地研究和阐释，这是现象学所带来的伟大进步之一。此外，由于被如此构想的真正的科学是一个持续进行的与自我修正的**任务**机制、一种研究的"无限进程"，因此它的探究也促进了长期而艰巨的个人、社会和政治过程，而该过程抑制了对未经检验的偏见的非理性影响引发的危害。因此，在现象学科学的旗帜下，胡塞尔把人性召回到它最崇高的使命中，那就是**真理让我们得自由**。而且，如果哲学不是这一口号，那它是什么？它在什么时候是没有被指责为幼稚或乌托邦式的呢？

尽管如此，相当重要的是，列维纳斯只在某种程度上采纳了现象学。或者更确切地说，他在有限的范围内接纳了它。但这还远远达不到现象学的标准，特别是考虑到胡塞尔科学视野无限扩张的合法性。毕竟，要保存科学，现象学必须保持无知，或者必须将那些意义拒斥为"未充实的"，如果一个人可以正确地称它们为"意义"的话；而列维纳斯将保留"言说"（saying）或"表示"（signifying）这两个术语，而这两个术语超出了意向性意识的明见性。对于列维纳斯来说，伦理学的意义性正是外部的、超越的，超出了现象学的无限视野：它的**意涵**是不可被还原为**意向性意识**及其分析所建构的**意义**的，但它作为这些意义的来源而起作用。科学真理让我们摆脱了非理性之物、偏见与成见。伦理学甚至在更深刻的层面上让科学的无-私性（dis-interestedness）成为可能。因此，列维纳斯认为, 与现象学的真正决裂是必要的, 因为它在本质上无法解释在面对面 (face-to-face) 的接近中发生的意义的**盈余**。面容不是一种现象: 从一开始, 它就强加了一种道德命令、一种源于他人之他者性 (otherness) 的义务, 而该义务由我自己在宾格上而非在主格上接受, 也就是说, 由我自己在对他者不可改变的且不对称的道德责任中接受。

从一开始, 在首要且更大的紧迫性的意义上, 在任何东西被说之前, 他者 (亦即列维纳斯经常称之为 "面容" 的东西) 在对 "所说" (said) 的言说中 "表示着" 一种对于他者责任的恳求, 而这种责任规定着道德。并且, 他者最终也表示着对于所有他者的责任, 而这种责任规定着正义, 因为他者不是孤立的, 他者对他者来说也是他者。这里我不准备详述列维纳斯的伦理学, 而伦理学是其思想的核心。目前的要点是, 列维纳斯为了科学不仅仅是通过转向现象学而非辩证法才与卢卡奇分道扬镳。更重要的是, 在两人的直接对立中, 列维纳斯正因为认识到有意义之物的真正源泉在伦理学中 (而不在辩证法中), 亦即在一个人对另一个人和所有他人承担责任的独一性中, 所以他反对过程的物化, 如果把该过程称为辩证的话。在这个过程中, 人类将仅仅是受制于历史总体的牵线木偶。对于列维纳斯来说, 对科学的总体化把握 (无论是该把握是自然的、先验的、现象学的还是辩证的), 或者对于所有国家和所有政治都潜在着的极权主义都不是 "第一哲学", 而伦理学才是。无限 (亦即从他者的面容中产生的无限义务), 不仅与总体对立或与总体决裂, 而且通过朝着善与正义的目标将人性提升到比总体**更高级**、**更善良**与**更高尚**的层面。

这样一个立场的第一个 "证据", 也就是说第一个断裂, 是语言本身。语言在成为一个符号系统抑或词与事物的一种对应关系之前，是由一个人向另一个人说出的。意义在世界上的产生不会如同外星人入侵，也不会如同"语言成为语言"的缘起那样或是出人意料的，或来自匿名的超越论意向，或来自存在之蓄水池的喷涌，或是通过一个阶级斗争的辩证总体。可以肯定的是，这些东西都是背景、理解的构架，意义的不同秩序与互文性。它们就是列维纳斯称为"所说"的东西。这种所说有一种类似于马克思主义者称为物化或商品化的东西的内在倾向。因为这种所说一旦被说出，就清除掉了**曾经**说过的，也否认它依赖于一种言说，或者同样可以说，它伪装出由自己来说出自己的**自我表现**。在这方面，卢卡奇的辩证—阶级—历史与海德格尔的存在论—阶段—历史是没有区别的。然而，尽管有所说自身或者它无意的修辞的掩饰，但所说并不是它自身的来源：言说在述说着所说，因此所说的来源是第一人称单数的言说、一个有血有肉的人向另一个有血有肉的人的讲述、一个会引发回应的讲述，而在这种回应中产生了对于说出所说的言说的责任。对于列维纳斯来说，意义的来源并不在所说之中，而且也无法通过将所说总体化或假称"它"给予意义的方式被发现。一个人说出所说，并向着另一个人说出它。回应是对另一个人言说的责任。话语先于命题。

> 因此，言说是诸自由之间的一种关系，这些自由既不相互限制也不相互否定，而是相互证实……尊重这个词在此会再一次被重视，但需要强调的是，这种尊重的交互性并不是一种如同宁静沉思一般的冷漠关系，而且这种交互性不是伦理的结果，而是伦理的前提。[1]

在这段引文中可以注意到：考虑到言说对于意义的首要性，列

1　Emmanuel Levinas，"The Ego and the Totality ，" 43.

维纳斯结合了现象学探究的具体发现与对**道德**责任之**盈余**的承认（而非压制），而该责任本身就使得这样一件头等大事的紧迫性合情合理，亦即超出批判哲学与辩证总体两者的范围但仍然忠实于具体的和现实的东西这件事。列维纳斯通过在由现象学发现的具体的建构的现实中开始并筑基的方式（而这一现实必然被"接近"的伦理盈余与一个人对他人的道德责任重新启动、重获动力，而且在事实上是超负荷的），克服了康德的"形式主义"和二元论问题。与此同时，他通过拒绝遁入历史总体的逻辑主义物化的方式而仍然相信"实践理性的优先性"，而这种物化正是卢卡奇所尝试的解决方案陷于失败和逃避主义的地方。

因此在这里，卢卡奇认为在历史总体中未被认可的科学知识的起源只有通过一种固有的历史辩证法才能得到把握，而列维纳斯却认为科学知识（包括历史知识、历史编撰学以及所有的人类科学）都起源于不可还原的超越，亦即在一个人与另一个人的伦理遭遇中发生的"无限"。现象学（亦即科学）与伦理学的联合正是在《总体与无限》的结构中显现出来的。该书四部分中的第二部分名为"内在性与家政"，是一系列详细而谨慎的现象学研究，在其中列维纳斯阐述了主体性（亦即分离、享受）与世界（亦即居住、劳动、表象）的意向性结构。顺便说一下，这些研究**在科学上**是正确的，追随了胡塞尔作为严格科学的现象学的观念与海德格尔早年在《存在与时间》中对类似的和相关的主题的现象学研究。[1]列维纳斯在第二部分的现象学探究的结果依据伦理学的非意向性的超越性重新得到了解释，而这一超越性是列维纳斯在《总体与无限》名为"外在

1　关于列维纳斯与现象学关系（包括他与海德格尔、胡塞尔的关系）的全面展示，请参见拙文"Emmanuel Levinas," in *The Routledge Companion to Phenomenology*, ed. S. Luft and S. Overgaard（New York：Routledge，2012），71-81。

性和面容"的第三部分中阐述的。这两部分（亦即《总体与无限》的第二、三部分），是现象学的和伦理学的，为其第一部分"同一与他者"提供了具体的基础和动机。也就是说，列维纳斯的政治哲学以伦理学为基础，正如亚里士多德的《政治学》依赖并建基于他的《尼各马可伦理学》。

列维纳斯在《总体与无限》的第一部分中写道："面容的超越性，同时也是它从它进入的这个世界的缺席、一个存在者的流亡（不自在）与他变为陌生者、赤贫者与无产阶级的条件……认识他者（*Autrui*）就是认识一种饥饿。认识他人就是去给予。"[1] 无产阶级不是通过阶级或一种共同性来定义的，而是被定义为从高处现出面容的那个人，因此也被定义为一种恳求与饥饿，需要食物、衣服、住所、谈话、教育、就业等。他人的面容打破了总体，与它的背景决裂，用义务和责任穿透了它，而这些责任和义务不能强加并归因于如同弗兰肯斯坦（Frankenstein）的怪物那样笨拙地四处游走的物化历史，抑或一种不稳定的辩证的"否定之否定"。即便社会与政治生活也的确要求正义的结构和制度，但在接近的第一人称单数性中的责任重负、对他人之善的责任与对所有人的正义的责任并不首先让他人来承担。道德是一个加载在现实之物上的东西："对谈者的出现似乎没有历史可循，并超然于体系。"[2] "信赖于现实之物而不容于体系"[3] ——在这个表述中，我们发现了列维纳斯的现象学—伦理学方法的真正座右铭，而这种方法在不消除他者的情况下关注历史，是对康德的推进，也是一种对黑格尔、马克思与卢卡奇的总体化的辩证—政治视野的批判性替代方案。

1　Levinas，*Totality and Infinity*，75.

2　Levinas，*Collected Philosophical Papers*，"The Ego and the Totality"，43.

3　Levinas，*Outside the Subject*，"The String and the Wood"，130.

《总体与无限》第二部分的发现清楚地表达了对于意向性意义
的不同层次进行具体的现象学探究（可以肯定的是，这些探究一直
处于调整之中）的结果，而意向性意义的不同层次建构了主体性、
世界性，也建构了从一开始就将自身从古典、笛卡儿、康德和——
让我们现在来补充一下——黑格尔与马克思哲学的形式主义和逻辑
主义的传统解脱出来的后果。正如我们已经表明的那样，黑格尔的
辩证现象学与逻辑学（再加上紧随其后的马克思与卢卡奇），并没
有摆脱它从一开始就将**自然**与**逻各斯**等同的巴门尼德式偏见。让我
们更加明确这一点：马克思把这样一个总体从概念重新定位到历
史，根本不足以消除该总体初始的和主导的偏见的逻辑主义**暴
力**——更温和的说法是逻辑主义错误或还原。然而，"暴力"这个
较强势的但隐喻性的话语仍然是有吸引力的，因为马克思对黑格尔
的调整方式自身的确具有非常现实且十分可怕的后果，亦即一种远
非隐喻性的暴力。成为一些教授与知识分子的哲学偏见的东西，被
从思想上的错误转换成了行为上的恐怖，亦即一种被"这就是历史
在行动"的意识形态所掩盖的恐怖，这种意识形态的话语在最正义
凛然的权利术语中，抑或在据说是最科学的必然性术语中，隐藏着
对数百万人甚至是亿万人的杀戮与压迫。我们本不应提及这些谋杀
吗？那么不礼貌地说，这是什么呢？无疑，它们不能也不应被忽
视，就像有良心的哲学家必须去直面海德格尔对历史性存在的崇拜
所带来的可耻后果，亦即去直面**存在之问**并未对成为纳粹主义与大
屠杀的"礼物"这件事有过任何抵制（这是**海德格尔**所缺乏的抵
制）。忽视这些事情或用这种或那种狡猾的思维来掩盖它们，是极
度不负责任的，而且在最深的层面上是被意识形态所收买的。

对人类主体性和世界性的现象学分析通过摆脱形式主义、逻辑
主义与辩证的（或其他）历史总体性，讲述了一个不同的故事，并

描述了一套不同的意义机制。列维纳斯经由对《总体与无限》第二节中意义的现象学分析，展示出感觉在感性存在者身上的起源是自我-感知（self-sensing），亦即一种源初的"自律"，而这种自律不是通过法律、逻辑或辩证法产生的，而是作为具身化的内在感觉产生的，这种具身化就是感觉着的自我感知。列维纳斯写道："感觉打破了每一个体系；黑格尔把辩证法的起源放在感觉上，而没有放在感知与被感知之物在感觉中的统一体上。"[1] 黑格尔从"存在""非存在"与"变易"开始，而"变易"是他从前两者的"矛盾"中人为建构的。但在这种命题逻辑中，虽如你所愿地进行了建构，但在其中没有现实的运动与具身化的综合。因为逻辑（亦即辩证逻辑）是一种人造的"运动"，而不是一种现实的运动，所以构建在其上的整个体系同样是人为的，尤其是当它完全封闭之时。

从现象学的探究入手，列维纳斯的思想经由对一种自我感知着的感受性的具身化本质或感性凝练，开始于人类与匿名存在的决裂或"分离"。这种存在不是形式与内容、心灵与物质、必然与自由、存在与非存在的构成性的混合物，伪装成完整的统一体，也不是"否定之否定"的产物，而是更相关于现实之物，亦即一个具有欲望的具身化存在者，其最高级的存在方式是对"最可欲之物"的欲望，亦即对他人的责任与对正义的世界的责任，而这个世界是为了所有他人的。在这里，列维纳斯将返回到古代的观点，根据这种观点，人们把人类定义为**最宝贵**的东西，而非普通的或最基本的东西。人依赖于现实之物而不容于体系。从自我感知的开端过渡到道德与正义是一段漫长旅程，不过至少当人们在应对这些挑战时，人类主体不是抽象的，而是一个易受伤害的存在者，亦即一个受苦、

---

1 Levinas，*Totality and Infinity*，59.

负伤、生病、饥饿并需要住所等等的人。一个人在面对着具体的现象学研究的结果时，面对着让有血有肉的人变得高尚而又负责任的不容忽视的道德紧迫性与正义的艰巨任务时，就会看到辩证总体的方法是多么抽象、矫揉造作、还原化与不负责任。它以必然性的名义声称服务于正义，但它甚至不承认每个易受伤害的、贫穷的人类个体的不可剥夺的价值。在这里，我们也要注意，列维纳斯的分析不是反抽象的结果，例如，从一种同样人造的"契约理论"中产生出来的利己主义式的单子论个体的建构。列维纳斯从这种具身化的自我开始，因为自我是在这种具身化的自我中开始的，也是作为一种具身化的自我开始的。他仍然信赖于这样一个自我，因为没有任何抽象可以消除它。正是在感觉循环中的这种不可分割的自我，进入并参与社会生活之中。通过充实并深化具身化的自我概念，列维纳斯在此就处在一个能更充分地把握与另一个人的遭遇的超越性的位置上。[1]

他人的面容突然出现在"自我""我"抑或在其单一性中的"自己"中，而这个"自己"在此时此地通过我去回应另一个人的"非意向性"责任获得了具身化，以便去帮助另一个人，去减轻他人的痛苦和满足他人的需要。由于自我被具身化和被困在它的被动性中、在它自己的苦难中、在它自己提供援助的真实能力中，所以不存在逃入纯粹自由或纯粹必然性的任何途径。也不存在一种逃避的机会，可以将负担转移到历史中去照管这些事情。没有一种紧迫

---

1 值得关注的是，早在他的早期哲学著作《时间与他者》(1947)中，列维纳斯就认识到了在经由具身化对自我的深化与经由交互主体性对超越的深化之间的联系："必要的是，一方面去深化孤独的观念，另一方面去思考时间提供给孤独的机会"（通过与海德格尔**此在**的时间性相对照，时间的超越性是通过他人的超越性才被揭示的）。Emmanuel Levinas, *Time and the Other and Additional Essays*, ed. and trans. Richard A. Cohen (Pittsburgh: Duquesne University Press, 1987), 39.

性比道德的更重大和更不容忽视，也没有什么东西是先于责任的，一种假设的契约或一个在辩证总体中的客观立场都不行，而且没有任何东西胜过这样的责任。正好是在自我对于和为了他者的责任之中并通过这一责任，责任才将自我拣选出来，作为不可替换的、不可替代的并在其中独一无二的东西。这种责任是超乎寻常的、前所未有的、不可避免的，虽然人们必定可以拒绝成为负有责任的人，拒绝一项早已先于拒绝而存在的责任。他人的超越性不能还原为他或她的背景、种族、宗教、信仰、阶级、性别、民族等。可以肯定的是，这些意义是真实的且重要的。但它们不是主要的，不能定义他者，或者不允许将他者还原为一个定义、一个属性、一种共同性。毫无疑问，它们必须纳入对正义的计划的思考，在其中，不平等、对他人的超越不是问题的关键，而核心议题是平等，亦即平等权利、平等机会。

但要想让正义保持为正义，就必须永远不要忘记道德之善、个人责任以及在他或她的单一性中露出面容的他者的优先性。他人的面孔突然出现在我的场景中，它无法被还原为我的背景，超越了我的偏见和先见，也是一种彻底的"变形"，与所有意义领域（包括历史领域及其权力与影响的架构）都决裂了。因此列维纳斯在冷战期间这样说道："成为非共产主义者，归根结底是在力量的冲突中维护自己的判断自由。"[1] 责任既不是退回到康德的形式或抽象自由，也不是对历史上真正力量冲突的特点浑然不知或不受其影响，而是被承担为一种"困难的自由"，是先于某人自己考虑他者和在不牺牲人类人性的情况下追求正义。选择是困难的。自由不能被还原为

---

[1] Emmanuel Levinas, "Dialectics and the Sino-Soviet Quarrel" (1960), in Emmanuel Levinas, *Unforeseen History*, trans. Niddra Poller (Urbana, IL: University of Illinois Press, 2004), 107.

科学。

> 自由在于知道自由处于危险之中。但要知道或意识到
> 这一点，就是有时间去避免和阻止不人道行为的爆发。这
> 就是对背叛时刻（亦即在人与非人之间的细微差别）的不
> 断延宕，而该延迟暗示了善良的无功利性、对绝对他者的
> 崇高欲望，以及形而上学的维度。[1]

自由不是纯粹的，既不能简化为必然性，也不能成为天使般
的：它是**困难的**，也就是说，它关涉着他者。列维纳斯写道："你
不仅仅是自由的，你在自由之外也受到他者的约束。你对所有人负
责。你的自由也是博爱。"[2] 或者，他在提及他的同时代人（亦即批
判性地提及萨特而肯定性提及梅洛—庞蒂，后者也反对康德）时写
道："哲学家们著名的有限自由要对我未曾做过之事负责。"[3] 对于
列维纳斯来说，通过关联到他者与历史，但却是联系到作为超越的
他者，伦理开启了**判断**与问询**历史**的可能性（这对于辩证法来说是
不可能的），而我以道德博爱的名义，在第一人称的单一性和在对
邻人的接近性中维护着"寡妇、孤儿与陌生者"，为的是见证和代
表呼求人类团结的平等的正义。"正义、社会、国家及其制度、交
换和工作都可以从接近性中得到理解。这就意味着，没有任何东西
不受制于一个人对他者的责任。"[4] 自由是不可剥夺的人类尊严；平
等是对所有人的社会、政治与经济正义；博爱是对于他者责任的伦

1　Levinas，*Totality and Infinity*，35.

2　Emmanuel Levinas，"'As Old as the World?，'" in Emmanuel Levinas，*Nine Talmudic Readings*，trans. Annette Aronowicz（Bloomington：Indiana University Press，1990），85.

3　Ibid.

4　Emmanuel Levinas，*Otherwise than Being or Beyond Essence*，trans. Alphonso Lingis（The Hague：Martinus Nijhoff，1981），159.

理团结。

不管怎样，卢卡奇通过参与到总体之中并担当它的腹语师，放弃了对历史所做的判断进行历史判断的权利。历史决定对与错。它的判断是最终的判断。虽然这可能赋予历史更多的权威性，而不是赋予历史将它"不朽化"为非历史的抽象规定的无效判断，但卢卡奇所做的不也是无效的吗？而且，他通过**站在胜利者一边**不也没有将历史具体化吗？卢卡奇用对成功的赞美来替代人类的失败：他认为碰巧发生的事情都是正确的。因此，尽管依据历史的前定逻辑，辩证思维的主张自身只有从历史的角度出发才被认真对待，但辩证思维通过放弃作为意识形态的道德并未拥有任何合法性，而只拥有一种对现实之物（亦即偶然产生之物）的非历史的合理化。

征服者"强权即公理"的永恒合理化将再次成为最终的仲裁者。以这种方式并通过一种独特的倒转，总体的辩证法（不是康德哲学，当然也不是列维纳斯哲学），将成为维护现状的哲学。在 20 世纪 30 年代斯大林的"大清洗"和作秀审判之后，这些东西是阿瑟·库斯勒在《中午的黑暗》（1940）中所指控的，并且依旧是无可辩驳的。卢卡奇在《历史与阶级意识》的结论中宣称："在无产阶级的意识中'得到反映'的东西，是从资本主义的辩证矛盾中产生的新的积极现实。而这绝不是无产阶级的发明，也不是从虚空中'创造'出来的。这是整个过程在其总体中的不可避免的结果。"[1]我们被告知的是，**历史（而非人类）最终创造了历史，并且这是不可避免的。**这种循环推理的遁词和这种对作为最终陈述的成功的崇拜，同样是海德格尔身上发生的故事。事实上，卢卡奇与海德格尔成了奇怪而让人意外的盟友，他们以总体的名义通过逃避责任的方

---

1 Lukács, *History and Class Consciousness*, 204.

式联合在一起：通过把责任推给作为阶级斗争或存在论差异的历史，真正的事件就都由人类来掌控了。事实上，责任（亦即人类的问询和给予）被认为是（但可以肯定，是在意识形态上）损害历史的真正工作的"最大危险"。列维纳斯的伦理观念要求的是一种困难的自由，这种自由比这种调适主义和那种永远具有诱惑力的追求完美未来的机会主义要困难得多。这是一种为了他者和所有他者的责任伦理，是一种在接受之前的给予，是为了正义（亦即现实具体的社会的、经济的和政治的正义）的斗争，却没有成功的保证。我们把这种伦理称为"乌托邦式的"，而地球上所有伟大的事物都来源于这样的伦理理想主义。没有什么比这种伦理理想主义更迫切的了。也没有什么在紧急性上超过这一任务。

现在我们可以理解列维纳斯为什么会反对把总体置于无限之上，并必然反对卢卡奇："在一个总体主义国家的可能情势中，人们被压制，而人的权利被嘲弄，对人的权利的最终实现被无限期推迟。"[1] 对总体主义的反对正是在开放的、持续的为了正义的斗争之中，这一正义借由社会-民主的自由国家得以可能，而这种国家刻画了"政治与伦理的结合在本质上成为可能所依据的模式"[2]。列维纳斯的目标并不是消除或减少"坏良心"，而是为了促使它做得更好。他鲜明地反对一切总体主义的"好良心"和总是未能实现的成功的允诺，而为了实现这一允诺，现今的谋杀、折磨和监禁都只是必要的损失。列维纳斯反对总体主义国家及其"国家理由"，也反对自由主义国家及其对自私单子的冷酷计算正义（两种根本的意识形态都掩盖了让人难以承认的对立面的现实），而他在许多文本中

1 Levinas, *Outside the Subject*, "The Rights of Man and the Rights of the Other", 123.
2 Ibid.

都宣称他拥护一种被构想为**社会-民主国家**的自由国家，也就是说，这种国家是由追求博爱与团结的困难的自由所驱动的，为实现对所有人来说每一个更大程度的正义而奋斗。正义倘若作为在历史上被证实的正义和在地球上实现的少许正义，就从来不够正义。下面的引文是一个含义丰富且有代表性的例子：

> 由于正义总是有一种坏良心，因此对先于正义的慈善（亦即道德）的要求就维持着并召唤它。正义若想名副其实，就不要忘记法律是可完善的。它保留了对曾经宣判的判决进行修正的可能性。这一点非常重要。因为正义尽管由慈善召唤而来，还是建立了国家及其暴力机构。通过承认正义的缺陷和商定对被判决之人的追索权，正义已经在质疑国家。这就是为什么民主是国家的一种必要延伸。这不是在不同的可能政权中的一个，而是唯一合适的那个政权。这是因为，它保障了通过替换暴君（不幸的逻辑！）来提升或改变法律的能力。[1]

列维纳斯为国家辩护，因为它制定和维护法律，从而使平等和公正成为可能。列维纳斯对社会-民主的自由国家的辩护还有两个更具体的理由。首先，它通过市政厅会议、代表选举、罢免程序、公民投票、舆论压力、信函、游说、集会等方式，既植根于个体特殊性之上，又持续或定期诉诸这一特性，从而保障了正义。对单个人的尊重暗含在"自由的"和"民主的"两个术语的组合中。毫无疑问，单一的个体也来自家庭，在不同的群体中联合，然后这些群

---

1 *Is it Righteous to Be？Interviews with Emmanuel Levinas*, ed. Jill Robbins (Stanford：Stanford University Press, 2001)，194. 也请参见第 51—52 页（"自由国家"）与第 185—186 页（"西方民主""自由社会""自由主义在欧洲的力量"）。

体作为群体可以向国家寻求正义。对于正义来说，集会的权利与言论自由的权利一样重要。因此，教育的权利、安全居住的权利、经济适用住房的权利、医疗服务的权利等诸如此类的具体实际的权利也同样重要。这些不是对人的单一性的道德特征的否定，而是一种对它的反映，也是一种对人与他者的团结性的反映。其次，自由—民主国家保障正义是通过对以下两者的承认与制度化：（a）国家的必要性和（b）对国家的内在限制，亦即通过不断地对变化保持开放限制国家以现存法律、领袖（暴君）或纯然数字的匿名性来贬抑个人的内部倾向。[1]

列维纳斯在此绝没有犯政治上的幼稚病。他没有断定，社会民主**保证了**正义得到实现。[2]更确切地说，他肯定的是：自由的社会-民主国家尽管有其所有的缺陷和易受控制的特点，依然可能是最好国家，在政治领域（亦即权力领域）中也是在一个充斥着不正义的世界中实现真正正义的最大机会："这不是在不同的可能政权中的一个，而是唯一合适的那个政权。"[3]

真实的自由是困难的，是具体的但仍然属于人的对正义的奋斗，而这种正义是以法律和制度的形式通过国家来实现的。这是一种**对总体**的持续**破坏**，也是一场**永恒的革命**。无论是将正义制度化的国家，还是打开了政策决定的具体视域的历史，都没有最终的决定权，或者说无法决定最终的意义。

这也意味着（而且重要的是强调这一点）：对人权的

---

1 在《政治家篇》中（294b），柏拉图在这一点上也许是为了与《理想国》相对照，也意识到了对政治家来说向变化保持开放的需要："人与行动在如此持续地发生变化，以至于对任何科学来说，要一劳永逸地制定出一条适用于每一种情况的单一规则都是不可能的。"

2 "我相信自由主义在欧洲的力量。但我有太多的回忆让我对这一答案无法确定。" Emmanuel Levinas, *Is it Righteous to Be*, 186.

3 Ibid., 194.

捍卫对应于一种**在国家之外**的职业，该职业的任务是在一个政治社会中处理一种超-领土性（extra-territoriality），如同在《旧约》的政治权力面前的那种预言一样。它是一种完全不同于政治智慧的警觉，也是一种清醒，而这种清醒并不用来在普遍性的形式主义之前产生在其自身限制中的正义，而是用来维护这种正义。[1]

意义的来源取决于严肃地对待善与恶，而这种严肃性起源于每个人（而且首先是我自己）对于他者的过度责任，也起源于一种义务，而这种义务也呼吁对所有人的正义，因此需要知识与国家，并同等严肃地对待正义与不正义。在这个世界上，善永远不够善、永远不够充分，正义也不够正义，一个人也不可能从困难的自由中解脱出来。而正如卢卡奇所认为的那样，这种自由令人厌烦且不安的无限性远不是存在的祸根，而是存在的高尚性与对"要比存在更善"的觉悟和警醒。毫无疑问，没有正义的道德就变成了多愁善感，但同样真实的是，没有道德的正义就变成了暴政。

---

1 Levinas，*Outside the Subject*，"The Rights of Man and the Rights of the Other"，123.

第 13 章　走向人权现象学

罗伯特·贝纳斯科尼（Robert Bernasconi）

我们的人权观已经被 1948 年《世界人权宣言》的制定所带来的政治所扭曲。本文将以我们的人权经验为出发点，并参照列维纳斯的观点，认为人权应该首先被理解为他人的权利。虽然人们总是可以为自己的利益而向他人提出具体要求，但这些要求本身不构成一项权利，它们也没有建立一项对他人而言的相应义务。我们对权利的首要经验存在于我们的这样一种感觉，即他人遭受的某些不公正现象是无法容忍的，而且我们直到那些不公正现象被纠偏才能获得安宁。一段摘自《孟子》的引文表明：这一观念不同于标准解释，并不依赖于从政治哲学的自由主义传统中得出的预设，而是建立在对我们与他人关系的具体理解之上，这种理解并不局限于任何单一的传统。

1. 《世界人权宣言》

在这篇论文中，我提出了一种研究人权的现象学方法，这种方法是一种彻底的替代方案，用来替代植根于古典的（也即洛克式的）自由主义的更为人熟知的人权观念。洛克及其追随者从抽象的、孤立的个体出发，但对于现象学家来说，出发点是我们的具体生存。我在此将主要关注我们与人类同胞之间具体的相互联系，不过，我将在我文章的结语中指出，我的方法可以进一步扩展，以便运用于动物之上。现象学，或者更准确地说，在此为我提供方向的生存现象学，并不始于人为的思维实验（如自然状态或社会契约），而是始于如下认识：没有人在没有他人（包括前几代人）不断帮助的情况下能达到成熟，而且我与其中一些人的情感和理智关联就是"他们是我的一部分"与"我是他们的一部分"。我将自己与他人分离开来的不可能性，就使通过考虑个人可能在社会之外做出的决定来阐明这些权利的所有企图都变得荒谬。

然而，我并不是在建议，我们单纯地用一种现象学的模型来替换一种植根于分析性理性的模型。将出发点设定在现象学中的任何有关人权的讨论，必须使用已有的话语，并且在改进它们的方面能力有限。实际上，我决定关注人权是因为这一事实，亦即人权话语现今在解放斗争中具有巨大作用。我想使用那种语言，但我想改进它，因为它的有效性受到以下事实的限制：它过于频繁地受制于这种人为的——直率的说法是——无可救药的资产阶级哲学框架。

人权话语充斥着一系列的自相矛盾，这些矛盾反映了人权话语从中成长起来的背景远非清白无辜的。首先，众所周知的是，任何讲述人权历史的人都不可避免地会关注这些权利的呈现与引介方式，亦即它们如何同时被呈现为永恒的、普遍的、不可剥夺的和不言自明的，却在一个特定的历史时刻被引介到世界上。如果这些权利是普遍的，那么为什么美国坚称自己发现了它们，并宣布自己持续占有它们，或者对它们有高人一等的洞见呢？如果这些权利是固有的和不可剥夺的，那么为什么对这些权利的不可剥夺性的表述已经如此频繁地面临大量的例外呢？如果这些权利是不言自明的，那么为什么对"它们实际上是什么"达成一致已如此艰难了呢？

这些问题很难回答，这不仅仅是因为所提出的议题的复杂性，或者是因为对这些问题的回答耗费了如此多的精力，而且也因为将人权描述为永恒、普遍、不可剥夺的目的是要中止讨论和扼杀辩论，而不是鼓励辩论。然而，围绕着在欧洲和北美以外人权理念的诸多质疑，至少通过西方坚持将这一理念视为对世界其他地区的赠礼而加剧了，而从接受方的角度来看，当这一赠礼仅仅被选择性地运用，而且还常常被用作外交政策的工具之时，这一理念有时似乎是一种强迫。[1] 而"对权利的伟大的历史性构想是在冲突或即将发生的冲突的极端情况下产生的"这一事实还带来了一个问题。这似乎说明了如下事实，亦即对权利的关注倾向于以牺牲义务为代价，而这就导致了那种将权利主要设想为"我的权利"或"像我这样的人的权利"的倾向。

但 1948 年的《世界人权宣言》（本篇以下简称为"《宣言》"）又如何呢？其形成的条件是什么？因为联合国的诞生是在人类历史上最血腥的战争之后，并且是对这场战争的回应，人们不可避免地期望，在战争结束后产生的这份文件既成为确保它永不再发生的努力，也成为使这种努力建立在新的哲学基础上的尝试。然而，这种情况并没有发生。罗杰·诺曼德（Roger Normand）和萨拉·扎伊迪（Sarah Zaidi）最近的著作《在联合国的人权》（*Human Rights at the UN*）表明了，联合国如何通过采纳将每个国家从外部的军事干预中独立出来的信念，让这个新机构像国际联盟（League of Nations）一样无所作为，因此如果联合国在 20 世纪 30 年代存在

1　即使在今天，也有一种将对种族中心主义的控诉抛诸脑后的倾向。例如，詹姆斯·格里芬(James Griffin)承认，现今的人权观念是不合适的，或者(正如他喜欢说的那样)是"不完善的"。与此同时，他相信，完善这一观念的努力最好是结合来自西方传统的资源，而该传统通过"非西方人会深入研究西方并被他们所发现的东西所吸引"的希望来维续。*On Human Rights*（Oxford：Oxford University Press，2008），137.

着，它也一样无法阻止纳粹。[1]《宣言》非但没有反映至少在欧洲以外广为流布的看法（亦即大屠杀反映了整个西方哲学传统的道德破产，而不仅仅是纳粹的道德破产），反而在某种程度上带有自吹自擂的意味。

然而，在联合国《宣言》起草委员会中，至少有一位哲学家查尔斯·马利克（Charles Malik）没有洋洋得意，并表达了一种截然不同的情绪，他是来自黎巴嫩的代表，也曾是马丁·海德格尔与阿尔弗雷德·诺斯·怀特海（Alfred North Whitehead）的学生。他在 1948 年 12 月 10 日《宣言》公布的那一天的日记只包含了一个在他演讲笔记之后的随记，这是一句受海德格尔启发的冷峻话语："对于诸神来说，我们来得太晚；对于存在来说，我们又来得太早。"[2] 显然，马利克认为，当时宣布一个新的黎明或甚至另一个开端还为时过早。这也许反映了这样一个事实，亦即导向《宣言》的谈判已经受到冷战开始的影响。

冷战还影响了在联合国教科文组织主持下编写的一本基本上被人遗忘的书，而该书让我们对《宣言》所基于的哲学背景有了一些了解。[3] 作为《世界人权宣言》准备工作的一部分，关于人权问题的备忘录和调查问卷被发放给一些思想家，而一个主要由哲学家组

---

1 参见 Roger Normand and Sarah Zaidi, *Human Rights at the UN* (Bloomington：Indiana University Press，2008)，137。

2 Mary Ann Glendon, *A World Made New：Eleanor Roosevelt and the Universal Declaration of Human Rights* (New York：Random House，2001)，170. 海德格尔实际上是在 1947 年发表的一篇文章中写道："对于诸神来说，我们来得太晚；对于存在来说，我们又来得太早。""Aus der Erfahrung des Denkens" in *Aus der Erfahrung des Denken Gesamtausgabe 13* (Frankfurt：Klostermann，1983)，76. 英译本请参见 Martin Heidegger, *Poetry，Language，Thought*, trans. Albert Hofstadter(New York：Harper and Row，1971)，4。

3 Ed. Jacques Maritain, *Human Rights: Comments and Interpretation* (London：Allan Wingate，1994).

成的专家委员会部分地依据他们的反馈，编写了一份报告送交联合国
人权委员会。送交的书籍包括备忘录和报告，也包括像圣雄甘地
（Mahatma Gandhi）、雅克·马里坦、贝奈戴托·克罗齐（Benedetto
Croce）和皮埃尔·泰亚尔·德·夏尔丹（Pierre Teilhard de Chardin）
等杰出人物的反馈。尽管由于地域之争，他们的报告没有像本来应该
的那样在《宣言》的起草者中间广为散播，但简要回顾一下这部书是
值得的，这尤其是因为，反思这些哲学家在利用他们对政治话语产生
影响的绝佳机会上的失败是发人深省的。[1]

令人惊讶的是，在这一本书中，无论是第二次世界大战，还是
大屠杀，在任何意义上都没有被直接提及。更令人震惊的事实是，
大多数撰写者非但没有寻求一种普遍的视角，反而急于将人权的思
想遗产的所有权移交给西方，却无视其背叛这些权利的可怕记录。
当然，两位撰写者埃尔金（A. P. Elkin）和伦纳德·巴恩斯
（Leonard Barnes）提到了反殖民的斗争，还有两位撰写者（一位
是以中国传统视角进行写作的罗忠恕［Chung-shu Lo］，另一位是
从伊斯兰文化视角切入的胡马云·卡比尔［Humayun Kabir］）确
实试图提供一个宽泛一点的哲学视角，而该视角暗示着西方应该超
出自身来看待问题。但很少有来自西方哲学家们的迹象表明，他们
在这个论题上可能会从西方之外学到什么东西，因此这引出了哲学
家和政治家们的共谋问题，亦即两者共同谋划了西方对《宣言》的
利用，以便将西方自己的权利观强加给其他地区并拒绝普遍对话，
而似乎只有该对话才证明了普遍宣言的正当性。无疑，具有讽刺意
味的是，许多其反馈被发表的哲学家都不将《美国独立宣言》凸显
为基于民族独立的反对殖民化的呼声，而是将其凸显为个人权利的

---

1 Normand and Zaidi, *Human Rights at the UN*, 182 - 185.

公告，尽管历史证据清晰地反对以这种方式来解读该宣言。[1]这种对《独立宣言》诉求权利的解读方式似乎是——也许的确是——过于根深蒂固的，以致不会受到质疑。人们不禁要问，如果这些哲学家利用人权语言的革命性潜力，将其集中用于亚洲和非洲反殖民主义的斗争，那么过去 60 年的历史会有多么大的不同。然而，这些西方哲学家，就像西方政治家一样，对世界的看法很狭隘，并且陷入了对冷战的夸夸其谈之中。

《宣言》的拟订是在冷战中的一个早期冲突，这可以依据联合国教科文组织发起的哲学讨论和哲学家们在起草委员会中的贡献得到验证。这两个场合争论的都是个人权利 VS 团体权利、政治权利 VS 经济权利。而且即便有一方已经在冷战中宣布胜利，因此关于是否让对物质财富的追求优先于对良心自由的追求、是否让社会和经济权利优先于所谓的政治权利的问题，似乎已经以青睐后者的方式得到解决，但矛盾依然存在。即便个人自由的缺乏会抑制经济活动，但在现在和过去都一样正确的是，如果一个人不断为经济上的生存而挣扎，那么事实上，言论自由和每隔几年行使的选举权可能对他来说都显得无关紧要。我认为，只有一种通过澄清这两种自由和与它们相关的（经济和政治）权利为何以及如何结合在一起的（但它们在理论上变得分离开来了）历史的考察，才能克服这一矛盾。然而，那不是我在此的任务。相反，我将以人权的现象学形式进行一个初步的调查。我将首先对《宣言》的哲学背景做一个历史回顾，这仅仅是因为它有助于明确对人权基础进行重新思考的需要。

---

1 例如，请参见 David Armitage，*The Declaration of Independence*：*A Global History*（Cambridge，MA：Harvard University Press，2007）。

2. 对人权的经验

那么，我们对人权的基本经验是什么呢？首先让我来排除掉也许是最先出现在脑海中的答案，亦即"权利是为了对我受压迫这件事做出回应才被发现"的想法。当然，今天人们普遍同意，在某些情况下，一个人必须保护他或她自身的权利不被剥夺或丧失，但这假定的背景是，在一个人可以合法地占有什么权利的问题上，至少存在某种普遍的一致意见。没有这样的框架，要求维护自己的权利，就与任何其他类型的对更好待遇的要求无法区别开来。权利可以是要求，但它们又不仅仅是要求。当一个人符合公民资格的条件时，公民权利是被授予他的；但若此人的公民资格被取消，那么公民权利也就被收回了。与这种公民权利不同，人权被说成是基于一个人的人性本质而归属于这个人。

不仅是对我们是否有能力诉诸超越文化的人类本质的怀疑使人权受到质疑。这里还有一个执行的问题：显然，在一个国家中公民拥有尊重和执行公民权利的公民资格是该国政府的任务，然而尊重和执行人权是谁的任务，就并不总是很明确了。这意味着，即便一个人失去自己的公民资格会比失去其人性更轻而易举，但在事实上，人权是这两种权利中更脆弱的一种。正如汉娜·阿伦特在 1951年出版的《极权主义的起源》（*The Origins of Totalitarianism*）一书中指出的那样，无国籍难民是最需要人权的人，但他们没有能够正当地向之寻求保护的政府。对阿伦特来说，公民权利是唯一值得拥有的权利。没有公民资格就等于被降格为没有任何人可供依赖的人类处境。[1] 但阿伦特的观点或许产生自这样的希望，亦即权利的

---

1 Hannah Arendt，*The Origins of Totalitarianism*（New York：Harcourt Brace，1973），293.

语言理应解决人类没有能力解决的问题。我不打算继续讨论她的问题，因为这些问题近年来在茱莉娅·克里斯蒂娃和吉奥乔·阿甘本（Giorgio Agamben）那里得到了重新讨论，而我想要追问的是，是否应该以不同的方式来构想权利话语的功能。[1]

要使权利声明产生影响，就必须在一定程度上清楚哪一团体或哪些团体有义务维护这些权利。具有重要意义的是，尽管《宣言》沿用了早先的模式，被编写为各国用来保护个人权利不受其政府侵犯的文件，但它仍然是由这些政府自己编写的。然而与此同时，每一个人对社会应尽的基本义务，也在《宣言》的最初草案中通过"服从法律，从事有益的活动，接受为共同利益所需的负担和牺牲"这一段落得到了确认，但最后的版本将这些段落删减为一种颇为平淡无奇的指涉，亦即去指涉一个人对其自身群体的义务，而"只有在这个群体中，他人格的自由和充分的发展才是可能的"[2]。一个人可能对人类负有义务的想法，以及这些义务可能成为个人权利基础的想法，似乎在各版草案中逐渐消失了。人们必须把这看作是资本主义阵营的个人主义意识形态对苏联阵营的胜利。但是，为了理解个人权利与可能以集体或单独的方式来贯彻这些权利的国家之间的关系，人们需要将对权利和义务的关系的讨论回溯到在一个给定社会的背景下共同行动的具体个人之上。

这种认为"个人的权利是没有意义的，除非有其他人承担相应

1　20世纪80年代末和90年代，茱莉娅·克里斯蒂娃在《我们自身的他者》（*Étrangers à nous-mêmes*）（Paris：Fayard，1988，220‐229；trans. Leon S. Roudiez，*Strangers to Ourselves*［New York：Columbia University Press，1991］，148‐154）中与吉奥乔·阿甘本在《神圣之人》（*Homo Sacer*，trans. Daniel Heller-Roazen［Stanford：Stanford University Press，1998］，126‐135）中重提了阿伦特在这个问题上的观点，该观点再度流行起来。

2　Article 29，I. 请参见 Glendon，*A World Made New*，276，281 and 76。

的义务"的观念是一个比较古老的观念，并在学术史上广为流传。[1]
在义务、权利与一个人在生活中的地位或身份之间的联系通过拉丁
词 officium（职务）就可看出，例如，该词就是在 17 世纪普芬多夫
（Pufendorf）政治哲学中的核心概念之一。通过使用这个术语，他
能够考虑到我们的责任的具体性，这在很大程度上远离了约翰·洛
克与英国思考自然权利的传统。我的权利是抽象的，因为它们只是
由于我的存在才扩展到我身上的。然而我想说，相比之下，我的义
务是通过我的具体性才是我的。它们产生于我在社会中的角色、我
个人的和商业的承诺、我在社会中的地位、我所拥有的资源以及我
所属的各种协会。此外，应该清楚的是，就我们属于一个全球社会
而言，我的具体义务也扩大到包括全世界人民。因此，在任何关于
普遍责任的论述之外，我的义务随着我处境的变化而变化，也取决
于权利出现的偶然场景。

在英国传统中，政治哲学家对权利的谈论在很大程度上以牺牲
义务为代价。这就导致杰里米·边沁在《无政府主义谬论》
（Anarchical Fallacies）里攻击绝对权利建立了无法实现的期望：用
一个著名的短语来说，权利是如此这般的"凌空虚蹈的胡言乱语"
（nonsense on stilts）[2]。只有在 19 世纪末期的新黑格尔派（如
F. H. 布拉德雷［F. H. Bradley］）那里，人们才真正认识到在
英语的语境中权利和义务是如何不可分割地结合在一起的。布拉德
雷对这一问题的处理是基于他异于自由主义传统的认知，亦即人们

1　例如，请参见 David G. Ritchie，*Natural Rights*（London：George Allen and Unwin，
　　1952），78。这本书最初出版于 1894 年。

2　Jeremy Bentham，"Anarchical Fallacies：Being an Examination of the Declaration of
　　the Rights of Man and the Citizen Decreed by the Constituent Assembly in France,"
　　Works，ed. John Bowring（Edinburgh：William Tait，1843），vol. 2，491.

必须结合人的社会生活来看待他（她），而不是孤立地看待他（她）。[1] 然而，对一种政治现象学特别有教益的事实是：布拉德雷的黑格尔主义面临的危险是，允许一种有机的社会模式占据主导地位，并允许用他惊人地称之为"专制的真理"的东西来消除掉"个人主义的真理"，并在我称之为"相互关联性"的东西中获得了解决。在《我的地位及其义务》（"My Station and Its Duty"）一文中，布拉德雷在如下这段话中表达了他的洞见，而我认为，这段话经得起现象学家的仔细推敲：

> 在所有我认为独立的存在者身上，他们是这样的，而且只是以我为我自己的相同方式为他们自己的；在他们身上，我看到了自我与他人的自由统一体的实存，以及由于我、也同样由于他人的实存。他们像我自己，我自己像他们。[2]

理解这段文字的线索是附加在它后面的脚注。在脚注中，他在威廉·莎士比亚（William Shakespeare）的诗《凤凰与斑鸠》（"The Phoenix and the Turtle"）之后写道："直到'理性的理性'完全适合'爱的理性'，哲学必定才臻于完善。"[3] 我不能说这是否永远正确，但在 21 世纪初的原子主义社会，最重要的似乎是，爱成功地让我们拥有了那种相互关联性，正是此种相互关联性克服了占有性个人主义永恒存在的幻想，也克服了"我可以给自己自由，但拒绝将它给予他人"这种观念。自由永远是道德的自由，是为了

1　F. H. Bradley in "My Station and Its Duties," *Ethical Studies*（Oxford：Oxford University Press, 1982），160－213 at 173.

2　Ibid. , 186.

3　Ibid. , 186.

他人的自由。我们已经在摩西·门德尔松（Moses Mendelssohn）那里找到了这样的观念，亦即一个人通过社会契约获得公民资格是为了促进良善。[1] 他展示了，一个人进入社会不是为了避免一场内战（如在霍布斯和洛克那里），而是为了完成一项原有的义务，亦即一项没有任何默许或明确的约定能够让人免除的义务。[2] 尽管门德尔松提到了社会契约，但在他身上仍然存在着一种伦理的社会性，它先于所谓的进入社会而存在。在此的问题是，现象学方法在多大程度上能够提供资源来发展这种洞见，将其从人为的理论框架中解放出来，并使之更加具体。

我是通过强调这个论断，努力为这种做法做准备的，亦即权利首先不是作为我的权利而出现，而是作为他人的权利而出现。权利不是在我为自己的利益提出要求时才显现出来的。从表面上看，这些要求与利己主义是分不开的。"我为我自己要求某物"这一事实，并不能证明我对该物有权利。只有当我为他人的苦难感到忧虑之时，权利自身才开始呈现出来，除非他人作出了与我类似的反应，不然对权利的所有谈论仍然为时过早。也就是说，这是伊曼纽尔·列维纳斯在《人的权利和他人的权利》（"The Rights of Man and the Rights of the Other"）中提出的观点，亦即人的权利的源初显

1　Moses Mendelssohn, *Jerusalem oder über religiöse Macht und Judentum*（Berlin：Friedrich Maurer, 1783），21；trans. Allan Arkush, *Jerusalem or on Religious Power and Judaism*（Hanover：University Press of New England, 1983），41.

2　Alexander Altmann, "The Quest for Liberty in Moses Mendelssohn's Political Philosophy," in eds. E. Bahr, E. P. Harris, and G. G. Lyon, *Humanität und Dialog*（Detroit：Wayne State University Press, 1982），37 - 65. 在这个问题上，也可参见 "Moses Mendelssohn über Naturrecht und Naturzustand," in *Ich handle mit Vernunft* …, N. Hinske（Hamburg：Felix Meiner, 1981），45 - 82。

现以对他人的权利和对我的义务为形式。[1] 在其他地方，他惊叹道："社会性的事件先于在一种抽象而共同的'人性'名义下的所有联合。人的权利只有在他人身上、作为那个他人的权利才**绝对地**与**本源地**呈现出意义。一种我从来无法免除的权利！"[2]

问题是，尽管一个人总是可以单独或作为一个团体的一部分为他自己要求某物，甚至可以带着一种应得资格的感觉这样做，因为不管怎样，这个事物或机会是归给一个人的，或者是已经承诺给一个人的，如果一个人的要求被拒绝，这个事实就会让他对自己受到的冤屈感到愤慨，然而对于权利的基本经验却不是这样的。我们对权利方面的基本经验在于我们对他人遭受的不公正待遇的感知，我们感到，我们周围存在着一定程度的不公正现象，而在世界中，这在总体上是不可容忍的，以至于我们自己不能安下心来，直到那些不公正现象得到解决。我愿意牺牲我自己的东西去努力解决不公正，并感到这不是我选择做的事情，而是我必须做的事情，权利就首次出现了。这当然意味着，权利首先是作为他人的权利出现的。

我们经常可以发现，虽然有些个人和群体生活在艰苦的条件下，但仍勇敢地承受着他们的贫困：他们只能勉强度日。然而，同样的这些人能够发现他人的苦难和他们自己的一样深重，是完全无法忍受的，以至于他们在努力帮助他人的时候做出了真正的牺牲。他们没有将他们给予他人的帮助体验为无偿赠予的东西，而是体验为一种必然性。提供帮

1　Emmanuel Levinas，*Hors sujet*（Cognac：Fata Morgana，1987），187；trans. Michael B. Smith，*Outside the Subject*（Stanford：Stanford University Press，1996），125. 关于列维纳斯，请参见我的"Extra-territoriality. Outside the State，Outside the Subject" in *Levinas Studies*，vol. 3，2008，61 - 77 and 215 - 228。

2　Emmanuel Levinas，*Alterité et transcendence*（Cognac：Fata Morgana，1995），131；trans. Michael B. Smith，*Alterity and Transcendence*（New York：Columbia University Press，1999），127.

助是他们感到被迫要做的事。他们感到有义务并因此设法就努力改变这种不公正现象达成一致。我们并没有充分考虑到这一非同寻常的事实，亦即这就是权利从不公正或不正义中产生的方式。可以肯定的是，这种体验、这种不公正的感觉，并不依赖于权利的语言，但一旦围绕这种体验或感觉达成了共识，那么在这种语言中得到清晰表述的是，我们进入了政治领域之中。的确，我也以这种方式得到权利并能够声明占有权利。因此，是权利的语言，而不是所谓的社会契约，支撑了我对权利的主张。在这里，我们不仅看到我的权利如何不是首要的，而且看到我如何能够轻易接受，我占有这些权利的声明可以被他人的权利所压倒。

对一个人自身权利的要求是即时性的。它们是在极端的情况下出现的，但如果一个人在危机中幸存下来，他就得善待生命。让人颇为感伤的事情是，有些人沉湎于自己过去所遭受的不公正待遇之中，即使他们可能完全已经被公正对待了。但当我们看到他人的权利被剥夺时，情况就大不相同了。随后发生的任何事情都不能消除我们对这个不合理的世界的感觉，而该世界仍然需要以某种方式加以改善，这甚至也许要到几代人之后才能完成。艾略特（T. S. Eliot）指出了这一点：

> ……
> 因为我们自己的过去被行动的潮流所掩盖，
> 而别人的痛苦是一种经验，
> 不会被今后的事件限制，耗损。
> 人会改变，而且笑容满面，
> 然而这痛苦不会改变，
> 时间这破坏者也是时间这保存者。[1]

---

[1] T. S. Eliot，*The Dry Salvages*，lines 111–115. 中文译文参照［英］托·斯·艾略特《荒原：艾略特文集·诗歌》，汤永宽、裴小龙等译，上海：上海译文出版社，2015 年，第 261 页。——译者注

我们体验到这种感觉，而且利己主义不能轻易地解释这种体验。这一事实对于一种权利的现象学来说是至关重要的，尽管在拥有这种体验和围绕它组织我们的生活之间还存在着鸿沟。

从这一角度看待他人的痛苦是一种明显的优势；它不仅限于西方哲学传统，而且也存在于其他地方，从而对那些希望将人权观念视为特定的西方人权的人提出了挑战。考虑一下孟子（约公元前390—公元前305）的这段论述：

> 人皆有不忍人之心。先王有不忍人之心，斯有不忍人之政。以不忍人之心，行不忍人之政，治天下可运之掌上。[1]

这段论述表明，不能忍受他人痛苦的心，不是单单私人性的东西，而且对政治的良好运作也是决定性的。同时，孟子也明确表示，不能忍受痛苦的同一颗心是普遍的，至少在一般意义上是这样。例如，他坚持认为，任何看到一个儿童即将坠入井中的人，都会有担忧的体验。有人可能会说，不能忍受痛苦的心就像处于爱情中的心。它不了解它自己；它发现自己发生了变化；它被抛进了一个它不再熟悉和不再掌控的世界。

它变成了一颗奉献的心。孟子讲述了齐宣王如何在一个仪式上保护一头即将被杀的牛的生命免遭杀害而使自己吃惊的故事。国王对这些新的情绪感到困惑，他不禁要问，是什么样的心才使他去保

---

1 这段话是伍晓明引用的，参见"'The Heart That Cannot Bear … The Other,' Reading Mengzi on the Goodness of Human Nature," in *From Skin to Heart：Perceptions of Emotions and Bodily Sensations in Traditional Chinese Culture*（Wiesbaden：Harrassowitz, 2006），165‑179。伍晓明的文章对我论文的写作很重要。一种对于孟子的不同翻译，请参见 James Legge, *The Works of Mencius*（New York：Dover, 1970），Book Ⅱ，part Ⅱ，chapter 6，201。

护一只动物。孟子会告诉他，正是这种心才能使国王成为真正的国王，因为他也不能忍受人类的痛苦。[1]这似乎印证了中国哲学家罗忠恕的洞见，他是 20 世纪 40 年代华西大学的哲学教授。当联合国教科文组织问及他对人权的看法时，他坚称："中国社会政治关系的基本伦理观念是履行对邻人的义务，而不是要求权利。"[2]

因此，人权的基础不在于我为自己的需求，甚至也不在于与我共享一种利益的那些人，而在于朝向他人的心。我与他人的痛苦有牵连，这并不是因为我对造成这种痛苦负有责任（虽然情况也可能是这样），而是因为在那种并非漠不关心的意义上，我们每个人都始终与他人的生活有牵连。这就是人类相互关联的意义，现在应该很清楚的是，我使用这个术语的方式要更多地要追溯到列维纳斯的"替代"观念，而不是海德格尔的**共在**（*Mitsein*）。

我们不能让自己脱离他人。无论我们与受压迫者相比有多么优越，无论我们与他们有多么不同和疏远，我们都会遭受苦难，但如果将我受到困扰的方式与他人的苦难统称在同一名字"苦难"之下，那就大错特错了。我可能会受到他们的苦难的影响，但我不会经受他们的痛苦[3]；我的痛苦实际上是一种我们可以称之为**敏感性**（sensitivity）的感受性（sensibility），它是一种对他人的开放，超出了向他人分享陪伴和物质财富的范围，也是一种基于"我们不能将自己从我们的人类同胞中抽离出来"这一事实的开放。尽管对这一感受性的认知不是我现在的主题，但该认知超出了义务或职责观

---

1 Legge，*The Works of Mencius*，Book Ⅰ，part one，chapter 7，139.

2 Chung-Shu Lo，"Human Rights in the Chinese Tradition，"in *Human Rights*，ed. Jacques Maritain，187.

3 当然，会发生一个人可以从其敌人的不幸中得到某些满足感的情况，但对于这种情况，能够在个人层面上加以解释。

念的范围，导向了对扩大和无限责任的新的、更丰富的构想，该构想是人们在让-保罗·萨特与伊曼纽尔·列维纳斯那里分别找到的。这一点在列维纳斯身上最为明显，因为作为被纳粹囚禁过的犹太人，列维纳斯似乎已经熟知，生存下去的罪过不是一种有待治愈的心理状态，而是一种获得责任和牺牲的深度的方式——这种责任甚至延伸到去为迫害我的人负责。正是以这种方式，政治现象学必定将自身揭示为一种伦理政治。

这种敏感性的一个重要特征是：尽管在某种程度上人人都具有这种敏感性，它在此意义上就是普遍的，但远非一成不变。它被经验为固定的要素，只是因为它受文化的制约，这也是它能够而且必须被管教的原因。这就是为什么历史记录了如此多的残酷和冷漠。种族主义、因循守旧、性别歧视和宗教迫害并不直接地让我们看到人类的另一面，而是通过扭曲的特写来呈现。在我看来，这并不意味着一个人必须取消一个社会给予其成员的身份，但这确实意味着一个人必须有超出这些身份的视野。而且正是在这种敏感性的层面上，我对动物的职责以及它们的权利似乎是道德史上的一个要素，因为它关系到我们的时代。这也是为什么我们对敏感性的训练虽然多种多样，但特别体现在活动家、素食主义者甚至是宠物主人的例子上。

3. 在具体问题中的人权

尽管我在开始时提到了具体的问题，但我在这一点上所说的大部分内容仍然有些抽象。然而，列维纳斯暗示了一种回到现实的方法，他写道："只有当占有者和被供给的食物不再对他们显现为他们不可剥夺的财产，而是被认可为他们收到的礼物之时，世界饥饿的问题才能得到解决。对于这一礼物，他们必须表示感谢，而他人对该礼物也拥有一种权利。"[1]事实上，这项权利并不是新的。所谓的紧急避险权（right of necessity）一度得到广泛认可。它规定了，如果一个人的生命因饥饿受到威胁，而他必须拿走别人的剩余食物来获得生存，那么他就没有犯盗窃罪，而是重申了一种最终的不可剥夺的共同所有权。这个观念可以在基督教教父那里找到，在 12 世纪的欧洲也被广为传诵。[2]在现代权利理论中，它至少在雨果·格劳秀斯（Hugo Grotius）那里依旧保留了下来。[3]正如我在别处所论证的那样，正是在约翰·洛克《政府论·下篇》（*Second Treatise of Government*）关于财产的那一章中，穷人的紧急避险权才被无限制地积聚私有财产的权利所取代。[4]然而，在格劳秀斯看

---

1 Emmanuel Levinas, *Du sacré au saint* (Paris: Minuit, 1977), 77; trans. Annette Aronowicz, *Nine Talmudic Readings* (Bloomington: Indiana University Press, 1990), 133.

2 Thomas Aquinas, *Summa Theologiae*, II‑II, Qu. 66, seventh article, trans. Marcus Lefébure (London: Blackfriars, 1975), vol. 38, 81‑83. 也请参见 Brian Tierney, "Natural Rights in the Thirteenth Century: A *Quaestio* of Henry of Ghent," *Speculum*, 67, 1, 1992, 58‑68; 该文在些微修改后重新发表于 *The Idea of Natural Rights* (Atlanta: Scholars Press, 1997), 78‑89. 也请参见 Scott G. Swanson, "The Medieval Foundations of John Locke's Theory of Natural Rights," *History ofPolitical Thought*, vol. 18, 1997, 399‑459. 不过很明显，在对洛克的解释上，我站在讨论的对立面。

3 Hugo Grotius, *De jure belli ac pacis*, ed. C. Molhuysen (Zeiden: A. W. Wijthoff, 1919), 145‑146; trans. *The Rights of War and Peace*, Book II (Indianapolis: Liberty Fund, 2005), 434‑435.

4 参见 Robert Bernasconi, "Locke and the Politics of Desire," *Acta Institutionis Philosophiae et Aestheticae* (Tokyo, 1989), vol. 7, 97‑110 and "On Giving What is Not Mine to Give: A Critique of John Locke's Displacement of the Rights of the Poor to Charity" in *Le don et la dette*, ed. Marco Olivetti (Milan: Cedam, 2004), 419‑429。这一转变从塞缪尔·冯·普芬道夫（Samuel von Pufendorf）就已开始，*De jure naturae et gentium* (London: Adam Junghaus, 1672), II, vi, 236‑250; trans. *Of the Law of Nature and Nations* (Oxford: Lichfield, 1710), 160‑168. 参见 John Salter, "Grotius and Pufendorf on the Right of Necessity," *History of Political Thought*, 26, 2, 2005, 284‑302。

来，穷人的权利是不可剥夺的，而洛克告诉我们——虽然只是顺便一提——据说当我们心照不宣地同意对金钱的发明之时，这些权利被放弃了。换言之，那些穷人如此经常地被牺牲，为的是无限制地积聚私有财产的利益，而现在他们被告知他们实际上已经同意了这一点。

看起来，我通过强调生活必需品的权利，选择了让物质权利优先于自由主义启蒙所青睐的更加精致的自由。实际上，在某种程度上，这种选择似乎是强加在现象学家身上的，因为这些物质权利是最直接的。活着是享受其他权利的一个先决条件，就约翰·洛克在追求无限财富的祭坛上牺牲了促进良善的权利而言，他似乎已经让社会走上了错误的道路。尽管如此，良心自由和言论自由迅速介入，以便与物质必需品的权利相伴随。言论自由的功能之一是让那些有需要的人告诉我们，我们可能给予他们的不是他们想要的。我们可以向他们提供爆米花，并告诉他们，由于他们的人性，他们需要自由民主，但总有可能的是，爆米花不是他们所需要的，而且他们对他们需要什么要比我们有更好的了解。正是基于这个理由，让-保罗·萨特才在其政治现象学中对他称之为"最不受青睐的注视"（the gaze of the least favored）的东西给予了这般的重视。[1]

但我想强调言论自由的另一个方面，因为这有助于澄清我所主张的方法如何重新确定讨论的方向。2005 年 9 月 30 日，丹麦报纸《日德兰邮报》刊发了 12 幅漫画，其中的几幅把先知穆罕默德描绘成恐怖分子。对漫画家和报纸来说，问题的核心在于审查制度，以及他们坚持要像对待其他宗教一样来对待伊斯兰教。穆斯林不仅反对这些漫画，而且反对它们以独断的方式被用来教导民主。因此，

1　参见 Robert Bernasconi, *How to Read Sartre*（London：Granta，2006），70 - 81。

这是对穆斯林的双重冒犯，他们要求进行审查。在许多西方人看来，这与其说是基督教和伊斯兰教这两个文明之间缺乏共同价值观的证据，不如说是证明了伊斯兰社会的根本落后与在政治上的不成熟。其结果是欧洲国家对移民和土耳其作为一个政治实体进入欧洲的敌视加剧，而且该结果被视为敌视加剧的证据。不过，对此我并不信服。事实上，我认为证据指示着相反的东西。在我看来，如果有人像我这样认为，至少其中一些穆斯林真实地受到了伤害和侮辱，那么这些漫画的出版对其中任何一个人的伤害，都会超过漫画的审查制度对漫画家的伤害。无论如何，漫画家的主要意图不是就言论自由问题进行真正的讨论，而言论自由本来可以通过其他方式来更好地实现。

让我迅速地补充一点，我认为，如果一个艺术家创作的作品的设计主要受冒犯基督徒的欲望激发，那么这一论证同样适用，尤其是当它在这一尝试中取得成功的话。然而，我也认为，人们在这些问题上采取何种立场也应考虑到背景。在这些情况下的平衡应该永远有利于无权者，反对强权者。在一个民主社会中，这意味着保护少数人不受多数人的侵害。我的论点并不是说用这种方式来处理问题，而是使问题更容易解决。我们始终停留在对伤害和远非简单的意图的计算之中。然而，如果将目光投向西方表达权利的个人主义框架之外，也许更容易看到的是，特别是当问题涉及一种宗教或文化的实践之时，不仅个人可能是受害方，群体也可能是。

我在这篇文章中对权利的关注，并不是因为我相信它们必定是在解放斗争的背景下使用的最好语言。相反，我转而谈论权利的语言，因为它是政府、政府机构和被压迫群体在今天惯于使用的语言。在我们这个时代，它是政治的主导语言，因此在战略层面上，忽视它是不明智的。然而，我认为，它所依据的基本洞见被它在其中被表达出来的哲学框架所扭曲。我的论点不是说这些洞见必定会产生一种权利语言，而是说，如果要将其翻译成权利语言，那么就需要对这种语言进行调整，以便更好地保留这些洞见。

这些洞见首先承认，我们作为人的权利不应被理解为在我们进入社会之前就通过我们的个体性归属于我们每一个人了，这种做法是抽象的，因而是错误的。通过将人权概念与作为古典自由主义潮流的社会契约观念联系起来，人权问题迅速引发了自由竞争的问题。与此相反，一种人权现象学植根于对我们自身的具体理解，它强调我们每一个人都只生存在与他人的关系之中，这因此确立了我们基本的和实际上是无限的责任。只要人们保留了权利的语言，那么竞争性权利的问题就永远不会消失，但从我在这里描述的视角来看，它就从属于一个争夺我们注意力的不同声音的问题。诚然，谁的苦难引起我们的注意、谁的需求让我们深感关切的问题似乎常常受到偶然性的制约。我们还可以补充说，我们必须努力使我们的才能和使用它们的可能性配得上让我们最深受感动的领域。然而，通过脱离开自由主义的人造的个人主义，并回归到这个原始责任所在的具体世界，权利现象学是任何致力于争取社会正义的人的必要资源。

第 14 章 跨文明对话：伽达默尔和梅洛-庞蒂

弗莱德·多尔迈（Fred Dallmayr）

> 人类的未来生存可能取决于我们是否愿意在他者的他异性（otherness）面前止步，这一他异性是自然的他异性，也是各民族和国家在历史发展中的文化的他异性。

> ——汉斯-格奥尔格·伽达默尔

本文通过重点论述伽达默尔与梅洛-庞蒂的著作，探究了诠释学与现象学在跨文化研究中的意义。在文学领域，诠释学通常被定义为文本解释的理论，这是一个非常有局限性的观点。在伽达默尔的论述中，诠释学一直与神学、法学和文学等领域的实践"应用"密切相关。在这一点上，本文聚焦于诠释学与（亚里士多德意义上的）伦理学之间的联系。在这些传统的应用领域之外，伽达默尔的诠释学也对旨在促进相互理解的跨文化相遇发挥着重要作用。为了避免对诠释学的"心灵主义"或"观念论"解释，本文转向了梅洛-庞蒂的现象学，而其现象学提醒我们关注跨文化对话与遭遇的情感性的和"身体间的"（inter-corporeal）特征。

正如通常所定义的那样，诠释学是指解释的理论，或者更确切地说，解释的实践或艺术。解释在原初或传统意义上就是指对文本的解释，亦即读者与文本的遭遇。在这一遭遇中，有些事情必定发生了，有些工作必须要做：读者需要去发现文本的意义，而这一意义通常很难是自明的。当一个读者希望理解来自另一个年代或另一种语言的文本之时，这一工作的难度在时空距离的限制下提升了。然而在某种程度上，即便这种时空距离不存在，这一困难仍然会显现出来：例如，在阅读朋友来信的时候。从根本上说，这一困境源于解释特殊的歧义性特征：读者不可能是完全被动的，也没有必要过分主动。解释者不能通过被动地复制或直译文本来发现意义；她（他）也不应该任意地将某种意义强加于文本，以便对之加以操纵或支配。因此，这一工作是转化性的：读者必须将其自身带入文本中，但是以一种开放的方式，这就允许了一种新的学习体验的发生成为可能。这正是为什么我们（或者主要的诠释学家）说解释必定是交互式的或对话式的。这也正是为什么人们会说诠释学是一种对整体多元主义（integral pluralism）的阐明，因为差异在其中是同时被承认的和衔接的。

在本文中，我想探讨的问题是：诠释学的这种含义能否从对文本的阅读转用到人际关系之上，特别是文化或文明间的关系上。显然，文化不同于书写的文本。文化是复杂的语义簇（semantic clusters）；依据维特根斯坦，我们可以说它们是复杂的语言游戏；但它们又不仅仅是语言游戏，而是除书写文本外包含社会习俗、宗教信仰、仪式和实践在内的"诸生活形式"。此外，文化在内部是多样性的和未完成的，也就是说，是不断演化的。基于文化的这种特征，有人就认为跨文化或文化间的诠释学是不可能的或无用的。他们认为这种不可能性的主要原因在于，诸语义簇或诸生活形式的内部复杂性和不可通约性。这是一个重大的反对意见；将这种反对发展到极致，就会使人们相信塞缪尔·亨廷顿（Samuel Huntington）所说的著名的文化或文明不断逼近的"冲突"的论点。然而，这似乎是一个过于悲观和令人沮丧的看法。在对文本进行解释时，我们会同意困难是相当大的，尽管如此还是会继续解释。无论如何，我自己倾向于采用一种试验性的方法，亦即诠释学探究的方法，然后看看它将带领我们走多远。

我将从以下三个主要步骤着手：首先，我讨论诠释学的历史发展和基本含义，这些是由现当代诠释学的领军人物汉斯-格奥尔格·伽达默尔论述的。在这一点上，我还回顾了诠释学视角在社会和文化领域可能的实际"应用"，提请读者注意诠释学与实践哲学之间的某些相似之处。其次，基于伽达默尔和更鲜明的政治思想家的洞见，我将详细阐述诠释学对跨文化或文化间的理解和对话的特殊意义。最后，我将转向莫里斯·梅洛-庞蒂，目的是强调交互式的对话与具体的具身性行动之间的必要联系。这种联系排除了对对话的纯粹心灵主义或"观念论"的错误解释，展现了在伽达默尔诠释学与生存现象学之间的相容性。

1. 诠释学：含义和发展

在诠释学的含义和发展问题上，伽达默尔的权威著作《真理与方法》（1960）是一种不可或缺的资源。正如伽达默尔所写的那样，诠释学有一个复杂的发展轨迹，在其历史上经历了深刻的变革：它从有限的、非常封闭的开端开始，随着时间的推移逐渐演变，直到最终与人类的生活经验本身相吻合。在其萌芽阶段，诠释学基本上是一种应用在神学、古典语文学和法学领域的技术或方法。神学家需要去破解在时间和地点上不可考的经文的含义，语文学家则面临着在现代习语中捕捉古典文本意义的任务；最终，法学家需要发现古典法律书籍在后古典社会（即日耳曼社会）中的意义。在现代的开端，这些尝试被文艺复兴的人文主义与新教神学延续与提升，而这两个领域中的学者都试图从文本在后来的变化或变形中提炼出更原始的意义。在浪漫主义时期，特别是在弗里德里希·施莱尔马赫（Friedrich Schleiermacher）的著作中，出现了关注点的一个重大的革新或转变。从诠释学更早时期的使用出发，诠释学后期的使用将其作用扩展到所有的书面表达中，同时也将其方法论"心理学化了"。在他看来，解释的任务是识别出"作者的心灵"（作者的意图），抑或识别出激活一部特定作品的内在精神或灵感。

19世纪的"历史学派"进一步拓宽了这一方法，并给予了其更稳固的学术基础。该学派的主要代言人是威廉·狄尔泰（Wilhelm Dilthey）。对狄尔泰来说，所有的人类历史都必须从诠释学的角度来研究，这意味着，必须要作出一种努力（亦即一种学术的、严谨的努力），以便通过检视历史行为者的行动意向来破解历史事件或活动的意义。用伽达默尔的话说：正是"狄尔泰第一次有意识地接受了浪漫主义的诠释学，并将其扩展成一种历史方法——实际上是扩展成了人类科学的一种认识论"。对狄尔泰来说，问题不在于历史起源被当作了文本，而在于"历史现实本身就是需要理解的文本"。这样，诠释学的任务就被"转向了历史的研究"；换句话说："诠释学作为历史研究的基础而出现"，而历史研究是一个广阔的领域。[1]然而，狄尔泰与历史学派虽然扩大和转变了解释的作用，但仍然受困于某些限制其范围的前提。阻碍其全面发展的主要前提是一种认识论层面上的东西，亦即那种认为历史研究能与自然科学媲美的"科学"的抱负。在试图科学地把握历史的过程中，历史学家必须采取一种超越的或中立的立场，将自己从历史经验之流中抽离出

1　Hans-Georg Gadamer，*Truth and Method*，2nd rev. ed.，trans. Joel Weinsheimer and Donald G. Marshall（New York：Crossroad，1989），198－199（译文稍有改动）。

来。基于对这一方法的批判，伽达默尔认为，历史经验不能被简化为一种"程序"，也不能拥有"一种方法的匿名性"（anonymity of a method）。尽管狄尔泰的本意是好的，但"笛卡尔主义认识论的吸引力"最终还是显得太强了，从而阻止了他"将历史经验本身的历史性整合到他的思想中"[1]。

在伽达默尔看来，近年来最重要的事件是与马丁·海德格尔的名字联系在一起的从认识论到存在论的转变，这个事件从根本上重塑了诠释学的作用。这种转变所涉及的东西是，解释性理解从为学术训练量身定制的方法论转变为人类的生存模式，亦即人类在世之在的模式。伽达默尔说道："在'事实性诠释学'（hermeneutics of facticity）的标题下，海德格尔不仅反对历史科学的雄心，而且还反对胡塞尔'区分事实与本质的限制性的本质（*eidetic*）现象学'"。与胡塞尔现象学相反，"是生存或**此在**（*Dasein*）的偶然性和不可衍生的'事实性'，而不是作为本质的普遍性保证的认识论（*cogito*），代表了现象学追问的存在论标准"。对海德格尔来说，解释性的或诠释性的理解不是特定的人类学科的范围（也不是一种在超越论层面上阐述的现象学的范围），而是每个被嵌入世界和时间运动中的人的构成性特征。伽达默尔评论道，海德格尔用"存在本身就是时间"这一论点，对"现代哲学根本的主体主义"以及整个"倾向于将存在定义为在场之物的现代形而上学的参照系"提出了质疑。同时，海德格尔的存在论通过关注人类**此在**的"理解性特征"，摆脱并克服了历史学派的"历史主义"困境。与狄尔泰相比，海德格尔认为理解不再仅仅是一种"方法论的概念"，相反，它指明了"人类生活本身的源初存在方式"。尤其是通过他"对此在的

---

1 Gadamer，*Truth and Method*，241.

分析"，海德格尔揭示了"所有理解的筹划的（不仅仅是在场的）特征，并把理解行为自身构想为超越的运动，亦即超出现存之物（事态）的运动。"[1]

因此，从海德格尔的角度来看，解释性理解与其说是一种方法论，不如说是一种偶发之事或时间性事件——一种可能给解释者带来变革性后果的偶发之事。例如，在文本解释的情况下，文本可能（通常也确实）在一开始难以得到直接的理解。为了获得理解的筹码，读者不能带着允许被动接纳的"白板"（tabula rasa）[2] 来通达文本；相反，为了进入文本，读者必须将一个试验性的参照系应用于文本之上——海德格尔将这个参照系称之为"前-理解"（**前见**［*Vorurteil*］）或"被筹划的意义"（**先行筹划**［*Vorentwurf*］）。正如伽达默尔所描述的进程那样："无论谁试图理解某个文本，总是会参与筹划（*Entwerfen*）：一旦某些最初的意义开始涌现，他（她）就会对文本筹划一种意义。然而，之所以会出现这种最初的意义，只是因为在阅读该文本时对其意义有一定的期望。"然而，当带着这种"前-意义"（fore-meaning）或前-理解的来进入文本时，文本可能会拒绝让步并表现出抵制。这种抵制反过来又会迫使读者修正他（她）最初的假定和假设，这是一种可能被证明是极为难受或痛苦的修正。在修正最初的假设时，读者并不被要求放弃所有关键的保留意见或疑问；相反，所要求的东西是对在文本中提出的问题以及先前的假设可能是错误的或片面的可能性采取某种开放的态度。再次用伽达默尔的话来说，在阅读一个文本的时候，"我们不应该抛弃我们关于其内容的所有'前-意义'。所要求的一切东

---

1 Gadamer，*Truth and Method*，254，257，259 - 260.
2 "白板"是指作为一块白板的心灵。在这里,作者借用了约翰·洛克著名的"白板说"来说明读者的心灵不可能是被动接受文本的空洞之物。——译者注

西是，我们应该对此文本（或另一个人）的固有教益保持开放"。因此，他补充说，"一个试图去理解文本的人必须准备好文本会告诉他一些东西。这就是为什么一个受过诠释学训练的人从一开始就必须对文本的他异性或差异性（*Andersheit*）保持敏感并乐于接受。"[1]

这些评论反映了海德格尔与伽达默尔所构想的诠释学的一个重要方面：理解的对话性与循环性特征。尤其是伽达默尔，他由于坚称对话与诠释学理解是紧密联系的甚至是趋同的而著称于世。正如我们在《真理与方法》中读到的那样："将历史文本作为解释的客体意味着文本向解释者提出了问题。因此，解释总是与向读者提出的问题有关。"但每一个发问都需要回应，如此才能导向有深度的对话。伽达默尔认为，真正的对话必然具有"发问与回应的结构"。要进行这样的对话，需要参与者"相互关注"，而不是"各说各话"。总之，对话要求某种谦逊与非侵略性，一种愿意倾听并拒绝试图"压倒对方"的态度。对话通过将各自观点的"重要性"置于讨论的中心，遵循一种"实验性测试"（*Erproben*）或质询的模式；对话的结果不是一种意见战胜另一种意见，而是一个相互学习的过程，在这个过程中，参与者对讨论的问题与他们自身都有了更好的理解。这一特点使得伽达默尔对对话与诠释学之间的关系作出了一个意味深长的阐述，这个阐述是他整个研究方法的精髓：

> 刻画对话之特征的东西……正是如此：在发问与回应、给予与接受、在有着相互误解的情况下交谈并达成一致的过程中，对话性的话语表现出了意义的交流，这种交流就涉及书写传统而言，就是诠释学的任务。因此，诠释

---

1 Gadamer, *Truth and Method*, 267 – 269.

学不仅仅是一种隐喻：当诠释学探究被视为开始与一个文本的对话之时，诠释学就是对源初最关键的东西的一种回忆。[1]

与文本对话就像与人类伙伴对话一样是一个艰难的过程，充满了许多的陷阱和可能的意外。有时，伽达默尔的诠释学被指责或认作为一种肤浅的共识主义（consensualism），亦即没有冲突的诸观点的一种愉快混合。在某种程度上，他的《真理与方法》鼓励这种解读，尤其是他的"视域融合"（fusion of horizons）观念更是如此。正如我们在某一处读到的：理解并不承认界限，而是始终"将这些假定独立存在的视域融合在一起"[2]。然而，从更仔细（也更具同理心）的视角来看，这里所涉及的东西与其说是一种趋同意义上的融合，不如说是一种对视域的无限开放——以这样一种方式，解释性理解永远不可能完全地固定或完成。当伽达默尔谈到所有理解的张力性特征（亦即一种由读者与文本之间、自我与他人之间、现在与过去之间的距离或差异而产生的张力）之时，他在另一个地方也突出强调了这一点。他写道，"诠释学必须始于这样一种立场，亦即一个寻求理解的人与传播的文本试图表达的东西有关联，因此与文本表达所依据的传统有联系。"但与此同时，诠释学探究意识到"这种联系并不具有无可置疑的、不言自明的共识的特征（正如在一个不间断的传统的延续中发生的就是这种情况）。"因此，所有理解都具有张力性的本质。伽达默尔尖锐地补充说，"诠释学的工作基于在熟悉性和陌生性（Fremdheit）之间的一种对立"，尽管这种对立不应该被解读为心理学式的（如施莱尔马赫一样），而应被

---

1 Gadamer，*Truth and Method*，367 - 370.

2 Ibid.，306.

解读为存在论式的。他明确指出，"这种张力是这样的：在传统中遭遇的陌生性和熟悉性之间的合力是在一个遥远的历史对象和一个活生生的传统中的成员身份之间的中点。诠释学的真正核心正是这个在-之间（in-between）。"[1]

这种张力性特征也影响着解释的循环性，即被称为"诠释学循环"的东西。正如人们所注意到的，这个循环不是一个只允许无意义转圈的封闭空间，而是一个开放的循环，该循环促进了理解的一种学习过程或一种持续的改善与转化。在任何情况下，这都是海德格尔所青睐的解释。在进入文本的过程中，读者会筹划出关于一个整体的"前-意义"，然而，这个整体分崩离析了，因为文本的某些部分或局部拒绝被整合起来。因此，一个新的整体的筹划是必需的，以此触发对局部和整体的持续调整。在伽达默尔的描述中，正是海德格尔给予了这一循环一个生存论-存在论意义，而这种意义来源于对人类此在之理解的构成性作用。鉴于这种构成性作用，循环在海德格尔看来是不能实现封闭的，尽管它指向了一个无限的完成。用伽达默尔的话来说："整体和部分的循环并没有被消解（或终结）在真正的理解之中，相反，它得到了最充分的实现。"从这个角度来看，这个循环在本质上不是"形式性的"，而是存在论的；

1 Gadamer，*Truth and Method*，295. 当尼古拉斯·康普雷迪斯（Nikolas Kompridis）强调抵制两种极端的重要性时，他很好地把握到了这个中点，"而这两种极端是：或将我们自己思考为完全独立于我们的传统，绝不受它影响或受惠于它，或将我们自己思考为与我们的传统同一，命定般地受限于它或锁闭在它之内"。参见他的 *Critique and Disclosure：Critical Theory between Past and Future*（Cambridge，MA：MIT Press，2006），7. 在这个问题上的比较也可参见拙文" Hermeneutics and Deconstruction：Gadamer and Derrida in Dialogues ，" in *Critical Encounters：Between Philosophy and Politics*（Notre Dame，IN：University of Notre Dame Press，1987），130 - 158；以及拙文"Self and Other：Gadamer and the Hermeneutics of Difference，" in *Yale Journal of Law and the Humanities*，vol. 5（1993）：101 - 124。

它"既非主观，也非客观"，相反，它将理解指认为是"在传统的运动和解释者的运动之间的相互作用"。对意义的期望支配着解释者对文本的理解，但这种期望"不是一种主观性的行为"，而是从"将我们与传统联结在一起的共同性"出发的。不过，伽达默尔补充说，这种共同性从来不会完成，而是处于"不断的形成（*Bildung*）过程中"[1]。

2. 诠释学与实践应用

诠释学不是——而且从来也不是——一种纯粹抽象的理论，而是密切联系着鲜活的经验和人类行为。当理解被认为是我们生活与在世之在的重要部分之时，这种联系在近年来就随着从方法论到本体论的转变得到了加强。然而，即使在更早的时候，这种联系也并非完全缺失。正如我们在《真理与方法》中所读到的那样，传统诠释的一个必要部分就是所谓的"应用的技巧"（*subtilitas applicandi*），亦即让文本的意义对特定的处境产生影响的能力。因此，人们普遍认为，对文本意义的适当理解涉及"某种类似于将文本应用于解释者和读者的处境之上的事情"，也就是说，将那种意义关联到人的实践行为。伽达默尔给出了圣经、法律或司法解释的著名例子。显然，对圣经的注解并不仅是为了增加神学知识，而且也是为牧师布道提供一种资源，而布道相应地是为了塑造信徒的生命而设计的。这同一种联结曾经（并且现在也）盛行于司法解释之中，在其中，法官被要求去辨别一个法律规范在特定的情境或背景下的重要性。伽达默尔评论说，"法律不仅仅作为一个历史客体或实体而存在，而是需

---

1 Gadamer，*Truth and Method*，293.沿着这一思想线索，伽达默尔（第293—294页）在诠释学理解中感知到了一种前摄性（anticipation），即完全性的先把握（Vorgriff der Vollkommenheit），其目的是对"真理"的开显——从而规避任何一种相对主义。

要通过解释来将其法律效力具体化。"同样地，福音书也并不仅是作为一个具有启发性的历史文献而存在，而是也需要以这样一种方式来进入，"以便揭示它的救赎信息"。因此，为了被恰当地把握，一个给定的文本（无论是圣经文本还是法律文本）都需要在每一个时刻，在每一种具体的情境下，以一种新的、不同的方式来理解。因此，"诠释学的理解总是会涉及一种应用模式"[1]。

如前所述，这种与应用或实际行为的联结在海德格尔的存在论方法中大大加强了。人类此在由于被描述成一种解释性的生物，此在就被视为在诠释学的指导下展开他/她的整个生活。伽达默尔写道，从海德格尔"事实性诠释学"的角度来看，理解不再是一种问询意识针对某一给定对象的方法，相反，理解还意味着处于一个时间性的发生（happening）与一个持续的"传统进程"（*Überlieferungsgeschehen*）中。事实上，"理解证明其自身就是一件鲜活的事件"，并且作为这一事件也是一种人类行为模式，而此种行为既不是由（很可能超出解释的）固定规则预先确定的，也不是纯粹异想天开或随心所欲的。在此背景下，为了说明"发生"的意义，伽达默尔援引了亚里士多德的传统，特别是亚里士多德伦理学的遗产，而其伦理学既不是纯粹认知原则的伦理学（如康德式的道德观），也不是非理性的意志力的伦理学（如"情绪主义"），而是具体生活**实践**的伦理学。他写道，在实践应用的层面上，亚里士多德的伦理学分析提供了"诠释学问题的一种模式"。正如在美德实践的情况中，诠释学的应用不仅仅是理解过程的"偶然特征或后续补充"，而是从始至终贯穿在这一过程中。正如在伦理**实践**中一样，该应用不仅仅是将预先给定的一般原则与特定案例联系起来；

1　Gadamer，*Truth and Method*，307 – 309.

相反，解释者还必须根据（含括了解释者的情境与文本）的更广阔的"传统进程"来理解他/她的情境。因此，为了理解一个文本及其总体教益，解释者"不能试图忽视他/她的特殊的诠释学情境"，相反，如果要让理解变得可能的话，他/她必须"将文本与这一情境联系起来"[1]。

《真理与方法》超越了严格的伦理范畴，还对诠释学"应用"或实践的某些社会和政治意涵作出了评论。正如伽达默尔所指出的那样，这样的应用的确不可能发生在行为的规范或规则完全是静止的并且不允许进一步解释的社会或政治体制中，也就是说，在其中创造性的解释和转化是受到禁止的。同时，诠释学不可能在一个由专断权力或霍布斯式君主统治的社会或政制中蓬勃发展。用伽达默尔的话来说，诠释学预设了一种发生在传统延续中的对话式的交换意见，"如果情况不是这样（例如，在专制统治者的意志凌驾于法律之上的专制国家中），诠释学就不可能存在，因为统治者可以废除解释的规则"。在这种情境下，（不受任何法律约束的）统治者的专断意志可以在不考虑法律、因而无须解释的情况下做出决策。因此，对伽达默尔来说，诠释学预设了一种宪政体制（它也许是一种民主的宪政秩序），这种体制不依赖于专断的决策或任意的支配，并为"整体与部分"的诠释学平衡以及对社会正义与公平之条件的对话性探寻留下了空间。他写道，"合理建构的法律秩序的一部分是，法官的决定（以及统治者的政策）并不是出自专断的和不可预测的命令，而是出自对整体的公正权衡"或对所涉情境中所有因素的平衡。当伽达默尔补充说，从更广阔的社会背景来看，"倘若任何人（也即任何公民）将自己置入了具体的特定情境中，那么她/

1　Gadamer，*Truth and Method*，309，324.

他就能够参与到这种公正的权衡当中"之时，这种观点可能具有的民主内涵就显而易见了。[1]

　　伽达默尔关于应用和实践行为的评论不限于《真理与方法》一书。十几年后，他发表了一篇重点关注诠释学与实践哲学之关系的论文。正如该文所强调的那样，诠释学不应仅仅被看作一种抽象的理论，而总是意指或暗示着对实践行为的指向。从一开始，诠释学的探究就一直声称"它对解释的可能性、规则和意义的反思以某种方式对于鲜活的**实践**是直接有用或有利的。"为此，他指出解释往往被当成一种艺术形式或艺术技巧（*Kunstlehre*），而非一种常规技术。正如在之前的书中那样，该文回顾了诠释学的发展，亦即从在圣经解释和司法解释中的起源一直到由文艺复兴的人文主义、宗教改革、后革命时期的浪漫主义和历史主义所引发的转变。和之前一样，在诠释学的意义上的根本巨变再次被归功于海德格尔的著作，归功于他与过去的静态（或现在主义［presentist］）形而上学的决裂，以及他将理解描述为**此在**鲜活的时间性经验。我们可以读到，"海德格尔的伟大功绩是打破了古希腊'存在'概念不证自明的光环"，也打破了现代的意识或"主观性"概念所预设的不证自明，从而为将"存在"全新地理解为一种时间性经验和实践行为的模式铺平了道路。在这一背景下，伽达默尔通过将海德格尔的著名讲座《什么是形而上学？》视作（也许可称之为）一种对怀疑的诠释学的阐述，强调了该讲座的重要性。他写道，海德格尔的讲座通过聚焦形而上学的"存在"（"是"）的难以捉摸的特性，探询了"形而上学相比于其所宣称的而言所真正意谓的东西"。以这种方式来理解，海德格尔的探询就"获得了挑战的力量，并将自身揭示为

1　Gadamer，*Truth and Method*，329.

解释的一种新观念的例子"[1]。

海德格尔通过转向作为活的生成（occurrence）的"存在"，有力地揭示了理解与实践（这一直隐含在诠释学传统中）之间的密切联系。正如在《真理与方法》中那样，海德格尔的存在论相关于亚里士多德的"实践哲学"观念（尽管后者的"实体"形而上学被削减掉了）。在伽达默尔的论述中，亚里士多德传统中的**实践**与实践哲学并不是"理论"或理论思想的对立面，"而毋宁说暗示了一种深思熟虑的行为"。他写道，"'**实践**'这一词语和概念在其中有其合适位置的语义学领域，并不应该被定义为理论的对立面，或仅仅一个（特定）理论的应用"。更确切地说，**实践**指示了"最广义的有生命存在者的行为模式"。换言之：实践意味着"任何活物的实现生命（energeia）的活动，这些活物在一定形式上表现出生命，亦即生命（bios）的一种模式或行为"。可以肯定的是，与动物行为相比，人类的生命行为是通过一种思考的特定方式与对语言和符号的使用来区分的。然而，最重要的区别在于实践行为和单纯的器械制造或技术生产（poiesis，techne）之间。用伽达默尔的话来说："实践哲学是由自由选择之人的实践洞察力和专家的后天技能（亚里士多德命名为技术）之间的界线决定的。"因此，实践哲学并不相关于"易习得的技巧和技能"，毋宁说是相关于"对作为公民的个人适用的东西与构成他/她的公民美德（arête）的东西"。

在这一点上，**实践**与诠释学之间的联系显而易见。这篇文章的一个关键段落说：

---

1 Hans Georg Gadamer，"Hermeneutics as Practical Philosophy"（1972），in *Reason in the Age of Science*，trans. Frederick G. Lawrence（Cambridge，MA：MIT Press，1981），93，101 - 102.

指导行动的知识在本质上是由我们需要在其中选择合适回应（**适宜的东西**）的具体情境所要求的，而任何巧妙的技巧都不能使我们省去必要的深思熟虑与决策。因此，寻求培养这种实践能力的实践哲学既不是（具有数学风格的）理论科学，也不是（精通工艺过程的）专家知识，而是一种特殊的知识。（如同在诠释学循环的情况中一样），这种知识必须来自**实践**，而且虽然它经过了各种概括，但必须让其自身回溯至**实践**。[1]

3. 诠释学与文化间的对话

从伽达默尔的视角来看，诠释学不仅与一般的实践行为有关，而且与这种特定时间与空间中的实践行为有关。在我们这个全球化的时代，不同的社会和文化越来越靠近在一起，诠释学的理解必然要超出地方性的背景，并习得跨文化或超国家的意义。在这一点上，一个特定社会或文化中的成员不仅要解释他们自己传统的模式，而且要解释最初相当陌生的文本和生活形式的复杂特征。为了在这一努力中取得进展，个人和团体必须带着他们的"前-意义"或前-理解来遭遇这些文本或生活形式，然后在交换意见的互动（或对话）过程中揭示出这些"前-意义"或前-理解有待修正或调

1　" Hermeneutics and Practical Philosophy，" 90 - 92. 在这本书里也包含了伽达默尔的重要论文"What is Practice ［*Praxis*］? The Conditions of Social Reason " (1974)，69 - 87. 尽管理查德·伯恩斯坦(Richard Bernstein)也许过度贬低了海德格尔的影响，但他的如下说法肯定是正确的，亦即伽达默尔的诠释学牢固地扎根于源自亚里士多德的《尼各马可伦理学》与《政治学》的实践哲学传统之中，而在亚里士多德的这两本著作中，理解采取了实践智慧(phronesis)的形式。参见他的 *Beyond Objectivism and Relativism*：*Science，Hermeneutics，and Praxis* (Philadelphia：University of Pennsylvania Press，1983)，xiv - xv。

整。伽达默尔在他后期的一些著作（尤其是在一篇论"欧洲的遗产"与欧洲一体化持续进程的文章中）敏锐地关注到这些文化议题。

对伽达默尔来说，欧洲代表了诠释学对话所特有的"多样性统一"之模式，在这种对话中，来自截然不同背景的每一个同伴都试图去识别他人的意义。他认为，欧洲更深层次的哲学和诠释学意义不在于其所假定的"普遍性"，而在于其多元文化与多种语言的构成，在于其"在狭窄的空间内与他人共居"的历史实践。在我们这个时代，这种共居能够为整个人类、为一个不断演变的普遍的世界文化提供教益。用他的话说："作为他人的他人，与他人一起生活——这一基本的人类任务既适用于微观层面，也适用于宏观层面。正如我们每个人在个体成熟的过程中都要学会与他人共存一样，一个类似的学习过程也适用于更大的群体、民族与国家。"[1]

在诠释学对话的情况中，跨文化相遇的重点不是达成一个苍白的共识或信念的一致，而是促成一个涉及可能转变的渐进的学习过程。要做到这一点，既不能抛弃当地或本土的传统，也不能将其固化（或被本质化）。正如伽达默尔所指出的那样，地方或本土传统的角色是强调前-意义或前-判断的"诠释学循环"的一个特点，而这些前-意义或前-判断被看作是可以修正的，而不被看作是理解的被抛弃的起点。以类似的方式，跨文化的相遇者既不能抹煞自己（以徒劳地试图"入乡随俗"的方式），也不能无视和压制他人的差异；相反，关键是要对差异达成一个共享的欣赏与承认（海德格尔

---

1 Hans-Georg Gadamer，*Das Erbe Europas*：*Beiträge*（Frankfurt：Suhrkamp，1989），28-31. 他这样写道："在此,欧洲的特殊优势之一也许是,它的居民已经能够抑或被迫学会如何与他人一起生活,即便这些他人非常不同,而这一优势相对于其他地方是明显的。"

曾称之为"泰然任之"［letting-be］的东西）。用伽达默尔的话说：
"在目标不是（单方面的）掌握或控制的地方，我们就很容易恰好
以我们自己的前-判断为背景体验到他人的他异性。在这种情况下，
我们可以为之奋斗的最崇高或最高尚的目标，就是参与到他人之
中，分享他人的他异性。"在这种交流中，这一目标的实现与否对
个人团体和人类整体来说都事关重大。伽达默尔认为，事实上，
"人类的未来生存"可能要依赖于适当的跨文化的理解与对话的养
成，特别是依赖于"我们不愿意利用（在一些国家中业已积累起来
的）权力和技术效力的巨大资源，而愿意在他人的他异性面前止
步，而这种他异性包括自然的他异性以及在历史中形成的民族与国
家文化的他异性"。如果我们能够做到后者，那么就可能产生转化
性的和人性化的学习经验：因为"为了相互参与到对方之中
（*aneinander teilzugewinnen*），我们可以就此学会体验他人和作为
'我们自己他者'的他人"[1]。

　　正如伽达默尔清晰地指出的那样，他的评论并不局限于欧洲一
体化，而是与更广泛的全球发展有关。尽管社会的与政治的动荡最
初由西方殖民主义触发，但如今已经席卷了全世界。他写道，"我
们正目睹的东西，实际上是殖民主义的结束和欧洲各帝国前成员的
解放所引发的全球进程"。今天的中心问题不再是欧洲，而是"全
球经济和世界通信网络所带来的文化变革"。在这种情境下，今天
许多社会正在艰难地寻找一种生活方式，以期能够让"他们自己的
传统与他们生活世界的根深蒂固的价值观调和西方式经济的（和技
术的）进步"或成就，"大部分人类"现在正面临着这种令人痛苦

1　Gadamer，*Das Erbe Europas*：*Beiträge*，31 - 34.

的困境。[1]

伽达默尔在去世前几年接受一位印度政治思想家的采访时，明确地指出了诠释学理解的全球意义。他当时说道，"我设想的人类团结不是全球一致，而是多样性的统一。我们必须学会欣赏和容忍多元性、多样性和文化差异。"正如他坦率地承认的那样，这种欣赏是缺失的，它实际上往往会遭到军事工业复合体所追求的猖獗的强权政治的削弱："任何单个国家的霸权或不可挑战的权力……对人类都是危险的；它将违背人类自由。"因此，他补充说，作为欧洲遗产的多样性统一如今必须成为一种全球计划：它必须"扩展到全世界——包括中国、印度和穆斯林文化。每一种文化、每一个民族都能为人类的团结和福祉提供独特的东西"[2]。

为了发展和验证伽达默尔的观点，我想引用两位对他的诠释学表示友善的思想家的论述：第一位是直接提及的，第二位是间接提及的。第一位是加拿大政治哲学家查尔斯·泰勒，他追随了伽达默尔的足迹，强调了诠释学的解释对哲学本身和人文社会科学的学术实践的重要性。[3]超越文本解释的范畴，泰勒也进入了在文化间的理解与对话的领域，特别关注西方传统的自我概念和佛教的"无我"或我的"空洞性"（*anatta*，*sunyata*）概念之间的差异，以及缘起

---

1 Gadamer，*Das Erbe Europas*：*Beiträge*，35，46－48.

2 Thomas Pantham，"Some Dimensions of the Universality of Philosophical Hermeneutics：A Conversation with Hans-Georg Gadamer，"*Journal of Indian Council of Philosophical Research*，vol. 9（1992）：132.

3 参见，例如 Charles Taylor，"Gadamer on the Human Sciences，" in Robert J. Dostal，ed.，*The Cambridge Companion to Gadamer*（Cambridge，UK：Cambridge University Press，2002），126－142；and "Interpretation and the Sciences of Man，" in Taylor，*Philosophy and the Human Sciences*：*Philosophical Papers* 2（Cambridge，UK：Cambridge University Press，1985），15－57。

于这一差异的对比性的社会想象。[1]值得注意的是，泰勒也解决了诠释学长久以来面临的一个难题或针对诠释学的一个指控："理解一切就意味着宽容一切，"这就让诠释学缺失了批判性的伦理标准。正如他已经指出的那样，在处理主体间和文化间"认同"的文章中，理解他人或其他文化并不总意味着接受。另一种文化所青睐的东西只是一种"价值预设"，这种价值需要专门研究，也会通过争论被否弃或挫败。可以肯定的是，一旦诠释学的理解不被视作中立的事件，而像在伽达默尔和亚里士多德那里一样被视作一种伦理**实践**，那么理解就已经被一种伦理标准所占据（理解不是像保罗·利科［Paul Ricoeur］间或所暗示的那样，需要借助"批判理论"进行补充）。[2]

另一位与诠释学有着更间接或更遥远关系的思想家是约翰·杜威（John Dewey），他有时也被称为"美国的民主哲学家"。在很大程度上，杜威所谓的"实用主义"实际上可以被看作是一种实践哲学，与伽达默尔的诠释学有着明显的密切联系。两者核心的共同点在于拒绝把思想从行动中分离出来，并在鲜活经验的指示下努力把理论与实践联系起来。杜威和伽达默尔（还有海德格尔）一起，拒绝了聚焦在**"我思"**（*cogito*）之上的笛卡尔理性主义传统，并拒绝了它的推论，亦即将观察者从人类在世之在的背景下驱逐出去的

1　Charles Taylor, "Conditions of an Unforced Consensus on Human Rights," in Joanne R. Bauer and Daniel A. Bell, eds., *The East Asian Challenge for Human Rights* (Cambridge, UK: Cambridge University Press, 1999), 124 - 144.

2　Charles Taylor, "The Politics of Recognition," in Amy Gutmann, ed., *Multiculturalism and "The Politics of Recognition"* (Princeton: Princeton University Press, 1992), 66 - 68, 72 - 73. 另请比照 Paul Ricoeur, "Hermeneutics and the Critique of Ideology," in his *Hermeneutics and the Human Sciences*, ed. and trans. John B. Thompson (Cambridge, UK: Cambridge University Press, 1981), 63 - 100。

"知识静观理论"。在反对这一理论时，他并没有选择粗糙的经验主义或实证主义，而是坚持认为，感觉材料或感官现象是在意义的语义框架中被感知的，而这一框架由语言和（因此需要解释的）象征化所提供。杜威与伽达默尔（还有海德格尔）一起，都不赞同本质的静态形而上学，而更偏爱一种动态的本体论，而在这种本体论中，存在和时间性汇聚在诸可能性展现的持续进程之中。

最重要的是，人类生活对杜威而言不是孤独的冒险，而是基本上形成于人与人之间的"交往"或"交易"的大熔炉中，亦即一个与交流、对话和争论密切相关的大熔炉。正如在伽达默尔的诠释学中一样，社会交往对杜威来说也是一种（亚里士多德意义上的）**实践**模式，并因此充满了伦理意涵。当他将社会呈现为一个伦理共同体时，而且特别是当他将民主描绘成了共同体生活的"观念"或"理念"（这一观念还处在不断提升或完善的过程中）时，这一点就得到了证明。[1]

鉴于我在此对文化间的理解的关注，这两位思想家之间还有一个值得强调的相似之处。杜威绝不是一个狂热的民族主义者，也不是（卡尔·施米特所言的）严格的敌-友划分的支持者。这一点在他在战争时期撰写的《民族化教育》（Nationalizing Education）的文章中表现得尤为明显。这篇文章鲜明地区分了一种温和的民族主义或爱国主义与一种破坏性的民族主义或爱国主义。他写道，国家统一感的发展太过频繁地"伴随着对所有人的厌恶和敌意"。在这样的情况下，"善用技巧的政客和其他追求私利的人"知道如何

---

1 在这方面尤其可以参见 John Dewey，"Search for the Great Community" from *The Public and Its Problems*（1927），in *John Dewey：The Later Works*，1925 - 1953，vol. 2，ed. Jo Ann Boydston（Carbondale，IL：Southern Illinois University Press，1988），325 - 327。可与 David Foot，*John Dewey：America's Philosopher of Democracy*（Lanham，MD：Rowman & Littlefield，1998）进行对比。

"巧妙地利用爱国主义和他人的无知，以便将民族主义与潜在的对其他民族的仇恨等同起来"。尤其是在战争期间，许多有影响力的人"试图通过诉诸我们的恐惧、猜疑、嫉妒和潜在的仇恨来促进扩张性的民族主义的成长"。这些人喜欢用"我们愿意在毁灭性的战争中与其他民族相遇"来界定爱国主义，而不是用"我们适合于在和平的建构任务中与他们合作"来界定它。

与这种观点截然不同，杜威坚持全球普世主义的愿景，这种普世主义不会抹杀对地方的或民族的忠诚，而是将其作为跨文化合作的跳板。他说道，"我们面临着去除民族主义的邪恶一面并发展其好的一面的困难，也就是说，面临着发展一种支持而非反对国际主义的民族主义的困难"——这是一个"观念、情感、理智的与道德的倾向"[1] 的问题。在我看来，这一愿景并未远离甚至合乎伽达默尔的全球"多样性统一"（不是"单个国家"强加的统一）的视野，以及他的下述呼吁——"人类未来的生存"可能取决于我们是否愿意同时在个人层面和更广阔的人类共同体和文化层面上与他人进行对话。

4. 梅洛-庞蒂与身体间的互动

通过进一步的阐述，我想谈谈大致跟伽达默尔同时代的另一位对话式的与跨文化的思想家：法国哲学家莫里斯·梅洛-庞蒂。在当前的语境下，让梅洛-庞蒂的著作显得尤为重要的东西是，他对理想化的共识主义（idealistic consensualism）的反对与对对话与具身性之间联系的坚持。正如他不断强调的那样，对话不仅仅是一个

---

1 John Dewey, "Nationalizing Education"（1916），in *John Dewey：The Middle Works*，1899-1924，vol. 10（Carbondale, IL：Southern Illinois University Press，1975），202-204.

智力活动的过程或一种抽象的"心灵的会面"，毋宁说它还涉及具体的生存与在参与者之间的身体性互动。这一点在他题为"对话与对他人的感知"（Dialogue and the Perception of the Other）的文章中得到了有力的印证，这篇文章收录在他的《世界的散文》（*The Prose of the World*）一书中（该书由他的朋友克洛德·勒福尔［Claude Lefort］在其死后整理而成）。梅洛-庞蒂对纯粹抽象的逻辑算法和人类之间的具体相遇进行了区分，并直言不讳地说道："除了算法所支持的分析真理之外，抛开算法和它诞生于其中的思想生活分离的可能性，我们证实了我们所参与其中的清晰性、复原和回忆的真理，这不是在我们思考**同一件事**的意义上，而是在我们每个人都以自己的方式被这同一件事感动和触动的意义上。"在一场相遇中的这种被"感动与触动"不能也不应被理解为一种简单的智力上的交流，而应被理解为一种相互纠缠和侵扰："自己侵扰他人与他人侵扰自己。"[1]

在他的文章中，梅洛-庞蒂首先讨论了"与他人的沉默关系"，作为理解言说的开场白。与讨论"主体间性"的作者们相反，他认为"他人从来不是直接面对面呈现的这一点还没有被充分地意识到"。事实上，对话者或对手"从来都不是固定化的：他的声音、他的手势、他的抽搐都仅仅是一种象征、一种舞台效应、一种仪式。"它们的制作者"掩盖得如此之好，以致当我自己的反应一直延续时，我感到相当惊讶。"首先，他人的"自我"并不是预先设定的，既不存在于声音之前，也不通过某种方式存在于声音背后，而是出现在相遇本身中，在被塑造的早期关系中。梅洛-庞蒂写道，

---

[1] Maurice Merleau-Ponty, "Dialogue and the Perception of the Other," in Claude Lefort, ed., *The Prose of the World*, trans. John O'Neill (Evanston, IL: Northwestern University Press, 1973), 133.

"在我看来，他者总是在我所见所闻的东西边缘，他是我的另一面，在我的旁边或后面，但不在我的视野可以压制和清空任何'内部'的地方。"这种洞见使他得出了一段令人震惊的表述，而这些表述就是他生存现象学的标志:

> 我和他人就像两个近似的同心圆，只能通过轻微而神秘的滑动来区分。两者的联盟或许就能使我们理解与他人的关系是无法把握的，如果我试图直接接近他人，那就如同在攀登陡峭的悬崖。[1]

在与另一个人的相遇中，他人既是我的伙伴，也是我的帮手，但他不同于我，也不为我所吸纳。梅洛-庞蒂写道，"我孕育了他人，这个他人由我的血和肉所构成，但现在已经不再是我了。这是如何可能的呢?"这个谜团的答案只有在如下认识中才能找到，亦即我所遇到的差异不仅是外在的，也是内在的，而且我自身就被差异所占据。我们读到，"存在一个**作为他人的我自身**，这个他人居住在别处，并剥夺了我的中心地位。"在这一点上，观察着的主体和被看到的东西的角色是"互换的和颠倒的"。对梅洛-庞蒂来说，核心问题是要理解"我如何把自己一分为二、如何使自己不再是中心"或离开中心以及他人的经验如何同时总是"对自己的回应"。和其他人一样，自我并不是一个密不透风的实体或事物；也不是一个自身-透明的心灵（或**我思**）。从这个角度来看，就不存在固定的或稳定的人类"本性"，也不存在自我维持的"身份认同"。作为对在一个虚构的"自然状态"中发现的原子主义个体的替代，人们所发现的一切只是在一个居住地的流动的共居状态，没有任何一个同住人有进入这个居住地的特权通道或永不失效的通行证："正是在

---

1 Maurice Merleau-Ponty，"Dialogue and the Perception of the Other，"133 – 134.

自我的深处，与他人之间的古怪连接才得以形成。他人的神秘之处无非是我自身的自身。"这里暗示的是一种由不一致（non-coincidence）建构的但却无法逃遁到别处（世界之外）的身份认同。[1]

最终，梅洛-庞蒂所说的居住地既非个体性的也非集体性的规划，而毋宁说是看与被看、言说与被倾听汇集在一起的共享体验。他说，正是这种身体性的体验标志着"我对世界的把握"，并让我能够用同样的"把握"或联系感知到其他有重大影响的事物。他用另一个典故继续说道，"只要世界像涅索斯的罩衫（the tunic of Nessus）一样依附于我的身体，那么它就不仅为我而存在，也为每一个对它做手势的人而存在。也许不存在理性的普遍性，但存在着情感或感觉的普遍性——我们的关系、对我身体的概念化与对他人的感知正依赖于这种普遍性。"因此对梅洛-庞蒂来说，只要一种人际（和文化间）关系的观念没有考虑到我们的具身性或"身体间性"（intercorporeality），那么它就是不完整或不充分的。这意味着，"如果我没有一个身体，而他人也没有能进入我的场域（或世界）的身体，并从内部扩大这一世界，以便与我一样朝向同一个世界"，那么对我来说，他人就不会存在。当然，"同一个世界"的概念在此并不意味着一个统一的或相同的世界，而仅仅意味着一个复杂的和松散的共享世界，因为每个人都以不同的方式打开了这个世界："它是一个自身就会增殖的领域，因为它是我作为身体由之展

---

1 Maurice Merleau-Ponty，"Dialogue and the Perception of the Other，"134 – 135. 对于身份认同与不一致（non-coincidence）的问题，请参照比库·帕雷赫（Bhikhu Parekh）的经典研究 *A New Politics of Identity：Political Principles for an Interdependent World*（New York：Palgrave Macmillan，2008）。

示给世界的窗口。"[1]

在此，梅洛-庞蒂转向（或返回）了语言，并首先转向了感觉和身体性互动的"无声语言"。理解言语的问题正好等同于理解"构成为姿势和动作的身体运动如何能够影响我们"或"我们如何从这些场景中发现不同于我们置入其中的东西"的任务。对梅洛-庞蒂（同样对海德格尔）而言，完成这一任务的方案在于将一个建构性的自我、一种自我维持的心灵或主体性存而不论。他指出，我们必须理解的东西是"我们对世界的感知、我们与它的同时性关系（也就是说，作为我们所有体验基础的我们的身体），让我们的生存不再聚焦在绝对的和单一的行动之上，从而使我们的'肉体性'有了一种可流通的意义，并创造了一种'共同情境'"。这一过程也同样在言说中进行，尤其是在交互的言说或对话中进行。我们从中可知，关于"言说的特殊姿态"，"解决办法在于认识到：在对话的经验中，他人的言说能够在我们的意义中被我们理解；而且正如回应所证实的那样，我们的言语也能在他人的意义中被他人理解"。这种相互渗透证明了语言的力量从原则上讲是无穷无尽的，也证明了我们参与一个共享的"文化世界"——或至少我们促进了跨越和超出积淀下来的诸文化世界的沟通。在此意义上，我们所说的语言就

---

[1] Merleau-Ponty，"Dialogue and the Perception of the Other，"137–138. 正如他所说的那样（第 139 页）："我们试图让人意识到一种与世界和他人两者的肉身性关系，这种关系不是从外部侵入到一个纯粹认知主体上的偶然事件……或弥漫在许多他人中间中的一种经验'内容'，而是我们首次对世界与真理的参与。"应该明确的是，"真理"在此是指一种"揭示性"真理，而非一种"命题性"真理。对这一区分的讨论，请参照尼古拉斯·康普雷迪斯（Nikolas Kompridis）的 *Disclosure and Critique：Critical Theory Between Past and Future*（Cambridge，MA：MIT Press，2006），也可参照拙著 *Between Freiburg and Frankfurt：Toward a Critical Ontology*（Amherst，MA：University of Massachusetts Press，1991）。

像是某种我们跨越自身边界共享的分散的或"匿名的肉体性"。[1]

　　循此，梅洛-庞蒂介绍了一种在伦理与政治实践的方向下超出中立性交流的思想。他说道，"表达"的行动（特别是言说）确立了一种"共同情境"，该情境不再仅仅是一种知识的并置或关系，而是一种"**践行**的共同体"。在这一点上，语言所培育的共同世界不仅关涉一种观念或观点的分享，还关涉到一种实践的分享，这种实践包含了学习陌生的实践、礼仪、仪式与习俗的意愿。反过来，愿意学习这些实践又关涉生存性参与或互动的一种形式，亦即对过去的记忆、现在的苦痛与未来的希望和愿景的参与。显然，这种参与超越了狭隘的自我利益和无聊的好奇心，朝着追求伦理福祉和共同关心"良善生活"的方向前进。在这方面，梅洛-庞蒂和泰勒、杜威一起加入了伽达默尔的行列，努力去实现一个没有霸权、剥削和压迫的"伟大共同体"，而这一共同体在现今必须在全球层面上以对话的方式进行培育。回顾伽达默尔在接受印度同行采访时所作的陈述："我设想的人类团结不是全球一致，而是多样性的统一。我们必须学会欣赏和容忍多元性、多样性和文化差异。"在此，我们还可以补充梅洛-庞蒂关于跨文化学习的一段论述，该论述出现他讨论我们这个时代新兴的全球时空矩阵（global space-time matrix）的文章中：

> 那些缺乏我们的哲学的和经济配置的文明展现出指导性价值。这不是要在缺乏（西方的）科学或哲学意识的地方去寻找真理或救赎，也不是要把大量的神话学硬塞进**我们的**思想中去，而是要对**我们的**体制所面临的理论和实践问题有所察觉，并感到要去重新发现我们的体制所诞生于

1　Merleau-Ponty, "Dialogue and the Perception of the Other," 139 - 140.

其中的生存领域，而这一领域因我们体制的长期成功而被
遗忘了。如果东方的"幼稚"无非是由我们"成熟"观念
的狭隘所致，那么这种"幼稚"就有一些给予我们教益的
东西。[1]

---

1 Merleau-Ponty，"Dialogue and the Perception of the Other," 140 – 141；and
"Everywhere and Nowhere," in *Signs*，trans. Richard C. McCleary（Evanston：IL：
Northwestern University Press，1964），139. 另请参照 John Dewey，"Search for the
Great Community," in *The Public and Its Problems*（1927；reprinted，Athens：Ohio
University Press，1954），143 – 184。

第 15 章　舆论现象学：沟通的身体、身体间性及以计算机为媒介的沟通

金周汉（Joohan Kim）

　　　　本文回顾了舆论的概念背景和历史背景，并强调了现象学视角与舆论研究的相关性。现象学概念，如在世界中存在、主体间性、身体间性、沟通理性，以及居间，比以往任何时候都更与舆论研究相关。原因在于，当代舆论形成所基于的交互式数字通信技术，其本质可以被现象学概念充分地捕捉到。本文重点关注海德格尔的此在或在世界中存在概念的相关性，以便更好地理解处于互联网和数字传媒时代中的舆论的本质。

　　舆论极难界定，[1] 研究者们似乎缺乏一个统一、明确的定义。例如，哈伍德·柴尔兹（Harwood Childs）从文献中收集了多达 50 项定义。[2] 实际上，一些学者坚持认为这个概念因其极端模糊性或误导性应该被抛弃，而另一些学者则认为不需要一个定义，因为"每个人都知道舆论是什么意思"。[3] 然而舆论的概念并未被抛弃；相反，随着大众媒体在每个重要议题上介入无处不在的投票结果，舆论成了一个家喻户晓的词语。

1　Elisabeth Noelle-Neumann，*The Spiral of Silence：Public Opinion—Our Social Skin*，2nd ed.（Chicago：University of Chicago Press，1993）；V. Price，*Public Opinion*（Newbury Park：Sage，1992）.

2　In Noelle-Neumann，*The Spiral of Silence*.

3　Hermann Oncken，引自 Noelle-Neumann，*The Spiral of Silence*，59。

尽管许多批评者警告说，个人意见的集合体不能与舆论本身混淆，然而，民意调查结果往往被等同于舆论。[1] 特别是主流的舆论研究（多由美国政治科学家和政治传播学者所开展）将舆论的概念定义为个人在公共议题上的心理特征（思想或认知因素）的集合体。

然而，持有批判性和哲学视角的学者很少关注舆论的理论化，即便舆论是现代民主最重要的概念发明之一。这导致舆论概念一直被具备统计学方法的经验主义的社会科学家所垄断。因此，舆论研究中的大部分理论基础都是心理主义或对待人类心灵的科学主义、客观主义和经验实证主义。

具有讽刺意味的是，正是社会科学中的哲学家，尤其是现象学家，在其反对经验主义的批判理论中完全抛弃了舆论概念，尽管现象学的使命是解构人文科学中的经验主义进路和客观主义。[2]

在这篇论文中，我将回顾舆论的概念背景和历史背景，并强调现象学与舆论研究的相关性。历史回顾表明，舆论是报业或第一种大众媒体制造的现代发明物。现代民主的许多基础信条和基本原则（一人一票、言论自由、个人主义、民族国家、公众读者、代议制、公共领域以及现代科学和宗教革命）只有在印刷技术的引进后才成

1　Dewey（1927）；Price，*Public Opinion*；Susan Herbst，*Numbered Voices：How Opinion Polling Has Shaped American Politics*（Chicago：University of Chicago Press，1993）.

2　Alfred Schutz，*The Phenomenology of the Social World*（Northwestern University Press，1967）；AlfredSchutz，*Collected Papers Vol.1：The Problem of Social Reality*（Hague：Martinus Nijhoff，1973）；Jean-Paul Sartre，*Search for a Method*（New York：Vintage Books，1968）；Winch，*Trying to Make Sense*（New York：Basil Blackwell，1987）.

为可能。[1]

报业和舆论之间的紧密关联意味着，人际沟通以及数字化的人际传媒技术将给舆论的性质带来重大变化。[2] 这就是为什么我会认为，现象学概念（在世界中存在、主体间性、身体间性、沟通理性、居间等），变得比以往任何时候都更与舆论相关，因为交互式数字通信技术（如互联网这样的全球计算机网络）正在将这些抽象的现象学概念转化为有形的媒体。

1. 舆论概念化的困境："上帝之声"或"愚人之声"？

"意见"一词起源于拉丁语的 *opinio*，后者又是对希腊语 *doxa* 的翻译。*doxa* 是"基于不充分的判断和知识"，"不属于完整论证的"人民的集体情绪。[3] 根据彼得斯（1995 年）的说法，罗马人将 *doxa* 译为 *opinio*，将 *epistēmē*（知识）译作 *scientia*，英语和其他

1 Benedict Anderson, *Imagined Communities: Reflections on the Origin and Spread of Nationalism* (London: Verso, 1991); Elizabeth L. Eisenstein, *The Printing Press as an Agent of Change: Communications and Cultural Transformations in Early Modern Europe* (Cambridge: Cambridge University Press, 1979); Alvin W. Gouldner, *The Dialectic of Ideology and Technology: The Origins, Grammar, and Future of Ideology* (New York: Oxford University Press, 1976); Jürgen Habermas, *The Structural Transformation of the Public Sphere: An Inquiry into a Category of Bourgeois Society* (Cambridge: MIT Press, 1989 [1962]).

2 Joohan Kim and EunJoo Kim, "Theorizing Dialogic Deliberation: Everyday Political Talk as Communicative Action and Dialogue," *Communication Theory* (2008), 18, 51-70; R. O. Wyatt, E. Katz, and J. Kim, "Bridging the Spheres: Political and Personal Conversation in Public and Private Spaces," *Journal of Communication* (2000), 50, 71-92; R. O. Wyatt, J. Kim, and E. Katz, "How Feeling Free to Talk Affects Ordinary Political Conversation, Purposeful Argumentation, and Civic Participation," *Journalism and Mass Communication Quarterly* (2000): 77, 99-114.

3 John Durham Peters, "Historical tensions in the concept of public opinion," in T. Glasser and C. Salmon eds., *Public Opinion and the Communication of Consent* (New York: The Guilford Press, 1995); Price, *Public Opinion*.

欧洲语言继承了罗马人的意见含义，即"其根据不足以支持完整论证的判断"。20 世纪初从事著述的法国社会学家加布里埃尔·塔尔德，首次将报业和舆论之间的紧密关系理论化，同时以这种方式界定了意见："正如我们所定义的那样，意见是回应当前问题的短暂、多少有点逻辑的判断集合，它在同一国家、同一时代、同一社会中的人民那里被反复再生产"。[1] 德语 *meinung* 也同样具有"既主观又客观的不充分判断"之意。[2]

可追溯到古希腊 *doxa* 一词的意见，在很长一段时间都意味着不完备的知识和不确定的判断，"是偏见、或然性、权威的王国，与科学相对立"。[3] 正如贝克[4]指出的那样，在历史上，舆论的主要特征是"流动性、主观性、不确定性"，但在早期现代民主理论中，舆论却具有"普遍性、客观性和理性"的特征。彼得斯[5]称这是舆论的概念化中"戏剧性的转变"："意见从'偏见'（启蒙运动中许多思想家的批判对象）的主要源头转变成了'偏见'的矫正器。意见是哲学中的反面角色，变为舆论后则成了政治的英雄"。但是，舆论概念仍然具有不完备、不可靠判断的含义。

因此，我们现在继承了对舆论的两种相互冲突的理解。一方面，人民之声即上帝之声（*voxpopuli*，*voxdei*）；另一方面，人民

---

1 Gabriel Tarde，*L' opinion et la foule*（Paris：Alcan，1898/1901），3.

2 Kant，in Noelle-Neumann，*The Spiral of Silence*，60.

3 Peters，"Historical Tensions in the Concept of Public Opinion，"5. 柏拉图相信政治学关乎技术或技艺，要依据科学知识或 *epistēmē* 从事它。因此，他坚称城邦应该由一位哲学王来统治，他具有 *epistēmē* 或"明晰且科学的知识"，城邦不应由平民统治，他们有的只是意见（*doxa*）。相反，亚里士多德则强调实践智慧和意见常识的重要性，他相信"实践科学，即政治学和伦理学，需要建立在一种与 *epistēmē* 不同的知识之上，因为所有人类行动都是历史的、实践的、依情况而定的"（Ibid.，4）。实际上，古希腊人用 *doxa* 来称呼政治大会上做出的决定："*doxa* 因此有共识或共同观点之意"（Ibid.）。

4 1990.

5 "Historical Tensions in the Concept of Public Opinion．"

之声即愚人之声（*vox populi，vox stultorum*）。[1] 一个是政治权力和合法性的最终来源，是理性的产物。另一个则是幻影，是不停息、不稳定的变化，是轻率或非理性的结果。

塔尔德同样也表达了这种混合的舆论概念。有时他把舆论称为"危险"的东西；在其他时候，他认为舆论是替代国王的理性力量。塔尔德认为，"公众"（理性意见或者说上帝之声的持有者）应该与"群氓"（非理性意见或愚人之声的持有者）有所区分。他批评同时代的古斯塔夫·勒庞[2]将现代特征界定为"群氓时代"。塔尔德指出，除"群氓"之外，还有"公众"，他们是"一群分散的个人，身体上是分离的，其凝合完全是心理上的"。"印刷术的发明造就了一种非常不一样的公众类型出现，"塔尔德写道，"这种公众从未停止成长并无限扩张，这是我们这个时代最显著的特征"。[3]

在诸多论述中，塔尔德明确指出，新型公众是其所处时代的"新媒介"或报纸的产物。"因此印刷、铁路和电报这三项相辅相成的发明结合起来，"他指出，"创造出了报纸的可怕力量，这庞大的电话网络无限扩大了以往演讲者和布道者的听众范围"。[4]

哈贝马斯[5]在其公共领域理论中也用"意见"一词来指不完整和不可靠的判断，同时用"舆论"来指公众理性的、集体的判断。根据哈贝马斯的说法，"意见"是"缺乏确定性的判断，其真实性仍有待证明"。[6] 但"舆论"则是从公共领域的理性讨论中产生，是

1　Noelle-Neumann，*The Spiral of Silence*，175.

2　1960 [1895].

3　1969 [1901]，277.

4　1969 [1901]，281.

5　1989.

6　Habermas，*The Structural Transformation of the Public Sphere*，89.

"公共反思的启蒙成果"。[1] 因此，舆论总是要求"参与批判性辩论的过程"[2] 或对话。"舆论是公众开明的意见，"哈贝马斯写道："通过报纸和沙龙讨论来表达"。[3]

回顾舆论的历史发展，哈贝马斯同样指出，舆论或"公共意见"是一种"18 世纪后期的新造词，指的是有能力形成自己判断的公众的批判性反思；"[4] 在 1781 年后它才出现在牛津词典中。[5] 正如公共领域中的谈话那样，舆论是报纸造成的一个新现象，它"几乎不能与报纸⋯⋯这个工具分开"。[6]

与塔尔德和哈贝马斯的观点一致，我们相信舆论虽然有时是误判形成、错误传播、变化无常的，但它绝非群氓之声，它是一种重要工具，通过它可以使一个由大众媒体连接的社会中的个体把自身塑造成一种集体力量。舆论不一定是上帝之声，也不是愚人之声。它是人民之声，虽然是多样而混乱的。

2. 舆论：政治功能或个人认知？

社会科学家通常以两种方式理解舆论：一种主要源自政治哲学，我们可以称之为"功能定义"；另一种主要来自社会心理学，我们可以称之为"认知定义"。这两种理解并不矛盾；一个关注集体，另一个则关注个人。

功能角度的概念化强调舆论作为民主中一种力量的作用。一个著名的例子是汉斯·斯佩尔的经典定义："为了这项历史考察的目

1　Habermas，*The Structural Transformation of the Public Sphere*，96.
2　Ibid.，92.
3　Ibid.，98.
4　Ibid.，90.
5　Ibid.，95.
6　Ibid.，93.

的，让我们把舆论理解成政府以外的人自由、公开表达的关于国家事务的意见，这些人主张他们具有一种权利，即他们的意见应影响或决定其政府的行动、人员或结构"。[1] 从这个意义上说，民主作为决策制定的程序性方法，总是以舆论为前提。熊彼特也认为"民主是一种政治手段，也就是说，是达成政治（立法和行政）决策的某种制度安排"。[2]

功能角度的概念化将舆论理解为公共领域中审议的"输出"，同时是政治体系的"输入"。[3] 在这个意义上，通过选举、民意测验、压力集团、议会制度、抗议运动等，舆论被"反映给"政治系统。[4] 舆论是公共领域（它作为一种生活世界更接近具体的日常生活）和政治系统（它作为一种系统更接近抽象制度）间的纽带。

布莱斯[5]预见了这一思路："显然只有在政府成为民众政府以后，我们才把舆论当成世界中的一种新力量来谈论。然而，几乎在所有国家和所有时代中，意见都已真正成为首要和终极的权力……只有极少数君主制或寡头制例外，它们保留了对抗人民意志

1　Hans Speier，"Historical Development of Public Opinion，" *American Journal of Sociology* (Jan. 1950)：376 - 388，376.

2　Joseph Schumpeter，*Capitalism，Socialism，and Democracy* (New York，1942)，242.

3　Pamela Johnston Conover and Donald D. Searing，"Studying 'Everyday Political Talk' in the Deliberative System，" *Acta Politica* (2005)，40，269 - 283；Michael X. Delli Carpini，Fay Lomax Cook，and Lawrence R. Jacobs，"Public Deliberation，Discursive Participation，and Citizen Engagement：A Review of the Empirical Literature，" *Annual Review of Political Science* (2004)，7，315 - 344.

4　Jürgen Habermas，"Political Communication in Media Society：Does Democracy Still Enjoy an Epistemic Dimension? The Impact of Normative Theory on Empirical Research，" *Communication Theory* (2006)，16，411 - 426.

5　James Bryce，*The American Commonwealth*，Vol. 3 (London：Macmillan，1973 [1888]).

的权威".[1]

因此, 功能角度的概念化将舆论视为政治权力的最终来源。实际上, 可以通过两种方式思考政治权力: 一种是韦伯的观点, 权力被理解为将自身意志强加于别人行为之上可能性。另一种是以沟通为取向的理解, 正如我们在阿伦特那里看到的一样,[2] 她将权力定义为"对共同行动方案达成一致的能力"。在这里, "权力的基本现象不是将他人意志工具化, 而是在以达成一致为目的的沟通中形成一个共同意志"。[3] 这种权力转而作为舆论出现。

阿伦特对舆论的理解有助于我们理解公共领域的功能, 因为公共领域将舆论、沟通和权力结合成一个单一系统。政治权力从来不是一种个体特征, 而是群体特征; 因此, 任何一种政治权力的根本来源都是沟通产生的共识。阿伦特认为:

> 人民的支持赋予一个国家的机构以权力, 这种支持正是使法律得以产生的那种同意的延续……所有的政治机构都是权力的表现和实体化; 一旦人民的真实力量不再支持它们, 它们就会失去活力并逐渐衰退。这也是麦迪逊所说的"一切政府都存在于意见的基础上"的意思, 这句话不仅适用于不仅民主制, 也同等适用于各种形式的君主制。[4]

这种观点与通常的理解有些不同, 因为它将舆论视为政治权力的根本来源, 而不仅仅是约束政治权力的"刹车"或"马缰"。

有趣的是, 社会心理学家塔尔德还将沟通, 尤其是对话, 以及

1　James Bryce, *The American Commonwealth*, Vol. 3, 14.

2　Hannah Arendt, *On Violence* (New York: Harcourt, Brace & World, 1970).

3　In Habermas (1994), 211.

4　Arendt, *On Violence*, 41.

意见视为政治权力的来源。他写道：

> 如果他们的行动没有被新闻界披露并在对话中被评论，那么这些权力的行动就是徒劳的。因此，权力的演变可以由意见的演变来解释，意见的演变又可以通过对话的演变来解释，对话的演变可以通过它的一系列不同来源来解释：家庭教育、学校、学徒训练、布道、政治演讲、书籍、报纸。[1]

塔尔德将公共领域视为政治权力的来源，因为在公共领域中，人们一起谈话并形成舆论："权力真正形成的地方是咖啡馆、沙龙、商店这些人们可以互相交谈的地方"。[2]

从个体角度对于个人意见如何形成和表达的理解，源于认知社会心理学和关于态度改变的研究文献。最近的认知社会心理学实际上使用了一些计算机比喻来模拟意见，如"内存（记忆）""内存（记忆）库""扫描内存（记忆）数据库""信息处理"等。现今许多社会心理学家认为，对于态度改变而言，信息处理是一个最重要的范畴。因此，在认知导向的舆论概念化中，这类图式信息处理理论现今很普遍。

举例来说，根据菲斯克和泰勒的观点，[3] 一个图式就是一种认知结构，它围绕一个中心思想或一个问题组织先前的信息和经验，并指导对新信息的解读。换句话说，一个图式就是人们用以组织自己思想要素的一个"框架"，这些思想要素我们也可称为"意见要素"。人们将意见要素束输入其头脑（或内存或"数据库"），并在

1　Tarde，*L' opinion et la foule*，33.

2　Ibid.，34.

3　Susan T. Fiske and Shelley E. Taylor, *Social Cognition* (New York：Random House，1984).

必要时建构和表达"意见"。意见要素往往是相互冲突的。基于个人为意见建构所碰巧运用的要素,他或她可以建构出相当不同的意见。

在此之前,费斯廷格[1]在其认知失调理论中指出,人们试图减少他们的意见要素之间的冲突。因此,根据这个理论,如果一个人有机会通过谈论某个问题来组织对这个问题的意见,就更有利于这个人减少"失调"或冲突。扎勒和费尔德曼指出:"一个人如果很少思考某问题,又身处需要一系列快速回答的访谈场景中,那么他只有记忆中最现成的一个想法,在这种情况下,求平均规则降为在'不假思索'的唯一想法基础之上回答"。[2] 对个体意见的这种认知性理解也表明,谈论某个问题的人,对该问题或许可以形成一个更加连贯、成熟或确定的个人意见——这实际上减少了"不假思索"的回答变成前后不一或易变的回答的程度。

通过证明调查并非仅仅揭示了人们已经存在的意见,许多经验研究支持了意见的图式建构理论。扎勒和费尔德曼回顾了那些展示人为"回答效应"中的系统性方差(除去测量误差引起的随机回答方差)的研究,他们由此得出结论:"在相当程度上,人们用问卷来决定他们的意见是什么"。[3]

---

1 L. Festinger, *A Theory of Cognitive Dissonance* (Stanford, CA: Stanford University Press, 1957).

2 John Zaller and Stanley Feldman, "A Simple Model of the Survey Responses: Answering Versus Revealing Preferences," *American Journal of Political Science* (1992), 96, 579-616; Ibid., 586.

3 Ibid., 582.扎勒在费城(1994 年)NES 上提交《常规政治:候选人佩罗的兴衰》("Politics as Usual: The Rise and Fall of Candidate Perot")一文,在改进他的问答模式时他认为,对于大多数调查对象来说,大多数选项"都有着非常广泛的,虽然不是无限的范围,无论他们是否意识到这一点,他们都是态度暧昧的"。因此,通过向调查对象提出很大程度上由精英话语架构的问题、报告结果并由此帮助意见成型,民意调查者实际上参与了对话过程。

那么，在调查采访过程中发生了什么？为什么我们总是发现"回答效应"呢？图兰吉奥和拉辛斯基[1]认为，在回答问题的过程中，人们（1）确定问题是什么；（2）从他们的头脑中搜寻相关想法；（3）将想法组合成一种一致的态度；（4）将形成的态度映射到现成的回答选项上。采访过程的特点可以影响到以上每个步骤，因此问卷可以轻而易举地影响到作为舆论来报道的内容。因此，调查采访本身发挥着谈话过程的作用，在这个过程中人们组织其意见要素并表达意见。

3. 对话性的舆论模式

沟通和意见形成之间的紧密关系表明，舆论不应被视为存储在个人头脑中不变的观念要素，而应被看作持续社会互动的产物。[2] 作为固定实体的舆论观念，一定与已印刷或无法改变的出版物文本有很大的关系。交互式沟通传媒（例如全球网络上以计算机为媒介的传播）应该被认为是持续的观点形成过程。

然而，当民意调查人员用经过预分类的调查问题来开展民意调查时，他们或明或暗地假定了：（1）人们将以相同的方式解释调查问题，并从相同的问题中得出相同的含义；（2）受访者对同一类别问题的回答（例如"是"或"同意"），其语义价值相同；（3）舆论是调查过程中个体所表达的态度的集合。换句话说，大多数民意

---

1 1998.

2 Joohan Kim, "Communication, Reason, and Deliberative Democracy," *Journal of Communication* (1999), 49, 137–144; Diana C. Mutz, *Hearing the Other Side: Deliberative Versus Participatory Democracy* (Cambridge, UK: Cambridge University Press, 2006); Joohan Kim, Robert O. Wyatt, and Elihu Katz, "News, Talk, Opinion, Action: The Part Played by Conversation in Deliberative Democracy", *Political Communication* (1999), 16, 361–385.

调查只是简单地将舆论等同于投票结果。

在这一点上，普莱斯[1]提出的舆论的对话模式是有洞察力的。该模式将舆论视为沟通和对话的过程，而不是预先存于人们头脑中并被预分类的调查问题提取出来的"事物"。这种对话模式将舆论理解为"辩论和讨论产生的新事物"，它不能简单地被还原为任何个体的想法或回答。[2]

4. 舆论和以计算机为媒介的传播

正如我们所看到的，舆论概念是 18 世纪的一个发明，彼时"公众读者"在欧洲开始出现。虽然许多理论家和历史学家都同意舆论是大众媒体如报纸的副产品，但很少有学者提出这样的问题：当以计算机为媒介的交互式传播取代报纸和大众传媒的传统功能时，也就是说，在数字媒体时代，舆论会怎么样？为了思考这个问题，首先我们应该回顾一下数字通信技术的本质。以计算机为媒介的传播具有传统媒体缺乏的一些特点：（1）数字化信息，（2）交互性，（3）"联网的"社区网络或"关系网"。

4.1 信息数字化

信息数字化至少有两个重要意义：一旦数字化，一台机器（计算机）就可以存储、传输和处理一切类型的信息，无论是文本、声音还是图像。这意味着人类的所有知觉对象都可以通过计算机网络进行交换。因此我们可以说，计算机，也就是数字化信息处理器，将在不久的将来成为人类传播的**唯一**媒介。

1　Price，*Public Opinion*.
2　Ibid.，2.

数字化的另一个重要意义在于，原始文本（图像）和副本之间的区别消失了。现今我们有多个原件来形成一个数字化文本。每个文本可以生产与其相同的克隆品。从今以后，任何数字化的文本都不会随着时间的推移而变得陈旧，因为它可以随时生成相同的副本。这可能会为现代哲学的根本论题，即"时间与存在"开辟一个全新的思路。数字化信息的含义应被置于"世界的耐久性"的语境下加以思考：

> 正是这种耐久性使得世界中的物具有独立性，相对独立于生产和使用它们的人，还使得它们具有"客观性"，这种客观性使它们至少在一段时间内能够抵御、"对抗"和忍受其活着的制造者和使用者贪婪的需求。从这种角度来看，世界中的物有稳定人类生活的功能，它们的客观性在于这一事实……人，尽管其天性一直在变，但是由于与同一把椅子和同一张桌子相联系，他们能够重新获得他们的相同性，也就是他们的同一性。[1]

在这个意义上，数字化的信息是非常"耐久"的，并且可以"稳定"人类生活，保证人的同一性。然而，数字化信息可以被瞬间完全抹除，只需按一下键或点击一下鼠标。数字化信息同时具有两个矛盾的特征：完全的耐久性和完全的可抹除性。数字化信息是如此脆弱，以至于人们可以在一秒内删除全部工作；不过，通过不断地产生相同的副本同时不丢失任何数据，它也具有永远存在（持存）的潜力（数字信息在复制时不产生白噪声，这与模拟信息形式，如录像带和电影不同）。

---

1 Hannah Arendt，*The Human Condition*（Chicago：University of Chicago Press，1958），137.

4.2　交互性

交互式媒体的出现意味着大众媒体的消亡。大众媒体可被定义为被大规模人群同时共享的信息资源。相反，根据定义来看，交互式媒体则允许人拥有自己的信息。没有办法知道其他人从比如定制的互联网报纸或视频点播中可能得到何种信息。交互式媒体可能会破坏"我们意识"，因为人们可能永远不能确定别人所知、所思、所感。因此，交互式媒体会加剧社会分化的趋势。

交互式技术不限于通信。它们也影响着经济体系。以计算机为媒介的传播和庞大的大数据库使得公司（仅举几例，李维斯牛仔裤、丽思卡尔顿酒店、卡斯特姆定制鞋店等）能够与每个客户直接联系。例如，当你去纽约的卡斯特姆定制鞋店时，他们会扫描你的脚部图像，并将信息通过互联网发送到意大利的鞋厂。[1] 分析者认为，在"大规模生产"时代之后，我们进入了"大规模定制"时代。

4.3　（遍及世界的）关系网

以计算机为媒介的传播等新媒体，通过创建人类关系网，开辟了一个新的"世界"和"共同体"。我们可以将以计算机为媒介的传播中的人类关系概念化为"居间（in-between）"，它"由行为和语言组成，并完全源于人直接面对他人的行动和言说"。[2]

根据阿伦特的说法，"居间"与"我们共同可见的物的世界一样真实，我们把这种现实称为人类关系'网'，'网'这个比喻暗示

1　*New York Times*，March 20，1996.

2　Hannah Arendt，*The Human Condition*，183.

了它无形的性质……确实，这张网与客观事物世界之间的联系，并不比言说与活的身体存在之间的联系松散……严格地说，人类事物的领域由人们共同生活的一切地方所存在的人类关系网组成"，[1] 或者说，由一个共同体中的人类关系网组成。

这种基于"关系网"的新型共同体是"表象空间"，[2] 或者说是"共感的视觉领域"，[3] 这种以计算机为媒介的共同体具有"生活世界"的特征："沟通行动是一个媒介，主体间共享的生活世界在其中得以形成。在表象空间中，演员入场，彼此相遇，被看到，被听到"。[4]

阿伦特还指出："最后，可以说生活世界本身充满了实践，充满了人类关系网。它包含了作为施动者和受动者的行动者涉身其中的容纳之所"。[5] 我们还可以像阿伦特那样拿桌子来比照以计算机为媒介的共同体：它就像一张桌子，被放在"那些围它而坐的那些人中间；像所有'居间者'一样，世界把人们联系起来的同时，也把他们分开"。联系舆论和公共领域，可以更清楚地了解这三种革命的意义。

5. 以计算机为媒介的传播与身体的意义

以计算机为媒介的传播技术将各种信息数字化，一切可感知的数据被转换成一串二进制数字。数字化的信息在本质上是同质的（都是一串数字），因此它可以通过单通道传输。信息数字化趋势的显著后果之一，是不同类型的感官数据现在可以用单台机器（计算

---

1 Arendt，*The Human Condition*，183 – 184.

2 Ibid.

3 Erzahi（1995），159.

4 Habermas（1994）.

5 Ibid.，181.

机）进行处理、存储和操作，并通过单线路（计算机网络）进行传输。这就是为什么我们可以通过计算机网络传达任何信息，为什么数字化信息正为人类和他们的世界开辟一个新视域的原因。

在计算机之前，不同类型的信息需要不同类型的通信渠道——用于语音传输的电话线路，用于广播和电视信号的电磁带宽，用于信件和印刷品的邮政系统，等等。不同类型的信息也需要独特的存储方法，例如用磁带存储声音，用胶片存储图像，用纸墨存储文本。但是现在，通过电脑我们可以将各种信息存储在一个数字媒体中。此外，信息的数字化使我们能够通过一条单线路发送和接收不同类型的信息。这意味着计算机将在不久的将来成为人类沟通的**唯一媒介**。

通过称为互联网的全球计算机网络，我们已经可以以光速发送和接收所有类型的作为数字存在（计算机文件）的信息，无论是语音信息、传真、电子邮件、照片图像、视频，甚至是 3D 虚拟现实图像。[1] 换句话说，我们可以交换和分享我们"生活经历"[2] 中的"身体经验"[3] 或"感官数据"——一切人体可以感知的东西。作为

---

1 目前如果你通过调制解调器连接电话线上网，那么从网上发送和下载视听数字存在需要花费很长时间。但这个问题很快会被光纤解决，美国电话公司现在正以每年约 5% 的进度用光纤替换铜导线，以这个速度，仅 20 年内全部网络就将基于光纤；Nicholas Negroponte，*Being Digital*（New York：Vintage Books，1995）。根据尼葛洛庞蒂的说法，"我们无法准确知道在一根光纤上我们每秒可以发送多少比特。最近研究表明，我们大致能够每秒传输 1 兆。这意味着一根人类头发大小的光纤可以在不到一秒内传输每一期《华尔街日报》。以这个速度传输数据，一根光纤可以传输一百万个电视频道"（Ibid.）。

2 Edmund Husserl，*Ideas Pertaining to a Pure Phenomenology and to a Phenomenological Philosophy. Second Book：Studies in the Phenomenology of Constitution*，trans. Richard Rojcewicz and Andre Schuwer（Dordrecht：Kluwer Academic Publishers，1952/1989）。

3 Maurice Merleau-Ponty，*Phenomenology of Perception*（London：Routledge & Kegan Paul，1962）。

人类感知对象的处理器、传输器和存储器，被称为计算机的媒体简直成了我们身体的延伸。郑和烈很好地阐明了身体的社会意义：

> 身体是社会的脐带。成为社会性的（存在），首要是要成为**身体间的**（存在）。这仅仅因为据我们所说，身体是可见的，并且能够首先把我们与其他身体联系起来，其次把我们与其他心灵联系起来。身体是我们在世界中的社会定位：由于其感觉的协同性相互作用，身体使我们与世界相协调。[1]

现在，互联网是社会的脐带。全球计算机网络上的数字信息是另一种形式的身体间关系。通过互联网，身体可以更有效地与其他身体、与世界相联系。例如，通过成千上万的网络摄像头，我可以实时看到世界各地，包括我在地球另一端的朋友的房间里发生的事情。通过使用在线音频和在线视频，我坐在波士顿的办公室里，就可以收听并观看几乎所有的韩国网络电视和广播电台。在不久的将来，我们甚至可以"触摸"网络上的其他身体并感受其温暖。[2]

计算机科学家也敏锐地意识到在计算中身体和身体间关系的重要性。根据石井和欧默尔的说法，[3] 计算的发生地点现在正从桌面转到两个主要方向："（1）到我们的皮肤/身体和（2）进入我们所居住的物理环境中。""穿戴式计算机"这个新领域中的最新发展绝

---

1 Hwa Yol Jung, "Vico and the Critical Genealogy of the Body Politic," *Rivista di Studi Italiani* (1993b), 11(1), 39-66, 45.

2 Hiroshi Ishii and Brygg Ullmer, *Tangible Bits: Towards Seamless Interfaces Between People, Bits and Atoms*, paper presented at the Conference on Human Factors in Computing Systems, Atlanta, GA (1997); Chris Dodge, *The Bed: A Medium for Intimate Communication*, paper presented at the Human Factors in Computing Systems, Atlanta, GA (1997); Small (1997).

3 Ishii and Ullmer, *Tangible Bits*, 3.

佳地体现了向我们身体的转移。穿戴式计算机的杰出开发者斯蒂芬·曼恩[1]认为，他的"存在主义媒体"和"存在主义计算"的基本思想基于存在主义哲学。[2] 曼恩说，我们的身体应该变成计算机，就像计算机应该变成身体一样：

> 当我们提到"人机互动"（CHI）时，我们是在提醒人们注意人与计算机之间的界限——"人机互动"变成了一个自我实现的预言，它凸显了这个边界。"存在主义计算"的目标是通过"变成"计算机，而非仅仅是它的接口，由此消除这种人为（不必要）的边界。[3]

郑和烈强调身体的首要地位是"社会性的物质条件"。[4] 要成为社会性的，我们需要用身体与他人联系。整个社会建立在我们的身体间关系上。人类之所以是社会动物，乃因为他们是身体性存在。[5]

由于允许我们以数字化形式交换和分享我们的身体经历，计算机网络开辟了身体间性的新视域。麻省理工学院媒体实验室的一群

1 Steve Mann, "'Eudaemonic Eye;''Personal Imaging' and Wearable Computing as Result of Deconstructing HCI; Towards Greater Creativity and Self-Determination," paper presented at the Conference on Human Factors in Computing Systems, Atlanta, GA (1997).

2 "'存在主义用户界面(EUI)'的目标不是增加生产力（例如使个体变得对社会更加有用），而是重新主张由于侵入性技术所失去的个人空间（义肢器官领域）。'存在主义媒体'的一个很好的例子是衣服。衣服给我们带来了很大程度的自决权，并充当着'存在主义媒体'的一个有益隐喻（衣服也构成了基底，'存在主义计算机'发明最初就是在此基底上实现的，这并非巧合）。索尼'随身听'是'存在主义媒体'的又一示例"(Ibid.,2)。

3 Mann, *Eudaemonic Eye*, 2.

4 Hwa Yol Jung, "Taking Responsibility Seriously," in Lester Embree and Kevin Thompson (Eds.), *Phenomenology of the Political* (Dordrecht: Kluwer, 1997), 7.

5 "身体是社会性的活基座和物质条件。作为自我与他者的共同在场，社会性如果离开关系中的身体就是不可想象的。它是由肉体相互联系的诸多自我组成的，也就是说，它是身体间的……这是原始事实：身体是在世界中存在的积极方式，也是社会性的原始所在处。身体确实是一种肉欲性的互在"(Ibid.,7-8)。

计算机科学家感到了身体间关系的重要性，他们正在开发"有形"和"可触摸的"媒体。[1] 了解到当前的主要通信技术，如电话、视频会议系统、电子邮件和万维网只为视听方面的互动和基于文本的互动提供途径，布雷夫和达利指出，"通过触摸的沟通很大程度上尚未开发"，并强调基于更直接的身体互动的沟通的重要性：

> 触摸是人际交往的一个基本方面。无论是握手问候，拍肩鼓励，还是拥抱安慰，身体接触都是人们达成某种联系、表明意图、表达情感的基本手段。[2]

布雷夫和达利开发了一种原型技术，可以"在被距离隔开的人们之间建立身体联系"，并"通过打开一个触摸表达渠道来丰富当前的实时通信"。他们的设备 inTouch 可以在计算机网络上将一个人的身体动作转移到其他人的身体上。

一个类似的但更有趣的设备 The Bed，正在由另一位计算机科学家研发，他把床视为"身体贴近和亲密沟通的场景"。[3] 通过 The Bed，两个相隔的人可以在各自的"床"上亲密感受彼此的身体影像。诸如呼吸、耳语、对话、体温，甚至心跳等空气中的声音都可

---

1 Ishii and Ullmer, *Tangible Bits*; Scott Brave and Andrew Dahley, *inTouch: A Medium for Haptic Interpersonal Communication* (MIT Media Laboratory, 1997).

2 Brave and Dahley, *inTouch*, 1.

3 Dodge (1997), 2. "床是人与人之间的一种独特界面，因为它是两个完整身体在物理上共享的一个空间。我们伴侣的在场和行动立刻传达给我们，因为我们总是处在一种亲密的物理接触中。我们可以感到他们有节奏的呼吸，倾听他们的低声耳语，感受他们的身体温暖。因为这种亲密性，我们对另一人的身体状态和情绪状态具有一种明显增强的意识。因此，当我们与这种亲密和私人的经验建立起强烈的情绪关联时，床这个客体'加载'了意义"。保罗·瑟蒙已经开发出这样的技术：使用视频投影把两个相隔遥远的床联系起来，并形成人与人之间的"远程在场"(Ibid.)。

以转化为数字存在, 并通过计算机网络传输。[1]

通过全球计算机网络上的数字存在, 以及穿戴式计算机和可触摸式媒体等技术, 我的身体对世界上的其他人变得可见和 "可触", 其他身体对我来说变得可见甚至 "可触"。郑和烈宣称: "身体是共感 (*sensus communis*) (的场所)"; [2] 我们应该补充一点: 互联网是共体 (*corpus communis*) (的场所)。在互联网上, 我的身体延伸到整个世界, 而世界变成一个身体, 正如郑和烈所说:

> 既然只有身体使人成为可见的, 就没有不可见的人类。因此, 这样说更有意义: 世界是**一个身体**, 而非一个精神, 因为我们所有人都首先且必须通过身体与世界相连。[3]

6. 网络上的关系网

互联网, 或简称网络, 是一个全球性的计算机网络。它指的是两个东西: 一是连接 (通道) 的网络, 我们可以通过它们发送和接收数字信息, 二是联网的计算机。我们可以把互联网想象成一个巨大的数字信息乘法器。在互联网上发送和接收数字化信息, 意味着将一种数字存在从一台电脑复制到另一台电脑上。因此, 互联网是

---

1 "当两位参与者爬上各自的床并抱住他们的身体枕头时, 对方的在场性首先通过身枕的逐渐升温和缓慢而平稳的脉动呈现出来……一个人可以感受到另一个人的心跳和体温。如果一个人开始不安, 也就是说, 他/她在床上辗转反侧, 那么这种运动会通过另一侧身枕的心跳速率和强度的提升传达过去。有人说话时, 计算机会分析音频的振幅 (轻柔/吵闹) 形式……音频分析仪还会对谈话与 '气息性' 声响 (如呼吸或吹气声) 予以区分。如果一位参与者吹气, 这个事件将会被远程传输并重构为另一人的窗帘的拂动和摇摆, 就好像这缕气息克服了物理距离, 改变了气流的轨迹" (Ibid., 5)。

2 Jung, "Vico and the Critical Genealogy," 46.

3 Ibid., 45.

一个巨大的数字化信息库。互联网是数字存在之家。我们应该"庆祝"互联网成为"身体政治的未来，以及作为'一体'的世界或世界城邦的未来"。[1]

通过网络上的数字化信息，我们可以建立身体间关系而不必受到物体存在（thingly beings）的时空条件限制，这一点无疑会转而成为舆论的新基础。被称为互联网的网络空间打开了世界的新视域，在这里，我可以体验别人的存在并向别人揭示我的存在。在浏览网站和新闻组时，我可以遇到许多积极互动和沟通的人。连接到网络意味着连接到其他人。在网络上，我与他人共存，而这些人已经作为世界的一部分在那里。在网络空间中存在，意味着与他人在一起存在，在世界中存在。[2]

互联网上的数字化信息（超文本）具有不可磨灭的对话性，并因此可以增强身体的对话功能："虽然思想必然是独白性的（非沟通性的），但身体具有不可磨灭的对话性（沟通性）。仅仅因为身体（作为肉体）是人类无法消解的社会性所在。"[3]

模拟媒体上的信息（如纸上印刷的文本）往往太具有独白性，正如我们经常在科学期刊的文本中看到的那样，[4] 而网络上的超文本则是对话性、开放性和互动性的。印刷文本（线性的、固定的、

---

1 Jung，"Vico and the Critical Genealogy，"55.

2 就此而言,他异性(alterity)与关系性的首要性是互联网的优势:"他异性和关系性是双胞胎……然而,在伦理中,他异性先于自我。伦理或伦理学总是社会性的,因为它涉及赞成与不赞成"(Jung,"Taking Responsibility Seriously,"14)。

3 Jung，"Vico and the Critical Genealogy，"54.

4 Charles Bazerman，*Shaping Written Knowledge：The Genre and Activity of the Experimental Article in Science*（Madison：The University of Wisconsin Press，1988）；Joohan Kim，*Dialogue Concerning Scientific Construction of Reality：A Dialogue for Dialogic Discourse in Science*，paper presented at the International Communication Conference（Chicago，1996）.

逻辑的、按顺序的、仅可视的、从左到右的、单向的）更接近思想和理论（*theoria*），而数字信息（非线性的、动态的、可听可视的、感觉的而非逻辑的、多向的）更接近身体和审美（*aesthesis*）。

在我的房间里阅读一本书或消费大众媒体，这是孤独地存在（因为这样就没有对话的可能性），但是阅读一个互动的超文本或网站，就是社会性地存在，后者往往涉及与他人进行数字存在的交换。如果我为了公开和自由地讨论而访问一个网站，[1] 我就设想自己是在"参与"辩论，并与他人一起"讨论"当前的公共议题。在网络上，每个人都可以提出问题，表达自己的声音，听取别人的观点，回应他人，成为积极回应的人、"负责"的人。[2]

确实，网上的公开论坛可能是比传统民意调查更能代表舆论的机制。詹姆斯·贝尼格在评论"公开辩论"（Open Debate）网站的重要性时指出：

> 人们厌倦了成为大众媒体受众的一部分，厌倦了仅仅当尼尔森和阿比创[3]海洋中的鱼，厌倦了作为看客去观看他们从未被请求参与的民意调查所代表的舆论……由于互联网固有的监测、存储、制表和计算的技术能力，每个人都是自己的民意调查者这种观念的到来并非出人意料。这是一个授权的层面。[4]

"公开辩论"的创始人安迪·李补充说："民意调查不是为了公

1　Open Debate（www. opendebate. com），The Internet Voice（www. virtua. com/voice），or Mega Forums Discussion Web Rings（www.opendebate.com/webrings）.

2　Jung，"Taking Responsibility Seriously."

3　尼尔森是著名的市场监测和数据分析公司,阿比创是广播收听率调查公司。——译者注

4　*New York Times*，E8，June 18，1998.

众利益而进行的……许多民意调查都是由政府部门实行的，每个民意调查都有自己的议程。对于我来说，理想的民意调查是在所有人都有机会讨论议题之后，在一个公开的论坛上进行"。[1]

全球计算机网络使来自世界各地的人们能够分享共同的兴趣，并在自我和他者之间发展我们意识。人们可以谈论某些主题，讨论公共议题，买卖商品，交流信息，彼此互动而不受时间和空间的限制。换句话说，全球计算机网络创造了阿伦特所谓的"世俗利益"，将网络空间中的人们结合成一个单一的虚拟共同体：

> 在利益一词最严格的字面意义上，这些利益构成了某种**使人关心**的东西，它存在于人与人之间，并因此可以使他们相互联系和结合。大多数的行动和言说都关乎这种"居间者"，"居间者"因不同群体而异，因此，除了行动和言说发起者所披露的事物之外，还有大部分言行是**关乎**某种世俗的客观现实的。[2]

互联网是一个新的空间，在这里，我们的"言与行"以数字化的形式存在，这为"居间"打开了新的可能性。阿伦特区分了两种人类互动：物理上的"客观交往"和由沟通行为和言语构成的"主观居间"。根据她的说法，这种"主观居间"不是"有形的"。

> 因为不存在它可以固化为的有形物体；行动和言说的过程也不会留下这样的结果和最终产品。尽管它具有无形性，但这种居间和我们共同可见的物的世界一样真实，我们把这种现实称为人类关系"网"，"网"这个比喻暗示了它无形的性质。确实，这张网与客观事物世界之间的联

---

1 *New York Times*，E8，June 18，1998.

2 Arendt，*The Human Condition*，182.

系，并不比言说与活的身体存在之间的联系松散……[1]

但是，由于越来越强调身体间关系和"有形的"数字存在的重要性，万维网也成为越来越"有形的"媒体。计算机科学家们一直在努力将数字存在与可以理解的物理对象结合起来。[2]

可触位元项目（Tangible Bits Project）的主要研究人员石井和欧默尔指出，[3] 他们的目的是使数字存在成为可触的，由此架起网络空间和物理环境之间的桥梁。最终，他们正设法将"日常建筑空间中每种状态的物质——不仅有固体物质，还有液体和气体——转变成人与数字信息之间的'接口'"。换句话说，可触位元项目的目标是人体和数字存在之间更直接的互动。[4]

1　Arendt，*The Human Condition*，183.

2　Ishii and Ullmer，*Tangible Bits*；Small，1997；M. Pell，*Overlaying Motion*，*Time and Distance in 3-D Space*，paper presented at the Conference on Human Factors in Computing Systems，Atlanta，GA（1997）；Martin Kurze，*Rendering Drawings for Interactive Haptic Perception*，paper presented at the Conference on Human Factors in Computing Systems，Atlanta，GA（1997）.

3　Ishii and Ullmer，*Tangible Bits*，4.

4　该项目主要关注以下三个领域：(1)**互动平面**:把建筑空间中的每种平面(例如墙、桌面、天花板、门、窗)转变成物理世界和虚拟世界之间的交互界面；(2)**位元和原子耦合**(*Coupling of Bits and Atoms*):使日常可抓取的物体(例如卡片、书、模型)同适合的数字信息无缝耦合；(3)**环绕媒体**:使用声、光、气流、水流等环绕媒体,当作人类知觉周围的网络空间的背景界面(Ishii and Ullmer，*Tangible Bits*，4)。他们的研究原型包括：(1)乒乓球＋(Ping Pong Plus),这是经典乒乓球游戏的数字化加强版本。它使用普通的、无连线的球拍和球来进行游戏,重点则是合并了感觉、声音和投影技术的"可回应球桌"；(2)超办公室(MetaDESK):它将多种 2D 和 3D 图形显示同各类物理对象和仪器相结合；(3)明亮房间(Luminous Room),涉及建构一种基础设施,来提供遍布整个建筑空间的可视信息和互动；(4)环绕房间(ambientRoom),使用"环绕媒体"(环绕光、影、声、气流、水流)的方式在人类知觉周围(即背景)传达信息。设计它是要利用用户知觉的前景和背景；(5)媒体模块(mediaBlocks),探索把物理模块当作数字媒体(例如演示图形、照片和声音)的容器和操纵装置加以利用；(6)传输板(transBOARD),这是一种网络化的、经过数字化增强的物理白板,其设计是为了探索互动平面概念,互动平面从物理世界中吸收信息,把这个数据转化成位元并发送到网络空间(ibid.，7-12)。

> 严格来说，人类事物的领域就是由人们共同生活的地方存在的人类关系网组成的。通过言说揭露"谁"，通过行动确立新开端，这些事情总是会落入一个已经存在的网中，在这个网中可以感受到这些事情的直接后果。[1]

互联网作为全球范围人类关系网的基础，使我们能够行动起来。阿伦特认为，行动意味着"一起行动"，关系网是行动的基本条件，正如设备环境对于物质生产或制作必不可少。

> 与制作不同，行动不可能是孤立的；孤立就是被剥夺了行动能力。行动和言说需要周围其他人的在场，正如制作需要用以提供材料的周围自然的在场，需要一个放置成品的周围世界的在场。制作被世界所包围，并与之保持着不断的接触；行动和言说被其他人的行动和言说之网所包围，并与之保持着不断的接触。[2]

互联网使我们能够行动和言说，并由此使此在更像此在（*Dasein*-ish）。网络是我们成为世界一部分的一种方式。通过网络，我们可以更有效地与其他身体联系，更亲密地与其他人共存。网络把世界带到我的私人空间，把我带到公共世界。浏览网站意味着与他人互动并建立身体间关系。网络使我们能够在世界中存在，并在此（*Da*）存在（*Sein*）。在网络上，我成为"存在"，也就是在世界中存在而不受物体存在的时空条件限制。在万维网中存在，现在正成为在世界中存在的另一种方式。

从这个角度来看，网络上的数字化信息对于现象学的核心概念——此在或者在世界中存在——来说具有重要意义，因此也对舆

1　Arendt，*The Human Condition*，183 – 184.

2　Ibid.，188.

论有重要意义。为了考察在世界中存在语境下数字化存在的含义, 我们应该看看"世界"是什么意思。

从哲学的角度来看, "宇宙, 全世界——动物、植物、人类, 所有这些存在者加起来都不是世界"。[1] 海德格尔认为, 宇宙中的一切都是"世界内"(intraworldly)事物, "世界内"事物"在世界内", 而不是世界本身。世界内存在者的总和不是世界, 因为在我们称呼"世界内""之前"已经预设了世界。现象学的世界概念应该与普通的世界概念有所区分。[2] 那么, 世界是什么?

> 世界并非手前现成者之总和。它根本不是什么手前现成的东西。它是在"在-世界-之中-存在"的一个规定, 此在存在方式的一个环节。世界可以说是类乎此在的。它不像诸物那样是手前现成的; 毋宁说它在此, 就像我们自身所是此-在那样; 这就是说, 它生存。我们自身所是的存在者之存在方式, 此在之存在方式, 我们称之为生存。可以用纯粹的术语来说: 世界并不是手前现成的, 它生存; 亦即, 它具有此在之存在方式。[3]

世界像此在那样生存。它具有此在的存在方式。在这个意义上, 网络也具有此在的存在方式。网络不是一个物, 它完全不是手

---

1 Martin Heidegger, *The Basic Problems of Phenomenology* (Bloomington, IN: Indiana University Press, 1988), 165.

2 "它是在世界之内东西的总和吗? 决不是。我们把自然甚或环绕我们的切近的诸物称为并且领会为世界之内的东西, 这一点已经预设了, 我们领会着世界……我们必须严格地把现象学的世界概念与庸常的、前哲学的世界概念区分开来; 按照后者, 世界意指存在者自身、自然、诸物以及存在者大全"(Ibid., 165 - 166.)。(中译文参考[德]海德格尔《现象学之基本问题》, 丁耘译, 北京: 商务印书馆, 2018 年, 第 238 页。——译者注)

3 Ibid., 166.(中译文参考[德]海德格尔《现象学之基本问题》, 第 239—240 页。——译者注)

前现成的。网站是在"此"，它存在于所有地方。

7. 结论：此在（在万维网中的存在）和舆论

互联网为此在的"生存论空间"打开了新的视域。作为在世界中的存在，此在操心世界。我们可以通过网络来操心世界。"作为对事物的操心，在世界中的存在**沉迷于**它所操心的世界"。[1]

我在网上看报；我从网上获得信息和知识；[2] 我在网上点早餐，我在网上见朋友；我在网上同我的同时代人和社团辩论；我在网上参与基层民间组织，以倡导网络隐私权；通过网络，我，一个个人，成为一个集体人格（*Gesamtperson*），一个在"基于共同生活的共同体（*Lebensgemeinschaft*）"[3] 中生活的集体人格。

在网上，我可以买杂货、书籍、电脑、汽车和房子。我玩一个幻想游戏（我是一个古代王国的国王），仿佛我在做梦，但我是在与我的全球共同体中真实的**他人**一起玩这个游戏；在网上，我与他人照面，我们居住在同一个世界；我作为一个与他人持续互动的此在在网上存在；在网上，我就是我的身体；在网上，我（我的身体）可以触摸别人，也可以被别人触摸；我存在于网络；网络是我的存在方式；因为我是在万维网中的存在，所以我是在世界中的存在。因此，我在网络中发现了具有"实质性、物质性、扩展性、并存性"特征的数字存在，这是我的"周围世界"一部分，因为它是

1　Martin Heidegger，*Being and Time*：*A Translation of Sein und Zeit*（Albany，NY：State University of New York Press，1996），57.（中译文参考［德］海德格尔《存在与时间》，陈嘉映、王庆节译，北京：生活·读书·新知三联书店，2006 年，第 72 页，有改动。——译者注）

2　"认识是此在作为在世界中的存在的一种存在方式……因此，从现象学上我们发现，认识是在世界中的存在的一种存在方式"(Ibid.，57.)。（中译文参考［德］海德格尔《存在与时间》，第 71 页，有改动。——译者注）

3　Schutz，*Collected Papers Vol*．*I*，141.

我日常生活中最切近的世界。[1] 在网络上，我操心很多东西，操心其他此在和世界：

> "操心"这个词最初具有前科学的含义，可以意味着：做某事，解决某事，"把它理清"。在"为自己弄到它"的意义上，这个表达也可以意味着照料某事……此在在存在论上被领会为操心。因为在世界中存在本质上属于此在，所以其朝向世界的存在本质上是操心。[2]

在网上，我可以和其他此在在一起。正如海德格尔所主张的，"在一起"并不意味着物理上的接近：即使两者之间没有空间，椅子也不能与桌子"在一起"或被桌子"触碰"，因为桌子不能被椅子"照面"。[3] 在存在论上，椅子和桌子不能"在"同一个世界，因为它们既不"居住在"也不"留（habitare）"在同一个世界上。[4]

通过网络，我可以与他人照面，并与他们"在一起"，因为"在一起"意味着相互操心。"'在之中'的这些方式都有一种操心的方式。"[5] 即使当我忽视不请自来的广告邮件，或鄙视某些新闻组中粗俗的意见时，我仍然在操心网上其他人，因为"怠慢、忽视、

1　"日常此在最切近的世界是**周围世界**。我们的考察将沿这样的路径展开：从平均的在世界中存在的这种存在论特征到世界之为世界的观念"（Heidegger, *Being and Time*, 62）。"接下来存在论解释发现了实在性、物质性、广延、并存等存在特征"（Ibid. , 63.）。（中译文参考［德］海德格尔《存在与时间》，第 78 页，有改动。——译者注）

2　Heidegger, *Being and Time*, 53.（中译文参考［德］海德格尔《存在与时间》，第 67 页，有改动。——译者注）

3　Ibid. , 52.

4　与世界"在一起"……基于"在之中"……作为一个生存论术语，与世界"一起存在"绝不意味着把出现的事物客观地摆在一起这类事情。没有这样的事情：一个被称为"此在"的存在者与另一个被称作"世界"的存在者"紧挨着"（Ibid. , 51.）。（中译文参考［德］海德格尔《存在与时间》，第 64 页，有改动。——译者注）

5　Ibid. , 53.

弃绝、休止这些**残缺**形式也是操心事物的一种方式，在这些形式中，操心的可能性保持在'最低限度'"。[1]

海德格尔将此在定义为"在世界中存在"。在这里，"在之中"（*in-sein*）并不意味着如水"在"玻璃杯"中"，或衣服"在"衣柜"中"那样"在某物中"。[2] 只有物质的物体是在"世界空间"之内。而此在的"在之中"形式是生存论的。

> "in"源于 innan-，即生活、居住、留下……"an"
> 意思是我习惯、熟悉某物，我操心某物……"*Ich bin*"
> （我是）意思是我把世界当成以此种方式熟悉的事物而居
> 住，而停留……此在之存在具有在世界中存在的本质性构
> 成，**因此"在之中存在"是此在之存在方式上的生存论
> 表述**。[3]

在这个意义上，我们必须说我们是"在"网络"中"，在这个"熟悉的世界"里我们与其他人互动、获取信息、购物、做爱、建立社区等等。当我说我们"在"网络"中"时，并不意味着我们"在"它"内部"，而是生存论意义上的"在它之中存在"。因此，在万维网中存在，将成为此在在世界中存在的另一种本真方式。

> 从诸物出发，我们就在日常此在的自我领悟意义上领
> 会了我们自身……此在从能在出发领会自己，而这个能在
> 则被它与诸物所打交道中的成败得失所决定。此在就这样
> 从诸物出发走向自己。它把其本己的能在预期为这样一种

1　Ibid.（中译文参考［德］海德格尔《存在与时间》，第66—67页，有改动。——译者注）

2　Ibid., 50.

3　Ibid., 51.（中译文参考［德］海德格尔《存在与时间》，第63—64页，有改动。——译者注）

存在者的能在——这种存在者有赖诸物之所予夺。[1]

我们与数字存在"打交道"的次数正以指数方式增长。我们对自己和他人的理解越来越依赖于我们与网上数字存在的互动。现在，此在既从物质事物中也从数字存在中走向自身。随着数字信息给我们带来新的能力和无力的组合，我们对"能在"的期待也正在急剧改变。

因此，此在，即在世界中的存在，绝不能被领会为可以用一系列调查问题来加以把握的个人。我们应该基于此在概念开始重新建构舆论。这也将帮助我们加深对此在的理解，因为舆论一定是此在的一个本质要素，而且就此而言，舆论作为"世界"中的一种"居间者"，是一个基本的社会和公共实体。如果我们把此在设想为舆论的根本基础，而现在随着数字通信技术的出现此在又正成为"在万维网中的存在"，那么这会对舆论研究产生何种影响？这是本文为舆论研究者和现象学家所提出的最后问题。

1 Heidegger，*The Basic Problems of Phenomenology*，289.（中译文参考［德］海德格尔《现象学之基本问题》，第 429 页。——译者注）

第三部分 | **政治情境与当代问题**

第16章 "自由空间"：阿伦特和萨特作品中的物质性、中介和直接政治参与

索尼娅·克鲁克斯（Sonia Kruks）

> 历史上有过很多黑暗时代，在这期间公共领域变得模糊，而世界变得如此可疑，以致人们对政治的期望仅仅是它能适当考虑到他们的重大利益和个人自由。
>
> ——汉娜·阿伦特《黑暗时代的人们》

本文探讨了让-保罗·萨特和汉娜·阿伦特在描述直接政治参与并为之辩护方面的贡献。尽管他们在很多问题上存在分歧，但他们都认为这样的参与具有内在价值：作为人类自由的实现。他们也都指出，这种使政治行动成为可能的自由空间总是短暂易逝的。对于这种空间的易逝性质和自由行动的短暂性，阿伦特深感惋惜，但她对它们为何无法持续的解释是不充分的。萨特在《辩证理性批判》中提供了一种更深入、更有力的解释，他在那里展示了自由的人类行动总是以物质性的形式为中介，这些物质性的形式总是会使自由的人类行动物化。

汉娜·阿伦特对让-保罗·萨特和他的作品深表反感，即使她认可萨特的才华。阿伦特承认，在《恶心》（她认为是萨特"最好的书"）中，他已经把握住了现代异化经验的精髓："在一个公众认可的人皆属肮脏无赖之列的世界里，一切事物都存在于一种不透

明和无意义的彼在性（thereness）中，这种彼在性散布着困惑并引
人厌恶"。[1] 但显然阿伦特并不喜欢萨特。"加缪可能不如萨特有天
赋，但他更为重要，因为他更加严肃和诚实"，她在 1946 年前往巴
黎旅行途中给朋友和导师卡尔·雅斯贝尔斯的信中如是写道。[2] 在
另一封致雅斯贝尔斯的信中，她写道，"萨特……是一个太典型的
法国人，太精于文学，某种程度上太有天赋，太野心勃勃"。[3] 随后
在 1952 年访问巴黎时，阿伦特又写信给她的丈夫："我不会见萨特
等人，没意义。他们完全沉浸在自己的理论中，活在一个以黑格尔
的方式组织起来的世界里"。[4]

　　当阿伦特短暂地涉及萨特的作品后，她最批评的是他对行动的
浪漫化处理，这种处理既危险又逃避现实。在《极权主义的起源》
中，她随意地把萨特和赞美行动的新法西斯主义作家联系起来。[5]
之后，显然是凭借她脑海中对萨特的印象，阿伦特把存在主义描述
为"主要是对现代哲学难题的逃避，逃向对行动不加质疑的信
奉"。[6] 她在《论暴力》一文中指责萨特和弗朗茨·法农对行动，尤

1　Hannah Arendt，*Men in Dark Times*（New York：Harcourt Brace，1983. Original publication date 1968），viii.

2　Hannah Arendt，*Hannah Arendt / Karl Jaspers Correspondence*，*1926 - 1969*，Lotte Kohler and Hans Saner（eds.）；trans. Robert and Rita Kimber（New York：Harcourt Brace Jovanovich，1992），56.

3　Ibid.，66.

4　引自 Elisabeth Young-Bruehl，Hannah Arendt：*For Love of the World*（New Haven：Yale University Press，1982），281；也可参见 Hannah Arendt，*Between Friends：The Correspondence of Hannah Arendt and Mary McCarthy*，*1949 - 1975*，Carol Brightman（ed.）（New York：Harcourt Brace，1995），176。

5　Hannah Arendt，*The Origins of Totalitarianism*（New York：Harcourt Brace，1951），324.

6　Hannah Arendt，*Between Past and Future*（New York：Penguin Books，1977），8.

其是暴力行动的价值有一种不合理的信仰。[1] 在《论暴力》中阿伦特引用了萨特的话，但并没有直接引用《辩证理性批判》中的段落，而是引用了这部作品的删节本的内容，[2] 这显示出她对萨特后期作品的了解不足。

我不知道萨特对阿伦特及其作品的评价，也没有任何证据显示他曾花时间读过《极权主义的起源》或《人的境况》[3]——这两部书本应在他研磨其后期巨著《辩证理性批判》[4] 时成为很好的素材。由此我们可以合理地推论，他们对彼此的评价不相上下。但是，某些共同的关注、取向和价值塑造了他们的作品，我认为，我们在阅读两者的作品时既有必要相互联系，又有必要相互对比。

汉娜·阿伦特（1906—1975）和让-保罗·萨特（1905—1980）出生仅相差一年，他们是同一代的两位欧洲知识分子，他们的理论

1 Hannah Arendt, *On Violence* (New York: Harcourt Brace, 1970), 20 - 21, 89 - 91. 至少可以说，对阿伦特和萨特的著作进行比较考察的学术著作是缺乏的。鲜有学术著作关注以下问题：暴力问题，以及阿伦特对萨特所谓的颂扬暴力的抨击。有人在一处简短讨论中指出阿伦特的批评是正当的，参见 Jeffrey C. Isaac, *Arendt, Camus, and Modern Rebellion* (New Haven: Yale University Press, 1992), 192. 在一处略长的对萨特的讨论和辩护中，有人认为阿伦特误解了萨特，参见 Rivca Gordon, "A response to Hannah Arendt's critique of Sartre's views on violence," *Sartre Studies International* 7 (1) (2001): 69 - 80. 另有一文批评了阿伦特对萨特的解读，并讨论了法农对暴力的观点以及萨特对这些观点的辩护，参见 Neil Roberts, "Fanon, Sartre, violence and freedom," *Sartre Studies International* 10 (2) (2004): 139 - 160. 圣托尼比阿伦特更细致入微地讨论了萨特对暴力的复杂观点，参见 Ronald E. Santoni, *Sartre on Violence: Curiously Ambivalent* (University Park, PA: The Pennsylvania State University Press, 2003)。

2 这个删节本来自 R. D. Laing and D. G. Cooper, *Reason and Violence. A Decade of Sartre's Philosophy* (London: Tavistock Publications, 1964)。

3 Hannah Arendt, *The Human Condition* (Chicago: The University of Chicago Press, 1958).

4 Jean-Paul Sartre, *Critique of Dialectical Reason*, Vol. 1. *Theory of Practical Ensembles*, trans. Alan Sheridan-Smith; Jonathan Rée, ed., (London: New Left Books, 1976).

方向都深受德国现象学和存在哲学的影响。20 世纪 20 年代在德国
求学时，阿伦特曾上过胡塞尔的课程，之后紧随海德格尔和雅斯贝
尔斯学习（她和前者有过暧昧关系，又在后者指导下写作学位论
文）。但是，作为一个犹太人，阿伦特不得不在 1933 年离开德国。
在 1941 年旅居美国之前，她在巴黎度过了几年。此前她结识了
1931 至 1933 年在柏林授课的雷蒙·阿隆。[1] 当阿伦特以难民身份
到达巴黎时，阿隆将她引荐进一些与萨特有交集的知识分子圈。因
此阿伦特和萨特肯定认识对方，但他们并未成为朋友，也没有对彼
此的作品产生兴趣。

阿伦特和萨特都没有认真对待对方的观念，这一点令人遗憾。
在所有属于现象学传统的思想家中，他们无疑是对政治抱有最大热
情的两位，也是对政治世界形成了最持久思考的两位。他们都是卓
越的**行动**哲学家。他们都专注于探索能使自由和有意义的行动成为
可能的条件，专注于理解在现代世界中为何如此难以寻觅自由和有
意义的行动。他们都用自己的方式反驳了实证主义社会科学关于人
类行动可以还原为可预测的"行为"的观点，他们认为，在政治
中，直接参与本身（正如亚里士多德也相信的那样）就是一种善，
是自由的真正实现。值得注意的是，在上述探索中，马克思都是关
键人物，是他们的对话者，即使萨特日渐悲观，但他毕生信奉社会
主义，而阿伦特显然没有。

尽管他们对彼此缺乏兴趣，但在本文中我还是选择将他们联系
在一起。我的目标不是探究他们的影响，也不是为了阐明他们在海

1　阿隆在德国研究时"发现了"现象学，而他对现象学激动人心的解释促使萨特去德国研
　究胡塞尔和海德格尔。参见 Annie Cohen-Solal, *Sartre: A Life, trans. Anna
　Cancogni* (New York: Pantheon Books, 1987), 90 - 92。

德格尔思想中的共同渊源。[1] 我试图让他们的思想围绕他们所提出的一系列特定问题来交锋，这些问题关乎直接政治参与作为自由实现的价值，关乎直接政治参与在其中短暂变为可能的空间——关乎这种空间为何总是短暂或易逝。在开展这样一个"对话"时，我没有把阿伦特同萨特更知名的早期作品，即 1943 年首次出版的《存在与虚无》[2] 联系在一起，我关注的重点是二十多年后才出版的《辩证理性批判》。在《辩证理性批判》中，萨特延续了他早期对人类自由的存在论地位的主张。但是，作为他早期哲学标志的激进个人主义已经被克服，这种激进个人主义曾使他难以把历史或政治作为集体领域进行理论化。此时，自由不仅在个人事业中（像在《存在与虚无》中那样）被实现，而且总是（同时是）在具有强烈社会性的实践中具象化。因此，自由总是以他人的实践为中介，因他人

---

1 但是，这两位思想家在海德格尔那里的共同渊源是重要的。部分由于这些渊源，所以阿伦特和萨特虽然有差异，但他们都以非常类似的取向和概念语汇讨论了自由的政治行动及其兴衰问题，这使得一场"对话"成为可能。大量文献探讨了他们各自在海德格尔那里的渊源，但我还没发现有研究去思考海德格尔作为他们共同智识根源的重要性。尽管如此，有研究把两人当作"存在主义的人道主义者"加以简短比较，参见 Martin Halliwell and Andy Mousley, *Critical Humanisms：Humanist / Anti-Humanist Dialogues*, (Edinburgh：Edinburgh University Press, 2003), ch. 2. 关于阿伦特与海德格尔，参见 Dana Villa, *Arendt and Heidegger：The Fate of the Political* (Princeton, NJ：Princeton University Press, 1996) and Jacques Taminiaux, *The Thracian Maid and the Professional Philosopher：Arendt and Heidegger*, trans. Michael Gendre (Albany, NY：The State University of New York Press, 1998). 萨特与海德格尔，参见 Joseph Fell, *Heidegger and Sartre：An Essay on Being and Place* (New York：Columbia University Press, 1979)；Tom Rockmore, *Heidegger and French Philosophy* (London and New York：Routledge, 1995)；David E. Cooper, *Existentialism：A Reconstruction* (2nd edition) (Oxford：Blackwell, 1999)；Ethan Kleinberg, *Generation Existential：Heidegger's Philosophy in France*, 1927－1961 (Ithaca, NY：Cornell University Press, 2005)。

2 Jean-Paul Sartre, *Being and Nothingness*, trans. Hazel E. Barnes (New York：Philosophical Library, 1956). Original French publication 1943.

的实践而变异，为他人的实践所约束。先前的人类实践已经凝固成一种"惰性的"社会结构和过程的世界，但这个世界仍然具有动力，并依靠新的实践继续活动着，就在此时，自由与这些先前的人类实践遭遇了。一些评论者认为《辩证理性批判》像《存在与虚无》一样，以一种新笛卡尔式个人主义为前提，[1] 另一些则认为这两本书之间存在明显的断裂。[2] 同他们相反，我认为，这是一个创造性的转变，但其中仍然存在着一种总体上的连续性将两本作品联系起来。[3] 因此，后来的萨特仍然始终关注个人自由的实现问题，而这也是阿伦特全神贯注的问题，但他此时还回答了阿伦特的困惑，即什么限制了这种自由、直接的政治行动。

这些关于自由和直接的政治行动的问题，仍然与当今英语世界中的政治理论和哲学密切相关。因为越来越多的思想家批评现在的自由主义代议制民主在公民中引发冷漠和犬儒主义，批评它孵化出的冷淡的、官僚化的国家制度没有灵魂，许多思想家敦促更多的公民参与，以此为补救方案。大量论证聚焦于加强"公民社会"，有

1　Wilfrid Desan, *The Marxism of Jean-Paul Sartre* (Garden City, NY: Doubleday, 1965); Ronald Aronson, *Sartre's Second Critique* (Chicago: University of Chicago Press, 1987).

2　Mark Poster, *Sartre's Marxism* (London: Pluto Press, 1979).

3　Sonia Kruks, *Situation and Human Existence: Freedom, Subjectivity and Society* (London: Unwin Hyman/ Routledge, 1990); see also Thomas R. Flynn, *Sartre and Marxist Existentialism* (Chicago: The University of Chicago Press, 1984); Thomas R. Flynn, *Sartre, Foucault, and Historical Reason. Volume One. Toward an Existential Theory of History* (Chicago: The University of Chicago Press, 1997); Joseph Catalano, *A Commentary on Jean-Paul Sartre's Critique of Dialectical Reason, Vol. 1, Theory of Practical Ensembles* (Chicago: The University of Chicago Press, 1986); Thomas W. Busch, *The Power of Consciousness and the Force of Circumstances in Sartre's Philosophy* (Bloomington, IN: Indiana University Press, 1990); William L. McBride, *Sartre's Political Theory* (Bloomington, IN: Indiana University Press, 1991).

时认为它是新哈贝马斯式的"交往行动"领域，[1] 有时把它当成"社会资本"的根源，以恢复我们每况愈下的公民生活的美德。[2] 其他人鼓励协商过程中更为充分和更为慎思的公民参与，以此为解决冲突的更好方式。[3] 另一些则呼吁更直接的公民决策，这可以通过公民立法提案和全民公投，[4] 或者将许多国家职能下放到志愿协会或地方协会来实现。[5] 这些论证都隐含着自主、正义或更大的互惠性等基本道德价值，但它们主要是在更明确的工具层面展开的：例如增强政府责任性，更好地保护权利，扩大选择范围，或（在协商中）通过理性辩论促进共识。但是，也有论证从非工具层面为直接政治参与辩护，它们往往沿着这些线索展开：直接政治参与是教育性的，是人类道德发展不可或缺的一部分，或者（更强势地主张）

1　Jean L. Cohen and Andrew Arato, *Civil Society and Political Theory* (Cambridge, MA: MIT Press, 1992); Iris M. Young, *Inclusion and Democracy* (Oxford: Oxford University Press, 2000).

2　Robert Putnam, *Bowling Alone: The Collapse and Revival of American Community* (New York: Simon and Schuster, 2000); Carmen Sirianni and Lewis Friedland, *Civic Innovation in America: Community Empowerment, Public Policy, and the Movement for Civic Renewal* (Berkeley: University of California Press, 2001).

3　James Bohman, *Public Deliberation: Pluralism, Complexity, and Democracy* (Cambridge, MA: The MIT Press, 1996); Amy Gutmann and Dennis Thompson, *Democracy and Disagreement* (Cambridge, MA: Belknap Press of Harvard University, 1996); Amy Gutmann and Dennis Thompson, *Why Deliberative Democracy?* (Princeton, NJ: Princeton University Press, 2004).

4　Ian Budge, *The New Challenge of Direct Democracy* (Oxford: Polity Press, 1996); Daniel A. Smith and Caroline J. Tolbert, *Educated by Initiative: The Effects of Direct Democracy on Citizens and Political Organizations in the American States* (Ann Arbor, MI: The University of Michigan Press, 2004).

5　Paul Hirst, *Associative Democracy: New Forms of Economic and Social Governance* (Oxford: Polity Press, 1994); Joshua Cohen and Joel Rogers, "Secondary Associations and Democratic Governance," in Erik Olin Wright (ed.), *Associations and Democracy* (London: Verso, 1995), 7 - 98; Mark E. Warren, *Democracy and Association* (Princeton: Princeton University Press, 2001).

它是自由并且人性完整的自我的构成性要素。举例来说，卡罗尔·佩特曼就把参与式民主的主要功能描述为教育性的，[1] 而本·巴伯则称"参与是一种定义自我的方式"[2]，因此"不参与定义他们自身的共同生活，不参与定义和塑造他们社会环境的决策过程，女人和男人都不能成为个人"[3]。卡洛·古尔德则坚持认为，参与式民主对于作为"自我发展"的自由来说是不可或缺的。[4]

此外，作为一种独特的（通常具有自我意识的）政治行动方式，直接政治参与最近经历了一次重要复兴，自 20 世纪末以来它在世界许多地方重新出现。20 世纪 60 年代西欧和美国兴起学生运动、民权运动、女权运动以及反战运动，直接政治参与随之爆发。它成为东欧和种族隔离的南非的有效政权更迭运动以及拉美和中东的一些社会对权威主义财阀统治的抵制行动的组成部分。目前，在西欧、美国、拉美和其他地方，在诸如环境运动、反全球化运动和"占领"运动等激进主张的新空间中，直接政治参与蓬勃发展。[5] 正是在这种直接政治参与实践复兴的背景下，同时也考虑到各种鼓励更多公民参与作为西方自由主义代议制民主困境补救措施的理论文献，我把注意力转向阿伦特和萨特的作品。因为他们虽有分歧，但

1　Carole Pateman, *Participation and Democratic Theory* (Cambridge: Cambridge University Press, 1970), 42.

2　Benjamin R. Barber, *Strong Democracy* (Berkeley, CA: University of California Press, 1984), 153.

3　Ibid., xxiii.

4　Carol C. Gould, *Rethinking Democracy: Freedom and Social Cooperation in Politics, Economics, and Society* (Cambridge: Cambridge University Press, 1988).

5　William F. Fisher and Thomas Ponniah, *Another World Is Possible: Popular Alternatives to Globalization at the World Social Forum* (London: Zed Books, 2003); Iain Bruce, (ed.), *The Porto Alegre Alternative: Direct Democracy in Action* (London: Pluto Press, 2004); Carol C. Gould, *Globalizing Democracy and Civil Rights* (Cambridge: Cambridge University Press, 2004).

都属于这类思想家：他们最有力地论证了直接政治参与是自由和人性充分发展的自我的构成部分。

接下来我将从一些一般的比较开始，比较阿伦特对人类活动——在《人的境况》中她称之为积极行动（*vita activa*）——的解释，以及萨特晚期在《辩证理性批判》[1] 第一卷中对实践（*praxis*）的解释。随后我会更具体地讨论政治行动问题。此处我关注的重点是阿伦特和萨特在重视直接的、面对面的政治行动上的一致性，以及他们对这些"自由空间"（正如阿伦特所称呼的）明显不可能持续存在的共同关切，他们都发现这些自由空间通常在激进政治或革命政治中短暂出现。如前所述，在稳定的自由民主政权下，这些空间也会由于新的抗议运动的增长而出现。在探讨自由空间出现又消失的这种趋势时，我主要利用了阿伦特 1963 年的作品《论革命》[2] 和萨特《辩证理性批判》的后面部分。

1. 自由和异化

《人的境况》和《辩证理性批判》都可以被解读为对自由与必然关系的扩展性调和，可以被解读为对如下事情的确认：即使在阿伦特所谓的"黑暗时代"，人类自由依然持续存在。两位思想家都坚持认为，即使是在构成现代世界主要特征的日益加深的异化、技术化、"规范化"的境况中，自由依旧会爆发出来。[3] 另外，这两位思想家都认为，这个世界是由人（两人都说的是"男人"）[4] 通过各种各样的活动和他们制造的各类事物所创造的。我们的世界是人

---

1 此后该书在此章脚注中缩写为 CDR。

2 Hannah Arendt, *On Revolution* (London：Penguin Books，1990). 此后该书在此章脚注中缩写为 OR。

3 *Human Condition*，40. 此后该书在此章脚注中缩写为 HC。

4 阿伦特和萨特都一贯使用男权语言,我在本文中也试图不加以改变。

类的创造，绝不是不可避免的外力造成的结果。因此他们也反对那些决定论形式，它们将人类世界类比为受定律约束的自然领域。但是，如前所述，由于这两部作品的精神主旨以及两位作者的风格、感受力和他们对时政的取向不同，导致这两人对我们创造的这个世界做出了相反的描述。这就好像他们是在描述同一个硬币的两面。

对于这两位思想家来说，最基本的事情是，人类活动是以物质世界为中介的，尽管两人对其中介方式有分歧。物质世界是我们通过众多活动从自然资源中创造出来的世界，马克思称这个过程为实践。后期萨特认为，这些中介一般会导致自由的**丧失**，而阿伦特则相反，她认为这些中介使自由行动**能够**发生。"物化"（reification），即人类活动、实践在有形客体中的物质化，在两位思想家看来都是人类世界的本质特征。不过对于萨特来说，物化意味着我们活动的根本异化，但在阿伦特那里，它可能是我们活动的积极表达。[1]

萨特试图证明存在一种他所谓的实践的"原始类型的异化"。他使用"原始"一词的意思是，这种异化就分析而言先于更加历史具体的异化形式，也就是马克思归因于阶级冲突的社会关系的异化形式。因为我们通过实践创造的客体总是强制性地反作用于我们：

> 人类不仅要与自然斗争，与塑造他的社会环境斗争，与他人斗争，还要在自己的行动变成它者时与自己的行动斗争。这种原始类型的异化发生在其他异化形式之中，但独立于它们，事实上还是其他异化形式的基础……一种永

1　尤见 HC，139－140。

久的反实践（anti-*praxis*）是实践的一个新的、必要的
时刻。[1]

萨特称之为"实践惰性（practico-inert）"的实体是我们实践
的产物，它们又产生了自身的需求，或称之为"紧迫要求"。实践
惰性使自由从我们之中流失，当实践惰性约束和强制我们未来的活
动时，就在我们之中刻上了物质的惰性和被动性。每当我们行动
时，我们都把先前劳动对象的惰性当作自己的加以内化了。例如，
为了保持房子的可居住性并满足庇护我们的需要，我们被迫不断地
满足它现在强加给我们的需求，而房子本身是人类先前实践的产
物。房子必须不断地"被升温、打扫、刷漆，否则就会破败（难怪
萨特主要住酒店！）。这样一个**吸血鬼式的物体**（我的强调之处）不
断吸食人类的行动，它依靠从人类那里得到的血而生存，最终与人
类共生"。[2]

此外萨特提出，一系列的人类关系（他一般称之为"社会总体
〔social ensembles〕"）同样受这种"原始异化"影响，（至少在我
们迄今的历史上）我们总是在匮乏的领域中行动，这一事实加剧了
这种异化。对于后期的萨特（不同于写《存在与虚无》时的萨特）
来说，我们完全是社会性的。[3] 因此，在《辩证理性批判》一开始
他就写道，他的考察"从……个人在他的抽象实践中实现自我开
始，以便透过越来越深的条件作用，重新发现他与他人的实践联系

1　CDR，124－125.

2　CDR，169.

3　当萨特讨论人类生存的"社会"本性时，他是指人类自我的多重构成性特征，而非阿伦特
　所使用的狭义得多的"社会"（the social）。对于阿伦特而言，社会是一个需求和利益的
　领域，不幸的是，它已潜伏在本应是私人的领域和本应是公共的领域之间，不断蚕食并
　倾向于破坏这两个领域（HC，part Ⅱ）。

的整体。"[1] 然而，对萨特来说，人类境况的社会性不仅构成了人类境况的潜能，也构成了其**问题**。在一个由异化和匮乏塑造出来的物质领域里，我们不断遭遇他人的实践，而这些实践首先是对我们自己实践的"改变"，是对我们自由的消耗，是对我们意图的扭曲或"偏离"。人类是一种总是处于缺乏状态的生物，缺乏时间，缺乏认可，缺乏物质事物，就此而言，正如我解读的那样，萨特的匮乏概念是存在论上的。[2] 但是，萨特也的确始终用匮乏来指物质资源不足，我使用此概念也是在这个意义上。

萨特举了一个由于匮乏而形成社会统一的简单例子：中国的森林砍伐。[3] 数世纪以来，缺少土地的农民以个人行动砍伐森林从而增加耕地，并造成了集体性的净效应——水土流失，洪水泛滥，最终导致总体可用耕地的减少。这并不是一个共同事业，却形成了对每个人不利的共同后果："砍伐森林由他者的行动变成每个人作为**事件中**他者的行动，对象化就是异化"。萨特反驳经典马克思主义，他认为这种异化不是剥削的后果（至少一开始不是，尽管后来会变成剥削的结果），而是"再次发生的物化"。[4]

一如既往，这种异化往往在我们看不到的地方发生。但是，作为有意识、有意图的实践主体，我们也可以变得能意识到它。萨特对实践的解释不仅涉及客观的或"外部的"中介——通过这些中介，我们的实践在向我们返回时变异了，我们的意图异化了（在中

---

1 CDR，52.

2 参见 William L. McBride, *Sartre's Political Theory* (Bloomington, IN: Indiana University Press, 1991); Juliette Simont, "Sartrean Ethics, " in Christina Howells (ed.), *The Cambridge Companion to Sartre* (Cambridge: Cambridge University Press, 1992), 178 - 210。

3 CDR，161 - 165.

4 CDR，163.

国这个例子中是人类引发的水土流失和洪水）。因为他的解释还是现象学的和辩证法的。它是现象学的，因为它涉及我们如何**体验**外部因素对我们实践的渗透。它是辩证法的，因为它展示了这种经验绝不是对世界的被动反思和接受，**它本身**具有能动性。经验是有意识的，它包含对世界的重新定义、参与和重构。因此，萨特考察了他所谓的异化的"内化"，但他也坚持这种主观经验不是纯粹"内在"的。

当我们把实践惰性要求我们的实践的变异内化时，我们就形成了一种真正变异了的自我。因为对萨特来说（阿伦特亦同），自我通过实践而形成，而不是先于他们的行动存在，自我不是预先给定的本质。此外，我们不仅形成一种变异了的自我，也形成一种变异了的关系纽带，通过这些关系纽带我们承认彼此是人。人类纽带就此变成萨特所谓的"对抗性互惠"的形式：作为自觉主体，我们相互把对方当作威胁来加以体验。因为通过他者我们发现自己不再完全是自己实践的主体。我们的实践（虽然仍是"我们自己的"）耗尽了我们的意图和能动性。而且，我们也意识到自己变成了对方的同等威胁。在这样的关系中，我们是彼此的"恶魔般的双重（demonic double）"[1]：每个人通过他人而变成自己的"他者"。

在萨特所谓的"序列"关系里，在一个无限的异化关系链中每个人实际上都被他人改变（并可能认识到自己会被他人改变），同时也改变他人。序列性可能有很多种形式，[2] 但所有这些形式都将我们嵌入某些被动关系，无论从实践上看还是从现象学上看，在这些被动关系中我们的自由都悄悄溜走了。例如，作为消费者我们会

---

1 CDR，132.

2 萨特给出了各种扩展的例子，在这里序列关系对参与者来说是直接可见的（可见程度时多时少），序列关系以不同程度的距离、时间和复杂性为中介。尤见 CDR 256 - 318。

发现，我们的购买"选择"总是以一个卖家和消费者市场为条件的，而我们自己就是这个市场的主动的组成部分。然而，这些序列关系并不能被理解为纯粹原子化的关系，因为它们涉及他性的"内化"："作为一个序列的组成者，个人做出**变异了的**（*altereé*）行为，这些行为的每一部分都是他身上的**他者**的行为"。[1] 萨特关于序列的观点也涵盖了政治团体，例如"舆论"出现于其中的政治团体，或者个人为支持某一政党而行动的政治团体。这里还涵盖了这样的雇员团体：每个雇员都会接受恶劣的工作条件，因为他们害怕如果抗议就会失去自己的工作。序列性存在于这样的情况里：每个人"尽管处于和所有他人一样的境况中，却仍然独自一人，并根据邻人定义自己——只要他的邻人也**像他人**那样思考。也就是说，每个人都不是他自己，并像其他某人那样行动，而这个其他某人也不是他自己"。[2] 后面我们将看到，这样的序列关系在萨特所谓的"团体"中可能会暂时被克服，特别是在他所谓的"融合中的团体"（group-in-fusion）形成时的高度紧张时刻。[3] 但是，正如我们看到的那样，这种积极的互惠形式是无法存续的，序列性总是会重新进入这样的团体。

与萨特相反，阿伦特强调（尽管这一点可能经常被曲解），我们的社会性是自由的真正条件，也就是"行动"的真正条件。"行动"，她在《人的境况》中坚持说，"绝不可能是孤立的……行动和

---

1 CDR，275.

2 Jean-Paul Sartre，"The Maoists in France," in *Life / Situations*：*Essays Written and Spoken*，trans. Paul Auster and Lydia Davis（New York：Pantheon Books，1977），166.

3 法语 *groupe-en fusion* 在英语中被翻译为"融合的团体"（fused group）。但我更倾向于贴近法语来翻译，因为萨特的原词比 fused group 要少一些闭合性。

言说被其他人的行动和言说之网包围着，并始终与之保持联系"。[1]
事实上，这种嵌入了社会性的行动是人类生存的最高快乐来源和最
有意义的方面。此外，与萨特相反，阿伦特认为我们创造的物质世
界**从根本上**是善意的，是支持自由的。实际上正是**它**使真正的人类
生活成为可能。她描述了一幅积极的人类交往图景，这种人类交往
以工作产物构成的世界为中介，她观察到"在世界上共同生活，本
质上意味着物的世界在共同拥有它的人们中间，就像一张桌子位于
坐在它周围的人们中间"。[2] 她还谈到"人造家园伫立于大地之上，
并且是由大地自然交给人的材料建造而成"，她补充说，"物的耐用
性使它们适于为人类使用，并且适于建立一个世界，这个世界的永
久挺立与生命构成了直接对比，如果不在这些物所围绕的家园中，
则生命绝不是人的生命"。[3]

2. 积极生活和实践

稍后我会回到萨特和阿伦特的上述关键分歧。现在，我要通过
一些术语上的澄清来展开论述。这也会把我带到一些更实质性的问
题的核心。在《人的境况》中阿伦特花大力气区分了不同种类的活
动，萨特同样深思熟虑地把这些活动集合到实践这一术语之下。对
于萨特来说，实践包含了所有**有意图的**人类活动，正如他所说，有
意图的人类活动"涉及一种特定努力，即令给定的现在与未来目标
相一致"。[4] 然而，即使实践变异或异化了，我们仍然可以说，它是
"自由的"，因为它不仅仅是外部力量决定的结果。相反，作为"给

1　HC，188.
2　HC，52.
3　HC，134－135.
4　CDR，549.

定的、过去的客观性和（新的）即将形成的客体化之间的中介"，它"创造了自己的法则"。[1] 但阿伦特认为区分人类活动的三个领域是非常重要的，这三个领域她分别称之为"劳动""工作"和"行动"。这是她对马克思（也暗含萨特这样的思想家）批评的核心，她批评他忽略了这个区分。对阿伦特来说，"行动"具有特殊的品质，即"自由"，她坚持认为这一品质不属于"劳动"和"工作"。

对阿伦特来说，劳动关乎人类生命的直接再生产，是纯粹必需的领域，它生产出无限循环的即时消费所需的东西。[2] 相比之下，无论从现象学上看还是从功能上看，工作都和劳动不同，工作涉及熟练制造人类世界的稳定和持久所必需的**耐久**物。阿伦特对现代境况的担忧之一便是工作越来越堕为劳动。这不仅仅因为生产已经主要变成了商品生产，更因为其**品质**正在改变。物品被生产出来，越来越多是为了即期消费和废弃（一个"浪费的"社会），[3] 而不是为了建设一个持久的世界。不断发展的劳动分工，让曾经需要熟练技术的工作变得越来越重复和无穷尽。[4]

尽管劳动和工作都是人类生存的必要维度，且它们都以各自的方式对从事它们的人具有意义，但它们都不是"自由"的所在。阿伦特坚信，只有她所谓的**行动**是一项完全自由的事业；她坚称，它

---

1 CDR，549.

2 在当今西方社会，家务可能是最好例证，它符合阿伦特在解释劳动时所想到的重复性、再生产性循环。西蒙娜·波伏娃对家务的评论无疑证实了阿伦特对劳动循环性的描述："净变为脏，脏变为净，周而复始，日复一日"，参见 *The Second Sex*，trans. H. M. Parshley. Deirdre Bair（ed.）（New York：Vintage Books，1989），451，亦可参见塞拉·本哈比："有一种活动历经数世纪仍保留了劳动的特征，这就是家务"，Seyla Benhabib，*The Reluctant Modernism of Hannah Arendt*（Thousand Oaks，CA：Sage Publications，1996），136 – 137。

3 HC，126 – 127.

4 HC，25.

之所以是自由的，是因为唯有它**独立于**必需性和物质性。它不是物质性，而是"复数性"，复数性在于这个事实：我们平等但彼此"不同"；[1] 它是"生成性"，生成性在于这个事实：人的本质是能够发起新的、意想不到的开端，[2] 使行动能够自由地发生。"行动"是在同伴面前行为和语言的自愿展现，另外，只有通过行动，当自我在他人面前显露自己时，自我才产生。行动是一种展现，它同时是（也必然是）自我的显露和创造。"在行动和言说中，人们显示自己是谁，积极揭示他们独特的个人身份，从而使他们显现于人类世界……言说和行动的这种揭示性品质在这样的时刻出现：人们既不支持也不反对他人，而是与他人**在一起**时——也就是在**人类大团结**中"。[3]

在 1945 年的一个课程中，萨特用格言"存在先于本质"[4] 总结了他早期的哲学，他在《辩证理性批判》中的早期主张，即人的存在没有预先规定的本质，仍然是一个长期存在的假设。作为对萨特早期格言的回应（也许是不经意的），阿伦特在《人的境况》中写

1　HC，175 - 176.

2　HC，177 - 178.

3　HC，179 - 180，粗体为笔者所加。阿伦特经常用古希腊来例证自由的公民行动的理想。雅典公民可以参与公民行动仅仅是因为他们通过使用奴隶而在很大程度上免除了劳动和工作，考虑到这一点，阿伦特经常（并非不合理地）被指责为精英主义，这种指责始于 Margaret Canovan，*The Political Thought of Hannah Arendt*（New York：Harcourt Brace Jovanovich，1974）。与这种指责针锋相对，玛丽·迪茨认为，阿伦特并不把社会看作是分裂为不同社会阶层，各阶层分别从事劳动、工作和行动的。她指出，毋宁说阿伦特在描述"每个人可及范围内的人类境况特点"，Mary Dietz，"Hannah Arendt and Feminist Politics，" in Mary Lyndon Shanley and Carole Pateman（eds.），*Feminist Interpretations and Political Theory*（University Park，PA：The Pennsylvania State University Press），232 - 252，p. 237. 阿伦特确实没有主张有些人"依自然"是劳动者，然而，她毫不关注大多数人所遇到的自由的物质约束，这使她的著作具有某种精英气质。

4　Jean-Paul Sartre，*Existentialism and Humanism*，trans. Philip Mairet（London：Methuen and Co.，1966），28.

道,"人的本质……某人是谁的本质,只有在他离开人世、只留下一个故事的时候才真正形成"。[1] 但是,即使她和萨特都认为一个人的生命是通过行动自我创造、自我显露的,在如何将这些行动和物质世界的关系理论化方面,他们仍有很明显的分歧。

对阿伦特来说,最好的政治(例如古希腊城邦的公民、美国早期的城镇会议、自发出现的工人委员会这些直接参与的政治)就是最卓越的自由领域。与萨特相反,她认为这样的政治构成了一个领域——独特地——**不受必需性和物质性的束缚**。这是我们可以在同伴中创造自我的领域。阿伦特认为,我们通过劳动和(尤其是)工作建立了世界,一个(再引用一遍)"永久挺立与此生形成鲜明对照"的世界,没有它,"此生就不是人的生命",[2] 这个世界让我们能采取行动。但是,在阿伦特看来,这个世界**本身**并不以任何方式影响或改变行动。毋宁说,它提供了行动得以展现的空间和工具。与后期的萨特不同,阿伦特认为,行动并不必然具有被其产物改变的性质。她认为,行动并不牵涉实践惰性,人类工作的产物也没有给行动造成变异。"行动",她写道,"**是不以物或事为中介的、直接在人之间进行的活动**"。[3]

阿伦特的这些区分,以及这些区分与萨特的实践概念的对比,引起了两个重要问题。首先值得注意的是,阿伦特对劳动和工作的区分,有意地、蓄意地切割了马克思主义对使用价值生产和交换价值生产的区分。尽管劳动更有可能为直接消费创造使用价值,而工作更可能创造交换价值(也就是可以在市场的次级公共领域中出售的耐用商品),但我认为阿伦特这一区分的核心是**现象学的**。这是

---

[1] HC, 193.
[2] HC, 134 – 135.
[3] HC, 7. 粗体为笔者所加。

因为对时间的体验、对具现化的体验、对一个人同自然与物质世界的互动的性质以及带来的满足——她声称这里存在满足——都是不同的。马克思把所有的生产过程还原为抽象的劳动力，这是对构成众多人生活的活动所给出的一种经验贫乏的解释。[1] 阿伦特认为，马克思没有抓住劳动的快乐："努力和满足"紧密相连。他忽视了身体体验的循环，在这个循环里，"精疲力尽"后面跟随的是我们身体的"快乐再生"体验（处于赤贫状态则除外）。[2] 有人可能会回复阿伦特说，大多数劳动是被迫的，而充分的再生方式是很少见的，但是，在劳动有其本身的快乐这一点上，她无疑是正确的。这也许就是为什么我们现在这些不直接以劳动为生的人经常创造各种替代性活动，比如园艺、远足、跑步，或者其他为我们提供消耗和再生的紧密循环的活动。

阿伦特认为工作具有与劳动不同的品质和回报，它的**时间性**是不同的，它包含制作过程的明确开端以及对象被完成时的清晰结尾。它还涉及与自然的不同关系，在这种关系中，工作材料被决定性地甚至暴力地提取出来，因此，它可以包含力量和自我掌控的积极经验。[3]

阿伦特通过详细阐述劳动和工作之间的区别来强调不同类型的现象学经验，但这些不同类型的现象学经验并非萨特的主要关注。毋宁说，萨特对实践的解释试图向我们展示我们同自然和物质的关系无处不在的性质，试图向我们展示由此产生的各种社会团体的结构，但他的论证经常会抹消或忽略阿伦特所描述的那种质的差异。萨特从思考最抽象的实践开始开展他的考察，他对这种做法给出了

---

1 HC，108 - 109.

2 HC，108.

3 HC，139 - 144.

很好的理由。然而他也没有考虑到我们可能对不同的生产实践及其产品具有不同的**质**的经验，而这与他自己对正统马克思主义的还原论的批判格格不入。在《探寻方法》中，他抱怨说，正统马克思主义者相信"思考就是要求概括，就是要求用普遍性来取代特殊性"，[1] 而且他指出，"如果一个人太快地概括……就会失去现实"。[2] 确实，正如萨特所说，不同种类的生产活动——例如，农业劳动、工厂生产、手艺工作、服务工作、看护工作、艺术创作——**都**导致了实践惰性的形成和社会团体的序列化。但是，正如阿伦特所指出的，每个人的生活经验仍有很大的不同。

　　然而（在此我转向我的第二个议题），我相信萨特的实践解释有效地质疑了阿伦特的下述主张：行动与劳动、工作完全不同，因为行动完全不受必需性和物质世界的影响。因为萨特向我们详细展示了，**所有**人类实践都是通过实践惰性的中介以及由此形成的序列性，沿着不同自由和异化程度组成的一个连续体而发生的。因此，即使初看上去可能是无中介的、一对一的和面对面的互动，也绝非仅此而已。举例来说，"同样的"两个人之间的"同一场"对话拥有非常不同的含义（对他们来讲是这样，有时候对他人也是如此），这取决于它是在工作场所、在聚会上，还是在卧室进行的。社会领域，以及我们与配偶以外的、未知的或不在场的他人之间的关系，总会成为我们与自身之间的中介。这样一来，它们就使我们哪怕最"个人"的言说和行动都能够具有意义，同时也限制了其意义。

　　因此萨特认为，即使在这个连续体的极点，即在实践最大程度受人类创造的"必需性"**强迫**的地方，我们仍可以把"自由"当作

1　Jean-Paul Sartre, *Search for a Method*, trans. H. E. Barnes（New York：Vintage Books, 1968），48. Original French publication 1960.

2　Sartre, *Search for a Method*, 45.

我们异化了的能动性的一个方面来加以谈论，[1] 相反，即使最自由的社会行动，也就是萨特所谓的"融合中的团体"的社会行动，也仍然受到实践惰性或"工作产物"的紧迫要求的影响。对于"融合中的团体"，萨特给出了一个范例（也是最有延伸性的例子）：法国大革命期间攻占巴士底狱的那个团体。很明显，这个城市的布局，巴士底狱的构造，包围他们的持武器士兵的威胁，供给的需求，等等，所有这些都既构成了"自由"行动之可能性的条件，同时也对其加以限制。回想一下，阿伦特曾坚称"行动……**不以物或事为中介，直接**在人之间进行"。[2] 但是萨特的分析表明，她的主张站不住脚。因此，我将在下一节中指出，萨特让我们能更好地解释，那些在革命环境中自发出现、复又消失的"自由空间"（在当代抗议运动中又出现了这样的"自由空间"）为何终究是短暂的。

3. 政治参与和"自由空间"

在《论革命》中，阿伦特通过她在《人的境况》中发展出的视角解读了现代欧洲和美国的历史。她大篇幅地讨论了美国和法国革命，以及欧洲"革命传统"的后续事件。阿伦特主要赞美的是自由空间的自发出现，（在《人的境况》里）她所说的"行动"可以在这些自由空间中发生。在美国早期热烈的宪法起草阶段和紧张的城镇会议中，在巴黎的社区组织和政治俱乐部里，作为自由行动的政治应运而生。阿伦特把这种政治和"民主的"政党制度中的政治进行了对比，后者所取得的最好成就"是被统治者对统治者的某种控制"。她接着说，然而，"这不能让公民成为公共事务的'参与者'。

1　CDR，226.
2　HC，7. 粗体为笔者所加。

公民所能期待的最多也就是'被代表'，很明显在此唯一能被代表和委托的就是利益，或选民的福利，而不是他们的行动和意见"。[1]相比之下，在城镇会议、政治俱乐部或者其他空间里，可以发现公民直接的、面对面参与的政治形式。在这里，他们并没有放弃自由并把它交给所谓的代表这种异化的中介。在这里，不仅做出的决定，还有他们做出决定的参与过程，都涉及充满意义的自我创造和面向他人的自我显露，阿伦特称之为自由。

在《论革命》最后一章"革命传统及其失落的珍宝"中，阿伦特注意到这个事实并为之庆贺：类似的自由空间总在历史上不断反复地涌现。她通常所称的"委员会制度"出现在 1871 年的巴黎公社，出现在 1905 年和 1917 年俄国自发创生的苏维埃，出现在 1956年匈牙利的社区委员会和学生团体——而且她预计"委员会制度"仍会重新出现。当然，她是正确的。从 1968 年法国"五月风暴"到波兰团结工会，从布拉格之春到阿拉伯之春，从欧洲和北美的环保行动组织到最近的反全球化和反战运动，以及"占领"运动，自由空间持续涌现。但是，它们也有一种不是消失就是蜕变成更正式和物化的机构的趋势。[2]

在委员会制度中，阿伦特所珍视的是面对面协商和决策的形式（也被称为"直接"民主或"参与式"民主）的自发出现。这些协商和决策形式的最大价值并不是工具层面的，因为委员会首先是

---

1 OR，268.

2 有学者分析了法国"五月风暴"，并认为它是萨特"融合中的团体"发展轨迹的典型代表，他们还认为最近的反全球化积极行动具有类似特征，参见 Elizabeth A. Bowman and Robert Stone，"1968 As a Precedent for Revolt Against Globalization：A Sartrean Interpretation of the Global Uprising，" in Steve Martinot and Joy James（eds.），*The Problems of Resistance*（Amherst，NY：Humanity Books，2001），234 – 251。

"表现的空间"。[1] 它们是为平等者之间展开自我创造和自我显露的行动而存在的空间；是为阿伦特所说的那种使我们成为完整之人的行动而存在的空间。实际上，它们首先是具有生存论意义，甚至存在论意义。协商最重要的价值，并不在于它（如古德曼和汤普森等协商民主的支持者所主张的那样）是达成共识的手段，或者是形成最明智或最合理决定的手段。[2] 毋宁说，参与协商首先是自由**行动**的一种形式。协商是一种共同的演出，在这种演出中，处于差异的复数性和境况的平等性中的人们，在创造自己的同时显露自己。在这样的空间里，我们看到了《人的境况》中阿伦特所谓的"人类大团结"的实例。[3]

然而，没有一场伟大革命中的自由是持久的。相反，"必需性"重新殖民了自由空间。由于误用政治舞台来追求不恰当的社会目的——保护财富或消除贫困，再殖民化产生了。在美国的例子中，这引起了对**私人**幸福的追求，并因此导致政党政治和腐败的出现。在法国和俄罗斯的例子中，由于把穷人的贫困放在优先位置，最终造成了恐怖。因为，作为创造性行动和自由的场所，委员会由革命运动产生，但也日益受到革命运动的威胁。阿伦特认为，"革命精神"事实上是两面的——并且是分裂和相互对立的。因为它总是要求重新开始，又寻求成为一个"奠基"，即一个新的、稳定的制度秩序的起源。阿伦特指出这两种追求之间存在深刻的张力。因为：

1　OR，275.

2　Amy Gutmann and Dennis Thompson，*Democracy and Disagreement*（Cambridge，MA：Belknap Press of Harvard University，1996）；Amy Gutmann and Dennis Thompson，*Why Deliberative Democracy？*（Princeton，NJ：Princeton University Press，2004）.

3　HC，179－180.

如果奠基是革命的目的和终点，那么革命精神就不仅仅是开启某种新事物的精神，而且是开启某种持久事物的精神；一种体现这种精神并鼓舞它走向新成就的持久制度，将是自拆台脚的。由此可以**很不幸地**得出结论，对革命成就最危险、最强烈的威胁，就是曾经带来革命成就的那种精神。[1]

确实"很不幸"。但这肯定不**仅仅**是一个厄运或机运的问题。阿伦特为自由空间的短暂性提供了两种解释，但两者都不令人满意。第一种包括一系列**对具体个人**的解释，这些解释都与杰斐逊、罗伯斯庇尔、马克思和列宁等革命者个人有关。阿伦特认为，他们都没有去思考或设想能使自由得以持续的适当制度形式。进一步说，杰斐逊没有意识到他的分权式"区制度"（ward system）构想的重要性。[2] 罗伯斯庇尔一开始赞扬了政治俱乐部，但一俟掌权就马上禁止了这些组织，认为它们对革命的稳定性有害。马克思和列宁最初看到委员会制度出现的时候（分别是在 1871 年和 1905年），都称赞它是"人民的革命创造力"的产物。但后来他们认为它和中央集权的政党与国家权力的必要性不相容。阿伦特还举了列宁的例子，认为他还没足够有创造力地"思考"如何将它们的观念和自由行动的风格融入巩固革命成果的过程中。从1905 年到 1917 年，"他并没有重新定位他的思想，将新的组织纳入众多党纲中的任何一个。结果，在 1917 年，面临一样的自发事态发展，列宁和他的党跟 1905 年一样毫无准备"。[3]

因此，革命领导人未能使得他们的革命传统长久延续下去，主

1　OR，232. 粗体为笔者所加。

2　OR，255.

3　OR，257.

要失误在于他们发展了一种政党制度作为"代表"人民的方式。阿伦特认为，任何政党制度，不管政党数量如何，都和委员会制度最重大的价值背道而驰。她还认为，最好的政治应该能使我们充分发展参与自由行动的能力——她当然是正确的。代议制政府本质上的确是寡头政治，"因为公共幸福和公共自由……成为少数人的特权"。[1] 政党和政党政治抽空了大多数人直接言说和行动的能力，因此其结果是使那些原本可以参与自由行动的人变得大众化、变得被动，夺去了他们追求最大人类善的能力。

萨特对选举性政党政治同样持批评态度，他称它必然会使公民变得无权无力。但是，因为他把阿伦特所描述的现象当成序列性的形式来加以分析，所以他说明了为什么不能将这些现象主要归因为革命领袖失败的结果。萨特认为，选举制度把大部分选民降低为一个序列中抽象、孤立、原子化的单位，每个人都必然不是从他或她自身出发去思考（比如当我们决定不投票给第三方候选人以免"浪费"我们的选票时）。因此，"这些公民，作为选民是完全一样的，是被法律制造出来的，他们由于对他人的不信任而被缴械、被孤立，他们被欺骗但又意识到自己的无能，但只要他们继续被序列化，就绝对不可能形成据说一切权力都源出其中的主权团体——人民"。[2] 同阿伦特对政党的寡头政治本质的看法类似，他又补充说，"任何政党都不能代表公民的序列，因为每个政党都从其自身获得权力，也就是从其团体结构中获得权力。无论如何，这些选民序列没有权力，也就无法授予权威"。[3]

除了指责革命领导者的失败，阿伦特还提供了第二种对于自由

1　OR，268 - 269.

2　Jean-Paul Sartre, "Elections: A Trap for Fools," in *Life/Situations*, 203.

3　Ibid.

空间被破坏的解释：不恰当地干涉"社会问题"和"必需性"，导致革命被"污染"。因为在每个案例中，对贫困的缓解，满足穷人物质需要的要求，或者对物质利益的追求，这些事情已经取代了对作为一种可欲之善的自由的追求。阿伦特或许含蓄地承认了，这种取代说到底是不可避免的。因为她观察到，那些极端贫困的穷人，不得不把物质问题作为主要关心。然而，她还是将必需性或需求当作一个令人遗憾的**次要问题**，当遭受贫困的人占据舞台中心时，这个问题就会导致革命偏离其正当目的。她认为这一转变应归咎于马克思，她指出："人权转化为无套裤汉[1]的权利，这不仅是法国革命的转折点，而且是接下来所有革命的转折点"。[2] 但是，第二种解释仍然同第一种一样不够充分。因为，就像萨特明确表示的那样，需求不仅仅是次要问题。[3] 此外，在一个总是通过我们行动的物质中

---

1 法国大革命时期对城市平民的称呼。——编者注

2 OR，61.

3 阿伦特坚称"社会问题"（物资匮乏和物质需求）并不属于"正当"的政治舞台，这一论点已经成为大量争论和批评的话题。在 1971 年的一次访谈中，阿伦特明确表示她认为这些事务应该属于贴近实际的管理，而不属于政治。理查德·伯恩斯坦问道："现在你是否能始终如一地区分或分离社会与政治"，阿伦特回复说，"这是肯定的。有些事情可以找到正确标准（或措施）。这些事情确实可以被管理，因此也不应接受公共辩论……在恩格斯所谓'对物的管理'领域中，一切能够被解决的事情大体上都是社会事物。如果这些事情要接受辩论，在我看来是骗局，也是灾难"，理查德·伯恩斯坦采访，载于"On Hannah Arendt," in Melvyn A. Hill（ed.）*Hannah Arendt：The Recovery of the Public World*（New York：St. Martin's Press，1979），301 - 339，317. 阿伦特将社会问题排除出正当的政治领域，对这一点的其他批判性讨论参见 Canovan, *The Political Thought of Hannah Arendt*；Sheldon S. Wolin，"Democracy and the Political," in Lewis Hinchman and Sandra K. Hinchman（eds.），*Hannah Arendt：Critical Essays*（Albany, NY：The State University of New York Press，1994），289 - 306；Seyla Benhabib, *The Reluctant Modernism of Hannah Arendt*；Hanna Fenichel Pitkin, *The Attack of the Blob：Hannah Arendt's Concept of the Social*（Chicago：The University of Chicago Press，1998）；Hauke Brunkhorst，"Equality and Elitism in Arendt," in Dana Villa（ed.），*The Cambridge Companion to Hannah Arendt*（Cambridge：Cambridge University Press，2000），178 - 198。

介而产生的世界里，相信自由行动可以逃脱实践惰性的紧迫要求是错误的。这些实践惰性的紧迫要求，以其多样和复杂的形式，构成了每一种人类活动（从最机械的劳动到阿伦特所谓的行动）的中介。萨特深刻地使阿伦特所做出的自由和必需的区分变得复杂化，并使之受到质疑。

在《辩证理性批判》中，在萨特所举攻占巴士底狱的融合中的团体这个例子中，他也赞美直接政治行动创造了自由空间。在关于1968 年 5 月法国学生运动的著作中，[1] 以及关于反殖民抵抗运动的论文中，[2] 他都持同样态度。萨特对融合中的团体的描述与阿伦特对作为自由空间的委员会的构想有明显差异。最重要的是，萨特认为在融合中的团体中，由于成员的目标一致，而不是（像阿伦特所说的）由于其角色的复数性，每个人才会与他人相遇，作为对自身自由的肯定。然而两者都给我们提出了同样的问题：为什么自由空间如此短暂易逝？为什么它们不能持续存在？萨特能够比阿伦特更充分地解释这种消失。因为，问题主要不是领袖个人在构想上的失败，也不一定是"错误"的演员登上政治舞台，甚至不是国家压垮了自由公民行动的小空间。当然，所有这些都可能是重要的解释因素。但是萨特的解释超越了这些因素，而且从分析意义上说，他的解释与之不同。萨特证明了有一种动力"内在于"自由空间本身，

---

1 Philippe Gavi, Jean-Paul Sartre and Pierre Victor, *On a raison de se révolter* (Paris: Gallimard, 1974).

2 Jean-Paul Sartre, *Colonialism and Neocolonialism*, trans. Azzedine Haddour, Steve Brewer and Terry McWilliams (London: Routledge, 2001). 该书最初于 1964 年在法国出版。还应该注意到,萨特的观念在五月风暴期间很有影响力,而且他是唯一被邀请到索邦大学向占领学生发表演说的建制内知识分子。一位评论者将 1968 年 5 月描述成"存在主义向结构主义的复仇",参见 Margaret Atack, "Sartre, May 68 and Literature: Some Reflections on the Problematic of Contestation," *Sartre Studies International* 5(1) (1999): 33 – 48, 35。

这种动力促成了变异和物化的过程。因为所有人类行动都会通过实践惰性的中介而遭受实践的"原始"异化，又因为所有人类行动都发生在由匮乏构造的、具有实践惰性的物质中介内部，故而萨特认为，即使最自由和自发的参与行动也会被惰性和序列性的形式重新渗透。

像在序列中一样，在融合中的团体中，每一个人都不断地让他的实践以他人为中介回到自身。最初，这种返回不是异化。因为凭借这个团体，每个人都会发现返回他自身的实践**未变异**。[1] 事实上，每个人都会发现回到他自身的实践扩展了，由于参与这个共同事业的他人，每个人的自由都得到了肯定和扩大（而不是被否定）。但是，融合中的团体只有在某个特殊的物质领域之内才是可能的，并且就此而言，融合中的团体仍然**以**这个特殊的物质领域**为条件**。因此，如果这个团体要在融合的最初时刻之后继续存在，如果它要成为萨特所说的"持存的团体"并且最终把自身目标永久化为一种稳定的"制度"，那么这个团体就不可避免地要重新内化工作产物的紧迫要求。

在《辩证理性批判》第二卷中，萨特详细阐述了物质中介和以物质为中介的社会关系，通过这些事物，自发的、自由的集体行动转变成稳定的"制度"。在这个过程中，团体成员的自由得以持续——但只能在日益物化和异化的形式中持续。因为，为了追求共同的目标，每一个人都发现他自己的行动必须服从于团体的生存需求。每个人仍然希冀着最终目标，就此而言实践仍是自由的，但实践也越来越具有受条件限制的、流程性的序列性特征。此外，每个人都变成了他人的威胁，因为每个人必须为了生存而始终做好他在

---

[1] CDR，354.

团体中的那部分工作，而一种霍布斯式的互不信任的情况只能通过团体内部强制权力的发展来解决。在最极端的时候，正如法国革命中发生的那样，"博爱"可能只能通过"恐怖"来维持。在巴士底狱的例子中，如果一个团体要在攻占巴士底狱后继续存在，就会发现团体必须要建立劳动分工，配置武装人员，必须建立岗哨，从外部安排食物供应，等等。另外，为了使团体持续还需要自我监督。必须确保每个人都执行分配给他的任务，没有人叛变。正是最后这些要求，使包括暴力威胁在内的强制重新进入组织内部。所有的持久制度，从俱乐部到国家，都以强制方式行事（程度不同）。它们让成员的自由变得物化，并将它作为一种与自由对立的紧迫要求返还给他们。

当然，类似的紧迫要求也一定出现在阿伦特所思考的自由空间中，还出现在当代的直接政治参与空间中。不管是攻占巴士底狱，还是开展一场反战游行，占领一个工厂，建立一个工人委员会，召集一次城镇会议，组织一场抵制行动，占领一个污染性的发电站，参加一个意识觉醒的组织，都会产生同样的问题：为什么一个团体不能作为自由政治行动的"未被污染的"场所而持续存在？萨特关于实践惰性的紧迫要求重新渗透团体的分析，在很大程度上解释了为什么阿伦特的观点是误导性的，她认为自由政治行动完全不以物质必需为中介。与阿伦特相反，萨特向我们展示了为什么行动如果像阿伦特说的"不以物或事为中介"[1] 就**不能**发生。

4. 自由和当今的直接政治参与

萨特和阿伦特都把在国家权力已然崩溃或者正在新生的革命环

---

1 HC，7.

境中出现的"自由空间"当作范例。但是，他们的分析也与更稳定的国家权力条件下出现的行动形式相关，例如最近有关直接政治参与的多数文献所提到的那些行动。萨特对融合中的团体的短暂性反思，以及他对团体被实践惰性的物化形式重新渗透的动力学解释，与目前"强势"民主或"结社"民主、"协商"民主或者"公民社会"中不断增长的参与这些议题都有关系。如果直接的政治参与受到重视是因为它对于作为自我发展的自由不可或缺，[1] 或者是因为它能充分地发展个性，[2] 那么萨特的作品表明，这些参与的结局将比倡导它们的作者所认识到的更为短暂和难以捉摸。

　　萨特的分析发人深省。当然，即使直接民主和其他形式的公民直接参与的最坚定提倡者也意识到，它们的实现存在巨大的"外部"障碍：国家以及其他具有实践惰性的大型大众化组织（比如市场经济和媒体）的压倒性权力；冷漠，以及公民动机中的其他心理缺陷；无知；协商和组织技巧的不足。因此，例如在讨论美国"进步"政治的那部深思熟虑的著作中，杰弗里·艾萨克在结尾从上述因素角度批评了某些人的乐观主义，那些人相信"公民参与"将会复兴民主。相反，艾萨克引用了加缪对西西弗斯神话的解释，不是把它当作一种令人绝望的学说，而是当作面对"无法克服的困难"时对其解决办法的"暂时"性的接受。他指出，"有效的民主回应类型必定是不完整的、受限制的、难以驾驭的，并且在很多方面不令人满意……它们很可能会摧毁集体自控和自治的民主事业"。[3]

　　然而，萨特告诉我们除此之外还有一些"无法克服的困难"。

1　Gould，*Rethinking Democracy*.

2　Barber，*Strong Democracy*.

3　Jeffrey C. Isaac, *The Poverty of Progressivism*：*The Future of American Democracy in a Time of Liberal Decline*（Lanham，MD：Rowman and Littlefi eld，2003），147.

因为还有一种集体行动"内部的"逻辑，使物化和序列性重新进入那些并非暂时性的，也并非追求暂时目标的团体内部。因此有这样的例子：一个像"绿色和平组织"这样的"直接行动"组织，用非法方式质疑某些国家政策的合法性，但是为了有效地实现目标，它必须把自身固定化为一种机构，而这不利于置身其中的大多数个人的自由。绿色和平组织所雇用的募捐者或信息员，[1] 他们执行的仍然是阿伦特所说的劳动或工作，但一定不是自由行动。

我的重点并不在于批评绿色和平组织或参与直接行动的其他类似组织的虚伪和不一致。我的目的仅仅是再次举例说明萨特的论点：当任何群体实践都必然会遇到的物质紧迫要求被内化时，行动必然会遭受自由的丧失。像募捐者和信息员这样的雇员，尽管他们发现自己的目标和价值观在组织的目标和价值观中得到了强烈表达，但他们仍然是被序列化的，他们必须服从临时工作或月薪工作的紧迫要求和流程化特点。同样，有许多追求更多社会正义的组织，例如寻求促进人权或减少贫困的组织。对这些组织来说，有效追求以上目标，与维护其参与者自由的自我发展空间，这两者绝非同义。事实上，他们作为自身事业的倡导者越高效，制度化和物化就越容易发展到更高水平。例如，玛姬·布莱克描述了乐施会是如何从最初的一个小公民团体发展起来的，他们最初是"一些狂热、没主见、感情用事的理想主义者"，对1941年同盟国封锁希腊所促成的饥荒感到愤怒。但是，在这种危急情况下成功缓解饥荒，使乐施会在20世纪80年代成长为一个复杂的、官僚化的组织，现在它

---

[1] 这些是我写作此文时英国绿色和平组织的网站挂出的公开招聘职位。感兴趣者可以详询"Funjobs4U"网站,绿色和平组织将募捐工作外包给这个公司。这个公司网站的标语写着"挣钱,交朋友,有所作为"——根本没提自由的事!

"从事慈善事业"。[1] 相似地，更关注当地事务的"公民社会"组织也倾向于（除非它们迅速解散）被物化和序列化的形式渗透。例如，我参与数年的一个团体成功建立了一个本地受虐待妇女收容所，但是在这个过程中，它丧失了作为自由空间的品质，成了一个常规化的、附属于地方政府的志愿组织。可惜，作为自由行动场所的政治同作为有效追求特定集体目标的政治往往不是相辅相成的。

与阿伦特相反，萨特说明了自由的政治行动为何永远无法超越它的物质中介，也解释了惰性和序列性何以会不可避免地重新进入大多数暂时性的团体行动中，但是，我们并不一定要从他的解释中得出一种对这个世界上的自由可能性完全悲观的解读。的确，阿伦特也许（简明且一笔带过地）提示了原因，在《论革命》接近结尾处她写道，"委员会"（即直接的、面对面的行动空间）可能是"最好的工具，例如用来打破现代大众社会，及其形成伪政治的大众运动的危险倾向"。[2] 读到这里人们可能会说，阿伦特和萨特一样认为，我们不应该期望"实现"或"达到"自由政治行动的条件，因为自由不能被稳定地制度化。相反，我们应该承认，自由得以在其中实现的那种直接政治参与，本质上就是偶发的和不稳定的，那些具体案例不是消失，就是经历了物化。但是，从整体和长期的角度看，随着这些案例出现又消失，它们构成了一种持续的抗议力量，并为自由提供了场所。举例来说，当绿色和平组织日益变得制度化时，其他自发的环境运动又涌现出来，当绿色和平组织内部的自由

1　Maggie Black, *A Cause for Our Times：Oxfam The First Fifty Years* (Oxford：Oxford University Press，1992).

2　OR，279.

行动空间被物化时，这些新的运动打开了自由行动的新空间。[1] 它们本质上如此短暂，但这样才最好，也正**因为**这样，这些偶发的直接参与运动才使自由得以持续——即使是在我们的"黑暗时代"。

---

1 Christopher Rootes，"The Resurgence of Protest and the Revitalization of Democracy in Britain," in *Social Movements and Democracy*，ed. Pedro Ibaro（New York：Palgrave MacMillan，2003），137－168.

第17章 横跨性与梅斯蒂索化：超越纯化—反抗僵局

约翰·伯克（John F. Burke）[1]

　　梅斯蒂索化是一种拉美遗产，相关研究关注在美洲的欧洲居民和土著居民的交叉与转变，并形成了两种主导的解释范式。在美国和墨西哥边境以南，统治精英和学者都用"梅斯蒂索化"一词为这样的混合辩护：在欧洲人、美洲土著人、非洲人和其他人形成的混种人之中，欧洲文化占据主导地位。与之相反，在美国和墨西哥边境以北的拉美裔美国人的遗产中，占主导地位的欧洲裔美国人对美国西南部的征服，导致很多拉美裔学者赋予"梅斯蒂索化"一词反抗含义，并把它当成寻找力量抵抗文化霸权的方式。

　　这些相互竞争的梅斯蒂索化范式分别物化了被压迫者和压迫者，鉴于此，本文认为这个概念僵局是哲学和政治理论中持续至今的辩论的一个子集，参与辩论的一方提出的是对特殊视角毫无用处的普遍方案，另一方提出的是竭力避开普遍叙事的分裂主义方案。本文以梅洛-庞蒂的横向普遍概念为基础，回顾弗雷德·道迈尔、郑和烈、卡尔

---

1 文中讨论纯化范式、反抗范式和横向范式的小节部分内容来自我的论文："The Three Paradigms of *Mestizaje*：Realizing Democracy in a Transnational World of Crossing Borders," 19 - 22（Spanish）and 34 - 47（English）in *Portularia*：*Revista de Trabajo Social*（2008），Volume Ⅷ，Number 2.

文·施拉格所阐述的横向路径如何引出一种多中统一，这种多中统一所寻求的既不是普遍、透明的理解，也不是特殊、相对主义的理解。在结论部分，本文将述评雅克·奥迪内特、维利黑·埃利桑多、豪尔赫·格拉西亚著作中的横向梅斯蒂索化如何能带来不同民族和文化之间横向、平等主义交叉的可能性。

横向哲学和比较政治理论的出现是 21 世纪的一个重要发展。横向哲学和比较政治理论试图在普遍的、"放之四海皆准"的真理概念和顽固拒变的特殊文化视角之间周旋，在不懈揭示真理的过程中，它们努力带来不同民族、文化、文明之间的横向理解。

这不仅仅是内行才懂的事业。2008 年秋开始的全球经济衰退生动说明，世界各民族、各文化的命运已经日益纠缠在一起，然而，全世界尚缺乏能以恰当方式管制全球经济的跨国民主方案。就此而言，横向沟通对于培育跨国民间社会是必不可少的，而跨国民间社会可以维护上述跨国政治方案，并带来一个更加正义、和平的世界。

与横跨性（transversality）一致，在拉美裔美国人和拉丁美洲人的话语中广泛存在"梅斯蒂索化"[1] 遗产：不同文化可以以某种方式融合，在这种融合中创造的新文化既反映了原文化的特征，又具有自身的独特权利。这个遗产源自征服所谓"新"世界时西班牙征服者和美洲土著在生物上和文化上的结合。但是，近几十年来，在学术话语中，梅斯蒂索化最初的生物学含义被改写了，现在它意味着不同文化交叉后形成**相互转变**的任何文化融合。梅斯蒂索化不

---

[1] 梅斯蒂索（*mestizo*）最初指征服美洲时西班牙人和美洲土著的后裔，后来泛指混血儿乃至具有多元文化背景者。梅斯蒂索化（*mestizaje*）也兼有种族融合与文化融合之意。文中还使用"梅斯蒂索女性"（*mestiza*）一词来凸显性别含义。——译者注

只是一种学术现象，还是很多拉美裔美国人和拉丁美洲人以具体角度理解的一个概念，这个事实使它在追寻横跨性的事业中成为一种极具吸引力的资源。用现象学术语说，梅斯蒂索化是大部分美洲地区的生活世界不可或缺的部分。

文化融合既非一种文化战胜其他文化，也非文化、文明之间的内讧，这样的文化融合概念与横向哲学显然是一致的，横向哲学以一种既不导致轻而易举的一元论，也不导致相对主义的多元主义的方式追求真理。进而，梅斯蒂索化的历史遗产是在美洲征服的熔炉中锻造出来的，若要以现实主义方式克服发展中世界中的殖民主义和新殖民主义所造成的剥削，则该历史遗产是一种可以借助的宝贵资源。"梅斯蒂索化"话语在寻求绝非天真乐观的相互沟通和转变，它所要解放和转化的是那些从强奸、暴力、瘟疫、经济支配中诞生种族混合特征的社会。

我在自己关于梅斯蒂索化的主要著作《梅斯蒂索化民主》[1] 中指出，在美国过去二十多年关于多元文化主义的争论中，被理解为"跨界"之风的梅斯蒂索化在同化范式和分裂主义范式之间来回游移。同化被人们亲热地称为"熔炉"，它试图在新人来到美国时剥去其过去的认同，并提供给他们一种普遍的美国认同以取而代之。例如，在《我们是谁》[2] 中，塞缪尔·亨廷顿认为，主要在宗教改革时期形成的盎格鲁-撒克逊白人新教徒的文化价值观，是美国政治文化的智识支柱，需要不计一切代价予以维护和复兴。与之相反，分裂主义是对同化主义文化霸权的一种回应，它认为一种普遍

---

1 John Francis Burke, *Mestizo Democracy：The Politics of Crossing Borders*（College Station，TX：Texas University Press，2002），53 – 62.

2 Samuel Huntington，*Who Are We？：The Challenges to America's National Identity*（New York：Simon & Schuster，2004）.

认同实际上无非是占支配地位的文化团体的投影。因此，无论基于族群、种族或宗教的"部落主义"，还是转向特殊主义的后现代主义，论者都认为人们最多能寄希望于中央权力下放的场所或领域中的相互理解感。与上述两者都不同，我主张这样一种梅斯蒂索话语，它预示文化之间有可能形成横向交叉，而不是以整齐划一或相对主义告终。

然而，随着我更深入地搜寻拉美裔美国人和拉美人研究中关于梅斯蒂索化的学术文献，我发现同化与分裂的"非此即彼"对立采取了一种不同形式。在拉丁美洲的历史上，无论政治领袖、文学家还是学者，在使用梅斯蒂索化时都倾向于强调朝将印第安人（美洲土著）和黑人（作为奴隶被带到美洲）向某种白人或欧洲人标准进行纯化。相反，在美国拉美裔（特别是奇卡诺人）的文学和学术话语中，当梅斯蒂索化得到强调时，它被等同于印第安人的遗产，反而为占支配地位的英裔美国人的统治形式，有时候则是为反抗欧洲中心的统治形式提供了一种反抗。换言之，在布拉沃河（格兰德河）以南，人们倾向于消除梅斯蒂索化话语中的印第安人；在该河以北，人们倾向于把梅斯蒂索化等同于被征服的印第安人。[1]

因此，基于本文意图，我将从政治现象学立场同时批评纯化范式和反抗范式，并引出一种更符合不同民族、文化、文明之间横向理解事业的横向梅斯蒂索化。我的论证由四节组成。第一节将回顾拉美人话语中梅斯蒂索化的纯化范式。第二节转而回顾拉美裔美国人话语中对立的反抗范式。我不仅要指出这两种范式的不足，还要指出它们互为彼此的镜像。第三节将提出一条更有前景的研究路

---

1 Rafael Pérez-Torres, *Mestizaje* ： *Critical Uses of Race in Chicano Culture*（Minneapolis，MN：University of Minnesota Press，2006），16.

线，我们会回顾弗雷德·道迈尔、郑和烈、梅洛-庞蒂、卡尔文·
施拉格所阐述的横跨性的特征。第四节将引出一种横向的梅斯蒂索
化范式，它有助于在美洲各民族、各文化之间架桥（而非砌墙），
还有助于培育其他地方的跨国民间社会。结论部分将对我的思考进
行综合。

1. 梅斯蒂索化的纯化范式

关于拉丁美洲的梅斯蒂索化的纯化范式，我从玛丽琳·格雷
斯·米勒的《宇宙种族兴衰》[1] 中得到提示。米勒表明，尽管梅斯
蒂索化在拉美得到欢迎，但它主要投射出占支配地位的梅斯蒂索阶
层的观点和利益，而非穷人（主要是印第安人和黑人）的观点和利
益。例如，在拉美，种族混合比美国熔炉的同化方案享有更多尊
严，然而，种族混合是以一种等级制方式熔铸的，与欧洲人遗产的
混合处于等级顶端。即使今天，例如在墨西哥，虽然梅斯蒂索的遗
产得到官方欢迎，但人们观看选美比赛时仍然倾向于关注欧洲人特
征——蓝眼、金发等。正如米勒强调的，大量穷人（通常是非白
人）事实上被边缘化，很难融入主流的梅斯蒂索化表述。[2]

米勒接着讨论了西蒙·玻利瓦尔、何塞·马蒂等人。他们带着
政治目的阐述梅斯蒂索化，旨在对这两者做出区分：一方面是拉丁
美洲的主权与完整，另一方面是欧洲和美国的遗产与文化霸权。玻
利瓦尔强调，欧洲人与印第安人、黑人的混合，为拉丁美洲从西班
牙治下独立提供了正当理由。[3] 马蒂继而对拉美的种族混合与美国

---

[1] Marilyn Grace Miller, *Rise and Fall of the Cosmic Race*：*The Cult of Mestizaje in Latin
    America*（Austin，TX：University of Texas Press，2004）.

[2] Ibid.，9.

[3] Ibid.

的种族优越观念（一滴血法则[1]）做出区分，并将之作为具有规范性意义的防御手段，以抵制"美国佬"帝国主义在拉美的影响。为免引起混淆，米勒提示说，玻利瓦尔视印第安人为低等生物，视黑人为奴隶。相比之下，欧洲人或梅斯蒂索的遗产被赋予能够应对南美道德和物质上艰巨挑战的心智能力。[2]

墨西哥教育家何塞·巴斯孔塞洛斯在《宇宙种族》中的梅斯蒂索化叙事无疑非常令人困惑。[3] 以前我在《梅斯蒂索民主》中详尽评论过巴斯孔塞洛斯，[4] 但是仍有必要再次回顾他的论点，因为它试图改变梅斯蒂索化话语，使之超越生物意义上的混合，进而强调不同民族彼此接触了解，从而带来相互教化的风气。

我们对巴斯孔塞洛斯的观点做一简要回顾。他认为，经历部族间军事冲突时期及其后的规则政治时期，人类历史的最终时期，即审美时期，将迎来以美、乐、爱为特征的理性。他认为，在这个最后时期，非洲人、亚洲人、欧洲人、印第安人将合成为宇宙种族（ *la raza cósmica* ）。

巴斯孔塞洛斯的论点，无疑是对启蒙取代信仰事务所做出的审美的、浪漫主义的回应。[5] 欧洲实证主义、美国帝国主义和社会达尔文主义的批评者，肯定能从巴斯孔塞洛斯的叙事中找到论据来支持其各自事业。尤其可以看到，奇卡诺运动中的作家从他那里获得

1　这一法则认为,只要某人有一滴血来自有色人种,他就不属于白人。该法则盛行于 20 世纪的美国。——编者注

2　Miller, *Rise and Fall of the Cosmic Race: The Cult of Mestizaje in Latin America*, 10 - 11.

3　José Vasconcelos, *The Cosmic Race: A Bilingual Edition*, trans. by Didier T. Jaén (Baltimore: John Hopkins University Press, 1997).

4　Burke, *Mestizo Democracy*, 53 - 62.

5　Charles Taylor, *A Secular Age* (Cambridge, MA: Harvard University Press, 2007), 377 - 419.

了灵感，他们主张自己是被夹在不同文化之间的人。[1]

同时，该叙事的下述段落无疑强化了**纯化**主旨：

> 低级物种类型将被高级类型吸收……低等种族在经受教育后将减少繁衍，更好的样本将继续提升种族改良的程度，最高类型不是纯粹的白人，而是白人自身必定渴望成为的一个新种族，其目标是成功实现合成。印第安人被移植到这个种族中，他们会跨越那将亚特兰蒂斯和我们的时代分隔开的数百万年……[2]

巴斯孔塞洛斯可能提出了一种与达尔文式种族混合观念对立的孟德尔式观念，[3] 但他的论点太容易被诸如 19、20 世纪之交美国关于白人优越性的"进步主义"主张利用，[4] 或被纳粹的优等种族观念利用。

实际上，在 20 世纪上半叶，马蒂和巴斯孔塞洛斯各自的论点都被狭隘的拉美民族主义者的方案所吸收，这些方案强调"联合、同化、和谐、合成、合作"。[5] 对拉美跨国联邦主义的任何希望，无论建立在玻利瓦尔方案上，还是建立在巴斯孔塞洛斯方案上，都被这些民族主义者破坏了，他们扭曲了这两人的**纯化**修辞。巴斯孔塞洛斯后来拒绝了宇宙种族设想，他认为这样的种族混合只会造成全球退化。[6]

1 Joseba Gabliondo, Afterword to *The Cosmic Race: A Bilingual Edition*, trans. Didier T. Jaén (Baltimore: John Hopkins University Press, 1997), 100.

2 Jóse Vasconcelos, *The Cosmic Race: A Bilingual Edition*, trans. Didier T. Jaén (Baltimore: John Hopkins University Press, 1997), 32.

3 Gabliondo, Afterword to *The Cosmic Race*, 108.

4 Desmond King, *The Liberty of Strangers: Making the American Nation* (New York: Oxford University Press, 2005).

5 Miller, *Rise and Fall of the Cosmic Race*, 14; Gabliondo, Afterword to *The Cosmic Race*, 110.

6 Miller, *Rise and Fall of the Cosmic Race*, 41.

2. 梅斯蒂索化的反抗范式

纯化范式强调在与欧洲人的文化融合中印第安人和黑人群体得到提升，而梅斯蒂索化的反抗范式关注的是与被压迫的印第安人的认同。从历史上看，奇卡诺运动坚称墨西哥裔美国人已经沦为双重征服的牺牲品：西班牙征服者对墨西哥的最初征服，以及 19 世纪美国向现今美国西南部地区的土地的扩张。由此有了名句"我们并未跨过边境，是边境跨过了我们"。因此，在《梅斯蒂索化》中拉斐尔·佩雷斯-托雷斯认为，[1] 1848 年后墨西哥裔美国人被占支配地位的美国人剥削、边缘化，这改变了对梅斯蒂索化的表述——从表达欧洲殖民者的使命变成引发被征服人民的能动力量。

佩雷斯-托雷斯继而指出，这种与印第安人的认同不仅创造了"一种批判性的、声援全美洲其他土著团体的下层认同"[2]，而且引发了一种同日渐增长的全球化的支配针锋相对的反抗和能动性意识。他认为，具体而言，对奇卡诺人梅斯蒂索化的不定性表述，带来了一种能够挑战并削弱全球资本主义的"批判现实主义"。[3]

佩雷斯-托雷斯坚定持有这样的信念：种族分类对于权力关系中的悬殊地位来说是不可或缺的（纯化的提倡者无疑从反方向确认了这一现实），他强调一种"从反抗角度理解的多元文化主义"，[4] 它包含"充满争吵、时而暴力的社会变革"[5]。他在多大程度上论述了"地方性和全球性、反抗和认可、归属和疏离"[6] 之间的二元关

1　Pérez-Torres，*Mestizaje*.
2　Ibid.，9.
3　Ibid.，44.
4　Ibid.，39.
5　Ibid.，46.
6　Ibid.，48.

系，不定性、竞争性语言就在多大程度上构成他对梅斯蒂索化的表述的特征。

佩雷斯-托雷斯既反对例如纯化范式中对印第安人的抹消，也反对用一种鲜明的反文化来反抗全球化，然而，与思考新殖民征服中的困境的其他人一样，他的叙事冒着这样的危险：使反话语特权化，由此阻止与所谓压迫者进行真正的对话。仅用奴隶取代主人，并不能扭转主奴关系中的权力悬殊，反之亦然。

佩雷斯-托雷斯等人叙事中的反西方和反全球化要旨，其智识根源在美国的美洲土著思想中。在通俗作品层面上，例如切里斯·格伦丁宁（他在血缘上实际并没有美洲土著背景）的《我的名字叫切里斯，正从西方文明中恢复过来》，[1] 就表达了这种批评，它批评欧洲中心的统治对我们彼此的关系、我们与自然的关系造成的损害。但是，这种批评在已故达科他学者瓦因·德洛里亚的著作中才得到实质性表达，例如《卡斯特因你之罪而死》[2]《上帝是红种人》[3]《红土，白色谎言》[4]。

在其他地方，我联系美国分裂主义范式对德洛里亚进行了更全面的讨论。[5] 这里很有必要简要重述他的批评，因为它确实影响了佩雷斯-托雷斯和其他从事奇卡诺人和拉美裔美国人研究的学者有力主张的**反抗**范式。德洛里亚的基本观点是，西方文明是一个无根

---

1 Chellis Glendinning, *My Name is Chellis and I'm in Recovery from Western Civilization* (Boston: Shambhala Publications, 1994).

2 Jr. Vine Deloria, *Custer Died for Your Sins* (Norman, OK: University of Oklahoma Press, 1988).

3 Jr. Vine Deloria, *God is Red: A Native View of Religion* (Golden, CO: Fulcrum Publishing, 1994).

4 Jr. Vine Deloria, *Red Earth, White Lies: Native Americans and the Myth of Scientific Fact* (Golden, CO: Fulcrum Publishing, 1997).

5 Burke, *Mestizo Democracy*, 27 - 35.

的实体，没有能力崇敬自然（特别是地理位置）。从德洛里亚的视角来看，西方文明恰恰是在基督教作为一种宗教和一种哲学走出以色列犹太人部落出现时误入歧途。换言之，一旦基督教把自己展现为一种脱离于特殊地方的普世宗教（斯多葛派的超脱强化了这种趋势），它就失去了在一个特定地点的特定人民中培育具体的人与人关系的能力。此外，对德洛里亚来说，神圣感存在于自然之中，而非存在于彼岸领域之中，西方思考方式缥缈的抽象性被宗教改革和启蒙运动所强化，由此影响了欧洲殖民者在美国的作为：不敬地征服土地，随后又物质主义地滥用它。[1]

德洛里亚认为以上的结果是，一个无根的、精神迷失的混血民族，以进步和物质主义的上帝之名犯下滔天罪行。从处于屈从地位的土著的立场来看，对这种统治的报复是反抗，不仅反抗从殖民时代开始的全球资本主义的经济支配，还要反抗在深层维护它的，抽象构想出的普遍主义。德洛里亚没有为美洲土著与西方宇宙论之间的对话留出余地。[2]

格洛莉娅·安扎尔朵的著作，有望使梅斯蒂索化的反抗范式超越德洛里亚描述的鲜明二分，并转向一种更具横向跨界特征的思潮。她的著作不仅抓住了夹在英裔美国人和墨西哥人边界之间，还抓住了夹在男女边界之间、同性恋和异性恋边界之间所具有的矛盾、模糊和冲突。正如佩雷斯-托雷斯注意到的，安扎尔朵的论点"对奇卡诺男女的梅斯蒂索化这个充满争议的场域，提供了一种调解性的、不完整的、断裂的构想"。[3]

在她的开创性著作《边境》中，她批评美墨边境两侧的霸权所

---

1 Deloria，*God is Red*.

2 Ibid.

3 Pérez-Torres，*Mestizaje*，29.

带来的奇卡诺人的支配地位，无论他们最初的血统是阿兹特克人（特别是男性）、西班牙人，还是英裔美国人。她特别强调墨西哥文化中的核心女性形象，如瓜达卢佩圣母（*La Virgen de Guadalupe*）、玛琳切（*La Malinche*）、卢兰娜（*La Llorana*），如何被用来使女性屈服。[1] 安扎尔朵试图找回一种土著精神，它最初被阿兹特克的男性等级制败坏，继而因为西班牙人、墨西哥人、奇卡诺人对这"三位母亲"的操纵而被压制。[2]

同时，安扎尔朵把"寇特里库[3]的国家"当成一种反抗立场，在对此的表述中，她尤其为梅斯蒂索女性（*mestiza*）的世界观赋予特权："梅斯蒂索女性意识觉醒的著作，将打破维持她囚徒地位的主客二元性，还将表明：在肉体中，并且通过她著作中的图像，二元性如何被超越"。[4] 正如他者约束了她的存在，在克服二元性上，她的梅斯蒂索女性意识似乎被赋予特权。在这种视角下，从反抗角度表述的梅斯蒂索化，更多是对奇卡诺男女或美国拉美裔男女身份认同的巩固和确认，而非一种与"他者"的结局开放、对话性的接触。

公正地说，安扎尔朵确实强调了"语码转换"和跨界：

> 本书在下述语言之间进行语码转换：英语、卡斯蒂利亚西班牙语、墨西哥北部方言、美国-墨西哥风味语言、少量纳瓦特尔语，以及所有这些语言的混合。这展现了我的语言，一种新的语言，即边境语言。在文化交会处，语

---

1 Gloria Anzaldúa, *Borderlands / La Frontera：The New Mestiza*（San Francisco：Aunt Lute Books，1999），63 - 73.

2 Ibid.，52.

3 寇特里库(Coatlicue)为阿兹特克神话中的地母神,名字的意思是以蛇为裙,是因分娩而死的妇女的保护者。——译者注

4 Anzaldúa, *Borderlands / La Frontera：The New Mestiza*,102.

言被异花授粉、焕发活力，它们方死方生。这种新生语言、杂种语言，就是奇卡诺语言，目前它还无法得到任何社会认可。但是，我们奇卡诺人不再感到需要被赋予准入资格，不再感到有必要为了主动示好而把语言翻译成英裔、墨西哥人、拉美裔的语言，"抱歉"随时脱口而出。今天，我们要求各让一半。本书是我们——新梅斯蒂索女性对你的邀请。[1]

她还声称，在另一个交会处，"我认为我们需要允许白人成为我们的盟友"。[2] 然而，"允许"这样的语言，正是当丈夫说"我允许妻子去工作"时女性主义所批评的语言。关系中的一方显然控制着与"另一方"有关的结果，而不是两人之间的互换。安扎尔朵试图纠正奇卡诺女性在历史上的屈从地位，其努力值得关注，但她在这样做时至少有时犯了推行逆特权的错误。

比起在美洲土著和西方文明之间划出一条鲜明界限的德洛里亚，佩雷斯-托雷斯和安扎尔朵无疑都更多体现了文化融合及其充满的矛盾与模糊。然而，更多的征服、争夺、拼死斗争使他们对梅斯蒂索化的表述充满活力，很难看出这些表述在哪里"各让一半"了。在他们的分析中，假定的压迫者似乎没有差别，也没有自己的声音，然而，梅斯蒂索男女——基本上是具有奇卡诺男/女或美国拉美裔男/女背景的抵抗者，却有一切能力联合反对力量，并在多个境内航行。因此，不同个体、不同文化之间的融合，似乎内在地与支配和反抗的相互作用联系在一起。

总之，梅斯蒂索化的纯化范式把被征服者的文化当成一个必须

---

1 Anzaldúa, *Borderlands / La Frontera*：*The New Mestiza*, 20.

2 Ibid., 107.

加以改进和提升的实体，由此无批判性地使之物化，而梅斯蒂索化的反抗范式尽管对征服的霸权更加敏感，却在努力理解征服中的矛盾时使压迫者物化。前一范式太容易假定一种可以衡量所有文化的普遍规范，而后一范式太容易为屈从的土著倡导一种轻率的主张，这种主张无法为不陷入斗争的跨文化、跨国的人类事业带来大的希望。纯化范式和反抗范式，归根结底是我们最初评述的同化范式和分裂主义范式的更精巧版本。

3. 横跨性

无论同化—反抗的二分法，还是纯化—反抗的二分法，都无法超越"他者"的物化，弗雷德·道迈尔从更广角度把这一问题描述为普遍主义与"强调偶然和文化多样性的视角"之间的对立。[1] 普遍主义是这样的假设：存在一种明确的普遍真理，它不仅能够被认识，而且可以让不同民族、不同文化联合一致。从斯多葛派到中世纪思想、科学结构主义、普遍语用学，道迈尔追踪了这种普遍主义在西方传统中的发展轨迹。相反，特殊主义（我用的词）认为，任何所谓普遍实际都是一种支配了其他特殊观点的特殊观点。论点变为：人们能做的最好事情就是在特定时间，从特定地点的立场出发反抗此类霸权。道迈尔考察发现，这种观点源自 19 世纪浪漫派诗人，经由尼采最终融入后现代思想。[2]

在同化范式和纯化范式里，无疑都有普遍主义在下述主张中发挥作用：存在一种标准，它对于培养文化或文明的一致性是必要的。比起美国对捍卫和重申"美国信条"的要求，比起拉美人按照

---

1 Fred Dallmayr, "Polis and Cosmopolis," in *Comparative Political Culture in an Age of Globalization*, ed. Hwa Yol Jung (New York: Lexington Books, 2002), 426.

2 Dallmayr, "Polis and Cosmopolis," 420 - 432.

欧洲人规范进行纯化的要求，道迈尔引述的哲学传统显然以更具穿透力的深思表达了普遍规范。[1] 但是，美国的同化范式或梅斯蒂索化的纯化范式中仍然存在这样的假设：那些主要源自西欧传统的规范，应该成为组织政治社会并使不同公民熟悉彼此间文明行为的基础。

相反，正如后现代主义者巧妙地批判元叙事一样，分裂主义范式和反抗范式非常正确地揭示了，所谓的普遍通常是强加于人的某种特殊文化／传统的规范：在亨廷顿"信条"的例子中，是盎格鲁-撒克逊白人新教徒的规范；在拉美纯化范式的例子中，是假定具有优越性的欧洲人的规范。同时，正如道迈尔在谈及特殊主义时正确指出的那样，无论它是像理查德·罗蒂著作中的较柔和的后现代主义形式，还是像让-弗朗索瓦·利奥塔作品中的较强硬的形式，这些批评都不必然以解放屈从者或发起被压迫人民的能动性为终点。[2] 罗蒂的特殊主义与埃德蒙·柏克或迈克尔·奥克肖特只关心本地的保守主义有着诡异的相容性；利奥塔的斗争话语与竞争性利益集团多元主义的格调多有相似。讽刺的是，无论分裂主义范式中厚重的文化飞地，还是佩雷斯-托雷斯和安扎尔朵的梅斯蒂索男／女的反抗，这种对争夺的强调最终听起来都像是亨廷顿所说的跨国领域中的"文明冲突"。[3]

总之，乐观假设认为普遍很容易得到理解，并为"他者"的"文明化"提供一种基础，相反，对此的绝望回应是，人类解放主要是通过与主流文化的霸权，特别是全球化的霸权相对的反话语而

---

[1] Huntington，*Who Are We？*，59 - 80；Burke，*Mestizo Democracy*，20 - 27.

[2] Dallmayr，" Polis and Cosmopolis," 427.

[3] Samuel P. Huntington，*The Clash of Civilizations and the Remaking of World Order* (New York：Touchstone，1996).

得以实现。两者实际互为镜像。要么必须有一套强加的统一规范，要么人们最多能期待数套特殊规范，这些特殊规范不仅彼此竞争，而且尤其反对任何强加一种统一愿景的尝试。相比之下，对跨文化沟通的一种横向表述认为，不同民族和文化可以达成横向的共享含义，尽管这些共享含义具有未完成和开放的特征。

正如郑和烈借科内尔·韦斯特（Cornel West）所传达的：横跨性试图在"无个性的普遍主义与种族中心的沙文主义"之间游移。[1] 卡尔文·施拉格用另一种方式说，横跨性为"空洞的普遍主义和无政府的历史主义之间令人左右为难的行程"设定航线。[2] 正如施拉格指出的，那些赞成解释学方法的人认为，通过对话，人们尽管不能达成某种普遍的理解，但可以达成某种共识，因此冲突是可憎的事物。与此相反，冲突的可憎特征构成论战领域的特点，差异和反话语凭借这个领域得到颂扬。[3]

与温馨的对话或尖锐的冲突不同，横跨性既通过共识又通过冲突持续发挥作用，以实现各民族、各文化之间的横向理解，尽管这是试探性的理解。道迈尔借汉斯-格奥尔格·伽达默尔之口强调："界限的经验和我们存在的独特性——显现在语言多样性中的界限——打开了通往存在论真理的无限对话之路。"[4] 因此，与欢快的对话或拼死的斗争相反，横跨性以交叉或横截面为特征。[5] "支配横

---

1 Hwa Yol Jung, "Introduction," in *Comparative Political Culture in an Age of Globalization*, ed. Hwa Yol Jung (New York: Lexington Books, 2002), 13.

2 Ibid., 391.

3 Calvin O. Schrag, "Hermeneutical Circles, Rhetorical Triangles, and Transversals Diagonals," in *Comparative Political Culture in an Age of Globalization*, ed. Hwa Yol Jung (New York: Lexington Books, 2002), 389.

4 Dallmayr, "Polis and Cosmopolis," 434.

5 Jung, "Introduction," 13.

跨主义者精神的是未完成性而非完成性"，[1] 然而，横跨性的未完成性所实现的理解，其特征既非普遍的、透明的，亦非特殊的、相对主义的。

道迈尔、郑和烈、施拉格对横跨性的表述，都受到莫里斯·梅洛-庞蒂横向的普遍与真理观念影响。梅洛-庞蒂并没有以传统的纵向、综合方法来唤起普遍性，而是寻求各种"他者"之间的相互理解，这一点是通过接触并理解差异，转变对话者来实现的：

> ……不再是某种严格客观方法所获致的包罗万象的普遍，而是一种横向的普遍，我们获取这种普遍是通过民族学经验及其反复测试——以他人测试自我，以自我测试他人。问题在于建立一个一般性的参照体系，土著的视角、文明人的视角，以及每个人对他人的错误看法都可以在这个参照体系里找到一席之地，也就是说，问题在于建立一种不同时代、不同国家的人们都能获得的更全面的经验。[2]

梅洛-庞蒂接着说，我们更要学习"把我们的东西看作陌生的，把陌生的东西看作我们的"[3] ——一种既非穷尽一切也非地方本位的相互理解。

我在其他地方指出过，[4] 至少有六个论题使横向的多元文化关系描述有别于普遍性（同化和纯化）、特殊性（分裂主义和反抗）的多元文化关系描述。第一，与任何从一定距离对文化进行的客观主义观察相对，某文化的共享含义不仅被该文化的成员持续地再

---

1 Jung, "Introduction," 13.

2 Maurice Merleau-Ponty, *Signs*, trans. Richard C. McCleary (Evanston, IL: Northwestern University Press, 1964), 120.

3 Ibid.

4 Burke, *Mestizo Democracy*, 38 – 40.

访、转换，而且因为与其他文化的成员相遇而得到持续再访、转换。第二，与认为文化与文化之间无公度的主张相反，跨文化理解可以也确实形成了公度，尽管这种理解并不以透明翻译告终。第三，与主张个人身份在特定传统中才完整实现，因此必须永久保留这些特定传统的人相对，加里·麦迪逊等人表明，通过"与他者的对话性相遇，（自我）在自身的实现（这个词的具体意义上）方面达到了更高的认识"。[1] 第四，与纵向真理观念相对，从追求横向真理的角度看，正如克利福德·格尔茨指出的，我们应该探寻"不同现象之间的系统关系，而非相似现象之间的大量相同之处"。[2] 第五，文化间的这种横向理解培育了一种跨国公民身份观念，它既不会过于轻易地被强加于他者，也不会基于截然不同而遭到彻底拒斥。第六，根据阿伦特的见解，人类境况是复数性的境况，[3] 但是在其中，相伴的偶然性、模糊性和不确定性特征正是人（和文化）同时交流其相似和差异的媒介。因此，正如伽达默尔强调的，接触了解而非差异的固化，培育了"无限可能的表达领域"。[4]

横跨性之维无疑在"梅斯蒂索化"话语中产生了回响，从土著、欧洲人和非洲人（被带到美洲的奴隶的后代）在拉美的最初结合，到后来美国不断增长的非裔美国人、亚裔美国人、欧裔美国人、拉美裔美国人、土著美国人及其他文化社群之间的文化结合话语。然而，正如我所表明的，这些话语不是将欧洲人的作用赋予特

1 Gary Brent Madison, *The Hermeneutics of Postmodernity: Figures and Themes* (Bloomington, IN: Northwestern University Press, 1988), 177.
2 Clifford Geertz, *The Interpretation of Cultures* (New York: Basic Books, 1973), 44.
3 Hannah Arendt, *The Human Condition* (Chicago: University of Chicago Press, 1958).
4 Hans-Georg Gadamer, *Philosophical Hermeneutics*, ed. and trans. David E. Linge (Berkeley: University of California Press, 1976), 16.

权（纯化范式），就是纠结于印第安人的屈从经历（反抗范式）。难道我们注定不是将"真理"叠加于"他者"之上，就是走向地方本位主义，阻挠对沟通、理解和跨文化真理的追求？难道不存在预示某种横向梅斯蒂索化的其他可能性？

4. 梅斯蒂索化的横向范式

我认为，豪尔赫·格拉西亚的《西班牙裔/拉美裔认同》[1]、维利黑·埃利桑多的《未来是梅斯蒂索》[2]、雅克·奥迪内特的《全球化的人性面孔》[3] 都带来了一种横向的梅斯蒂索化表述。在这三个来源中，格拉西亚的著作是最具哲学性的深思。格拉西亚回顾了拉美世界的"梅斯蒂索化"话语，并认为，与纯化范式和反抗范式相反，梅斯蒂索化的特征是开放性和多元性："我们是谁这个概念是开放和多元主义的，它允许其他的、多样的、形形色色的认同共存"。[4] 他在讨论拉美的梅斯蒂索化遗产时表现出的深度，以及偶尔的沙文主义，也是他的分析的弱点所在：他没有研究梅斯蒂索化对超出拉丁美洲的横向关系的意义。

《未来是梅斯蒂索》是一部神学自传。埃利桑多总结自己被夹在英裔文化和墨西哥人文化之间的经历，并以之为基础来表达跨越多种文化的思潮，该思潮能为"人类种族的一种新马赛克拼图"奠

1　Jorge J. E. Gracia, *Hispanic/Latino Identity*: *A Philosophical Perspective* (Malden, MA: Blackwell Publishers, 2000).

2　Virgil Elizondo, *The Future is Mestizo*: *Life Where Cultures Meet* (Bloomington, IN: MeyerStone Brooks, 1988).

3　Jacques Audinet, *The Human Face of Globalization*: *From Multiculturalism to Mestizaje*, trans. by Frances Dal Chele (Lanham, MD: Rowman & Littlefield Publishers, Inc, 2004 [Original work published 1999]).

4　Gracia, *Hispanic/Latino Identity*, 87.

基。[1] 他的其他著作，例如《加利利之旅》[2] 和《瓜达卢佩：创造之母》[3] 更深刻地阐述了他的梅斯蒂索神学，而在《未来是梅斯蒂索》中，他将拿撒勒的耶稣和瓜达卢佩圣母呈现为梅斯蒂索男/女，他/她主要关心穷人和他者——被主流社会规范排斥的格格不入者——并授予他们权力。[4] 他承认需要克服美国西南部墨西哥裔美国人对英裔美国人的政治、经济、社会屈从，但他也同等程度强调欧洲裔美国人和其他非拉美裔群体对美国西南部及其他地方的"新梅斯蒂索化"（el mestizaje nuevo）的贡献，这与反抗范式形成了鲜明对比。

从某一层面看，奥迪内特的著作不加批判地、浪漫地拥抱拉美裔美国人和拉美人话语中的梅斯蒂索化遗产。但从另一层面看，奥迪内特将这种遗产重塑为基于相互性、平等性和横跨性的贯穿全球的多样文化观念，尽管他从没有使用横跨性一词。实际上，随之在法国形成的"梅斯蒂索化"（le metissage）话语是值得注意的。[5] 尽管有时他使用的概念更具现代主义特征而非横向或后现代主义特征，但是比起格拉西亚和埃利桑多，他将梅斯蒂索化与民主理论更广泛地联系了起来。

如果说格拉西亚的分析最具拉丁美洲文化特色，而奥迪内特的分析最长于对跨国民间社会和世界主义的深思，那么，埃利桑多对于拉美裔同由来已久的美国文化日益交叉的叙事，则在更具区域性

---

1 Elizondo，*The Future is Mestizo*，102.

2 Virgil Elizondo，*Galilean Journey：The Mexican-American Promise*（Maryknoll，NY：Orbis Press，1991）.

3 Virgil Elizondo，*Guadalupe：Mother of the New Creation*（Maryknoll，NY：Orbis Press，1997）.

4 Ibid.，57 - 86.

5 Laurence Monroe，*États-Unis la metamorphose hispanique*（Paris：Les Éditions du Cerf，2008）.

的（格拉西亚）和更具跨国性的（奥迪内特）以横跨性形式出现的梅斯蒂索化表述之间建起桥梁。我不分别回顾他们的论点，而要把他们的分析同我之前关于混合文化的著述合为八个要点，传递一种横向的梅斯蒂索化表述。

第一，横向梅斯蒂索化并不赋予交叉遗产优先于其他事物的地位，而是这种交叉带来了新的可能组合。根据格拉西亚的看法，梅斯蒂索化"承认源自不同文化和种族的多样元素的价值。混合既意味着摒弃，也意味着采纳"。[1] 对比同化范式和纯化范式所凸显的异质化，这些横向交叉强调始终向重塑开放的历史连续性。[2]

第二，横向梅斯蒂索化强调统一性和多样性互为必需，而非彼此对立。正如埃利桑多指出的，"未来我们将开始见证一种世界文化，它将同时是普遍的和特殊的"。[3] 因此，与纯化范式中假定的普遍对特殊的抹杀，或反抗范式中特殊对主流文化的抗议不同，横向梅斯蒂索化强调培育开放性的跨国民间社会。

第三，横向梅斯蒂索化强调，与其说各种文化是保留完整，甚至彼此孤立的实体，不如说始终在彼此的相互关系中被转化。与文化交叉中的纯化或同化号召不同，格拉西亚呼吁我们支持"种族、族群、文化上的混交"，[4] 这种混交并不以相对主义告终或沉迷于相对主义。

第四，横向梅斯蒂索化不仅指拉丁美洲的混合文化遗产，而且指国家内部和跨国关系中不同人群不断增多的交叉点。正如奥迪内特强调的那样：

1　Gracia，*Hispanic/Latino Identity*，11.

2　Ibid.，109，120.

3　Elizondo，*The Future is Mestizo*，95.

4　Gracia，*Hispanic/Latino Identity*，121.

　　梅斯蒂索。这个词正逐渐进入前所未知的地点和环境。它不再只涉及岛上其他地方的其他人，现在它涉及在此的我们……人们开始联系观念、群体、生活方式来谈论梅斯蒂索化。[1]

　　进而，以美国西南部为例，埃利桑多强调新梅斯蒂索化不仅展现为对主流文化的反抗，而且在其中"构成美国基础的老北欧文化，与古代伊比利亚世界（同美洲土著民族混合形成）的拉美裔梅斯蒂索文化相遇并融合"。[2] 亨廷顿认为必须保存盎格鲁-撒克逊白人新教徒的遗产，应对"墨西哥裔／（母语为西班牙语的）拉美裔的挑战"，[3] 实际情况正相反，美国政治和宗教文化面对的挑战是，在美国拉美裔／拉美遗产与悠久的美国新教徒遗产之间如何形成横向理解。

　　第五，横向梅斯蒂索化强调对全球经济中物质主义和消费主义的横向批评。应该承认，巴斯孔塞洛斯和佩雷斯-托雷斯在他们各自对梅斯蒂索化的表述中都持此意见。与横跨性中对"他者"的关心和接触一致，埃利桑多笃信，多样的群体有能力寻求无法被简单化约为商品交换的人际关系。[4]

　　第六，横向梅斯蒂索化强调，民主就像跨文化理解之培育一样，不是我们已经实现的东西，而是我们努力趋向的东西，在跨国层面更是如此。奥迪内特尤其认为，法治和促进人权使人们能够超越部落认同。在这个方面，奥迪内特过于不加批判地接受自由主义民主的规范，后者在促成横向的多文化接触方面的局限已经受到来

1　Audinet, *The Human Face of Globalization*, 1.

2　Elizondo, *The Future is Mestizo*, 11.

3　Huntington, *Who Are We？*, 221－256.

4　Elizondo, *The Future is Mestizo*, 93, 97.

自自由主义传统内部[1]和外部的批判。[2] 但是，奥迪内特试图促成不同人之间的平等对话，这是正路。他对民主理论的讨论会从拉克劳和墨菲那里受益，拉克劳和墨菲强调"社会逻辑的多样性"，而社会逻辑的"（霸权性）表述"需要不断受到质疑和再评价。[3]

第七，回到拉丁美洲梅斯蒂索化源头的遗产，横向梅斯蒂索化接近反抗范式，它承认拉美征服过程中土著受到的暴力压迫，以及后来的美国西进运动中印第安人、西班牙人和墨西哥裔美国人受到的压迫。

格拉西亚的分析的缺点在于，他没有充分地容纳这个解放主题。然而，这一批评同样适用于横跨性的支持者，包括梅洛-庞蒂，他们没有充分讨论何种政治、社会、经济条件使不同对话者之间的真诚沟通成为可能或不可能——早在西班牙征服拉丁美洲初期，巴托洛梅·德·拉斯·卡萨斯就洞察到这一问题，但他没有给出解答。[4] 如果不讨论发展中世界内部，以及发展中世界与发达世界之间尤其存在于阶级的巨大差距，追求横跨性就很容易变成多样但舒适的学者的专门领域。

---

1 Michael Mann, *The Dark Side of Democracy: Explaining Ethnic Cleansing* (Cambridge: Cambridge University Press, 2005).

2 Bhikhu Parekh, *Rethinking Multiculturalism and Political Theory* (Cambridge, MA: Harvard University Press, 2000).

3 Dallmayr, "Polis and Cosmopolis," 437.

4 Enrique Dussel, *The Invention of the Americas: Eclipse of "the Other" and the Myth of Modernity*, trans. Michael D. Barber (New York: Continuum, 1995); Bartolomé de Las Casas, *In Defense of the Indians*, ed. and trans. Stafford Poole (DeKalb, IL: Northern Illinois University Press, 1992a); Bartolomé de Las Casas, *A Short Account of the Destruction of the Indies*, ed. and trans. Nigel Griffin (New York: Penguin, 1992b); Gustavo Gutiérrez, *Las Casas: In Search of the Poor of Jesus Christ*, trans. Robert. R. Barr (Maryknoll, NY: Orbis Press, 1993 [Original work published 1992]).

第八，横向梅斯蒂索化超越文化认同与地点的关联，目的是强调横向沟通产生于其中的空间的重要性。回想一下，德洛里亚坚持把部落文化、精神认同和特定地点捆绑在一起。相比之下，奥迪内特认为，地理学不仅是对区分我们和其他人的地点的研究，而且是对诸文化在其中彼此交叉、转化的空间的研究。[1] 对于培育和实现跨国民主社会来说，从地点到空间的意识转变是关键所在。与只会设想文明间拼死冲突的人士相比，这一意识转变通过向"他者""开放"而非消灭"他者"，促成横跨这些边界的"激进普遍化"。[2]

5. 结论

通过分析我已经表明，尽管梅斯蒂索化一般被认为关乎一种并不以同化为结局的文化融合，但梅斯蒂索化的纯化范式和反抗范式分别特权化了欧洲人征服美洲过程中征服者的立场和被征服者的立场。这两种范式分别代表了普遍—特殊哲学争论中的两极。我提出一种横向的梅斯蒂索化表述作为替代，在其中，不同民族之间的对话得以形成，其终点既不是"放之四海皆准"的一致性，也不是无休止对抗的群体发出的杂声。具体而言，一种横向梅斯蒂索化架起桥梁，以便横越纯化范式建构的墙和反抗范式解构的墙。

一些人可能会认为，考虑到历史上的"梅斯蒂索化"话语被征服政治和种族政治深深刻入的程度，与其利用它与横跨性事业的关联，不如把它丢进历史的垃圾箱。确实，任何对跨现代或后现代的文化霸权和社会霸权批判敏感的人都不会赞成纯化思潮（然而令人惊讶的是这种思潮的温和版本，即美国人强调的同化仍在蓬勃发

---

1 Audinet，*The Human Face of Globalization*，18 - 19，52 - 53.
2 Elizondo，*The Future is Mestizo*，108 - 109.

展）。梅斯蒂索化遗产提醒我们这些阐述横贯性的人，寻求横向的
跨文化理解也必然要求我们考虑种族、阶级、性别差异如何使参与
决策网络的人们有能力或无能力。

从全球市场的角度看，发展中世界与发达世界联系日益紧密，
向发达世界移民也促成了这一发展。鉴于此，美墨边境在很多方面
都是发达—发展中世界相互作用的前线。因此，考虑到梅斯蒂索化
深深得益于征服缔造的文化结合，它对于实现平等主义的跨国民间
社会而言仍是一种不可或缺的话语。

相反，横跨性思潮使梅斯蒂索化的表述能够超越征服者—被征
服者的相互作用，由此凸显的文化融合既不把特权者的观点特权
化，也不陷在被征服者的困境中无法自拔。郑和烈认为，"横跨性
是变成全球公民（*homo globatus*）或世界主义者的理论基础，他
们在多元主义世界——它超越了现代主义以民族国家为单位的世界
划分——中感到舒适自在"。[1] 如果他所言不虚，那么，一种横向梅
斯蒂索化为这一努力提供了补充，它越过征服者—被征服者的相互
作用，以便在不同民族、不同文化日益增长的交叉中实现相互性，
从而达成了这一点。

1　Jung，"Introduction，"14.

第 18 章 记忆与反记忆：为了一个开放的未来

马丁·贝克·马图斯提克（Martin Beck Matuštík）

> 一些崭新的事物正在以记忆刻写的形式出现，这些事物通过创造共享的跨学科对话空间而影响到大屠杀后记忆研究、创伤记忆研究、后殖民记忆研究以及柏林墙倒塌后记忆研究。

> 人类与权力的斗争，就是记忆与遗忘的斗争……人们想要成为未来主宰的唯一理由就是改变过去。

> ——米兰·昆德拉《笑忘录》[1]

1. 1989 年的冲突性遗产

一些崭新的事物正在以记忆刻写的形式出现，这些事物通过创造共享的跨学科对话空间而影响到大屠杀后记忆研究、创伤记忆研究、后殖民记忆研究以及柏林墙倒塌后（1989 年）记忆研究。东欧文化被两次世界大战中的毁灭所重创，被强制性的同化所抹去，被遗忘或未被及时记录，在广场和街角被重新命名，在无名墓地中被掩埋，被冷战冻结，其核心被柏林墙倒塌后的集体历史重述所动

---

1 Milan Kundera，*The Book of Laughter and Forgetting*（New York：Penguin Books，1981），3 and 22. On p. 3. 昆德拉开篇讲述了克莱门蒂斯的故事：1948 年 2 月克莱门蒂斯将他的帽子戴在了克莱门特·哥特瓦尔德头上——所有革命绘画都有这个场景。4 年后克莱门蒂斯因叛国罪被绞死，这些绘画中的克莱门蒂斯都被抹除，革命开始销毁其存在的印记。

摇。1989 年后留下的核心遗产中有一种鲜明对比：东欧最近才不情愿地开始尝试纪念其不久的过去，而散落在世界各地的幸存者们已经积极举行了各种纪念活动。另一个明显的对比是：一方面，我们目睹了某些国家对过去的困扰，这些国家被美国国务院和世界贸易组织归类为新独立国家（NIS）和中东欧国家（CEECs）；[1] 另一方面，我们看到俄罗斯悼念的是苏联解体而不是该政权下的牺牲者。为了举出好的例子来说明这些趋势，我特别指出下述中东欧学者近期讨论记忆伦理、记忆政治和记忆灵性时做出的概念对比：《幽灵和记忆的来世》（赫希、施皮策）、[2]《阴魂不散的遗产》（施瓦布）、[3]《铁幕打开后扭曲的悼念》（艾金德）和《危险的记忆》（马图斯提克）。[4]

---

1 NIS 指 15 个苏联加盟共和国，包括亚美尼亚、阿塞拜疆、白俄罗斯、格鲁吉亚、哈萨克斯坦、吉尔吉斯斯坦、摩尔多瓦、俄罗斯、塔吉克斯坦、土库曼斯坦、乌克兰、乌兹别克斯坦。CEECs 即中东欧国家，包括(a)转型国家：波罗的海共和国（爱沙尼亚、拉脱维亚、立陶宛）、前南斯拉夫地区（克罗地亚、塞尔维亚、黑山、波斯尼亚和黑塞哥维那、科索沃、马其顿）、保加利亚、罗马尼亚、阿尔巴尼亚；(b)巩固国家：斯洛文尼亚、匈牙利、捷克共和国、斯洛伐克以及波兰。

2 Marianne Hirsch and Leo Spitzer, *Ghosts of Home: The Afterlife of Czernowitz in Jewish Memory* (Berkeley: University of California Press, 2010).

3 Gabriele Schwab, *Haunting Legacies: Violent Histories and Transgenerational Trauma* (New York: Columbia University Press, 2010).

4 Alexander Etkind, "Stories of the Undead in the Land of the Unburied: Magical Historicism in Contemporary Russian Fiction" *Slavic Review* 68, no. 3 (Fall 2009): 631 - 658; Martin Beck Matuštík, "Nebezpečná paměť" ["Dangerous Memory"] *Literární noviny*, No 50. December 8, 2003. Czech intellectual weekly. 头版文章刊登了瓦茨拉夫·克劳斯最近对瓦茨拉夫·哈维尔的批评，以及对后者试图对中东欧关于共产主义的不同政见进行历史修正的批评；"Sametová demokracie a jiné změny režimů," (English title: "From 'velvet revolution' to 'velvet jihad?'") *Literární noviny*, *November* 15, 2004. / The English version, Open democracy, November 18, 2004. Also "Jedinec a generace" (English title: "Individual and Generation"), （转下页）

2. 为了一个开放的未来所做的纪念：三个例证

第一，赫希和施皮策最近发表的关于切尔诺夫策 (Czernowitz) 的案例研究，在国际上引起了关注。直到铁幕倒塌二十年后的现在，东欧犹太人晚近的历史才得见天日。犹太人曾经将中东欧视为自己的家园；在斯大林和希特勒之前，只有少部分犹太人移民到了美国和巴勒斯坦（1880—1938 年）。这个曾被称为德涅斯特的地区，为有待书写的更大的东欧文化史提供了一个例子。切尔诺夫策位于奥匈帝国的布科维纳地区，保罗·策兰笔下的切尔诺夫策曾是多语言交汇的、繁荣的"东方维也纳"。1918 年被大罗马尼亚吞并后，这个城市被重新命名为切尔纳乌迪 (Cernǎui)。1941 年被苏联短暂地掌控后，它变成了纳粹占领的罗马尼亚地区的一部分。1945 年它从法西斯主义中被解放，又立刻以切尔诺夫齐 (Chernovtsy) 之名被纳入苏联。随着乌克兰在 1989 年独立，这个

（接上页）*Literární noviny*，August 16，2004. 关于 1968 年苏联入侵捷克斯洛伐克周年纪念的文章。"Nesnesitelná lehkost začátků"（English title："Unbearable Lightness of Beginnings"）. *Literární noviny*，July 12，2004. 关于记忆、记忆作品、真相委员会的文章。Also "Post/moderní pokoušení"［English title："Post/ modern Tempting"］. The anniversary issue on the revolutionary events of November 1989. *Tvar*，No. 36（intellectual biweekly，Prague，November 8，1990）：1，4 - 5. And "Velvet Revolution in Iran?" *Logos*：*A Journal of Modern Society and Culture*（Winter 2006）. / "Sametová demokracie v Íránu？" *Literární noviny*（November 13，2006）. 对伊朗与 1989 年前东欧持不同政见的前民主运动与民间社会的比较分析。参见 Martin Beck Matuštík，*Postnational Identity*：*Critical Theory and Existential Philosophy in Habermas*，*Kierkegaard*，*and Havel*（New York & London：the Guilford Press，1993；second ed. by New Critical Theory，2013）. 也可参见 *Neklid doby*：*Eseje o radikálním zlu a jiných úzkostech dneška*（English title：*Discontents of Our Times*：*Essays about Radical Evil and Other Anxieties of Today*）. Book of eight philosophical essays（Prague：Philosophia，publisher of the Academy of Sciences of Czech Republic，2006）。

城市自己将自己重命名为切尔诺夫西（Chernivtsi）。[1]

第二，艾金德对一种记忆不对称进行了重要论证。这种不对称存在于中东欧国家以及那些自认为在文化上接近于东欧的新独立国家（例如乌克兰），同作为苏联继承者的俄罗斯之间，俄罗斯的领导人选择将逝去的帝国作为他们主要的民族"创伤"来哀悼。对于中东欧国家记忆刻写的研究者来说，重要的是评估苏联解体的影响，评估普京将这个事件作为"20 世纪最严重灾难"并将其重要性提升至高于 20 世纪 30 年代的恐怖事件的做法。苏联历史上未被掩埋的受害者们正在困扰着后苏联文化和中东欧国家。[2] 如果受害者们没有目击证人，是因为幸存者以及他们的后代没有写下证词和回忆录，也因为没有纪念死者的葬礼、博物馆和纪念碑，那么过去就变成了一种创伤性的忧郁。在忧郁的色调中回忆起的过去变成了"无法悲伤的东西"（这是艾金德引用朱迪斯·巴特勒的一个术语）。[3]

第三，在我之前发表的作品中，我对比过两种类型的传播跨代

---

1 亚利桑那州立大学历史学博士候选人杨·曼（Yan Mann）的学位论文，特别关注了德军入侵第一年（1941 年）时的二战记忆，该论文还讨论了对斯大林的记忆、对红军的表现的记忆。杨·曼生于切尔诺夫策，这个城镇是玛丽安·赫希和利奥·施皮策《故乡的幽灵》（Marianne Hirsch and Leo Spitzer, *The Ghosts of Home*）一书的研究对象。

2 美国提议在捷克名为"布尔迪"的森林地区安装反雷达导弹系统，而捷克对这一提案态度矛盾，这凸显了俄罗斯的哀悼对东欧的影响。新独立国家、俄罗斯和中东欧国家在记忆刻写上的差异导致了总是令人害怕的"俄罗斯熊"神话，参见 Vít Klusák and Filip Remunda, "Český mír"（English title: Czech Peace）; "Documentary Český mír is staying on the radar." *The Prague Post*（September 29, 2010）. 参见 Walter Benjamin, *Illuminations*, trans. Harry Zohn（New York: Shocken Books, 1968）, the sixth thesis of Walter Benjamin's "Theses on the Philosophy of History." 也可参见 Alexander Etkind, "Stories of the Undead in the Land of the Unburied: Magical Historicism in Contemporary Russian Fiction" *Slavic Review* 68, no. 3（Fall 2009）, 631 - 658。

3 Etkind, "Stories of the Undead"，艾金德描述了后苏联时代某些小说、电影和媒体中的"魔法般的历史主义"，它们刺激俄罗斯人（有时以伪装和扭曲的形式）哀悼他们的上一代人。

创伤的博物馆。纳粹将布拉格的犹太中央博物馆（1942—1945 年）强行改造成一个"救赎的"种族灭绝工程。[1] 他们的博物馆本来会庆祝欧洲犹太人的灭绝，而其记忆会把这种庆祝作为一种泯灭的创伤来加以传播。然而，这里既没有罪行的目击者也没有幸存者的证词。这个自我遗忘的纪念地点，将通过想象、加工和设计来自己生产对于被篡改的过去的记忆痕迹，并且将之导向一个它所意欲的失忆的未来。这样的纪念地点将会成为一个有教育意义的全欧洲思想库，以便培养纳粹干部，甚至可以说它是未来记忆操控的原型。

关于布拉格的犹太中央博物馆，形成了两种解释路径。埃贡·E. 基希用明确的语言将它描述为纳粹受害者的陵墓，胜利者的"万神殿"，遭到灭绝的欧洲犹太民族的博物馆。[2] 在这种解读中，专用于庆祝种族灭绝的博物馆将指示罪行的反复复活，为犯罪者提供不朽的神义论，并且引起持久的狂热集体记忆。但是，捷克斯洛伐克的冷战历史学家和至少两项共产主义时期的研究成果强调了对这个历史的另一种解读：在战时，这个博物馆的馆长做了保护波西米亚和莫拉维亚的犹太文化遗产的工作，这必须被视为一种反抗形式。实际上，到 1945 年，几乎所有的博物馆工作人员都被驱逐并在死亡集中营里被杀害了。[3]

---

1 "救赎的"（redemptive）这个反话词是我独立想出的（就像我在 *Radical Evil* 一书中讨论的救赎的批判理论），但是,在本文中,我认为它与它的近亲词"救赎的反犹主义"（redemptive anti-Semitism）有本质联系,"救赎的反犹主义"存在于希特勒计划中,这个词由索尔·弗里德兰德创造,参见 Saul Friedländer, *Nazi Germany and the Jews*：*Volume* 1：*The Years of Persecution* 1933 - 1939（*New York*：*HarperCollins Publisher*, 1998）。

2 Egon Erwin Kisch, "Mörder bauten dem zu Ermordenden ein Mausoleum." In *Prager Pitaval*：*Späte Reportagen*（Berlin：Aufbau-Verlag, 1986）, 331 - 343.

3 对这种双重解释的解读,参见 Martin Beck Matuštík, *Radical Evil and the Scarcity of Hope*：*Postsecular Meditations*（Bloomington：Indiana University Press, 2008）, chapter 5, esp. 107 - 114. 罗伯特·古特曼画廊展览（布拉格,2009 年 2 月 2 日—3 月 19 日）随附的博物馆目录聚焦于约瑟夫·波拉克（Josef Polák）博士,他是一位（转下页）

与纳粹德国统治下致力于救赎性仇恨的布拉格博物馆形成鲜明对比，50 年后，一位生于波兰的犹太裔美国人——建筑师丹尼尔·里伯斯金德一直在设计反纪念碑和反纪念馆。他的柏林犹太博物馆让我们体验到了这个城市的犹太人的缺席，同时，他对纽约归零地（即世贸中心双子塔遗址）的提案是建筑行业中最著名的抵制英雄救赎或廉价安慰性纪念的行动。詹姆斯·E. 杨从"消失的纪念碑"这个更大概念主题的角度记录了这个美学运动。这个当代的战后建筑开启了反救赎的"记忆-反-记忆"空间和时间，在这里其他和解的尝试都已宣告失败。[1]

从这三个例证的角度看，整个东欧的铁幕——柏林墙的幽灵，为复杂的记忆与反记忆的地址划分了界线。东德的"好德国人"被

（接上页）重要的艺术史学家、博物馆专家、战前捷克斯洛伐克文化生活的组织者，他极大地影响了布拉格犹太博物馆的形式。波拉克之前在科希策的东斯洛伐克博物馆工作，主要从事的领域有博物馆管理、艺术史、遗产保护、公共教育。1942 年，他成为布拉格的犹太中央博物馆馆长。1944 年 8 月他因为犹太血统被捕并于 1945 年 1 月死于奥斯维辛。罗伯特·古特曼画廊展览的负责人和目录制作者玛格达·维赛斯卡（Magda Veselská）也是强调布拉格场址的抵抗向度的一员。目录是捷克语和英语双语的。

1　关于 1942—1945 年间铭刻于布拉格犹太中央博物馆中的"救赎性仇恨"与里伯斯金德建筑之间的对比，参见 Matuštík，*Radical Evil*，122‐123，以及该书第 6 章关于反纪念碑中的反记忆的内容。有学者在讨论反纪念碑时提到了里伯斯金德和杨的作品，参见 Matuštík，*Jürgen Habermas：A Philosophical-Political Profile*（The Rowman & Littlefield Publishers，Inc.，2001），150‐156，166. 里伯斯金德的建筑"Mitzva"，主要设计意图是表达感激（Mitzva 为希伯来语，主要有诫命和善行之意，里伯斯金德以这些字母为符号来设计丹麦犹太博物馆的内部建构，意在表达对 1943 年丹麦犹太人幸运逃脱纳粹屠杀的感激。——译者注），它建于哥本哈根，但这个场所不是大屠杀纪念馆。也参见 James E. Young，*At Memory's Edge：After-images of the Holocaust in Contemporary Art and Architecture*（Yale University Press，2000），关于反救赎，参见该书第 2 页，第 5—9 页，第 37—38 页，第 144 页，第 155 页，以及第 4 章，该章讨论弗雷德·施诺克和雷娜塔·司提赫 1995 年的工程："公交站-非纪念碑"（Frieder Schnock's and Renata Stih，*Bus Stop-The Non-Monument*）。Jürgen Habermas，*Die nachholende Revolution：Kleine politische Schriften Ⅶ*（Frankfurt a/M：Suhrkamp Verlag，1990）.

这堵墙困住，被苏联政权禁止哀悼希特勒的死亡，而他们的西德邻居虽然在政治上是自由的，但也遭受着一种"无法哀悼"的痛苦。[1]与此同时，中东欧国家，即苏联加盟共和国公民，每年都要庆祝苏联红军带来的解放。工人们和学生们被强行召集来欢庆"五一"解放游行，欢庆"五年计划"的超前完成或 99.9%完成。我回想起年轻时候的一个标语，按其说法，铁幕之后的公民可以说生活在一个"未来意味着过去的地方"，我们总是并且早已生活在未来的过去中。

20 世纪的死者堆积成了一堆无人哀悼、不被承认，被遗忘、被庆祝，从历史中被抹去名字的灰烬。[2] 人们参观这类虚假的纪念地，给予那些被埋葬的加害者与被害者同样的仪式，这对于被害者来说是十分危险的。[3] 赫尔穆特·科尔为柏林中心的新岗哨纪念馆选择了凯绥·珂勒惠支的作品"圣母哀子"，它就具有这种记忆冲突症状：受害者和加害者民族中的失败"英雄"之间的区别已经被抹平。

3. 文化记忆的时间轴和概念轴

我想要提三个关于**记忆的时间轴**：与阴魂不散的过去和解，修复战争记忆的创伤，以及重建一种能够开启未来的跨代记忆。每一个时间轴都进一步集中于概念塑造的**问题领域**：

---

1 Alexander and Margarete Mitscherlich，*The Inability to Mourn*：*Principles of Collective Behavior*（New York：Grove Press：Random House，1975）.

2 参见开篇昆德拉的引文，以及注释 1。

3 罗纳德·里根拜访过的葬有党卫军的比特堡公墓声名狼藉，与之同样声名狼藉的是捷克的莱蒂（Lety）和雅洛夫（Žalov），它们是关押罗姆人和辛提人（欧洲吉普赛人）的纳粹集中营地址。莱蒂原址现在被一个养猪场占据，雅洛夫变成了共产主义再教育营，后来又变成了一个娱乐中心。直到最近，纪念碑上才开始不加区别地纪念"纳粹主义受害者"。

（1）大屠杀和创伤研究的发展如何影响中东欧国家在柏林墙倒塌后的纪念工程？

（2）东欧冲突性遗产的断层带是什么？

（3）后共产主义的博物馆、纪念物和纪念碑如何代表了冲突性的历史遗产？例如，战后德国人被驱逐出苏台德地区，但并未使过去雷同化，也并未让未来受无人哀悼的过去束缚。

通过在中东欧研究、大屠杀研究和创伤研究之间架起跨学科领域，我们可以发现一个崭新的理解时刻。20 世纪下半叶凸显了对大屠杀做出救赎性理解的失败，然而，1989 年以后的天鹅绒革命（捷克共和国）、公开反对暴力（斯洛伐克共和国）、橙色革命（俄罗斯、乌克兰、波罗的海地区）或者赶超式革命（哈贝马斯对 1989 年的描述[1]），这些事件引导东欧对其不久的过去做出多种多样的准救赎性解读。在大屠杀和创伤研究进展的视角下，东欧和中欧在柏林墙倒塌后挥之不去的遗留问题，同未受过铁幕压抑的西欧人的纪念活动之间的对比，如今已变得清晰。

古德哈特用三个阶段概括了 1945 年以来大屠杀研究及其概念发展中的三个公认观点：

（1）**沉默时期**：在大屠杀研究和后殖民研究中都主张有一段沉默时期。在这个时期，幸存者们竭力去说话而很少有人愿意去听（1945—1960 年）。

（2）**救赎叙事**盛行时期：这个时期大约始于对艾希曼的审判，表现在大众文化中的事件，就是"大屠杀"主题类电视节目（1960—1985 年）。

（3）**反救赎叙事**开始出现的时期：这一阶段的标志是克劳德·

1　Jürgen Habermas，*Die nachholende Revolution*.

朗兹曼的电影《浩劫》（Claude Lanzmann，*Shoah*），以及"历史学家之争"（*Historikerstreit*）。[1] 这一时期，创伤研究、文学批评和后现代理论中产生了所谓非具象性或反具象性的理解（1985 年至今）。[2]

我们目前的想法是，把中东欧研究、大屠杀研究和创伤研究的专家们聚集在一起讨论跨代[3]后遗症。这些问题独立于后殖民研究和去殖民研究、美洲原住民研究以及拉美研究，它们通常是在独立的学科领域内得到深入研究的。我们可以把注意力放在上述三个平行的历史和概念的发展阶段上。对 1945 年后西方民主国家与铁幕后国家的发展可以进行比较分析，当这种比较分析与中东欧研究、大屠杀研究和创伤研究联系起来时，就揭示了三种新的发展：

（1）1945 年后的沉默时期是如何被东欧社会主义者及后社会主义者的战争和恐怖历史编纂学延长的。

（2）1968 年那一代的反叛（例如布拉格之春、团结工会、索尔仁尼琴）是如何打破沉默时期，又立刻被七八十年代的常态化重新冻结的。

（3）尽管在戈尔巴乔夫时代之前就产生了在此时此地宣告一个社会主义"明天"的准救赎叙事，东欧又如何在无神论普遍主义中形成与之不同的反救赎描述。

共产主义时期的历史学家并未进行一场"历史学家之争"来讨

---

1 这涉及历史学家就如何解释中欧不久的过去展开的争论（Matuštík，*Jürgen Habermas*，125–159）。

2 参见这个时期最有影响的文本，作者生于布拉格：Saul Friedländer，*Probing the Limits of Representation：Nazism and the "Final Solution"*（Cambridge，MA：Harvard University Press，1992）。

3 雅耶尔·丹涅利终生致力于研究中东欧、波斯尼亚和黑塞哥维那、卢旺达、"9·11"中患多重跨代后遗症的幸存儿童，参见 Yael Danieli，*International Handbook of Multigenerational Legacies of Trauma*（Kluwer/Plenum，1998）。

论跟随苏联政权又与之战斗的纳粹，取而代之，他们要么写旨在将那些不允许人们哀悼的事物抹去的书，要么写书写记忆已经从教室和图书馆中被抹去的作者。[1] 其他思想家也在反思后殖民研究和去殖民研究中所发现的另一种平行发展，即东欧人和西欧人共同的沉默和后来的大屠杀新叙事可能会提供另外一套被屏蔽的记忆。

迈克尔·罗斯伯格最近提出了多方向记忆理论，并以之为大屠杀研究的后殖民主义转向。古德哈特和艾金德希望我们考虑我们是否正在进入**第四阶段**，在这个阶段，关于大屠杀后记忆、创伤记忆以及柏林墙倒塌后东欧记忆的讨论，会彼此认识到对方所关注的跨学科、跨文化、全球性、世界主义的共同问题领域。[2] 今天向我们提出的这些共同问题来自不同的学科，但它们突出了一个双重的争论议题：第一，在柏林墙后面冻结了几十年的历史创伤，**可以**并且已经在跨代的沉默中传至铁幕之外。[3] 第二，没有得到情感修复却被传播的创伤，也可能会爆发为一种新形式的"救赎性仇恨"。

从未有过的记忆的上演，幸存者的沉默对记忆的压抑，加害者对记忆的抹消，延长的沉默和铁幕叙事对记忆的修饰，苏联后继者造成的失忆以及这种失忆对中东欧国家的重要冲击，所有这些都可能在柏林墙倒塌后的第二代、第三代人中引发致命的记忆战争。这些冲突是作为对下述事情的回报出现的：被压抑的记忆（上文中我举的第一个例子）、扭曲的记忆（第二个例子）或是具有冲突性遗

1　Milan Kundera，"The Tragedy of Central Europe，" *New York Review of Books*，31，7（April 26，1984）.

2　Daniel Levy and Natan Sznaider，*The Holocaust and Memory in the Global Age*，trans. Assenka Oksiloff（Philadelphia：Temple University Press，2005）.

3　缇娜·古丁在"跨代创伤"讲座上提出了"内心 DNA"概念，Tina Goodin，"Transgenerational Trauma，" given on the 150th birthday of Sigmund Freud（Prague，2006）。Copyright by Revue *psychoanalytická psychoterapie*.

产之地（第三个例子）。

一旦被共同关注的问题所联结，这些新建立起联系的关于记忆的对话领域不仅将使我们从其主要的主题中获得教益，还将要求我们对从前就或多或少公认的"记忆研究"和大屠杀研究的阶段形成一种共同的再表述：

（1）过去那些令人不满的沉默是什么？

（2）为了应对沉默而创造出来的肤浅的救赎叙事是什么？

（3）对于用压抑和新仇恨予以哀悼的过去来说，新的、有力的反救赎证词将会是什么？

（4）新的第四阶段已经由我这篇文章的副标题揭晓了，即**为了一个开放的未来**。

开放的未来为我们所接受的、为之悼念和忧郁的记忆结构引入了反记忆和对未来的反救赎性论述的新维度。如果第四阶段能够清晰地阐明创伤研究、中东欧研究、后殖民研究、美洲原住民研究以及大屠杀后研究之间的交集，**反救赎记忆**的问题就有意义。我们对一个开放的未来共同抱有希望，它承诺改变我们研究文化记忆的方式，改变我们思考历史编纂学、文化分析、文学分析以及纪念形式的方式。[1]

---

1 请参考索尔·弗里德兰德对"救赎的反犹主义"一词的原创性使用，以及从事大屠杀研究的多米尼克·拉卡普拉（Dominick LaCapra）和桑德尔·古德哈特（Sandor Goodhart）、从事中东欧记忆处理研究的艾金德和杨对该词的后续讨论。关于后殖民研究和大屠杀研究的共同问题领域，参见 Michael Rothberg, *Multidirectional Memory*: *Remembering the Holocaust in the Age of Decolonization*（Stanford UP，2009）。

第 19 章　当怪物不再言说[1]

刘易斯·里卡多·戈登（Lewis Ricardo Gordon）　　简·安娜·戈登
(Jane Anna Gordon)

　　　　笔者将灾难理论概括为一种连环预兆，怪物（发出神
　　的警告的神话人物）通过这种连环预兆提出随殖民主义而
　　来的政治言说的含义问题。在以前的时代，怪物具有发表
　　专业言说的社会功能，与此不同，在现代殖民主义时代，
　　他们的警告被忽略了。因此，笔者关注的不是下层人是否
　　可以发声，而是问他们的声音能被听到吗？笔者通过考察
　　种族主义对道德言说和政治言说之区别构成的挑战来检验
　　这个问题。

　　现代生活的后果之一是制造了"灾难性的人"。从词源学上讲，
灾难一词起源于占星术。它指的是一颗坠落的恒星或行星，在古代
的理解中，这意味着从天上陨落，这种命运极为可怕，其意义需要
加以解释，人们要努力了解出了什么差错，以免其最终演变为灾
厄。如果无法辨别此类警告并限制和约束其后果，就形成了我们所
谓的"连环预兆"（*sign continuum*），这是一股毁灭性的潮流，在
这股潮流中，幸存者——遭受袭击后仍然存在的人和地方——也将
被毁灭。被连环预兆缠住并传达这些讯息的人，就是怪物
（*monsters*）。这个词在拉丁语中的词源即 *monere*，意思是"警

1　本文的理念来自我们的著作《神的警告：解读现代灾难》（*Of Divine Warning*：*Reading*
　Disaster in the Modern Age［New York：Routledge，2009］）第四章。

告",其对应的名词是 *monstrum*，意思是与神相关的预兆、迹象、警告或异常。与灾难一样，他们的古代根基存在于与神相关的事物中。因此，从词源上讲，怪物本身就是神的警告，表明出了某些差错，但这些警告往往被误认为是原因和事件本身。在古代和现代早期，这些怪物常常雄辩地谈论这个世界，谈论使他们变成自然异常和社会异常的事件。然而，在 20 世纪这些表达被打断了，它们被认为是不成熟的呻吟，示意了某种观点，但又含糊不清，无法从孕育它们的种族灭绝、殖民主义、奴隶制度的政治角度加以言说，于是这些表达被弱化了。

我们在本文提供一种政治现象学考察，研究人们使神的警告沉寂的努力，以及近期似乎出现的怪声复苏。我们认为，后一种发展出现在一个变形的世界中，在这个世界中，焦虑、困惑的人们不仅没有倾听怪物的讯息，反而主张自己就是怪物，他们经常质疑怪物的真实性，这造成人们始终拒绝对灾难承担责任。如果不通过建设性的政治行动对灾难做出回应，灾难仍会继续，而我们将生活在怪物持续笼罩的可叹阴影中。

荷马的《奥德赛》中有一个我们熟悉的古老怪物典型，即胶质的、食人的独眼巨人波吕斐摩斯，在特洛伊战争后奥德修斯等人艰难的返乡之旅中，这个巨人将他们困住了。波吕斐摩斯能言善辩，他的长篇大论宣示了他对自己领地的掌控力，正如在欧里庇得斯的解读中很容易看到的那样，其言辞既昭示对年长的男仆西勒诺斯的鸡奸暴行，亦预言囚徒终成盘中餐之宿命。[1] 在古代世界，一直到现代早期（多数时候）的世界，无论是斯芬克斯还是恶魔般的骗子，无论是科学失败品还是复活的死者，这些怪物般的造物皆以己

---

1 参见 Euripides, *The Cyclops*, 580–590。

之喉舌自陈身世，并述说将其放逐之世界。玛丽·雪莱的《弗兰肯斯坦》中的造物，其口才令人印象深刻。杰基尔博士用化学方法产生的另一个自我——海德先生以语言为中介表达他的淫欲和愤怒。乔瑟夫·雪利登·拉·芬努（Joseph Sheridan Le Fanu）创作的女同性恋吸血鬼卡米拉，通过诱人的语言力量获得受害者的信任。怪物雄辩的例子不胜枚举。然而，这些谈吐不凡的造物，在 20 世纪最流行的表现形式（即电影）中却转变了形象。[1] 怪物，至少 20 世纪电影中通常呈现的怪物，只能发出咕哝之声。[2]

在 1931 年好莱坞对《弗兰肯斯坦》的影视呈现中，鲍里斯·卡洛夫演绎了这个造物的内在生命，但这种演绎更多依赖这位伟大演员用眼和手传达情感的天赋。观众最多能听到不带动词的句子，在他的低吼咆哮中偶尔听到"酒，**好！**""火，**坏！**"在 1974 年的《新科学怪人》（*Young Frankenstein*）中，通过令人难忘的"身着华服"一幕，梅尔·布鲁克斯为观众带来欢乐。在这一幕，彼得·博伊尔饰演的怪物尖声参加合唱，跳着踢踏舞。一个受到人们语言攻击的怪物穿着燕尾服，载歌载舞进入上流社会，这种荒谬正是幽默所在。直到 1994 年，在罗伯特·德尼罗的凄楚表演中，才开始让这个造物的言说传达他的怨恨、焦虑、悲哀和愤怒。罗伯特·德尼罗用寥寥几句传达了所有这些情感。吸血鬼似乎不符合我们的这

---

1 尽管殖民统治早于 20 世纪，但我们依然选择关注 20 世纪的电影，因为它对图像和广泛传播的图像学有影响，而图像和图像学为早于它们的政治决定和政治规范提供了通俗的辩护，并为其出场设定了语法规则。

2 我们被告知，弗兰肯斯坦的造物一看到自己的影像就会呜咽。这一刻令人惊讶之处在于，他能够清晰地讨论其他很多话题，却无法找到语言来表达对自身丑陋的感觉。对于喜欢并致力于演说术的法则来说，对于一个具有纯熟演说技巧的生命来说，他的呜咽是一种例外。他如此精于演说，以至于他的创造者维克多警告朋友沃尔顿，这个造物的修辞能力可能会引发同情，而维克多觉得这个造物不配得到同情。参见 Mary Shelley, *Frankenstein or the Modern Prometheus*（New York：Dover Thrift，1994）。

一主张，但我们应该记住，当他们从人向吸血鬼"过渡"的时刻，吸血鬼的言说就转变了：毕竟獠牙使他们无法再清晰地言说，接着是僵尸。从沉默的受奴役形象转变为一大群寻找血肉的行尸走肉，僵尸是不清晰、无特点的无形式质料的范例，正如奥尔特加所说，无形式的质料使概念和实在一同放进说出来的观念中。[1]

在欧洲现代世界中发生了什么，以至于人们要创造沉默寡言的或语言（能力）受到质疑的怪物？这些怪物会被符号和指示物的用法搞得眼花缭乱，最终被锁在使用符号和指示物的世界之外。新千年的到来如何使这些下层人，这些没有文化帝国主义权力的人能够言说？[2] 我们认为，从言说到无言，再回到言说，这种转变折射出殖民和种族主义的历史，这段历史影响了那个时代的政治学和人类学理解。超越这段历史，去实现一种真正的后殖民，或仅仅是一种**不再殖民**的未来的努力，这促使人们的关注点从聚焦普洛斯彼罗的声明转向努力为卡利班和他所代表的那个世界发声。[3] 这一结果释放出许多力量，其中多数是此前被忽视的预兆，现在这些预兆不仅

---

1 José Ortega y Gasset, *The Revolt of the Masses*（New York：W. W. Norton，1932），71 – 74.

2 我们这里关注的是将一些群体建构成怪物的文化观念和政治实践，但是，我们使用的"下层人（subaltern）"一词借鉴自加亚特里·斯皮瓦克，参见 Leon de Kock's "Interview with Gayatri Charkravorty Spivak：New Nation Writers Conference in South Africa," *A Review of International English Literature* 23（3）1992：29 – 47，以及她著名的文章《下层人能否言说》("Can the Subaltern Speak?" in *Marxism and the Interpretation of Culture* ed. by Cary Nelson and Lawrence Grossberg，Urbana：University of Illinois Press，1988，271 – 316）中论述的后结构主义的沉默问题。对后一篇文章的批判性讨论，参见 Warren Montag，"Can the Subaltern Speak in Other Transcendental Questions," *Cultural Logic* 1，no. 2（Spring 1998）：http://eserver.org/clogic/1 – 2/montag.html。

3 在非洲后殖民文学中，莎士比亚《暴风雨》中普洛斯彼罗和卡利班的故事被颠覆，普洛斯彼罗被解读成卡利班的岛的殖民者。参见 Paget Henry，*Caliban's Reason*（New York：Routledge，2000），亦可参见玛丽·雪莱具有先见之明的著作，她预言一个多世纪以后政治斗争将实现一个"怪物"将为自己言说，谈论使他们变成这种生物的世界。

在被解读，更在变为现实。

殖民地世界里仍然存在一种焦虑，这种持续的矛盾心理导致了保罗·吉尔罗伊所描述的"后殖民忧郁症"，在这里已经没有正式的殖民地，但文化霸权造就了困惑的臣民，这种焦虑对被殖民者的政治吸纳构成挑战或威胁。[1] 这种忧虑指向的核心是问题本身的根源。根源在于曾是异国居民的人们被有效地非人化，现在却有了将他们吸纳进来的想法，这与最初对他们的排斥形成了矛盾。我们在这里发现了一个合法化问题和政治生活的意义问题。

著名的女性主义政治理论家卡罗尔·佩特曼很好地概括了合法化问题。[2] 她通过对三个强大的现代后殖民国家——美国、加拿大和澳大利亚的"奠基"叙事进行一项有历史眼光的考察来做到这一点。佩特曼表明，这些国家把自身的起源叙事建立在"无主之地（*terra nullius*）"，也就是"空地"概念上。在这些所谓的"空地"上，实际上居住着被称为土著的居民，这种矛盾需要非凡的诡辩行为甚至是想象力才能自圆其说。解决方法是把土著变成本质上非法居住在此的人。土著居民需要证明自己拥有对其土地的权利，但他们不能通过主张自己是法律或主权的创造者来证明这一点。文明开化成为人民是否存在的标准。实际上，无论土著人数多少，他们所居住的土地都成了"无主之地"，因为这些人面临着一个不可能达到的标准：他们必须与自己过去的身份决裂，因为要实现文明开化，首先要像英国人在英国那样开垦土地，其次要成为基督徒，最

---

1 参见 Paul Gilroy, *Postcolonial Melancholia*（New York：Columbia University Press，2006）。

2 Carole Pateman，"The Settler Contract," in Carole Pateman and Charles Mills，*Contract and Domination*（Cambridge，UK：Polity，2007），chapter 2.

后要成为欧洲人或者白人。[1] 美国、加拿大和澳大利亚的成果,在美国最高法院的"伍斯特诉佐治亚州案"(1831 年)和"切诺基族诉佐治亚州案"(1831 年)中得到了清晰表述,后案是由切诺基人依法抗议对他们进行强制遣送引发的。前案宣布了对美国领土上土著居民的"新的和不同的规则",并且由于美国和加拿大的相似性,可以说几乎整个北美都适用这一规则;"切诺基"诉讼案的结论是,土著民族是"监护人"美国的处于"未成年状态"的"被监护人",加拿大也采用了这种观点。[2] 约翰·马歇尔法官认为,切诺基人称自己(的居住地)是"外国",这是不准确的,应该说他们是"异常",用罗杰斯·史密斯的话说:他们"在某种意义上是一个民族,但又不完全是"。[3] 帕特曼指出,这三个现代国家的合法性就建立在这些原初殖民者协议的基础上,尽管可以料想人们不会严肃地质疑这种合法性,但经验现实表明,这里从来没有真正意义上的"无主之地",这意味着这些国家合法性的最终依据是虚假的。用她的话说:

---

1 我们可以在约翰·洛克的《政府论·下篇》(John Locke, *Second Treatise of Government*, Indianapolis: Hackett, 1980)中找到有关第一个要求的例子。在解释前契约时期(或者说所有土地公有,只有劳动使人有权主张拥有某片土地的时期)的财产时,洛克写道:"最初,全世界都像美洲"(第五章第 49 节)。他接着解释说,被开垦的耕地证明了理性与勤勉,而这种理性和勤勉在被殖民前的美洲中显然是阙如的。关于英国的作为土地精耕的文明化概念,更多讨论参见 Jill Lepore, *The Name of War : King Philip's War and the Origins of American Identity*(New York: Vintage Books, 1998), chapter 3。

2 有关伍斯特诉佐治亚州的更详细讨论,参见 Rogers M. Smith, *Civic Ideals*(New Haven, CT: Yale University Press, 1997),238 - 239。他认为这一决议将切诺基族描述为埃默里奇·德·瓦特尔(Emmerich de Vattel)所说的"附庸国"或"'封地'国"的例子,这类国家用其部分主权交换一个更强大国家的保护。

3 不久之后,在 1849 年,负责处理美洲土著事务的主要政府机构,即印第安事务局从陆军部转到当时新成立的内政部。罗杰斯·史密斯写道:"这表明我们现在面对的挑战是如何开发印第安部落的问题,而不是如何征服他们的问题。"参见 *Civic Ideals*,236 - 237。

原始契约理论的逻辑是，"开端"，即一个新的政治社会的创生，是建立在一块干净的石板上的。这种条件可以作为一个思想实验的一部分，但它不构成政治世界的一部分。两个新世界的土地并非空空如也。"无主之地"现在已经是一种在法律和政治上破产的学说。从长远来看，如果要实现公正的和解，必须解决主权和合法性的相关问题。这三个国家认为自己的创立是建立在民主的证明文书上，并以此为豪，而"无主之地"恰恰是为其创立提出的合法性辩护的核心。只有否定殖民者契约，并通过与土著人民的谈判达成新的民主协议，方能形成可以示人的证明文书。[1]

北美和澳大利亚（及其"母国"英格兰，以及与其他后殖民地有关系的欧洲国家）的后殖民地的一个显著特征在于，在20世纪的大部分时间和21世纪初，它们对符号表征机制产生了影响。这些国家（一直到最近的澳大利亚），将其过去展示为合法起源之一。按照这样的解读，土著居民并未反对对他们的征服和殖民化，因为他们**不可能反对**。如果他们缺乏文明化的言说方式（这是政治社会

---

1 Pateman，78. 如果有人不能或不愿同意这个以民主方式构想的，把他们包括在内的契约，该如何？这个问题始终存在于这一传统中。托马斯·霍布斯最轻松地消除了异议，他认为被征服者的同意可以正当地被视为一种选择，他们的选择是要么同意新主权者的条款，要么死。洛克转而试图把这两者结合起来：一是我们前述的文明化论证，二是对全体的、明示的同意与部分成员的、默示的同意做出区分。卢梭最严格地坚持一种连贯的同意观，他认为原始契约的反对者并不能破坏这个契约，但他们也不能被强制包含在契约之内。他们的拒绝使他们成为外国人而非公民。但是，一旦建立了国家，如果它是一个自由国家（不是凭武力留住其居民），那么他们定居于此就意味着同意。参见 *On the Social Contract*，Book I，chapter 7 in *Jean-Jacques Rousseau：The Basic Political Writings*，trans. Donald A. Cress（Indianapolis：Hackett，1987）。

的一个必要条件），他们从前如何能表达反对？[1] 因此，他们贯穿于现代的抗议，所起的作用就像被假定不存在者发出的幽灵般的回声，正如一个人进入一间居住者早已离开，只留下工艺品的空房子中听到的回声。他们的反对意见变成了目前未被破解的音频制品。帕特曼挑战了这一假定，指出民族国家意识形态建构中包含的欺骗和自欺使人们对耳旁的声音置若罔闻。虽然存在细微差别，但抗议就是反对，是对已发生之事的否定。要证明不存在同意，仅仅否定土著表达同意的可能性是不充分的，还需要说明同意本身不适用于此。

这种征服和殖民的语法需要一种重新组织的人类学。例如，如果原居民是非法的，那么哪怕他们的出现都是对某些正派的、好的事物的破坏。在流行文化中，G．W．格里菲斯的《一个国家的诞生》（1915 年）表明了这一点。该电影把内战后美国南部的重建时期描绘成黑人原始力量爆发的时期，这种爆发具体体现在一个黑人强奸犯追逐一位贤德的白人妇女直到悬崖边上，她别无选择只能自杀。对于 20 世纪初的观众来说，一个黑人男性和一个白人女性的爱情约会是难以想象的，而电影对强奸的反复重申也表明一个社会

1　关于什么构成"文明化的言说方式"，形成了持久、激烈的辩论。例如，我们可以思考一下拉斯・卡萨斯在驳斥胡安・塞普尔韦达（Juan Gines de Sepulveda）时提出的解释，塞普尔韦达的论点涉及在西班牙的新世界殖民地中，天主教会是否可以主张对居住于此的"野蛮人"的管辖权。拉斯・卡萨斯依次思考了每一种流传已久的"野蛮人"定义，包括神学中的定义和口语中的定义。其中第二个定义认为野蛮人包括"那些没有与口头语言对应的书面语言的人，因此他们不知道如何用文字表达其意思，不像我们的拉丁语有这两种对应的语言"。拉斯・卡萨斯拒绝了这一主张，他指出在美洲土著当中恰恰存在这种书面语言，还存在无数其他的文明符号。他坚持认为，到处抢劫的西班牙征服者是曾经选择成为基督徒的人，他们自己应该遵守宗教诫命，因此他们才是异教徒和野蛮人，应受到教会的制裁和惩罚。参见 Las Casas, *In Defense of the Indians*, trans. Stafford Poole, C. M., foreword by Martin E. Marty (Dekalb, IL: Northern Illinois University Press，1992)，30。

惧怕着以其他方式生活的可能性。因此，这些力量的飙升预示着越轨。电影的论点非常直白：奴隶制过去被视为自然秩序，白人统治和指挥，而黑人根据命令劳动，只作为布景和忠诚的附和声出现；如果建立起能够使这样的奴隶制得到维持和辩护的政治关系，那么，全体美国人——白种人、棕种人和黑种人——都将得到更好的满足。如果由3K党发起的暴力恐怖行为是恢复这种安排的必要条件，那么它应该被尊崇。

被殖民者被视为非法显现，其结果是通过（让他们）不显现实现合法化。[1] 然而，在视觉平面上压制显现是不可能的，因为现代世界依赖廉价劳动力并经常奴役这类人，这意味着他们近在眼前。殖民者需要这些人在不以符号和语言为中介的情况下被看到、被标记、被听到。[2] 没有互惠性，没有多边的沟通维度，只是传达而非交流，殖民性（coloniality）的这些方面正如纳尔逊·马尔多纳多-托雷斯所说："存在的（形式）以及……权力关系，维持着社会和地缘政治方面的根本区隔，即主人与奴隶之间的区隔。殖民主义，或者更准确地说，（权力、知识和存在的）殖民性，过去是现在仍是现代战争范式的脊髓"。[3] 作为一种类似战争的关系，这是言说的

---

1 令人惊讶的是，格里菲斯在制作电影时没有雇用任何黑人演员（这部电影因其时长雇用了非常多演员）。影片中出现的黑人仅仅是小角色、背景角色或构成场景和景观的部分，但不构成故事主题的部分。

2 简·彼得斯证明了，在废奴运动兴起之前，奴隶画像并未在欧洲广为流传，"人们偶尔才会画奴隶，而且是把他们作为其他主题的一部分……不可见性"，他写道，"是从心理上回避奴隶制的一种方法"。支持废奴的艺术家所选择的图像是经过谨慎设计的，目的是传达这样的信息：解放是有条件的，并不等于种族主义的终结。他们最重要的肖像是"双膝跪地、两手合十、眼睛朝上的黑人"。更多讨论参见 Jan Nederveen Pieterse，*White on Black：Images of Africa and Blacks in Western Popular Culture*（New Haven，CT：Yale University Press，1995），57–63。

3 Nelson Maldonado-Torres，*Against War：Views from the Underside of Modernity*（Durham，NC：Duke University Press，2007），239。

败北，因为战争意味着沟通破裂，意味着寻求非暴力解决方案的承诺和资源统统瓦解。[1] 当反对力量仍然表现于围绕象征生活展开的积极谈判中，表现于紧急状态的浪潮中，在这样的地方阻止类似战争的关系出现，这种努力我们称之为**政治**。[2]

正如"城邦"（polis）一词的词源所揭示的那样，政治是一种从古代城邦的社会动态中产生的活动，它以一种新空间的创立为开端，这种空间与开放的乡野根本不同，并且经常与之对立。这些城市受到城墙的保护，城墙划清了内部共同体和外部世界之间的界限。正如加塞特解释的那样：

> 希腊罗马人决定将自己从郊野中分离出来，从"自然"中分离出来，从植物宇宙中分离出来。这怎么可能？既然地球就是巨大无垠的郊野，他要去哪里？非常简单：他将用墙圈出这片郊野的一部分，建立起一个与无定形的无限空间相对的封闭的有限空间。这里有公共广场……完全是对郊野的否定。墙围住了广场，因此广场既是乡野的一部分，又背对着其他部分，消除其他部分，与其他部分对立。这个从无限领域中脱离出来并保持自身的小小的反

---

1 卢梭在《社会契约论》中将奴役比作战争，他写道，对于被奴役者和被征服者来说，"胜利者已经拿走了他的生命的等价物，因此并未给他任何恩惠。他一下杀死奴隶无利可图，所以选择对自己有利的方式慢慢折磨死他。因此，胜利者并未获得任何超越强力的对奴隶的权威，战争状态仍然像以前一样存在于他们之间……（这个约定）不仅并未消除战争状态，反而以其继续存在为前提"。参见 *On the Social Contract*，Book I，Chapter IV。

2 换言之，在此我们拒绝克劳塞维茨的主张，即"战争是使用其他混合手段的政治交往的延续……（它）只是政治的工具"。参见 Carl von Clausewitz, *On War*, trans. Col. J.J. Graham. New and Revised edition with Introduction and Note by Col. F. N. Maude, in Three Volumes (London: Kegan Paul, Trench, Trubner & C., 1918), Volume 3, Chapter B, "War as an Instrument of policy"。

叛领域，是最新奇的、自成一格的空间……是一个完全属

于人类的圈占地，一个文明空间。[1]

它与外部世界的关系主要是战争关系或威胁关系，然而，在内部共同体的关系中，必须通过协商应对反对力量而不得诉诸人身暴力。换句话说，这是一种文明对峙内战的环境。但是，政治并不是毫无压迫、彬彬有礼的活动。它的重要意义在于，它有能力让严重的分歧显现，也有能力承受之，而不至于使城邦瓦解。它通过沟通实现这一点，而沟通以其影响显现的能力为特征。正如从亚里士多德到汉娜·阿伦特的哲学家们所认识到的，这种沟通活动就是言说。

在言说中，一个主体作为一种有价值的观点向共同体显现。言说可能会受到质疑，即使如此，它也只能在显现后受到质疑。因此，异议确认了言说者是值得倾听的。表现在显现中并通过显现得以表现的"价值"，是作为共同体一员所具有的价值，该成员具有一系列相互关联的责任和潜能，在亚里士多德的理解中，这就是公民身份和好生活。[2] 阿伦特将好生活理解为社会世界所赋予的荣耀，社会世界为政治设定了条件，也受到政治的塑造。最近，并且与我们的讨论紧密相关，吉奥乔·阿甘本探讨了使这种脆弱关系得以维持的消极共生的反对力量，尤其是古罗马的例子里那些失去了法律地位（人们凭借它才能出现在社会中）的人。作为惩罚，这些个体可以被任何人杀死，但不可以被用来献祭，这实际上意味着，他们

1　参见 Ortega y Gasset's *Revolt of the Masses*，152。

2　阿伦特反对虚无主义的平等形式，她认为，政治的境况是复数性，即全人类的相似性存在于我们的独特性中这一事实。如果我们都一样，那么处于政治核心部位的言说和行动将是难以辨认的。我们的平等表明我们可以通过言与行相互接触。我们的差异使我们想要并且需要通过言与行相互接触。参见 Arendt, *The Human Condition* (Chicago：University of Chicago Press，1958/1998)，7，175 – 176。

被社会和诸神所拒绝，遭到所有现实领域的唾弃。这种个体被称为"神圣人"（*homo sacer*），他在法律之外，但受到法律制约。这种存在实际上已经不再是一个人或一个个体。他的处境是根本不对称的，因为人们可以对他实施任何行动，但他再也不能成为行动的来源或表现。对于他本应作为其一部分的共和政治秩序而言，他在社会、道德和政治上都已死亡。[1]

回顾帕特曼关于主权和文明如何在"无主之地"的主张中发挥作用的观察，为我们理解象征结构的转变——被判刑的个体的象征结构现在映射到土著身上做好了准备，可以说，土著的"罪"是非法占据，即以一种非文明的方式生活在土地上。也正是在这里，我们发现了连环预兆的中断，或者说灾难（它将其他人裹入其浪潮）幸存者的中断，因为"神圣人"的地位是在警告（即犯罪）已经动摇了共同体后被加于某个个体。作为有追溯力的东西，象征语法变成殖民关系本身的条件。正如让-保罗·萨特和弗朗茨·法农所说，每个被殖民者"都必须"为某些事情感到罪责，因为她或他原本不该继续存在。犯罪的"证据"将落在犯罪的标记和迹象的头上。作为巩固法律、主权和政治生活的社会边界的一种方式，连环预兆这个应该避开的事物，变成了一种标记：将这些臣民与后殖民国家有

1　阿甘本认为，以"神圣人"为代表的例外状态已越来越成为现代国家中的规则，这些国家定期中止民主治理法则。通过对卡特里娜飓风的研究，亨利·吉鲁为这一主张增加了微妙之处，他坚持认为，尽管紧急状态已越来越成为新保守主义政治的规范，但并非所有生命都同等地被当作可以任意处置的对象。那些最容易遭受痛苦和死亡的人是那些已经被种族和阶级不平等的历史界线边缘化的人。参见 Giorgio Agamben, *Homo Sacer: Sovereign Power and Bare Life*, trans. Daniel Heller-Roazen（Palo Alto: Stanford University Press, 1998）, 8; *State of Exception*, trans. Kevin Attell（Chicago, IL: University of Chicago Press, 2005）, Chapter 6; Henry A. Giroux, *Stormy Weather: Katrina and the Politics of Disposability*（Boulder, CO: Routledge, 2006）, 21。

缺陷的起源联系起来的标记。

然后，我们到达了现代社会的**羞耻**问题。[1] 这里所说的羞耻，是指这样的经历：自我或共同体更愿意隐藏——不仅对他人隐藏，甚至对自己隐藏——的某些方面被揭露出来。正如有些事情自我宁可不知，同样，羞耻以欺骗为家，尽管悖论性地，它在这个家中并不舒适。被殖民者，以及那些沦为问题人群的臣民，或更糟的情况，非人和社会遗弃者，被判刑者和受诅咒者，他们努力斗争以求在共同体中言说，对共同体而言，他们的声音被标记为集体羞耻。因为这些人如果言说——**真正地言说**，对共同体而言就等于把民族羞耻或共同体羞耻的提醒者带入显现的领域，而这些民族羞耻或共同体羞耻正是"我们全体"（指具有完整政治身份的人）讳莫如深的事情。安娜·朱莉娅·库珀对这种处境进行了思考：

> 黑人今天站在美利坚合众国之中，他们站在这里就是对该国基督教消极的、无声的谴责，谴责其宣告的信念与实践之间的深壑。这不是黑人的错。他们为该国政治提供了首要的道德要素，他们用不会说话但势不可挡的手指指向我们文明的理想，这些理想体现了美利坚民族最高、最真、最好的思想，体现了其最高贵的、最宏伟的目标和抱负。[2]

国家或共同体的反应往往是防御性的：这些人总是挑起事端，

---

1 相关的精彩讨论参见艾伦·费德的著作，他考察了许多双性人病患的羞耻感，他们身体的模糊性给医生造成了困难，于是他们感到羞耻。他们很像那些其存在暗示着不合法起源的被殖民者，对人们原以为很容易解决的性分类提出了疑问。Ellen K. Feder, *Making Sense of Intersex：Changing Ethical Perspectives in Biomedicine*（Bloomington：Indiana University Press，2014）.

2 "The Ethics of the Negro Question" in *The Voice of Anna Julia Cooper*（Lanham, MA：Rowman and Littlefield，1998），206.

正如法农讽刺的那样；他们总是从事一些危害民族国家感或共有整体感的事情。这些类型的言论仅仅揭示了其脆弱性，就常常被诬陷成顽固不化的。每当国家讨论殖民化、奴役或种族主义时，对"分裂"的担忧通常如影随形，这并非偶然。经常有人认为，在这个国家，真正深入探讨这些主题及其历史，实在是难以承受之重，既然我们把自己当成一个民族，我们就无法承受如此坦率的讨论。这种恐惧诉诸一种先验的、无辜的整全状态。

正如我们所说，怪物是一种警告。但是，把怪物解读成针对何者发出的警告，这一点影响着社会的凝聚力。将土著、被殖民者和被种族化者建构成怪物，这反映出把他们制造成这般模样的国家的统一叙事中出了某些差错。拒绝承认一种有过错的奠基史，拒绝承认不好的起源，会导致一种民族国家的神义论。在这种神义论中，通过制度和民族国家意识形态的合理化作用，一切坏的、不义的和邪恶的事物都被推到社会世界的外部，仅仅作为外部生物被放进一种反常的归属结构中。这些外部生物是困在活地狱中的受诅咒者，他们将具有历史意义地成为神的祭品，这种苦难命运今生都无法改变。[1] 这些外人使人们能够在系统和元系统层面对完整性或最大一致性做出虚妄的断言，由此肯定民族国家的善、正义甚至神圣。[2]

---

[1] 有研究探讨了作为被诅咒者（damned）的被殖民者，并指出被诅咒者具有与无产阶级、资产阶级等我们熟悉的政治范畴同等的重要性。参见 Lewis R. Gordon, "Through the Hellish Zone of Nonbeing: Thinking through Fanon, Disaster, and the Damned of the Earth," *Human Architecture: Journal of the Sociology of Self-Knowledge* V, nos. 3 & 4 (Summer 2007): 5-12, *What Fanon Said: A Philosophical Introduction to His Life and Thought* (New York: Fordham University Press, 2015)，以及纳尔逊·马尔多纳多-托雷斯的前引著作。

[2] 当人们听见教育研究者拒绝做出美国教育处于危机中的评估时，就会想到这一现象。他们指出公立中小学中出来的许多学生都成为民选官员或大学教员，他们把困境中的、失败的学校建构成彻头彻尾的反常。

但是，期待拥有沉默的、非人化的臣民，不足以维持国家的谎言。这里的权力关系是完全不对称的，这是一种与人们的思想，尤其是通过言语显现的思想无关的承认。然而沉默是中立的，它最终没有表明赞同还是反对。因此，支配集团**需要**被支配集团说出某些事情，但是由于这种话语的条件已经被自我否定的结构所败坏，所以出现的不是言说，而是其他表达形式：那些被情绪浸透的表达形式，以及其他难以理解的表达形式。[1] 从 19 世纪末到整个 20 世纪，这一需要已经成为一种强烈需求，从中源源不断生成的艺术作品丰富了现代生活。黑人灵歌、布鲁斯，以及从节奏布鲁斯、摇滚乐到嘻哈文化的许多流行发展，还有底层文学作品中变成咆哮的咕哝声，这些表达形式产生的动力是什么？除了他们对人类存在的洞察，压抑于现代灵魂和许多后现代灵魂深处的痛苦，还有什么是其动力？[2] 回想一下克尔凯郭尔对"何为诗人"的回答，以及他对政治上的无力如何把苦难转变成歌的描述。他写道：

> 一个不快乐的人，内心深处悲痛万分，但他的嘴却被造成这样：呻吟和哭泣从他的嘴里出来就变成令人陶醉的音乐。他的命运就像那些不幸的受害者，被僭主法拉里斯

---

1 可以对此作一比较：人们更愿意开设大学课程讲述来自边缘化群体之人的"经历"，更愿意购买、阅读、倾听这些"经历"，而不是学习他们之中产生的思想。更多讨论参见 Lewis Gordon, *Existentia Africana*：*Understanding African Existential Thought*（New York：Routledge，2000），Chapter 2。

2 笔者想到杜波依斯（W.E.B. Du Bois）关于非洲奴隶对美国文化的贡献的思考。尤其参见 *The Souls of Black Folk*（Chicago：McClurg & Co.，1903）and also Leroi Jones'/Amiri Baraka's *Blues People*：*Negro Music in White America*（New York：Harper Perennial，1999），Anténor Firmin's *Equality of the Human Races*，trans. Asselin Charles and introduction by Carolyn Fleurh-Lobban（New York：Routledge，2000），and Frantz Fanon，"Racism and Culture" in *Toward the African Revolution*，trans. Haakon M. Chevalier（New York：Grove Press，1994）。

囚禁在铜牛中，慢慢被火烤。他们的哭喊无法到达僭主的耳朵并让他心生恐惧；当哭喊声到达他的耳朵时，听起来像是甜美的音乐。

人们围观诗人，并对他说："一会儿再为我们唱一曲"，就像在说："愿新的苦难折磨你的灵魂，然而愿你的嘴造得像以前一样；因为哭泣只会使我们悲伤，但音乐令人愉悦。"[1]

除了娱乐，还有一种有悖常理的发展，已经成为此类艺术表演的竞争性形式。在反黑人的社会中，非黑人扮演黑人的历史由来已久。涂黑脸（Blackface）是我们熟悉的一个例子，但在世俗生活层面，黑人流行文化已经成为白人遐想中的主旋律。历史学家迈克尔·亚历山大对这种现象做出了引人入胜的解释。[2] 在尝试解释 20 世纪 20 年代在美国长大的欧洲犹太人的行为时，他提出这样的问题：一个并非在政治、经济和社会方面格格不入的群体，一个向上流动的群体，其大量成员为何仍把自己认同为实际上的边缘人。其中一些犹太人参加了那些把更加边缘的美国人联合起来的政治团体，由此把自己认同为边缘人。其他人则利用自己在公共生活中的相对优势来为边缘人辩护。还有些人，尤其是阿尔·乔尔森，仍然模仿着边缘人。亚历山大解释说，这是喜剧演员最该扮演属于自己民族的角色的时期，却仍有犹太人接连不断地涂黑脸，并声称他们这样做最初是出于偶然，他们的滑稽表演得自"自然灵感"。[3] 实际

1　Søren Kierkegaard, *Either/Or*, vol. I, trans. David F. Swenson and Lillian Marvin Swenson, with revisions and a foreword by Howard A. Johnson（Princeton, NJ: Princeton University Press, 1959）, 19.

2　Michael Alexander's *Jazz Age Jews*（Princeton, NJ: Princeton University Press, 2003）.

3　Ibid., 149.

上涂黑脸已是明日黄花，因为在美国北方它与 19 世纪的种族政治有关。它的复兴是由于犹太"白人"表演者和犹太"白人"经纪人的工作，他们在犹太人写的戏剧中唱犹太人的歌曲。

亚历山大没有接受更为标准的解释，这些解释认为，通过蹩脚地扮演黑人，这些犹太人实际上在试图使自己"变白"。亚历山大坚持认为，这不能解释像乔尔森这样的人为何在上千场表演中夜复一夜地涂黑脸。不，这证明这些表演者渴望具有自己建构的黑人特征（blackness）。[1] 亚历山大总结说，欧美犹太人建构了"一种对美国黑人特征的精妙想象，然后试图表现它，这一想象中的黑人特征与非裔美国人文化中真实的非裔美国人几乎没有关系"。[2] 亚历山大借鉴了约翰·赫伊津哈（Johan Huizinga）的著作，进而认为这种表现形式是认同。"效果"，他写道，"不是以写实的方式表现出来的，而是在行动（情节）中再生产出来的"。[3] 对于从社会疏离和流亡角度理解自身的东欧犹太人而言，这表达了寻找方法成为美国犹太人的努力。对他们来说，"犹太人对非裔美国人文化的想象是一个空集，是将想象之物而非确实思考之物纳入其中的渴望"。[4]

这样的论述给出了一种截然不同的方式，来解释 20 世纪 60 年代及其后所谓黑人与犹太人的持续冲突，它至少可以解释这场冲突的某些维度。当乔尔森与某个并没有表现出他投射到黑人身上的品质和性格的黑人有过实际接触，会发生什么？乔尔森在戏剧上垄断了对何谓真正的黑人的解释权，他会因此感觉受到威胁吗？他会憎恶那些真正处于他的解释所指涉的社会处境的人吗？一些信奉新保

---

1 Michael Alexander's *Jazz Age Jews*，171。

2 Ibid.

3 Ibid.

4 Ibid.，179.

守主义的犹太人最近出版的自传表明，对最后一个问题的回答是明确的"会"。

　　这种形式的异国情调，即支配者以及追求支配集团成员身份的人，暂时表现或表演被支配者的剧本，是在世界范围直至今日都反复出现的主题。只需要看一下在南非、澳大利亚和美国扮演土著和黑人的流行文化巨星，就能明白我们的观点。参与各种世界音乐和舞蹈形式的乐趣，这本身并不是坏事，也并不总是人们所谓文化挪用现象的一个例证，尽管人们会因目睹许多白人参加黑色派对时表现出的彻底（似乎也是反常的）放纵感到震惊不已。无论布鲁斯、爵士乐、节奏布鲁斯还是嘻哈，这些音乐形式毕竟是在美国土生土长的。换句话说，美国白人享受和表演这种音乐，只是参与了他或她的国家的混语（creolized）流行文化，正如我们和许多其他人所指出的那样，在这种文化中，在缺乏其他途径的情况下，政治表达往往采取了艺术形式。

　　但是，一些人的目标不仅是参与，而且是要比被支配的臣民更好地以美学形式表现其处境。其结果是虚构的逼真形式，是一种被支配者同意的统治幻象。[1] 对于文化"黑脸"表演中的白人来说，这意味着要以比黑人更"本真"的黑人姿态存在。"白鬼（whigger）"就是一例。然而，正如许多从事黑人研究的黑人学者所证实的那样，白人学者和学生从不吝于宣称，他们比黑人同行更了解黑人生活的生

1　回顾下我们之前对帕特曼的讨论。（支配集团）胁迫同意的努力一直随着政治环境的改变而改变，从努力把不合法的奠基变成合法的，转变为鼓励土著和黑人参与否定，否定前一种努力的失败。

存动力或黑人审美实践的表现形式。[1] 我们并非要贬低（这些白人的）学术知识的价值，或贬低其艺术天赋。我们关注的是这类主张所反映的需要：拥有一切的需要。

减轻而非解决民族羞耻要求被剥夺者、被支配者和被压迫者对他们的处境承担责任。因此就有了民族国家的这样一种需要：使这些人在其行动中表现出公开承认的过错。在异国情调的表演中出现了双重谴责。可以说，在支配者表演黑人时，被支配集团的成员带着这样的信念——那些模仿并支配他们的人将更好地讲述他们——欺骗自己。实际上，在反黑种族主义的例子中，民族国家需要黑人失败，不仅在成为他们所不是的人（白人和其他非黑人）方面失败，而且在成为他们所是的人（黑人）方面失败。[2] 在自传体裁中，从新保守主义者到进步主义者甚至马克思主义者的政治光谱中，无数例子表明，这些白人对黑人有一种奇怪的嫉妒，以至于将自己合理化为未享受到黑人特权的受害者。[3] 与那些会"使他们脱黑"的

---

1 这里可以考虑下史蒂夫·比科为这一点的辩护：需要黑人管理的学生反种族隔离组织，以及他对大部分白人自由主义者做出的批评。他认为参与学生运动的白人学生可以两全其美：他们仅仅作为生在南非的白人就基本可以享受更高品质的生活；他们参与反种族隔离组织，这又使他们感觉自己与其他缺乏批判精神的白人不同，使他们行走于其他白人当中时感觉自己有质的差别，有道德上的优势。参见 Steve Bantu Biko, *I Write What I Like*：*Selected Writings*, ed. Aiered Stubs, preface by Desmon Tutu, intro. by Malusi and Thoko Mpumlwana, and foreword by Lewis R. Gordon（Chicago：University of Chicago Press，2002），尤其见"Black Souls in White Skins?"。

2 利奥波德·桑戈尔（Leopold Senghor）和弗朗茨·法农等人注意到，殖民主义的摩尼教试图以某种方式根据种族来划分人的特征和能力。对于桑戈尔而言，这清楚地说明了欧洲价值观需要其他种族和大洲为之补充力量，使之恢复活力、繁荣发展。我们的观点是，"白鬼"并不满足于主张具有为白人指定的属性——理性、智慧、创新、秩序，他还必须拥有那些归于黑人的属性——灵魂、情感、音乐天赋、爱欲。

3 参见埃尔文·克瑞斯托夫的自传：Irvin Kristol, *Neoconservatism*：*The Autobiography of an Idea*（New York：Free Press，1995），以及休斯顿·贝克尔对此的批判性讨论：Houston Baker, *Betrayal*：*How Black Intellectuals Have Abandoned the Ideals of the Civil Rights Era*（New York：Columbia University Press，2008），52–54，60–61。

黑人相遇，会触发异国情调表演者的一种自恋性狂怒。[1] 对这些个体来说，唯有当黑人文化表达，甚至黑人言说需要以他们作为中介时，才是合法的。黑人文化表达和黑人言说变成了缺席，由此，这些异国情调表演者作为在场供应者的必要性得到了确认。

但是，正如我们所说，连环预兆不会一直出现。某一社会的成员们愿意对怪物警告作出反应的强度，决定着从哪怕想象中的天堂降下的灾难造成的后果。在流行文化中，一些怪物甚至变得性感。例如，在吸血鬼传说中，此类造物已成为欲望的对象，人们甚至想要成为他们。随着观众的认同感增加，无论是在好莱坞电影《刀锋战士》（1998 年，有续集和电视剧）、《暮光之城》（2008 年电影，改编自 2006 年同名小说，至 2012 年该系列拍成总计五部电影）中，还是在 HBO 电视台的《真爱如血》电视剧（自 2008 年起播出，改编自 2001 年的小说《南方吸血鬼》），以及其他作品中，都出现了一种分裂，即一个怪物处在其他怪物当中。这个怪物通常是混合形象（具有怪物的痕迹，但更像人）。他让人联想到种族叙事中悲剧性的黑白混血儿，通过净化性的斗争来言说：在他们反对**真正怪物**的斗争中，他们是正确和善的既定秩序的盟友。通过限制他们与之战斗的怪物的言说，这些神的警告的中介典范得到了言说的机会。这种叙事诡异地映射了后殖民时期晚近的杂合的中间种族范例。换句话说，当且仅当反对其他怪物时，怪物才能言说。

在最近的历史中，充当中介的杂合性之声，作为一种道德声音公开反对美国的怪物，尽管它悖论性地以重申纯洁性的形式出现，因为极点如黑白极点得到了肯定。布克·T. 华盛顿是一位深受美

---

1 对这种异国情调形式的进一步讨论，参见 Lewis R. Gordon, *Bad Faith and Antiblack Racism*（Amherst，NY：Humanity Books，1999），117-123.

国白人喜爱的人物，因为他著名的"亚特兰大种族和解"演说宣称，手指虽分开，但都属于同一只手。[1] 马丁·路德·金标志着对华盛顿模式的一种重要、激进的改变，他发出了一个救世主式的道德之声，引发了超出他祖国范围的巨大反响，他获得诺贝尔和平奖就是明证。科里·D. B. 沃克这样评论金的著名演讲"我有一个梦想"：

> 在林肯纪念堂，在数十万[2]寻求落实非裔美国人社会和政治权利的美国人的见证下，金的演讲坚定地阐明了美国民主经验的前景和危险。金建立了一个广泛的修辞体系，以便对美国充满冲突和争执的政治空间予以概念描述，同时指出一种新的民主存在模式，使所有国民都有机会自由和充分地参与政治生活。金策略性地调度和使用了"梦想"的观念，它表达了国家象征，特别是由"美国梦"理念代表的国家象征，同时它开辟了一个可以更强有力地表达非裔美国人公民平等和政治平等的政治在场和可能性的新空间。金大声宣告："现在是兑现民主承诺的时候了。"金令特殊事物与普遍事物交叠，社会事务与经济事务交叠，道德事务与政治事务交叠，这使他能够发展出一系列批判性的参考标准，从而使斗争与冲突、可能的解决方案和美国民主的改善都在边缘人和被剥夺者的生活中变得可以感知。[3]

1　Booker Taliaferro Washington，"Atlanta Exposition Address，September 18，1895，" in *The Booker T. Washington Papers*，ed. Louis R. Harlan et al.，vol. 3（Urbana：University of Illinois Press，1974），584–587.

2　有25万人在现场，加上电视和广播报道、纪录片、译制作品以及随后的全球讨论，观众估计有数百万甚至数十亿。相关历史参见 Juan Williams，*Eyes on the Prize：America's Civil Rights Years，1954–1965*（New York：Viking，1987）。

3　Corey D. B. Walker，*A Noble Fight：African American Freemasonry and the Struggle for Democracy in America*（Urbana，IL：University of Illinois Press，2008），24.

金努力表明其思想的**政治**意义（这种政治意义是他遇刺的重要因素），然而，他是一个前政治人物的典范，他是一个抛开政治去斗争而非通过政治去斗争的人，这种形象支配着美国的国家记忆。金作为道德品格的象征和美国统一的象征，作为非暴力的主要发言人，被封存在一场更为清白的民权运动的中间性词语转义中，而这场运动据说后来被更具分裂性和暴力性的"黑人权力运动"掺入了杂质。[1] 杜波依斯和保罗·罗伯逊发出的声音是抗议之声，而且明显是政治言说，讽刺的是，这个作为对照的、令人恐惧的谱系，其继承者包括马丁·路德·金和马尔科姆·艾克斯。当这四人的话语日益从道德主义声音转变为政治异议（也就是**言说**）时，他们都受到了美国政府的监视和报复，以及美国公众的敌意。杜波依斯被捕，尽管被宣告无罪，但最终选择了流亡。罗伯逊的护照被吊销，他赖以谋生的场馆在国家压力下歇业。作为一位国际知名人士，不允许他踏出美国，就等于让他终身监禁。[2] 从高度殖民主义时期和冷战时期到最近，经历了一种转变，其讽刺性特征是罗伯逊的黑人灵歌演唱被用作歌颂参议员奥巴马成为美国总统之路，以及他作为第一位黑人总统的历史地位的主旋律之一。金和马尔科姆·艾克斯都被人刺杀，但是他们被纪念的方式，完全取决于对前者的包容程度，和对后者的持续恐惧或矛盾心理的程度——如果不是对后者的排斥程度的话。马尔科姆·艾克斯在生命的最后阶段预见到了这一点，他说：

1　这一运动号召分裂性、暴力性的激进行动，要求忘记金的时代对他的描述。"黑人权力运动"的很多倡导者表达出的好战性是对人们无视神的警告所做出的回应，这种神的警告是通过更强调种族融合的道路发出的。"黑人权力运动"的倡导者认为，那些道路已经把异常顽固的种族主义镶进美国，这是与美国信条和政治中最好的部分相悖的。

2　关于杜波依斯和罗伯逊以及他们彼此间关系的历史研究，参见 Murali Balaji, *Professor and the Pupil*：*The Politics of W. E. B. Du Bois and Paul Robeson*（New York：National Books，2007）。

你们瞧着吧。我会被贴上"不负责的"黑人的标签，这是往最好里说。对这种指责，我一直有这样的感觉：白人认为"负责的"黑人"领袖"始终是无法取得任何结果的"黑人领袖"……每当白人更猛烈地抵抗我或攻击我，我都感到更加安心，因为每次抵抗和攻击都使我更加确信自己走在正确的道路上。[1]

美国设立了一个纪念马丁·路德·金的法定假日，他绝对是大获全胜的非暴力道德符号之一。尽管金是非暴力抵抗的倡导者，该思想的形成得益于他与贵格会存在主义哲学家和神学家霍华德·图南（Howard Thurman）的关系，以及他们与印度圣雄甘地的往来，但是，我们如此溯源就误解了黑人在反抗种族主义的斗争中所面临的现实：美国种族暴力的历史不是黑人群体对白人施加的，而是白人（通常是大群暴民）对黑人施加的。[2]正如马尔科姆·艾克斯所说，非暴力实际上是要求黑人反对**自卫**行动。换言之，黑人被要求不许保卫自己。金认为，把反黑种族主义的道德丑恶曝于光天化日之下是一种防卫形式，至少是他所理解的非暴力抵抗。

然而，人们忽视了法农在《全世界受诅咒的人》中对暴力的讨

---

1 *The Autobiography of Malcolm X*, as told by Alex Haley (New York：Ballantine Books，1964)，381.

2 关于金的影响的更详细讨论，参见 Greg Moses, *Revolution of Conscience：Martin Luther King, Jr., and the Philosophy of Nonviolence*, foreword by Leonard Harris (New York：The Guilford Press，1997)。白人，特别是白人暴民对黑人暴力的历史纪实到处可见，例如 *Witnessing Lynching：American Writers Respond*, ed. by Anne P. Rice, foreword by Michele Wallace (New Brunswick, NJ：Rutgers University Press，2003)，可以补充参考这些文献的书目和索引部分。

论：只有当暴力受害者的人性得到承认时，暴力才能被视为暴力。[1]
不承认他们的人性，则允许对他们做几乎所有事情。并且，他们保护
自己或主张自身人性的努力会被视为暴力，因为这被推定为非法。这
意味着无论白人多么残酷，只要他们针对的是黑人，他们就不会认为
自己的行为是暴力的。美国白人多数只看到黑人反击时的暴力。金的
遗产的这一方面证实了马尔科姆·艾克斯对安抚的恐惧：如果黑人在
自卫中战斗就成了怪物一般，那么黑人的正义如何才能实现呢？[2]

　　金的政治信息的重要性，他对帝国主义的坚决反对和对资本主义
的批判的重要性，以及他的神学中更具解放性的维度，这些使他同赖
特牧师一样被卷入激流。奥巴马在竞选总统期间不得不与这位充满争
议的牧师拉开距离。奥巴马在 2008 年 3 月关于种族的著名演讲中说：
"一个更完美的联邦"，首先要减轻美国白人对他接近或同情黑人民族
主义或是其他他们认为是愤怒、激进且强调特殊性的黑人政治的恐
惧，但考虑到他自己的种族背景，这也要求他努力通过协商来解决这
个众所周知但很棘手的问题。[3] 在演说中奥巴马描绘了这样一个美

1 参见 Frantz Fanon, *Les Damnés de la terre*, preface de Jean-Paul Sartre（Paris：
François Maspero éditeur S. A. R. L./Paris：Éditions Gallimard，1991；originally
1961）一书的第一章。对该章的讨论有很多,包括阿伦特著名的论战作品《论暴力》。

2 例如参见 William R. Jones, "Liberation Strategies in Black Theology：Mao, Martin,
or Malcolm?," in *Philosophy Born of Struggle：Anthology of Afro-American
Philosophy from* 1917（Dubuque, Iowa：Kendall/Hunt, 1983），229 - 241。

3 奥巴马的演说在全世界范围内被翻译成多国语言,例如参见"Obama Race Speech：
Read Full Text," *The Huffington Post*（March 18, 2008），http://www.
huffingtonpost.com/2008/03/18/obama-race-speech-read-the_n_92077.html。与奥巴
马相似,金逐渐疏远了贝亚德·鲁斯廷。鲁斯廷是金的导师之一,也是 1963 年 3 月在
华盛顿举行的著名演讲（"我有一个梦想"）的组织者。他杰出的公民权利著作号召为充
分就业而斗争,此外他还有前美国共产党员的背景,他是一个社会主义者,一个同性恋
者,所有这些因素都破坏了正变得更对美国公众胃口的金的形象。例如参见 Larry
Dane Brimmer, *We Are One：The Story of Bayard Rustin*（Honesdale, PA：Calkins
Creek, 2007）and Mathew Forstater, "From Civil Rights to Economic Security：
Bayard Rustin and the African American Struggle for Full Employment（1945 -
1978）," *International Journal of Political Economy* 36 no. 3（Fall 2007）：63 - 74。

国：它需要通过政治斗争来弥合其最高理想与历史实践之间的断裂，他还坚称朝着这个方向进步需要肯定共同的希望和超越"纯粹种族视角"的团结愿望。尽管曾发生过关于奥巴马是"太黑"还是"不够黑"的种族讨论，但奥巴马称赖特已经带来了某种程度的种族分裂，这很危险。他谈到他的牧师时说："这不仅仅是一位宗教领袖在公开发言反对他所感觉到的不公。相反，这些言论表达了一种对这个国家的深深扭曲的观点——将白人种族主义视为美国痼疾，拔高美国的错误来掩盖我们都清楚的美国的正确。"奥巴马试图区分赖特的道德立场和政治立场，并强调自己与前者的关系：过去是赖特把奥巴马引入黑人基督教，并在他身上燃起一种与其爱和关怀的道德使命相联系的希望。奥巴马试图以一种巧妙的方式谈论种族问题，由此既不被人们看作言辞闪烁，也不被人们视为内心绝望。赖特已经错误地走向绝望，他指出美国是这样一个地方：在这里奥巴马无法阐明黑人愤怒的原因，也无法从政治上言说并当选。奥巴马认为自己的传记和有望获得的胜利是只有美国才能实现的成就，是全体公民共同创造的成就。

我们讨论的杂合性主题显著地出现在那个演讲中，在其中，奥巴马的合法性取决于澄清他愿意与黑人发出的神的警告拉开多少距离。[1] 我们需要补充一点：我们在此使用的杂合性并非一定指种族杂合，尽管在奥巴马的例子中确实是这个意思。即使有一个黑人总统候选人不是白人和黑人父母的后代，他被黑人的美国和美国的其他部分来回拉扯这种挑战仍然存在。奥巴马称这种拉扯本身就是政治失败，而他希望美国最终能摆脱它。布克·华盛顿是种族混血

---

[1] 这一挑战使我们回到了先前提到的《一个国家的诞生》，这部电影坚持认为黑人的政治权力只会被作为反白人的报复手段行使，黑人看不到美国人的共同利益，也不会按照它来统治。

儿，但在他所生活的时代，他的这一层身份几乎从未得到过承认。
与奥巴马一样，他不得不诉诸杂合性，而他所诉诸的杂合性与一种
使黑人特殊以及令向白人渐变的各层级更具普遍性的结构联系在一
起。换句话说，呼唤杂合性所指示的归宿是前往普遍所在。奥巴马
与一种解放神学对正义的呼唤中所包含的激进性分道扬镳，这种解
放神学源自绝对奇点（an absolute singularity，G-d），它是一个将
事情曝光的观察点，曝光将引发民族羞耻。他的分道扬镳凸显了克
尔凯郭尔的洞见：普遍是一种驯化绝对与个体这两个超越性词语的
努力。[1] 奥巴马作为一个例外出现，肯定了世俗化神义论的通则：
美国行（America works）。

　　使得通则得以保持完好的例外逻辑，造成了美国反黑种族主义
的一个悖理的特征：当代种族主义要求受爱戴者的缺席，以维持可
恨者的在场。换句话说，除了许多非黑人心中具有的负面黑人形
象，还要有一个理想化的例外形象，也就是一个完美的黑人个体形
象，有时人们暗自想着这样的形象，他们可以爱他、欣赏他，甚至
崇拜他。在这个结构中，例外的逻辑把反黑种族主义者放在了可以
做出合法判决的假定立场上，他们可以判决全世界的黑人中谁算得
上是有价值的。2009 年总统就职典礼前夕，在《纽约时报》社论
中，亨利·路易斯·盖茨和约翰·斯托弗评论说，奥巴马千方百计
唤起人们注意他与林肯的联系，然而，即使在备受尊敬的林肯总统
那里，理想化的例外逻辑也产生着作用：

　　　作为总统，（林肯）非常喜欢一位黑人，即弗雷德里
克·道格拉斯，初看起来他似乎与贝拉克·奥巴马有很多

---

[1] 参见 Søren Kierkegaard, *"Fear and Trembling"* and *"Repetition,"* ed. and trans. with introduction and notes by Howard V. Hong and Edna H. Hong（Princeton，NJ：Princeton University Press，1983）。

共同之处。奥巴马先生和道格拉斯的父母都是一位黑人和一位白人；两人都起于微末，在 45 岁前崭露头角；他们都是自己那一代人中最伟大的作家和演说家；两人都很早就学会了用文字作为有力武器。林肯若看到这位混血血统的演说大师，很可能会想起他那位例外的（exceptional）朋友道格拉斯。

林肯对道格拉斯是完全尊重的，道格拉斯是第一个，也许也是唯一一个被他视为智力平等的黑人。他在白宫会见他三次，他有次对同僚说他认为道格拉斯是美国"最值得赞扬的人"之一。在发表第二次就职演说后，林肯问道格拉斯对演说有何看法，并补充说："在这个国家的所有人之中，我最重视你的观点。"[1]

理想化的例外有如此强大的力量，可以激发忠诚甚至痴迷，这是因为它具有的象征力量：这个例外被认为是不可能的。因为一旦被相信是理想的，它就会作为一种魔力或神力到来，因为只有魔法师、诸神或上帝（G-d）才能实现不可能。理查德·卡文迪什在谈到魔法解释说：

在这种背景下，相信魔法的最简单原因是它起效了：并非一直起效，但起效的频繁程度足以激发人们的信心。尼罗河通常会泛滥，雨水一般会降下。并且，对魔法的信心会促使它起效。当魔法施与一个病人身上用来治疗他，并且病人相信这个魔法时，他的信念可能会帮助他康复。

---

1 Henry Louis Gates, Jr. and John Stauffer, "A Pragmatic Precedent," *The New York Times*（January 19, 2009), http://www. nytimes. com/2009/01/19/ opinion / 19gates. html.

当魔法施与一个人身上用来杀他,并且他相信这个魔法时,其信念可能会杀死他。几年前,澳大利亚报道了一个垂死的土著(原文如此)的案例,他身体没有毛病,之所以奄奄一息是因为他知道一个巫医给他施了一个死亡咒。当他被送往医院并放入人工呼吸机中时,他转而确信这个魔法比巫医的更强大,他康复了。由于这种心理机制,对魔法的信念不仅可以抵御他们担心的超自然邪恶,而且可以激发他们积极的信心,从而将共同体成员团结在一起并赋予他们力量。[1]

一个活着的、理想化的对象所具有的神话般的力量,魔法般地激发了个体内心深处的潜在资源,正如在那个寒冷的周二早晨,聚集于总统就职典礼上的 200 万群众所证实的那样,面对发热的危险,他们致力于让他们以为永远不会看到的事物现身。当评论者们思考民族国家中假定已发生变化的种族话语时,他们中很多人没有看到整个现象与民族国家的种族逻辑之间的实际一致性:说到底,谁(**无论他有何种种族背景**)能与这样一位被当作一个消除借口的基础的政治天才真正平起平坐?奥巴马的前任是肯定性行动的积极反对者,他的才智甚至不及奥巴马团队中最平庸的成员。而且,奥巴马的着迷听众是被他的言语力量吸引的,是被他是一个理想的例外这一信念所吸引的,换言之,是被汉娜·阿伦特所说的"**权力**"吸引的,而他的前任依靠的是武力、强制,是通过把持续的不安全

---

1 Richard Cavendish,*A History of Magic*(London: Arkana,1990),2. 另可参见马克斯·韦伯对卡里斯玛式政治家中的这种现象的社会学思考,Max Weber,"Politics as a Vocation," in *From Max Weber: Essays in Sociology* (Oxford: Oxford University Press,1946),77–128。

状态永久化而做出的安全承诺。[1]

然而，在美国反黑种族主义的逻辑之内，其他常量仍然不变。贝拉克·奥巴马和米歇尔·奥巴马在公众眼前展现的爱迷惑了这个国家，乃至整个世界，但如果米歇尔·奥巴马是白人，那么这种爱就会成为一种负担，甚至更糟糕，会使贝拉克·奥巴马连候选人资格都得不到。某位总统候选人或总统在公众面前大秀恩爱，其潜台词是他有能力消除潜藏的恐惧，这种恐惧回荡在《一个国家的诞生》中：至少，这个例外的黑人的眼和心并没放在白人女性身上，虽然他已故的母亲是白人。许多男人在妻子身上寻找自己母亲的某些侧面，就像许多深爱父亲的女人在丈夫身上寻找父亲的某些侧面一样，在这种象征层面上，这个例外的黑人如果选择一位白人妻子，他就会因此受到威胁。这并不是说奥巴马家的爱不是真诚的。我们讨论的是语法：一个在种族问题上充斥着美国逻辑的国家中，上述魔法如何起效的语法。从宗教到配偶，奥巴马的选择都没有挑战这个国家最神圣的神话根基。对国家的伟大解放者、联邦的救世主和殉道者亚伯拉罕·林肯的象征性召唤就是其中之一。通过手按同一本《圣经》，[2] 从19世纪的伊利诺伊州参议员到21世纪的伊利诺伊州参议员，召唤林肯的仪式形成，19世纪体现在弗雷德里克·道格拉斯（父亲是白人奴隶主，母亲是黑人奴隶）及其与废奴运动关系中的杂合性象征结构退场了，20世纪末一个种族主义国家（或被相信不再是种族主义的国家）领袖纳尔逊·曼德拉中的杂合性象

---

1 汉娜·阿伦特对权力的论述，参见她的经典著作《人的境况》，尤其是第198—201页和第234—235页。我们关于奥巴马的天才对比乔治·沃克·布什的平庸的评论，可以帮助我们思考奥巴马在面对米特·罗姆尼这位竞争者时何以能连任。
2 奥巴马在宣誓就职仪式上手按两本《圣经》宣誓，一本是林肯使用过的，另一本是马丁·路德·金使用过的。——译者注

征结构也退场了，但通过 21 世纪的召唤林肯的仪式，肯定白否定黑的象征结构得以继续存在。总统就职典礼的象征仪式要求将例外理想化，目的是用符号再现居于统治地位的白色而将其他黑色象征作为被压迫词（black signifiers as suppressed terms）。[1]

我们提起南非前总统纳尔逊·曼德拉，这表明我们对后殖民种族政治的观察不限于美国。从布克·T. 华盛顿和杜波依斯到金和奥巴马，我们从他们之中概括出的语法大部分都可以在南非找到。在那里，种族隔离政府是定居者基于"无主之地"诉诸建立诉求的教科书式案例。通过把土著居民歪曲成文明和现代性之外的人，南非建立了一套被监护人和监护人制度，并通过持续的暴力维持它。反种族隔离斗争造就了一批有才华的发言人，其中许多人从道德上表达对这个制度的反对。这些人的努力明显更具**政治性**，然而他们受到暴力针对的程度令人瞠目。许多人被暗杀，其中包括史蒂夫·班图·比科和马丁·特姆比西勒·哈尼（Martin Thembisile Hani），后者更广为人知的名字是克里斯·哈尼。比科是黑人觉醒运动中最有影响力的理论家，哈尼是于 1993 年被暗杀的南非共产党领导人。南非种族隔离国家是反黑人和反共产党的。[2]

---

1 然而，在奥巴马的第二任期就职典礼上，他因为增加了马丁·路德·金使用过的《圣经》而受到批评，这表明他处在一种"做与不做都会挨骂"的境地。参见，例如，Cornel West's response that week on CSPAN：http://www. upworthy. com/ why-martin-luther-king-jr-might-have-been-offended-by-barack-obamas-second-inaug。

2 美国亲商业的极右翼保守主义者最初支持种族隔离政权抵制对他们本国有影响的自由主义思潮，他们提出"共产主义者无处不在，自由主义者是他们的'有用白痴'"的观点，后来他们又通过重新表述自己的最初信念来批评同一个政权，现在他们的信念变成了自由主义式的对大政府的攻击。关于这个过程的丰富讨论，参见 "From Paranoia to Privatopia by Way of Pretoria" in Thomas Frank's *The Wrecking Crew*（New York：Metropolitan Books，2008）。

比科以"直言"（Frank Talk）之名撰写了一系列文章，与
"克尔凯郭尔"一样，这更像是个笔名，因为南非读者知道他是这
些文章的作者。这些文章提出一种明确具有政治性的黑人性概念。[1]
作为一种政治身份，黑人觉醒运动形成了多种族联盟，包括东印度
人、有色人种（非洲土著和阿非利卡人或荷兰人后裔生下的混血
人），甚至一些白人，他们在一种意识下团结起来反对南非种族主
义国家。黑人觉醒运动采用了言说和组织的形式，也就是说，采用
了政治形式，为了反对他们的表达，执政者事实上发动了战争。[2]
当国家变得越来越具有压迫性，南非社会的言说空间缩小到足以在
言说和异议之间建立一种同构关系。反黑人的国家变成了反政治的
国家。因此出现了一种不同策略以反对作为黑人觉醒运动的政治活
动，即让道德压倒政治。曼德拉被释放；通过制定一部新的、反种
族主义的宪法，南非转型成为后种族隔离国家；1994 年举行包括全
体公民在内的全国选举；曼德拉成为新政府第一任总统，也是该国
第一位非洲土著总统，这些都受到一种引发全球共鸣的道德力量的
影响。

就我们的分析而言，这个过程中的关键是曼德拉的转型。曼德
拉早期在非洲人国民大会做出的努力，导致他被判处叛国罪并被囚
于罗本岛。后来他开始远离更激进的黑人抗议之声，包括与妻子温
妮·曼德拉离婚，宣称是因为她在反种族隔离斗争期间参加的暴力
活动；他逐渐作为南非白人的希望出现，曼德拉的杂合道德象征的
标志是他与弗雷德里克·威廉·德·克勒克（南非种族隔离时代最

---

1 参见 Steve Bantu Biko，*I Write What I Like*。
2 参见 Lewis R. Gordon，"Phenomenology of Biko's Black Consciousness," in *Biko Lives!: Contestations and Conversations*, ed. by Amanda Alexander，Nigel Gibson，and Andile Mngxitama（New York：Palgrave，2008），83 - 93。也可参见 Mabogo P. More，"Biko：Africana Existential Philosopher," same volume，45 - 68。

后一位总统）在 1993 年共同获得诺贝尔和平奖。作为道德象征，曼德拉压制了反对之前南非其他方面的声音，即其反共产主义方面。[1] 随着新自由主义成为后种族隔离南非的国家意识形态，国家迅速而彻底地解除了对国营企业的控制，作为赔偿并出于其他正义考量，国家把这些企业移交给白人，甚至"真相与和解"的公开忏悔室也变得更加单方面（更多黑人忏悔，较少白人忏悔），反对的呼声被一种道德象征所施加的巨大压力压制，而这个道德象征不能转化为任何比理想低的事情。南非变成了灯塔，变成了反种族主义斗争之光，少数黑人精英的出现使它得以合理化，而大多数黑人沉入更深的肮脏和绝望中。[2] 后者的苦难落入连环预兆，针对这一预兆发出的神的警告变成对南非犯罪和仇外暴力的恐惧，还变成视觉上的圣像破坏运动和抗议之声，它被当成棚户居民运动或穷人运动

---

1 在《比科活着》（*Biko Lives*）一书中，安迪勒·玛格希塔玛、阿曼达·亚历山大和奈杰尔·吉布森描述了 1994 年来南非人围绕比科记忆展开的争夺。第一种观点是由商业阶层的黑人表达的，他们认为自己有权利获得因殖民主义和种族隔离产生的白人财富。第二种观点以政治官员和官僚阶层为代表，他们宣称自己在招聘选拔中赋予黑人优先地位，使就业人口数据更好地反映南非的人口比例，由此发动了一种不同形式的黑人觉醒运动。第三种观点，"在黑人群众为自由和尊严进行的日常斗争中"，他们写道，"活着的比科得到了表达"，参见该书第 18 页。
2 参见，例如，*Challenging Hegemony：Social Movements and the Quest for a New Humanism in Post-Apartheid South Africa*，edited by Nigel C. Gibson（Trenton，NJ：Africa World Press，2006）和 Ashwin Desai，*South Africa Still Revolting*（Johannesburg，SA：Impact Africa Publishing，1999）。

发出的怪物般的咕哝和呻吟。[1] 如今棚户与新南非国家的关系就如神的警告面对被压制的社会的连环预兆。[2]

我们认为，曼德拉和奥巴马现象，与新千年后殖民地在政治与民间社会关系方面的一种发展有关，即道德主义对政治的战争。这是一个高奏凯歌的回应，它宣告战胜了被压迫者的革命威胁的可能性。这里标记的政治光谱不是从极左到极右，而是从中右到极右。与左派相关的是政治及其与政府期待的联系，当关注有色人口，尤其是黑人时，当需要集中于中央的、旨在培育强健社会民主的政府计划时，政府面临着公众支持的减少。结果是无声怪物的殖民境况（在这里神的警告变得喑哑）转变为以杂合为中介的后殖民境况，凭借这种中介，殖民结构可以得到肯定，而不会将羞耻示于众目睽睽之下。

---

1 新南非许多黑人的挫败感表现在对黑人移民和访客的仇外暴力中，这迫使其时正在访问英国并庆祝自己 90 岁生日的曼德拉批评他们的行动，并批评津巴布韦持续的残酷冲突。关于在新千年的后殖民社会中如何解读犯罪，参见 *Law and Disorder in the Postcolony*，edited by Jean Comaroff and John Comaroff（Chicago，IL：University of Chicago Press，2006）。有关棚户居民运动的讨论，参见 Nigel C. Gibson，"Introduction：A New Politics of the Poor Emerges from South Africa's Shantytowns," *Journal of Asian and African Studies* 43，no. 1（February 2008）：5 – 18；Richard Pithouse，"A Politics of the Poor：Shack Dwellers' Struggles in Durban," *Journal of Asian and African Studies* 43，no. 1（February 2008）：63 – 94；Ashwin Desai，*The Poors of Chatsworth：Race，Class and Social Movements in Post-Apartheid South Africa*（Durban，SA：The Institute for Black Research/Madiba Publishers，2000）。

2 棚户居民运动的参与者本身具备清晰言说的能力，他们提出了很多明确具有政治性的建议，这些建议旨在结束他们自身正构成其一部分的连环预兆，正如其领导者之一的这两份公开谈话所表明的，S'bu Zikode："The Greatest Threat to Future Stability in Our Country is the Greatest Strength of the Abahlali baseMjondolo Movement（SA）（Shackdwellers）," and "Sekwandel! Sekwanele!（Enough Is Enough!）," *Journal of Asian and African Studies* 43，no. 1（February 2008）：113 – 125。与我们在本文结尾谈到的即将变成吸血鬼的人不同，棚户居民渴望完全的公民身份，渴望被承认为政治行动者而非怪物。

怪物现在似乎在言说，因为人们与怪物的认同在增长。正如我们所说，在流行文化中，他们已成为"性感"的生物，并且经常成为投射观众自身感受的对象。例如，人们可以在互联网上找到许多吸血鬼"聚会"团体的网站，在这些团体中，参与者说自己最近正在"被转化"，并准备满足他们的饥渴。这种认同与各种类型的"扮演黑人"之间有着联系；在新自由主义和新保守主义的时代，这种认同同样与扮演流氓无产阶级或者（稍好一点的）下层阶级（例如昆汀·塔伦蒂诺的电影中的下层阶级）之间有着联系，这个时代的政府放弃了公共福利所依托的基础设施建设的责任。这种认同是一种自欺形式，类似为了避免沾湿而跳入水中。即使只把这种认同当成青春期叛逆的最新表现，其作用也是消解了怪物的预告功能。把越来越多的人（包括自己）变成具有异常力量和欲望的怪物，会使警告受到忽视。因为，作为警告的例证，作为连环预兆中的一个预兆，每种显现形式都指向自身之外，这就等于忽视以怪物为例证的警告。怪物的要义在于，他们应该刺激人们寻找出差错的地方。怪物、神的警告本应使我们质疑社会。怪物认同的增长出现在一个许多人都不敢做出判断的时代，这并非偶然。当每个人都有成为怪物的平等机会，这样的转变会使任何人都无法对社会负责，因为每个人都已成为其受害者。

第 20 章 不对称的互换性和实践的能动性：本哈比、杨和克里斯蒂娃的女性主义理论中的当代困境

帕特里夏·亨廷顿 (Patricia Huntington)

  本文认为，迫切需要发展出一种更为丰富的现象学描述，以阐释两位女性主义理论家如何实现互相承认的过程。对本哈比和杨都隐隐持有的但有所不同的本体论假设进行现象学考察，揭示了对称性和不对称性这两个维度如何必须被用于推进扩展性思维和情感共情，后两者对于将他人认作一个三维度[1]的道德主体来说不可或缺。我认为，在此过程中隐含着对想象的建设性而非投射性的使用。基于克里斯蒂娃的理论，我勾勒出想象如何在交往互动中与同一性和差异性这两个维度发生作用。这种相互作用可能会促使人们真正清醒地认识到具有差异性的现实是不可化约的，勿将扭曲的刻板印象投射到其他社会群体之上。

一种公正的道德观能否被获得，或者它是否应被视作一种道德推理中的规制性标准 (regulative ideal)，女性主义者长期以来一直对此抱有怀疑。女性主义理论和种族理论、后殖民理论一样，都面对着所谓的差异困境。这种困境至少意味着，那些关注差异的规范和政策往往会强化它们所力图缓解的偏见。不过，普适性的和性别

---

1 兼具第一、二、三人称。——译者注

中立的政策也未必更好，因为它们常常被证明无法摧毁令边缘社会群体受苦的各种屈从形式（forms of subordination）。[1] 一般情形下，现代道德理论是基于一种公正理性的理想来处理这种偏见难题，这种理想"对一致性进行道德反思"，并"阻止那些利己的偏见"。[2] 尽管如此，关于社会排斥的问题并不只是来自让我们不可接受的态度和偏见。相反，这种个体化的态度源自文化上对某些社会群体的规范性描述，因此很难被根除。实际上，许多女性主义理论家都认为，公正理性的理想通过削弱对人所欲求和幻想之生活的批判意识，也无法提供足够的理论资源，来抵制那些鼓动将非理性的冲动投射到边缘化的群体身上的已成积习的文化实践。

道德理论避免用产生道德规则的假设方法对此进行回应，而是转向一种交往伦理（communicative ethics）。[3] 我在本文中不拟为

1　关于差异的困境，参见 Martha Minow，*Making All the Difference*（Ithaca，NY：Cornell University Press，1990），Diana Tietjens Meyers，*Subjection and Subjectivity：Psychoanalytic Feminism and Moral Philosophy*（New York：Routledge，1994），esp. chaps. 1-3。关于现代政治变化中男性偏见影响形式平等理念的女性主义文献不胜枚举。参见，例如，Zillah Eisenstein，*The Radical Future of Liberal Feminism*（New York：Longman，1979），Susan Moller Okin，*Women in Western Political Thought*（Princeton：Princeton University Press，1978），Alison Jaggar，*Human Nature and Feminism Politics*（Totowa，NJ：Rowman and Allenheld，1983），Nancy. C. M. Hartsock，*Money，Sex，and Power：Toward a Feminist Historical Materialism*（Boston：Northeastern University Press，1983）。

2　Meyers，*Subjection and Subjectivity*，20.

3　尽管于尔根·哈贝马斯是商谈伦理的主要倡导者，但女性主义者在承认需要一种交往伦理模式方面，总体上对其作品持怀疑态度，我们发现大量的女性主义者要么像本哈比那样修正哈贝马斯的理论，要么想发展出一种理想交往情境的替代模式。关于女性主义者对哈贝马斯的看法，参见 Nancy Fraser，*Unruly Practices：Power，Discourse and Gender in Contemporary Social Theory*（Minneapolis：University of Minnesota Press，1989），chaps. 6-8，Johanna Meehan（Ed.），*Feminists Read Habermas：Gendering the Subject of Discourse*（New York：Routledge，1995），Iris Marion Young，"Impartiality and the Civic Public：Some Implications of Feminist Critiques of Moral and Political Theory" in Benhabib and Cornell（Eds.），*Feminism As Critique*（转下页）

这种转向提供一种证成，也不欲发展出一种充分的规范理论，而是检审女性主义理论中的一个争论，即道德上的尊重和理想的交往互动，是否应该被概念化为道德主体之间的一种对称的或不对称的关系（a symmetrical or an asymmetrical relation）。塞拉·本哈比（Seyla Benhabib）基于对可逆视角的追求发展出一种对称的可调节性理想，而如追随阿多诺（Theodor Adorno）、伊利格瑞（Luce Irigaray）和列维纳斯的艾丽斯·杨等理论家则持相反意见，在后者发展出的一些道德范式中，相互理解来自对人们社会背景的不对称特征的承认。本文第一部分将扼要勾绘出本哈比转向交往伦理的理由。在第二部分，我提出本哈比和杨之间的普遍争论存在于两个不易发现的但非常根本的争议领域：她们持有不同的本体论预设，并且围绕共情（empathy）和想象（imagination）在实现互相承认中的作用有不同意见。在第三部分，我认为可以通过发展出一种更为丰富的现象学来调和她们的洞见，这种现象学指出人类的互动兼具第一人称/第二人称的对称维度，以及基于不对称性的第一人称/第三人称维度。我借鉴茱莉亚·克里斯蒂娃的研究也是为了强调，对于习得共情而非将扭曲的刻板印象加诸其他社会群体而言，交往的两个维度都非常重要。

（接上页）(Minneapolis：University of Minnesota Press，1987)，56-76。关于本哈比对哈贝马斯的修正尝试的批判性接受，尤其参见 Reiner Forst，"Situations of the Self：Reflections on Seyla Benhabib's Version of Critical Theory" in *Philosophy and Social Criticism* 23. 5（1997)：79-96，Herta Nagl-Docekal，"Seyla Benhabib and the Radical Future of the Enlightenment" in *Philosophy and Social Criticism* 23. 5（1997)：63-78，and Benhabib's response to Forst and Nagl-Docekal，"On Reconciliation and Respect，Justice，and the Good Life：Response to Herta Nagl- Docekal and Reiner Forst" in *Philosophy and Social Criticism* 23. 5（1997)：97-114。

1. 本哈比：界定交往伦理

本哈比认为，生产普遍性概念的各种单一方法论都是失败的。因为这些模式将普遍化（universalizing）这种行为建基于假设之上，而非建基于在想象中与他人互换立场的互动尝试之上。她的观点是，一种普适性的道德理论如果在关注主体时，是从他们的特殊性中抽象出来的，那么就会陷入"认知的不连贯性之中，从而危及它充分实现可逆性（reversibility）和普适性（universalizability）的主张"。[1] 在对约翰·罗尔斯的批评之中，本哈比区分出了关于被普遍化的他者和具体的他者的两种观点。站在"被普遍化的他者的立场上"，她提出，我们在看待"何者构成他者的道德尊严"时，不是依据"将我们彼此区分开来的事物"，而是依据我们作为言说和行动中的理性主体与他人的共同之处。[2] 作如此界定的各种关系，取决于"形式平等和互换性（reciprocity）的规范：每个人都有权对我们所期待的自己以及他人作出假定"[3]。相较而言，她在解释具体的他者的立场时，着眼于我们彼此间的差异，视我们为独特的个体，即每人都是其"历史、身份和情感-情绪的结合体"。[4] 在伦理学意义上，这种关系取决于"平等和互补的互换性规范：每个人既有权作出预期，也有权假定其他行为形式，他人据此感觉到自己被认识和确定为一个具有特殊需求、才能和能力的具体的个体存在"。[5] 前者是我们在互相尊重的行为中确认彼此的人性，后者则是

1　Seyla Benhabib, *Situating the Self：Gender，Community and Postmodernism in Contemporary Ethics*（New York：Routledge，1992），152.

2　Ibid.，158 - 159.

3　Ibid.，159.

4　Ibid.

5　Ibid.

我们通过"爱、关怀和同情，以及团结"[1] 来承认彼此的个性。

本哈比保留了普适性的理想，即一种道德观点可以通过辨明那些承认所有人之尊严的原则来获得。但是她也敏锐地指出了，要实现真正的互换性，必须通过接触具体的而非简单泛化的他人。为了阐述其观点，本哈比批评了罗尔斯从他人的具体身份中提取出他者立场的想法。罗尔斯和康德都认识到，被凝练至纯粹人性的自我"不可能被个体化"。[2] 在本哈比看来，两者存在同样的问题：他们认为自我具有独立自主性，且有能力"自由地选择其自身的生活目的"，这都"陷入了一种形而上学，力图去解释自我在其可以选择的所有目的上，以及其所持有的一切和任何关于善的认知上都是独立的"。[3] 本哈比不仅质疑这种道德能动性（moral agency）是否有意义，而且质疑我们是否能将尊重立足于其上。首先，她写道，

> 身份不是指我独自做出选择的可能性，而是指我的实际选择，即我作为一个有效的、具体的和具身性的个体，如何将我的出生和家庭、语言、文化以及性别认同等各种情境，塑造为一个连贯的叙事，以作为我一生的故事……自我不是一件事物，也不是一个基底（substrate），而是一个人生故事的主角。[4]

其次，最重要的是，本哈比论证道，在无知之幕下想象我们作为一种普遍化的自我都需要些什么，这一行动在认识论上是不连贯的，因为它预设了存在着一种自我的"界定性的身份"

1　Benhabib, *Situating the Self: Gender, Community and Postmodernism in Contemporary Ethics*, 159.

2　Ibid., 161.

3　Ibid.

4　Ibid., 161-162.

(definitional identity)。[1] 这种道德普遍主义未考虑到那些有其目标的自我所具有的多元性，而是先验地假设了人类具有某种基本的共识和相同的需求。她继续写道："界定性的身份导致了可逆性无法完全实现。"[2] 我们未能转换视角是因为我们预先假定的是具有共同利益，而不是"存在于我和你，以及自我和他人之间的明确区别"。[3] 保持具体道德主体之间的这种区别，构成了可逆性的最低要求。本哈比的意图不是简单地将情感因素引入道德推理之中。相反，她的想法是："不了解其特殊利益的自我，也无法充分考虑到那些与其相关者的利益。"[4] 如果缺乏这种了解，他们就无法拥有在做出道德决策时所必需的扩展性意识（enlarged mentality）。在最后的分析中，她指出，

> 我们并非站在所有相关者的立场上进行思考，也就是说，我们并不是转换了视角来问自己："如果从领福利救济的黑人母亲角度来看会是怎样？"我们只是被要求去想一想，我们对所生活的社会何以如此缺乏一般性了解，面对一个居住在迅速破败中的城市街区的、带着三个非婚生子的、领福利救济的黑人母亲，应该采取怎样的财富分配方案。[5]

戴安娜·迈耶斯[6]赞同本哈比的观点，她认为，即便扩展关于人类共同利益的认识，有助于接受在道德上具有显著差异的各种人

---

1 Benhabib, *Situating the Self: Gender, Community and Postmodernism in Contemporary Ethics*, 162.

2 Ibid.

3 Ibid.

4 Ibid., 166.

5 Ibid., 166 – 167.

6 Meyers, *Subjection and Subjectivity*, chapter 3.

群，但拓宽普遍人性的认识并未触及深层次的偏见。诸如年龄等很多差异属于一个人的固有生活经验的范畴；但像种族身份这样的差异则不在其内。对于前一类型的差异来说，普遍主义可以同化差异；如社会保障这样的政策不会被指责为特殊福利，因为所有人都会想到自己也终会老去，届时或许也需要这种福利。不过其他类型的社会差异未必如此，它们可能会引发分歧。迈耶斯提醒我们，

> 有证据表明……在社会群体内部，共情很容易被唤起，并且通常能够提供关于他人主观状态的可靠信息；然而，当个体试图超越其所属社会群体的边界时，共情往往会屈服于狭隘主义，并歪曲他人的主体性。[1]

心理学研究显示，种族主义价值观虽然因其怀有一种种族自然优越性的信念而遭到贬斥，但它只是转入地下，淹没在由安东尼·史密斯所言的由个人的"基本安全体系"[2]（basic security system）所构成的无意识的恐惧和信念之中。就像让-保罗·萨特在《反犹和犹太人》一书中的讨论，艾丽斯·杨指出了，无意识的种族主义能够与"对所有人的形式平等的承诺"共存，甚至能够与"公共礼仪中不宜过分留意他人的性别［或］种族"的通行做法共存。[3] 安德里安·派普（Adrian M. S. Piper）通过将偏见归于一种仇外心理，区分出了**一阶歧视**（first-order discrimination）和**高阶歧视**

1 Benhabib, *Situating the Self: Gender, Community and Postmodernism in Contemporary Ethics*, 42.
2 Anthony Giddens, *The Constitution of Society* (Berkeley: University of California Press, 1984), 79.
3 Iris Marion Young, *Justice and the Politics of Difference* (Princeton: Princeton University Press, 1990), 132.

（higher-order discrimination）。[1] 一阶歧视是刻意的偏执，而高阶歧视是无意识的。迈耶斯解释道，一阶歧视仅仅因为他人的行为不符合自己所在群体的价值或特质，就表现出对他人的蔑视或否定。[2] 相比之下，高阶歧视发生在，当人们厌恶一个特定群体时，会诋毁该群体身上那些本该得到褒扬的特性。正是这些根深蒂固的偏见不仅影响着对他人的行为反应，而且影响着对什么是公正公平的政策的判断，特别是影响着对何种特殊因素构成了一个道德困境的显著特征的判断。

我的目的不是要更精确地详述本哈比的哈贝马斯主义观点或迈耶斯证成交往伦理的分析性观点。相反，我暂时接受的论点是，普适性"取决于对道德显著性的［背景性］判断"[3]，而且为避免难以解决的社会问题和长期存在的文化上的惩罚性偏见，人们更有可能会调整他们的原则以适应高阶偏见，而不是改变他们对何种差异具有道德相关性的判断。[4] 虽然本哈比没有基于具体的他者的立场建立起一种规定性的道德哲学，但她的确指出了，只有获得对具体的

1　Adrian M. S. Piper，"Higher-Order Discrimination" in Owen Flanagan and Amelie Oksenberg Rorty（Eds.），*Identity*，*Character*，*and Morality*（Cambridge，MA：MIT Press，1990）。

2　Meyers，*Subjection and Subjectivity*，48；cf. Young，*Justice and the Politics of Difference*，135。

3　Meyers，*Subjection and Subjectivity*，27。

4　迈耶斯在两个核心观点上赞同本哈比的意见：(1)罗尔斯将基本利益当作人类普遍和统一的共同利益；(2)这一认识意味着"基于公正理性的道德判断并不需要与那些似乎与自身有所不同的人进行协商"（Meyers，*Subjection and Subjectivity*，24）。然而，迈耶斯对罗尔斯解决差异困境的三条路径（即关于形式限制、最大最小原则和差异原则的讨论）进行了更为深入的批判，迈耶斯以妇女争取选举权的斗争为例，坚持认为这些方法都不管用。她认为，那些相信妇女在本质上不适合诸如投票等行为的人，可能不会接受每个人都应该享有"身份角色"的说法；同时，即便当他们被置于无知之幕之后不知自己会是男是女，他们也不会认为这种立场要么有违普遍性，要么无法保护他们自身的利益(46)。人们对哪些差异在道德上最为重要或需要补偿存在根本性分歧。人类也很难确定哪些特性构成了基本的差异，特别是通过某种其他社会群体的差异化对待导致了身份被无意识地建构出来的状况下，更是如此。

他者的认识，才能保持与社会惯例和规范之间的距离。她为旨在获得道德洞见的交往方法提供的辩护，部分地基于如下主张：如果不倾听他人真实的声音，就会导致认识论上的资源贫乏，从而无法获得充分的道德观点。因此要抑制住对他人进行刻板化，以及将他人化约为自身的最小镜像，所以她拒绝在假设中而不是在互动中去想象如果转换立场将会如何。依我之见，本哈比正确地通过转向道德推理的对话范式，来减少假设的普适化的有害影响。这种对话范式认为，道德规范应该能够代表受其影响的所有人的利益，其产生过程的推进有赖于主体间的互动。

2. 杨和本哈比的争论：对称的互换性还是不对称的互换性？

我继而集中关注如何进一步明确伦理学的交往模式的本质，以及道德心理学或交往推理的过程，后者是获得一种道德观点的必要的（如果不是充分的话）基础。虽然我支持转向互动的普遍主义，但我也质疑依据可逆性去构想互相承认的道德理想的做法是否正确。诸多学者都指责，站在他人的立场上这一隐喻是对可逆性的一种误导性描述。艾丽斯·杨的批评则更进一步，她认为，对于视他人为完全自主之人的理解方案，不能依据可逆性对其作象征化处理；同时，实现相互的道德尊重的活动也不能被当作一场复制彼此情感和认知状态的想象实践。杨声称，前述的可逆性做法中存在着一个矛盾之处，这也存在于本哈比的观点中：这一做法既认为"表达道德尊重的最佳方式是乐于倾听他者"，但同时又认为"道德尊重需要能够去想象着站在他人的立场上考虑问题"。[1]

---

1 Iris Marion Young，"Asymmetrical Reciprocity：On Moral Respect，Wonder，and Enlarged Thought，" *Constellations* 3.3 (1997)：340 - 363，347.

　　本哈比和杨之间并不只是在术语上有所分歧。她们都援引了汉娜·阿伦特的想法，后者将康德的扩展性思维（enlarged thinking）的观念当作实现道德尊重所需的基本能力。本哈比将扩展性思维当作一种命令，"将每个人都视作我应该给予道德尊重之人，要考虑到他们的立场"。[1] 虽然杨也接受这种解释，但她提出了一种竞争性的观点：依据对称性和可逆性的理想来构想扩展性思维，其假设基础是错误的。它不恰当地"暗示我们之所以能够相互理解，是因为我们能够在彼此身上看到自己"。[2] 简而言之，杨认为本哈比将人类利益的多元性化约为人类的共享之物，这一指责也陷入了她自己在罗尔斯和哈贝马斯处发现的同样的难题。这样一来，后者的方法就低估了在身份和社会处境的巨大差异中相互理解的困难。

　　在我看来，本哈比对交往伦理作具体化处理和杨提出的差异政治之间的争论焦点，主要来自两种不同的但都很重要的直觉，即如何既避免将虚假的形象和扭曲的刻板形象投射到他人身上，也避免将他人仅仅当作自我的镜像。依照本哈比的观点，克服反黑（anti-Black）和厌女（misogynistic）态度的困难在于，人们未能认识到人与人之间完全的形式平等。因此，本哈比作出了一个重要的区分，一边是假设一种抽象的众人之界定性的同一性（definitional sameness of persons），另一边是充分和具体地认识到实践中人与人之间的形式平等（formal equality of humans qua human）。对于本哈比来说，高阶偏见的问题在于，一个坚守抽象的定义平等之人却不能在实践中以明智的判断来限制自己的偏见。相较而言，杨坚持另一种见解，即存在于道德主体的认同和社会位置之中的差异非常

1　Benhabib, *Situating the Self*, 136.
2　Young, "Asymmetrical Reciprocity," 346.

重要，是因为它们可能会开启对世界本身的更加明智的理解，从而能够更为全面地理解所关涉的道德问题的复杂性。

本哈比和杨都通过直觉感知到了一些核心的和真实的东西，正是这些东西导致了女性主义理论中最为关键的两难之处。正如本哈比所言，视他人为绝对不同者，一直是仇外心理的组成部分之一。例如有些公认的偏见认为，黑人小孩（pickaninnies）或许算是人，但不像白人小孩那么具有人性。但是，杨有一点是对的：我们也应该将形式平等——我们都是人——与我们在想象一种哈贝马斯所言的理想的交往共同体时所引发的透明性文化意象区分开来，在那种共同体中，不同的人实现了互换性和互相承认。在我看来，杨对本哈比的批评的核心意义，并不在于消除承认人的某种平等的需求，而是她对依据各种可逆性来想象平等的历史提出了质疑。在想象一种和谐的、在道德上正直的互动时，杨的立场意味着，我们将会彼此坦诚以待只是一种社会幻想，这一观念是一种还原论。渴望在获得完美的共识和公正的情形下实现我们的理性本质，对于杨来说是一种道德上的倒退的幻想。

这场英美女性主义者的争论中的关键性分歧，在我看来是一种提醒：没有想象力就无法去构想。因为想象力至少能够作用于个体和社会这两个相互关联的层次，所以无意识的偏见从不只是一种迈耶斯所言的"个体认知障碍"[1]之事；相反，"它是通过受排斥的社会群体的形象在文化意义上被编码和传播的"[2]。在实践中，幻想和想象的个人来源和社会来源从不是泾渭分明的。我个人的幻想景象来源于在个人经历中积累下来的图像库。然而，为了从本哈比和杨

1　Meyers，*Subjection and Subjectivity*，11.
2　Ibid.

之间的分歧中抽离出一个源头，有必要作一种分析性的区分：一方
是我在生活中通过直接的第一人称/第二人称关系实现的个人幻想；
另一方是来自特定个人与其心理生活之间关系的具有相对自主性的
文化意象。即便我有能力克制住自己公开表达出一种基于偏见的厌
恶感，我的行为也是显露在一个充斥着象征性价值的世界之中，这
些象征性价值要么是消极地羞辱一些社会群体，要么是以某种方式
继续支持群体性的排斥。

这一事实意味着，观念框架部分地依赖于流行的文化象征，从
而促进特殊的集体情感、欲望和渴求。[1] 本哈比承认，具有图画性
的意象在其对现代契约理论的分析中具有重要作用。然而，当她对
如何在产生道德观点的过程中限定个体的幻想生活进行理论化时，
她将其关注限制在程序性问题上，而没有质疑由她自己对理想的交
往共同体——可实现观点之可逆性的地方——的想象性处理所引发
的更为丰富的社会意象。我的立场是，即便将对话模式的基础从立
足于普遍化他者去尊重所有人的尊严，转变为与具体的他者进行接
触，也不足以调整道德普遍主义的程序性路径。我同意杨的观点，
我们必须提出一种交往方法的理论，以对透明性的乌托邦式的渴求
进行限定。这种限定象征性地代表着一种交往伦理的道德前提，即
倾听不同的声音必须在道德的理论化和实践中构成一个不可或缺的
时刻。

不过，杨和本哈比之间的争论至少存在于两个基础议题之上。
分歧的第一个基础领域源自她们隐含的本体论假设，分歧的第二个

---

1 Benhabib（*Situating the Self*，153 - 158）考察了男权主义意象是由现代性的社会历史
   形成过程所唤起，由从霍布斯到洛克再到卢梭等现代政治理论家所阐发。在后者的作
   品中，人在一种自然状态下出现，在这一状态中，没有起源、完全自主的自我依本性而
   为，他们是具有极强占有欲的自利者，唯有通过与他人对抗才使其变得文明起来。

基础领域集中于共情和想象在实践归因中应该发挥何种确切的作用。对于第一个领域，本哈比依据相互承认的黑格尔现象学（亦见于查尔斯·泰勒的作品），强调人之为人的形式平等。杨使用来自阿多诺、伊利格瑞和列维纳斯的洞见，强调人类从未存在于一种伦理主体地位的形式平等之中。对于第二个领域，杨认为依靠一个人的个人经验去理解在生活环境和社会群体归属上都与自己完全不同的他人，在出发点上是错误的；而本哈比的可逆性理想偏偏以这种实践为基础。乍看上去，这两个基础性的分歧领域似乎是不可调和的。我将在后文中试图调和这两部分的核心观点。我将指出，在道德和社会政治这两种归因中，必须既保留第一人称/第二人称相互平等的时刻，又要关注两种归因差异中的非同一性特征。通过综合在道德的对称性和相互的不对称性的讨论背后的核心直觉，我希望为当代女性主义伦理理论提供一个更为坚实的基础。

3. 超越僵局

3.1　通往一种批判的社会现象学

我的第一个主张是，本哈比对道德推理的一元模式的批判所预设出的社会现象学，远比她自己发展出的社会现象学要更为复杂。本哈比（通过对黑格尔相互承认的观念进行哈贝马斯式的扩展）和杨（在伊利格瑞性别差异理论的帮助下）都努力证明，非同一性或那些使我们与他者产生差异的本体论内容，具有道德上的显要性。在最近回应杨对其作品的批评时，本哈比清楚地说明，其关于主体地位的形式平等概念来自黑格尔的互相承认的理念。本哈比解释道，黑格尔的这一理念，尤其在它被扩展为交互的交往伦理时，

"并不意味着是一种以镜像的同一性来想象具体的他者的荒谬立
场"。[1] 本哈比提到，因为"自我意识总是去-中心化的"，所以在主
体地位之中存在着某种形式平等。由此，她有力地指出，可逆性并
不意味着"进入他人的大脑"，而是"或多或少地预测和理解他者
可能会做什么、如何感受某个问题，或他可能会采取何种反应"。[2]
我来解释一下她的观点：因为我在了解自身时从不独立于他人对我
的设想，所以我在日常交互中总是会做出可逆性的判断。这种第一
人称/第二人称的判断依赖于一个事实：因为人们生活在一个有着
共同语言和遵守共同规范的文化实践的世界之中，所以人们能够相
对成功地在想象中重构彼此的经验。正如维特根斯坦的一种黑格尔
式的洞见所云：没有人能生而掌握无人知晓的语言。

　　本哈比强调第一人称/第二人称关系的重要性是正确的。而且
她还正确地指出了，人类如果没有预测彼此行为的一种主体间性能
力，就会陷入反直觉的唯名论之中。不同的个体或群体将绝望地在
自言自语的游戏中相互分离，无法理解彼此的概念体系。本哈比警
告道，如果不保护人与人之间的某种形式上的平等和对称性，针对
具体差异的强调就会陷入"群体身份的本质化"[3] 之中，从而激发
起对这些社会群体的既存的文化成见。我们应该认真地对待此警
告。一种符合道德的观点就必须让现实中的他者，特别是那些被边
缘化的他者，有机会告诉我：我应该对我未知之事表达出感兴趣的
态度。这样做是为了维持而不是抛弃作为形式平等理想之基础的道
德直觉。

1　Seyla Benhabib, "In Defense of Universalism—Yet Again! A Response to Critics of
　Situating the Self," New German Critique 62（Spring - Summer 1994），173 - 189，
　186.

2　Ibid., 187.

3　Ibid., 188.

我虽然接受本哈比的警告，但还是认为有一个重要的基础性问题会对其论述构成困扰。通过在理论上将立场的形式平等把握为一种预测彼此的能力，本哈比得出了一种假设：要发展这种能力易如反掌。这意味着，因为我们总是怀有如此判断，所以社会立场上的差异并没有大到让我们无法穿越界限以实现彼此的充分理解。劳丽·施拉格（Laurie Schrage）提出了这一议题，她指出本哈比"想当然地认为文化具有很大程度上的同质性"[1]。通过假设"观念框架"具有相对的"可通约性"，施拉格认为，本哈比的"转换视角的任务变成了一种没有挑战的、微不足道的事业"。[2] 正如前文所述，高阶歧视阻碍了人们对有所差异的社会立场的理解。我认为，推动本哈比转向互动的交往伦理的直觉本身指向了一种社会现象学，在后者的假设中，知觉中的认识论差异所形成的观念，要比她对第一人称/第二人称关系的强调所揭示的观念更加厚重。由此，本哈比的交往伦理的具体模式需要由一种批判的社会现象学来予以补充，后者能够为个人和群体身份的非同质性特征提供更为丰富的说明。

我认为，本哈比在对身份形成中个体化的本体论时刻进行理论化时有所不足。换而言之，所有事物是通过一种自我揭示的动态过程得以呈现的。这一见解在黑格尔处就已露端倪，后来被解释学现象学、批判社会理论（马库斯和阿多诺的作品），以及更多的新近研究（如德里达、列维纳斯和伊利格瑞）等各种理路所承继和变更。这一脉络强调，人类的存在不仅与显在的或现存的东西有关，也与缺席的东西有关，后者虽然未被揭示出来，但它们依然很重

---

1 Laurie Schrage，*Moral Dilemmas of Feminism：Prostitution，Adultery，and Abortion*（New York：Routledge，1994），14.

2 Ibid.，14.

要，因为它们可能在未来将人或事物的其他方面显现出来。这一黑
格尔主义的遗产承认，即便概念体系依据相似性和近似性对事物进
行分类，这种分类法之所以可能也只是因为事先存在着不相似性的
直觉。当这一遗产通过后黑格尔主义的非同一性或差异性本体论得
以加强时，便产生了一个重要的洞见，即任何事物都不是永远静态
地显现的，其意义是，任何事物在一个既定的时间点上显现自身时
就已用尽了其所有可能的显现方式，而人类的构思性活动无法做到
毫无遗漏地把握事物。这个本体论立场发出的提醒是，我们永远无
法彻底地认识自身，除非我们能存在于一种最终状态之中，或者具
有彻底认识自身的澄明之道。最后，因为所有存在都是动态的过
程，在其中要揭示出某个方面，唯有让其自身或其可能性的其他方
面先从背景中消退才有可能，所以，人类不可能实现完美的主体间
的共同在场。正如亚里士多德和存在主义思想家指出的那样，我们
一开始就对事物是以自动展露的方式揭示其自身感到好奇，这一事
实迫使我们去思索、去考虑何者存在、去探寻知识，这实际上是使
我们成为认识的主体。不明确的和未阐明的好奇正是人类存在的基
础。对于柏拉图对话录中的苏格拉底以及克尔凯郭尔而言，这一好
奇还为知识提供了实践基础。

虽然在其作品中没有明说，杨从伊利格瑞处承继了这种本体论
洞见。杨对本哈比的批评表明，强调人与人之间的不可通约性的本
体论时刻——这也是我重点反驳的观点，导致了交往伦理的替代模
式。与其像本哈比建议的那样，依据我们作为人的形式平等，努力
获得预测彼此的能力，不如采取杨从伊利格瑞处得到的不同观点：

> 在《性差异的伦理学》中，伊利格瑞提到，需要一种
> 分离自我和他者的**间隔**（interval），以便于他们会面和交
> 流……这种伦理关系的构建，不是通过与他人交换立场的

意愿，而是通过尊重他者，与其保持合适的距离。不同的
对话者之间只有存在并跨越差异，交流才能进行。[1]

真正的交流并不是简单地将他人的评论纳入我的既存观点，也
不只是站在自己的普遍主义的立场上居高临下地臧否他人的评论。
真正的交流最好被理解为"一种与人相处的模式"，而不是想象性
地占据他人的立场。[2] 理解他人，在一定程度上始于学会去观察彼
此之间的差异和界限。这种交流模式承认，他人的身份及其身份的
地位中总有一些内容或信息，并不在我的完全掌握之中。杨澄清
道："交流是一种创造性的活动，它以每个人的观点的不可替代性
为前提，因此每个人都能从与他人的互动中习得新知识、超越其自
身。"[3] 虽然我能够理解他人的历史，但是，"历史生生不息，总是
可能在新背景下被重述"[4]。群体认同也是如此。

同样，杨表明，我们每个人都占据一个特殊的社会立场，虽然
我们的社会立场会发生变化，难以完全固定，"但是人们既不能从
其情景化的关系中拔出来，也不能替代彼此"[5]。时间经验和社会定
位的个体化特征，使得我们无法做到完全地转换观点。无论我以怎
样的方式理解他者——也无论这种理解在多大程度上有助于我获得
更具客观性的观点，并提高我在规范性要求的背景应用中对复杂事
物的敏感度——我作为一个道德主体，都不应假定我能够通过他人
的眼睛感知世界，进而也不可能耗尽心力地从所有人的视角出发去
看世界。这一事实因为植根于人类存在的本体论局限性，所以具有

1　Young，"Asymmetrical Reciprocity，" 353.

2　Ibid.

3　Ibid.，352.

4　Ibid.

5　Ibid.，353.

道德上的优越性。

围绕杨和本哈比在第一个领域的争论，我总结一下从中获得的洞见。正如前文所示，杨认为，基于我们作为人的共同点对互相承认进行理论化的工作，在本体论意义上是错误的。我相信，杨之批判的基础是这样一种观点：依靠对称平等或形式平等来代表个体之间的关系，严重曲解了存在于他们社会关系中的不平等现象。相反，杨的讨论意味着，在概念和实践的双重意义上，我们都应该将人既当作被整体性地个体化的主体，又当作通往社会宇宙的独特视窗。[1] 尽管如我一般对此观点深有感触，但本哈比的警示还是正确的：过于强调一个本体论意义上的完整之人的独特性，可能会导致一种异化他者的恶行。她提醒我们，由于人类是一种语言意义上的存在，所以从不会简单地遭遇胡塞尔在《笛卡尔式的沉思》"第五沉思"（*Fifth Cartesian Mediation*）中提到的问题，即不能在原则上把握他人的立场的独断论。人们能够也确实在预测彼此，他们可以学着通过扩展其观念框架看待世界，甚至设法跨越语言和社会立场进行交流。杨并不反对这一点，但她在讨论中坚持认为，没有必要对这个现象学意义上的对称性维度进行理论化。[2]

我的答案是，能够通过发展出一个更为细致的词汇，来调和这

---

1 讨论这一立场的认识论基础并非本文的任务。我只需指出我不拟采用相对主义的立场。相反，我假设的立场是，我们能够在理论上处理身份和社会地位的特殊性如何影响观念化过程，并且还保留着一种客观主义的立场，事实也是如此，事物本就独立于人的思想而存在。关于女性主义认识论的书目，参见 Linda Alcoff and Elizabeth Potter (Eds.), *Feminist Epistemologies* (New York: Routledge, 1993, 295 – 301)。

2 关于将伦理互动把握为需要承认人与人之间的对称性和不对称性，还有另外两种探索，参见 Drucilla Cornell, *The Philosophy of the Limit* (New York: Routledge, 1992), chaps. 2 and 3, and Martin J. Matuštík, *Specters of Liberation: Great Refusals in the New World Order* (Albany, NY: State University of New York Press, 1998), chaps. 6 and 7。

种女性主义的理论争论。本哈比在对社会承认的考量中将两个问题拼凑在一起。她将获得道德尊重的问题与构想我们共享的人性的问题混为一谈，认为我们不仅因皆为人而形式平等，在主体地位上也是形式平等。然而人与人之间的形式平等，并不能等同于主体地位的平等。本哈比的"主体地位的形式平等"这一短语，混淆了她力图区分开的两个话语层次，一是普遍化的他者，它指的是我们都是人，必然是一种高阶秩序的形式上的抽象；二是具体的事实，即道德主体的确不会脱离其嵌入社会的主观立场，在纯粹抽象的意义上进行思考。我的立场是要求我们接受如下想法：虽然我能够预测他人的若干言行，但我不能假设他人相对地有可能或应该拥有和我在同样社会立场下拥有的相同期望。如果正如本哈比所称，道德尊重和社会承认源自一种倾听他人的意愿，那么只有在合理地假设他人处于同样的社会情境时并不一定赞同我的道德判断，倾听才是一种有意义的追求。

主体间性关系兼具第一人格-第二人格的双重维度和第一人格-第三人格之间的关系。如果我们将第一人格-第二人格维度当作一种包含着共享的人类经验的全部技能，它能够以某种方式预测和理解彼此，那么交往情境就无须否认形式平等。但是，交往伦理也必须保持开放，继续探索两种人格在更为广阔的世界中展现出的个体关系；各种社会结构支配着他们的主体间关系，并对他们在伦理上的可能性进行限定。要克服将他人化约为自我之简单形象的构想倾向，并不能以主体地位的平等为前提。相反，它应该在理论上被解释为维持两方面的张力：一方面是努力在我们的人性之中平等地对待彼此，另一方面是反思我们各自的社会立场差异如何歪曲了道德判断和伦理关系。

3.2 共情、想象和扩展性思维

关于第二个领域的基本争论，我想在本哈比和杨之间再铺设一条道路。我将论证，正如杨所指出，必须将**理解他人**和**在想象中持他人之立场**区分开来；然后我将坚持一点，只要我们不幻想着能够代表他人的立场，想象就能在对他人的理解中发挥出作用。最重要的是我们有必要从道德禁忌的角度去设想我们的努力。该禁忌采用如下形式：无论我能达到的理解程度有多深，也永远不要想象，我能够持他人观点或像她自己那样理解她。正如本哈比正确地声称，道德尊重需要特别清醒地认识到人与人之间的平等，杨也正确地指出，尊重需要始终认识到他人与自我之间具有非同一性。这就需要承认，人类需求的多样性和对规范性权利多元化的合法主张，可能无法平等地显现在任何单一的普遍性原则之中。于是，谦逊就构成了实现成功互动的前提条件，它提醒我注意：我自己未必可靠，我在形成个人兴趣和偏狭视角之前早就产生了普遍化的趋向。

此外，用互换视角的方式界定道德尊重和扩展性思维，潜在地将互换性构建为一个兼具可行性和可取性的目标。严格来说，这一界定预设了我能够最终理解所有的视角，并站在神之视角的绝佳位置上进行观察。和杨一样，我认为这是一个错误的假设，而且更重要的是，这也是建立一种规制性标准的错误方式。稍微宽松一点地来看，我们可以假设互换性是无法实现的，但我们应该努力获得那种规制性标准。就此而言，即便正如我们所知，我们的努力永远无法摆脱人类知识和理解的易变性，互换性也应该成为我们视线的焦点。不过，我认为这也是一种解释规制性标准的危险路径。我同意本哈比的观点，即我们应该努力获得一种扩展的和后习俗的（postconventional）视角；但是把这种努力想象为朝向自我发展的最终理想状态的线性进程和演化进程，会产生一种危险的渴望。或者更为准确地来说，对于因增长理性的持续努力和自以为是的欲望带来的摇摆不定的困恼，互换性的理想难以提供充分的控制力。将道德尊重设想为一种互换性理想，并不能抑制住通往虚假的普遍主义的诱惑。我所谓的虚假的普遍主义指的是，在某种程度上将自身的利益虚假地描绘为整个人类的利益。构成不对称的互换性概念之基础的核心直觉是，这种普遍化的假设毫无疑问是错误的。[1]

如何对我们关于完美的交往共同体的想象做出有效限制，可以从本哈比和杨之间的第二个争论领域中寻得解题关键。她们各自对道德判断的描述提供了两种有所区别的模式。有趣的是，两者都诉诸阿伦特所使用的康德关于扩展性思维的观念来描述道德判断。延续阿伦特的考量，她们都强调扩展性思维是一种关于判断的"道德和政治能力"，而非一种同情心。同时，两者都赞同阿伦特将道德判断和公共领域相桥接的做法。在康德看来，旨在获得无私立场（disinterested stance）的反思性判断源于对特殊性的抽象，以及对关于一切他者的可能判断的假设性想象；而阿伦特认为，判断不能依赖于"纯粹理性"，必须源于"与他者的可预期的交往"。[2] 对于本哈比和杨而言，扩展性思维是一种社会实践形式，人们在其中通过对蔓延在他们间的社会关系网络进行分析，以辨识他们在一个共

---

1 我无法在此充分地阐述此观点；然而，我认为本哈比对主体间性关系的第一人称/第二人称维度的关注，过于依赖心理学对对象关系理论（object-relations theory）的发展。我同意本哈比的意见，人类能够发展出一种后习俗的能力，以使其对生活价值和形式的有效性进行反思。然而，本哈比认为在道德心理发展方面，线性的和渐进的观点是理所当然的。在我看来，成人即便在质性方面不同于青少年，但也可能不免出现各种新的短视行为，而且这些行为他们之前并非犯过。事实上，一个受过特殊的哲学训练，早就学会用具体术语来描述道德困境的人，在某些特定的社会境况中，也可能看不到那些处理道德困境的所谓的后习俗方式的局限性。因此，能力可能是把双刃剑。

2 Benhabib, *Situating the Self*, 133.

享的公共世界中所拥有的趋同的经验和相异的经验。即便本哈比和
杨同意，做出合理道德判断的最好方式是一个人能够评估"道德主
体的背景化叙事"，但人们的评估模式往往有所不同。[1]

杨和本哈比都认为，道德判断的行使不应该被视为将特殊性纳
入普遍法则的行为。然而和杨不同的是，本哈比强调了想象力在道
德推理中的作用，并且如前文所述，她还将扩展性思维描述为一种
在想象中和所有他者交换视角的能力。本哈比澄清道，所以道德推
理需要"使用道德想象力，以激活我们的思维能力去描述叙事和行
动的可能性——这种可能性主要来自我们可以理解彼此的行为"。[2]
本哈比的论述表明，扩展性思维的目标是"我们希望在公共领域中
获得的主体间的有效性"。首先，"在和'我必须与其达成某种一致
的他者之间展开的可预期的交往'中，决定我想法"的解释性行
为，是一种"判断能力"，而非共情能力。本哈比解释道，扩展性
思维是评价性的；它

> 并不意味着在情感上假设或接受他人的观点。它仅仅
> 意味着让自己知道，与其相关的他人的观点是什么或可能
> 是什么，以及我是否能够在自行其是时"获得他人的同
> 意"……从"其他人的角度"考虑问题，其实就是要明白
> "如何倾听"他人所言，或者当他人不发声时，能够把他
> 人当作自己的对话对象，想象着与其进行交流。[3]

其次，成功的道德判断，如果它是合理的话，就必须考虑到每
个人的需要。进而，

---

1 Benhabib, *Situating the Self*, 128.

2 Ibid., 129.

3 Ibid., 137.

> 我们能够向自己提供的视角越多，我们就越有可能意识到存在着更多的行动描述，而他人可以通过这些描述来确认其行为。最后，我们能够从他人的视角进行考虑得越多，我们就越能够让关于他人的叙事经历生动地展现在我们面前。[1]

最后，这种道德想象力的运用是评价性的，将改变我对自己的伦理动机和意图的理解。

概言之，基于这三点，本哈比的实践理性观点被简述为一种视角转换的运用，但是，这种运用如果重视交流、处理得当，就会对我们评估复杂道德情境的能力产生影响。正如本哈比所言："自我不仅是一个主格之我，也是一个宾格之我。"[2] 作为一个道德主体，我往往在行动之前并不明白自己的真正意图。我是在行动之前通过将"叙事经历"投射"进世界之中"来构想自己的意图的。本哈比声称，"一个人的意图体现了其道德原则，要对其做出最大可能的评估，需要理解其言说"，而且，"这一理解同时揭示了自我的认识和他人对自我的认识"。[3] 在想象中努力理解他人如何看待和评价我的行动和意图，的确可能产生帮助我有效调整自身意图和行动的认识。如果我是你，我是否愿意被如此对待？道德判断应该超越此问题。此外，如果我发现我在考虑中因对语境不够敏感而不能有效评估可能的结果，不能准确判断出具体情境在道德方面最突出的特征，以及不能为行动提供足够普遍的准则，那么道德判断就应该指引我改变做人的方式。[4]

1　Benhabib, *Situating the Self*, 133.

2　Ibid., 129.

3　Ibid.

4　Ibid., 136 – 137.

　　杨也发现了阿伦特关于扩展性思维的政治观念对道德理论而言
至关重要。用杨的话来说，扩展性思维指的是"一个人如何将其狭
隘的主观利己主义视角转向一个更为客观和具有社会包容性的视
角"。[1] 但是杨认为本哈比的扩展性思维模式并不能保证实现其既定
目标，即实现为"展开［道德］行动的公共世界进行权衡判断的质
量"[2] 提供更为客观的评估。杨认为，用理想型的（ideal-typical）
术语将扩展性概念描述为一种站在他人立场上的能力，并不能"将
主观视角转向一个更为客观的视角"。相反，它只不过是将一种利
己主义立场转向了"一系列聚合了主观性和利己性的立场"。[3] 公共
世界并不是所有个体化视角的聚合，而是包含着由彼此视角的变化
带来的性质上的变化，以及由行动引发的现实世界的变化。即便每
个人都是同样的语言和同一套主体间性假设的产物，他们也都是以
特殊的方式占有着共享的现实生活世界，而且集体行动的结果也会
产生不可预见的变化，这些变化可能有违于直接表现出来的既定规
则。有鉴于此，杨指出，对话式互动必然会让我们注意到两件事。
首先，它必然会让我们注意到他人的具体叙事和个人经验，同时，
还必然会让我们注意到，每个人都"构建了一个关于社会关系网络
的解释，我们存于该网络之中并展开行动"。[4]

　　本哈比的观点是，诚心诚意地倾听他者，会生成一种对公共世
界的可变的和更为客观的看法，但杨对此不予赞同。然而，杨是对
的，因为本哈比将交往伦理描述为一种倾听他人之叙事史的义务，
这未能在理论上充分说明对话的目标是为社会整体提供一种更为客

1　Young, "Asymmetrical Reciprocity," 358.

2　Benhabib, *Situating the Self*, 141.

3　Young, "Asymmetrical Reciprocity," 359.

4　Ibid.

观的解释。扩展性思维不仅仅来自对不同叙事视角的学习，相反，它反映的是一种理解上的质变，即对不同的概念视野进行融合。扩展性思维要抓住几个时机。第一，它应该令人认识到，"社会关系网络"是一种以很多同样有效和重要的方式整体性地表达出来的现象。第二，我们要获得这种洞察力，就需要把"我们自己的〔道德〕假设和观点"在某种程度上"变得具有相对性"。[1] 第三，在这一相对化（relativization）时刻生成了谦逊，并开启了一扇大门，以提高在实践推理中发展出更高客观性的可能性。如果我们要掌握道德判断的整体情境，就必须发展出一种扩展性意识，即认识到"世界和通过互动形成的〔他人具有的〕集体关系"是如何"看待他们的"。[2] 这些关于社会整体的多重评估，反过来也必须被评估。然而，基于本文的目标，我们可以注意到，这种互动类型能够使实践道德主体更为全面地评估一个特定的普遍原则，如何在其实施中对各种社会群体以及这些群体之间的总体关系网络产生不同的影响。[3]

简而言之，杨提出了一个反对本哈比的关键主张。尽管本哈比和杨都赞同，培养一种扩展性思维有助于转变一个人的意图和观点，但杨认为，这种转变的产生基础并非如本哈比所言，是以倾听他人叙事的方式在想象中重复他人的经验。杨提出，我们应该在超越差异理解他人和在想象中采取他人立场这两者之间做出严格区分。她反对如下观点：我们是通过盘点自己的情感经验的库存，并

---

1 Benhabib, *Situating the Self*, 361.

2 Ibid.

3 虽然是一个真正的道德关切，但仅仅是自我利益的问题，还不足以把握那些阻碍人们获得普遍立场的局限性。除非我们接受，对公共世界进行权衡判断的质量是源于人类存在的本体论有限性和人类理解的历史嵌入性，否则，我们将会把局限性问题不断地简化为仅仅是自私自利的问题。

在其中一再重复他人的经验来理解他人关于社会关系的观点。这种
方法不仅错误地预设了我们有可能真正站到他人的社会立场上思考
问题，而且削减了他者经验对于我若以其立场行事时的意义。这种
削减排除了另一种行为反应也同样具有合理性的可能性。因此，它
抹杀了主体所具有的各种地位之间的不对称性，并掩盖了如下事
实：这些地位是由道德行动者根据对社会关系网络的不同评估来解
释的，这些社会关系网络不单单构造了公共世界，还构造了道德行
动者之间的主体间的动态关系。

我们不应该把扩展性思维描述为在想象中互换立场，而是应如
杨所宣称的那样，"对我们所理解之物及其何以如是，给出不同的
解释"[1]。我们也不应该通过转向内在（turning inward）的方式描
述那些跨越差异的理解，因为这会将我们的理解限制为"寻找彼此
之间的共同之处"，使得互相理解植根于比较之上。杨据此指出，
即便我依照他人经验重构了自身的经验，这种模式也只是将理解建
基于"从我自身的经验出发进行推论"，这无法引导我"超越我自
身的经验"。[2] 我认为，杨对本哈比的批评旨在努力终结如下做法：
将理解建立在通过使用想象来转换视角的基础之上。杨的想法与本
哈比相反，她声称人们能够通过"走出"自身，而非转向自身、盘
算内在的方式来理解彼此。在此，我再次发现杨的观点很有说服
力。在其将交往当作一种创造性过程的描述中，杨正确地强调了理
解他人的基础是一种"悬搁自我假设"[3] 的能力。与其试图将他人
对世界的评价纳入自己的评估之中，不如让他人为我提供感知和评
估社会关系的各种新模式。杨指出，这种交往方式并不注重倾听和

1　Young, "Asymmetrical Reciprocity," 354.

2　Ibid.

3　Ibid.

比较"有关主客观世界和社会世界的陈述"，而是将提问当作尊重他人的一种重要形式，以及学习用新的方式去感知和判断的一条必经之路。[1] 杨将交往伦理和相互理解建基于惊奇（wonder）之上，而不是强调想象和努力重构他人的经验。惊奇以"对他人的新奇和神秘持一种开放态度"为前提，由此有助于我获得通过交往达成理解所不可或缺的谦逊。[2]

基于上述阐释，我再次努力归纳本哈比和杨关于实践道德推理之模式的相关内容。杨和本哈比都强调扩展性思维是一种认知和判断的能力。不过，她们也有所争论：要发展出一种他者导向的理解，以及更为客观地把握各种社会背景的复杂性的过程，究竟从何者出发才能予以恰如其分的描述，是想象还是惊奇，是采用自检（self-inventory）的方式还是拒绝自检的方式？我和她们一样，也将扩展性思维视为一种关于判断的认知能力。然而，我也认识到扩展性视角的实现有赖于一种情感基础。同时，与杨的观点相似，我认为扩展性思维并不是一种转换视角的能力，更具体地来说，它是一种基于既有社会关系网络对各种社会群体的不同影响来评估该网络的能力。虽然我认为扩展性思维具有某种心理学意味，但它关涉的内容远超那种避免将自身的幻想和恐惧投射到他人身上的心理能力。此外，它还涉及知识和差异性社会意识的获取。这种知识不仅来自书本和教育，还来自与他人的实际互动。然而和杨有所不同，我认为想象力和利用自身过去情感经验的能力并不需要植根于交往互动。我们能够依靠一定程度的想象对经验进行比较，来实现对他人的理解，前提条件是这种比较不要将相似性坍缩为彻底的一致

---

1 Benhabib, *Situating the Self*, 357.
2 Ibid., 355.

性，否则就会遮蔽不同群体彼此之间的差异。

3.3　克里斯蒂娃对英美女权主义的反驳

作为一个提纲挈领的总结，我将论证扩展性思维具有一种批判性的想象维度，它无须被视作一个严格的术语，如杨在批评本哈比时偶有暗示的那样。我所言的批判性是一种想象的应用，它并不是从我的思维、经验或理解视域中投射出某些印象，而是指可以跨越各种社会视角来看待问题。在此，对不同世界的想象性跨越从不意味着终结或巧合。即便我以与他人相似的世界‑视域（world-horizon）来重构世界，我也不会完全如其所为，同时，即便我在此过程中获得了更多的客观性，我们的世界‑视域（无论经过何种修改）之间的差异也不一定会轰然崩塌。[1] 这便是为什么杨会认为，从一种单一的视角到各种单一视角的集合并不是扩展性思维的原因。扩展性视角在质量上要胜于那种集合性视角，而且正如前文所述，它指的是一种能够发现社会政策对各种社会群体造成多重影响的能力。

本哈比和杨都担忧，"想象性地站在"他人的立场上只会将错误的印象或成见投射到他人身上。尽管如此，因为交往是一种创造性过程，所以我们无法排除，想象本就是此过程中的一个环节。我想将想象的投射性应用和创造性应用区分开来。投射性想象源于一种匮乏，即没有能力去考量他人的社会位置，也没有能力去解释他人所言在认识角度上与我自身某些还原论的既有经验之间有何区别。但是，乐于接受和创造性地使用想象能够植根于冷静之中，而

1　参见 María Lugones's "Playfulness，'World'-Traveling，and Loving Perception" in *Hypatia* 2.2.（Summer 1987），3–19，concept of world。

不是植根于将他人进行客观化的幻想之中。我想指出的是，要获得通往扩展性思维的特殊意识，需要将我们的想象从个人的既有经验中抽离出来——也就是说，从我自日常生活中学到的教训中抽离出来，并且超越我可能在特定时间、以任何扩展方式所获得的有限视域——以通往另一种概念视野。然而，被拉入一个新的理解之中，并不需要消除我个人经验范围中的特殊意识。恰恰相反，它将允许我返回自身的既有经验，以评估我自己的情感经历是否歪曲了我的感知和判断。

在此，我认为是茱莉娅·克里斯蒂娃为我们将投射性的、刻板的想象应用和更具建设性的想象应用区分开来提供了理论资源。基于精神分析和社会学证据，克里斯蒂娃提出了"贱斥"（abjection）这一概念。贱斥作为一种理论建构，指的是人们行为中所展现出的最深层次的厌恶或恐惧反应。遵循弗洛伊德-拉康的传统，克里斯蒂娃预设了婴儿一开始与母亲之间是共生融合的关系，并进一步认为这种关系通过两个阶段发展出一种将自我定位为言说主体的反思能力。第一阶段发生于前恋母期（preoedipal development），婴儿在此时不仅需要拒斥与母亲之间最初的身体和谐，还要拒斥随之而来的快感。在克里斯蒂娃的学术词汇中，贱斥表明的是一种原初的压抑行为，婴儿据此名副其实地从其本原身体状态中切割出一部分，以实现与母亲的最初分离。在《诗性语言的革命》[1] 和《爱情传奇》[2] 中，她提出婴儿在此阶段建立起了一种空间意识，这对于其在第二阶段发展出一个统一的自我意识来说不可或缺。正如杨阐

---

1 Julia Kristeva, *Revolution in Poetic Language*, trans. Margaret Waller（New York：Columbia University Press, 1984）.
2 Julia Kristeva, *Tales of Love*, trans. Leon S. Roudiez（New York：Columbia University Press, 1987）.

明道，

> 贱斥并不是产生出一个与客体相关的主体——自我，
> 更确切地说，它是在主格之我形成之前产生出一种分离状
> 态，一种我和他人之间的边界，由此可以使得自我与其客
> 体建立起关系。在欲望——从内在自我到其指向的外在对
> 象的运动——之前，仅有赤裸裸的贫瘠、匮乏、缺失和破
> 坏，它们都无法显现出来，仅以纯粹情感的形式存在着。[1]

克里斯蒂娃认为，身份-形塑的必要条件是将贱斥视作人类心
理的一个固有部分。贱斥具有一个矛盾性的结构，在其中它既唤起
了非理性的厌恶感，又唤起了迷恋。这一矛盾反映出的是婴儿在挣
扎着离开母亲的滋养时的那种不情不愿的状态。

克里斯蒂娃的身份-形塑理论的核心内容被证明对思考成年人
的伦理主体性也具有重要意义。她的理论使我们能够解释个体发生
的（ontogenetic）贱斥状态如何带有系统发生的（phylogenetic）
关联性。通过社会化过程，贱斥——一个人对其身心构造的拒
斥——能够与流行的文化意象产生关联，这将某些群体定位为文化
规范的被遗弃的或不完美的化身。最值得注意的是，这种文化象征
无须影响个体明确的道德信仰系统的发展。相反，在更为基础的层
面上，那些负面的关联性和厌恶的情感，的确影响到了个体的基本
安全系统和隐性情感评价的出现，正是该系统和评价包裹着个体的
统一身份感。分离的主观体验作为某种暴力行径在自我意识中留下
了痕迹；事实上，自我意识的统一性在其最初形成时发挥出的正是
防御性的拦挡作用。对非社会性的欲望和无意识的冲动的压制，以
及简单来说，对个体情感的、以内驱力为基础的生活——这种生活

---

1 Young, *Justice and the Politics of Difference*, 143.

是无意识的，并且超出了对一系列公认社会实践的认同——的压制，是主体的统一性特征得以保存的手段之一。

克里斯蒂娃证明了，人们从未享有过与其无意识过程或内驱生活之间完全透明的关系，勉强接受这一事实有助于促进一种心灵弹性（psychic flexibility）。我反驳本哈比和杨的关键点在于，心灵弹性为道德上的谦逊提供了能力基础，并且进一步来说，对获得扩展性思维的实践方案也不无裨益。正如本哈比和杨所理解的那样，交往伦理的核心目标是防止高阶偏见扭曲道德推理。如果我们严肃地对待克里斯蒂娃的研究，那么可以从中发现，道德主体必须能够接受这种可能的状况：道德主体对一套价值的认同在某种程度上会掩盖对维持一个统一的自我（unified self）的简单需求。如果缺乏接受此设想的能力，那么道德主体就不能与那些他在社会化过程中接受的价值所衍生出的情感保持充分的临界距离。依照克里斯蒂娃所言，所有主体都拥有着能够反映他们对社会整体不予认同的欲望。愿意将未得到认可的欲望和得到了社会认可的欲望统统提交给公共评价，其先决条件是学会表达欲望而非压制欲望。正是基于这种检审自身所欲之生活的意愿，一个人才会将自身情感不断地投入社会的群体性问题之中。仅仅表达出叛逆的冲动，本身在道德意义上和社会意义上都无足轻重。尽管如此，从精神分析的角度来看，一个无利害关系的、单一的主体虽然能够对竞争性的道德主张提出有见地的评估，但仍是一个有限的道德主体。证成一套具有争论性的道德原则的理性能力，即便意味着能够与流行的社会习俗之间保持批判性的距离，可能也无法有效地克服高阶偏见。

克里斯蒂娃将道德主体描述为一种**过程中的主体**（subject in process），强调了第一人称/第三人称维度在交往伦理中的重要性。此处的第三人称指的并不是简单地由双方客观地展现和评价出来的世界（前文已有所讨论），更准确地说，它指的是通过文化中占主导地位的象征性意象过滤过的世界。这种意象不仅内化到人的情感生活之中，还构建起了那些支配着主体间感知、普遍化和交往互动的想象。克里斯蒂娃认为，一方面是学会批判性地评估在任何普遍的规制性标准中显现出的神秘意象和象征主义，另一方面是作为主体对其自身的非统一性愈发感到舒适，在这两者之间存在着一种基础性的关联。她关于过程中的主体的概念，精当地展现出了那些无力享受自我形成过程之人的局限性。由于无意识的存在，不能接受这一点的人无法与其内驱生活之间取得完美的透明关系，且会受到具有神经性特征的恐惧症的折磨。他们压抑着无意识的恐惧和禁忌性的欲望，这导致将**自我中的陌生者**（stranger in oneself），即卑贱（the abject），投射到其他社会群体之上。在将一些群体贬低至低等人（即污染了社会的卑贱之人和丑陋之人）范畴的既存象征性价值之中，这些投射延续和实现了他们的制裁，从而令社会变得不洁。相比之下，过程中的主体能够从揭示其无意识的欲望（内在的陌生者）之中获得社会性愉悦；由此，过程中的主体能够开始检审其自身的情感生活是否以及如何通过既定的语言游戏和文化意义上的象征性价值规范等方式构建起来。过程中的主体虽然具有一元化的身份，但他也能够承受住那些最为基础的情感关联的缓慢消解，正是那些情感关联构成了一个心理安全系统，并令人们与一些文化偏见和特殊价值产生情感上的关联。

克里斯蒂娃认为，培育这种具有心灵弹性的自我意识的时刻，产生了将我们自身从对文化幻想的更为直接和肤浅的认同中分离出来的可能性。从其身份-形塑模型出发，克里斯蒂娃认为，以主体间性关系为中心的心理上的幻想生活，嵌入在宽泛的社会性和象征性价值之中。由此，过程中的主体能够协调那些构成、影响和引导其自身欲望的文化力量和意识形态力量。虽然这种心理时刻是迈向弹性价值的关键时刻，但它嵌入在一种第一人称-第三人称关系之中，尚不足以将宾格之我送至扩展性视角。就与我自身的恐惧和欲望保持距离感这一点来说，即便是受到了社会过程的影响，它仍产生了两种重要的、虽然也具有局限性的能力。对自身身份的非同一性感到欣慰，既能使我不再将他人刻板化为相异者，也能使我对自身社会中占主导地位的象征性价值展开批判。然而，即便这种批判是从人际互动中抽象出来的，它不一定会让我跨越门槛，能够去开始理解那些在生活条件上与我有显著区别之人如何存在于其世界之中，以及理解他们如何受对社会关系的评价驱动，要理解这些，我可能缺乏必要的经验基础。

许多英美女性主义伦理理论的核心目标是发展出哈贝马斯交往伦理的替代者。在此我认为，扩展性思维模式是对道德规范或社会政策对各种社会群体造成的不同影响进行评估的能力，它可以通过克里斯蒂娃关于主体的符号学分析得到进一步认识。这一模式将对象征价值的批判性评价和一种主体间性方法结合起来，以在社会关系网络中多元化地理解他者和他们的处境。尽管克里斯蒂娃阐明了对主导性价值系统进行批判性仲裁的时机，本哈比、杨和迈耶斯还是指出，需要获得关于意义共同体的更为丰富的理解，这些意义共同体构成了理解他人如何评价世界的背景。正如克里斯蒂娃所言，扩展性思维有其心理学内涵；然而，除了停止将自身的幻想和恐惧投射到他人身上的心理能力，扩展性思维还需要与他人持续保持接触，以挑战自身的观点和扩展自身的知识。

让我回到杨的观点，她提出，惊奇就在于开放性地接受观点的转变和对自身核心信仰的挑战。杨出于两个目的，将交往建基于对他人的非争论性的、值得称颂的开放之上。首先，她强调交往的目标不应退化为仅仅试图赢得他人的同意，而是应该促进彼此间的理解。其次，她用惊奇替代想象是为了抵制两个令人担心的诱惑，一者是对他人的世界漠不关心的诱惑，另一者是将他人视为异类的诱惑。两者都会令人将自身中的陌生者投射到他人身上，想象和同情虽然必定参与其中，并努力在两者之间做到允执其中，但杨还是高估了想象和同情所能发挥出来的积极作用。

在此如果将迈耶斯关于共情（empathy）的作品和克里斯蒂娃的研究放在一起看，倒有所裨益。众多解释都表明，想象在共情的形成中发挥出了巨大的作用。迈耶斯在"分享他人的情感和在想象中重构他人的情感"之间做出了区分。[1] 她将前者称为同情（sympathy），例如就愤怒而言，人们即便不是引发愤怒的主体，也能对他人的愤怒感同身受。她沿用派普的观点将后者称为共情，指的是"发自内心地理解［他人的］内在状态，'但本身不受后者控制'"[2] 的能力。不同于克里斯蒂娃，迈耶斯关于共情的观点潜在地承认了人类经验的第一人称/第二人称维度对于是否能够理解他人之苦难非常重要。迈耶斯指出，为了与他人产生同感，"例如，

---

1 Meyers, *Subjection and Subjectivity*, 33；关于迈耶斯对其他共情观点的更全面讨论，参见 Joel Kupperman, "Ethics for Extraterrestrials," *American Philosophical Quarterly* 28 (1991), 311 - 320, and Barbara Herman, "The Practice of Moral Judgment," *Journal of Philosophy* 82 (1985), 414 - 436。关于同情的另一种考量，参见 Sandra Lee Bartky, "Sympathy and Solidarity: On A Tightrope with Scheler" in Diana Tietjens Meyers (Ed.), *Feminists Rethink the Self*, 177 - 196 (Boulder, CO: Westview Press, 1997), Alison Jaggar, "Love and Knowledge: Emotion in Feminist Epistemology" in Ann Garry and Marilyn Pearsall (Eds.), *Women, Knowledge, and Reality: Explorations in Feminist Philosophy*, 129 - 155 (Boston: Unwin Hyman, 1989) and Gloria Anzaldúa, "Bridge, Drawbridge, Sandbar or Island: Lesbians-of-Color Hacienda Alianzas" in Lisa Albrecht and Rose M. Brewer (Eds.), *Bridges of Power: Women's Multicultural Alliances* (Philadelphia: New Society Publishers, 1990)。为了解释情感、理性和偏见之间的关系，仍有大量工作需做。
2 Ibid., 32.

一个人需要知道，他人关于屈辱的主观经验在某些方面与其自己自身的经验是相似的"[1]。杨对此有异议，她挑战了任何试图将共情建立在他人与自我的比较分析之上的研究，因为在一个需要认真对待的道德困境中，我们并不具备足够的一致性，无法据此做出准确的判断。尽管如此，共情和想象依然能够为相互理解建立一座桥梁，而不是将不同的观点简化为单一的观点。与其假设我们拥有相同的经验，不如在观念中将努力理解他人的活动把握为发展出一种类比能力，以免使得我的感情生活将自己带入茕茕孑立的状态之中。

我赞同杨的想法，理解他人之行为的基础在于让他人将其实际情况告知我，而非自以为是地使用自己的经验。然而，在达成相互理解的过程中，并不适宜在自身的屈辱感和他人描述出的世界之间建立新的联系，只要我们不将他人的描述简化为自身的记忆和状况即可。一方面，通过类比形成这种联想，有助于将我从对他人经验毫不在乎的冷漠中唤醒；另一方面，我也会对这些类比的形成所具有的局限性保持清醒的认识。正如迈耶斯所言，在对他人感同身受时，"一个人必须有所准备地认识到，导致他人屈辱的原因是不同的，或者说，他人的屈辱体验更为卑微，因为是她亲身经历，所以更难将之抛诸脑后"。[2]

在培育一种更为丰富的共情能力和抵制将他人经验仅仅化约为自身经验的复制品的欲望这两者之间，存在着一种紧张关系，成熟的扩展性思维模式会用实践理性来处理此关系。前者通过扩展那些能够诱发共情之事物的范围，以及拓展既有情感经验中必有所限的能力来精确地构建同情（compassion）。后者需要通过保持更为客

---

[1] Meyers, *Subjection and Subjectivity*, 33.
[2] Ibid.

观和详尽地分析社会关系的过程不受限制，来为该过程提供保障。
正如杨所言，我能够在不将他人经验投射为我自身经验的复制品的
前提下实现共情，其前提条件是，我需要不断地对给赋予个人经验
以广泛社会意义的诠释性背景进行发问。出于此原因，迈耶斯在研
究中将拥有广泛基础的（broad-based）共情和基于特定事件的
（incident specific）共情进行了区分。

迈耶斯解释道，拥有广泛基础的共情具有三个维度。第一，
"广泛的共情的目标是获得对他人心理构造的理解"。第二，它需要
微妙而复杂的智识和情感能力。迈耶斯指出，

> 对他人的主体性产生同感，不仅是利用自己过往的情
> 感生活以在脑海中联想到他人的经验，而且是把握住了他
> 人生活的环境，以及产生这些经验的信仰、欲望、能力、
> 弱点、限制和性格特征。[1]

这种类型的共情有助于我们判断"他人经验的……根源"[2]。第
三，这种共情是以本哈比和杨所鼓励的方式进行评价的。虽然它不
会自动地告诉我们应该如何行事，但广泛的共情为我们询问和回答
问题提供了更佳的情感、知觉和观念资源。

我在前文提出了有别于杨的观点，即人们通常通过在其知识和
经验范畴内，寻找一些可能有助于把握他人所表达之意的东西来努
力理解彼此。这并不一定是理解他者的错误出发点。在倾听他者和
我无法理解他者之间游移不定的现象并不罕见。常见的情况是，当我
发现自己产生误解之后，我会反求诸己并立刻调用其他经验，以希望
可以理解对方。当对方继续澄清她所显现出来的信息之后，这种从我

1　Meyers，*Subjection and Subjectivity*，36.

2　Ibid.

自身的经验到她所描述的内容之间的来回移动，会逐渐地让我意识到，我理解世界的模式与他人对世界的解释未必相契合。由此，我用于感知和构想的方式作为相互理解的出发点便受到了损伤。在努力理解对方和调用大量自身经验之间的往复过程中，我的观点的客观性被证明是不完善的，从而使得我可能会审慎地悬搁自己的假设。

我认为，迈耶斯的共情概念和克里斯蒂娃培养对文化意象保持批判性距离的理想，应该被把握为一种彼此之间相互知会的观念。我在情感上所怀有的反对边缘化社会群体的卑贱意识，能够通过检审文化象征主义对我的情感和欲望生活的影响方式得以松动。然而，我已指出，如果不能培育出迈耶斯作品中所倡导的那种广泛的共情，这种第一人称/第三人称关系仍然是不完善的。反过来说，以广泛的共情为基础的相互理解，将会促使我去评估文化意象如何影响到特定的概念分析对社会现实的表达，以及如何影响到该分析未能体现出它所声称的客观性。在解释这一模型时，我认同杨的观点，即相互理解可能有其自身的伦理价值。一个人乐于接受由他人促成的自身观念的转变，至少可以阻止对他人的误解。一旦我们悬搁了投射性想象，他人的世界就会显现出来，他人作为一个行动者也会以某种完整性显现出来，而这些是我们用投射性想象无法获知的。此外，我认为经验的比较也是交往中的一个重要方面。学会对纷繁的社会关系表象进行更加充分的比较，有助于解决美国社会所面对的复杂的社会问题。这种比较鼓励我们去理解道德困境中的复杂性，也为我们获得关于社会关系的更为全面的看法提供了资源。因而，虽然我相信投射性想象在这种理解活动中作用有限，但更加冷静、不乏细心的想象应用正在发挥作用。这种应用易于被接受，使人心甘情愿地从其根深蒂固的局限性和自我中心主义立场上脱身而出。我将之称为一种批判性技巧，它能够调解个体的幻想生活与文化意象，以及其在不同社会立场上与他人的互动之间的关系。

总之，我提出了几个观点。第一，在本哈比具体阐述的交往伦理的关键直觉背后，存在着一种未被承认的社会现象学，后者的基本观点是所有事物都有一个无可化约的维度。这种本体论假设也暗藏于杨关于不对称的互换性的讨论之中，但未得到阐发，它指出惊奇就是我们存在的本原之道。作为一个现象学术语，惊奇将人的存在建立在与万事万物的自我显现（self-revelation）相关联的基础之上。第二，我提出，进一步延伸扩展性思维的观念，可能有助于重新让被消除了其异化趋向的想象发挥出作用。人类能够对影响着所有思维的前-主题的惊奇施加一种二阶调解。这种调解需要批判性地检审我们的幻想、欲望和不良反应的社会化来源。基于克里斯蒂娃的研究，我为想象的应用提出了一种更为新颖的阐释，以使得他人能够显现出与我们有所区别的本身状态。第三，这种想象他人生活的行为并不需要将自身有限的情感经验强加给他人的世界。克里斯蒂娃帮助本哈比和杨区分出了是否物化他人的两种幻想形式，迈耶斯则表明了特殊的共情形式能够扩展一个人对他人的理解。投射行为将人的身份和环境挤压到自身狭隘的观念视域中，从而歪曲了他人在本体论意义上的完整性；这种使用象征的方式全然无凭无据，放任无意识的幻想泛滥成灾。然而，如果严肃地使用想象，以互动交流为基础，辅以拥有广泛基础的共情，它就会显现出适应性（receptivity）来。这种适应性能够让他人以不扭曲的方式，将其自身表现为一个在更大的社会世界中展开评估和行动的完全理性的主体。通过梳理欧美传统中适应性现象学的源头，我希望为解决当前女性主义理论中围绕互换性承认之本质和过程的理解展开的持续争论，做出进一步的贡献。

第 21 章　作为景观的种族灭绝式强奸

黛布拉·伯格高芬（Debra Bergoffen）

　　本文借鉴了模糊身体的现象学，波伏娃的主体、他者和可有可无的他者范畴，以及鲍德里亚关于丑闻和影像的讨论，旨在分析南斯拉夫的种族灭绝式强奸和南斯拉夫国际刑事法庭的审判，该审判以反人类罪判决犯罪者。本文发现欲结束这种军事策略，需要我们揭示易受伤害性一词通常的性别化含义中的不正义。本文指出，在肯定现象学的身体尊严的过程中，我们发现人权主张最好被理解为对某些空间的保护，即我们和他者的具身生命活于其中的空间。

1. 回归景观

　　在《规训与惩罚》开篇，福柯对 1757 年 3 月 27 日焚烧并肢解弑君者达米安身体一事进行了详细的、令人倍感折磨的记叙。展示崩裂的身体，把我们带向了曾经作为例行惩罚的暴力景观。福柯的结论是，酷刑是一种消失了的公共景观，并且变成了惩罚过程的最隐蔽部分，因为它们不再发挥震慑作用，反而变成了公共秩序的威胁。他写道：

　　　使观众习惯一种暴行（而人们原本希望将观众的关注从这种暴行中转移开）……在最后的时刻颠倒角色，使行刑者像是罪犯，法官像是谋杀者，把受酷刑的罪犯变成了怜悯和钦佩的对象。人们认为这样做就好像惩罚在残暴性上与罪行本身同等，如果不是更有过之的话。[1]

按照罪行和惩罚方面的人道主义进步故事，暴力景观的消失是道德进步的证明。福柯则讲了一个不同的故事。通过追溯在监狱的封闭建筑中汇集起来的身体技术的谱系，他发现这些景观之所以消失，并非因为它们是野蛮的，而是因为它们不能生产对新的经济秩序必要的那种公共秩序，而且正在变成既有公共秩序的威胁。[2]

在南斯拉夫战争之前阅读福柯，可以认为尽管其谱系学有争议，但它所介绍的事实是不容置疑的。暴力政治景观的时代结束了，罪犯受到公开审判。对他们的惩罚，无论是监禁、拷打，还是死刑，都藏于幕后。[3]

波黑塞族断定，公开强奸穆族妇女和女孩对于种族清洗的策略是必不可少的，于是重返景观政治。与福柯一致，我们认为不应将这些景观的重现当作道德失败的信号。相反应该追问，这些景观服务于何种秩序？与早先的酷刑景观不同，这些景观是性别化的，注意到这一点的我们也要追问：为什么这些景观是作为强奸女性的景观而重返？如果女性的身体是关键问题，为什么不是对女性施加酷刑的景观？只要我们提出这些问题，我们就立刻意识到福柯的谱系学并不适用这里。那种谱系学认为景观政治本质上是规训性的。但

1　Michel Foucault, *Discipline and Punish：The Birth of the Prison*（New York：Vintage Books，1995），9.

2　Ibid.，31.

3　最近萨达姆·侯赛因的公开绞刑可能是回归公开惩罚景观的信号。但是，来自伊拉克和国际社会的对这次绞刑的反对之声，以及混乱的真实绞刑场景，表明在惩罚景观被放弃时占上风的那些条件仍然存在，也表明此次绞刑应被视为一个反常而非重返早先法律许可的公开行刑的开端。

这种景观政治并不是。它并非意欲控制某部分人口，而是要消灭他们。另外，福柯谈论身体就好像它们是无性特征、无性别特征的，而此种暴力景观的回归依赖于这一点：为了实现种族屠杀效果而将女性身体和男性身体的含义性别化。即使我们终归要回到福柯，也是回到他的生命政治观念。

波黑塞族军人将其公开强奸策略与穆斯林文化、宗教的特定成分联系在一起。但是，类似的策略也在卢旺达和达尔富尔的种族灭绝中得到运用，这表明从南斯拉夫特殊环境的角度，或者通过参考穆斯林文化和宗教的特定成分，都不足以解释波黑塞族的强奸景观的含义。这种常见的性别化策略指明一个事实，即尽管这些文化各不相同，但它们都共享某些对女人和男人在社会秩序中位置的看法。需要理解的是，这些共享的性别化含义，为何/如何使公开强奸妇女和女孩成为一种有效的种族灭绝策略。

首先我要指出，尽管男性主宰的社会的安排方式各有差异，但女性的低下地位都构成了其生活方式的基本组成部分。彼此意欲摧毁对方共同体的男性敌人，并不希望在这个过程中破坏保障他们主宰地位的社会法则。他们的策略不能暗示女人是与他们平等的人。当他们彼此承认对方是敌人，也就是承认对方是有权力威胁他们的平等者时，他们不能把这种权力让给女人。对敌方女性的攻击必须显示这个事实：作为敌人，她们是不安全的，但是作为女人，她们不构成威胁。对女人公开施加酷刑，危险地接近将她承认为一个平等者。酷刑像强奸一样是一种世界摧毁性质的身体攻击，但是，酷刑的要点是忏悔认罪，这意味着酷刑的对象是一个体现了他的世界之权威的主体。考虑到他的地位是他所属世界的代表，他的忏悔认罪就具有摧毁该世界的力量。对女人公开施加酷刑的景观将赋予她这种地位，而这种地位会威胁作战双方阵营的性别法则。这并不意味着女人不会遭受酷刑，而是说为了保留她们公开的非主体地位，如果/当她们受酷刑时，需要私下执行。

2. 作为可有可无的他者的女性

波伏娃的主体、他者、可有可无的他者范畴，提供了一种角度来理解遭受公开酷刑的身体与遭受公开强奸的身体的含义差别。它向我们展示了，威胁被强奸女性之族人生命的公开强奸，依赖（以及如何依赖）父权制结构，这些父权制结构架构起她的族人的生活世界（同样也架构起她的强奸者敌人的生活世界），目的是满足他们的效用。

《第二性》第二卷的开场白写道，"某人并非生来是女人，而是变成了女人"，这句话成了女性主义运动的名片。[1] 表面上看，这个评论并非语出惊人。人们也可以说，某人并非生来是男人，而是变成了男人。波伏娃说，一种自然成熟过程的意思是，这种成长是由性界定的（sexed），而不是由性别界定的（gendered）。然而，波伏娃的重点是说，这不是一个自然成熟过程。这是一个文化社会过程，在此过程中，性被性别化，而性被性别化的方式决定了某人由女孩变成女人的成长与某人变成男人的过程不具有可比性。在变成女人的过程中，女孩变成了疏离于其生存论意义上与生俱来权利的人。波伏娃所说的这种与生俱来权利究竟是什么，她如何理解这种疏离，这些问题仍有争议。我所使用的性与性别的区分也许能把我们引到正确的方向，但这并不是波伏娃的话语。她诉诸的是主体、他者、可有可无的他者概念。

"某人并非生来是女人，而是变成了女人"，这句话是波伏娃引

---

1 Simone de Beauvoir, *The Second Sex* (New York：Vintage Books, 1989), 267.

入他者概念并区分了他者与可有可无的他者之后才出现的，他者是尚未被承认为主体，但可以要求得到此种承认的人，而可有可无的他者的他性是无法改变的。把这些范畴放进那句话中，表明在波伏娃看来，在变成女人的过程中，女人变成了可有可无的他者。她们被剥夺了人类与生俱来的成为主体或成为他者的权利。就此而言她们被排除出相互承认的辩证法，被排除出使人在世界中的存在方式区别于其他存活方式的历史生成过程。通过波伏娃的他者和可有可无的他者范畴来解读强奸景观，我们可以看到，对女人实施公开强奸而非公开酷刑这一选择，以及她被强奸的身体的意象所具有的种族灭绝效果，这些都有赖于女人的可有可无的他性，有赖于这种独特的他性形式保障男性主体性的方法。女人作为可有可无他者的地位，使其被强奸的身体成为一种有效的种族灭绝武器，这不仅因为强奸污染了她与生俱来的身体保障其族人未来的能力，还因为强奸通过证明"她的"男人不是主体（因为性别化的主体性法则规定男人是女人的保护者），从而同样毁灭了他们。这充满讽刺性和悲剧性。

主体-他者关系是流动的和模糊的。它反映了我们具身化的主体性的模糊性，也反映了当我们面对彼此时，我们具身存在的模糊性给我们带来危险的方式。作为具身的存在，我们是世界中可感知的客体——脆弱得容易被他人客体化。作为主体，我们是创造世界的能动者——脆弱得容易眼见我们的世界被毁灭。从现象学上说，我无法作为一个纯粹主体来存在，也无法把其他人降低成一个客体—他者。我们无法把彼此冻结在主体立场或客体立场上。历史中的暴力表明，我们想成为一个绝对主体——把其他主体-他者贬低成客体-他者——的欲望如何拒斥着我们模糊性的真实。有时我们成功实现了这一欲望，有时则失败。然而，即使当我们成功时，只要我们还把我们支配的人承认为他者，我们就清楚他们是危险的，因为他们主张自己的自由/主体性的那一日终会到来。主体——可有可无的他者关系就有所不同。可有可无的他者不是一个敌人。她并不令人恐惧。她生活在一种被冻结的、自然化的主从关系中，在这种关系中，她的自由已经被驯化，因此这种自由可以被用来提供承认，但又被剥夺了要求承认的能力。

在引入可有可无的他者范畴时，波伏娃丰富了传统的历史动力解释。一方面，这个范畴说明了历史被视为男人的领域这一事实。另一方面，它质疑这一事实被视为理所当然。波伏娃并没有把男人创造历史视为理所当然，她考察了女人的历史缺席。波伏娃注意到，男人通过造反、通过主张他们作为主体的权利来创造历史，她发现历史能动性问题与造反可能性所必需的存在论条件问题密切相关，因此女人的历史能动性问题应该重新表述为这样的问题：为什么女人不造反？这里波伏娃的可有可无的他者范畴提供了一个重要洞见。在合适的经验条件下，造反的发生是在那些被统治者相信该统治是不正义的时候。然而，经验条件并不能单独决定一场造反是否发生。一种存在论条件是必要的。那些造反的人必须相信他们有权利被当成主体来对待。要造反，一个人必须把自己视作一个主体。统治技术可以被解读成这样的尝试：通过压制受剥削者之中的主体性经验来摧毁造反的可能性。然而，历史教导我们，残暴和恐怖从不是绝对有效的。因此，尽管女人会被残酷对待，但她们的不造反不能从这个角度解释。

在阅读波伏娃的过程中我们发现，女子气的神话是女人接受其从属地位的关键。因为这个神话使女人不相信她们可以主张自己的主体地位，禁止她们反抗那些拒不承认她们是主体的人。女人生存在历史之外，因为作为可有可无的他者，她们被视为缺乏使造反具有可能性的存在论条件。如果说在使男人确信自己不是主体上，恐怖只是部分有效的，恐怖无法抹除他们的主体性经验，那么女人和男人何以都接受这样的观念：从存在论上来说是主体的女人，是一种特殊的臣民，是没有权利反抗的、可有可无的他者？

《第二性》可以被解读为对这一问题的回答。它给出的部分答案是，通过把女人界定为自然的存在而非历史的存在，女人被认为不具备反抗其服从地位的历史可能性。从这个角度看，答案在女人的身体中，因为社会文化习惯将可有可无的他性刻进女人，而这依赖于将某种意识形态自然化，即以物种保存名义抹消女人身体模糊性的意识形态。为了实现这个目的，性差异被编码为赋予生命的身体和有权夺走生命的身体之间的差异。分娩的身体及其婴儿，据说需要得到肌肉发达、能杀人不能生育的身体的保护。保护女人和孩子，使她们免受敌人侵犯，这一点经常被拿来当成战争的理由。和平时期，保护的代价是屈从。因此，满足物种需求必然要求满足男人需求。在建构一种生与死的二律背反时，男人和女人被说成命里生来就是主体、主体-他者和可有可无的他者。

在他者的辩证法中，男人彼此是潜在的平等者。作为他者的主体可以要求承认，被边缘化、被剥削的"他者化"男人，总是构成造反威胁。因此，只要女人被自然化为可有可无的他者，并因此被禁止参与主体-他者的历史斗争，主体性就将依然是一种男性特权。作为相信其自然给定命运的可有可无的他者，要挑战其可有可无的地位，主体性经验是必不可少的，然而这种经验仍然遥不可及。必须安排好一切，让女人永不能接触到这种经验。她们必须永远不会怀疑自己与生俱来的权利被偷走了。男人以暴力彼此打击，这反映了这样的事实：男人视彼此为潜在和/或真实的威胁，要维持女人的可有可无他性的"自然事实"，就要满足以下要求：男人对女人施加的暴力，要增强女人独特的他性形式的"真实性"。

种族灭绝式强奸增强了这种"自然"真实性。作为可有可无的他者，女人代表着"自然的"生育力。她体现着其族人的未来。作为摧毁其族人战役的一部分，种族灭绝式强奸的目标是其生育的身体。通过荼毒它，敌人幸存的可能性被破坏了。这看起来简单易懂。尚不清楚的是，为什么强奸被当成公开景观来表演。为了理解这一点，我们需要回到鲍德里亚的图像四阶段，以及被隐藏和掩饰的丑闻问题。种族灭绝式强奸策略，通过隐藏和掩饰国内强奸丑闻，通过嘲弄和利用敌人的性别法则权力，把枪口瞄向敌人的未来。种族灭绝式强奸是一种世界摧毁策略，这并非因为敌方女人被强奸，而是因为她们被没有权利强奸她们的男人强奸。不在于**何种**强奸威胁了共同体生活，而在于**谁**是强奸者。这就是父权制的隐匿丑闻。揭发这种丑闻具有世界摧毁的力量，因为在篡夺敌方男人的国内强奸权利时，种族灭绝式强奸者摧毁了敌方男人作为其女人和其共同体保护者的身份。当女人被亵渎时，男人被去势了。此外，鲍德里亚对图像四阶段的描述，以及他对"水门"丑闻的评价使我们注意到，把这些强奸当成公开景观来表演，由此赋予他们的世界摧毁的效力，何以超过最初行动的力量。

3. 鲍德里亚和图像

在评论我们现今称为"水门"的事件时，鲍德里亚写道，"过去人们努力掩饰丑闻，现在人们努力掩饰没有丑闻"。[1] 在评论波黑塞族的公开强奸策略时，我们可以说，过去强奸被承认是丑闻，因

---

1 Jean Baudrillard, *Simulacra and Simulation*（Ann Arbor：The University of Michigan Press，2000），15.

此其发生不会被承认。无丑闻发生被掩盖在谈论这些事情的话语中：战争破坏、间接伤害，以及"男孩总归是男孩"这一"事实"。无丑闻发生被掩盖在如下事实中：尽管自美国内战以来，强奸在现代已经被确认为一种战争罪行，但对战时强奸的指控是很少的，定罪则几乎不存在（无指控，无定罪，无强奸）。今天人们努力隐藏这个事实：异性强奸不存在丑闻——它是常见之事。通过将战争时期敌人的易受伤害性置换为和平时期女人的易受伤害性，并把强奸操演成一种专属于种族灭绝对象的公共丑闻，波黑塞族的强奸遮蔽了国内强奸的非丑闻性。这些强奸传递的信息是明确的：我们只强奸敌方女人。"我们的"女人是安全的。统计数据揭露了这一信息所掩盖的事情。没有女人是安全的。

鲍德里亚对"水门"事件的评论表明，我们坚持把种族灭绝式强奸标签化为一种丑闻，这里面存在某种表里不一，因为这隐藏了国内强奸非丑闻。与此类似，他对于图像生活的解释，使我们注意到强奸景观的种族灭绝力量。模仿尼采对于"世界如何成为一个寓言"的解释，鲍德里亚辨识了相继的图像四阶段：（1）对一种深层真实的反映；（2）掩饰一种深层真实并使之变质；（3）掩饰一种深层真实的不在场；（4）与任何真实都不相关：这就是拟像（simulacrum）。[1] 根据鲍德里亚的说法，从阶段（1）至（3），图像是在表象层面运作。它唤起了某种超越自身的东西，就此而言它是真实的。然而，阶段（4）标志着一种断裂。这里图像要求一种属于自身的地位。它的真实性不再与某种超越它的东西相联系。但是，在对被强奸穆族妇女和女孩的图像的作用进行这般解释时，其中存在一种差异：对于被强奸的妇女和女孩来说，以及对于强奸的

---

1 Baudrillard, *Simulacra and Simulation*, 16.

目击者来说，阶段（4）从未发生。强奸图像本身嵌入女人的身体，并嵌入其族人和敌人的政治体。它们从来没变成拟像。对于那些观看强奸录像或电视广播的人，或许可以说强奸作为拟像产生作用；因为强奸是作为图像侵入观看者的视觉空间。然而，即使在这里，图像也无法变成拟像。它作为症候、姿态、话语在观看者的身体中具体化。

波黑塞族的公开强奸策略被当成种族/族群清洗策略的一部分来使用。这意味着其意图在于将穆族赶出其领地家园，和/或摧毁整个族群。为了理解公开强奸在这个种族灭绝目的中发挥的作用，我们需要明白，之所以采用这种策略，是因为波黑塞族指挥官相信，公开强奸女人会毁灭穆族的士气和战斗意志。现在，由于对波黑塞族构成战斗威胁的是男人，我们只能得出这样的结论：公开强奸女人是为了针对男人。这种景观旨在反映一种深层真实，即无法阻止敌方男人强奸"他们的"女人的穆族男人不是"真正的"男人这一真实。该策略能够摧毁穆族男人的士气和意志，因为强奸景观产生的图像在鲍德里亚图式第（1）阶段发挥作用。它是对男性统治的深层真实的反映，这一深层真实就是，男子气的含义与性别化的男人主体性源于他们对女人身体的控制权。它是对这种深层真实的反映：男人是依赖性的而非自主的主体。

但是，景观的力量还存在于这个事实中：它既在图像第（1）层次起作用，也在第（2）、（3）层次起作用。因为，作为对性别化的男性主体性的一种深层真实的反映，被强奸女人身体的图像掩饰了这种深层真实，并掩饰了这种深层真实的不在场。通过把男人对女人的依赖这种真实，转变成男人之间争夺至上权力的斗争，它掩饰了男人的主体地位依赖于女人这种深层真实。强奸景观意在羞辱穆族男人，但不是通过显示穆族男人对女人的依赖实现这一目的，而是通过显示其他男人，也就是他们的敌人可以控制穆族女人的身体。从这种观点来看，政治强奸不是关乎穆族男人和穆族女人的关系，而是关乎以穆族女人为中介的穆族男人和波黑塞族男人的关系。但是，只要这种策略是成功的，并且只要这种策略被谴责为犯罪是因为它破坏了男人保护女人的义务，它就将掩饰一种深层现实的不在场。这种深层现实即男人保护女人的义务是一种无根据的义务，因为它建立在女人身体是男人财产这种不正当假设上。掩饰这种深层现实的不在场就是景观策略的要义。用被强奸的穆族女人身体的图像来羞辱其男人，是通过把女人身体当作男人财产实现的。但是，女性在被强奸后往往被杀害，或者在被残暴强奸后被遗弃等死。

与景观逻辑一致，被强奸的穆族女性身体现在是多余的。有没有这些身体，图像都会发挥作用。谋杀者或许意在证明这一点。另一方面，他们看到了相反效果；因为活的身体确认了被强奸女性令穆族男性去势的图像的真实。从这种角度看，让被强奸的女人活着，对于种族清洗的目标似乎是必要的。从这种角度看，波黑塞族似乎帮助了他们的敌人。无论波黑塞族是否读过鲍德里亚，他们都清楚图像一旦产生就是不可毁灭的。穆族男人也清楚这一点。但是没关系，他们会竭尽所能地抹掉它。他们不会允许被强奸的女人回去。无论这些女人的身体可能有怎样的生殖价值，她们作为被强奸的身体的存在，都不会被允许作为男人衰颓（degradation）的见证而传播。为了自身的生存，共同体不会重新设置自己的性别法则。既然波黑塞族依赖这种父权制结构来达到其效果，那么杀害被强奸女性似乎违背他们的目的。这里发生了什么？

也许是这样：那些杀死被强奸的穆族女性的波黑塞族人，仅仅反映了活着的被强奸女性的多余地位（无论她们是死是活，图像都

会发挥作用）。但是，当我们转向鲍德里亚图像阶段的第（2）、（3）
层次，就会对这些谋杀者的性别化含义形成更清楚的认识，对他们
的意图形成更清楚的理解。从上述图像阶段的角度，我们可以看
到，只要被强奸的女人还活着，她就不仅对波黑塞族男人而且对他
们的穆族敌人构成威胁。因为我们看到，作为活着的、言说的身
体，某个女人可能会作为她所受强奸的证人而行动。她可能会揭露
她被强奸的身体的图像如何同时掩饰了一种深层真实和其不在场。
她可能会谈论其性贞洁而不涉及男人保护其性贞洁的义务。她可能
把男人对女人身体的正当主张标记为不存在。这些种族灭绝式强奸
在摧毁她作为生育身体的"本性"（一种对于她的可有可无他者身
份而言必要的"本性"）时，可能形成了某种意料之外的破坏女性
神话的结果，女人正变得意识到她作为有权反叛的他者-主体的存
在论境况。即使敌对的男人也要保护彼此，反对这种可能性。因
此，被强奸女性的谋杀者相信其强奸图像可以发挥好作用，只要女
人本人是沉默的，只要仅有男人来证实这幅图像的含义。

　　作为指控强奸者的证人，被强奸女性的颠覆性力量具有激进潜
能。理解这一点我们就会看到，虽然对波黑塞族士兵反人类罪的判
决登上了头条，但南斯拉夫国际刑事法庭（简称 ICTY）把男人带
上受审席而把女人带上证人席的决定才是开创性的。女性必须匿名
指证是这种颠覆性力量的消极显示，因为女人害怕她们的指证意愿
代价太高——被她们的共同体拒斥，安全受到威胁。她们的畏惧并
非没有理由。要揭发种族灭绝式强奸的秘密，法庭必须保护女性身
份的秘密。为了曝光作为一种反人类罪的强奸的丑闻，法庭隐藏了
父权制对女性的暴力的非丑闻。然而，当法庭号召被强奸女性揭发
种族灭绝式强奸的丑闻，同时也承认保守女性身份秘密的必要性
时，法庭曝光了这种暴力的丑闻。因为，为了给强奸平民妇女的敌

方男性定罪，法庭必须保护这些女性免受她们己方平民男性的暴力。如果定罪依赖于区分这些强奸与得到允许的性别化惯例，那么定罪就需要法庭隐藏下述事实：强奸是男性主宰的社会中的非丑闻。然而，保护定罪证据要求保护女人身份秘密这件事更加凸显了非丑闻的真实。

4. 两项罪名裁决

ICTY 审理达格里朱布·库那拉奇（Dragolijub Kunarac）、拉多米尔·科瓦奇（Radomir Kovac）、佐兰·武科维奇（Zoran Vukovic）案，聚焦于战时强奸和性奴役罪。裁决认为强奸者有两项罪名：（1）破坏了他们作为士兵尊重平民的义务，并违背了他们作为男人保护女人的义务；[1]（2）破坏了女人的性贞洁。[2] 第二项裁决具有比第一项更为深远的含义，因为在谈论女人的性贞洁而不涉及她们作为可有可无他者的性别化地位时，这项裁决暗示，任何忽视某个女人性贞洁的社会秩序，或者从男人荣誉角度谈论女人性贞洁的社会秩序，或者把它当成男人监管对象的社会秩序，都违背了她要求被当成一个主体来看待的存在论权利。

第一项裁决在结构上是保守的。它重新确认了男人作为女人保护者的性别化地位。它没有质疑女人作为可有可无他者的地位，这种地位意味着她要求保护是因为她不能要求承认，意味着她易受伤害是因为她自然地处于从属地位（掩饰性话语是更软弱）。它把男人放在了不易受伤害之人的位置（这里发挥掩饰作用的话语是更强壮），而且由于这种不易受伤害性，他具有提供保护的力量。在这

1　Marlise Simons, "Three Serbs Convicted in Wartime Rapes"（New York：New York Times，2001）.

2　http：//www.in.irg.icty6.

项裁决中，审判并不质疑既有性别法则的不正义，因为在这项裁决中，罪并非内在于法则的结构，而是内在于破坏法则的特殊个体。然而，批评这项裁决在结构上的盲区并就此打住，是不对的。因为当它谈到波黑塞族没有发挥自己作为保护者的作用时，意识到了男人是保护者这种观念的力量。注意这种力量，使我们能够深入洞察被强奸女性身体景观的力量。

尽管男性统治的形式各不相同，但男人有权利控制女人身体的观念经久不衰。在其最仁慈的形式中，这种权利被表达为男人保护女人的义务。在这种形式中，它创造了一种男人保护女人的欲望，并且创造了这样一种情境：男人实现这种欲望的能力和他们表演这一点的能力，对于他们身为男人的地位至关重要。人们忍不住要嘲弄这种欲望，对女性暴力的蔓延为嘲弄提供了正当理由。然而，欲望是一种泛滥之物。尽管它在很大程度上是社会建构的，但也是有生命的。作为有生命者，保护欲往往被一些感受包裹，这些感觉不能被化约为规训性的社会法则或被后者所包含，也不能用规训性的社会法则加以充分解释。作为有生命者，这种欲望并不必然被性别化的支配和屈从结构所扭曲。保护欲的这种非规训性质，是理解母亲、姐妹、妻子、女儿被强奸景观中的生存论权力的钥匙。父亲、丈夫、兄弟在一种生存论层面受到了羞辱，也因为他们在这个层面受到了羞辱，所以确保了他们的结构性衰颓，所以强奸景观可以完成其种族灭绝任务。

约翰·马克斯韦尔·库切是我在此处的老师，他的《等待野蛮人》对我启迪尤深。通过一位地方治安法官（他是帝国委任的一个偏僻小镇的统治者）的思考，库切使我们注意到一个女儿在其父亲面前受虐待的含义。以前有个蛮族女孩的父亲被迫目睹对他女儿的虐待，这位治安法官试图唤起一个父亲形象——他现在所庇护的这个蛮族女孩的真实父亲形象，但失败了。治安法官发现他只能形成一种典型化形象，这个形象没有体现出该女孩父亲的详细情况，而是体现了他作为她父亲的经验现实，他的经验被典型化为这样的现实：被迫见证一个人作为父亲的衰颓。用治安法官的话说："我所看到的只是一个名为父亲的形象，它可以是任何知道自己的孩子在受虐却无法保护的父亲的形象。他没有履行对他所爱之人的职责，因而他知道他永远得不到原谅。对父亲的这种认识，对谴责的这种认识，他无法承受"。[1] 治安法官从女孩的角度说，"我想起一个人……被带到这里，在她父亲面前受到伤害；她看到他在她面前受到羞辱，心里明白他知道她看到的事情……此后她再无父亲，她的父亲摧毁了他自己，他是一个死人……"[2]

这个父亲，任何父亲，都因为没有履行其职责而永远得不到原谅。他不再是一个父亲，他是一个死人。不是因为他受到了折磨，不是因为他女儿受到虐待，而是因为他女儿受虐待时他被迫观看，因为她的受虐作为景观表现给他和她的眼睛。这个女儿没有遭受强奸。尽管她受到了野蛮攻击，但她作为女人的身份没有受到侵犯。如果她受到强奸，他的耻辱将与她的耻辱连在一起。他和她都不能把她身体的创伤和贞洁的破坏分离开来。波黑塞族的公开强奸策略如何发挥其种族灭绝作用；它如何被用来摧毁穆族男性的意志和士气；为何被强奸的女性无法返回其共同体；为何一种结构分析无法完全解释这种景观的力量；被强奸女性身体的景观，如何在生存论层面摧毁了亲密关系和自尊感——这些对任何有生育力的共同体的生活是如此重要，对以上问题还需要多说吗？

1　J. M. Coetzee，*Waiting for the Barbarians*（New York：Penguin Books，1980），80.
2　Ibid.

　　这并不是说可以忽视结构分析，特别是一种关注性别化的社会生活现实的结构分析。库切使我们对景观效力的生存论维度保持警醒，并提醒我们暴力景观拒绝变成拟像，同时他也向我们表明，生存论维度是嵌入社会和文化法则中的。与排斥本族被强奸女性身体的穆族不同，库切笔下的野蛮人接受女孩的回归。我们不清楚（小说中）这个帝国的父权制形式，对野蛮人的性别化安排所知更少。但是，我们知道这里盛行女人是性财产的观念，我们知道，与男性受酷刑的身体不同，女性受强奸的身体无法逃脱被敌人占有的耻辱。这个女孩不可能作为一位忍受了身体暴力并幸存的战争英雄而回归。用库切的话说，"她也许会受到本族人的善意对待，但绝无可能以正常方式被人追求和结婚，她的生命被打上外人财产的标记……"[1] 这里没说的是，她之所以以如此方式被标记，不是因为她曾在父亲的注视下受到虐待，而是因为她曾被治安法官——一个敌方男人所"保护"。

　　然而，《等待野蛮人》是从男性治安法官的视角叙述的，它仍然保留了父权制加给女性的沉默。在他与蛮族女孩接近旅程终点时，治安法官意识到了这一点。他最终明白了，他并不知道这个女孩的想法和感受，而且尽管向她提出了很多问题，但他从未尝试过去理解这个女孩，于是他无法打破她的沉默。只有另一个女人知道这个蛮族女孩的世界。她的秘密不让我们（库切的读者）知道，正如不让她的男性保护人知道。无论是否出于有意设计，库切让我们警惕女性的沉默和男性作为女性保护者的地位之间的关系。他也以此种方式提醒我们法庭为女性提供一个安全的发言场所这一决定的重要性。

1　Coetzee, *Waiting for the Barbarians*, 135.

《等待野蛮人》写于 1980 年，是在重新引入暴力景观政治的南斯拉夫战争爆发 11 年前。书中描写了这样一个帝国，它运用了"新的衰颓科学，它通过让人们自我蒙羞……来杀死他们"[1]。无论库切笔下的帝国，还是波黑塞族，都并非依靠这种新的衰颓科学来完成其全部种族灭绝工作，但两者都把它当成自己军火库中的必要工具。库切的描述不仅使我们必须面对现实模仿艺术的方式——我们宁愿没有这种模仿，这些描述还使我们思考，强奸景观产生的羞辱如何说明了这一问题：在我们的具身生活与他人的交叉中，身体贞洁的经验以某种方式被形成和破坏。这些描述还使我们理解了，尽管 ICTY 的判决有保守的成分——它谈论男性保护女性的义务，但是，裁决的这一维度向我们指出了异性间保护契约中被扭曲的生存论真相。此外，如果我们注意到，法庭关于同意的标准如何将其裁决中的第一项指控和第二项指控联系起来，我们或许可以发现谈论保护的正确方法，它能够破坏现有的扭曲保护形式。

法庭对于同意的关注，以及关于女人的性贞洁是一种人权的裁决，让我们想到自主身体（传统上它被性别化为男性身体）的观念。现在也许存在这样的情形，即为女人保护这种身体是有价值的。但是，如果我们不谨慎地思考如何获得女性对这种身体的权利，我们可能会发现自己再次消除了我们与他者身体联系中的现实。因为法庭裁决有关性贞洁的部分，引用了男人保护女人的义务这种观念。然而，它对于自主身体这一观念的引用，避免了消除上述身体联系的危险。我无意以法庭的语言谈论这些身体联系，但我确实认为，我们的人性是通过我们与他人的亲密关系而存活的，并且从法律和政治上转变其存活方式至关重要。通过同时谈论女人的

---

1 Coetzee，*Waiting for the Barbarians*，108.

性贞洁和男人保护女人的义务，法庭限制了男人的保护权利（以保护之名进行勒索的法则被打破了），并转变了自主身体的形象：从一种独立、不易受伤害的自足形象，转变成一种因为其性易受伤害而处于他者之中的行为者形象。此外，通过诉诸有性的（sexed）女性身体并把它视作性贞洁人权的具体体现，法庭引导我们审视易受伤害性的现有含义，并使我们重新思考易受伤害性、身体贞洁与人的尊严之间的关系。

以此种方式解读，我们就看出了把男性身体等同于人的身体的谬误，以及从无性（asexual）角度讨论人的身体的错误。通过侵犯女人的有性身体，强奸亵渎了女人的人性。法庭把这种侵犯视为一种反人类罪，由此使我们认识到人类的共性如何存在于其性差异（或多种性差异）中。因为法庭不是在一般的身体中，而是在特殊的、有性的身体中发现，女人的身体向我们共同的人类境况言说，或言说我们共同的人类境况。其裁决向我们表明，当父权制把女性编码为特别易受伤害者时，它既对又错：对在女人的易受伤害性是特定于其活着的身体的；错在（没有意识到）易受伤害性是共同的人类境况，而非仅仅有性者才有的境况。男人的身体（抛开男子气概神话）同样是易受伤害的，酷刑明确了这一点。法律早已承认以切割方式公开破坏身体（酷刑）是犯罪。ICTY 的裁决，将侵犯已刻入肉身的穴口（强奸）同等地判为犯罪。

从政治上说，强奸是一种违背性的社会契约的犯罪。然而，并非所有性的社会契约都相同。基思·伯吉斯-杰克逊指出了强奸的三种社会构造。两种与我们的讨论相关：保守主义契约和自由主义契约。在保守主义的性契约中，强奸被理解为非法入侵，是未经男人同意对其财产实施的占有和使用。在这种构造中，强奸之有罪，在于它破坏了一种认可男性权威的社会秩序。通过把女人确认为属于男人的、有价值的财产，并把女人置于需要占有她们的男人加以保护的位置，这种契约围绕保护者观念塑造出了男性的主体性。[1]这种保守主义契约架构了南斯拉夫穆族和波黑塞族这两个共同体的社会生活。种族灭绝式强奸景观遵守并执行其法则。

在自由主义社会契约构造中，强奸被理解为对同意原则的侵犯。在这里强奸不再被视为对男人财产权的侵犯，而是对女人自主权的侵犯。[2] 根据这种社会契约的条款，强奸景观不会被视为一种有效的种族灭绝策略，因为在此强奸被当成对女性身体的侵犯而非对男性财产的非法侵入，就此而言自由主义契约及其包含的强奸概念似乎跳出了保守主义框架。但是，批评者已经指出，自由主义性契约的同意标准仍旧反映了古老的性别价值观，因为男人的证词决定了女人是否同意，也因此决定了性经历是不是强奸。[3] 在原则上，女性并未被放到可有可无的他者位置上，但在事实上，她们的地位没有改变。因为除非她们确认自己生而是女人，她们无法变成女人，也就是说，除非她们表明她们像男人一样思考，并以男人明确理解的方式交流，她们就不会被承认具有主体——他者地位，即可以要求她的言词被承认为真的某人。"中立的"人的地位是根据男子气的已确立标准而设置的，而自由主义社会契约并未改变其设置方式。

战争与和平时期对强奸的辩护是"男孩总归是男孩"，特定于战争时期的辩护是"我只是在服从命令"。南斯拉夫国际刑事法庭裁决中的两个原则发出的信号是这两种辩护都不会被接受，由此这两个原则贯通了保守主义和自由主义的性契约。第一个原则涉及男

1　Burgess-Jackson（1996），44.

2　Ibid.，49.

3　Ibid.，54－55，207.

人及其对女人的义务，由此强化了保守主义的性社会契约。第二个
原则涉及女人及其权利，由此肯定了自由主义性契约对女性自主权
的承认，同时拒绝了其成问题的同意标准。自由主义对于强奸的法
律诉讼程序，过于频繁地把同意标准同身体凌虐迹象联系起来（没
有像男人那样抵抗的女人被认为没有抵抗），同男人认为同意已经授
予的信念联系起来（没有像男人那样拒绝的女人就没有拒绝）。与此
不同，法庭没有考虑身体抵抗标准，并从女性视角来看待同意。当男
人们声称同意已经授予时，法庭质问视为同意（believed consent）的条
件与可能同意（possible consent）的条件是否符合。它的判决是，平民
女性与敌方士兵处于一种权力关系中，因此任何有实际意义的同意都不
可能被授予。在这些条件下，把屈从误解成同意无异于一种暴行。[1]

我认为法庭对同意的确认在肯定女人的性贞洁（侵犯性贞洁构
成一种反人类罪）方面是关键的，而凯瑟琳·麦金农认为该判决是
一个阻碍。[2] 在我看来，把强奸标准从伤痛和身体伤害问题转向同
意问题，这承认了人的尊严与活身体的贞洁有关。对麦金农来说，
把强奸标准从内在于环境的强迫转向同意标准，这会使强奸之罪脱
离语境。这使强奸变成了个人事务而非集体行动事务。这使强奸变
成发生在男人头脑中的事情，而非发生在女人身体上的事情。我们
不同的解读或许反映了我们不同的起点。从身体伤害标准出发的同
意标准，为确信留出了前所未有的空间。从强迫标准出发的同意标
准，使确信变得更加困难。

考虑到麦金农的评论，似乎很有理由不切断强奸与酷刑的联
系。因为，只要同意标准在发挥作用，就要谈论"谁想要什么"的

---

1 http://www.un.org.icty，461，464.
2 Catharine A. MacKinnon，*Are Women Human? And Other International Dialogues*
   （Cambridge：Harvard University Press，2006），237 – 246.

问题，于是继续保持强奸与酷刑之间的相似性就是重要的。我们清楚受虐狂欲望和经同意的身体毁伤行为，这并不使我们认为酷刑是可欲的；同样，我们清楚性欲和经同意的性关系，也不应使我们认为强奸是可欲的。使酷刑区别于受虐狂游戏，使强奸区别于性激情的是同意问题。然而，除非我们准备捍卫绝对自由观念，我们不能在讨论同意时不涉及环境，环境使同意成为可能，或使之成为无意义的。在此我与麦金农是一致的。

区分确实自愿的同意[1]与真正的同意[2]，就拒绝了绝对自由观念，这种观念认为我们的选择是不受限制的意志问题。相反，这个区分支持处境中的自由原则，这种观念认为我们的选择是受环境约束的，尽管不是由环境决定的，我们在环境中发现自我。

法庭称这种区分与共通感有关。法庭把这种共通感附在其法律推理上，明确规定"当受害者受到暴力、强迫、拘禁、心理压迫，或受到此类威胁，或有理由恐惧这些时，或有理由相信如果自己不顺从，其他人就会遭受暴力、强迫、拘禁、心理压迫，或受这些威胁，或处于对这些的恐惧中时"，[3] 同意仅仅是表面上的。在表面同意的情况中，被强奸女性的身体可能并不是物理暴力的对象。法庭不考虑对表面同意的辩护并坚持要求真正同意的证据，由此作出决断：不是施于女性身体的暴力，而是女性的处境、她授予同意的能力决定强奸是否发生。此外，法庭还决断，女性的证词而非男性的证词确立了同意的证据，由此它确认了自由主义性契约的原则，但没有承认其保守的法律法规。

1　http://www.un.org.icty, 440.

2　http://www.un.org.icty, 461.

3　http://www.un.org.icty, 464.

5. 惊异与信任的激进政治

　　波伏娃指出，把女性置于可有可无的他者地位的做法，在存在论、伦理学和政治学上得不到支持。与之相似，通过承认被强奸女性的认知权威，并区分表面同意与真实同意，法庭把女性确立为有权质疑其强奸者（证词）的真实性或权威的他者-主体。对这些强奸者定罪，实际上意味着，把女性当作可有可无的他者来对待是刑事犯罪。通过波伏娃的主体、他者、可有可无的他者这些范畴的透镜来解读 ICTY 的裁决，这将引导我们思考易受伤害性，思考其在不同性别中的不同形式和在人类中的共同形式。伊利格瑞的性差异伦理向我们表明如何展开这种思考。它提供了一种方式来思考女人体现在身体中的他性的差异，这种思考方式不会加强女性作为可有可无的他者的地位，也不破坏普遍人性的术语——如果要坚称存在人权这类事物并且侵犯这些权利就犯下了反人类罪，那么这些术语是绝对必要的。

　　伊利格瑞是不含糊其辞的。女人和男人是彼此的他者。他们不可化约的差异并不是反对他们共同人性的论据。不存在可有可无的他者。伊利格瑞的性差异伦理学坚持认为，法庭裁决中的模棱两可之处表现出了单数和全体之间的张力。法庭把这种张力转变成一种保护话语，并含蓄地加强了女性作为财产的地位，与之不同，伊利格瑞从笛卡尔的惊异感角度来谈论性差异，惊异感即喜欢所遇见的差异性（他性），避免一切占据或占有它的尝试。她说这种惊异为一种激进民主政治提供了根基。[1] 这种政治拒绝一元论的形而上学，

---

[1] Luce Irigaray, "Why Define Sexed Rights?" *Je, tu, nous: Toward a Culture of Difference* (New York: Routledge, 1993), 72-82.

后者在平等的掩饰下造就了一个绝对主体（我们在他面前是绝对平等的）及其可有可无的他者（永远不算数者），而一种由二元论的形而上学引导的平等政治认可有性主体的他性。

法庭、波伏娃、伊利格瑞所呼吁的对女人和男人主体性的重刻，要求我们在彼此面前存在，并相信我们的差异（我们在面对彼此时易受伤害性的差异）不会被利用。承认对性差异的惊异，就要接受他性的义务及与之相伴的信任美德。我使自己有义务承认你的他性的惊奇，并信任你将负起同样义务。这种信任界定了在我们之间的道德空间。把这种"在……之间"视为人权空间，也就是认为这些权利并非永远被授予的，也不是被包裹在一个自主身体中的。这些权利存在于信任纽带的空间中，信任纽带的空间使各个易受伤害的身体能够共同生活。这些权利是被议定的，是被界定和重新界定的，我们不断评估可以确保这种易受伤害性的尊严得到尊重的方法。从这种视角来看，波黑塞族的种族灭绝式强奸之所以是反人类罪，不仅因为他们旨在摧毁一个民族，而且因为当他们把强奸当成种族灭绝武器来使用时，他们瞄准了亲密的身体表达，他们把这种道德空间从信任纽带得以铸造的地方变成了信任纽带被摧毁的地方。

作者简介

迈克尔·巴伯（Michael Barber） 耶鲁大学 1985 年博士，圣路易斯大学哲学系教授，圣路易斯大学艺术学院和科学学院院长。于 1971 年取得圣路易斯大学的学士学位，于 1972 年取得圣路易斯大学硕士学位，于 1979 年取得芝加哥洛约拉大学的神学学位，于 1985 年取得耶鲁大学的博士学位。曾任耶稣会哲学协会主席。巴伯教授与乔晨·德雷尔博士（Dr. Jochen Dreher）共同担任阿尔弗雷德·舒茨·沃克斯加贝（Alfred Schütz Werkausgabe）12 卷系列丛书第八卷的编辑工作，该丛书由理查德·格雷索夫（Richard Grathoff）、伊尔贾·斯鲁巴（Ilja Srubar）与汉斯-乔治·索夫纳（Hans-Georg Soeffner）为编辑，目前整部作品已经由康斯坦茨 UVK 出版社出版。他同时任跨学科期刊舒茨研究（Schutzian Research）的编辑。巴伯教授已经出版了五本现象学与社会世界领域的著作，其第六本新作《意向性谱系与主体间性：现象学与匹兹堡新黑格尔学派研究》(*The Intentional Spectrum and Intersubjectivity*：*Phenomenology and the Pittsburgh Neo-Hegelians*）由俄亥俄大学出版社出版。

联系方式：美国密苏里圣路易斯，圣路易斯大学；邮箱 barbermd@slu. edu。

黛布拉·伯格高芬（Debra Bergoffen） 美国乔治城大学 1974 年

博士，乔治梅森大学荣誉教授，美利坚大学哲学系 Bishop Hamilton 教授。其著有《对种族灭绝性强奸政治之质疑：脆弱群体尊严之肯定》（*Contesting the Politics of Genocidal Rape：Affirming the Dignity of the Vulnerable Body*，2012），《西蒙·波伏娃哲学：性别现象学与色欲的慷慨》（*The Philosophy of Simone de Beauvoir：Gendered Phenomenologies，Erotic Generosities*，1997）。她曾参与多部选集的编辑工作，包括《应对全球性的性别正义：女性之生活与人权》（*Confronting Global Gender Justice：Women's Lives Human Rights*，2011）一书与特刊《具体化伦理》（Ethics of Embodiment）上的《希帕蒂娅》（*Hypatia*，Vol. 26，no. 3，Summer 2011）一文。其近作包括刊登于《波伏娃从柏拉图到巴特勒的西方思想》（*Beauvoir and Western Thought from Plato to Butler*，Shannon Mussett and William Wilkerson，eds. SUNY Press，2012，p. 75‑90）的《西蒙·波伏娃与萨德侯爵：对主权逻辑、恐怖与强奸政治之质疑》（"Simone de Beauvoir and the Marquis de Sade：Contesting the Logic of Sovereignty and the Politics of Terror and Rape"），刊登于《情境存在主义》（*Situating Existentialism*，Jonathan Judaken，Robert Bernasconi，eds. Columbia University Press，2012，p. 360‑385）的《西蒙·波伏娃于她时与此世》（"Simone de Beauvoir in her times and ours"），刊登于《专题论文集：欧陆哲学研究加拿大期刊》（*Symposium：Canadian Journal of Continental Philosophy*，Vol. 18，No. 1，Spring/ Printemps 2014，p. 164‑175）的《（非）性别脆弱性：男性对男性强奸含义的重新诠释》（"[Un] Gendering Vulnerability：re-scripting the Meaning of Male-Male Rape"），及刊登于《人体伦理学》（*Somaethics*，Vol. 1：2，Sept. 2011， pp. 298 – 314，http：//www. euppublish-ing. com/toc/soma/1/ 2）的《脆弱群体之痛苦：人权与现实》（*The Trauma of Vulnerability*：*Human Rights and the Real*）。

联系方式：美国华盛顿，美利坚大学；邮箱 dbergoff @ gmu. edu。

罗伯特·贝纳斯科尼（Robert Bernasconi） 萨塞克斯大学 1982 年哲学博士，宾夕法尼亚州立大学哲学系 Edwin Erle Sparks 讲座教授。其著有《海德格尔存在历史观中的语言问题》 （*The Question of Language in Heidegger's History of Being*）、《海德格尔之疑》（*Heidegger in Question*）、《读懂萨特》（*How to Read Sartre*），以及一系列研究洛克、康德、黑格尔、列维纳斯、德希达与法农的文章。罗伯特教授亦在种族批判哲学领域发表了大量文章，同时是此领域的一本新杂志的合作编辑之一。

联系方式：美国宾夕法尼亚，宾夕法尼亚州立大学帕克分校；邮箱 rlb43@psu. edu。

约翰·弗朗西斯·伯克（John Francis Burke）[1] 得克萨斯州奥斯汀市圣爱德华大学兼职教授，此前是一名政治科学家，曾在圣托马斯-休斯顿大学和宾夕法尼亚州拉德诺的卡布里尼学院任全职教授。其著有《混血儿民主：越境政治》（*Mestizo Democracy*：*The Politics of Crossing Borders*，*College Station*，TX：Texas A & M Press，2002）。伯克教授在学术著作中使用现象学来研究当代和比

---

1 原文提供了两条伯克教授的介绍，内容大致相同，本条更为详细，故保留本条。——译者注

较政治理论、拉丁裔研究、多元文化关系、宗教和政治，并在《阿纳丽塔·胡赛丽娜》（*Analecta Husserliana*）上发表了讨论汉娜·阿伦特、弗莱德·多尔迈与郑和烈的政治理论的文章，同时出版了当代政治理论与政治现象学领域的文集。

联系方式：美国得克萨斯州（邮政编码 78666），圣马科斯，野梅路 102 号；电话：713‑203‑9651；邮箱 jfburke6@gmail. com。

理查德·A. 科恩（Richard A. Cohen）　纽约州立大学石溪分校 1979 年博士，犹太研究 Gordon and Gretchen Gross Professor 教授，纽约州立大学水牛城分校（SUNY）哲学教授、犹太思想与传统研究所所长、大陆哲学研究生组协调员。其著有《列维纳斯沉思录：伦理学、哲学和宗教》（*Levinasian Meditations*：*Ethics*，*Philosophy and Religion*，Duquesne，2010），《伦理学、训诂学与哲学：列维纳斯之后的解释》（*Ethics*，*Philosophy and Religion*：*Interpretation after Levinas*，Cambridge，2001），《高程：罗森茨维格与列维纳斯哲学之道义》（*Elevations*：*The Height of the Good in Rosenzweig and Levinas*，Chicago，2001）。科恩教授亦是伊曼纽尔·列维纳斯四本著作的翻译和/或编辑，参与关于保罗·里科（2002 年）、弗朗茨·罗森茨威格（2000 年）和伊曼纽尔·列维纳斯（2001 年）的四卷书的编辑和/或共同编辑工作，并在近代与当代大陆哲学领域发表了大量文章，同时任一年一度的列维纳斯哲学夏季研讨会的主任，具体可见 http：//www. acsu. buffalo. edu/～racohen/。

联系方式：美国纽约水牛城，纽约州立大学水牛城分校；邮箱 racohen@buffalo. edu。

弗莱德·多尔迈（Fred Dallmayr）　慕尼黑大学 1955 年本科，

杜克大学 1960 年博士，圣母大学哲学与政治学系的 Packey J. Dee 名誉教授，德国汉堡大学和新约克大学社会研究新学院客座教授，牛津大学诺菲德学院研究员。1991 年至 1992 年期间，以富布赖特（Fulbright）研究基金为支持在印度进行研究。曾任亚洲和比较哲学学会（SACP）主席，现任世界公共论坛—文明对话的执行联合主席。近期出版的著作包括:《超越东方主义》(*Beyond Orientalism*，1996)、《另类视角：地球村中的道路》(*Alternative Visions：Paths in the Global Village*，1998)，《成就我们的世界》(*Achieving Our World*，2001)、《文明对话》(*Dialogue Among Civilizations*，2002)、《和平谈判——听者为何?》(*Peace Talks — Who Will Listen*，2004)、《疑问：国际实力与其不满》（*Global Power and its Discontents*，2005)、《找寻美好生活》(*In Search of the Good Life*，2007)、《民主的承诺》(*The Promise of Democracy*，2020)、《整体多元主义：超越文化战争》(*Integral Pluralism：Beyond Culture Wars*，2010)、《回归自然? 生态学的反历史》(*Return to Nature? An Ecological Counter-History*，2011)、《身处世界：对话与世界化》(*Being in the World：Dialogue and Cosmopolis*，2013)。

联系方式：美国印第安纳，圣母大学；邮箱 dallmayr. 1 @ nd. edu。

莱斯特·恩布里（**Lester Embree**）　新学院社会科学 1972 年博士，佛罗里达大西洋大学哲学系 William F. Dietrich Eminent 杰出学者，曾任 1984—2005 年现象学高级研究中心主任。除了曾促成一些现象学组织的成立与发展外，恩布里教授还著有《反思分析》(*Reflective Analysis*，2003)、《连续现象论》(*Fenomenologica Continuada*，2007)、《环境、技术与辩解》(*Environment*，

Technology，Justification，2009）、《万物有灵论，预兆，意愿与智慧》（*Animism，Adumbration，Willing，and Wisdom*，2012）。恩布里教授还曾与人合著《现象学百科全书》（*the Encyclopedia of Phenomenology*，1997）、《实现道德哲学的现象学方法》（*Phenomenological Approaches to Moral Philosophy*，2002）、《现象学之美》（*Handbook of Phenomenological Aesthetics*，2009）。恩布里教授最主要的学术兴趣在于现象学理论与文化科学理论，尤其是考古学理论。具体可见 www. lesterembree. net。

联系方式：美国佛罗里达博卡拉顿，佛罗里达大西洋大学；邮箱 embree@fau. edu。

简·安娜·戈登（Jane Anna Gordon） 宾夕法尼亚大学 2005 年博士，任教于斯托尔斯康涅狄格大学政治科学系与非裔美国人研究所。其著有《为什么他们无法等待：对 1967—1971 年黑人与犹太人在海洋山布朗斯维尔社区控制中的冲突的批判》（*Why They Couldn't Wait：A Critique of the Black-Jewish Conflict Over Community Control in Ocean-Hill Brownsville，1967 – 1971*，Routledge，2001），这一专著曾被《哥谭公报》列为最近出版的有关公民权利的四本最佳书籍之一。戈登教授亦是《非裔美国人研究手册》（*A Companion to African-American Studies*，Blackwell's，2006）与《不仅是主人们的工具》（*Not Only the Master's Tools*，Paradigm Publishers，2006）的合作编辑之一，前者曾于 2007 年 2 月被选为网络图书馆当月最佳电子书。她还著有《混合的政治理论：从法农读卢梭》（*Creolizing Political Theory：Reading Rousseau through Fanon*，Fordham University Press，2013），并与人合著了《神的警告：阅读近代的灾难》（*Divine Warning：Reading Disaster* *in the Modern Age*，Paradigm Publishers，2009）。戈登教授现任加勒比哲学协会主席。

联系方式：美国康涅狄格斯托斯，康涅狄格大学；邮箱 jane. gordon@uconn. edu。

刘易斯·里卡多·戈登（Lewis Ricardo Gordon） 耶鲁大学 1993 年博士，任教于斯托尔斯康涅狄格大学哲学系、非裔美国人研究所与犹太研究和犹太生活中心。戈登教授著有多部有影响力并获奖的专著，包括《恶意与反对黑人的种族主义》（*Bad Faith and the Antiblack Biographical Notes Racism*，1995），《女王陛下其他的孩子》（*Her Majesty's Other Children*，1997，此书曾获得北美 Gustavus Myer 杰出人权工作奖），《非洲存在主义》（*Existentia Africana*，2000），《纪律颓废主义》（*Disciplinary Decadence*，2006），《非洲哲学简介》（*An Introduction to Africana Philosophy*，2008）。曾与人合编《非裔美国人研究的同伴》（*A Companion to African-American Studies*），这本书于 2007 年 2 月被选为 NetLibrary 当月最佳电子书。戈登教授其他的选集与合作编辑的著作包括《法农：一个批判性读者》（*Fanon：A Critical Reader*，1996）、《非裔存在主义：非裔存在主义哲学选集》（*Existence in Black：An Anthology of Black Existential Philosophy*，1997）和《不仅是主人们的工具》（*Not Only the Master's Tools*，Paradigm Publishers，2006）。其个人网站为：http://www. lewisrgordon. com/。

联系方式：美国康涅狄格斯托斯，康涅狄格大学；邮箱 lewis. gordon@uconn. edu。

拉尔夫·P. 赫梅尔（Ralph P. Hummel） 出生于德国卡尔斯鲁

厄。纽约大学 1972 年政治学博士，阿克伦大学公共管理荣誉教授。其著作包括曾与罗伯特·艾萨克（Robert A. Isaak）合著的《人类政治》（*Politics for Human Beings*，1975）、《真正的美国政治：美国政府视角的变化》（*The Real American Politics*：*Changing Perspectives on American Government*，1986）、《官僚经验》（*The Bureaucratic Experience*，于 1977 年、1981 年、1987 年、1994 年与 2008 年多次再版）。

联系方式：美国俄亥俄州阿克伦，阿克伦大学（雷鸟西路 4701 号，邮政编码 78666）；邮箱 hwayol@hotmail. com。

帕特里夏·亨廷顿（Patricia Huntington） 福特汉姆大学 1994 年博士，亚利桑那州立大学新学院哲学和宗教研究教授。其著有《狂欢的人、乌托邦与认知：克里斯蒂娃、海德格尔与依利加雷》（*Ecstatic Subjects*，*Utopia*，*and Recognition*：*Kristeva*，*Heidegger*，Irigaray，1998）、《孤独与悲叹：接受之旅》（*Loneliness and Lament*：*A Journey of Receptivity*，2009），并参与了《海德格尔：女性主义之解读》（*Feminist Interpretations of Martin Heidegger*，2001）与《新批判理论》（*New Critical Theory*）系列丛书的合编工作。亨廷顿教授具有远见卓识，是亚利桑那州立大学哲学、修辞学和文学会考的奠基人。其著作着重讨论存在主义、现象学与探索人类的基本痛苦的佛教，这些痛苦包括折磨、创伤、母女关系、死亡之于生活的意义以及宽恕。

联系方式：美国亚利桑那格兰代尔，亚利桑那州立大学新学院；邮箱 Patricia. Huntington@asu. edu。

郑和烈（Hwa Yol Jung） 佛罗里达大学 1961 年博士，宾夕法尼亚州伯利恒摩拉维安学院政治学名誉教授。在其撰写与编辑的书籍和论文中，以下几本最为突出：《存在主义现象学与政治理论读本》(*Existential Phenomenology and Political Theory*：*A Reader*，1972)、《政治理解的危机：以现象学视角进行政治探究》(*The Crisis of Political Understanding*：*A Phenomenological Perspective in the Conduct of Political Inquiry*，1979)、《理性问题与跨文化文本的基本语法》(*The Question of Rationality and the Basic Grammar of Intercultural Texts*，1989)、《政治理论再思考：现象学与政治学研究论文集》(*Rethinking Political Theory*：*Essays in Phenomenology and the Study of Politics*，1993)、《全球化时代的政治文化比较：导论文集》(*Comparative Political Cultural in the Age of Globalization*：*An Introductory Anthology*，2002)、《生态安全之道：横向地缘哲学论文集》(*The Way of Ecopiety*：*Essays in Transversal Geophilosophy*，2009)、《横向理性与跨文化文本：现象学与比较哲学论文集》(*Transversal Rationality and Intercultural Texts*：*Essays in Phenomenology and Comparative Philosophy*，2011)（此书曾获2012年爱德华·巴拉德现象学奖）与《肉欲诠释学：绪论》(*Prolegomena to a Carnal Hermeneutics*，2014)。朴金 (Jin Y. Park) 担任了《比较政治理论和跨文化哲学：郑和烈论文集》(*Comparative Political Theory and Cross-Cultural Philosophy*：*Essays in Honor of Hwa Yol Jung*，2009) 一书的编辑。郑和烈教授的作品已被译为多种欧洲与东亚语言。

联系方式：美国宾夕法尼亚伯利恒，莫拉维亚学院；邮箱 hwayol@hotmail. com。

金周汉 (Joohan Kim)　宾夕法尼亚大学 1997 年博士，韩国首尔延世大学传播系教授、延世传播研究所所长，曾于波士顿学院传播系任教。曾获意大利政府奖学金，在意大利博洛尼亚大学学习。金周汉教授曾在大量学术期刊上发表书和文章，这些期刊包括传播学杂志（*Journal of Communication*）、传播理论（*Communication Theory*）、国际舆论研究杂志（*International Journal of Public Opinion Research*）、人类行为计算机（*Computers in Human Behavior*）、人类研究（*Human Studies*）、符号学（*Semiotica*）、新闻与大众传播季刊（*Journalism and Mass Communication Quarterly*），政治传播（*Political Communication*）与国际传播百科全书（*in the International Encyclopedia of Communication*）。其目前的学术研究兴趣在沟通之道、社会神经科学、适应力与沟通能力。

联系方式：韩国首尔，延世大学；邮箱 jkim@yonsei. ac. kr。

索尼娅·克鲁克斯（Sonia Kruks）　伦敦政治经济学院 1977 年博士，美国奥柏林学院 Robert S. Danforth 政治学名誉教授，在奥柏林学院教授一系列政治理论和政治哲学课程，其学术研究兴趣是现象学、存在主义和女性主义理论的交叉学科。克鲁克斯教授最近的著作是一本关于西蒙娜·德·波伏娃的书：《西蒙娜·德·波伏娃与模糊政治》（*Simone de Beauvoir and the Politics of Ambiguity*，New York：Oxford University Press，2012），其之前的著作包括：《重拾经验：主体性与认知女性主义政治》（*Retrieving Experience：Subjectivity and Recognition Feminist Politics*）、《认识情境与人的存在：自由、主体性与社会》（*Situation and Human Existence：Freedom，Subjectivity and Society*）以及《莫里斯·梅洛-庞蒂的政治哲学》（*The Political Philosophy of Merleau-Ponty*）。克鲁克斯教授也发表了许多以存在现象学为主题的论文和文章，其目前在《希帕蒂娅：女性主义哲学杂志》（*Hypatia*，*A Journal of Feminist Philosophy*）和《国际萨特研究》（*Sartre Studies International*）的编辑部工作。

联系方式：美国俄亥俄欧柏林，欧柏林学院；邮箱 sonia. kruks@oberlin. edu。

权纪鹏（**Gibung Kwon**）　宾夕法尼亚大学 1999 年博士，韩国庆熙大学和平研究所教授、现任院长（署理）及教务长。其发表的英文作品包括：《社会行为，语言与生活世界》（"Social Action，Language，and Life-world"，2000）、《黑格尔认识论及其作为国际政治替代范式理论的潜力》（"Hegelian Dialectic of Recognition and Its Potential as Alternative Paradigm Theory of International Politics"，2006）《国家制造与再造中的认同政治：现象学研究》（"Politics of Recognition in the State Making and Remaking：A Phenomenological Investigation"，2009）。其主要研究方向是全球治理理论和实践，尤其是公民社会理论和身份政治。

联系方式：韩国首尔，庆熙大学；邮箱 gibungkwon @ gmail. com。

李东洙（**Dongsoo Lee**）　范德堡大学 1998 年博士，韩国庆熙大学公共政策与公民参与研究生院院长、非政府组织研究所所长，韩国政治思想学会学术研究委员会 2011—2013 年主席。其著有《感官政治：厄洛斯、性欲与性行为》（*Politics of Senses*：*Eros*，*Erotism and Sexuality*，2005）、《共存与关怀：东西方政治思想的比较》（*Coexistence and Care*：*Comparing Eastern and Western*

Political Thought，2006)、《全球化时代的公民与公民身份》(*Citizen and Citizenship in the Age of Globalization*，2008)，《政治批评中的词汇与理性》(*Lexis and Logos in Political Criticism*，2010)，并主编了《21世纪对话》(*Dialogues for the 21st Century*，2006)、《与未来对话：韩国公民社会将走向何方?》(*Communication with the Future：Where Will the Korean Civil Society Go*?，2008)、《什么是全球化社会中的大众?》(*What Is the Public in the Global Society*?，2013)。李东洙教授的研究兴趣主要在现象学政治哲学、后现代市民社会与东西方政治思想比较。

联系方式：韩国首尔，庆熙大学；邮箱 dslee@khu. ac. kr。

马丁·贝克·马图斯提克（**Martin Beck Matuštík**）　　福特汉姆大学1991年博士，伦理与宗教林肯教授，亚利桑那州立大学批判理论与文化研究中心主任，于2008年秋季加入了亚利桑那州立大学新成立的跨学科艺术与科学学院。1991年在福特汉姆大学获得博士学位后，一直在普渡大学哲学系任教。马图斯提克教授出版过六本独著，编辑过两本合集，与人合编了"新批判理论"（"New Critical Theory"）系列由罗曼和利特尔菲尔德出版社出版。其著有《后国家认同：哈贝马斯、基克格德与哈维尔的批判理论和存在主义哲学》(*Postnational Identity：Critical Theory and Existential Philosophy in Habermas，Kierkegaard，and Havel*，1993)、《解放的幽灵：世界新秩序中的伟大拒绝》(*Specters of Liberation：Great Refusals in the New World Order*，1998)、《尤尔根·哈贝马斯：一个哲学-政治的轮廓》(*Jurgen Habermas：A Philosophical-Political Profile*，2001)《后/现代性中的克尔凯郭尔》(*Kierkegaard in Post/Modernity*，1995)（此书由其与默罗尔德·韦斯特法尔共同编辑）。

马图斯提克教授最新出版的作品是《极端的邪恶与希望的匮乏：后世俗式的沉思》（*Radical Evil and the Scarcity of Hope*：*Postsecular Meditations*，2008）。

联系方式：美国亚利桑那菲尼克斯，亚利桑那州立大学；邮箱 Martin. Matustik@asu. edu。

威廉·麦克布莱德（William McBride）　耶鲁大学 1964 年博士，美国普渡大学汉森杰出教授，国际哲学团体联合会主席，北美社会哲学学会的前主席和北美萨特学会的联合发起人、前主任。其撰写、编辑和合著了 19 本著作，其中包括《萨特的政治理论》（*Sartre's Political Theory*）、《社会和政治哲学》（*Social and Political Philosophy*）和《东欧变革的哲学反思》（*Philosophical Reflections on the Changes in Eastern Europe*），并且发表了 100 多篇期刊文章和著作章节。

联系方式：美国印第安纳西法拉叶，普渡大学；邮箱 wmcbride@purdue. edu。

托马斯·奈农（Thomas Nenon）　阿尔伯特-路德维希-弗赖堡大学 1983 年博士，孟菲斯大学哲学教授和副教务长。1985 年任职孟菲斯大学之前，曾在胡塞尔档案馆担任编辑并且在弗赖堡大学担任讲师。奈农教授的教学和研究兴趣涉及胡塞尔、海德格尔、康德、德意志观念论、诠释学和社会科学哲学，发表了多篇相关文章，并出版了《客观性与有限知识》（*Objectivität und endliche Erkenntnis*，1986）。奈农教授和汉斯·莱纳·塞普（Hans Rainer Sepp）合作编写了《胡塞尔全集》（*Husserliana*）第二十五卷和第二十七卷，同时也是几本涉及不同现象学主题的论文集的编者。其曾担任《胡塞尔研究》（*Husserl Studies*）的评审编辑、现象学和存在主义哲学学会执行委员会（SPEP）委员、孟菲斯大学人文中心主任以及现象学高级研究中心（CARP）主席。奈农教授当前的研究兴趣为胡塞尔伦理学以及康德和黑格尔的实践哲学。

联系方式：美国田纳西孟菲斯，孟菲斯大学；邮箱 tnenon@memphis. edu。

卡尔文·施拉格（**Calvin O. Schrag**） 哈佛大学 1957 年博士，普渡大学哲学系 George Ade 名誉教授，并在包括哈佛大学、西北大学、伊利诺伊大学、印第安纳大学和斯托尼布鲁克大学在内的其他大学任教，是国际期刊《大陆哲学评论》（*Continental Philosophy Review*）的创建者，也是 20 世纪中叶的现象学和存在主义哲学协会的创始人之一。在其职业生涯中，施拉格教授曾在美国和国外进行了许多演讲。其曾出版 11 部著作，最近出版的包括《理性的来源》（*The Resources of Rationality*）、《后现代性之后的自我》（*The Self After Postmodernity*）、《神非存在：走向礼物的语义》（*God as Otherwise than Being：Toward a Semantics of the Gift*）、《与他人一起做哲学》（*Doing Philosophy with Others*） 与《反思宗教、伦理与政治》（*Reflections on the Religious，the Ethical，and the Political*）。

联系方式：美国印第安纳州西拉法叶，普渡大学；邮箱 cschrag@purdue. edu。

理查德·舒格曼（**Richard Sugarman**） 波士顿大学 1976 年博士，1963 年到 1972 年期间师从约翰·怀尔德（John Wild）。舒格曼教授与罗杰·邓肯（Roger B. Duncan）一同编写了《现象学的希望：约翰·怀尔德的遗作》（*The Promise of Phenomenology*：
Posthumous Papers of John Wild，2006），著有《对时间的怨恨：
怨恨的现象学》（*Rancor Against Time*：*The Phenomenology of
Ressentiment*，1980），并发表了大量关于伊曼纽尔·列维纳斯哲学
的文章。自 1970 年以来，舒格曼教授一直在佛蒙特大学教授哲学、
宗教和人文学科，目前担任该大学的宗教学教授与综合人文学科项
目主任。

联系方式：美国佛蒙特伯灵顿，佛蒙特大学；邮箱
richard. sugarman@uvm. edu。

附录 政治现象学研究书目（1913—2013）

按年代和作者首字母排序，由莱斯特·恩布里汇编（embree@fau. edu）

1913

Reinach，Adolf. "Die apriorischen Grundlagen des bürgerlichen Rechtes." In *Jahrbuch für Philosophische und phänomenologische Forschung* 1，1913，pp. 685‐847；"The Apriori Foundations of the Civil Law." In *Aletheia* 3（1983）. Translated by John F. Crosby，pp. 2‐142.

1914

Ortega y Gasset，José. "Vieja y nueva política" ［1914］. In *Obras Completas*，vol. I，Madrid：Revista de Occidente，1946.

1920

Ortega y Gasset，José. "España invertebrada" ［1920‐21］. In *Obras Completas*，vol. Ⅲ. Madrid：Revista de Occidente，1947.

1922

Stein，Edith. "Individuum und Gemeinschaft. Beiträge zur philosophischen Begründung der Psychologie und der Geisteswissenschaften. Zweite Abhandlung." In *Jahrbuch für Philosophie und phänomenologische Forschung* 5［1922］，pp. 116‐283.

1925

Stein，Edith. "Eine Untersuchung über den Staat." In *Jahrbuch für Philosophie und phänomenologische Forschung* 7［1925］，pp. 1‐117.

1930

Ortega y Gasset，José. "La rebelión de las masas" ［1930］. In *Obras Completas*. 2 ed. Tomo Ⅳ. Madrid：Alianza Editorial，1993.

1932

Otaka，Tomoo. *Grundlegung der Lehre vom Sozialen Verband*. Vienna：

Julius Springer，1932.

1933

Patočka，Jan. "Platonismus a politika." In *Českámysl* 29（1933），n. 3 -
4，pp. 236 - 238. In English："Platonism and Politics," in *Jan Patočka*：*Living
in Problematicity*，Praha：Oikoymenh，2007，pp. 13 - 17.

1934

Levinas，Emmanuel. "Reflections on the Philosophy of Hitlerism." In
Critical Inquiry，vol. 17（Autumn 1990），pp. 63 - 71. Originally published in
Esprit.

Patočka，Jan. "Platonism and Popularization"（Platon a popularizace）.

Patočka，Jan. "Some Comments Concerning the Concepts of History and
Historiography"（Několik poznámek k pojmům dějin a dějepisu）.

Patočka，Jan. "Some Comments Concerning the Extramundane and
Mundane Position of Philosophy." In *Jan Pato čka*：*Living in
Problematicity*. Praha：Oikoymenh，2007，pp. 18 - 28.

Originally published as "Nekolik poznamek o mimosvetske a svetske pozici
filosofie," in *Kvart* 2（1934），n. 3，pp. 3 - 10.

1935

Pato čka，Jan. "Some Comments Concerning the Concept of World
History"（Několik poznámek o pojmu světových dějin）.

1936

Patočka，Jan. "Masaryk's and Husserl's Conception of the Spiritual Crisis
of Europe"（Masarykovo a Husserlovo pojetí duševní krise evropského
lidstva）. In *Jan Patotka*：*Philosophy and Selected Writings*，pp. 145 - 156.
Chicago：University of Chicago Press，1989.

Patočka，Jan. "On Two Conceptions of the Meaning of Philosophy"（O
dvojím pojetí smyslu filosofie）.

Patočka，Jan. "Titanism"（Titanismus）. In *Jan Patotka*：*Philosophy and
Selected Writings*，pp. 139 - 144. Chicago：University of Chicago Press，1989.

1938

Patočka，Jan. "The Idea of Liberal Education and Its Contemporary
Relevance"（Myšlenka vzdělanosti a její aktuálnost）.

Patočka，Jan. "Reflection on Defeat." In *Jan Pato čka*：*Living in
Problematicity*. Praha：Oikoymenh，2007，pp. 19 - 31. Originally published as
"Úvaha O parážce," in *Kritický měsíčník* 1（1938），n. 8，pp. 380 n.

1939

Ortega y Gasset，José. "El hombre y la gente"［1939］. In *Obras*

Completas. ed. Tomo VⅡ. Madrid: Alianza Editorial, 1993.

Patočka, Jan. "The Harmonism of Modern Humanists" (Harmonismus moderních humanistů).

Patočka, Jan. "Life in Balance, Life in Amplitude." In *Jan Patočka: Living in Problematicity*, pp. 32 – 42. Praha: Oikoymenh, 2007. Originally published as "Životní rovnováha a životníamplituda," in *Kritický měsíčník* 2 (1939), n. 3, pp. 101 – 106.

Patočka, Jan. "Philosophy is the Present Situation" (Filosofie v dnešní situace).

1940

Patočka, Jan. "Philosophy of History" (Filosofie dějin).

1941

Patočka, Jan. "European Reason" (Evropský rozum).

1942

Burggaeve, Roger. *The Wisdom of Love in the Service of Love: Emmanuel Levinas on Justice, Peace, and Human Rights*. Marquette Studies in Philosophy No. 29, Andrew Tallon, Series Editor.

Patočka, Jan. "World View, World Image, Philosophy" (Světový názor, obraz světa, filosofie).

1945

Merleau-Ponty, Maurice. *Phénoménologie de la perception*. Paris: Gallimard, 1945. Translated by Colin Smith under the title *Phenomenology of Perception*, New York: Humanities Press, 1962; London: Routledge & Kegan Paul, 1962; translation revised by Forrest Williams, 1981; reprinted, 2002.

Patočka, Jan. "Notes on Ancient Humanity. Struggle and Peace" (Poznámky o antické humanitě. Boj a smír.

Patočka, Jan. "Ideology and Life in the Idea" In *Jan Patočka: Living in Problematicity*. Praha: Oikoymenh, 2007, pp. 43 – 50. Originally published as "Ideologie a život v ideji," in *Kritický měsíčník* 7 (1946), n. 1 – 2, pp. 8 – 14.

1947

Merleau-Ponty, Maurice. *Humanisme et terreur, essai sur le problème communiste*. Paris: Gallimard, 1947. Translated by John O'Neill under the title *Humanism and Terror: An Essay on the Communist Problem*, Boston: Beacon Press, 1969.

Ricoeur, Paul. "La crise de la Democratie et de la Conscience chrétienne." In *Christianisme social* 55 (1947).

1948

Merleau-Ponty, Maurice. *Sens et non-sens*. Paris: Nagel, 1948;

reprinted, Paris: Gallimard, 1996. Translated by Herbert L. Dreyfus and Patricia Allen Dreyfus under the title *Sense and Non- Sense*, Evanston, IL: Northwestern University Press, 1964.

1949

Ortega y Gasset, José. "Meditación de Europa." ［1949］ *Obras Completas*. 2. ed. Tomo IX. Madrid: Alianza Editorial, 1993.

Ricoeur, Paul. "Le Yogi, le Commissaire, le Proletaire, et le Prophète." In *Christianisme social* 57 (1949), pp. 41 - 54.

Ricoeur, Paul. "Non-violent Man and His Presence in History." In *History and Truth*, pp. 222 - 233.

1950

Patočka, Jan. "Super-Civilization and its Internal Conflict." (Nadcivilizace a její vnitrní konflikt).

1951

Trân Dúc Tháo. Phénoménologie et matérialisme dialectique. Minh-Tân, 1951.

1953

Merleau-Ponty, Maurice. *Éloge de la Philosophie, Lecon inaugurale faite au Collége de France, Le jeudi 15 janvier* 1953. Paris: Gallimard, 1953. Translated by John Wild and James M. Edie under the title *In Praise of Philosophy*, Evanston, IL: Northwestern University Press, 1963.

Patočka, Jan. "Negative Platonism" (Negativní platonismus). In *Jan Patotka: Philosophy and Selected Writings*, pp. 175 - 206. Chicago: University of Chicago Press, 1989.

1955

Merleau-Ponty, Maurice. *Les Aventures de la dialectique*. Paris: Gallimard, 1955. Translated by Joseph Bien under the title *Adventures of the Dialectic*, Evanston, IL: Northwestern University Press, 1973; London: Heinemann, 1974.

1958

Arendt, Hannah. *The Human Condition*. Chicago: University of Chicago Press, 1958.

1960

Merleau-Ponty, Maurice. *Éloge de la Philosophie et autres essais*. Paris: Gallimard, 1960.

1961

Levinas, Emmanuel. *Totality and Infinity: An Essay on Exteriority*. Translated by Alphonso Lingis. Pittsburgh: Duquesne University Press. Originally published Levinas, Emmanuel, *Totalité et infini. Essai sur l'extériorité*, Martinus Nijhoff.

1963

Kosík, Karel. *Dialectics of the Concrete : A Study on Problems of Man and World*. Translated by K. Kovanda with J. Schmidt. Boston: D. Reidel Publishing Co. , 1976.

Paci, Enzo. *The Function of the Sciences and the Meaning of Man*. Translated by P. Piccone and J. E. Hansen. Northwestern University Press, 1972.

1964

Merleau-Ponty, Maurice. *Le Visible et l'invisible, suivi de notes de travail*. Edited by Claude Lefort. Paris: Gallimard, 1964. Translated by Alphonso Lingis under the title *The Visible and the Invisible, Followed by Working Notes* (Evanston: Northwestern University Press, 1968).

1965

Ricoeur, Paul. "The Political Paradox." In *History and Truth*. Translated by Charles A. Kelbley, pp. 251 f. Evanston: Northwestern University Press, 1965.

Jung, Hwa Yol. "The Radical Humanization of Politics: Maurice Merleau-Ponty's Philosophy of Politics." In *Archiv für Rechts- und Sozialphilosophie*, 53 (1967), pp. 233 – 256.

1966

Dallmayr, Fred. " Heinrich Rickert und die amerikanische Sozialwissenschaft." *Der Staat*. vol. 5 (Spring, 1966), pp. 17 – 46.

Dallmayr, Fred. "Strauss and the 'Moral Basis' of Thomas Hobbes," *Archiv fur Rechts- und Sozialphilosophie*. vol. 52 (Spring, 1966), pp. 25 – 66.

1967

McBride, William. "Jean-Paul Sartre: Man, Freedom, and Praxis." In *Existential Philosophers*, edited by G. Schrader, pp. 261 – 329. New York: McGraw-Hill, 1967.

1969

McBride, William. "Voluntary Association: The Basis of an Ideal Model, and the 'Democratic' Failure." In *Voluntary Associations* (Nomos XI), edited by Pennock and Chapman, pp. 202 – 232. New York: Atherton, 1969. Reprinted in *Existential Phenomenology and Political Theory*, edited by H. Y. Jung, pp. 390 – 428. Chicago: Regnery, 1972.

McBride, William. "Towards a Phenomenology of International Justice." In *Law, Reason and Justice: Essays in Legal Philosophy*, edited by G. Hughes, pp. 137 – 167. New York: New York University Press, 1969.

McBride, William. "Sartre and the Phenomenology of Social Violence." In *New Essays in Phenomenology*, edited by J. Edie, pp. 290 – 313. New York: Quadrangle, 1969.

McBride, William. "Individualisms." In *Patterns of the Life-World*, edited by Edie, Parker and Schrag, pp. 201 – 227. Evanston: Northwestern University Press, 1969. (*Festschrift* for John Wild).

Ortega y Gasset, José. "Escritos Políticos I (1908 – 1921)." In *Obras Completas*. Madrid: Revista de Occidente, 1969.

Ortega y Gasset, José. "Escritos Políticos Ⅱ (1922 – 1933)." In *Obras Completas*. Madrid: Revista de Occidente, 1969.

Pato čka, Jan. "The Intelligentsia and Opposition" (Inteligence a opozice). Pato čka, Jan. "Our National Program and Today" (Náš národní program a dnešek).

1970

Arendt, Hannah. *On Violence: Crisis of the Republic*. New York: Anchor, 1970.

McBride, William. *Fundamental Change in Law and Society: Hart and Sartre on Revolution*. The Hague: Mouton and Co. , 1970.

Patočka, Jan. "The Spiritual Bases of Our Time" (Duchovní základy života v naší době). In *The Crisis of European Sciences and Transcendental Phenomenology* by Edmund Husserl.

Translated by David Carr, 1970 (originally published in German 1954).

1972

Reid, Herbert. "The Politics of Time: Conflicting Philosophical Perspectives and Trends." In *The Human Context*, Vol. Ⅳ (Autumn, 1972), pp. 456 – 483 (also translated into French).

1973

Patočka, Jan. "The Technical *Epochē* and Sacrifice" (Technická epocha a obět').

Reid, Herbert. "American Social Science in the Politics of Time and the Crisis of Technocorporate Society: Toward a Critical Phenomenology." In *Politics and Society*, Vol. 3 (Winter, 1973), pp. 201 – 243.

Shmueli, Efraim. "Can phenomenology accommodate Marxism?" In *Telos*

（Fall 1973），pp. 169 - 180.

Shmueli, Efraim. "Pragmatic, existentialist and phenomenological interpretations of Marxism". In *Journal of the British Society for Phenomenology*, 4 (1973), pp. 139 - 152.

1974

Jung, HwaYol. "The Place of Valuation in the Theory of Politics: A Phenomenological Critique of Political Behavioralism." In *The Journal of Value Inquiry*, 8 (1974), pp. 17 - 29.

Reid, Herbert and E. Yanarella. "Toward a Post-Modern Theory of American Political Science and Culture: Perspectives from Critical Marxism and Phenomenology." In *Cultural Hermeneutics*, Vol. Ⅱ, No. 2 (August, 1974), pp. 91 - 166.

Tymieniecka, Anna-Teresa. *The Crisis of culture: steps to reopen the phenomenological investigation of man: the modalities of human life, the irreducible in values and their fluctuating framework of reference, from reason to action, alienation, and belonging : papers and debate of the third international conference held by the International Husserl and Phenomenological Research Society at Sir George Williams University and the University of Montreal, Montreal, March 26 - 30, 1974 (Analecta Husserliana v. 5).* Dordrecht and Boston: D. Reidel, 1974.

1975

Fanon, Frantz. *Peau noire, masques blancs.* Paris: Seuil, 1975. In English: *Black Skin, White Masks.* Translated by Charles Lam Markmann. New York: Grove, 1982.

Jung, Hwa Yol with Petee Jung. "The Hermeneutics of Political Ideology and Cultural Change: Maoism as the Sinicization of Marxism." In *Cultural Hermeneutics*, 3 (1975), pp. 165 - 198.

Kruks, Sonia R. "A Note on Mr. Spurling's Review of 'Adventures of the Dialectic.' " In *Journal of the British Society for Phenomenology*, Vol. 6, No. 3, October 1975, pp. 195 - 97.

Kruks, Sonia R. "The Philosophy of Merleau-Ponty." In *Radical Philosophy*, No. 11, Summer 1975, pp. 17 - 24.

McBride, William. "Marxism and Phenomenology." In *Journal of the British Society for Phenomenology*, Vol. 6, No. 1 (January 1975), pp. 13 - 22.

Nemeth, Thomas. "Husserl and Soviet Marxism." In *Studies in Soviet Thought*, 15 (1975), pp. 183 - 196.

Patočka, Jan. "On Masaryk's Philosophy of Religion" (Kolem Masarykovy filosofie náboženství). Reid, Herbert and E. Yanarella. "Political Science and the Post-Modern Critique of Scientism and Domination." In *Review of Politics*, Vol. 37, No. 3 (July 1975), pp. 286 - 316. Vajda, Mihaly. "Truth or Truths." In *Cultural Hermeneutics*, 3 (1975), pp. 29 - 39.

1976

Held, Klaus. "Karl Marx und die älteste Idee von Philosophie" (Antrittsvorlesung an der Bergischen Universität Wuppertal). In *Wuppertaler Hochschulreden*. Heft 9, 1976. Translated to Italian, Spanish, and Japanese.

Jung, Hwa Yol. "Embodiment and Political Action." In *Philosophy Forum*, 14 (1976), pp. 367 - 388.

Kruks, Sonia R. "Merleau-Ponty, Hegel and the Dialectic." In *Journal of the British Society for Phenomenology*, Vol. 7, No. 2, May 1976, pp. 96 - 110.

Lozinski, Jerzy. "On the problems of the relation between Marxism and Phenomenology: Truth and Revolution—Husserl and Lenin." In *Dialectics and Humanism*. Winter 1976, 3, pp. 121 - 133.

Nemeth, Thomas. " 'Capital'and Phenomenology." In *Studies in Soviet Thought*, 16 (1976), pp. 239 - 249.

1977

Arendt, Hannah. *Eichmann in Jerusalem: A Report on the Banality of Evil*. New York: Penguin Books, 1977.

Dallmayr, Fred and Thomas A. McCarthy. *Understanding and Social Inquiry*. Notre Dame, IN: University of Notre Dame, 1977.

Jung, Hwa Yol with Petee Jung. "Revolutionary Dialectics: Mao Tse-tung and Maurice Merleau- Ponty." In *Dialectical Anthropology*, 12 (1977), pp. 33 - 56.

Kruks, Sonia R. "Merleau-Ponty: A Phenomenological Critique of Liberalism." In *Philosophy and Phenomenological Research*, Vol. 37, No. 3, March 1977, pp. 394 - 407.

Patočka, Jan. "The Heroes of Our Time" (Hrdinové naší doby).

Patočka, Jan. "The Obligation to Resist Injustice" (eim je a eim neni Charta 77), pp. 340 - 343. In *Jan Patotka: Philosophy and Selected Writings*. Chicago: University of Chicago Press, 1989. Patočka, Jan. "What We Can and Cannot Expect from Charta 77" (Co můžeme očekávat od Charty 77?), pp. 340 - 343. In *Jan Patotka: Philosophy and Selected Writings*. Chicago: University of Chicago Press, 1989.

Reid, Herbert. "Critical Phenomenology and the Dialectical Foundations of Social Change." In *Dialectical Anthropology*, Vol. 2, No. 2 (1977), pp. 107 - 130.

1978

Held, Klaus. "La partecipazione politica come problema filosofico." In *Fenomenologia e società*, anno 1 n. 3 - 4, Milano, 1978.

Jung, HwaYol. "A Hermeneutical Accent on the Conduct of Political Inquiry." In *Human Studies*, 1 (1978), pp. 48 - 82.

Jung, Hwa Yol. "Two Critics of Scientism: Leo Strauss and Edmund Husserl." In *Independent Journal of Philosophy*, 11 (1978), pp. 81 – 88.

Reid, Herbert. "Totality, Temporality, and Praxis: Existential Phenomenology and Critical Theory." In *Canadian Journal of Political and Social Theory*, Vol. 2, No. 1 (Winter, 1978), pp. 113 – 135.

1979

Held, Klaus. "Felicità e politica." In *Fenomenologia e società*, anno 2 n. 8, Milano 1979.

Held, Klaus. "Stato politico e società civile. Il loro rapporto in Hegel e nella critica marxiana." In *Fenomenologia e società*, anno 2 n. 6 – 7, Milano 1979.

Jung, Hwa Yol. *The Crisis of Political Understanding: A Phenomenological Perspective in the Conduct of Political Inquiry*. Pittsburgh: Duquesne University Press, 1979.

Vajda, Mihaly. "Lukács's and Husserl's Critique of Science." Translated by D. Parent. *Telos* vol. 38 (1979), pp. 104 – 118.

1980

Jordan, Robert Welsh. "Das Gesetz, die Anklage und K. s Prozess: Franz Kafka und Franz Brentano." In *Jahrbuch der deutschen Schillergesellschaft*, Band XXIV, pp. 332 – 356. Stuttgart: Alfred Kröner Verlag, 1980.

1981

Jung, HwaYol. "The Medium as Technology: A Phenomenological Critique of Marshall McLuhan." In *Phenomenology and the Understanding of Human Destiny*, edited by Stephen Skonsgaard, pp. 45 – 80. Washington, DC: The University Press of America and The Center for Advanced Research in Phenomenology, 1981.

Kruks, Sonia R. *The Political Philosophy of Merleau-Ponty*, series "Philosophy Now." Brighton: Harvester Press and Atlantic Highlands; NJ: Humanities Press, 1981, pp. xiv + 152. Reprinted, Brookfield, VT: Avebury, 1994.

McBride, William. "Sartre and Marxism." In *The Philosophy of Jean-Paul Sartre*, edited by P. Schilpp, pp. 605 – 630. La Salle, IL: Open Court Publishing Company, 1981. Reprinted in Vol. 6 *of Sartre and Existentialism* (see Edited Books).

McBride, William. (With Angela Barren McBride) "Theoretical Underpinnings for Women's Health." In *Women & Health* 6 (1/2), spring/ summer 1981, pp. 37 – 55.

1982

Held, Klaus. "Il pubblico come ambito del politico." In *Fenomenologia e società*, anno 5 n. 18, Milano 1982.

Jung, HwaYol. "Language, Politics, and Technology." In *Research in Philosophy and Technology*, 5 (1982), pp. 43 - 63.

Jung, Hwa Yol. "Phenomenology as a Critique of Public Affairs Education." In *Southern Review of Public Administration*, 6 (1982), pp. 175 - 187.

Levinas, Emmanuel. *Beyond the Verse*. Translated by Gary D. Mole. New York: Continuum, 2007. See, in particular, the Talmudic readings: "Model of the West (Tractate Menahoth 99b - 100a)," "Cities of Refuge," "Who Plays Last," "The Pact"; and the chapters "The State of Caesar and the State of David" and "Politics After!" Originally published *L'au-delà du verset*, Les éditions de Minuit.

Rockmore, Tom. "Husserlian Phenomenology, Soviet Marxism, and Philosophic Dialogue." In *Studies in Soviet Thought*. 1982, 24: pp. 249 - 276.

1983

Jung, Hwa Yol. "Rhetoric, Grammatology, and Political Theory." In *Reflections: Essays in Phenomenology*, 4 (1983), pp. 37 - 53.

Sartre, Jean-Paul. *Cahiers pour une morale*. Paris: Gallimard, 1983.

1984

Angus, Ian. *Technique and Enlightenment: Limits of Instrumental Reason*. Washington: Centre for Advanced Research in Phenomenology & University Press of America, 1984.

Jung, Hwa Yol with Petee Jung. "Maoism, Psychoanalysis, and Hermeneutics: A Methodological Critique of the Interpretation of Cultures." In *Asian Thought and Society: An International Review*, 9 (1984), pp. 143 - 167.

Rockmore, Tom. "On Marxian Epistemology and Phenomenology." In *Studies in Soviet Thought*. 1984, 28, pp. 187 - 200.

Shmueli, Efraim. *Crossroads of Modern Thought: Studies in Spinoza, Hegel, Marx, Husserl and Mannheim*. Tel Aviv: Eked, 1984.

Waldenfels, B., J. M. Broekman, and A. Pazanin. *Phenomenology and Marxism*. London, Boston: Routledge and K. Paul, 1984.

1985

Burke, John Francis. "Hannah Arendt's Thinking: Between Karl Jaspers and Martin Heidegger." In *Analecta Husserliana*, vol. 21, pp. 293 - 308.

Held, Klaus. "Entpolitisierte Verwirklichung des Glücks. Epikurs Brief an Menoikeus." In *Walberberger Studien "Glück und geglücktes Leben,"* edited by P. Engelhardt. Mainz, 1985. Jung, Hwa Yol. "A Critique of Autonomous Technology." In *Humboldt Journal of Social Relations*, 12 (1985), pp. 31 -

47.

Jung, Hwa Yol. "The Phenomenology of Power: Toward An Introduction (to Politics)," *Bulletin of the Graduate School of International Relations, International University of Japan*, No. 3: *Essays on History and Politics in Honour of Ko Harada*, edited by Kazuhiko Okuda, No. 3 (1985), pp. 1 – 18.

Levinas, Emmanuel. *Emmanuel Levinas: Ethics and Infinity: Conversations with Philippe Nemo*. Translated by Richard A. Cohen. Pittsburgh: Duquesne University Press.

Sokolowski, Robert. *Moral Action: A Phenomenological Study*. Bloomington: Indiana University Press, 1985.

1986

Bernasconi, Robert. "The Fate of the Distinction Between Praxis and Poiesis." In *Heidegger Studies*, vol. 2, 1986, pp. 111 – 139.

Held, Klaus. "Die Zweideutigkeit der Doxa und die Verwirklichung des modernen Rechtsstaats." In *Meinungsfreiheit. Grundgedanken und Geschichte in Europa und USA*, edited by J. Schwartländer U. D. Willoweit. Kehl a. Rh. 1986. Tübingen Universitätsschriften, Bd. 6: Forschungsprojekt Menschenrechte. (Translated into Italian and Japanese).

Held, Klaus. "Per una fondazione fenomenologica della filosofia politica." In *Fenomenologia e società*, anno 9 n. 12, Milano 1986.

Jung, Hwa Yol. "Hermeneutics: The Cutting Edge of Political and Social Philosophy." In *Review Journal of Philosophy and Social Science*, 11 (1986), pp. 71 – 92 (a special issue on "Modern Social Theory").

Kruks, Sonia R. "Sartre's *Cahiers pour une morale*: Failed Attempt or New Trajectory in Ethics?" In *Social Text*, Nos. 13/14, Winter/Spring 1986, pp. 184 – 194. Reprinted in William McBride, *Sartre and Existentialism*, Vol. 5, New York: Garland Publishing, 1996.

Pike, Shirley R. *Marxism and Phenomenology*. London: Croom Helm, 1986.

Reid, Herbert. "Time, Historicity, and Political Theory." In *Tradition, Interpretation, and Science*, edited by John S. Nelson, pp. 217 – 240. New York: State University of New York Press, 1986.

1987

Dallmayr, Fred and Gisela J. Hinkle. "Foucault Memorial Issue," *Human Studies*, vol. 10, No. 1 (1987).

Jung, Hwa Yol. "Heidegger and Strauss." In *Idealistic Studies*, 17 (1987), pp. 205 – 218.

Jung, Hwa Yol. "Heidegger's Way with Sinitic Thinking." In *Heidegger and Asian Thought*, edited by Graham Parkes, pp. 217 – 244. Hawaii: University of Hawaii Press, 1987.

Jung, Hwa Yol. "The Power of Language and the Technology of

Communication: A Phenomenological Genealogy." In *Political Discourse*: *Explorations in Indian and Western Political Thought*, edited by Bhikhu Parekh and Thomas Pantham, pp. 47 - 54. New Delhi: Sage Publications, 1987.

Kruks, Sonia R. "Marcel and Merleau-Ponty: Incarnation, Situation and the Problem of History." In *Human Studies*, Vol. 10, No. 2, Spring 1987, pp. 225 - 245.

Kruks, Sonia R. "Simone de Beauvoir and the Limits to Freedom." In *Social Text*, No. 17, Fall 1987, pp. 111 - 122.

Kruks, Sonia R. *A Study of the Political Philosophy of Merleau-Ponty*, "British Theses: Political Theory and Political Philosophy," edited by Maurice Cranston, pp. 387. New York: Garland Publishing, 1987.

Lerner, Rosemary R. P. "Marx y la Utopía Comunista." In *Amauta* (Sección Opinión), Lima: febrero 5 y 17, 1987.

Lerner, Rosemary R. P. "Una ética para el futuro: entre la esperanza y la responsabilidad." In *Violencia y Crisis de Valores en el Perú*. Lima: Fondo Editorial PUC, 1a. edic. junio 1987, 2 da. edic. junio 1988, 3era ed. nov. 1988, pp. 19 - 99.

Levinas, Emmanuel. *Time and the Other*. Translated by Richard A. Cohen. Pittsburgh: Duquesne University Press, 1987.

Schürmann, Reiner. *Heidegger on Being and Acting: From Principles to Anarchy*. Translated by Christine-Marie Gros. Bloomington, IN: Indiana University Press, 1987.

1988

Lerner, Rosemary R. P. "Violencia y Razón. La paradoja de una relación." In *La Racionalidad*.

Lima: UNMSM - Instituto de Investigaciones Humanísticas y CONCYTEC, 1988, pp. 85 - 115. Levinas, Emmanuel. "The Other, Utopia, and Justice." In *Entre Nous*, translated by Michael B. Smith and Barbara Harshav. New York: Columbia University Press, 1998. Originally published In *Autrement*, No. 102, November 1988; reprinted in Levinas, Emmanuel, *Entre nous. Essais sur le penser-à-l'autre*. Grasset, 1991.

Schuhmann, Karl. *Husserls Staatsphilosophie*. Munich: Verlag Karl Alber Freiburg, 1988.

Patočka, Jan. "The Spiritual Person and the Intellectual." In *Jan Pato čka: Living in Problematicity*. Praha: Oikoymenh, 2007, pp. 51 - 69. "Duchovni clovek a intelektual." Transcript of a tape recording of the private seminar given on 11 April 1975. Originally published in samizdat by I. Chvatik, Prague 1988.

Whiteside, Kerry H. *Merleau-Ponty and the Foundation of Existential Politics*. Princeton: Princeton University Press, 1988, pp. 329.

1989

Bernasconi, Robert. "Persons and Masks: The *Phenomenology of Spirit*

and Its Laws." In *Cardozo Law Review*, vol. 10, nos. 5‑6, 1989, pp. 1695 –
1711. Reprinted in *Hegel and Legal Theory*, edited by Drucilla Cornell,
Michael Rosenfeld, David Gray Carlson, pp. 78‑93. New York, Routledge,
1991.

Farias, Victor. *Heidegger and Nazism*. Philadelphia: Temple University
Press. Originally published in French 1987.

Kruks, Sonia R. "Simone de Beauvoir entre Sartre et Merleau-Ponty." In
Les Temps Modernes, No. 520, November 1989, pp. 81 – 102 (name
erroneously printed as Sonia Kraus).

Lerner, RosemaryR. P. "Lenguaje y Libertad" (response to Mario
Montalbetti's, "Reflexiones sobre el lenguaje como cárcel"). In *Areté*, *revista
de filosofía*. Lima: PUCP, Vol. I, N°2, 1989, pp. 393 – 402.

McBride, William. "John Wild and The Life-World." In *American
Phenomenology: Origins and Developments*, edited by Kaelin and Schrag,
pp. 99‑113. Dordrecht/Boston/London: Kluwer, 1989.

McBride, William. "Self Presentation." In *American Phenomenology:
Origins and Developments*, edited by Kaelin and Schrag, pp. 353 – 359.
Dordrecht/Boston/London: Kluwer, 1989.

1990

Bernasconi, Robert. "One-Way Traffic: The Ontology of Decolonization
and its Ethics." In *Ontology and Alterity in Merleau-Ponty*, edited by Galen
A. Johnson and Michael B. Smith, pp. 67‑80. Evanston, IL: Northwestern
University Press, 1990.

Bernasconi, Robert. "Rousseau and the Supplement to the *Social
Contract*. Deconstruction and the Possibility of Democracy." In *Cardozo Law
Review*, vol. 11, nos. 5‑6, July/August 1990, pp. 1539‑1564.

Bernasconi, Robert. "The Ethics of Suspicion." In *Research in
Phenomenology*, vol. 20, 1990, pp. 3‑18. Reprinted in *Emmanuel Levinas:
Critical Assessments*, edited by Claire Katz with Lara Trout. London:
Routledge, 2005, vol. 3, pp. 29‑43. Translated by Hans-Dieter Gondek into
German as "Die Ethik des Verdachts," in *Fragmente* 39/40, 1993, pp. 79 –
96. Translated by Zeynep Direk into Turkish as "Süphe etigi," in *Felsefelogos*,
10, no. 2, 2000, pp. 61‑74.

Dallmayr, Fred with Seyla Benhabib. *The Communicative Ethics
Controversy*, MIT Press, 1990.

Hart, James. *The Person and the Common Life: Studies in a Husserlian
Social Ethics*. Dordrecht: Kluwer Academic Publishers, 1990.

Held, Klaus. "Die Sophistik in Hegels Sicht." In *Hegel und die antike
Dialektik*, edited by M. Riedel. Frankfurt A. M. 1990. (Translated into
Japanese)

Jung, Hwa Yol. "Mikhail Bakhtin's Body Politic: A Phenomenological
Dialogics." In *Man and World*, 23 (1990), pp. 85‑99.

Kruks, Sonia R. "Communication and Conflict in Merleau-Ponty's Political Philosophy." In *Merleau-Ponty: Critical Essays*, series "Current Continental Research," edited by Henry Pietersma, pp. 177 - 93. Center for Advanced Research in Phenomenology/University Press of America, 1990.

Kruks, Sonia R. "Sartre's 'First Ethics' and the Future of Ethics." In *Writing the Future*, edited by Andrew Benjamin and David Wood, pp. 181 - 91. London: Routledge and Kegan Paul, 1990.

Kruks, Sonia R. *Situation and Human Existence: Freedom, Subjectivity and Society*. Series "Problems of Modern European Thought," edited by Alan Montefiore and Jonathan Rée. New York and London: Routledge/Unwin Hyman, 1990, pp. xiii + 215.

Lacoue-Labarthe, Philippe. *Heidegger, Art, and Politics: The Fiction of the Political*. Cambridge, MA: Basil Blackwell, 1990.

McBride, William. "'Two Concepts of Liberty' Thirty Years Later: A Sartre-Inspired Critique." In *Social Theory and Practice* 16, 3 (fall 1990), pp. 297 - 322.

McBride, William. "Social Justice on Trial: The Verdict of History." In *Analecta Husserliana* XXXI (1990), pp. 159 - 168.

Ortega y Gasset, José. "La ciencia y la religión como problemas políticos." In *Discursos Políticos*. Madrid: Alianza Editorial, 1990.

Ortega y Gasset, José. "La pedagogia social como programa político." In *Discursos Políticos*. Madrid: Alianza Editorial, 1990.

Ortega y Gasset, José. "Los problemas nacionales y la juventud." In *Discursos Políticos*. Madrid: Alianza Editorial, 1990.

Ortega y Gasset, José. "Vieja y nueva política." In *Discursos Políticos*. Madrid: Alianza Editorial, 1990.

1991

Bernasconi, Robert. "The Constitution of the People: Frederick Douglass and the Dred Scott Decision." In *Cardozo Law Review*, vol. 13, no. 4, 1991, pp. 1281 - 1296.

Kruks, Sonia R. "Simone de Beauvoir: Teaching Sartre About Freedom." In *Sartre Alive*, edited by Ronald Aronson and Adrien VanDenhoven, pp. 285 - 300. Detroit: Wayne State University Press, 1991. Abridged version in *Simone de Beauvoir Studies*, Vol. 5, 1988, pp. 74 - 80. Reprinted in *Rereading the Canon: Feminist Interpretations of Simone de Beauvoir*, edited by Margaret Simons. University Park, PA: The Pennsylvania State University Press, 1995, pp. 79 - 95. Reprinted in *Sartre and Existentialism*, edited by William McBride, Vol. 8, New York: Garland Publishing, 1996.

Kruks, Sonia R. "A Venerable Ancestor? Re-Reading Simone de Beauvoir," Introductory essay to symposium I organized/edited, *Women and Politics*, Vol. 11, No. 1, 1991, pp. 53 - 60.

Lerner, Rosemary R. P. "Fundamentalismos y Crisis de Fundamentos.

Consecuencias para la realidad peruana actual." In Boletín de Riva Agüero, N°18 (Lima: PUCP), 1991, pp. 69 - 89.

McBride, William. *Sartre's Political Theory*. Indiana University Press, 1991.

Ricoeur, Paul. *Autour du politique*. Paris: Seuil, 1991.

San Martin, Javier. "Es Europa una idea etnocéntrica?" In *La Idea de Europa. Una aproximación filosófica*. L'idée d'Europe. Approche philosophique, Actas del Coloquio Hispano francés de filosofía, Marzo de 1991, edited by la Generalitat valenciana, pp. 35 - 53.

1992

Bernasconi, Robert. "Love of Humanity, Love of the Other. A Study in the History of Humanism." In *Eco-ethica et Philosophia generalis*. Festschrift for Tomonobu Imamichi. Tokyo, Academic Press, 1992, pp. 189 - 198.

Buckley, Philip. "Husserl's Notion of Authentic Community." In *American Catholic Philosophical Quarterly* 66 (1992), pp. 213 - 227.

Buckley, Philip. *Husserl, Heidegger and the Crisis of Philosophical Responsibility*. Dordrecht: Kluwer Academic Publishers, 1992.

Cohen, Richard A. "G-d in Levinas: The Justification of Justice and Philosophy." In *Journal of Jewish Thought and Philosophy*, Vol. 1, no. 2, 1992, pp. 197 - 221.

Held, Klaus. "Humanité et monde politique." In *Cahiers de philosophie*: Le Monde. De la phénoménologie a la politique, Bd. 15/16, Paris 1992/1993. (Translated in Croatian)

Kruks, Sonia R. "Gender and Subjectivity: Simone de Beauvoir and Contemporary Feminism." In *Signs: Journal of Women in Culture and Society*, Vol. 18, No. 1, Fall, 1992, pp. 89 - 110. Reprinted in *Rethinking the Political. Gender, Resistance, and the State*, edited by Barbara Laslett et al. Chicago: The University of Chicago Press, 1995, pp. 77 - 98. Reprinted in *Contemporary Literary Criticism*, Farmington Hills, MI: Gale Group, January 2000, pp. 155 - 62.

McBride, William. "Sartre and Problems in the Philosophy of Ecology." In "Mensch-Natur- Kosmos," *Acta Universitatis Lodziensis*, Folia Philosophica 8, 1991, pp. 69 - 80.

McBride, William. "Community: The Dialectic of Abandonment and Hope in Light of Sartre's Last Words." In *Bulletin de la Societe Americaine de PhilosophiedeLangueFrancaiselV*, 2 - 3 (1992), pp. 218 - 231. Reprinted in Vol. 3 *of Sartre and Existentialism*.

McBride, William. "Sartre's Concept of Freedom." In *Phenomenological Inquiry* 16 (Oct. 1992), pp. 64 - 76.

San Martin, Javier. "Ortega, política y fenomenología." In *Ortega y Gasset y la fenomenología*, Actas de la I Semana Española de Fenomenología, edited by Javier San Martín, pp. 259 - 278. UNED, 1992. Now in Javier San

Martín, *Ensayos sobre Ortega*, UNED, 1994, pp. 285 - 313.

1993

Bernasconi, Robert. "Justice and the Twilight Zone of Morality." In *Commemorations: Reading Heidegger*, edited by John Sallis, pp. 80 - 94. Bloomington, Indiana University Press, 1993.

Bernasconi, Robert. "Politics beyond Humanism: Mandela and the Struggle against Apartheid." In *Working Through Derrida*, edited by Gary Madison, pp. 94 - 119. Evanston, Northwestern University Press, 1993.

Bernasconi, Robert. "On Deconstructing Nostalgia for Community within the West: The Debate between Nancy and Blanchot." In *Research in Phenomenology*, vol. 23, 1993, pp. 3 - 23.

Burke, John Francis. "Voegelin, Heidegger, & Arendt: Two's a Company, Three's a Crowd?" In *The Social Science Journal*, vol. 30, January 1993, pp. 83 - 97.

Burke, John Francis. "A Substantive Pluralism: Cultivating Community Through Multicultural Relations." In *Texas Journal of Political Studies*, vol. 16, Fall/Winter 1993/94, pp. 62 - 76

Held, Klaus. "Eigentliche Existenz und politische Welt." In *Kategorien der Existenz. Festschrift für Wolfgang Janke*, edited by J. Hennigfeld u. K. Held. Würzburg 1993. (Translated into Dutch, Polish, English, Italian, Bulgarian, Chinese, and Spanish.)

Jung, Hwa Yol. *Rethinking Political Theory: Essays in Phenomenology and the Study of Politics*. Athens: Ohio University Press, 1993.

Jung, Hwa Yol. "Confucianism as Political Philosophy: A Postmodern Perspective." In *Human Studies*, 16 (1993), pp. 213 - 230.

Jung, Hwa Yol. "Vico and the Critical Genealogy of the Body Politic." In *Rivista di Studi Italiani*, 11 (1993), pp. 39 - 66.

Kruks, Sonia R. "Genre et subjectivité: Simone de Beauvoir et le féminisme contemporaine." In *Nouvelles questions féministes*, Vol. 14, No. 1, 1993, pp. 3 - 28.

McBride, William. "Laphilosophic politique sartrienne d'apres le deuxieme tome de la *Critique delaraison dialectique*" *GliscrittipostumidiSartre*, edited by Invitto and Montano, pp. 227 - 238. Genoa: Casa Ed. Marietti, 1993.

Ortega y Gasset, José. "La cuestión moral." In *Obras Completas*. 2. ed. Tomo X. Madrid: Alianza Editorial, 1993.

Ortega y Gasset, José. "En el debate político." In *Obras Completas*. 2. ed. Tomo X. Madrid: Alianza Editorial, 1993.

Ortega y Gasset, José. "De re política." In *Obras Completas*. 2. ed. Tomo X. Madrid: Alianza Editorial, 1993.

Ortega y Gasset, José. "El Estado que hay de hacer." In *Obras Completas*. 2. ed. Tomo X. Madrid: Alianza Editorial, 1993.

Ortega y Gasset, José. "Gobierno de reconstrucción nacional." In *Obras

Completas. 2. ed. Tomo X. Madrid: Alianza Editorial, 1993.

Ortega y Gasset, José. "Hacia una mejor política I, Ⅱ e Ⅲ." In *Obras Completas*. 2. ed. Tomo X. Madrid: Alianza Editorial, 1993.

Ortega y Gasset, José. "Ideas políticas." In *Obras Completas*. 2. ed. Tomo X. Madrid: Alianza Editorial, 1993.

Ortega y Gasset, José. "Imperialismo y democracia." In *Obras Completas*. 2. ed. Tomo X. Madrid: Alianza Editorial, 1993.

Ortega y Gasset, José. "Una interpretación de la história universal." In *Obras Completas*. 2. ed Tomo IX. Madrid: Alianza Editorial, 1993.

Ortega y Gasset, José. "Mirabeau, el político." In *Obras Completas*. 2. ed. Tomo Ⅲ. Madrid: Alianza Editorial, 1993.

Ortega y Gasset, José. "Miscelánia Socialista." In *Obras Completas*. 2. ed. Tomo X. Madrid: Alianza Editorial, 1993.

Ortega y Gasset, José. "La nación frente al Estado." In *Obras Completas*. 2. ed. Tomo X. Madrid: Alianza Editorial, 1993.

Ortega y Gasset, José. "¿Qué es Filosofia?" In *Obras Completas*. 2. ed. Tomo Ⅶ. Madrid: Alianza Editorial, 1993.

Ortega y Gasset, José. "El recato socialista." In *Obras Completas*. 2. ed. Tomo X. Madrid: Alianza Editorial, 1993.

Ortega y Gasset, José. "Rectificación de la república." In *Obras Completas*. 2. ed. Tomo X. Madrid: Alianza Editorial, 1993.

Ortega y Gasset, José. "La reformaliberal." In *Obras Completas*. 2. ed. Tomo X. Madrid: Alianza Editorial, 1993.

Ortega y Gasset, José. "El sentido de Europa, Recerca." In *Revista de pensament i anàlisi*. Universidad de Castellón, XVI, 3, pp. 113 – 135, 1992. Now in *Teoría de Europa*, edited by D. García Marzà and V. Martínez Guzmán, pp. 29 – 52. Nau Llibres, Valencia, 1993.

Ortega y Gasset, José. "Sobre el Fascismo." In *Obras Completas*. 2. ed. Tomo X. Madrid: Alianza Editorial, 1993.

1994

Burke, John Francis. "Response to a ' Critical Liberal Reaction to Substantive Pluralism. '" In *Texas Journal of Political Studies*, vol. 17, Fall/Winter 1994/95, pp. 74 – 77.

Merleau-Ponty, Maurice. "Sartre, Merleau-Ponty: les lettres d'une rupture." In *Magazine littéraire*, no. 320 (April 1994): 67 – 85. Translated by Jon Stewart under the title "Philosophy and Political Engagement: Letters from the Quarrel between Sartre and Merleau-Ponty." In *The Debate between Sartre and Merleau-Ponty*, edited by Jon Stewart, pp. 327 – 354. Evanston: Northwestern University Press, 1998. Alternative translation by Boris Belay under the title "Sartre and Merleau-Ponty: The Letters of the Breakup," in *Merleau-Ponty's Later Works and their Practical Implications: The Dehiscence of Responsibility*, edited by Duane H. Davis, pp. 33 – 59. Amherst, N. Y.:

Humanity Books, 2001.

Srubar, Ilja. "Praxis, Arbeit und Dialektik. Ein Versuch über Patockas Verhältnis zum Marxismus." In *Jan Patocka: Ästhetik, Phänomenologie, Pädagogik, Geschichts- und Politiktheorie*, edited by Matthias Gatzemeier, pp. 50 – 58. Aachen: Alano Verlag 1994.

1995

Bernasconi, Robert. " 'You don't know what I'm talking about: ' Alterity and the Hermeneutic Ideal." In *The Specter of Relativism*, edited by Lawrence K. Schmidt, pp. 178 – 194. Evanston, IL: Northwestern University Press, 1995.

Bernasconi, Robert. " ' Only the Persecuted …: ' Language of the Oppressor, Language ofthe Persecuted." In *Ethics as First Philosophy*, edited by Adriaan Peperzak, pp. 77 – 86. New York: Routledge, 1995.

Bernasconi, Robert. "Disembodying the Body Politic." In *River City*, vol. 15, no. 1, 1995, pp. 63 – 73.

Bernasconi, Robert. "Sartre's Gaze Returned: The Transformation of the Phenomenologyof Racism." In *Graduate Faculty Philosophy Journal*, vol. 18, no. 2, 1995, pp. 201 – 221. Reprinted in *Sartre and Existentialism. Volume 5. Existentialist Ethics*, edited by William L. McBride, pp. 359 – 379. New York: Garland, 1997.

Depraz, Natalie. "Phenomenological Reduction and the Political." In *Husserl Studies* 12 (1995): pp. 1 – 17.

Gordon, Lewis. *Fanon and the Crisis of European Man: An Essay on Philosophy and the Human Sciences*. Routledge, 1995.

Jung, Hwa Yol. "Body Politics and Caring as Responsibility," *Social Science and Policy Research*, 17 (1995), pp. 81 – 114.

Jung, Hwa Yol. "Phenomenology, the Question of Rationality and the Basic Grammar of Intercultural Texts." In *Analecta Husserliana*, vol. 46, edited by A-T. Tymieniecka, pp. 169 – 240. Dordrecht: Kluwer Academic Publishers, 1995.

Jung, Hwa Yol. "The *Tao* of Transversality as a Global Approach to Truth: A Metacommentary on Calvin O. Schrag." In *Man and World*, 28 (1995), pp. 11 – 31.

Kruks, Sonia R. "Identity Politics and Dialectical Reason: Beyond an Epistemology of Provenance." In *Hypatia, a Journal of Feminist Philosophy*, Vol. 10, No. 2, Spring 1995, pp. 1 – 22. Reprinted in *Rereading the Canon: Feminist Interpretations of Sartre*, edited by Julien Murphy, pp. 229 – 252. University Park, PA: The Pennsylvania State University Press, 1999.

Melle, Ullrich. "Selbstverwirklung und Gemeinschaft in Husserl's Ethik, Politik und Theologie." In *Tijdschrift voor Filosofie* 57 (1995), pp. 111 – 128.

Schnell, Martin W. *Phänomenologie des Politischen*. Munich: Fink,

1995.

Srubar, Ilja. "Ist Phänomenologie aktuell? Zur praktischen Philosophie Jan Patockas." In *Die Freiburger Phänomenologie*, edited by Wolfgang Orth, pp. 10 - 32, Bd. 30. Freiburg/München: Verlag Karl Alber, 1995.

Steinbock, Anthony. *Home and Beyond: Generative Phenomenology after Husserl*. Evanston, IL: Northwestern University Press, 1995.

Bloch, Ernst. *The Principle of Hope*, translated by Paul Knight, Neville Plaice, and Stephen Plaice. Cambridge, MA: The MIT Press, 1995.

1996

Bernasconi, Robert. "Casting the Slough: Fanon's New Humanism for a New Humanity." In *Frantz Fanon: A Critical Reader*, edited by Lewis R. Gordon, T. Denean Sharpley-Whiting, and Renée T. White. Oxford: Blackwell, 1996.

Bernasconi, Robert. "The Double Face of the Political and the Social: Hannah Arendt and America's Racial Divisions." In *Research in Phenomenology*, vol. 26, 1996, pp. 3 - 24.

Buber, Martin. *Paths in Utopia*. Syracuse, NY: Syracuse University Press. Cohen, Richard A. "Justice and the State in Spinoza and Levinas." In *Epoché*, Vol. 4, No. 1, 1996, pp. 55 - 70.

Held, Klaus. "Civic Prudence in Machiavelli: Toward the Paradigm Transformation in Philosophy in Transition to Modernity." In *The Ancients and the Moderns*, edited by R. Lilly. Bloomington, IN: Indiana University Press, 1996. (Translated into Dutch and Polish.)

Janicaud, Dominique. *The Shadow of That Thought*, translated by Michael Gendre. Evanston, IL: Northwestern University Press, 1996.

Jung, Hwa Yol. "Phenomenology and Body Politics." In *Body and Society*, 2 (1996): 1 - 22.

Jung, Hwa Yol. "Writing the Body as Social Discourse: Prolegomena to Carnal Hermeneutics." In *Signs of Change: Premodern → Modern → Postmodern*, edited by Stephen Barker, pp. 261 - 279 and 394 - 416. Albany, NY: State University of New York Press, 1996.

Kruks, Sonia R. "Fanon, Sartre, and Identity Politics." In *Frantz Fanon: A Critical Reader*, edited by Lewis Gordon et al, pp. 122 - 133. Boston: Blackwell, 1996.

Lerner, RosemaryR. P., in co-authorship with Salomón Lerner-Febres. "Globalización o mundial- ización. Impacto sobre el ethos de la educación. La perspectiva del Perú." In *Boletín del Instituto Riva-Agüero* 23. Lima: PUCP, 1996, pp. 63 - 88. (Impreso en 1999).

McBride, William. "The Phenomenological Tradition and the End of History." In *Phenomenology and Skepticism: Essays in Honor of James M. Edie*, edited by Brice Wachterhauser, pp. 180 - 190. Evanston, IL: Northwestern University Press, 1996.

Reid, Herbert. "From 'Trained Gorilla' to 'Humanware': Repoliticizing the Body-Machine Complex Between Fordism and Post-Fordism." In *The Social and Political Body* (Guilford Press, 1996) edited by Theodore Schatzki, et al (with E. Yanarella).

Srubar, Ilja. "Neoliberalism, Transformation and Civil Society." In *Thesis Eleven—Money and Society*. Sage Publications, No. 47, Nov. 1996. pp. 33 – 47.

1997

Bernasconi, Robert: "Justice without Ethics?" In *Responsibilities of Deconstruction*, edited by Jonathon Dronsfield and Nick Midgley, pp. 58 – 69, *Pli*, Warwick Journal of Philosophy, vol. 6, 1997.

Bernasconi, Robert. "The Limits of the European Idea of Development." In *Social Development: Between Intervention and Integration*, edited by Jacob Rendtorff, Adam Diderichsen, and Peter Kemp, pp. 185 – 203. Copenhagen: Rhodos, 1997.

Burke, John Francis. "Hannah Arendt and Phenomenology." In *The Encyclopedia of Phenomenology*, pp. 29 – 34. Dordrecht, The Netherlands: Kluwer Academic Publishers.

Jung, Hwa Yol. "Postmodernism." In *Encyclopedia of Phenomenology*, edited by Lester Embree et al, pp. 556 – 562. Dordrecht, The Netherlands: Kluwer, 1997.

Lerner, RosemaryR. P. "Lingüisticidad de la percepción y eticidad de la ecología. Reflexiones a partir de Abram, Husserl y Jonas." In *Boletín del Instituto Riva-Agüero* 24. Lima: PUCP, 1997, pp. 493 – 508.

1998

Bernasconi, Robert: "Can Development Theory Break with Its Past? Endogenous Development in Africa and the Old Imperialism." In *African Philosophy*, vol. 11, no. 1, June 1998, pp. 23 – 34.

Bernasconi, Robert. "Stuck Inside of Mobile with the Memphis Blues Again." In *Theorizing Multiculturalism*, edited by Cynthia Willett. London: Blackwell, 1998, pp. 276 – 298.

Bernasconi, Robert. " 'An Ethics of Violence Justifying Itself.' Sartre's Explorations of Violence and Oppression." In *Bulletin de la Société Américaine de Philosophie*, vol. 10, no. 2, Fall 1998, pp. 102 – 117.

Burke, John Francis. "Hannah Arendt." In *An Introduction to Modern European Philosophy*, edited by Jenny Teichman and Graham White, pp. 158 – 68. London: Macmillan Press, Second Edition – 1998.

Burke, John Francis. "Phenomenology and Multiculturalism: Moving Beyond Assimilationand Utter Diversity Through a Substantive Pluralism." In *Analecta Husserliana*, vol. 55, 1998, pp. 85 – 94.

Cohen, Richard A. "Levinas: just War or Just war." In *Bulletin de la*

Societe Americaine de Philosophie de Langue Francaise, Vol. 10, No. 2, 1998, pp. 152 - 170.

Dauenhauer, Bernard P. *Paul Ricoeur: The Promise and Risk of Politics*. Lanham, MD: Rowman & Littlefield, 1998.

Held, Klaus. "The Ethos of Democracy from a Phenomenological Point of View." In *Self-Awareness, Temporality, and Alterity*, edited by Dan Zahavi. Central Topics in Phenomenology, Dordrecht, 1998. (In German: "Das Ethos der Demokratie und seine Zukunft. Eine phänomenologische Besinnung" in *Ethos des Interkulturellen. Was ist das, woran wir uns jetzt und in Zukunft halten können?*, edited by A. Baruzzi and A. Takeichi. Würzburg, 1998).

Held, Klaus. "Las múltiples culturas y el ethos de la democracia desde una perspectiva fenomenológica." In *Areté, revista de filosofía*. Pontificia Universidad Católica del Perú, Vol. X, No 2, 1998. (In German: Die Vielfalt der Kulturen und das Ethos der Demokratie, in: *Festschrift für Ernst Wolfgang Orth zum 65. Geburtstag*, edited by C. Bermes, J. Jonas u. K.-H. Lembeck, Würzburg 2002). (Translated into Chinese).

Jung, Hwa Yol. "Bakhtin's Dialogical Body Politics." In *Bakhtin and the Human Sciences*, edited by Michael Mayerfeld Bell and Michael Gardiner, pp. 95 - 111. London: Sage Publication, 1998.

Kruks, Sonia R. "Feminist Perspectives on the Western Canonical Tradition: Existentialism and Phenomenology." Commissioned article for *A Companion to Feminist Philosophy*, edited by Alison M. Jaggar and Iris M. Young, pp. 66 - 74. Boston: Blackwell, 1998.

Kruks, Sonia R. "Simone de Beauvoir: The Weight of Situations." In *Critical Essays on Simone de Beauvoir*, edited by Elizabeth Fallaize, pp. 43 - 72. London and New York: Routledge, 1998.

Lerner, Rosemary R. P. "Poder versus violencia." In *Ideelle, revista del Instituto de Defensa Legal*, N°106, Lima: April 1998, pp. 23 - 24.

Lerner, Rosemary R. P. In co-authorship with Salomón Lerner-Febres, "Globalisierung oder Mundialisierung? Auswirkungen auf das Bildungsethos aus peruanischer Perspektive." In *Das Volk Gottes in den Herausforderungen einer Weltgesellschaft*, edited by Hermann Weber, Jahresakademie 40 Jahre KAAD, 23 - 26 April 1998. Bonn, Editorial Köllen, 1998, pp. 146 - 160.

Srubar, Ilja. "Ethnicity and Social Space." In *Ethnicity, Nation, Culture. Central and East European Perspectives*, edited by Bálint Balla, pp. 47 - 65. Hamburg: Krämer, 1998.

1999

Bernasconi, Robert. "The Third Party." In *Journal of the British Society for Phenomenology*, vol. 30, no. 1, January 1999, pp. 76 - 87. Reprinted in *Emmanuel Levinas: Critical Assessments*, edited by Claire Katz with Lara Trout, pp. 45 - 57. London: Routledge, 2005, vol. 1. Enlarged version, translated by Antje Kapust, "Wer ist der Dritte? Überkreuzung von Ethik und Politik bei Levinas," *Der Anspruch des Anderen*, edited by B. Waldenfels and I. Därmann. Munich: Wilhelm Fink, 1998, pp. 87–110.

Burke, John Francis. "Reconciling Cultural Diversity With A Democratic Community: Mestizaje as Opposed to the Usual Suspects." In *Citizenship Studies*, vol. 3, 1999, pp. 119–140.

Cefaï, Daniel. "Making Sense of Politics in Public Spaces: The Phenomenology of Political Experiences and Activities." In *Schutzian Social Science*, edited by Lester Embree, pp. 135–157. Dordrecht: Kluwer Academic Publishers, 1999.

Depraz, Natalie. "The Phenomenological Reduction as Praxis." In *Journal of Consciousness Studies*, vol. 6, 1999, pp. 95–110.

Embree, Lester. "The Ethical-Political Side of Schutz: His Contributions at the 1956 Institute on Ethics concerned with Barriers to Equality of Opportunity." In *Schutzian Social Science*, edited by Lester Embree, pp. 235–318. Dordrecht: Kluwer Academic Publishers, 1999.

Jung, Hwa Yol. "Difference and Responsibility." In *Phänomenologie der Natur* (Phenomenology of Nature), a special issue of *Phänomenologische Forchungen*, edited by Kah Kyung Cho and Young-Ho Lee, pp. 129–166. Freiburg/München, Germany: Karl Alber, 1999.

Jung, HwaYol. "Postmodernity, Eurocentrism, and the Future of Political Philosophy." In *Border Crossings: Toward a Comparative Political Theory*, edited by Fred Dallmayr, pp. 277–296. Lanham, MD: Lexington Books, 1999.

Jung, Hwa Yol. "Reading Natanson Reading Schutz." In *Schutzian Social Science*, edited by Lester Embree, pp. 87–113. Dordrecht, The Netherlands: Kluwer Academic Publishers in cooperation with the Center for Advanced Research in Phenomenology, 1999.

Kersten, Fred. "The Purely Possible Political Philosophy of Alfred Schutz." In *Schutzian Social Science*, edited by Lester Embree, pp. 187–211. Dordrecht: Kluwer Academic Publishers, 1999.

Kruks, Sonia R. "Commentary: On Kristana Arp, 'Conceptions of Freedom in Beauvoir's *The Ethics of Ambiguity.*'" In *International Studies in Philosophy*, Vol. XXXI, No. 2, Fall 1999, pp. 39–42.

Lerner, Rosemary R. P. "Escritura, mundo de la vida y responsabilidad. Reflexiones a partir de Abram, Husserl y Jonas." In *Yachay*. La Paz: Bolivia, Year 16, N° 29, 1999, pp. 1–19.

Srubar, Ilja. "The Origin of the Political." In *Schutzian Social Science*, edited by Lester Embree, pp. 23–45. Dordrecht: Kluwer Academic Publishers, 1999.

Werlan, Benno. "Regionalism and Political Society." In *Schutzian Social Science*, edited by Lester Embree, pp. 1–22. Dordrecht: Kluwer Academic Publishers, 1999.

2000

Bernasconi, Robert. "The Invisibility of Racial Minorities in the Public Realm of Appearances." In *Phenomenology of the Political*, edited by Kevin Thompson and Lester Embree, pp. 169 – 187. Dordrecht: Kluwer, 2000. Reprinted in *American Continental Philosophy*, edited by J. Risser and W. Brogan. Bloomington: Indiana University Press, 2000. Also reprinted in *Race*, edited by R. Bernasconi, pp. 284 – 299. Oxford: Blackwell, 2001.

Buckley, R. Philip. "Personality of Higher Order: Husserlian Reflections on the Québec Problem." In *Phenomenology of the Political*. Contributions to Phenomenology, Volume 38. Dordrecht: Kluwer, 2000, pp. 105 – 120.

Cohen, Richard A. "Ethics and Cybernetics: Levinasian Reflections." In *Ethics and Information Technology*, Spring 2000, Vol. 2, No. 1, pp. 27 – 35. Reprinted in *Radicalizing Levinas*, edited by Peter Atterton. Albany: State University of New York Press, 2010.

Crowell, Steven G. "Who is the Political Actor? : An Existential Phenomenological Approach." In *Phenomenology of the Political*. Contributions to Phenomenology, Volume 38. Dordrecht: Kluwer, 2000, pp. 11 – 28.

Dauenhauer, Bernard. "Elements of Ricœur's Early Political Thought." In *Phenomenology of the Political*. Contributions to Phenomenology, Volume 38. Dordrecht: Kluwer, 2000, pp. 67 – 80.

Depraz, Natalie. "Socrates, Christ, and Buddha as 'Political' Leaders." In *Phenomenology of the Political*. Contributions to Phenomenology, Volume 38. Dordrecht: Kluwer, 2000, pp. 121 – 132.

Drummond, John. "Political Community." In *Phenomenology of the Political*. Contributions to Phenomenology, Volume 38. Dordrecht: Kluwer, 2000, pp. 29 – 54.

Embree, Lester. "Alfred Schutz on Reducing Social Tensions." In *Phenomenology of the Political*. Contributions to Phenomenology, Volume 38. Dordrecht: Kluwer, 2000, pp. 81 – 104.

Gordon, Lewis. "Identity and Liberation: An Existential Phenomenological Approach." In *Phenomenology of the Political*. Contributions to Phenomenology, Volume 38. Dordrecht: Kluwer, 2000, pp. 189 – 206.

Jung, Hwa Yol. "Taking Responsibility Seriously." In *Phenomenology of the Political*, edited by Kevin Thompson and Lester Embree, pp. 147 – 165. Dordrecht, The Netherlands: Kluwer Academic Publishers, 2000.

Lerner, Rosemary R. P., in co-authorship with Salomón Lerner-Febres. "¿Globalización o Mundialización? Impacto sobre el Ethos de la Educación." In *La globalización: desafío para el siglo XXI, Aspectos éticos, económicos, jurídicos, culturales y del medio ambiente*, edited by Benjamín Ramírez and Hermann Weber. Santafé de Bogotá, D. C., KAAD-ASEKAAD

Colombia，2000，pp. 41‐60.

Lerner，Rosemary R. P.，in co-authorship with Salomón Lerner-Febres. "La dimensión ética de la reducción trascendental de Husserl." In *La filosofía del siglo XX：balance y perspectivas*，edited by Miguel Giusti，pp. 343‐354. Lima：PUCP/Fondo Editorial，2000.

McBride，William. "Sexual Harassment，Seduction，and Mutual Respect：An Attempt at Sorting it Out." In *Feminist Phenomenology*，edited by L. Fisher and L. Embree，pp. 249‐266. Dordrecht：Kluwer，2000.

Ortega y Gasset，José. *España Invertebrada*. Madrid：Revista de Occidente en Alianza Editorial，2000.

Peperzak，Adriaan. "Phenomenology，Ethics，Politics." In *Phenomenology of the Political*. Contributions to Phenomenology，Volume 38. Dordrecht：Kluwer，2000，pp. 55‐66.

Reid，Herbert. "Embodying Ecological Citizenship：Rethinking the Politics of Grassroots Globalization in the United States." In *Alternatives：Social Transformation and Humane Governance* 25，4（December，2000），439‐466，with Dr. Betsy Taylor.

Srubar，Ilja. Alltagskultur als Hintergrund politischen Handelns. In *Phänomenologie und soziale Wirklichkeit*，edited by Ilja Srubar and Steven Vaitkus，pp. 35‐48. Opladen：Leske und Budrich 2000.

Thompson，Kevin. "Towards a Genealogy of Sovereignty." In *Phenomenology of the Political*. Contributions to Phenomenology，Volume 38. Dordrecht：Kluwer，2000，pp. 133‐146.

Thompson，Kevin and Lester Embree. *Phenomenology of the Political*. Contributions to Phenomenology，Volume 38. Dordrecht：Kluwer，2000.

2001

Barber，Michael. "Sartre，phenomenology and the subjective approach to race and ethnicity in *Black Orpheus*." In *Philosophy and Social Criticism*，Vol. 27，2001，pp. 91‐103.

Barber，Michael. "Phenomenology and the Ethical Bases of Pluralism：Arendt and Beauvoiron Race in the United States." In *The Existential Phenomenology of Simone de Beauvoir*，edited by Wendy O'Brien and Lester Embree，pp. 149‐174. Dordrecht，Boston，and London：Kluwer Academic Publishers，2001.

Belvedere，Carlos. "Ontología y política en la obra de Merleau-Ponty." In *A Parte Rei. Revista de Filosofía*，n° 18，noviembre de 2001，http：// serbal. pntic. mec. es/∼cmunoz11/page27. html.

Bergoffen，Debra B. "Between the Ethical and the Political：The Difference of Ambiguity." In *The Existential Phenomenology of Simone de Beauvoir*，edited by W. O. Brien and L. Embree，pp. 187‐203. Dordrecht：Kluwer Academic Publishers，2001.

Bernasconi, Robert. "Reviving Political Phenomenology: The Quest for Community and Its Drawbacks." In *The Reach of Reflection: Issues for Phenomenology's Second Century*, edited by Steven Crowell, Lester Embree, and Samuel J. Julian, pp. 434－454. Electron Press, 2001. Also available from www. electronpress. com.

Jung, Hwa Yol. "John Macmurray and the Postmodern Condition: From Egocentrism to Heterocentrism." In *Idealistic Studies*, 31, 2001, pp. 105－123.

Jung, Hwa Yol. "Vaclav Havel's Post-Totalitarian Philosophy of Responsible Politics." In *Journal of Power and Ethics: An Interdisciplinary Review*, 2, 2001, pp. 243－273.

Kim, Joohan. "Phenomenology of Digital-Being." In *Human Studies*, vol. 24 (2001), pp. 87－111.

Kruks, Sonia R. *Retrieving Experience: Subjectivity and Recognition in Feminist Politics*. Ithaca, NY: Cornell University Press, 2001, pp. xii + 200.

Lerner, Rosemary R. P. "¿Belcebú, o la banalidad del mal?" In *Palestra del Estado, Palestra Portal de Asuntos Públicos*, N° 2, Lima: PUCP, (http: //palestra. pucp. edu. pe), August 13, 2001 (Section: Truth Commission).

Madison, Gary Brent. *The Politics of Postmodernity*. Contributions to Phenomenology, Vol. 42. Dordrecht: Kluwer Academic Publishers, 2001.

McBride, William. "Merleau-Ponty and Sartre: The Singular Universal, Childhood, and Social Explanation." In *Merleau-Ponty's Later Works and Their Practical Implications: The Dehiscence of Responsibility*, edited by D. Davis, Humanity Books, pp. 63－86. Amherst, NY, 2001.

Reid, Herbert. "The Resurgence of the Market Machine-God and the Obsolescence of Liberal Democracy: On Academic Capitalism as Unsustainable Professionalism." In *Rethinking Marxism* 13, 1 (Spring, 2001), pp. 27－44.

Reid, Herbert. "Democratic Theory and the Public Sphere Project: Rethinking Knowledge, Authority, and Identity." In *New Political Science* 23: 4 (December, 2001), pp. 517－536.

San Martin, Javier. "Ortega entre la ética y la política. La segunda parte de*La rebelión de las masas*." In *Metapolítica. Elites y Democracia*, volumen 5, número 19, pp. 50－71. México, 2001. Accessible at http: //www. metapolitica. com. mx/m19/dossier/ortega/-index. htm.

Schnell, Martin W. *Zugänge zur Gerechtigkeit. Diesseits von Liberalismus und Kommunitarismus*. Munich: Fink, 2001.

2002

Barber, Michael. "Alfred Schutz: Reciprocity, Alterity, and Participative Citizenry." In *Phenomenological Approaches to Moral Philosophy: A Handbook*, edited by John Drummond and Lester Embree, pp. 415－435.

Dordrecht, Boston, and London: Kluwer Academic Press, 2002.

Bernasconi, Robert. "Horror Alieni. Auf der Suche nach einen Philosophischen Pluralismus." In *Fremderfahrung und Repräsentation*, translated by D. Gondek and Stefan Knoche, edited by C. Jamme and I. Därmann, pp. 125–150. Frankfurt: Velbrück, 2002.

Bernasconi, Robert. "The Ghetto and Race." In *A Companion to Racial and Ethnic Studies*, edited by David Theo Goldberg and John Solomos, pp. 340–347. Oxford: Blackwell, 2002.

Bernasconi, Robert. "Stranieri e schiavi nella terra d'Egitto. Levinas e la politica dell'alterità." In *Paradigmi*, translated by Debora Tonelli, 20, 60, 2002, pp. 587–598. Revised version: "Strangers and Slaves in the Land of Egypt: Levinas and the Politics of Otherness," in *Difficult Justice: Levinas and Politics*, edited by Asher and Gad Horowitz (Toronto: Toronto University Press, 2006), pp. 246–261. Translated into Turkish by Zeynep Direk, as Misir Diyarindaki Yabancila ve Koleler: "Levinas ve Ötekilik Politikusi," *Tezkire*, nos. 38–39, 2004, pp. 110–125.

Bernasconi, Robert with Stacy Keltner. "Emmanuel Levinas: Approaches to the Phenomenology of Sociality and the Ethics of Alterity." In *Phenomenological Approaches to Moral Philosophy*, edited by Lester Embree and John Drummond, pp. 249–268. Dordrecht, Kluwer, 2002.

Burke, John Francis. *Mestizo Democracy: The Politics of Crossing Borders*. College Station, TX: Texas A&M Press.

Gniazdowski, A. "Phänomenologie als Kritik der politischen Erfahrung." In *Textbeiträge vom XIX Deutschen Kongress für Philosophie*, edited by W. Hogrebe. "Grenzen und Grenzüberschreitungen," Bonn, 2002.

Jung, Hwa Yol. *Comparative Political Culture in the Age of Globalization: An Introductory Anthology* with editor's "Introduction." Lanham, MD: Lexington Books, 2002.

Jung, Hwa Yol. "Edward O. Wilson's Theory of Consilience: A Hermeneutical Critique." In *International Journal of Public Administration*, 25 (2002), pp. 1171–1197.

Jung, Hwa Yol. "Enlightenment and the Question of the Other: A Postmodern Audition." In *Human Studies*, 25 (2002), pp. 297–306.

Jung, Hwa Yol. "Responsibility as First Ethics: Macmurray and Levinas." In *John Macmurray: Critical Perspectives*, edited by David Fergusson and Nigel Dower, pp. 173–188. New York: Peter Lang, 2002.

Jung, Hwa Yol. "Transversality and Geophilosophy in the Age of Globalization." In *Calvin O. Schrag and the Task of Philosophy after Postmodernity*, edited by Martin Beck Matustik and William L. McBride, pp. 74–90. Evanston, IL: Northwestern University Press, 2002.

McBride, William. "Sartre's *Critique*." In *The Political*, edited by D. Ingram, pp. 132–148. Maiden/ Oxford: Blackwell, 2002.

Roldán, David. "Emmanuel Lévinas y la onto-teo-logía: Dios, el prójimo y yo." In *Cuadernos de Teología XXI* (2002), pp. 229 - 243.

Tymieniecka A. -T. *Phenomenology World-Wide: A Guide for Research and Study*. (Dordrecht: Kluwer Academic Publishers, 2002)

Sugarman, Richard and Roger Duncan. *The Promise of Phenomenology*. Lexington Books, 2002.

2003

Bedorf, Thomas. *Dimensionen des Dritten. Sozialphilosophische Modelle zwischen Ethischem und Politischem*. Munich: Fink, 2003.

Belvedere, Carlos. *Subjetividad y totalidad en la obra de madurez de Emmanuel Levinas*. Los Polvorines: Universidad Nacional de General Sarmiento, Instituto de Ciencias, Documento de Trabajo N° 23, diciembre de 2003.

Belvedere, Carlos. "Diciembre." In *Pensamiento de los Confines*. Buenos Aires, junio de 2003, n° 12, pp. 71 - 77.

Bernasconi, Robert. "Technological Control. The Ethics of Eugenics and the Practice of Human Genetics." In *Introduction to Eco-Ethics*, edited by T. Imamichi. Tokyo: Centre International pour l'étude comparée de philosophie et d'ésthétique, 2003, pp. 31 - 44.

Bernasconi, Robert. "Justice Without Ethics. Neither the Condition nor the Outcome of Ethics: Levinas, Derrida, and the Deduction of a Politics from Ethics." In *Deconstruction and Critical Concepts in Literary and Cultural Studies*, edited by Jonathan Culler and John White, pp. 312 - 324. vol. 4, London: Routledge, 2003. Revised and corrected version in *Chul Hak Sa Sang* (Seoul National University), vol. 15, 2002, pp. 23 - 45; translated into Spanish as "Ni la condición, ni el cumplimiento de la ética: Derrida, Levinas y la deduccion de una política desde la ética," in *Un libro de huellas. Aproximaciones al persamiento*, edited by Moisés Barroso Ramos and David Pérez Chico, pp. 43 - 58. Madrid: Editorial Trotta, 2004.

Cohen, Richard A. "Humanism and Anti-humanism—Levinas, Cassirer, and Heidegger." Introduction to Emmanuel Levinas, *Humanism of the Other*, translated by Nidra Poller, pp. vii - xliv. Urbana: University of Illinois Press, 2003.

Cohen, Richard A. "The Universal in Jewish Particularism: Benamozegh and Levinas." In *Religious Experience and the End of Metaphysics*, edited by Jeffrey Bloechl, pp. 135 - 152. Bloomington: Indiana University Press, 2003.

Cohen, Richard A. " 'Political Monotheism': Levinas on Politics, Ethics and Religion." In *Essays in Celebration of the Founding of the Organization of Phenomenological Organizations*, edited by C. Cheung, I. Chvatik, I. Copoeru, L. Embree, J. Iribarne and H. R. Sepp. (Monograph; Web Published at www. o-p-o. net, 2003; 57 pp.)

Cohen, Richard A. "The Dark Light," preface to *Bioethical and Ethical Issues Surrounding the Trials and Code of Nuremberg*, edited by Jacques

Rozenbergpp, pp. xii - xx. Lewiston: The Edwin Mellon Press, 2003.

Gniazdowski, A. " Der Andere als meinesgleichen." In Person, Community and Identity, edited by Copoeru, M. Diaconou, D. Popa. Cluj-Napoca 2003, s. 76 - 86.

Lerner, Rosemary R. P. " Ciudadanía y responsabilidad ética. Una perspectiva fenomenológica." In *Boletín del Instituto Riva-Agüero*, (N° 27, Memoria del IRA 2000), Lima: Pontificia Universidad Católica del Perú, 2003, pp. 357 - 370.

Lerner, Rosemary R. P. " Identidad nacional, multiculturalidad e interculturalidad. Un aporte fenomenológico." In *Archivos de la Sociedad Peruana de Filosofía*, Ⅷ. Lima: Sociedad Peruana de Filosofía, 2003, pp. 266 - 287.

Merleau-Ponty, Maurice. *L'institution dans l´histoire personnelle et publique; Le problème de la passivité, le sommeil, l'inconscient, la mémoire: notes de cours au collège de France*, 1954 - 1955. Paris: Belin, 2003.

2004

Bernasconi, Robert. "On Giving What is Not Mine to Give." In *Le don et la dette*, edited by Marco Olivetti, pp. 419 - 429. Milan: Cedam, 2004.

Gniazdowski, A. "Die Konstitution des politischen Subjekts als Problem der Phänomenologie." In *Der Begriff des Subjekts in der modernen und postmodernen Philosophie*, edited by P. Dybel and H. -J. Sandkühler. Frankfurt am Main, 2004, pp. 82 - 97.

Gniazdowski, A. "Krieg, Front, Feind. Jan Patocka und das Problem des Politischen." In *Focus Pragensis* Ⅳ, Prague 2004, pp. 91 - 115.

Gniazdowski, A. "Phänomenologie und Politik: Husserls These von der Erneuerung der Menschheit." In De*r Begriff des Subjekts in der modernen und postmodernen Philosophie*, edited by P. Dybel and H. -J. Sandkühler. Frankfurt am Main 2004, pp. 68 - 82.

Jung, HwaYol. "The Ethics of Transversal Communication." In *Asian Communication Research*, 9 (2004), pp. 5 - 21.

Kruks, Sonia R. "Introduction," to the English translation of "Moral Idealism and Political Realism," by Simone de Beauvoir. In *Simone de Beauvoir: Philosophical Writings*, edited by Margaret Simons et al, Urbana, IL: Illinois University Press, 2004, pp. 167 - 173.

McBride, William. "The Polemic in the Pages of *Les Temps Modernes* (1952) concerning Francis Jeanson's Review of Camus' *The Rebel*" in Vol. 8 of *Sartre and Existentialism*. Reprinted as "After a Lot More History Has Taken Place," in *Sartre and Camus: A Historic Confrontation*, edited by D. A. Sprintzen and A. van den Hoven, Humanity Books, 2004, pp. 225 - 249.

Roldán, David. "Hacia una fenomenología de la teología negativa." In *Teología y cultura* 1 (Agosto 2004).

Levinas, Emmanuel. *Unforeseen History* (English translation Champaign,

IL： University of Illinois Press，2004； *Les Imprevus de l'histoire*，by Editions Fata Morgana，1994）．

Sartre，Jean-Paul. *Critique of Dialectical Reason Vols*. 1 & 2，translated by Alan Sheridan-Smith. New York： Verso； originally published in 1960，Paris： Editions Gallimard.

2005

Angus，Ian. "Jacob Klein's Revision of Husserl's *Crisis*： A Contribution to the Transcendental History of Reification." In *Philosophy Today*，Vol. 49，No. 5，2005.

Angus，Ian. "Walking on Two Legs： On the Very Possibility of a Heideggerian Marxism" A review essay of Andrew Feenberg. In *Heidegger and Marcuse*： *The Catastrophe and Redemption of History* in *Human Studies*，2005.

Barber，Michael. "If Only to Be Heard： Value-Freedom and Ethics in Alfred Schutz's Economic and Political Writings." In *Explorations of the Life-World*： *Continuing Dialogues with Alfred Schutz*，edited by Martin Endress，George Psathas，and Hisashi Nasu，pp. 173 - 202. Dordrecht： Springer，2005.

Bernasconi，Robert. "Sartre und Levinas： Philosophen gegen Rassismus und Antisemitismus." In *Verfehlte Begegnung*： *Levinas und Sartre als philosophischen* in *Levinas-Sartre*. *Zeitgenossen*，translated by Julia Scheidegger，edited by T. Bedorf and A. Cremonini，pp. 205 - 222. Munich： Fink，2005.

Bernasconi，Robert. "Lévy-Bruhl among the Phenomenologists： Exoticisation and the Logic of the 'Primitive.'" In *Social Identities*，vol. 11，no. 3，May 2005，pp. 229 - 245.

Bernasconi，Robert. "Globalisierung und Hunger." In *Im Angesicht der Anderen*，translated by Thomas Bauer，edited by Pascal Delhom and Alfred Hirsch，pp. 115 - 129. Zurich-Berlin： Diaphanes，2005.

Bernasconi，Robert. "Francois Bernier and the Brahmans： Exposing an Obstacle to Cross-Cultural Conversation." In *Toward Greater Human Solidarity*，edited by Anindita N. Bulslev，pp. 31 - 42. Calcutta： Dasgupta，2005.

Bernasconi，Robert. "Locke and the Event of Appropriation： A Heideggerian Reading of 'Of Property.'" In *Current Continental Theory and Modern Philosophy*，edited by Steve Daniel，pp. 162 - 178. Evanston： Northwestern University Press，2005.

Bernasconi，Robert. "'The European knows and does not know' Fanon's Response to Sartre." In *Frantz Fanon's 'Black Skin，White Masks，'* edited by Max Silverman，pp. 100 - 111. Manchester： Manchester University Press，2005.

Bernasconi，Robert. "Sartre's Response to Merleau-Ponty's Charge of

Subjectivism." Translated by Erik Vogt as "Sartres Artwort auf Merleau-Pontys Subjektivismus-Vorwurf" in *Uber Sartre*, edited by Thomas Flynn, Peter Kampits and Erik Vogt, pp. 135‒155. Vienna: Turia and Kant, 2005.

Jung, Hwa Yol. "Interbeing and Geophilosophy in the Cultural Topography of Watsuji Tetsuro's Thought." In *Why Japan Matters!*, 2 vols., edited by Joseph F. Kess and Helen Lansdowne. Victoria, BC, Canada: Centre for Asia-Pacific Initiatives, University of Victoria, 2005, vol. 2, pp. 691‒702.

Kruks, Sonia R. "Beauvoir's Time/Our Time: The Renaissance in Simone de Beauvoir Studies." In *Feminist Studies*, Vol. 31, No. 2, Summer 2005, pp. 286‒309.

Kruks, Sonia R. "'Living on Rails': Freedom, Constraint, and Political Judgment in Beauvoir's 'Moral' Essays and *The Mandarins*." In *Philosophical Readings of The Mandarins*, edited by Sally Scholz and Shannon Mussett. SUNY Press, 2005, pp. 67‒86.

Kruks, Sonia R. "Simone de Beauvoir and the Politics of Privilege." In *Hypatia*. *Journal of Feminist Philosophy*, Vol. 20, No. 1 Winter 2005, pp. 178‒205. Swedish translation, "Simone de Beauvoir och privilegiets politik," in *Ord & Build* [*Word & Image*], 2005, No. 1 pp. 76‒91.

Lerner, Rosemary R. P. "Identidad nacional, multiculturalidad e interculturalidad." In *Pensamiento Garcilasino*, *Revista del Vicerrectorado Académic.*, Lima: Universidad Inca Garcilazo de la Vega (Nuevos Tiempos, Nuevas Ideas), 2005, pp. 65‒87.

McBride, William. "Sartre et l'avenir de la democratic liberale." Later published in *Jean-Paul Sartre*, *violence et ethique*, edited by G. Wormser, pp. 151‒159, Lyon, 2005; in *sens-public* (online publication), Volume 3, 2005 (www. sens-public. org/article = paru3).

McBride, William. "Sartre at the Twilight of Liberal Democracy as We Have Known It." In *Sartre Studies International* 11, 1/2 (2005), pp. 311‒18. Reprinted in book form as *Sartre Today: A Centenary Celebration*, edited by A. van den Hoven and A. Leak, New York/Oxford: Berghahn Books, 2006, same pagination.

Reid, Herbert. "Appalachia and the 'Sacrament of Coexistence': Beyond Post-Colonial Trauma and Regional Identity Traps." In *Journal of Appalachian Studies* 11, 1 (2005), forthcoming.

San Martin, Javier. "Husserl y Ortega. Sobre la crítica fenomenológica de la cultura." In *Ortega en circunstancia*, edited by Javier San Martín and José Lasaga, pp. 111‒130. Una filosofía del siglo XX para el siglo XXI. Editorial Biblioteca Nueva y Fundación José Ortega y Gasset. Madrid, 2005.

San Martin, Javier. "El poder humano." In *Naturaleza y libertad*. La filosofía ante los problemas del presente, 23‒26 de Octubre 2002 y 12‒15 de Noviembre 2003. Salamanca: Sociedad Castellano-Leonesa de Filosofía, 2005, pp. 65‒78.

Iain Thomson. *Heidegger on Ontotheology: Technology and the Politics of Education*. Cambridge and New York: Cambridge University Press, 2005.

2006

Alcoff, Linda Martín. *Visible Identities: Race, Gender, and the Self*. New York: Oxford University Press, 2006.

Angus, Ian. "Phenomenology as Critique of Institutions: Movements, Authentic Socialityand Nothingness." In *PhaenEx*, Vol. 1, No. 1, Spring-Summer 2006. Available at http://137.207.120.196/ojs/leddy/index.php/phaenex.

Arfken, M. "Political Practice: A Hermeneutic-Phenomenological Inquiry." Unpublished doctoral dissertation, The University of Tennessee, Knoxville.

Bedorf, Thomas. "L'ambivalence de la fraternité après Sartre et Lévinas." In *Cahiers d'études lévinassiennes*, Nr. 5 (2006), 11 – 34

Bedorf, Thomas. "The Irreducible Conflict. Subjectivity, Alterity and the Third." In *Rivista di Filosofia* 74 (2006), Nr. 1 – 3, pp. 259 – 270.

Belvedere, Carlos. *Semejanza y comunidad. Hacia una politización de la fenomenología*. Buenos Aires: Biblos, 2006.

Belvedere, Carlos. "Astillamiento y recomposición de la totalidad en el Diciembre argentino." In *La política, las palabras y la plaza*, edited by José Pablo Martín y Gisela Suazo, pp. 39 – 48. Los Polvorines - Buenos Aires: Universidad Nacional de General Sarmiento - Del Estante, 2006.

Burke, John Francis. "Mestizo Democracy: Lateral Universality Begins at Home." In *Letting Be: Fred Dallmayr's Cosmopolitan Vision*, edited by Stephen Schneck, pp. 205 – 29. Notre Dame, IN: University of Notre Dame Press, 2006.

Cohen, Richard A. "Technology: The Good, the Bad and the Ugly." In *Postphenomenology: A Critical Companion to Ihde*, edited by Evan Selinger, pp. 145 – 160. Albany: State University of New York Press, 2006.

Dallmayr, Fred. "Per una Fenomenologica dell'Intercultura." In *Reset*, No. 95 (May – June 2006), pp. 27 – 29.

Gniazdowski, A. "Die Phänomenologie als transzendentale Theorie des Politischen." In *Interdisziplinäre Perspektiven der Phänomenologie. Neue Felder der Kooperation: Cognitive Science, Neurowissenschaften, Psychologie, Soziologie, Politikwissenschaft und Religionswissenschaft*, edited by D. Lohmar/D. Fonfara, pp. 108 – 125. Dordrecht/Boston/ London, 2006.

Gniazdowski, A. "Das Ende des Politischen. Die Phänomenologie als kritische Demokratietheorie." In *Das Politische Bild und Wirklichkeit, Internationaler Workshop*, 9. bis 11. März 2006 in Wien, veranstaltet von der Internationalen Voegelin-Gesellschaft für Politik, Kultur und Religion, http://www.politik-kultur-religion.de/veranstaltungen.htm.

Horowitz, Asher and Gad Horowitz. *Difficult Justice: Commentaries on*

Levinas and Politics. Cambridge, MA: Harvard University Press, 2006.

Jung, Hwa Yol. *Phenomenology, Body Politics, and the Future of Communication Theory*. Cresskill, NJ: Hampton Press, 2006.

Jung, Hwa Yol. "Transversality and Comparative Political Theory: A Tribute to Fred Dallmayr's Work." In *Letting Be: Fred Dallmayr's Cosmopolitical Vision*, edited by Stephen Schneck. Notre Dame, IN: University of Notre Dame Press, 2006.

Kruks, Sonia R. "Merleau-Ponty and the Problem of Difference in Feminism." In *Feminist Interpretations of Merleau-Ponty*, edited by Dorothea Olkowski and Gail Weiss, pp. 25 - 47. University Park, PA: The Pennsylvania State University Press, 2006.

Kruks, Sonia R. "Retrieving Subjectivity for Feminism: Reading Beauvoir With and Against Foucault." In *Simone de Beauvoir's Political Thinking*, edited by Lori Marso and Patricia Moynagh, pp. 55 - 71. DeKalb, IL: Illinois University Press, 2006.

Kruks, SoniaR. " 'Spaces of Freedom': Materiality, Mediation, and Political Action in the Work of Arendt and Sartre," Feature Article. In *Contemporary Political Theory*, Vol. 5, 2006, pp. 469 - 491.

Lerner, Rosemary R. P. "Arendt, ¿ lectora de Husserl." Accessible athttp://www. pucp. edu. pe/ cipher/docs/rizo _ patron _ 2. pdf. (2006) (12 pp.).

Mensch, James R. "Excessive Presence and the Image." In *Symposium, Journal of the Canadian Society for Continental Thought*, 10: 2, Fall 2006, pp. 431 - 440.

Mensch, James R. "Politics and Freedom." In *Idealistic Studies*, 36: 1, 2006, pp. 75 - 82.

San Martin, Javier. "Europa como cultura." In *Pensar Europa*, monográfico de *Recerca*. *Revista de Pensament i Anàlisi* 6, Departament de Filosofia, Sociologia i Comunicació Audiovisual i Publicitat, 2006, pp. 7 - 36.

Srubar, Ilja. "Die Unwissensgesellschaft. Die Moderne nach dem Verlust von Alternativen." In *Zur Kritik der Wissensgesellschaft*, edited by Dirk Tänzler, Hubert Knoblauch, Hans-Georg Soeffner, pp. 139 - 155. Konstanz: UVK, 2006.

Srubar, Ilja. "Wo liegt Macht? Zur Semantik—und Sinnbildung in der Politik." Accessible at http://www. politik-kultur-religion. de/ veranstaltungen. htm. 2006.

2007

Bedorf, Thomas. "Bodenlos. Der Kampf um den Sinn im Politischen." In *Deutsche Zeitschrift für Philosophie* 55 (2007), pp. 689 - 715.

Belvedere, Carlos. "Más allá de la esencia: reducción e historia, filosofía y política en la obra de Merleau-Ponty." In *Estudios de Filosofía*, Instituto de Filosofía. Medellín, Colombia: Universidad de Antioquia, n° 36, 2007.

Belvedere, Carlos. "La fenomenología silvestre del contractualismo." In *Las palabras de la polis*, edited by Fernando Bahr y Gisela Suazo, pp. 139 - 144. Los Polvorines - Buenos Aires: Universidad Nacional de General Sarmiento - Del Estante, 2007.

Dallmayr, Fred. *In Search of the Good Life*. Lexington, KY: University of Kentucky Press, 2007. Held, Klaus. "Lebenswelt und politische Urteilskraft." In *Lebenswelt und Politik*. *Perspektiven der Phänomenologie nach Husserl*, edited by G. Leghissa and M. Staudigl. Würzburg, 2007 ("Orbis Phaenomenologicus" Perspektiven Neue Folge Bd. 17).

Jung, Hwa Yol. "Edouard Glissant's Aesthetics of Relation as Diversality and Creolization." In *Postcolonialism and Political Theory*, edited by Nalini Therese Persram, pp. 193 - 225. Lanham, MD: Lexington Books, 2007.

Lerner, Rosemary R. P. "Tolerancia: entre el conflicto y la difícil verdad." In *Interpretando la experiencia de la tolerancia / Interpreting the Experience of Tolerance*, edited by Rosemary R. P. de Lerner, pp. 139 - 168. Lima: PUCP/Fondo Editorial, 2007.

Lerner, Rosemary R. P. "Between Conflict and Reconciliation: The Hard Truth." In *Human Studies*, 2007, N° 30, pp. 115 - 130.

Lerner, Rosemary R. P. "Paul Ricoeur, lector de Husserl: En las fronteras de la fenomenología." Accessible at http: //www. pucp. edu. pe/ cipher/docs/rosemary. pdf. 2007, 17 pp.

Mensch, James R. "Sustaining the Other: Tolerance as a Positive Ideal." In *Interpretando la expe- riencia de la tolerancia*, edited by Rosemary Rizo-Patrón. Lima: Fondo Editorial de la Pontificia Universidad Católica del Perú, 2 vols. 2007, II, pp. 99 - 106.

Vanzago, Luca. "Hyperdialektik und die Entstehung der Subjektivität: zur Politik bei Merleau- Ponty." In *Lebenswelt und Politik*. *Perspectiven der Phänomenologie nach Husserl*, edited by Giovanni Leghissa & Michael Staudigl. Würzburg: Königshausen & Neumann, 2007.

2008

Belvedere, Carlos. "La politicidadlatente en el tratamiento fenomenológico de la intersubjetividad." In *Alcances*. Santiago de Chile, 2008.

Dallmayr, Fred. "Adorno and Heidegger." In *Adorno and Heidegger: Philosophical Questions*, edited by Ian MacDonald and Krzysztof Ziarek, pp. 167 - 181. Stanford: Stanford University Press, 2008.

2009

Burke, John Francis. "Engaging Hwa Yol Jung's Political Theory of Transversality From the Standpoint of Mestizaje." In *Comparative Political Theory and Cross-Cultural Philosophy*, edited by Jin Y. Park, pp. 223 - 46. Lanham, MD: Lexington Books, 2009.

Cohen, Richard A. "The Few and the Many: Political Philosophy and Levinas." In *A Century with Levinas: On the Ruins of Totality*, edited by Rita Serpytyte, pp. 230 – 241. Vilnius: Vilnius University Publishing House, 2009.

Dallmayr, Fred. "Hermeneutics and Inter-Cultural Dialogue." In *Ethics and Global Politics*, vol. 2 (2009), pp. 23 – 39.

Dallmayr, Fred. "Jacques Derrida's Legacy: Democracy to Come." In *Theory After Derrida*, edited by Kailash C. Baral and R. Radhakrishnan, pp. 24 – 46. New Delhi: Taylor and Francis India, 2009.

Dallmayr, Fred. Review of Diana Coole, *Merleau-Ponty and Modern Politics After Anti-Humanism*. In *Political Theory*, vol. 37 (2009), pp. 713 – 719.

Faye, Emmanuel. *Heidegger: The Introduction of Nazism into Philosophy*. New Haven, CT: Yale University Press, 2009.

2010

Dallmayr, Fred. *Integral Pluralism: Beyond Culture Wars*. Lexington, KY: University of Kentucky Press, 2010.

Dallmayr, Fred. *The Promise of Democracy: Political Agency and Transformation*. Albany, NY: SUNY Press, 2010.

Cohen, Richard A. "Heidegger's Dasein-Analytic of Instrumentality In *Being and Time* and the Thinking of the 'Extreme Danger' of the Question of Technology, and Frederick Tonnies' *Community and Society*." In *Philosophy Today*, special issue on "Recenterings of Continental Philosophy," edited by Cynthia Willett and Leonard Lawler, pp. 91 – 100, Vol. 54, Society for Phenomenology and Existential Philosophy Supplement, 2010.

Cohen, Richard A. "*Monotheisme politique: democratie et transcendence*," ("Political Monotheism: Democracy and Transcendence"). French translation by Tal Aronzon, in "*Pardes: Etudes et Culture Juives*," Nos. 47 – 48, issue on "*Entre ciel et terre, le judaisme: Les sources de la Loi*," edited by Shmuel Trigano, pp. 269 – 288. Paris: Editions In Press, 2010.

Gordon, Peter Eli. *The Continental Divide: Heidegger, Cassirer, Davos*. Cambridge, MA: Harvard University Press, 2010.

2011

Dallmayr, Fred. "Hermeneutics and Intercultural Dialogue." In *Gadamer's Hermeneutics and the Art of Conversation*, edited by Andrzei Wiercinski, pp. 59 – 72. Muenster: LIT Verlag, 2011.

Dallmayr, Fred. *Return to Nature? An Ecological Counter-History*. Lexington, KY: University of Kentucky Press, 2011.

2012

Dallmayr, Fred. "Love and Justice." In *Paul Ricoeur: Honoring and Continuing His Work*, edited by Farhang Erfani, pp. 5 – 20. Lanham, MD:

Lexington Books, 2012.

Sugarman, Richard. "The Breakup of Totality and the Promise of Time in Thought of Emmanuel Levinas." In *Levinas Autrement*, Vol. 83 of *Bibliotheque Philosophique de Louvain*, edited by R. Burggraeve, J. Hansel, M. -A. Lescourret, J. -F. Rey, J. -M. Salanskis, pp. 445‑460. Paris: Éditions Peeters, 2012.

Sugarman, Richard. "MessianicTemporality." In *Recherches Levinassiennes*, Vol. 82 of *Bibliotheque Philosophique de Louvain*, edited by R. Burggraeve, J. Hansel, M. -A. Lescourret, J. -F. Rey, J. -M. Salanskis, pp. 421‑436. Paris: Éditions Peeters, 2012.

2013

Dallmayr, Fred. *Being in the World: Dialogue and Cosmopolis*. Lexington, KY: University of Kentucky Press, 2013.

Forthcoming

Belvedere, Carlos. *El problema de la fenomenología social. Alfred Schutz, las ciencias sociales y las cosas mismas*. Buenos Aires: Universidad de Buenos Aires (Facultad de Ciencias Sociales) ‑ Prometeo.

Bernasconi, Robert. "The Identity of Identification: Sartre and Levinas as Resources for a New Politics of Identity." In *Cahiers d'etudes Levinassiennes*, forthcoming.

Bernasconi, Robert. "Can one Understand Race in Terms of Facticity? On Sartre's and Fanon's Conceptions of Race." In *Rethinking Facticity*, edited by François Raftoul and Eric. Nelson, Albany: SUNY Press, forthcoming.

Cohen, Richard A. "Signifying a Spiritual Politics in the Age of Secularity: Spinoza, Nietzsche and Levinas." In *Emmanuel Levinas: Prophetic Inspiration and Philosophy*, edited by Irene Kajon, Emilio Baccarini, Francesca Brezzi, Joelle Hansel, pp. 183‑196. Florence: La Giuntina, 2008.

Fanon, Frantz. *Black Skin, White Masks*, translated by Richard Philcox. New York: Grove Press; originally published in 1952, Paris: Éditions du seuil.

Gordon, Lewis R. "Phenomenology of Biko's Black Consciousness." In *Biko Lives!: Contestations and Conversations*, edited by Amanda Alexander, Nigel Gibson, and Andile Mngxitama, pp. 83‑93. New York: Palgrave, forthcoming.

Gniazdowski, A. "Die Krisis des europäischen politischen Bewusstseins und die transzendentale Phänomenologie." In *Lebenswelt und Politik. Perspektiven der Phänomenologie nach Husserl*, edited by G. Leghissa/M. Staudigl, forthcoming.

Jung, Hwa Yol. *The Body, Sociality, and Transversal Communication*. Cresskill, NJ: Hampton Press, forthcoming.

Jung, Hwa Yol. *Phenomenology, Body Politics, and the Future of*

Communication Theory. Cresskill, NJ: Hampton Press, forthcoming.

Maldonado-Torres, Nelson. *Against War: Views from the Underside of Modernity*. Durham: Duke University Press, forthcoming.

Mensch, James. "Political Violence." In *Ueber Zivilisation und Differenz. Beitrage zu einer politischen Phänomenologie Europas*, edited by L. Hagedorn and M. Staudigl Staudigl (*Orbis phaenomenologicus*). Würzburg: Königshausen & Neumann, in press.

Mensch, James. "Public Space." In *Continental Philosophy Review*, in press.

Mensch, James. "Sovereignty and Alterity." In *Phänomenologien des Politischen. Perspektiven sozialphänomenologischer Forschung nach Husserl*, edited by G. Leghissa and M. Staudigl (*Orbis phaenomenologicus*). Würzburg: Königshausen & Neumann, in press.

Mensch, James. "Violence and Embodiment." In *Symposium*, *Journal of the Canadian Society for Continental Thought*, in press.

后　记

　　这本文集是严格意义上第一部以"政治现象学"命名的著作。张凤阳教授和我在 2018 年准备以"政治现象学"为名，概括我们多年来的政治学探索并推进和拓展未来研究方向时，发现了这部 2016 年刚出版的文集。虽然它和另外几部在题目中亦同时含有"政治"和"现象学"的文集相似，作者群以哲学家们为主，展现出的是我所谓的"政治现象学的第一副面孔"，即现象学家们对政治生活的关切，但其首擎政治现象学之旗功不可没，而且对于我们拟推进的"政治现象学的第二副面孔"，即政治学家们基于现象学方法和思维对政治生活的关切，有着非常积极和重要的借鉴意义。

　　我们心怀诚挚的借鉴之意，还来自对文集的两位极具勇气和创新精神的主编的高度信任。郑和烈教授是一位政治学家，数十年来一直身体力行地推动政治学与现象学的交叉，即便应者寥寥也不改其志。这位曾经到访过南京大学，但令我们遗憾未能与之谋面的政治学家在此领域的筚路蓝缕，给了我们以更政治学的方式去推进政治现象学研究的底气、信心和勇气。莱斯特·恩布里教授作为一位杰出的现象学家，为了防止现象学沦为图书馆中少人问津、惹人生畏的学问，致力于推动现象学方法的普及化工作。其作品《现象学入门：反思性分析》撇开大量晦涩难懂的现象学文本和概念，直接提供简单易操作的方法论指导，可谓回到了现象学的"初心"，也为我们促进政治学与现象学的交叉提供了专业性的依据。

　　在江苏人民出版社的大力支持下，本书被纳入"政治现象学丛书"的首批翻译书目之中。我在 2018 年首次开设的"政治现象学研究"硕士课程上，邀请选课的 2017 级政治学系硕士研究生（此后又有几名 2019 级硕士研究生加入）每人认领一章。我作为一名政治现象学研究中的"小学生"也边学边译，所以，不仅没有足够的能力给予学生充分的指导，而且自己的推进速度可以用"惨不忍睹"来形容：每天早晨专门抽出 1 个小时专事翻译工作，第一章原文 31 页用了近一年的时间才彻底完成。在翻译中，经常会花费数日时间才能搞清楚一个单词，有时还要借助太太朱毅凯女士的计算机专业和信息管理专业的检索技能，例如，在我困惑于郑和烈提到的僧人 Hoshi（Baoxi）究竟是谁时，她帮我最终确定了是南朝高僧宝志，并在京都国立博物馆（郑和烈提供的博物馆信息也有误）找到了其雕像。

虽然同学们都非常认真和辛苦，但受到的相关训练的确不足以完成一份高质量的译稿，所以我专门邀请了南京师范大学的居俊副教授和我的同事曹帅博士来帮忙润色和校对。他们俩在翻译方面有着丰富的经验和高超的水平，而且都有着较为深厚的哲学功底。他俩接手后，耗费了大量心力，甚至重译了相当多的篇章，因此是实至名归的译者。没有他俩的鼎力相助，这部译稿根本无法完成。

最后，需要特别感谢的是江苏人民出版社副总编辑戴亦梁女士，以及曾偲和王暮涵这两位充满热情和干劲又极其细心和严谨的编辑。亦梁姐和我相识多年，在很久之前，我俩甚至畅想过一个作者和一个编辑合作一辈子的雅事。出于特殊原因，我先失约了；她也因工作能力出众走上领导岗位，但我们对于学术出版本身的态度没有变化。亦梁姐的言传身教在曾偲和暮涵两位"政治现象学丛书"的年轻编辑身上显现得非常突出，两位小妹妹还有着各自的特色：前者积极拥抱和娴熟运用现代传媒技术，有着令人赞叹的艺术创造力和欣赏力；后者作为我的嫡亲小师妹和学生，在工作中踏实践行着师门对学术工作求真务实、勇于创新的传统。此外，译校工作还得到了中国社会科学院世界历史研究所罗宇维副研究员的大力支持。

感谢南京大学新时代文科卓越研究计划"中长期研究专项"："政治现象学研究"（2022—2029）和南京大学中国特色哲学社会科学自主知识体系建构"引领工程"重大研究专项："中国政治现象学的创新探索"的支持。

只能以寥寥千语将译校者和编辑们数年来的艰辛匆匆带过，无论是本书面世计划一拖再拖，还是依旧存于书中的错谬之处，其过在我。不求谅解，只希望诸君不吝指正。

第 1、20 章：王海洲

第 2—6、15—19、21 章：曹帅

第 7—14 章：居俊

作者简介：夏小奇

王海洲

2024 年 11 月 11 日于南京

"政治现象学丛书"书目

《"情"的力量：公共生活中的情感政治》　袁光锋 著

《歌声中的祖国：政治现代化进程中的国歌》　罗宇维 著

《政治仪式：权力生产和再生产的政治文化分析》（修订本）王海洲 著

《图像政治：艺术史中的欧洲文明》　韩伟华 著

《地图上的国家：近代法兰西的领土空间与政治表象》　于京东 著

《重建共同体：乌托邦社会主义思想与试验》　高信奇 著

《象征政治学》　王海洲 著

《政治现象学导论》　王海洲 著

《政治现象学：前景、传统与未来》（*Political Phenomenology*）　**郑和烈**
　　（Hwa Yol Jung）、**莱斯特·恩布里**（Lester Embree）**编**

《荣誉：一种现象学分析》（*Honor：A Phenomenology*）　罗伯特·欧皮斯柯
　　（Robert L. Oprisko）著

《现象学与政治生活》（*Phenomenology and the Political*）　斯图尔特·韦斯特·
　　格利（S. West Gurley）、杰夫·法尔佛（Geoff Pfeifer）主编

《政治生活的现象学分析》（*Phenomenology of the Political*）　凯文·汤普森
　　（Kevin Thompson）、莱斯特·恩布里（Lester Embree）主编

《现象学与政治生活首要性》（*Phenomenology and the Primacy of the Political*）
　　维罗尼克·弗蒂（Véronique M. Fóti）、帕夫洛斯·康特斯（Pavlos
　　Kontos）主编

《政治景观的构建》（*Constructing the Political Spectacle*）　默里·埃德尔曼

（Murray Edelman）著

《政治的象征作用》（*The Symbolic Uses of Politics*） 默里·埃德尔曼（Murray
Edelman）著

《政治世界现象学》（*Phänomenologie der politischen Welt*） 克劳斯·黑尔德
（Klaus Held）著